"人与强权的斗争，
就是记忆与遗忘的斗争。"

——米兰·昆德拉

一个历史罪恶的记录，就
是一个沉重的现实警告。
对一个行使权力的统治者
来说，最沉重、最无情的
莫过于历史罪恶的记录。

——夹边沟记事序

長壽湖

一九五七年重慶長壽湖右派采访録

谭松 采写

Trafford rev. 08/31/2011

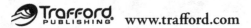 www.trafford.com

North America & international
toll-free: 1 888 232 4444 (USA & Canada)
phone: 250 383 6864 ‧ fax: 812 355 4082

长寿湖示意图

涪陵县

垫江县

白家乡

龙河乡

双龙

△ 为右派主要劳改地

△ 到新滩劳改地

曾家坝（飞龙岛）
飞龙乡

碌柏乡

万寿场

白家粮仓
乌饭山
疗养所
同心岛

马颈村
马鞍村

竹地
老林

西山堡
红旗

同心村

桂花
碉子村村

高滩
圈子村村

大坪
蒋罗山

人头山

回龙

罗山乡

猪儿岛
采石阳（狮子滩顶）
狮子滩顶

△ 三工区

云集

邹封
到华...

3

飞机航拍的长寿湖，湖中出现一个巨大的繁体"壽"字。字的中心的一个主要劳改地"团山堡"。字的中心就是当年右派的一个主要劳改地"团山堡"。

深切悼念去世的长寿湖难友

2002年6月11日，长寿湖幸存右派在长寿湖猪儿岛为当年去世的难友默哀。

五七岂须罪，群囚长寿湖，山城赤子
难忘。劳改二十年，血汗流遍荒岛，斗争
伴随苦难，青春去不返，湖水葬孤魂，
遗恨有谁怜。

——长寿湖右派白永康遗作
——长寿湖右派范广受遗书

5

长寿湖右派劳改地

长寿湖方圆245平方公里，拥有大大小小200多个岛屿，其中一些作为右派集中劳改地，主要的有同心岛、高峰岛、三台岛、飞龙岛、先锋岛、团山堡等。

三台岛　　　　　　　　　　　　同心岛

高峰岛　　　　　　　　　　　　新滩

湖心是右派曾劳改过的小岛猪儿岛

长寿湖右派主要劳改地之一 狮子滩（李文书摄于1960年）

红旗后湾

石高滩

芦剑滩

门坎滩

红旗后湾、石高滩、芦剑滩、门坎滩的图片选自光碟《长寿湖我们怀念您》

长寿湖右派劳动

1964年，能吃饱饭了，好高兴！（右派们修鱼池）

后排左起：刘　康、张慧光、李普杰、曹贞干、郝言凌
前排左起：高志长、胡朝聘、黎民苏、吴俊瑞、朱丰衍

长寿湖右派捕鱼（李文书 摄）

长寿湖右派劳动（陈华摄）

长寿湖右派李文书犁田

长寿湖右派劳动（陈华摄）

右派当年住过、生活过的地方

当年右派住过的房子（位于飞龙岛）

当年右派住过的房子（位于团山堡）

饥荒年建的疗养院（位于同心岛）

飞龙岛上开批斗会的地坝

先锋岛队部

右派当年的养猪场（位于飞龙岛）

在通往苦难记忆的路上，荒草不再生长！

（谭松 摄）

长寿湖部分幸存右派合影

长寿湖幸存右派中，有四人永远留在了长寿湖，成了长寿湖最后的"守墓人"。

——李长文、冉德瑜、余洪洲、李宁熙于长寿湖团山堡劳改旧地前。

（2003年6月 谭松 摄）

（男）前排左起：李国元、赵子生、 陈孟汀 、 张学渊 。后排左起： 张元任 、邓家齐、朱恩源、 张汝闿 、顾大铭、郑光荃。（1988年）

（女）前排左起： 陈敏戎 、 闵淑群 、李多明、陈思贤、 胡甫琳 、陈朝芳、 潘明信 、 戴学珍 、李武珍。后排左起：徐显镛、 廖品云 、 胡庄 、王义珍、刘曼若、 陆远富 、杨映雪。（1988年）

长寿湖右派"改正"十周年时（1988年）部分难友第一次聚会。

中华民族百年的血泪沧桑啊……
我不幸看到了你喧嚣下面沉默的真实;
我有幸读到了你遗忘后面苦难的记忆。

长寿湖夕照(陈华摄)

夕阳沉下去了,青春、理想、爱情,连同100多个鲜活的生命,也沉下去了。没有坟茔,也没有墓碑,我目光穿透冷冷的湖水,灵魂长跪在无碑的岛前,冷寂苍穹里,有杜鹃啼血的声音——

—— 长寿湖,一定要建一座文字的纪念碑!

(谭松,2002年6月)

谭松在长寿湖采访 (2001年11月)

历史在继续

——《长寿湖：重庆长寿湖右派采访录》序

钱理群

长寿湖，长寿湖，从1956年起，你静静地流淌到今天，你的身边，发生了多少泣血的故事，你见证了怎样的历史沧桑！

放下这本《重庆长寿湖右派采访录》，我的眼前，总是浮现着两个历史场景——

1969年某月，长寿湖畔召开万人公判大会，右派分子白永康被戴上"现行反革命分子"的帽子，判处死刑，缓期两年执行，他的全部"罪名"就是在私人日记里写了"反动诗"。

2002年7月，右派分子谭显殷的儿子、青年作家谭松被重庆市看守所关押，据说是犯了"颠覆国家政权罪"，证据是他采访了长寿湖的右派，记录了当年的历史，"专门收集新社会的黑暗面"，这就是"同一个强大的专政机器对抗"。

时间相距三十三年，历史仍在继续……

二十一世纪初的中国，自称"太平盛世"，却和二十世纪后半期一样，大兴文字狱，因言或文获罪似乎成为常态。有自己独立思想的人，依然被视为"强大的专政机器"镇压的对象，只是变换了罪名：当年叫"反革命罪"，现在则强加"颠覆国家政权罪"。这就表明，三十多年来，中国虽然有了进步，但一党专政的观念、体制却没有变，这就是我们必须面对的现实，而且是中国的基本现实。那些企图用"经济决定论"的逻辑，以经济的发展来掩盖表面繁荣下的血腥，痴谈"中国经验，中国模式"的人，不是糊涂，就是蓄意的欺骗。

但我们还是发现了内在的力量与心理变化：如果当年的镇压者自恃有强大的专政机器，敢于大言"镇压有理"，似乎理直而气壮，那么，今日之统治者们再以此相威胁，就给人以声嘶力竭之感。一本《重庆长寿湖右派采访录》，一个普普通通的青年作家，就让他们如临大敌，兴师动众，足见其色厉内荏，虚弱得可笑。

相反，今天的被审问者，却挺立在历史的法庭上，对镇压者进行大义凛然的历史审判，这是一个重要的根本性的变化。

因此，所谓"历史在继续"，不仅是指专制体制镇压人民的历史在继续，更是人民争取民主、自由、平等的反抗的历史，还在继续，而且更加自觉。

把本书的写作与出版放在这样的背景下，就不难看出，这是这些年民间方兴未艾的"拒绝遗忘，见证历史"的书写运动的一个组成部分，一个重要成果。无数的历史受难者，在耄耋之年，或动笔，或口述，留下了他们亲历的历史和反思。这见证性写作，如历史研究者所说，它是"积极的，反抗的，它拒绝孤独，也拒绝顺从"，"积极地争取人的尊严和社会正义"；"见证不是私人心理上的一架情感天平，而是公共认知的一个道德法庭。在这个法庭上，不仅苦难经历者作见证，而且整个正义社会也是列席的证人，见证者以全社会和全体人类的名义呼唤正义，为的是不让发生在他们自己身上的灾害发生到任何别人身上"（徐贲：《在过去和现在之间写作》）。我要补充的是，这样的书写，不仅见证了历史的惨烈，而且留下了历史的精神。正像本书的作者一再感叹的那样，"我怎么老是在一些七、八十岁老人身上看到久违的正义、久违的良心、久违的勇气？""难道，中国的希望寄托在他们身上？"确实，在"共产党用红艳艳的谎言欺骗了老一代，又用金灿灿的利益（物质）败坏了新一代"（作者语）的历史与现实下，走出欺骗的大泽，有了觉醒的老一代的经验和在炼狱中升华出来的精神，对于被利益败坏的年轻一代，是一个重要的警醒，如果老一代的精神能够为新一代所了解、继承和发展，是能够给中国带来希望的。这也是本书的意义和价值所在。

本书的作者，是右派的后代，是一位当代青年，这本身也有重要的意义。本书的一位受访者、长寿湖老人韦绍新"抖抖索索"地在作者采访本上写下的这段文字是具有震撼力的："我为有你这样的青年感到骄傲，为我的亲密朋友谭显殷有这样的后代感到自豪"，"我佩服后代人比我们勇敢。我已年老并身体不行，否则真要同年青人一起战斗，直到我们的社会实现公平正义为止。"本书作者的感受和回应也同样扣人心弦而发人深思："我大汗淋漓地走出死亡和新生共存的医院，身后，分明感到传来一种召唤，一种无声而深沉的精神感召……"这样，这本书就已经超出了一般的历史回忆记录的范围，而应该视为两代人之间，历史与现实之间的精神对话。本书的"采访记"与"采访后记"是形成了一种结构的，将其对读，能够引起我们的无限遐思，本书也就具有了深长的历史与思想的意味。

还要说及的，是这些右派老人，不仅写历史，更直接参与现实的抗争。我曾经说过，在当代中国，有三大民间运动，即维权运动，网民运动和志愿者运动。这些运动当然是以中青年为主体，但其中也活跃着老一代人。北大和全国各地的右派老人的维权活动，已经构成了中国维权运动的重要组成部分，为世人所瞩目。在我看来，这正是1957年"五·一九"校园民主运动的一个继续，至少是存在着精神上的连续性的，这本身就是具有重要的意义。这永远"打不死"的抗争精神，永远"熄不灭"的民主火种，由这些饱经沧桑的历史老人所始终坚守，实在令人感动，不能不肃然而起敬意。它必然为年轻一代所继承和发扬。

中国的希望就在这里。

2011年4月10日

前言

1956年，重庆市长寿县狮子滩镇修起了一条拦河大坝，两条河水被阻断，形成了一个拥有大大小小200多个岛子的人工湖——长寿湖。

长寿湖距县城30公里，县城距重庆约100公里，当时交通不便，广阔湖区是只有毒蛇豺狗而无人踪的野荒之地。

1957年底58年初，刚诞生的长寿湖派上了用场——作为劳改之地接纳由重庆市吐出的部分"阶级敌人"。于是，627名以"右派分子"为主，"历反分子"（历史反革命）为辅的"劳改大军"先后被押解进岛，开始了长达22年的"劳动改造"和"思想改造"。他们中的百余人未能活着离开长寿湖，饥饿、劳累、殴打、疾病、批斗、自杀等等，使他们鲜活的生命无声无息消亡在湖光山色之中。

除此之外，长寿湖还先后接纳了1030名"下放干部"（绝大多数是被认为有各种"问题"、不受信任的干部）和1455名青年学生（几乎全部是所谓"出身不好"的年轻人）。这两类人中也有人在长寿湖献出了生命。

40多年过去了，长寿湖早已成为重庆市一个著名的旅游胜地。每天，龙凤呈祥的花彩游船满载欢歌笑语的红男绿女，嬉湖水、赏青山、摘橘子、品鱼虾……

农家乐的炊烟香气四溢，富豪们的红楼星罗棋布。看不见22年漫漫血泪，听不见无辜冤魂声声悲鸣。没有坟茔、没有墓碑、没有文字，没有哀悼、没有祭奠、没有反省。举目四望，唯有岛上满山翠绿果林，是当年右派们的"遗物"。

可是，有谁知道那是右派们的"遗物"呢？

40多年过去了，老的一代逐一"谢幕"，带走了一曲曲悲欢离合。

40多年过去了，新的一代满目金黄，看不见一段段千古奇冤。

40多年过去了，泪揩了，血消了，历史真相被掩埋在谎言和遗忘之中。

……

2001年初，我开始走访当年的幸存者，决心要找回那一个即将被岁月淹没的"长寿湖"。

历史，不能只记住"1957"这个年代符号，不能只记住55万这个（官方的）人头数字，不能只记住"阳谋"这个鬼怪名词，不能只记住"章"、"罗"、"储"几个著名人士。

历史，还应当记住千千万万祭献在"阳谋"祭坛上的无辜小民，记住他们破碎的家庭，记住他们断裂的爱情，记住他们流泪的母亲，记住他们悲苦的妻子，记住他们不幸的子女。

最重要的，是让子孙后代记住中华民族历史上那一幕不可思议的荒唐、那一幕亘古罕见的奇冤、那一幕难以想象的残酷。

记忆和记录，不是为了仇恨，而是为了爱——为了我们这个多灾多难的民族，"天空不再黑暗"。

谭松 2003年12月31日于重庆

15

目录

一、夫妻右派

在长寿湖，有同为右派下放劳改的夫妻，也有在劳改
中结为夫妻的右派，这儿是其中的七对。

二、瞧这一家子

长寿湖"分子"李长文、冉德瑜的一家。1949年进入"新
社会"后，这一家中先先后后有8人"非正常死亡"。

三、老革命

有一群资历深长的"老革命"，他们也被"阳谋"的
血盆大口吞噬。

四、文人墨客

> 当年，这些诗人、作家、记者，笔走游龙，口吐莲花，
> 何等英气才华！
> 忽喇喇一阵阴风刮过，长寿湖上，坠下一群"落毛凤凰"。

五、海外归来

> 芸芸海外赤子，捧一颗滚烫的心，跨越万里风尘.....
> 几十年过去了，苍茫大地，乱坟凄凄，荒烟袅袅.....
> 几个幸存者，吁吁残喘，抚遍体伤痕，满面泪迹。

六、工会（厂）干部

> 重庆市工会和工厂里的中箭落马者。

七、技术人员

当年岁数大的，没能等到今天的采访，这儿只有三个
当年的年轻人。

八、舞台人物

文艺团体中的右派分子不少，但好多都没能熬过那段
岁月。幸存者似乎大多看透了人生这幕荒诞剧，不愿
向一个后来者掀开那一角沉重的幕布。拒绝者继续沉
默，接受者话语不多。

九、逃亡者

长寿湖没有高墙铁网，刺刀哨兵，然而，劳改分子中鲜
有逃亡者。20年漫漫岁月，纵然大悲大苦、九死一生、
沉湖上吊，亦不越雷池半步。不过，采访到两个"胆大
包天"者。

十、国家干部

他们，曾是无限忠于共产党的好干部。

十一、唉，教师

在长寿湖的"分子"中，教师群体人数众多，死亡人数也众多，今天，幸存者中心有余悸的也众多。这似乎是一块最重的灾区。

十二、"另类"

他们不是"分子",而是"分子"的妻子、子女,
也有长寿湖的农民、管教干部、学生和下放干部。

谭松 摄

一、夫妻右派

　　在长寿湖，有同为右派下放劳改的夫妻，也有
在劳改中结为夫妻的右派，这儿是其中的七对：

　　　　1、王义珍、　陈大中
　　　　2、李武珍、　蒋维亮
　　　　3、刘曼若、　张慧光
　　　　4、朱培德、　赵瑞珠
　　　　5、练冰梧、　熊先尧
　　　　6、李多明、　陈　欣
　　　　7、罗成溶、　刘　焰

右派王义珍、陈大中结婚照（1962年）

一个善良而漂亮的女右派—王义珍

——1957年重庆南温泉疗养院医务人员。
1935年生

我这个人天生对政治不感兴趣，也不要求"进步"，连团员都不是。我喜欢唱歌跳舞，喜欢音乐艺术，1957年之前，我成天嘻嘻哈哈，性格十分开朗。

那个时候，经常进行政治测验，凭良心说，我不是不努力，我其它测验都很好，就是政治时事题考不起，硬是考不起，考一次败一次，不及格。不及格就要把姓名登在黑板报上，我觉得很没面子。有一次，有人对我说："王义珍，没得啥子嘛，书记还不是每次都没及格。"

我们书记是个大老粗，没什么文化。

我一听，不服气了，说："那为啥子不公布书记的分数，不把他的名字上黑板？"

把我打成右派当然不是以这个罪名，他们抓住我说过"报纸上有很多假话"给我定了一个"反党反社会主义"。

我的的确确说过那句话，那也的的确确是事实。

斗争我的时候，要我交待反党的思想根源。我没有"根源"，不晓得哪个说，憋得满面通红，只好反反复复地说："是嘛，是嘛，我反党反社会主义，我反党反社会主义。"这样说过不了关，非得交待为什么要反党？为什么仇恨社会主义？动机、目的等等。前面有个右派交待得很好，深挖思想根源，我想照着他那样说，但刚说两句就混乱了，照着说我都说不来，没办法，只好连连说："我错了嘛，我错了嘛。"

挖不出"思想根源"，被认为是顽固抗拒，把我判为极右，发18元生活费，是我们单位几个右派中处罚最

1956年，为庆祝"敲锣打鼓进入社会主义"，王义珍（疗养院文艺队队长，右一）率领文艺队从南泉步行到李家沱。

重的。当然，也有我出身不好、哥哥在香港的因素。

下放长寿湖之前，我绝望得很，认定这辈子完了，再也回不了这个城市。临行前，我把毕业文凭、获奖证书、私人信件、日记本等全部烧毁。我没有成家，也没有男朋友，只有一个妈妈（后妈），她是我在这个城市的唯一亲人。下长寿湖后，我先在狮子滩打石头——男右派打，我扶钢钎，手震得火烧火辣。管我们的人叫韦绍新，是个下放干部，人还不错，给我们找手套，收工后，还打热水让我们烫手。在最初那段精神和肉体都很痛苦的日子，他给我很大的安慰。

"庆祝"之后王义珍着装留影（1956年）

在长寿湖，我看到很多老革命、学者、专家。我心想，既然这么多优秀人物都是右派，我这个政治上落后的人也算不上冤枉了。陈孟汀（重庆市文教部部长，右派）就冲我说："你不要以为你划不来，我们这些为新中国出生入死的人都到这儿来了。"

打了一段时间石头，我被派到湖里面最偏远的一个点（飞龙岛项家坝）开荒。那里没有灯，没有房子，睡在草棚下的包谷杆上，我天天去担土来造简易的泥巴屋。收工后，还要下到湖里去挑水做饭，那段日子与世隔绝，像回到原始社会。

不久，派我到三台岛喂猪，这一次调动对我一生意义重大。首先，喂猪可以偷吃点猪食，配给猪的精饲料有胡豆、红苕。大饥荒那几年，这救了我的命，还救了我妈的命。我妈在重庆活不下去，到长寿湖找我，帮我喂猪，吃口饭，当然也吃点猪饲料。我和我妈都活下来。其次，我在猪场解决了终身大事。

猪场有一个浓眉大眼的年轻人，叫陈大中，是市机械局的右派，在猪场负责打扫粪便、修补圈栏、割猪草。他手脚勤快，干活卖力，人也善良，但是他情绪很低沉，唉呀，太低沉，成天闷闷不乐，也不多说话。我性格开朗，爱唱爱跳。我看到他太消沉，想影响他一下，一来二往，产生了感情。

我们俩虽然一个消沉一个开朗，但旗鼓相当的地方很多。首先，我们都是右派，地位相等；其次，家庭出身都不好，门当户对；第三，都因为一句话落难，本是同根生。

但是，我们是右派，结婚必须要领导同意，领导要不同意，打死我也不敢。

在长寿湖那种困难环境下，我遇到了不少好人，管我们猪场的陈大姐就是其中之一，她是一个下放干部，离了婚，前夫也是右派，她对我们比较好，不整人。我们几个对她说："你不做事，活我们干完，我们遇到啥子事你帮我们解决。"

我找她"帮我解决"的事就是同意我结婚。她很痛快地同意了，我高兴得不得了！你不明白，她要是不同意，我说不定一辈子单身了，我不敢结婚，真的，你不明白。

王义珍、陈大中结婚纪念（1962年）

1962年，我同陈大中结了婚，我27岁，他28。

那个时候物资供应还很匮乏，我们凭结婚证购买了一个热水瓶，一个脸盆，几斤水果糖。我们回重庆结的婚，在我妈妈的那间小房间里，请左邻右舍吃了几颗糖。

结婚后刚刚半年，市机械局就下令把该局在长寿湖的右派全部召回。我们两个又喜又忧，喜的是，回去当然好，忧的是我回不去，新婚就得分离，而且我已经怀了孕。

陈大中：我很想留下来，但我在机械局的朋友说，过了这个村就没这个店了，机会难得，先回去一个，再想办法调另一个。我觉得有道理，于是在1963年春回到重庆。

王义珍：这一分，就分了12年。1963年我生了儿子陈小峰，我每天白天劳动，晚上开会，带不了儿子，只得把他送回重庆。我每年春节探亲，见他们父子俩一面。

一年一度的探亲假，对长寿湖的右派来说，是最最重要的日子。我们最最担心的，就是监管人员以种种理由，最常见的就是"改造不好"，不准探亲。（注：五一校的右派李恩章就因这个"罪名"整整七年不准探亲。）

有一个叫聂承奎的右派（市委办公厅右派，上世纪九十年代去世。），管教干部先不准他探亲，大年三十天黑后，领导大概是吃得愉快，心情好，突然对他说："你走嘛，回去探亲。"聂成奎回家心切，连夜出发，为了赶第二天到重庆的船，他步行往长寿走，60多里路，半夜时走不动了，蹲在一家农民的屋檐下，冷抖抖的过了一个年三十。

我也有一次连夜步行的经历。那是1969年1月，我们一帮右派，十来个，从飞龙岛出来，在狮子滩等第二天的车到长寿。当天晚上，突然有个人来给我们报信，他说：听说上面刚刚来了一个文件，为了保证文化大革命的顺利进行，今年春节右派分子一律不准探亲。

王义珍、陈大中婚前在三台岛养猪场队部前留影

我们立马慌了手脚，乱成一团。我们已经有两年没有探亲了，去年春节，也是因为文革，不准探亲。我们一群人中有几个很有斗争经验的人，如曹贞干、李普杰、高志长等，这一帮团市委的右派脑壳好使。他们召集大家紧急商量，李普杰说，我们离开飞龙是经过批准的，不违规，现在没得到正式通知，走了，怪罪不到我们。所以，必须赶快离开狮子滩，步行到长寿。

大家一致同意。

从狮子滩到长寿县江边，60多里路，每个人都带了一大堆年货，大背兜、小背兜，沉甸甸的。最麻烦的是我，除了鱼鱼虾虾、红苕干、豆腐皮等等，还背得有我的小儿子陈伟，他才两个月。他们非常关心我，把我所有的年货全部分担，一个人分一部分。李普杰说："王义珍，娃儿只能你一个人背，背不背得动？"我说："背得动，背得动。"他们不放心，跑去找了一把秤来，一称，娃儿连皮（包裹）一共15斤。我说："15斤，得行，得行。"他们还不放心，说："路上没人换你哟，你不要小看15斤。"

多年来，我都记得他们。

那天晚上，天阴沉沉的，寒风冷嗖嗖地吹，我们十来个右派大包小包，背兜箩筐，急急匆匆往县城赶，一路走，一路担心有人追上来。我儿子很乖，不哭，但越来越沉，我咬紧牙一声不吭，大家憋足了劲要回家，我不能拖后腿。高志长人高马大，挑着担子虎虎虎地在前面走得没了影，喊遭不住的是成中霖（西南政法学院右派），我们叫他"老翘脚"。他年龄大了点，东西又多。还抱一个大菜板，一路上他老叫歇气。我们说，你把菜板丢了嘛，又不值钱，他舍不得，说走都走了这么远。

曹贞干脑瓜灵，但挑力不行，他不停地换肩，喘气，从箕筐里拎出一网鸡蛋，抓出几个，想扔，掂了掂，又放回去，挑上担子再走，实在走不动了，又把鸡蛋抓出来，还是舍不得，如此好几次。还有一个右派杨健，半路歇气时，掉了一条羊毛围巾，走了一阵才发现，他心痛得要死，要返回去找，我们好容易劝住他，他垂头丧气，路都差点走不动了。

杨健和他后来在长寿湖农村娶的妻子

第二天早上，我们走到县城，累得东倒西歪，赶紧找了一个招待所住下。不一会，有人跑来说"快点快点！老翘脚不行了，倒在厕所里。"我们慌忙跑出去。"老翘脚"和另一个右派上厕所，一蹲下去就站不起来。那个右派挣扎了半天才出来，但"老翘脚"硬是没办法。他们几个男的进去把他抬出来，他面色惨白，狼狈不堪。有人说："老翘脚，你要是把那个菜板丢了嘛也要松活点嘛。"

在县城，仍然害怕长寿湖的人追上来，现在拦回去就太冤了。我们眼巴巴的盼船，每分每秒，真的是度日如年呀……

到家后第三天，长寿湖又有探亲的右派回来了，他们说："根本没那回事，你们虚惊一场。"

我们几个右派都说："不后悔！不后悔！"

王义珍（前排右一）在三台岛与青年
学生打成一片

那些日子里，一点关爱就可以拯救一个人，让人终身难忘。

文革初期，我在飞龙岛劳动，一天，突然来了一帮人，抓我到三台岛批斗。我在三台岛喂猪的时候，渔场的一些小青年听说我文艺方面比较在行，找我帮他们编排文艺节目，我请示了管教人员，同意之后才去的。文革一来，有人揭发说：王义珍教革命青年拉二胡，拉的反动曲子"梁祝"。造反派认为，我同那些青年相处得很好是违反了"阶级斗争"，我是坏人，必须抓去斗，肃清流毒。

船到三台岛时，天已经黑了，我看见上面屋子里灯火通明，听见一阵一阵的喊打喊杀声，长寿湖夜晚寂静，声音十分震耳十分恐怖。我骇得全身发软，双脚打颤。我望着上面屋子里透出的灯光，觉得命要丢在那点，狮子滩的批斗会上已经打死了好几个人。我想到陈大中，想到我儿子，他们在重庆……

那一坡石梯坎，我硬是走不动，差点瘫倒在地上。

（注：我曾经三次登上三台岛，那一坡窄窄的石梯还在，上面的屋子已面目全非，四下一片寂静。我顺着那坡石梯往上爬，眼前活鲜鲜地出现一个年轻女人，她善良、漂亮、柔弱、无助，在黑漆漆的夜空里浑身发抖，像一只羔羊，走向灯火通亮的屠场……）

正在这个时候，有一个人走到我身边，悄悄对我说："你不要怕，他们是要吼的，没做的事你不要承认。"这几句话你现在听起来很一般，但那个时候我要沉下去了，一块小木板就可以救我命。他的话让我感到极大的安慰，我一下子就不打抖了，真的，很怪，我不再抖了，爬上坡走进了会场。

这个人叫顾华银，是下放渔场的学生。

在长寿湖，我同农民的关系特别好。那一带缺医少药，农民听说岛上有个女右派是医生，纷纷找上门来，管教干部批准后我就去给他们看病。我是无偿劳动，没一分钱报酬，还要担很大的风险，万一救治中出了问题，肯定要把我打成现行反革命。为了保险，该开三片药的我只开两片。农民朴实，你对他好，他巴心巴肠报答你，才不管你右派不右派。文革我挨斗后，不准我再去看病，把药也封了。农民不管那么多，照样找上门来。有一次，一对农民夫妇急匆匆赶来，我知道是找我，赶紧躲进屋。

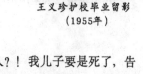

王义珍护校毕业留影
（1955年）

管教干部把他们拦住。农民说，儿子病重，要找王医生。管教干部说："啥子王医生？她是坏人，你晓不晓得？"

农民说："那不管，我们只晓得她能救我儿子。"

"救儿子找公社卫生院。"

"公社看不好，非要王医生。"

"给你说了她是坏人。"

农民冒火了："啥子坏人好人？我是贫下中农，是啥子人？！我儿子要是死了，告诉你，我要找你负责……"

我躲在屋里，不敢出去，听他们吵，心里很难过。我究竟是个什么坏人？娃儿要死了，当医生的不准去救？

最后，在农民的威胁下，管教干部让步了。我背着药包出门时，他一脸恼怒地瞪着我。

我在长寿湖21年，前前后后救治了多少人早记不清了，但农民记得，他们至今对我非常好。前几年，我小儿子结婚，专门到长寿湖度蜜月，十多天时间，每一顿饭在不同的农民家里吃，农民排着队请我们，一大早就来等，生怕等不到。农民拉着我儿子的手说："当初没有你妈就没有我儿子，右派，好哇，好，右派。"

当然，长寿湖也有专门整人的人，有一些就是右派本身。有一个叫XXX的右派，劳动时悄悄记下大家说的话，唱的歌，然后向管教干部汇报。XXX以前被别人整，她认为只有整别人自己日子才好过，果然，她后来混得不错。

陈大中："共产党就喜欢这种人——汇报别人、整人的人。"

王义珍：小儿子跟我住在长寿湖，大儿子跟爸爸住在重庆。我除了喂猪之外，还要出去看病，经常忙得昏天黑地。我把儿子放在一个箩筐里，给他盖一个小棉被，锁上门，任他哭。有一次回来，看见他两只小手乱舞，脚乱蹬。我仔细一看，他把小棉被咬烂了，吃进了一嘴的棉花，我骇得心都差点跳出来，要是棉花堵了气管，他这条小命就报销了。

王义珍小儿子陈伟在飞龙岛右派驻地前

大一点之后，我把他放在背篼里，在墙上打一根钉子，一根绳子栓在他身上，另一头系在钉子上。我没有其他办法，只有晚上回来，尽可能地多给他一点母爱。

他长到四岁的时候，我不得不把他送回重庆。岛子四面环水，粪坑又多，他活蹦乱跳，掉下去怎么办？我总不能把一个四岁的男孩栓在钉子上。（注：长寿湖"分子"尹从华的小儿子尹新就是掉到湖里淹死的。）

我把他送到重庆，陪他住了两天，走前的一晚，我彻夜难眠。清晨，天还没亮，陈大中送我到朝天门。离开家门前，我在灯下细细看他，亲了又亲。他同我在长寿湖四年，从没离开过，我舍不得。轮船要开时，我使劲抓住陈大中的手，心像被掏空了……

（王义珍泪流满面，陈大中眼睛也红了。）

陈大中：我把小儿子送到幼儿园，他抓住铁门，坚决不进去。晚上我去接他，老师说，你这个娃儿没得办法，不吃不喝，一不留神就往外跑，抓住每一个人要妈妈，还钻到外面抱住一个过路人说："叔叔，你带我去长寿湖嘛，你带我去找妈妈嘛。"

儿子整整三天坚决不吃饭，非要妈妈，左邻右舍说，没见过这么顽固的娃儿。我没办法，只好请假把他送回长寿湖。

1979年长寿湖农民在飞龙岛送别王义珍

王义珍：那几天，儿子不吃不睡，我在长寿湖也不吃不睡，那种痛苦比当右派都可怕。陈大中把他送回来，我抱着他不松手。

陈大中：我看这种日子不是个办法，十几年了，王义珍调不回来，一个家分成两半。王义珍很难，我在重庆一样的挨斗，一样的劳动，一样的过"过街老鼠"的日子，回到家里还没有老婆，与其如此不如回长寿湖，情愿不要这个城市户口。

我找领导谈，自愿申请到长寿湖。领导

说，你要考虑好，这次下去，肯定再回不来。我回答说，我已经想好了，不后悔。

1975年，离开长寿湖13年之后，我又返回来。

王义珍： 当时我们想，一家子就在长寿湖度过余生，根本没指望什么平反昭雪的好事。1979年，中央文件下达，我和陈大中双双获得"改正"。我调回了重庆，但是陈大中回不来，机械局的人说，他是自己申请下去的，不属于落实政策的范围。我找到我的单位南泉疗养院，单位表示，我回来都不好安排，意思是年龄大了，业务荒疏了，哪里还能接受一个"外人"？我到处找人，托关系，希望收留陈大中，但是处处碰壁，我好绝望。

陈大中： 我后悔得不得了，右派"改正"又造成我们分居，早晓得我肯定再忍耐几年。

王义珍： 我四处求人，陈大中的朋友也帮忙，上上下下又折腾了一年多，他才终于回到了重庆。我们没有房子，我在市电机厂医务室上班，晚上在注射室铺一个凉板（一个清洁工借我的），带小儿子过夜，陈大中住机械局集体宿舍，与几个单身汉挤一间屋。所以，我们虽然回到重庆，但仍然分居。

1982年，我终于分到一间屋子，总算有了一个安稳的家。这一年，我们刚好结婚20周年。

（采访时间：2001年5月5日，地点：重庆市石桥铺）

"结婚20年，我们终于有个家了！"

采访后记

王义珍是我小时到我家来过多次的"长寿湖分子"之一,她给我的外观印象是苗条修长,慈眉善目,眼睛常含着笑意,举手投足显得轻灵活泼。

我永远记得那对笑盈盈的眼睛,漂亮、亲切,盈满女性的温柔和母性的慈爱。

再见到她时已经是30多年之后。推开门,我一眼就认出了她,那双笑盈盈的眼睛,满面的和蔼亲切,连身材都保持着当年的苗条修长,虽然,头上已是斑斑白发。

可惜,她当年"政治"不行,屡考屡败,这一败,一生的代价就大了。

"政治"是个什么东西呢?多年来,它显得比医术重要、比亲情重要、比善良重要、比良心重要、比道义重要、比是非重要、比诚实重要、比真理重要。有了"政治",上述那些东西统统可以不要,甚至,为了获得"政治",必须先把那些东西剿灭掉。

从毛泽东念念不忘"政治挂帅"到江泽民大力呼喊"讲政治",社会主义五十年过去了,无数个王义珍,张义珍,李义珍的大半生也过去了。

但愿未来那些喜欢政治、擅长政治的伟大人物、英明领袖、领导核心们不要再冲着像王义珍这样美丽、单纯、善良的女人下手。

王义珍、陈大中重返三台岛养猪场留影 (谭松 摄 2002年6月)

那罪名惊出我一身冷汗—陈大中

——1957年重庆市机械工业局办公室秘书

长寿湖的事，王义珍已经讲了，我讲一下当右派的经过。

我"出身不好"，父亲是国民党的一个县长。1949年我只有15岁，初中娃娃，还不大懂事。解放之后，天天听共产党宣传，说国民党很坏，享乐腐败独裁专制。我想，既然如此，国民党应该被打倒，我父亲也应该被打倒。

1957年，我在重庆市机械工业局办公室当秘书。当秘书经常跟随局领导活动，跟他们走多了，看多了，发觉不对味。他们不像是报纸上宣传的"一心为公"的共产党人，倒像报上宣传的"享乐腐败"的国民党人。这些领导，三天两头进出宾馆酒楼，讲吃喝，讲享乐，换老婆。有一个领导，短短几年之内竟换了七个老婆。我觉得共产党人不应该是这个样。

共产党在我心目中很圣洁，很崇高，全心全意为人民。

1957年，动员我们提意见，帮助共产党整风。我以为共产党认识到自身的一些问题，要改正，我很高兴，觉得这是一个英明伟大的党。鸣放会上，我提出：共产党在作风上要改进，追求享乐不好。国民党就算是好党，享乐腐败也要垮台。

后来打我右派，那罪行把我惊出一身冷汗：陈大中公开攻击共产党，他说："共产党不好，国民党好。"

（采访时间：2001年5月5日　地　点：重庆市石桥铺）

补记：2004年12月14日，陈大中因病去世，终年70岁。去世前一个多月，他要王义珍日夜守在他身边，并一直抓住她的手。但是，他最终还是撒手而去，留下了他长寿湖患难的发妻。

一分为三的骨肉亲情——李武珍

——1957年重庆市劳动局干部
1932年生

我太怀念我妈妈了！她后半生太苦！

刚一解放，我父亲就被抓起来，说他参加过反动帮会"一贯道"。"一贯道"是个民间帮会组织，我父亲是个普通市民，一个小人物，共产党把他判了一年管制，父亲胆子小，害怕，服毒自杀。他死后我和妈妈相依为命，直到我当右派下放劳动改造。

1955年搞肃反，把我关起来审查了几十天，反复追问我父亲那点问题。解放前他加入"一贯道"时我才十来岁，根本不清楚是怎么回事。我说你们去调查嘛，我真的不晓得。后来把我放了，不说个所以然，莫名其妙整一通。还有，"三反"运动时，我作为工作队员，到华福烟厂搞运动，亲眼看到刑讯逼供，逼得那个厂长用刀片割断自己的血管。1957年鸣放时我把这些事拿出来说，结果同别人发生争执。我同建设局局长的老婆吵了一架，我说："我不怕你是局长老婆。"他们都来谴责我，只有团支部书记罗仁俊半开玩笑地说："这有什么关系嘛，梁山弟兄越打越亲热。"就为这句话，他受到批评，说他居然站在我这个有"问题"的人的立场上。我当时性子烈，一口给局长老婆啐去，厉声说："我不相信你还能把我打成右派！"

那时我才25岁，说不上懂事，政治上的事更是不懂。本来我表弟写信提醒过我，叫我千万不要响应号召参加鸣放，不要提任何意见。我觉得他没得道理，鸣放是毛主席的号召，毛主席说得对嘛，是有官僚主义、主观主义、宗派主义嘛，是该打倒呀。

罗仁俊也被打成右派，他其实并没有鸣放，给他安的罪名是：罗仁俊没有管理好我们这帮年轻人，在大鸣大放中，这帮年轻人猖狂得很。

罗仁俊很可惜了，他是个非常有才华的人，又会说又能写，本来还准备送他去罗马尼亚去培训。他当右派后，下放劳动时手致残了，现在他已经去世。

我们劳动局有80来个干部，共打了10个右派，占了总数的百分之十，其中8个被下放劳动，现在只有两个还活着，包括我。

当右派后，我非常悲愤，想拿命同他们拼了，但是，我想到母亲，她只有我一个亲人，我要有个三长两短，她也活不下去。

李武珍当右派前在劳动局

1958年，我被下放到南川农村劳动改造，给我安的罪名是"自由主义"和"思想问题"。走时人事科对我说，对你还算宽大的，划成中右，下去劳动，一年后就调回来。

离家前，我对妈说，我一年就回来，妈难过得很。

为了争取回来，我在南川拼命地干，我什么都干过，挑粪、砍树、同男的一起去打矿、到大山里背铁矿石。最痛苦的是背铁矿石，一大早出去，晚上才能回来，中午吃一个自带的饭团。大山里潮湿，棉衣都被打湿。那个山叫"擦耳岩"，又高又陡，山路窄得要擦着耳朵，我都不知是怎么爬上去的。铁矿石是铁坨坨，越背越重，有的人实在背不动了，一路上丢掉几块，我也丢得很，但要过秤，我想挣表现，比别人背得多，表现好才能早点回去——妈一个人在家里盼我呀。

我们在南川不到一年就回来了。为什么这么快？后来听说是这个原因：右派中有很多技术人员，他们帮助当地建了一些小型水电站，这引起了县领导的重视，觉得这些右派很不错，很能干。于是南川给省里打报告，提出要把他们的干部拿来换我们右派。市里得知这一情况后很紧张，一天夜里，突然派来大卡车，连夜把我们拉回重庆。当时我们房子都盖起来了，猪也喂养了，走得匆忙，珍贵的猪都顾不上了。把我们拉走那天晚上，还架起了机枪，我骇得紧紧趴在车厢里，不敢动，生怕他们开枪。

回到重庆后，集中学习半个月的政治，然后把我们下放到长寿湖。

漫长的"改造"这才开始，我妈妈的悲惨日子这才真正开始！

我妈一辈子吃的苦太多，13岁就去丝厂当童工，我是她唯一的孩子，她唯一的寄托和希望。我当右派远离家乡，给她打击太大。我走时，她抱着我哭得死去活来。每天晚上，她都眼巴巴地望着窗外，看月亮一寸一寸移动，通宵不睡。妈妈后来生病，癌症，就和她长期忧郁、伤心、孤独有关。她到重医去看病，瘦得像干柴，医生担心她走不回家，就说，老太婆，你哪个不喊你娃儿陪你来？医生还说，你身体太弱，要多喝点牛奶。我妈妈说不出话，要有钱喝牛奶，也就有钱住院了。有一次，一个护士看我妈实在站不起，赶紧给她找了一碗牛奶喝，她才挣扎走回家。医生说，我妈只能活三年了。妈叫我不要管她，她死了就算了，只要我能活出来就行。为了减轻我经济上的压力，妈妈拖着病体，挣扎着去帮人家干点杂活，挣点小钱。我在长寿湖没日没夜的劳动、挖土、喂猪、挑粪，哪里需要就把我赶到哪里去干活，唯独妈妈需要我照顾，我去不了，尽不了一个女儿最起码的关心和孝道。

（李式珍泪水流出来）

李式珍在南川劳动改造后转到长寿湖前

我说过，解放后还不如解放前，解放前独生子还不当兵。我是妈妈的独生女，完全不考虑我家的实际情况。那些日子，妈不时昏倒在地，每次都是普通老百姓来救助她，有的人还把白糖化成水给她灌下去。那个年代白糖是很紧缺的东西。还有，医院的另一个癌症病人，把她的奶粉分给我妈妈吃，还经常给妈妈包一小包带回家。多年后我去南岸区找她，想谢她救命之恩，可惜她已经去世了。没有这些人在妈妈最困难时的帮助，我妈可能早就死了。

但是，当局完全无视我家的这种困难，非要我在长寿湖"劳动改造"，共产党做事一点不讲良心。

我第一个女儿小小1960年生在长寿湖。你问她为啥叫小小？她……小小……她的身世很不幸，农场的人都知道。取名"小小"，当然……当然有原因。

（注：李武珍欲言又止，我未追问，我已从其他人那里了解了这段伤心事。这是那个特殊年代带给一个女人，或者说两个女人的悲剧，但这也是个人的隐私，此处隐去。）

1962年我在同心岛与孙静轩（重庆市文联右派，诗人，详见本书《一个毛主席赞扬过的著名诗人》）结婚，婚后还不到一年，孙静轩就调离长寿湖，去了成都。那时我已经怀了孕，好几个月了。

生了可可（第二个女儿）之后的那几年，是我一生中最艰难的日子。我拖两个女儿，天天上坡劳动，怀里抱一个，背上背个背篼（收工时捡点柴），一只手拖锄头，一只手拖小小，到了山坡上，我把两个娃儿放在土坑里，任风吹日晒，远远听见她们在哭，我也想哭，不敢哭。每天的劳动量要完成，不完成要挨斗。收工时背一背柴，抱一个拖一个往回走。最缺德的是每天晚上学习思想改造。我累得死去活来，请求宽松一下，让我照看孩子，不行！思想改造雷打不动。我只能趁他们不注意时抱着娃儿躲到暗处打个盹。

就是在这个时候我妈查出得了直肠癌。我万分焦急，回不了家，又没有钱。这边，照顾不好女儿，重庆，照顾不了妈妈，成都，照顾不了丈夫，我一个女人，好难呐！

就在我最困难的时候，孙静轩提出离婚。我理解他，他独自一人在成都，长年累月，没人关照，也难。还有，我在长寿湖改造，遥遥无期，哪年是尽头？我只是觉得，他不该在这个时候，在我最苦最苦最难最难的时候提出分手。

1965年，他来长寿湖办离婚，我抱着可可同他一块去邻封镇办手续。那天天气寒冷，阴惨惨的，我忍住眼泪，把可可递给他，说："你抱她一下。"

他离开长寿湖时，我把平时腌的两只鸭子交给他，让他去看看我妈，我说，我只有一个请求，你不要把我们离婚的事告诉她。

（讲叙至此，李武珍难以自抑，泪流满面。）

我当时一个孤单单的女人，承受的精神压力，生活压力，情感压力有多大！

我当然想到过死，经常想，但我晓得我不能走这条路，生命已经不属于我自己，它属于小小、可可和我妈妈。我一走了她们怎么活？而且还要给我再加一个"抗拒改造，畏罪自杀"的罪名。

说到"畏罪自杀"，我想起一件事。那是文革期间，大概1970年左右，我突然收到一封信，是孙静轩从大邑县弯丘五七干校寄来的，他告诉我，他的朋友，作家刘星火被整死了，他感到绝望，一是想要外逃，二是打算自杀。他叫我辛苦点，把小可拉扯大。

他还给小可写了封信，叫她要听妈妈的话。

我看了信，焦急万分，连夜给他写了封信，我说，你跑出去只有死路一条，能跑到哪儿？粮票、户口把你拴得死死的。长寿湖的莫德仲跑到云南边境都被抓回来。自杀，就更不可取。共产党正好说你有罪。你为什么要自杀？因为你有罪，你害怕了，所以要自杀——"畏罪自杀"。我说，两条路你都不能走，无论如何你都要坚持活下去。

我还叫小可给她爸爸写了些话，小可在纸上歪歪扭扭写了些字。

我不敢到附近的场上去交信，我天不亮就起来跑到很远的兴隆场去交了这封信。嘿，刚交了信回来，就有人来抄我的家，把孙静轩那封信抄走了。我不知他们是怎么知道的，信看上去也没被拆呀。

其实，孙静轩这个人还是很重情谊的。他在长寿湖伙食团做饭时，一心希望那些右派能吃好些。他做发糕，还要讲究色、香、味，还去买点红来点在发糕上。我说，那些都是次要的，生存环境这么严峻，饭都吃不饱，什么色彩不色彩？最让我着急的是他老称旺称。他在给右派们称粮食时，秤杆总是翘得高高的，在同心岛如此，到新滩后仍然如此。我一看他称那个旺称，心里就着急，一个人多一点，几十个人就要多好多，月底怎么不亏欠嘛。亏了就得自己补，他哪有钱粮去补？果然，每次他都差账。后来全靠右派作家李南力自己掏钱给他补上，才救了他。

把长寿湖同南川相比，在南川精神上要轻松些。长寿湖除了劳动，成天人与人斗，身心压力极大。我们劳动局下去的8个右派中，3个死在了长寿湖。

一个是陈遥之，他投湖自杀；一个是贾厚友，饿死了；第三个是孙毓澄，落水淹死。

孙毓澄死之前还托我回家时看望他妈妈。他家里把过中秋节凭票供应的饼子全部托我给他带来，我带给他之后不久就听说他遇难了。孙毓澄是一个很斯文的人，他不会游泳，在一次划船运粮时船漏水，他掉下去淹死了。

贾厚友是一个相当有才华的人，歌唱得很好，琴棋书画样样都行，他鸣放时画了一幅漫画，说他讽刺了局长，因此划为右派。在长寿湖，他被整得不成人样，他死前我见到他一次，他支一根木棍，端一个烂碗，到食堂打饭。我见他脚肿得很大，脸也肿。他死在二工区。他妻子从城里来到他的坟前，哭得死去活来，我见她在地上绝望地翻滚，双手抓满泥巴。后来她带走了他的一件褒衣，作为纪念。

李武珍当右派前在劳动局

一年中我们只有春节才有几天探亲假，你不晓得，我们回家探亲时的那个心情！

那年春节，我把我种的一个大南瓜和一些鸡蛋给我妈背回去。那天没赶到车，为了不浪费时间，我决定连夜走到长寿县。我一个人害怕，便同工会一个姓罗的男右派一块走。我们走一段又歇一会，夜里露水把衣服打湿了，罗右派（*我把他名字忘了*）把他的草帽拿给我戴。在县城等船时，我晚上不敢睡，一会怕有人把南瓜偷走，一会又怕不小心把鸡蛋打烂，手抓紧背篼一夜都不松手。

上了船，船走上水，慢，我们归心似箭，更觉得慢，路上数岸边的树，一棵，两棵，蜗牛似地往后移。一年只有那么几天假，路途上过的每一分钟都觉得可惜，觉得心痛。只要远远看见，甚至不是看见，而是感到了朝天门的灯光，我就兴奋得心扑扑直跳，赶紧收拾自己的背篼、年货，早早地背在身上，站在船舱边。

到了朝天门，争先恐后下船。冬天，水枯，下船后要过一大片沙滩。我前面抱一个娃儿，背上背一个背篼，心急火燎往上赶。沙子往下陷，越急越走不动，每次过那片沙滩，我都出一身大汗，不过心情很愉快，要到家了！

说起朝天门，又想起一件事。那一年我把妈妈接到长寿湖，在上船前的那段路上，我先把箱子背到前面，叫女儿小小（她大一点）守着，然后返回去背妈妈，背到箱子前放下，又背箱子，然后又返回去背妈妈。我们就这么一段一段地移，一路上其他人都把我们祖孙三代人看着。

多少年呀，成天最盼望的就是一家人能在一起，一家人能团圆。

妈妈去世快三十年了，我一直思念她，一想起心里就难过，想哭。现在日子好过了，不缺吃，喝牛奶不成问题，又没有政治上、精神上的压力，但她享受不到了，一天都没有享受过。

那些年，最"争气"的是两个女儿，她们从小在山坡上敞放，风吹日晒，居然不生病。幸亏没生病，否则她们可能完了，我也可能完了。那偏僻荒岛，哪儿去求医？

两个娃娃虽然生长在农村，但总想让她们受教育。她们每天要走十几里路去上那个农村小学，路上要拿根棍子，怕草丛中的蛇。冬天她们没鞋穿，脚冻得通红，像红胡萝卜。

1970年，我又结婚了，他是市总工会的右派，郑汉生。

孙静轩托他在长寿湖的好朋友聂云岚等人给我个人，聂云岚他们很热心地为我张罗。同心岛有个右派郑汉生，40岁了还孤身一人。郑汉生自身条件不太好，个子矮，又不能干。黎民苏他们早早就找了个农村姑娘，郑汉生就不行。聂云岚说，郑汉生还是有个特长——会劈柴。我同他结合当然不是看中这个特长。

他身体不好，自理能力又差，病了，躺在床上不吃饭。我煮点泡饭，叫可可端去，可可送去的饭，他都吃，我看见他那个样子很同情。

结婚后，按我本意，我绝不愿再要孩子，两个女儿已经把我磨得够惨，还有一个生病的母亲，再生养孩子我压力大。但是，郑汉生有权利要一个他自己的孩子。可以说，我完全是为他着想才生的葱葱（第三个女儿）。

婚后我并不感到轻松，郑汉生这个人管不住他那张嘴，用重庆话叫"干精火旺"，经常张口叽叽呱呱一阵乱说。那是啥子年代？要惹事呀！孙静轩也敢说，又同捕鱼队那帮不服气的人抱成一团。经常有人警告我，弄得不好要出事，再抓一个反党集团容易得很。同郑汉生生活又是担惊受怕。我是三个孩子的母亲，要对她们负责，要平平安安把她们养大。我是个微不足道的小人物，怕惹事，只想有个安稳的家，过点小老百姓的安宁日子。

1974年，鉴于我妈孤苦一人，重病缠身，劳动局终于恩准我回到重庆。妈妈上医院总算有人陪了，可惜她生命也快走到尽头。

我与郑汉生的婚姻原本勉强，我回城两年后，我们分手了，女儿葱葱留给他。我不是不牵挂她，她才几岁，怎么不挂牵？没办法呀。葱葱长大后不理解我，觉得我抛弃了她和父亲，我有苦说不出。

后来我又结了婚，他也是长寿湖的右派，这你已经看到了。

李武珍1974年从长寿湖回重庆留影

我三个女儿，现在分别归属三个家庭，小小跟着我；可可判给孙静轩（她中学毕业后去了成都）；葱葱同郑汉生生活。三个女儿都是我心头的肉，都让我牵肠挂肚。小小柔弱、抑郁，胆小怕事，工作不顺心；可可性子急躁，倔，非常讨厌政治。她说："妈妈，我们一家就是被政治害的！"后来高考她坚决不复习政治，结果政治只考了30分，她的总分距录取线只差7分。可可本是非常聪明的孩子，可惜了。葱葱一直没有正式的工作，我们找关系反反复复说情，几个月前才给解决。

这种破碎怪谁？怪我？

我自己受苦不要紧，但影响到娃儿我很难受。

1957年反右运动，害了几代人！

（采访时间：2002年1月9日； 2009年11月29日
地 点： 重庆市杨家坪； 重庆市博物馆）

"1957年反右运动，害了几代人！"
（李武珍2009年11月）

一次不幸的亲眼目睹——蒋维亮

——1957年重庆市文化局团支部书记
1933年生

1949年"解放"时,我在重庆清华中学读书,那一年我参了军,空军地勤,驻扎在中朝边境。我也曾踏上朝鲜的土地。几十年后我了解到,志愿军当了俘虏回国的,被整得很惨。有个女兵,被发配到一个非常偏远的山区,遭强奸18次。我出了一身冷汗,谢天谢地,我没当"回了国的俘虏",而当了右派,我也许情愿当右派。

1955年,我从华北军区空军政治部转业到了重庆市文化局。

我虽然出身于"剥削阶级"家庭,但心里总渴望追求真理,认为一个社会应当公平、自由、民主。1949年我对"新社会"是由衷热爱拥护的,年轻人嘛,面对一个新时代,高兴。

在部队时,我开始感到有些不对劲,好多首长一脚把原配夫人蹬了,从大学生里(包括清华大学)招来一些年轻、漂亮、有文化的女大学生,说是参军,实际上给他们当老婆。有个部长,一个怪难看的糟老头,娶了一个马来西亚回来的女学生。那女学生真是个美人儿,年龄还很小,说"娶"是文明语言,实际上是强迫。记得刚解放不久,

蒋维亮在华北空军政治部留影(1953年)

见到一幅苏联的画,叫《春寒》,上面画一个富有的糟老头娶一个很年轻很漂亮的女娃,画讽刺旧俄时代不相称的婚姻。我看那幅画心理上很反感,但我想那毕竟是一幅画。后来睁眼一看,咦,这种事身边到处都有!下了地方,见得更多,我于是想,这些都是老首长,老革命,打江山辛苦,辛苦了就要享受。

当时,我只是对这种事产生一种本能的反感,绝没有想到这同我一生的命运有什么关联。

我到文化局后,由于能说会写,还能在外国人面前说点洋文,因此很受重用。我当了团支部书记,还被认为是"接班人"。那个时候,有外宾来,我都要接待,每天还要把外宾的活动情况写成文字发电到北京,所以,每晚发完电我一天的工作才算结束。

一个晚上,我写完电文,匆匆闯入主任的

办公室，一进门，我呆了，主任正在和一个年轻女人亲热！我面红耳赤，手足无措，赶紧退了出来。但是晚了。

主任是个从延安来的老革命，我的顶头上司。老革命搞年轻女人我已经见得多，但是当场撞见，而且是顶头上司，事情就不妙了。主任担心我说出去，其实我没吭一声，我不敢，我晓得这事的厉害。

几个月后，鸣放开始了，我经常在外陪外宾，根本没鸣放，什么意见也没提。不过，要整我，并不在于提没提意见。

他们找了两句话给我定了罪：一、蒋维亮说，他要用艺术这个鞭子来抽打共产党员的灵魂。二、蒋维亮说，鸣放时共青团员可以不讲立场。其实这两句话都不是我说的。第一句话来自一个搞创作的人员，原话是"用艺术的鞭子抽打丑恶的灵魂"，我觉得这句话不错，记在本子上，本子被人发现、汇报、加工，成了我当右派的罪行。第二句话是别人问我的话，当时我根本没有回答，后来批斗我时，不管三七二十一，就往我身上压。

主任资历老，权力大，他不放心我，给我顶"帽子"打发我走人。

不过，17年后，1974年，把我从长寿湖解救回来的也是他。

文革期间，他在日记本上写了一些骂江青的话，他当演员的老婆发现后揭发他，他因此挨斗挨整。这一家伙把他整清醒了：挨整的滋味，难受呀！1974年，我同他在大溪沟偶然相遇，他十分亲热地叫我："蒋维亮同志，蒋维亮同志！"我很冷淡，不想理他。他很真诚地对我说，1957年的事过头了，一定要设法把我调回来。我没当真，但是当年我就从长寿湖调回了城！他帮的忙，想来他良心还在，那个年代，不容易了。

批斗我时，我还在想，辩论嘛是人民的权利，因此我不停地为自己辩解。哪知越辩解越遭整。你越说自己根本没想到要反党，你越被整得惨。一盆一盆的污水铺天盖地往你身上泼，泼得你昏头转向，到后来你自己都分不清自己到底是不是个罪人。

我们文化局有个搞川剧改编的文人叫王相成，他解放前曾与老舍一起工作过，写过

蒋维亮从空军转业前留影（1954年）

不少书。1957年他根本没有鸣放。那天开会，有人叫他站起来交代问题，他马上站起来，站得规规矩矩，低着头说："我从旧社会来，有罪，有罪。我向党低头认罪。"斗他的人说他老奸巨猾，他连连承认："是，是。"他一心想求平安，但是，仍然被划为右派。

不过，由于他一点不辩解，批斗会上他少吃了很多苦头。我这才明白，受了冤是绝对不能喊冤的，否则整得更惨。

划我右派的材料报上去审批时，宣传部管文教的干部认为我不应划右派，把材料退了回来。哪知道正在这个时候毛泽东到了重庆，他到团市委去问，你们打了多少右派？团市委的说打了多少多少。毛泽东嫌少，说："一个单位要打个百分之

一、二、三呀。"

这件事发生在1958年3月，团委的报纸上刊登了的。

这一下又掀起了抓右派的热潮，以前不打算划为右派的，一个接一个地补划。右派实在补不上了，就划为"坏分子"。例如，与我同在文艺科的刘犁和陈应善就被强划为"坏分子"。刘犁的罪名是"经常在文化宫逛，想要女朋友。"陈应善也是我们科的，爱唱歌，他娶了比自己小得多的年轻妻子，被定罪为勾引诱惑女青年。他和他父亲（即重庆著名的山水画家陈漫漫）对此表示强烈不满，结果陈应善被抓捕入狱，新婚的妻子也同他离婚了。所以，这些"坏分子"完全是强加的。最有趣的是市话剧团的万声，他们剧团的肖培禧等人被划为右派打下去了，在一次座谈会上主持人要大家发言，点名要万声发表对肖右派的看法。万声说："我看到肖培禧呀，这些人——"说到这儿他就打住了。主持人问："有啥？"万声说："没有了。"那些人于是认为，"没有了"里面更有问题，万声没有说出来的话是最恶毒的。他们话剧团的几个人，包括万声，都是后来被补划为"分子"再打下去劳改的。

1958年3月毛泽东在重庆

抓了"坏分子"又抓"历史反革命分子"，总之，抓的"敌人"越多，成绩就越大。毛泽东来重庆点了把火，四川省委书记李井泉又在已经很高的抓人指标上再加一个百分点，这百分之一专门加在知识分子多的地方。

我当右派后，工资从每月60多元降到每月3.5元，转到长寿湖后加到7.5元。经济上我一贫如洗。

那些年，我见到死人最多的不是长寿湖，而是南桐农村。1958年冬，教育局和文化局的右派集中在南桐矿区两河乡修简易公路。这时粮食已经很紧张了，每人每月只有17斤毛粮，右派们饿得不行，什么野草野菜都找来吃。毛粮连同谷壳一起磨成粉，包谷连同芯芯一起磨来吃，还有南瓜叶等等。吃不饱，但劳动强度很大，右派们挺不住了。

文化、教育系统的右派们，都是些知识分子，一些人年龄大了，经不起折磨，成批地死。我当时搞点测量的技术活，四处走。每天走到教育局那个队门前时，都会看到几具尸体，前一天的埋了，第二天又摆出新的。有一天，我看见尸体中有我在树人中学的英语老师冯素光。

我们文化系统有一个叫曹绥志的人，他是四川人民艺术剧院创作室的创作员。他死后我们把他埋在坡上，由于大家都很饿，没力气挖坑，便找了个凹下去的地方把他放进去，然后捡点泥巴和石块把他草草盖上。他新婚不久的妻子从四川大学赶到南桐来，非要去看他的坟。实际上哪有什么坟嘛。我们带她到埋曹绥志的地方，她一看见那个到处是洞的"坟"，一下子就痛哭起来。我们赶紧又去找些石块泥巴把洞封上。

还有一个叫唐成淼的人，是市话剧团创作室打的"坏分子"。他被开除公职，下放南桐农村。一天，他听说场上一家食店要卖红烧肉，一大早，店没开门他就去等。好容易开门了，肉还没买回来，又等。肉买回来，洗、切、煮，再等。锅里冒出阵阵肉香，唐成淼使劲闻，虚汗直流。突然，他面色惨白，浑身发抖，身子一歪滑到地上。

肉煮熟了，唐成淼也断气了。

蒋维亮（右）在南桐山区修好一个简易公路桥后与陈华合影。

1960年2月我们转到了长寿湖，仍然不断有人饿死。我当时在采石场，饿得昏昏糊糊，每天看天都像是黄昏，不时把水当成天，天当成水。后来，我们这些身体垮了的人集中在一个寝室，我睡上铺，下铺给年龄大一点的人。没多久，下铺的人死了，抬出去，我移到下铺睡，再来人，我又搬到上铺。我记得上上下下搬了三次，每一次都是下铺死了人。可惜我想不起他们的名字了，只记得有一个人是邮电系统的。不久我被转到狮子滩医务室，那个"死亡寝室"后来的情况我就不了解了。

我记得最清楚的是刘犁之死。刘犁同我一个科——文化局文艺科。那天，我听见有人喊："这是哪个睡在沟沟里？"我跑去看，在狮子滩机械厂旁的一个沟里，面朝下伏着一个人。我把他翻过来一看，是他，刘犁！他满口是泥巴，嘴角流出一串口水，面青面黑，眼睛还睁着，但已经断了气。

他到狮子滩来找吃的，转了半天，没找着，支持不住倒下去了。他1930年生，死时刚刚30岁，还没有结婚。

他为啥被打成"坏分子"，因为他爱在文化宫找女娃儿耍。一个单身汉想耍女朋友，正常得很嘛。毛泽东来了重庆，要多抓阶级敌人，他因此就被打成了"坏分子"。

那个年代，越老实，越按要求认认真真改造，越吃亏，越容易死。采石场有一个西师地理系来的右派，非常年轻，只有20多岁，不知是学生还是老师。这个人身强力壮，正处在生命最饱满的时候。那时，越是体力好的，越要派去干重活、累活。于是，许多重活都让他去干，还把他派到劳动强度大的水稻组。但是，吃的定量都一样，你想，这怎么受得了。

水稻组派了个农民师傅来管右派，这个人很"左"，把很多杂活重活都派给他去干，其中一项就是让他去挑饭。挑饭至少要走半个小时。一次，在挑饭中，他饿慌了，就把别人罐子里的饭翻过来，从底下挖了半个汤圆那么大一块来吃，然后又把饭翻回去。

吃饭时，那个农民师傅首先发现饭缺了一小块，接着其他人也发现了。这不得了，马上把他拖出来斗。不仅斗，而且从第二天起就扣他的饭，把他的饭扣下来分给水稻组的人吃。既不准他吃饭，又要他继续劳动，你说他活得出来？

那天，白天强迫他干了活，晚上又派他到湖边去守麦子。麦子一包一包包裹好了用油布盖上。他就坐在那个土地庙守夜。第二天夜里，他死在那儿了。

他们去验尸，以为他是偷吃了麦子胀死的。他嘴里的确有麦粒，但是检查麦包，发现每个麦包都完好无损。麦粒哪儿来的呢？又查看，发现他是把掉在地坝石缝里的麦粒掏出来吃，因为他嘴里有泥沙和草根，那泥沙和草根同石缝里的泥沙完全一样。检查时还发现他嘴里咬死了一条四脚蛇（即壁虎），但他已经没有力气把它吞下去了。

这个人叫张泽光还是叫张泽云我记不准了，希望你去调查落实一下。

1960年在采石场还抓了两个人，一个既不是右派也不是"坏分子"，而是长航下放下来的年轻人。长航有三个年轻的报务员下放到采石场劳动，这三个小伙子个个都长得很帅，其中尤其是叫刘明登（音）的小伙特别引人注目。他爱戴一顶草帽，走在路上非常潇洒。这三个漂亮小伙子常在一起，人们把他们叫做"三个火枪手"。

一天，他们在路上遇见了管这个地区的支部书记苏新，苏新看了他们一眼就走了。刘明登将手做成手枪状，冲着苏新的后背"啪"、"啪"、"啪"开了三枪。这一下他倒霉了，给他定个罪名，说他要谋杀共产党的支部书记。他被抓捕进了监狱，后来下落不明。

另一个叫沙居城，是重庆市工业局的。这个人有很强的独立思考能力，可这个能力在那个年代只能是灾祸。据说他写了些材料，申诉他的冤情。他的申诉被当作现行反革命活动，他因此被抓捕入狱了。

我在采石场还看见一个人被抓，这个人叫邓祐曾，以前是华西大学学化学的学生，一个非常聪明的人。他还是个混血儿，母亲是比利时人。我同他在南桐时就认识。那天他被抓来丢在采石场

蒋维亮1960年春节到长寿湖之前与妻儿合影

那个谷草堆里，我看见他，问："老邓，你怎么在这儿？"他转过身，让我看他铐在身后的手铐。我一看，知道他要被抓走，便赶紧去买了两个馒头塞在他身上。他不要，生怕连累我，叫我赶快走。他很快就被押走了，判了刑。据说罪名是"企图投敌叛国"。

（注：邓祐曾的情况详见本书《吃饱饭比什么都重要》）

多年后他出狱，去了比利时。不过后来他又回到中国，在成都还写了一本书，探讨马列主义在欧洲和中国的不同情况。前不久我打电话去，他已经去世了。

有一个右派的死我一直感到很内疚。这个人叫陈遥之，是重庆市劳动局的右派。那天我在厨房遇见他，他脸色很不好，端着一盆正要洗的衣服。他先开口对我说："老蒋，我恐怕是活不下去了。"

我那些日子自己也焦头烂额，天天要我交待问题，精神压力大，但是我没想到要自杀，因此也没去想他会自杀，所以我没同他多说话。

不一会，传来消息，陈遥之投湖自杀！

我这才知道他端那盆衣服是掩盖他要去投湖的行动。

我好内疚！如果我当时想到这一点我一定要全力劝解他，一定要阻止他。

他的尸体被打捞上来埋在马鞍山的一个竹林下。

长寿湖有一个可怕之处就是挑动人与人斗。

有一个右派叫李XX，他为了表现他劳动改造积极，挑一担泥巴还要在背上背一筐，用现在的话说就是作秀。他摘帽后当了组长，"左"得出奇，一心想监督管理好其他右派。他搞了个"发明"——在宿舍里挂一个本子，每人每天必须在上面写一条揭发他人言行的话，不写的人自己当晚就要挨斗。用他的话说叫"互相监督，促进改造"。这一招搞得人人自危，大家在一起你防我，我防你，不敢随便说一句话。

不说话也得"揭发"。于是，本子上出现这样的揭发："某某某平日撒尿只要两分钟，今天撒了整整三分——蓄意偷懒。"还有"某某某今天拉屎没拉在集体的粪坑里。"

人与人之间没有了正常的交流，人人噤若寒蝉。我说，我们那些日子里放的屁都比说的话多。

管教干部孙重认为这项发明好得很，准备在全范围推广。

正在这个时候，同心岛上发生一次严重的蘑菇中毒事件，右派们一个个中毒倒地，上吐下泻。有些人中毒重，生命垂危，岛上慌成一团，揭发登记被迫终止。

我也中毒，拉肚子，但那些天我精神还轻松些——情愿拉肚子，不搞"阶级斗争"。

蘑菇事件后，遇上造反派进岛。

当时，造反的两派斗得很厉害，他们互相攻击对方，有一条是"包庇长寿湖的右派分子"。其中一派为了证明自己"清白"，证明自己"革命坚定"，打算对我们大开杀戒。全体右派突然被集中起来，关进一个砖窑里。我们人心惶惶，听说造反派在山头上架了机枪，要把我们一群"坏人"全体剿杀。但是，没有响起枪声，这事被阻止了，我们半夜时分才从砖窑里出来。

蘑菇事件和造反派进岛打断了李氏"发明"的推广，是大幸。

管教干部批斗右派更是不择手段。孙重故意整女右派罗成溶，整整斗了她几十天，斗得罗成溶后来一点脾气都没有了，说她什么她都承认，说她是妓女她都认可。

在长年累月无休止的批斗"改造"下，有的人变了，变成了奴性十足的狗。

有一件事印象很深。一天，红卫兵把我们抓来跪成一排，有个红卫兵搜到一本莎士比亚的原著，他左翻右翻，不知是本啥子书，跪在地上的文人右派XXX主动去讨好，他不敢站起来，跪着用膝盖在地上挪，一点一点挪到造反派面前，先用英文读书名，然后媚声给造反派解说。

我们目睹这一幕，心里很不是个滋味，知识分子，宁可死，也不要到这个地步。

也是他，文革中儿子死了，让他回去，他不走，说要以学习、改造为重。

那个年代，很多人都说过违心的话，做过违心的事，包括我，但主动"改造"到那个程度，也少见。

那个所谓的"改造"，除了把人改造得奴性十足，还把人改造得十分凶残。有的人变得善于察看主人的脸色和眼神，当他揣摸到主人想咬谁时，便抢先跳出来扑上去。在那个环境中，人被一步步改造成野兽，像狗一样相互咬。我们一方面要学会麻木，这样才能忍受，另一方面又要高度敏感，像野兽那么敏感，提防别人咬你。那时有种感觉，仿佛自己生活在一群狼中，我若不变成狼就活不出来。所以我抱定："人不犯我，我不犯人，人若犯我，我必咬人。"当时就像中了邪教，教主鼓动我们互相斗，现在回想起来，又是气愤又是惭愧。

捕鱼队就要好些，谭显殷他们认识得快，不相互斗。我们那儿，尤其是开初，彼此斗咬得昏天黑地。后来慢慢清醒了：相互整干什么呀？槽内无食猪拱猪！右派梅吾说："什么阶级斗争？提起千斤重，放下二两轻，别把他们那一套看得那么不得了。"

可我们最初没看清楚，忠心耿耿跟着共产党走，老老实实按共产党的指示办。遭就遭在这儿！后来我总结一句话：对共产党宣传的那一套，信一分遭一分，信两分遭两分，信三分遭三分，信得越多死得越快！

我当了右派后一直不认为自己是右派，我甚至认为，革命就是这样，就像描写苏联革命的那本书《震撼十日》里写的那样，孙子可以把爷爷押去枪毙，这是革命的需要，革命的列车辗来，牺牲自己的同志，甚至把自己的战友打死了都有的。也就像《苦难的历程》里说的：三次血水洗过，三次碱水里泡过，三次冷水里浸过，我们纯净更纯净。

我当时这样认为，是革命的需要把我牺牲了，算了，一切重新来过。

后来，越改造我越觉得自己是右派了。为什么呢？，看到大跃进、三面红旗乱整；看到把农民的坛坛罐罐全部收缴了；看到一个老农民，死在去公社食堂打饭的路上；看到那些惨无人道，我开始怀疑：这就是要"奔向共产主义"呀？还有，看到彭老总——我们在部队就这样叫他——说真话被打成右倾反党集团，我更加反感——这就是"革命"呀？

于是，我真正开始右倾——变成右派分子了。嘿，正在我对共产党怀疑得最厉害时，正在我认为我真正成了"右派分子"时，上面宣布摘掉我"右派分子"的帽子。

（采访时间：2002年1月9日；2009年11月29日
地　　点：　重庆市杨家坪；重庆市博物馆）

采访后记

在初次采访了蒋维亮、李武珍夫妇七年之后，我走进了他们位于重庆市博物馆里的新家。

仅在去年（2008年）和今年，就有约15名长寿湖幸存右派与世长辞。在本章所列的七对夫妻右派中，四对已经残缺，还有一对即将残缺。

但李武珍、蒋维亮二老还很健康，思维也清晰，于是我产生了将他们的音容录下来的念头。

这次，两位老人面对镜头又谈了很多。说到激昂处，蒋维亮情不自禁站起身，声音高亢；而李武珍依然是儿女情长，热泪盈眶。

我感到庆幸的是，他们不仅留下了上述文字，还留下了生动的讲述画面。

蘑菇事件

"四清运动"期间，进驻同心岛的四清工作组的人表示想吃蘑菇，几个右派于是到山坡上采集了一大堆，在伙食团煮成蘑菇汤。当天，右派们兴高采烈地一人打了一份。

不一会，右派们一个个双手抱腹，哇哇吐得天昏地暗，其中，也有工作组的人。

正在分发蘑菇汤的聂云岚（重庆出版社右派，作家，已去世）见状大惊，慌忙抓起一个大盅，盛上满满一盅蘑菇汤，咕噜咕噜全部吞入肚里。

情况汇报上去，长寿县的医生紧急出动，赶往同心岛。

岛上，右派们东倒西歪，上吐下泄，驻地四围污秽满地，臭气熏天。

整整折腾了七天，据说在用尽了县医院所有的输液剂之后，右派们才逐渐起死回生。

在这次事故中，中毒最重的就是聂云岚，他倒卧床上，面色惨白如同死人，经全力抢救才死里逃生。

事后，有人问他：你已经晓得蘑菇有毒，为什么还要吃？聂云岚哭丧着脸说："我不吃怎么说得清？采蘑菇的人有我，烹煮的人也有我，定我一个破坏四清运动罪，那就是现行反革命！我只得吃，还要吃得最多……"

（长寿湖右派刘钊、黎民苏、顾大铭提供）

同心岛当年右派们的食堂（谭松摄）

长寿湖，一个才貌双全的女右派
——刘曼若
——1957年重庆出版社编辑

我年轻时的愿望是当个记者，一个像原大公报杨刚那样的女记者，会写文章，懂外语，可以满世界去采访、报导当地的风光、人物和事件。于是，我从上海同济大学医学院转到了德语系，并立志，这辈子要投身新闻事业。

1949后，我懂得了报纸是党的喉舌，而我出身不好，又是非党群众，要想当记者是很难的，更不要说当驻外国的记者了。

不过，我当了一名编辑，重庆出版社的一名编辑，虽然不是记者，但总算是从事文化工作，我决心踏踏实实地在出版社干下去。

1957年鸣放时，我提出了对肃反、三反运动的看法。

我说"肃反是肃清反革命，解放时我弟弟才十二、三岁，怎么也被抓起来当反革命分子审查？"那时，我把反革命的概念局限在"拿枪和共产党对抗的战场敌人，或者搞破坏的国民党军警、特务等。"没想到"反革命"可以随时空变换而内涵不同。

三反运动，出版社整人整得凶，捆绑吊打、跪煤渣、跪砖头。有一天，我从办公室出来，路过收发室，里面突然有人大叫："刘曼若，救救我！刘曼若，救救我！"我往里一看，看到刘跃新（当时的党支部书记、经理）跪在煤渣上。那个气氛恐怖，我不敢说话。走过去，又看见魏志澄（老出版家，时任出版部主任）在小会议室吊"鸭儿凫水"。后来听说，他们还把刘跃新抓到后面山坡上，用火柴烧他的生殖器。耳闻目睹，我非常气愤，那是人哪，怎么这么野蛮，这么残暴？！党的政策规定，不准打人骂人呀。

1947年刘曼若在同济大学，17岁

于是，我向党提了两条意见：一、出版社的三反运动有些地方搞得不对。二、肃反运动打了一些好人。

有人写了大字报，说我"攻击共产党"。我觉得自己是根据党的鸣放政策，说的都是事实，怎么会是"攻击"呢？我于是拿起笔来，在大字报旁批注：扯谎！

那时，我很天真，不知道说真话就有罪。

其实，我一句话不说也要当右派，原因是我"出身不好"，父亲在杨森手下当过县长。我的哥哥刘抚万人很老实，从不在大会上发言，但也被划为右派，勉强给他找了一条"罪行"——有人告密："刘抚万说过，积极分子是狗熊。"

说到"积极分子"，你可能不懂，在党组织周围，尤其是运动期间，总有许多表现"积极"的人，他们专门向党告密：某人做了什么，说了什么。积极分子因告密受记功，被培养入

25

党。我们在一次开团组织会时传达了党的一个指示：要保护积极分子，否则党就没有耳目了。

我被划为右派，撤职停薪，送农村监督劳动，每月生活费18元。

1958年3月14日，我和出版社几个右派分子来到了南桐矿区双河公社。

在农村，我住在一户陈姓农民家里。为了好好表现，我流产没三天就跟着他们下水田；为了好好表现，我赤脚也跟着农民搅石灰墙泥，结果脚踝烧了一个大洞；为了好好表现，脏活重活我都勇敢承担。

在农村，我看到，"解放"了十年，农民生活还是那么苦，吃不饱穿不暖。我在陈家住了近十个月，只吃了一顿白米饭，就是我才来的那天的那顿晚饭。其余时间吃什么？四季豆叶、豇豆叶、南瓜叶、红子（野果）等掺点碎玉米蒸着吃，还有就是没交上公粮的瘪谷子，碾碎后连壳带糠掺点菜叶蒸着吃，叫谷沙沙。而我住的这家，据说还不是最穷的。

一天，农民和下放干部都去公社开会，开会回来，他们一个个喜笑颜开地说："我们进入共产主义社会了，每家每户不用自己煮饭了，要成立伙食团，敞开肚皮吃饭；农民也不记工分，每人每月发三元工资……"于是，今天到这家砸小锅小灶，明天去那家砸坛坛罐罐……

闹腾了一两个月，突然，粮食没了，说是灾荒年来了。

水肿病在右派分子中蔓延，得病的人越来越多。在这种情况下，大概是市委决定，将这批右派分子转移到长寿湖。

长寿湖粮食定量：21斤。

右派们看到了活的希望。

刘曼若1952年

1960年初的一天，两河公社的右派集体转移到长寿湖。我记得那天到菜园坝火车站出站时的情景：一队衣衫褴褛、面容憔悴、精神萎缩的男男女女身背山地特有的下窄上宽的倒肩背篼，手杵"拐扒子"（用来撑背篼的），慢吞吞地走出来，列队。尽管那时全国人民都只有黑白灰三种颜色，但我们的出现还是十分引人注目。围观的人有的说："是反革命吧？"有的说："是劳改犯吧？"

另一个说："不像，你看他们一个个斯斯文文的，怕是右派吧……"

我走在那个队列中，无地自容。

1958年我走时两个儿子丢给丈夫张慧光。不料一年后，张慧光也当了右派，下放长寿湖。

我们每人每月生活费18元，穷得一塌糊涂。我的两个儿子，一个刚四岁，一个两岁多，生活都还不能自理。出版社有一个姓苏的工人，他妻子主动抚养我的儿子，儿子叫她苏妈妈。苏妈妈是个非常善良朴实的劳动人民，她把张仲戈、张仲弋当自己的亲生儿子。苏妈妈没有工作，自己的日子也很难，她拼尽了全力抚养我的孩子，从没要求我们给她增加工资或生活费。儿子想父母，不时闹着要父母，苏妈妈对他们说："你们父母出差去了。"

张慧光： 1974年我和刘曼若回到出版社时，两个儿子已经是大小伙子了。这"差"出得长——16年！

刘曼若： 好多年了，我不敢也不愿回忆那22年辛酸、苦难、屈辱的日子，每每想起来我都禁不住要流泪。我还是说几件事给你听听吧。

1962年右派们集中到同心岛，据说，上面有文件，要求把右派分子从劳动战线撤下来，养好身体，恢复专长，等待分配工作。右派们非常高兴，都盼望能结束劳改，调回重庆。

领导破天荒给我和张慧光分了一间夫妻房。不料，半月后又莫名其妙不让我们住了，又赶回各自的集体宿舍。两个月后，我发现自己怀孕了，我两个孩子养起都艰难，怎么敢要第三个？于是，每天我一有空就把自己睡的双层床拉出来，推进去，再

刘曼若与儿子（1963年）

拉出来，再推进去，反反复复，不知拉了多少个来回。几天后，我非常幸运地流产了。王义珍来一看："哎呀，是双胞胎，可惜了！"我一听到"双胞胎"，眼泪禁不住流了下来。我喜欢女孩，希望有一个女孩，这双胞胎，说不定就是两个漂亮、可爱的女孩。我怎么忍心杀死自己的孩子呢？可我是右派分子呀，否则，我一定会留住她们。这是右派妈妈的悲剧，也是我终身的憾事。

按规定，右派分子每年春节有五天探亲假。一年只此一次，谁不想回家看看。可是，我的家早没了，孩子寄养在苏妈妈家，回去在哪里吃住？更主要的是，每人来回要近8元的路费，我哪里消费得起？

1962年正是饥荒年。大年三十，我的二娃想妈妈，忍不住了，趴在屋前的栏杆大喊：妈妈，我要妈妈……

还有。有一年过春节，我们没钱回家，其他右派走了，整栋草房只剩下我、老张、我小儿子和另一个右派的儿子。大年三十，伙食团关门了，我去分了五斤米、两斤豆食，在一个小土灶上用一个搪瓷盅盅煮饭。想到过春节，还是应当有点肉，于是我们去赶云集镇。镇上只有一个卖牛肉的，一角九分钱一斤。我们觉得还便宜，便买了两斤回来烧煮。煮了很久，牛肉一直硬梆梆的。儿子跑到伙食团去刨来一些煤炭花（即煤烧过之后剩下的一点内核），煤炭花烧完后牛肉还是硬的。儿子说他再去刨。他只有6岁，埋得深的炭花他刨不出来，于是我又去刨。那牛肉从早到晚都没煮软，后来别人说，你买到老牛肉了。

牛肉没吃成，大年初一，我便一心想让儿子吃碗汤圆，但是没有钱。看着儿子那眼巴巴的眼睛，我忍痛把我的长辫子剪了，拿去卖了七角多钱，请儿子吃了碗汤圆。

后来人家批判我，说："你们看刘曼若好贪吃！把辫子剪了都要换吃的。"

（刘曼若泪水涌出来）

1961年，我回家看孩子，给他们买了两个5角钱的高价饼子，马上就有人汇报！批判我，说我买高价饼子给儿子吃，还叫穷。我当时想不通，我当母亲的，长年累月见不到儿子，好容易尽一点母爱，还要挨批斗……

（刘曼若失声抽泣，讲不下去，丈夫张慧光接着讲）

张慧光：我们到长寿湖后，由于经济太困难，刘曼若的一个弟弟每月给她寄5块钱。长寿湖的管教干部对此不满，给刘曼若的每一个亲戚写信，叫他们不要寄钱，说这是支持刘曼若的资产阶级生活，不利于她改造，从那以后，我们唯一的一点外援也断了。

刘曼若：在学习班几个月后，我们没有等来调回重庆的调令，等来了毛泽东的"千万不要忘记阶级斗争！"右派们一个个又被赶去下苦力。学习班的主任、管教干部孙X表示："我决定把改造右派作为我的终身职业。"

我们又开始了漫长的遥遥无期的劳动改造。

孩子慢慢长大了，要进学校读书。读书要交学费，我们缴不起，只有卖书。我和张慧光多年一本一本积累的书，六分钱一斤就卖了。书卖完了，家里也空了，最后剩下两个花瓶，一个是青铜花瓶，我结婚时编室同志送的礼物，一个是明代万历年的的瓷器花瓶。最困难时，他们哥俩把花瓶装到背篼里，背到七星岗去卖。青铜瓶当废铜称斤卖，卖了15元，瓷器花瓶对方出5角钱，儿子觉得太便宜，又背回来。所以，那个瓷器花瓶成了我们家唯一"劫后余生"的东西。

（张慧光将我带到卧室，参观了这个五角钱没卖的宝贝。）

从此，家里能变得出钱的东西，再也没有了。当时，我曾气愤地说：谁要我，我把自己卖了。

无奈中，我只有去求我的小弟弟，求他每月资助我五元钱。小弟寄了几次之后就再也没消息了，我也不好意思去问，后来才知道，这又是长寿湖捣的鬼——管教人员不要他给我寄钱，说这是助长我的资产阶级生活方式，不利于改造。

资产阶级生活方式？已经饿得半死的我还有资产阶级生活方式？

不过，我承认，我的言谈举止有些"资产阶级"味，比如说，我从不说粗话，脏话；请人让个路都是"对不起"，"谢谢"不离口；哪怕门开着，我进门也要先敲门…… 如此等等的生活细节，是长期家庭教养和学校熏陶出来的文明素质，不是一两天改得掉的，也不是右派改造的必须内容。为什么容不得它们存在？难道非要满口粗话脏话才是无产阶级？

还有，我有两件光鲜的衣服：一件是鹅黄色的短袖衣服，一件是两个孩子的胎帽拆了织的鹅黄与浅灰的斜条背心，穿起来确实有点漂亮。另外，我到陌生人的场合，比如狮子滩，就比较注意自己的衣服整洁，尽可能悦目一些。我认为，我虽是右派，但更是有知识有文化的人，人格并不比任何人低下。我应该保持自己的气质和风度，绝不应是一付低头顺眉，衣衫不整，精神萎靡的形象。

这难道就是资产阶级生活方式？

当然，我知道他们对我不满是觉得我有些傲气，最具体的表现就是从不向他们汇报，从不告密。我生来就最恨告密的人，也不学某些人那种吹捧拍马的奴才相。正正直直做人是我从小受的家教。我骨子里所鄙视的，无论怎么"改造"，我都改不过来，也不愿改。

五年过去了，十年过去了，刑事罪犯释放了，战犯特赦了，而右派还在劳动改造，自由还遥遥无期。

我孩子快17岁时，到云南支边。那天，我请假从长寿湖回重庆送他，分别时，我对他说："孩子，发了工资，寄点钱回来，帮妈妈还债。"

孩子要远离家远离亲人了，分别时，我说的却是要他寄钱来还债。

他那薄薄的被子、床单、洗漱用品，都是向出版社借钱买的，我不能不还啊。

火车启动了，一向沉静内向的孩子，突然放声大哭。

二十年前，我妈妈看见三个私立中学校长同时在沙滩被枪决，事后她写信给我说："……愿世世生生，别再说读万卷书，行万里路。"以后，我也一再告诫孩子：安心做一个工人吧，让你的儿子、孙子都当工人，若干年后，你儿子的儿子，孙子的孙子都成了工人，那他们也是工人阶级了，他们就不再背知识分子父母的枷锁了。

长寿湖对我说来最可怕的不是劳动的艰辛，不是生活的艰难，而是对人格、对人的尊严的污辱和摧残。

有一个管教干部，叫孙X，他把渣滓洞监牢里的特务手段用来对付右派，安排偷听、鼓励告密，让右派整右派等等。有一次张慧光来看我，他很"开恩"地让我们住在一间房里，然后悄悄安排另一个女右派廖品云（市劳动局右派，已去世）住在隔壁，那种竹片泥巴墙不隔音，让廖偷听我们夫妻的谈话，向他汇报，廖品云把这事告诉了我。

孙X还有很多发明创造。在他眼里，所有女右派都是淫乱女人。他常常对我们右派说："你们政治上的反动必然导致生活上的堕落。"我在上海读书多年，学外语，性格比较开朗，没有男女授受不亲的封建观念，见到其他男右派，有时用手拍一下对方的肩，或者递一块东西给对方，朗朗地说："嗨，老何，吃不吃？"孙X说我道德品质不好，虽然没有乱搞，但是精神上乱搞——精神淫乱。

张慧光：孙X还说，张慧光使用美女计去拉拢其他右派。

刘曼若：对我伤害最大的一次是污蔑我偷东西。有一次，据说有人在工具房里掉了一块手表和15元公债，我碰巧在工具房里修过簸箕，便一口咬定是我偷的。孙X组织人开会批斗我，要我交待。他说，刘曼若这个人爱慕虚荣，现在没钱给娃儿交学费，所以要偷。

我气得浑身发抖！

说我政治思想有问题我不害羞，说我"精神淫乱"我也受得，但说我偷东西对我是极大的羞辱。他们反反复复地追问、清查，我心情越来越压抑、悲愤，我想到了死……

张慧光：我看见她莫明其妙地甩头，嘴巴嗫嗫嚅嚅，不知在说什么。我紧张了，糟了，她可能要神经错乱！

刘曼若：我心里清楚，不能死，一死他们更认为是我偷的，认为我羞愧难当畏罪自杀……

还有一次我也差点走上绝路。

那是一个冬天，我在马鞍山喂猪，因为下大雪不能出工，张慧光从几十里外的工地上来看我。我们见面当然很高兴，谈谈孩子们的情况，筹划他们的学费，冬天的棉衣怎么解决。偏偏这天场部通知放《红灯记》，队长硬要我去"接受教育"。这明摆着是不容我们夫妻在一起。

画家崔京生（四川美术学院教师右派）想给我争夫妻团聚的机会，对队长说："队长，今天下大雪，晚上有两头母猪要下崽，往回都是她照看的，再说还要给猪圈加草帘……"

"我不信，离开她母猪的崽就生不下来？加草帘我另外派人。"队长一口回绝。

我只好叫张慧光等我回来。哪晓得队长也不准，说队里不能留宿外人。

我忍无可忍，发火了："不留宿外人？啥时候定的规矩？张慧光是外人？上星期你老婆孩子来了睡在哪里？现在还在队部里睡觉的女人是哪来的？"

"好哇，你要造反了，居然要和我平起平坐！"队长大吼起来。

"好，我走，我走。"张慧光拉着我走出了门。

我实在困极了，接连两个晚上，母猪下崽，都是我值班。一上机器船，我就找个角角，靠着张慧光的肩睡着了。船靠岸，他摸出10元钱递给我说："你再添点，寄给孩子们交学费。"张慧光说完就独自走了。

……

下雨了，《红灯记》也放完了。

我们一群右派上了机动船，正要开船，一群"革命职工"冲了进来，冲我们吼道："五类分子通通到梢船上去！这条船革命职工要坐！"

梢船没有篷，速度慢；我们这条十二马力的机动船，有舱，不淋雨，速度又快。

右派们乖乖下了船，只有我和女右派李武珍缩在旮旯没动。船开了，我想，也许他们看不见；就算看见了，见我们两个瘦弱女人，也许不至于下手。

一个造反派头头，我记得他也姓刘，突然发现了我，猛冲过来，一把揪住我的辫子往舱外拖，硬把我推到船头上，他只要再用一把力，我就会掉进湖里。

我头痛得要命，挣扎着扭过头狠狠盯了那人一眼。

"哼，你还'狡'，红星队回去给我好好的斗！"

天一片漆黑，风把雨雪劈面打来。我站在船头，纹丝不动，但我眼泪流出来了，我再也受不了这种屈辱！我心里一阵一阵地涌起冲动：往前再迈一步，只一步，一切荣辱与得失、欢乐与痛苦统统化为乌有……

雨水、泪水湿透了我的破棉衣，湿透了我的破胶鞋，也冷透了我的心。

我真的想向前走一步！

我想到娃儿，他们在一心一意等"出差"的爸爸妈妈回家，等我给他们缝新棉衣，买玩具枪，

有人轻轻走到我的背后，给我戴上一顶草帽。

风转眼把草帽刮飞了，我不知道是谁，但我永远记得那个还有人性的"革命职工"。

半夜时分，回到同心岛，我跳下船，站在湖边，不知该往哪里走。

崔京生（她因生得胖，我们叫她大胖）一直在等我，听见船的声音，她跑出来，见我呆呆站着，叫道："老太婆，你怎么啦？"在长寿湖，我三十出头就显出老相，满面皱纹，由于经常板着脸，不苟言笑，其他右派给我取了一个绰号："老太婆"。

长寿湖的"老太婆"（1964年）

"老太婆，快点，猪儿出问题了！"

我如梦初醒，急忙朝大胖走去。

余薇野（作家，市文联右派）见我一身水淋淋的，问我出了啥事。

我瑟瑟发抖，说不出话。大胖把我拉进饲料间，帮我脱去湿透了的衣服。我忍不住"哇"地一声伏在她肩上大哭起来。

洒了一通眼泪，赶紧往猪圈跑。大黑（一头母猪的名字）当天晚上一胎生了二十只！有几只奶猪已经冻僵了，只有心脏还在微弱地跳动。

大胖、余薇野和我三人围着一堆快要熄灭的火，每人手里捧着两只奄奄一息的奶猪。大胖说："怎么办？这几只猪怕救不活了。"

在长寿湖，右派若挺不住倒下死去，没人过问，挖个坑，掩点薄土就算完事。猪就不一样了，猪是社会主义的财富，猪死了得查原因，是病么？什么病？怎么引起的？弄得不好，给你一个破坏生产的现行反革命罪名。我们非常害怕猪死。撇开政治的恐惧不说，看到自己辛辛苦苦养的猪病倒死去，我们既痛心又心惊，常常是流着泪掩埋它们。

余薇野说，要有一只恒温箱就好了。当年他老大不足月，在恒温箱里养了半个月。

我说，大胖，老余，我们每人两只奶猪，揣在怀里，下面腰带一扎，不就是很好的恒温箱了吗？

于是，我们各人搓了一条草绳扎在腰上，把冻僵的猪儿揣在怀里，坐在饲料间，历史、家庭、狐狸，漫无边际乱扯……

几个小时后，猪儿活过来了，在怀里乱钻。大胖站起来，"嘣"的一声，腰间草绳断了，两只奶猪落到地上，欢快地跑来跑去。我目不转睛地盯着它们发光的初生的毛皮，突然感觉到：活着，生命，多么美好！

我们毕竟比那些死在长寿湖的人幸运得多。

在同心岛，我亲眼目睹了好几个右派的死亡。有一个姓沈的右派，全名记不清了，只记得他是银行系统的右派。1961年的一天，收工吃饭时，他那块地的活还没干完，他身体虚弱，力气不够，希望吃了饭再干。组长（一个摘帽右派）不准，非要他担粪先把那块菜地淋完。沈没办法，只得继续干。当晚他没能吃成饭，一言不发爬上床睡了。半夜的时候，他冲着睡在他下铺的一个右派喊："把你的糖拿一颗给我吃嘛，好不好嘛？把你的糖拿一颗给我吃吧。"他下铺的人不知是睡着了，还是不愿给他，反正没理他。第二天早上出工时，推他不动，才发现他已经断了气。

不知你看过戴煌的《九死一生》没有，里面有个情节，一群右派饿得发昏，推了一车糠饼去，吃到糠饼的人活下来，没吃到的就死了，那个年代，缺一顿饭就会死人。

装他进棺材的时候我见到他的尸体，我无法向你描述。

（注：两次采访刘曼若，刘曼若两次提到这件事。第一次采访之后的晚上，我躺在床上想象沈右派在人生最后一个夜晚躺在床上的心情，想象他渴求吃一粒糖的绝望。第二次采访时，刘曼若说出了第一次她不愿说出的那个组长的名字。我听后感到另一种难过——我不愿意是他——一个我采访过，自身也十分不幸的右派。）

沈虽然死得惨，但死后还给了他一副棺材，有一个叫文英的右派（文英，新华书店炊事员，以前当过和尚，1957年说他是政治和尚，打为右派，死时约35岁），1961年饿死在同心岛，死后把他草草埋在岛上的"灭资岗"（灭资产阶级），埋得很浅，脚还在外面。他妻子来见到他的脚，扑下去痛哭，一边哭，一边叫："文英，文英，你脚都还在外面，你不愿意走啊！"

还有卢蕴伯。解放前，卢家三姐妹在重庆很有名气，三姐妹都是知识女性，留学日本。解放后卢蕴伯和妹妹卢蕴兰被打成右派，下放农村，卢蕴伯在长寿湖自杀。

张慧光：这是一个摧残人才的时代！

刘曼若：我还算好的，不成人样的是贾唯英（女右派，《重庆日报》副总编，1994年去世），她是一个非常有才华的女人，我以前听过她作报告，很动人。在长寿湖见到她，一只手支着棍子，一只手挽着一个竹篮，腰间一根草绳栓着烂棉袄，像个乞丐婆，与她当年作报告的风采相差太大。

我没有饿死，也没有自杀，活下来了。但是，那段刻骨铭心的经历，那些死去的同伴，一直在脑海中萦绕不去，我曾试图把它们一一写下来，可惜没能完成，这儿有一些手稿，你拿去吧。

下面是刘曼若送给我手稿中的部分内容。（原稿被抄家时抄走）

小窝棚

我常常想起湖边的小窝棚。

那是1967年春天，"史无前例"的风刚刚刮进长寿湖。场部前面那棵迎客的黄桷树下，每天都有几个孩子在藏猫猫，他们不时捡起地上被风吹落的嫩叶，放在嘴里嚼一嚼，赶忙又吐出来："好酸呀！"马路两边的桃花，红着脸要笑不笑地招呼着来来往往的行人；被微风吹起的涟漪轻轻拍打着湖岸，把停靠在湖边的一只只双飞燕摇来晃去，像母亲在荡着摇篮，轻轻地、慢慢地……一切都和往年没有两样，不同的是，我们就要结束游牧式的基建生活，到边远的岛子里去安家务农。

我们暂时住在红星岛(同心岛)，几个月后再搬到马鞍山去，那里正在修盖草房。

我的新工作是放牛。两条老母牛。人们说母牛很驯，所以让我这半老太婆去放。白天，我牵它们到有草的地方放牧，同时割两背夜草回来。活路倒是比打果树坑、挖土轻松。

长寿湖湖岸弯弯曲曲，有很多小山都爱把脚伸到湖心去，因此，往往水路只几百公尺，旱路却有一、二十里。

一天，我划着双飞燕去寻觅草源。我也学那些老练的放牛娃，把老母牛牵在双飞燕的尾巴后面，我慢条斯理地划，它们有礼貌地跟在后面游。（后来我才知道，它们如果使点性子，就会拱翻我的双飞燕，或者拉着我满湖转。）过了一阵，我发现向阳岗湖边斜坡上有一片鲜嫩的"铁绊钩"，牛最喜欢吃这种草。我的船刚一靠岸，两条牛提起鼻绳就朝嫩草跑去。它们贪婪地啃着，啃着，啃累了，就躺到地上慢慢反刍，这时我才去给它们打好地桩。太阳爬上顶了，照得我懒绵绵的，肚子也咕咕叫了，我放下镰刀，坐到草地上，从口袋里摸出两个馒头细嚼慢咽。我多想找个荫凉地方歇歇。蓦然，我发现对面是一片阴山，山顶苍郁的柏树丛中隐约看得见一座正在搭的屋架。山下面靠近湖边一个土坎坎上有一个小窝棚，茅草已经变成了黑褐色，顶上长有几根青草，还开着一两朵紫色的小花。窝棚的左面有两丛青翠的细竹，迎着微风摇曳摆舞，那轻柔婆娑的姿态，多像西湖边的垂柳。这不禁勾起了我无边的遐思：我的童年，我的青春，我的爱情，我的理想，我的梦……一切都已过去。

后来我不放牛了，那两丛翠竹，那个小窝棚，那一闪的遐想也从记忆中溜跑了。

"我常常想起我的青春，我的爱情。"

二

几个月过去了，我们搬到马鞍山，就是我放牛时看见在搭架的那座茅草屋。

这次搬家，不是一般地换个住地，拿领导的话说，是体现区别对待的政策，就是把摘了帽的（右派）和没摘帽的分开。当然，"右派本质不变"，这个区别对待只是量的变化，没有质的改变：摘了帽的星期天可以休息全天或半天。每年有一次探亲假，如斯而已。

给我们派来了一位新的"管理员"。新官上任三把火，他的第一把火是成立伙食管理委员会，要我们自己搞伙食（在极左思潮下，右派连炊事员都不能当）；第二把火是发动大家把房屋周围平整清理出来，下班后休息；第三把火最引人注意，他说："某某和某某两夫妻都在这里，又带着一个小孩，应该（是应该，而不是其他词）给他们安个家。现在没有房子，就先到山坡那个窝棚里去住。小是小一点，毕竟是单家独户。"

"安个家！"一个破烂的小窝棚，窝棚再烂再小，他能想到要给我安个家，我已经感激不尽，何况还真有一席之地的小窝棚，我冷了十年的心又有了一丝丝热气。

三

星期天一早，几乎全队的人都来祝贺我乔迁之喜。原团市委的干部、快手老黎割来两大捆茅草；二簧管演奏员、泥石木全能冠军老余砍来柏树桠枝，给窝棚换了草，还捆绑了一间占窝棚全面积三分之二的大床；五十年代铁饼铅球冠军，我们的石工队长和副队长，抬来一张石磨底座，砌在窝棚前，作吃饭的小圆桌；工会生产部副部长，我们的学习组长搬来了三个修整有致的树疙兜凳子；出版社的编辑、诗人，猪场饲养员老余拿起锄头说："我来铲条到湖边的小路，免得你们打水遭蛇咬。"美院教师、画家、伙食团长胖大嫂老崔吆喝了两个女同志给我们拆洗被子；党史教员、肝硬化病号老周捧着一个大纸箱，上面盖一块鲜蓝色的塑料布，一边走一边说："我来晚了，送你们一张写字台，写个思想汇报还是可以的。"

"什么？写思想汇报，你好话都说不来一句。"老黎气愤了。

"对，不写思想汇报，就是不写。"

"对，不写思想汇报，内当家写诗，外当家写小说，小二娃做作业，该行了吧！"老周改了口，围着窝棚的人都哈哈笑了。

正热闹时，三十中老校医，我们的医药顾问兼保管员提着一个刮得黄桑桑的楠竹筒颤微微的走来了："小刘，我看你们没茶瓶，这个给你们打开水吧！"全队只有他叫我"小字辈"，我双手捧着楠竹筒，像捧着一大块闪闪发光的金子，眼泪禁不住直往筒里掉。

我活了近四十年，从来没像现在这样感到满足，我还差什么呢？人与人间最宝贵的真挚的情谊和关心倾注在我和我的家庭是这么多，啊，让那些电灯电话、让那些漂亮的家具、美丽的穿戴都见鬼去吧！我只要这些，只要人与人之间的真情实意就足够了，就足够抵御那一切政治上的和自然界的风霜雨雪。

时间在欢乐声中悄悄溜走了，太阳爬到天顶，洒下一片金色的光辉，我们的窝棚沐浴在阳光里，显得格外明亮、金黄。

"来，来，来，没东西招待你们，现炒的葵瓜子、沙胡豆，又香又脆！"我正在心里埋怨：这老张不知到那了？原来他去搞"余兴"去了。

于是，天南海北、文学艺术、爱人孩子在小窝棚里热烈地讨论开了。

小窝棚里春意浓浓。

十五年过去了，我又回到了城市，住进了有厨房、有浴室、有阳台、有厅堂的高楼大厦，这种套间房在这里一关上门，就和外界隔绝。我常常感到冷清，感到孤寂。于是，我常常想起湖边的小窝棚，我可怜的亲爱而温暖的家。

1983.7.14

（采访时间：2001年5月7日、2002年3月25日，地点：重庆出版社）

采访后记

我前前后后共六次前往刘曼若的家，在她丈夫张慧光去世的当晚，她又交给我一份手稿，上面写有这么一些话：

"杀人犯、强奸犯、盗窃犯、战犯等等，可根据不同情况判三年、五年、十年、八年，刑满就释放。但右派因为一两句真话，就成了共产党的阶下囚，劳改二十二年！二十二年，有多少人被残酷的压迫逼疯、逼死、饿死、病死，多少妻离子散、家破人亡？

这究竟是谁的罪？！

二十二年后，一纸命令下来，说反右斗争扩大化了。

就算有几个货真价实的右派分子，但却扩大整了几十万倍甚至上百万倍的人，有这么扩大的么？

我相信，总有一天，历史会对反右斗争作出明确的、实在的解释。"

我栽在"向党交心"运动

—— 张慧光

——1957年重庆出版社编辑

张慧光于2009年8月去世前一个月

我1959年1月才划成右派,我栽在"向党交心运动"。

1957年鸣放期间我在峨嵋山,没有参加鸣放。6月份,人民日报的反右社论出来了,还登出了《咱们工人说话了》之类的反右文章。我读起来不是个滋味,说了几句话:"你请人家提意见,提了意见又打人家,这就像请人做客,客人进了门你又抄起棍子打人,这个道理说不通。"

我不识时务,这个时候还说话。

(其实不是"不识时务",而是想不到一个泱泱大国的执政党和"英明领袖"会使出街头流氓或黑社会老大都要忌讳的手段。)

但是没划我右派,妻子刘曼若当了右派。

1958年初,刘曼若丢下两个娃儿,下放南桐劳动改造,我独自带两个小孩。下半年,党组织宣布反右告一段落,现在是内部向党交心。我这个时候才把我的"心"交出来,主要有两点:一、匈牙利事件我认为不是反革命事件。二、南斯拉夫不一定是修正主义,它应当有自己的发展模式。

笔者问: 你已经看到说真话的下场,妻子也当了右派,为啥还要说话?

张慧光: 我是个直性子,心里想啥就要冒出来。我旧小说读得多,深受"路见不平,拔刀相助"的侠风义胆的影响。

不过,后来我也惶惶不安。

当右派前的张慧光

那时,出版社在李子坝,从一个台台上去是大门。鸣放时领导把门关了,改道从旁边石梯上去,一进门,就看到一堆泥巴墙,1957年至1958年那堆墙专门用来贴揭发、批判的大字报。三天两头有人被点名,如:某某某在鸣放中说过,共产党是啥子啥子。起初还有人反驳、辩论,后来发现完全是党组织在幕后操纵。张三揭李四、李四揭王五,计划科李黛林(长寿湖右派)头一天写人家,第二天就轮到自己。党组织在幕后奸笑。越到后来我们越明白,某人被点名是党内授意,不是群众之间观点不同,观点不同还可以辩论,但一旦被点名,就意味着你是右派了。

大家都非常紧张,每天上班进门爬那个梯坎,脚就发软，看那垛墙，心惊胆颤，生怕出现自己的名字。我们把那个梯台和那垛墙称为"生死台"。你年轻，不懂那种恐怖。我预感到自己跑不脱，非常紧张，刘曼若已经遭了，娃儿得靠我。晚上我睡不好觉，望着两个娃儿，担心第二天上"生死台"。那段提心吊胆的日子，难受得很。一天又一天，终于"盼"到了那一天——"生死台"上出现了我的名字！我的心"咚"地一声落下去，不再悬在半空，咳，心安了，那天晚上，我平平静静睡了个好觉。

给我定的罪名是：借交心运动向党进攻，交黑心。

到长寿湖后，我学乖了，好汉不吃眼前亏，大丈夫能伸能屈，这个改造还漫长得很，看不到头。说一句话，整得比刑事犯的刑期更长，劳动更重。

我们家的情况刘曼若都讲了，我给你讲讲几个长寿湖右派的故事。

白永康是个教师右派，他体质好，耐摔打，干活一个顶俩。轮上给伙食团挑水，别人累得喘大气，他却不当回事儿，天雨、路滑，照样满挑儿走得闪悠悠。大伙都羡慕白永康，说他头脑简单，四肢发达，像棵实心竹。

那天，突然传来一片喊杀声，一群红卫兵从山坡上黄桷树后面杀声震天的冲下来！气氛十分恐怖，让人想起围猎；不过，困兽还可以逃窜或者反抗，我们连自卫之力也没有。……许多人吓懵了，白永康正在挑水，脸色一下子惨白，像得了热病，浑身颤抖，目光痴呆。

张慧光、刘曼若在马鞍山住过的旧居。（谭松摄）

白永康秘藏的两本日记给红卫兵抄走了。事情非同小可，从反右到文化大革命，他都记了抨击性的言词。

我们都认定白永康这回完了。

处置迟迟没来，白永康日子难过。人总是这样：无论结局有多糟，该来的就巴望它快快来。

这中间，白永康曾有过一次绝望的行动——逃跑！晚上吃饭时，白永康不见了，全队马上集合，分两路出发，一队上山搜索，另一队去封锁通向外界的路口。

山上长着青杠、麻柳，林间茅草没顶，葛藤缠身，闹腾了大半夜，不见踪影，人人心里都窝火。就在这当儿，刹啦啦一阵响，脚边的草丛里忽地钻出个人来，一看正是白永康。他神色凄惶，额上脸上挂着血印，抖抖索索对我说："我，我糊涂，惊动了大家，我对不起你们。"我不知该怎样回答，我相信他已后悔，省悟到这举动纯属糊涂，中国地盘尽管大，人的立锥之地却很小。就算你能从这儿跑掉，跑出这座山，跑过这个县，甚至这个省，那又怎么样？迟早还不是要给捉回来！我想老白未尝不懂这个理，他是精神负担太重。

从此，白永康被严加看管。抓他时，他表现很平静。警察一来他便伸出双手，铐上之后他回头看了一眼，接着快步登船。行前他悄悄向我话别，说："此去凶多吉少，看来是永别了。"

当天传回消息，白永康判死刑，缓期两年执行。

还有一个叫胡朝聘。灾荒年我和他同住一间屋，同吃一个灶。他这个人十分本分朴

张慧光2003年在上海留影

实，走路轻轻的，做事一声不吭。他总共只读过三年书，因为家远，早出晚归，中午饿一顿；没有鞋子穿，一年四季打赤脚。他明明不是知识分子，却把他整成"资产阶级右派"。我问他是怎么回事，他最初不说，问了好几次他才告诉我，他遭在一次"玩笑"上。那是五十年代初，他苦于找不到对象，有人对他说，可以找领导解决嘛。于是有一天，他在领物单上填写：请发婆娘一个。单子交上去，领导根本没看，大笔一挥："照发。"领物单传到库房才发现这个"玩笑"。领导很有些下不了台，十分恼怒。五七年反右一来，领导报一箭之仇，把他打成右派。

他下长寿湖时，已经有了老婆，而且夫妻非常恩爱。这事整得他一声声长叹，非常后悔。

在渔场，胡朝聘虽然为人正派，干活踏实，但两次摘帽都排不上号。人家嫌他出力太少，其实他是体弱多病，他已经尽了最大的努力。

一天，我接到一封信，陌生的笔迹，陌生的署名。信是胡朝聘的妻子写来的，她问我：为什么胡朝聘总摘不掉帽子，是不是他改造不好？她叫我实话告诉她。我觉得为难，怎么向她讲

呢？几次提笔又几次搁下，日子一天天过去，信还是没有写。

事后想来，我是铸了大错了。就在那年秋后，我到一个公社去出差，一去一个月。等到回来时，胡朝聘的第一句话就是："我婆娘来过了。"

"人呢？"我问他。

"走了。"

原来他们离了婚。她早不来迟不来，偏偏我不在的时候来，否则，我会弥补我的过失，当面说明原因，他们也许不至于离，这事我直到现在都在自责。

我问他："胡老大，你为什么就答应了呢！劝过她吗？"

"不必了，这样好些。她还很年轻，又没有娃娃的拖累。其实下来前我就向她提出过，她当时不答应。"

事后我了解到，那天从法院办妥手续出来，他们两人边走边谈，轻言细语，彼此没有一丝埋怨。临别时两人依依不舍，胡朝聘拿出身上仅有的一斤粮票，买来十个馒头（那是灾荒年）非要交给她。他妻子（此刻已经不是妻子了）推了回来，说："你带回去，你的粮食不够吃。"两人推来推去，车要开了，最后只好平均分配，一人一半。车

开时，她回过身来很深情地看了他一眼说："你要多保重，如果有机会，请到我家来……"

从此以后，原本沉默寡言的胡朝聘更难得说话了。后来他自己憋得难受，主动向我谈到了她。

他说："你不知道她待我有多好，可我让她受了许多苦，想起来真是对不起人家。人讲情义，换了别人也一样。我想忘掉她，不得行，忘不了……我常想，她现在自由了，该找个对象了。我真希望她有信来，告诉我她又有了新家，那我就了却心事了。"

好不容易熬过了灾荒年，阶级斗争的弦松动些了，市场物资也丰富起来。住在城市的敏感的家属们纷纷下来探望自己的亲人，其中也包括一些离了婚的夫妻，这是一种颇为奇特的现象。有人曾以自嘲的口吻，用三句话概括了当时情形：一个摘了帽的右派，带上离了婚的妻子，去进不收粮票的馆子。

右派离婚，本是不得已，环境宽松一点，马上就和好。

我萌生了一线希望，希望有一天她突然来找胡老大，老大似乎也想到了这一层。然而，等了一天又一天，希望越来越渺茫。

我对他说："她不会来了。她不来，说明情况有变，别再想了。"

他很平和地说："她肯定成家了，这样好，免得再牵挂。"

随后我们各自分开。不久我听说，他终于摘掉了帽子，我很为他高兴。后来我们相见，他告诉我，他回了一趟城，到厂里去找了她。她见到他很是高兴，但告诉他，一年前她又结婚了，胡朝聘也向她报告了喜讯——他摘帽了！话刚出口，她面色大变，眼泪刷刷流下来，她掏出手绢揩了又揩，总揩不干。胡朝聘慌了手脚，不知如何是好。就在这瞬间，一张十元的钞票塞到他的手上，同时她转身就跑。等他醒悟过来追上去，人已走远，只看见一个低头抽泣的背影。

"她为什么哭？"我问他。

"大概是为我高兴极了，人一高兴有时反倒会悲伤。"

他真憨，那女人必定失悔了，要是再等等，事情说不定就会是另一个模样。也可能她并不幸福，像胡朝聘这样厚道、体贴的人世上毕竟不是很多的。

后来他再没有向我提起过她。落实政策的前一年，他来看我，忽然说："不晓得她现在过得好不好，有时候冲动起来很想跑去看一眼，又觉得不妥当。"

我晓得他忘不了她。

胡朝聘八十年代去世了，我忘不了他。

胡朝聘1963年

第三个是个文人，叫XXX，他一直生活得惊惊惶惶，总担心有什么灾祸要落到头上，尤其是形势紧一点，更是惶惶不安。所以他一年到头都在观察形势，天天揣摩管教干部的心思。管教干部同谁多谈了几次话，委派谁多做了几件事，他都要不安。管教干部最喜欢听揭发、汇报，XXX投其所好，悄悄记下其他右派的言行，向管教干部汇报。XXX这个人记忆力特强，可以把你的原话一字不漏记下来，原原本本汇报上去。我同他算是朋友，他连我也汇报。有一次我们一块撒尿，我望着黑沉沉的天叹了口气说："这个日子看不到头，这辈子可能完了。"还有一次冬天修东风荡，那是个要折磨死人的劳役。还没修完，一场从垫江来的大水把坝冲垮。我松了口气："好了，好了，我们可以活出来了。"事隔了好些日子，XXX揭发我，一字不差，骇得我发抖。

管教干部最喜欢这种告密者，所以XXX比较受器重。不过，他犯了众怒。曹贞干、高志长、李普杰、杨正秋等联合起来，共同揭发他，一篇接一篇地揭发，由也是搞写作的文人杨正秋执笔（杨改正后出版了长篇小说《陪都夜雾》）。次数多了，管教干部开始对XXX产生了疑心，冷落他。XXX慌得不得了，那个失魂落魄的样子也可怜。（黎民苏说，管教干部陈XX骂他："你是条狗！"XXX慌忙站起来，连连点头："是、是、是、我是条狗，政治上的疯狗，生活上的饿狗。"）

刘曼若：XXX也是为了求生存，如果不是环境逼迫，他也不会那样。他多次说过，他这辈子最大的愿望是当个组长。你不要小看组长，那是鼓励他生活下去的信心。为了这种"上进"，他付出得多。有段时间我们右派的所有进出信件都要被拆开检查。XXX便在给他老婆的信上大谈自己如何热爱养猪，如何甘心为社会主义养一辈子猪……

（注：长寿湖好多右派都提到XXX，有不原谅他者如向光棣——恶狠狠揭发向之后至今不道歉；有认为他太失人格者如蒋维亮、李武珍——XXX跪步移到红卫兵面前讨好地解释莎士比亚，等等。1979年，XXX改正之后又拿起笔写作，我读过他的多篇散文诗，文字还算优美，但毫无风骨，连一点痛苦都没有。半年前书店里见到他新出版的一部书。在后记中他开篇写道："我有幸生活在这个千年难遇的盛世……"

XXX的不幸不在于他当了20年右派，吃尽了苦头，而在于他被改造成"终身残废"，再也站不起来。作为一个作家，在经历了个人、家庭的巨大灾难，在目睹了国家、民族的惨烈浩劫之后，没有痛苦的反思，仍然是长寿湖的德性。这种不幸，是X诗人的真正不幸，当然，也决不是他个人的不幸。）

张慧光：长寿湖有三个管教干部值得采访，一个是改右学习班孙主任。这个人非常典型，他公开宣称：我要把改造右派工作作为我的终身事业。他整了好多人，至今不向任何人道歉。

第二个是改右学习班陈书记。他自己也有"问题"，想通过对右派严酷无情来表现积极。他后来被排挤，贬到了

在2000年9月长寿湖的"分子"聚会上，管教干部郑修成（左）与当年的"右派分子"握手。正中为管教干部陈锡元。

团山堡，他内心也很孤独。1979年之后，他也没向右派道歉，但是，对右派热情，见面握手，求他帮忙（他后来在市人大法制处），他也热情相助。

第三个是改右学习班指导员郑修成，这个人在长寿湖还算温和，1979年之后，他逐

家逐户登门向右派道歉。现在我们成了朋友，他进城来经常到我家要，是个有良心的人。

八十年代我出了一本散文集《回声》，本来我打算专门写长寿湖，但总编不同意，结果只放了几篇回忆文章。长寿湖故事还多，下次你来我再给你讲。

（采访时间：2001年5月7日，2002年3月25日，地点：重庆出版社）
（本篇采访录的部分内容采用了《回声》中的文字）

补记：
张慧光老人于2009年9月20日去世。

张慧光自述：我少年时代在抗日烽火中度过，家被毁，人流亡，历尽苦难，几度失学。抗战胜利后在浙江衢州中学高中毕业。1949年我在华东人民革命大学学习时参军入伍，随中国人民解放军二野战军进军西南至重庆，曾任重庆出版社编辑、编辑室主任、编审（相当于教授级高级编辑），主编过系列文学著作《萌芽丛书》、《红岩丛书》等，业余从事写作，写杂文、小说、散文等。

采访后记

我曾多次登刘曼若、张慧光的家，2009年6月，我又一次前往，家中只有刘曼若。

又说起长寿湖，刘曼若又是热泪盈眶。

一个多月后，张慧光突然打来电话，约我前去他家。

我立马动身。

刘曼若、张慧光1952年留影

在山城的酷热里，老人精神矍铄，思绪清晰，面对镜头，滔滔讲起往事。

仅仅一个月后，他突然离去了！

冥冥中他预感到什么吗？在我们最后的一次相见里，我永远留下了他的音容与讲述！

当晚，我赶到他家，他妻子刘曼若久久地抓住我的手，良久，又交给我一份文稿："我没写完，现在再没心情写了，你拿去吧……"

9月20日的夜晚下着渐渐沥沥的小雨，夜风带来淡淡的秋凉，离去前，我在纸上写下："刘阿姨，您一定要活着看到《长寿湖》一书的出版。"

刘曼若、张慧光2002年在长寿湖狮子滩坝下

一九五八年，三口之家 一分为三
—— 朱培德 、赵瑞珠

朱培德：1957年重庆市委组织部干部
　　　　1931年生
赵瑞珠：1957年重庆市民政局干部
　　　　1933年生

赵瑞珠： 1949年解放军进入上海时，我正在学校读书。刚16岁，就遇上了一个崭新的社会，我激动得再也坐不住，丢下书本，参加了解放军。大西南解放后，我随西南服务团来到重庆，进入市民政局。

1957年鸣放，我提的主要意见是关于肃反。

肃反运动时，我是民政局肃反工作的党内小组长，在那个位置上，我看到了肃反运动的一些问题。一是不实事求是，比如，随意说人家杀了多少多少人，结果根本没这回事，整错了。二是搞逼供讯，用暴力强迫人家承认。我认为这是我们工作中的错误，对整错了的人，应当给人家平反、道歉。

另外，我们有一个局领导是个老红军，开会时常常打瞌睡，我对此又提了一条意见。这两条意见变成两条罪状：一、与坏人内外夹攻，攻击党的肃反运动。二、攻击共产党的老干部。

再就是说我同丈夫划不清界线。朱培德是市委组织部干部，他比我先划为右派。不同他离婚，就是划不清界线。

1958年初，突然宣布我是右派。那位老红军局长说：划你右派，就是因为你态度不好。

这年，我才25岁，女儿刚刚半岁。

1958年4月，单位通知我到四川通江县劳动改造。当时，朱培德已经去了长寿湖，我一走，女儿怎么办？我只得拍加急电报把婆婆从上海叫来，让她把女儿接走。

那是一个黄昏，我在江边送女儿，我低头给她喂最后一口奶，我眼泪流下来，滴在她的脸蛋上。喂完奶，婆婆抱着她登上船，我望着她们的背影，心都撕碎了！婆婆家人口多，有兄弟姐妹10人，生活已经很困难，活生生又增加一口人，要是没奶吃，怎么办？我实在放心不下，我害怕听见女儿的哭声，我强迫自己转身往回走。天，好像黑了，大脑一片空白，眼前昏昏糊糊，我歪歪倒倒，一下子摔进一个黑洞洞的船舱！鲜血从脚上流出来，我痛得浑身打颤，你看，脚上这块伤疤，就是那天晚上留下的。

一个好端端的三口之家，一分为三，我去通江，丈夫在长寿湖，幼女去上海。这是为什么？我们究竟做错了什么？

女儿突然失去母亲，失去母奶，终日啼哭，在去上海的船上，她哭闹了几天几夜，到上海后，瘦得不成人样，我得到这个消息，痛不欲生。

（注：就是这个女儿，在1977年恢复高考时，考了当地的最高分，但由于父母是右派，被大学拒之门外，她又一次猛然消瘦——几天之内，体重下降8斤。）

我在通江和綦江农村劳动了两年后调到民政局属下的福利院。1962年，我受不了家庭破碎之苦，主动申请到了长寿湖。不久，我又将寄养在上海的女儿接来。我们破碎了五年的三口之家，在长寿湖团聚了。

（赵的丈夫朱培德也是上海人，高中毕业那年上海解放，他随西南服务团进川，先在北碚搞减租退押工作，1953年到重庆市委组织部。）

朱培德：我被划为右派，还有后来吃那一连串的苦，包括被抓进监狱，与我性格有极大的关系。我做事情太认真，还喜欢提意见。我常跑基层，只要我了解搜集到的情况同领导讲的不一样，我就要向领导反映，而且不厌其烦。次数一多，领导烦了，说："你是部长还是我是部长？"到了这一步我还不清醒，总怕领导不了解情况作出误断，继续喋喋不休地反映。

结果就不用多说了。

后来回想起来，1957年我只要稍微"聪明"一点，顺风使舵，这辈子就是另外一个活法。1957年之前我曾听说过共产党内部斗争激烈残酷，但没有亲身体验，感受不深。1957年之后，我才知道厉害。不过我这个人本性难移。"认真"的秉性一辈子改不了。不对就是不对，怎么说还是不对。所以，平反后我当纪检干部，那些官员都怕我这个性格。我一直坚信，凡是错误的，就要斗争，真理必须坚持，一代人不行，下一代人接着干，这才是真正的革命者。

1967年，我因为"翻案"被抓进长寿县监狱。在监狱里我带头高唱国际歌，精神没有垮，我坚信自己是无罪的。"

赵瑞珠：抓他时，我吓得不轻，那声势和场面很恐怖。他们把他从车上抛下来，他腰受的伤至今没好。我赶紧把两个女儿关在屋里，不要她们看到爸爸被抓。我给他收拾东西，居然还给他装了一本毛主席语录。

他被抓后，我束手无策，不要说救他，自身都难保。我担心自己也要被抓进去，唯一能做的，就是赶紧给丈夫的弟弟写信，告诉他，一旦我被抓，就来把我的两个女儿接走。

在那些艰苦的日子里，对我们好的是当地（大洪湖渔场——距长寿湖几十公里的一个渔场）的农民。农民说："哪有这么多坏人？我们看你就不是坏人。"动乱最厉害时，我带着女儿住到了农民家里。在农民那里，我看到中国的农村太穷了，中国的农民太苦了！终日吃不饱，穿不暖。一位队长对我说：我宁愿当你这个反革命，每月总有几十斤供应粮吃。看到农民的那种贫困，我觉得我的苦难减轻了。

（注：1979年朱培德夫妇获得平反后，他们在长寿湖长大的小女儿，16岁的朱艺考入了四川大学，这也算是命运给他们迟来的一点安慰和补偿。）

赵瑞珠：我们夫妇对党的感情仍然很深，自己虽然受了不少苦，但对党并没有怨气。党是要犯错误，冤枉一些人也属正常。只是毛泽东给国家造成的灾难太大。

42

共产党当年提出的自由、民主、平等都正确，但它丢掉了很多优良传统。现在很多人入党不是像我们当年那样，是为了解放全人类，一切献给人类的解放事业……

（采访时间：2001年6月16日，地点：重庆市江北区）

采访后记

这是一对共产党内的好干部，正直、忠心耿耿、不畏权势、疾恶如仇。我听好些人提到朱培德，在上世纪八十年代和九十年代，他干工作认真严谨、铁面无私，扳倒了好几个颇有后台、不可一世的贪官、霸王爷。老百姓为他欢呼、放鞭炮。

朱培德说："我一直坚信，凡是错误的，就要斗争，真理必须坚持，一代人不行，下一代人接着干，这才是真正的革命者。"

补记：朱培德先生于2010年1月去世。

1957年反右漫画

我十次大难不死 —— 练冰梧

—— 1957年任公安学院重庆分院（西南政法大学前身）理论教研室教员
1926年生

　　我出生在一个地主家庭，但我很早（1945年）就同共产党有了联系，参加过成都金堂县的乡下暴动，解放时参加剿匪工作，1951年3月进入公安部门。

　　我到重庆是1954年，由四川省公安厅调到公安学院重庆分院（现西南政法学院前身），在理论教研室教哲学。

　　1957年党组织动员我积极参加运动，其实，无需动员我也要积极，我正要入党，支部已经通过了，正在关口上。组织上派我到市工会搞反右，当副组长，还指派我在四川外语学院大礼堂作报告，批判大右派分子董时光。我这个人有个特点：嗓门特别大，中气十足，你看我现在声音还响亮，那时候年轻，热情高，又要争取进步，更是吼得响。我在台上批判右派分子，气壮如雷，效果好得很。

　　我风光了几天，接下来角色转换，批判我的大字报出来了。

　　首先出来揭发批判我的人叫苏X。他把我平时的一些言论，掐头去尾，剪接拼凑，编成一个个吓人的罪名。他在大字报上推论说：练冰梧出身地主，他父亲在土改时自杀，因此他仇恨党。

　　我父亲的确是地主，但他是个开明人士，一直同情革命、支持革命。解放前我们兄弟五个都参加了革命。正因为他开明、进步，解放后搞减租退押时没有点他的名。别的地主挨斗但他安然无恙，他自杀是因为害怕，他看见开会斗打其他人，声势凶猛得很，他心理上恐惧，上吊自杀了。

　　我同苏X无冤无仇，他为啥要突然跳出来整我呢？原因是他出身地主。他不仅出身地主，还继承了产业。他感觉自己处于危险中，很可能被抛出来打成右派，他想以攻为守，通过整其他人表示进步，表示革命。

　　不过，光有苏X揭发，我还不会遭殃，因为院长还重用我，需要我给他写材料。

　　可惜我这个人运气不好。

　　我的顶头上司杜之真同我关系很好，他是理论教研室主任，原省公安校教务长，我们一起从省公安校调来。学校副教务长艾XX是西南公安校来的，与杜之真属不同"派系"，有人认为艾和杜在争夺党委委员。艾一心想把杜打下去，但一直没有机会。反右时，艾翻出杜之真在1956年说的一句话大做文章，往死里整。杜之真招架不住，中箭落马，成了右派。杜之真那句话的起因是这样的，1956年，他看到中央确定的副总理全是共产党员，就说："这件事共产党做得不太好，给民主党派安一、二个位置，做做样子也可以嘛，全都是中共党员，在国际上说起来也不好听。"

杜之真当右派后，也下放长寿湖，他女儿因此疯了。

艾要打杜，就要打我，说我们一起反党，是反党联盟。另外，学校有一个副院长奸污了一个川大毕业的女学生（也许是通奸），事情露馅后，副院长强迫我同这个女生好，我坚决不干，这事大大得罪了副院长，他就是后来非要整我的人。

就这样，基层的苏X、中层的艾XX、上层的副院长因为各自的原因牵成了一条线，都要整我，我还跑得脱？

我先到南桐农村，后转到长寿湖。我下去后惶惶不安，生怕说错一句话，精神上很紧张，这是第一压力。第二是"学习"压力，写检查、写交待、写得昏天黑地。第三是经济压力，工资没了，只有十几元生活费。第四是劳动压力，那简直是奴隶般的劳动，不少人就是被这种劳动压垮。我36岁才结婚，妻子叫熊先尧，原是41中（现巴蜀中学）教师，也在长寿湖。我女儿和儿子都生、长在长寿湖。

我给女儿取名练红，练，是洁白的丝，洁白的丝染什么颜色最美呢，我觉得是红色，所以，我叫她练红。为这个名字，管教人员批斗我，说："你一个牛鬼蛇神，你娃儿还想红？"

几年后儿子出生，我给他取名"练牛"。管教人员又批斗我，说："你当了牛鬼蛇神，你还要你儿子当牛鬼蛇神？！"

儿女生长在长寿湖，天天同水打交道，要生存，必须会游泳。我儿女二、三岁就下水，我忙，没时间慢慢教，干脆把他们往水中一丢，他（她）要求生，必然拚命扑打，我站在旁边看，实在不行了，提他（她）一提，这法子简单快捷，只是娃儿多呛几口水。有个叫萧思辉的右派（重庆市九龙坡区法院右派），他一心想教女儿肖妮游泳，但他自己不会。他找来一本书，站在岸上，一边看书一边指导女儿："埋头！出左手！夹腿！"费了九牛二虎之力才把女儿教会。

我住在飞龙岛，女儿上学没有船，每天下湖游水，书包放在洗脸盆里，放学时等6点多钟的粪船回来，等不及她又游回来。她为上学来来往往游了一年多，直到了修了一道堤坝。我女儿游泳很棒，是重庆市的2至6名，但她不会转身，所以没得第一名。

在长寿湖我有十次死里逃生的经历，赶马车三次遇险；一次抬钢板差点被洪水卷走；一次被埋在马房中被挖出来；其余五次都是在水中。最绝望的是那次和儿子遇险。那是1972年，我带儿子划船去守夜，守夜就是守渔网。半夜时分，突然变天，一阵阵狂风掀起大浪，暴雨劈头打来。我的船小，根本顶不住，翻了！儿子和我双双落水。我冒出水面，四周一片漆黑，看不见岸，更看不见儿子，儿子只有四岁！我急疯了，张开喉咙大叫："牛儿！""牛儿！！"风大，浪又高，头顶上是隆隆的雷声，我觉得到了地狱。我想完了，要是儿子淹死，我也不回去了。我在黑暗中抓住一块桡片，心想是不是该结束生活。这时一道闪电，我看见湖岸不远，顺风朝岸游去，一会就上了岸。嘿，你说巧不巧，我儿子就站在岸边！他从小在水中滚，三岁就会游泳，船打翻后他不慌，没沉下去，幸亏风浪正对着湖岸吹打，把他打到了岸边。他看见我，跑过来一把抱住我，没哭！！我把他抱起来，激动得全身发抖！

我儿子从小就非常坚强，再痛、再委屈都不哭。7岁那年他在长寿湖一个乡村小学的课桌上做疝气手术，条件很差，两个多小时，他一动不动，一声没哭！不知这是不是同我不顾死活地把他往水里丢有关。

我十次大难不死，就是要活下来看看这场革命究竟是怎么回事！资本主义革命后建立了一套健全的民主制度，无产阶级革命后建立了什么？！毛泽东把封建那一套用在无产阶级革命上，又一心一意学斯大林，《古拉格群岛》中的情景与我们很相似。

邓小平彻底否定文革，但不彻底否定反右，1957年他就是一个打手。正因为不彻底平反，工资不补不说，一部分人还想秋后算帐，还想整我们。1957年我们学校总共几十个教师，就整了十个右派，其中一个送峨边劳改。没死的，"改正"后生活工作都不顺畅，原因就是不彻底否定1957年。

我认为毛泽东的政策是滋养假话和腐败的养料，眼下的腐败，根子就在毛泽东时代。贪污腐败历来就有，只不过被掩盖了。我们这个制度培养投机取巧分子。当年吹捧毛泽东，公开讲：我们服从毛泽东要服从到盲从的地步；我们信仰毛泽东思想要信仰到迷信的地步。这是培养奴隶和奴才，什么社会主义？！是非善恶被颠倒，不准有个人思想，也不注重个人品质，这就为种种坏人大行其道大开了方便之门。

（采访时间：2001年6月11日，地点：西南政法大学）

采访后记

练冰梧副教授（1979年"改正"后教共产主义运动史，评为副教授）仍是一副铮铮铁打硬汉的形象，加上他嗓门洪亮，中气十足，虽75高龄，不见丝毫老态衰容。

但是硬朗的嗓音掩不住他眼眸深处的担忧和恐惧——说不知哪天共产党还要整他！

刚开始谈，他就神秘地压低嗓门说，他凭直感，有一股恶势力在等待时机，还要整他。他和成中霖（西南政法大学右派）的档案莫名其妙地不见了。他怀疑这是有人别有用心藏了起来，打算秋后算帐……

我问有没有当年的老照片，他说，有一张他们全家在长寿湖土房前的合影，土墙上还写着打倒他们的标语。他答应找到后提供给我。后来，我数次打电话讨要，都没有结果。

据长寿湖的其他右派说，练冰梧在长寿湖的经历十分丰富。但是，他说得不多。

练冰梧教过共产主义运动史，还读过索尔仁尼琴的《古拉格群岛》，他的担忧，很自然。

长寿湖下放学生徐瑗（女）的一次亲眼目睹：

那是1965年四清运动期间，一天，我突然听到有人扯开嗓子大叫："不得了呀，右派分子要翻天了！"我们跑出来看，只见几个一向很"左"的人把练冰梧捆绑着押过来。他们对他拳打脚踢。其中一个姓徐的人，下手最狠，他把练冰梧的头压在地上，下死劲打，打得练冰梧满面是血。这个姓徐的，自己出身也不好，他想通过狠狠整右派来表现自己的"革命性"。

补记：练冰梧先生于2011年4月9日在重庆去世，终年85岁。

一个十四岁小女孩的"历史问题"
——熊先尧

——1958年巴蜀中学地理教师

我14岁那年，日本鬼子打到贵州独山，表哥的堂兄给我一张油印表，说是保护学校、防止汉奸的通讯员表。我花一分钟就填好了，就这么一分钟，赔了几十年，不，是一生。

我是贵州人，两岁多父亲就去世，母亲无法生存，带我回到她老家重庆大足县。一年后，母亲因悲伤去世，我成了孤儿，寄养在姨父家，姨父是个乡长。我整个童年没有欢乐，寄人檐下，但还能进学校读书。初二那年，我14岁，日本鬼子打到贵州独山，姨妈说，你们学生应当爱国，如果有汉奸破坏学校，就要起来反对。我经历过日本飞机的轰炸，我很害怕，也很恨日本人。

就在这时，我表哥的堂兄给了我一张油印的单单，是个通讯员表。他说，填这个表是为了抗日，发现了汉奸要汇报，要主动保护学校，他还要我约其他同学填，我约了一个要好的朋友。

我一分钟就填完了，完了也就永远了结，没有任何活动。

1945年我初中毕业，在姨父家做家务。1947年我独自一人悄悄跑到重庆，考入重庆女子师范学校。

解放后我在南岸龙门浩小学教书，在争取入团时我主动向组织交待了14岁填表的事。你问不提那事可不可以？当然可以！但我那时把党组织看作亲人，一切都要对组织讲。我是个孤儿，从小很渴望爱和依靠，解放后我有了工作，有了单位，有了组织，就像有了家的依托，一切都愿意交给这个"家"，而且我也没把填那个表当回事。还有，我觉得做一个人应当诚实。

团组织对这事审查了很久，一年多吧。我虽然有些不理解，但觉得应该接受考验。那时我看了不少英雄人物的影片：《卓娅与舒拉的故事》、《古丽娅的道路》、《刘胡兰》、《赵一曼》等等，影片中的女英雄对我影响很大。我认为一个人应当经得起考验，虽然审查我，但我工作仍然非常努力，我要争取党的信任，我觉得能得到组织的信任无比荣幸。

1952年我终于入了团，1953年我考入西南师范学院地理专科，1955年审干，我又主动把这事给组织交待，这一交待，断了我留校的路。

西师副院长王逐平给我作了结论，结论是：经过组织审查，本人交待与事实基本符合，不予处分。

王院长对我说："本来打算把你留在西师，但你历史上总有点问题。不过没关系，只不过是一块玉上面一点残渣。"

虽然没能留校，但他的评价给我很大鼓励。

1956年我分到巴蜀中学教书，两年后，1958年12月，学校领导对我说："你的表现是不错的，教书、社会工作都干得好，但是，我们觉得你对你的历史问题没认识，组织决定你下去锻炼一下。"

我这个人非常追求组织的信任，没这种信任，觉得活着都没意义。

离校时我很伤心，所有的书都不要了，我不想再回到这个教育界，太难处！前面说你表现好，后面说你对历史没认识，要赶出去改造。我想，走就走，考验就考验，日久见人心，我一定要向组织证明，我是个好人，忠于党，忠于祖国。

1958年给我的处分是降级，但保留公职。从南桐转到长寿湖后，重庆市教育局把我们教育系统的右派和历史反革命全部开除公职。我没家，无处可走，于是留在农场，每月拿18元生活费。

在长寿湖，我喂过猪，放过羊，下过田，养过鱼，不管干什么，我都非常卖力，猪病了，我拿自己仅有的18元去买药，一心想把工作做好。当然，也怕猪死了把我再打成现行反革命。

1963年，农场一个女右派杨惠云（团市委右派，文革时投湖自杀）当介绍人，把我介绍给重庆政法学院的右派练冰梧，我向管教干部江渭滨请示，他说，你可以结婚了嘛，于是，我同练冰梧走到一起，这年我33岁。

虽然结了婚，仍然分开住。我属于历反（历史反革命），集中在团山堡，老练是右派，住在飞龙，后来我们有了一儿一女，儿子托给农民带，女儿交给狮子滩的一个工人，一家四口分在四个地方。

最令人心酸的是我后来的"改正"。

1979年练冰梧"改正"回到重庆，但是，我回不来，一直拖到1982年都不给我落实政策。我从长寿湖到重庆，往往返返地跑，老练为我写了一尺多厚的申诉材料，市教育局和巴蜀中学（那时叫41中）的领导就是不理。1958年整我的人，校长周X（当年是副校长）等还在台上，他们甚至说，查了我的档案，1958年没有给我戴帽子，不属于落实政策范围，不予解决。

我这23年的劳改是怎么来的？

我们给中央，给市委写信，不要命地奔波，那又是一种凄凉和悲愤，真的一言难尽！14岁，还没到法定年龄，无非填了张表，就是判刑，24年也够了。最后，市委书记王谦知道了这事，他找到市教育局的领导说："一个14岁的初中娃娃，多大的历史反革命？"据说，教育局的人思想还是不通，总觉得我们这些人有问题，但市委书记干涉，只得办。

我这才从长寿湖回到重庆。

回来只教了两年书就退休，工资也没提。

（采访时间：2001年8月18日，地点：西南政法大学）

采访后记

采访练冰梧时，他妻子熊先兄静静坐在一旁，练冰梧慷慨激昂，她一言不发，脸上挂着详和的表情。我不知她也是长寿湖难友。

两个多月后，我又来到西南政法大学。

听完她的讲叙，我在重庆8月40度的酷热里打了一个寒噤：我女儿碰巧也是14岁，也读初二，也有人不时在叫她填表、签名，一会是反"邪教"法轮功，一会是反对美国霸权。

假如某天风云突变，也把她打成个什么"分子"，劳教她二十、三十年？！

整理熊先兄的录音时，正好遇上美国"9.11"事件。中国民众一片欢呼，女儿的同学说："死了那么多人，太惨了！"她的班主任（一位学英语的年轻人）很气愤地驳斥她："什么太惨？！美国太坏，活该！"

索尔仁尼琴在《古拉格群岛》中困惑而愤懑地追问：我们血液中的这种狼性是哪儿来的？！

我们（中国人）血液中的这种狼性是哪儿来的？！

从几十年前那个教育局和那个校长的冷酷，到几十年后这个班主任的冷血，这个民族没有丝毫的长进。

长寿湖农场第一个办公室

长寿湖也有美好回忆——李多明

——1957年重庆总工会煤矿工会干部
1934年生

1942年，我8岁，从四川江安县来到重庆，进入了江北新村小学读书。11岁那年，我哥哥问我："你认为哪个人最伟大？"我说："蒋委员长。""还有呢？""孙中山。"他又问："你认为哪个在打日本人？"我说："蒋委员长。"哥哥听了我的回答，觉得问题严重,他是中共地下党员,他对我说："这个学校你不能再读了，马上转学。"

哥哥把我转到了蜀都中学，这所学校是南方局周恩来、董必武找人创办的，我进去受到了另一种教育。

在江北新村小学，我们受老师影响，觉得斯大林恶，有同学把他画像的鼻子都挖了。在蜀都中学，受共产党影响，我们觉得世界上最好最亲的就是共产党。共产党救国救民、大公无私；国民党黑暗、专制、腐败。我开始走上街头参加抗暴运动。那一年(1946年)我才12岁，读初一，小小年纪就在街头演讲，有什么会学校要去人演讲，都是派我去。那两年，我积极得很，红火得很，虽然成绩下降，但在学校出了名，人人都说，这个娃儿勇敢。学校宠我，养成了我一生的两个致命弱点：一是锋芒毕露；二是爱出风头，好表现自己，个人英雄主义。这一点在五十年代和长寿湖都让我吃了苦头。

解放后我在市总工会煤矿工会工作。我年龄不大，脾气很倔，敢说敢闹，经常得罪人。我是青年团员，一心一意想加入共产党，我非常热爱它，真的，它在我心中神圣得很、崇高得很。但是，就因为我在单位上人缘关系不好，入党没批准。

我这么爱共产党，1957年为啥还要给它提意见？我看过一本书，叫《远离莫斯科的地方》，里面有个工程师，非常谦虚，别人给他提意见，他高兴得很，说每个人都有缺点，我自己看不到自己的缺点，需要别人来提。这句话给我印象很深。我虽然倔犟，得罪人，但别人给我提意见，我真心地接受。共产党虽然好，但不可能没有缺点。我所在的煤矿工会，有棱有角的干部总是受打压，吹牛拍马的人得到提升。还有，报纸上讲成绩大版大版，缺点轻轻一点就滑过去，这就不对。具体说来，我当右派有三条罪：一、我说胡耀邦虽然有问题，但不该一棍子打死。（其实我也不了解胡耀邦，是听他当年的一个警卫员、钻勘队的党委书记说胡耀邦如何如何好）二、我执笔给刘少奇写了封信，我写第一稿，程代泽（也当

1957年的李多明

右派，下放长寿湖）写第二稿，主要是反映工会现在没有作用，给工人办不了任何事。三、我说南桐煤矿的工会主席为啥不竞选，要指定。竞选虽然是资本主义的东西，但我们也可以借用它的形式，搞指定不民主。

批判我时我很不服气，说我是国民党的代言人，更惹得我跳起来，依我的犟脾气，我要吵翻天。但是，我看到前面那些右派的下场，心里害怕，忍回去了。一次接一次的批斗，批得我糊里糊涂起来，我觉得自己有错了，我的言行可能在客观上损害了党。

下长寿湖后，我仍然热爱党，忠于党，我认为自己不是右派，别人才是右派，我只同党团员右派往来，不同其他右派往来。我认为党团员右派同我一样，是不小心在客观上损害了党。我在内心依然把自己当成共青团员，依然一心一意想入党，最想入党——那是我人生的最高理想。我坚信，共产党总有一天会了解我，会接纳我。

在长寿湖的开始阶段，我要向领导反映汇报，我觉得我要自觉的维护共产党。我知道我的行为伤害了一些人，但我绝不是有意伤害，我的"左"是认识问题。

后来，我对其他右派有了了解，改变了对他们的看法，检讨了我以前的观念，大家相处得不错。

当右派前我已经结了婚，当右派后同丈夫分了手。我在长寿湖很想要个家，很需要家庭的温暖，但是又害怕，我在政治上家庭上都栽了大跟斗，害怕再遭受婚姻的挫折。

市委组织部有个右派叫陈欣，人长得很帅，也离了婚。他以前是党员，我们交谈，彼此对党的感情都没有淡化。正式确定关系前，我问了他几个问题：一、是不是因为在长寿湖寂寞要寻找安慰。二、我们两个有没有结合在一起的基础。三、是不是现在看不

李多明在长寿湖

到前途才找我，今后情况好了又变心。我告诉他，这不是儿戏，我经不起折腾。

陈欣很认真地回答了我。现在看来，他一点没说假，他是个非常好的人，不仅人长得帅，而且心好、善良、正直。他"改正"后担任十八冶的组织部长，一身正气，没有人敢给他送礼。对我、对这个家他也一直忠心尽责。"改正"那年我们40多岁，我看上去像个50、60岁的老太婆，他看上去还像个年轻人，走出去别人说我是他的丈母娘。

他60岁时，我送给他一首诗："盛岁倥偬到夕阳，还惊牧羊二十春，同族沧桑风骨峭，经霜更知傲寒心。"明年他70岁，我又写了一首诗准备送给他。

我的右派问题改正之后，我又申请入党，1982年，我终于入了党，实现了从小的愿望。中国这个摊子可能只有共产党才能收拾。现在我们的国际地位有明显的提高，经济发展也不错。当然也有负面影响——腐败。但是腐败不是共产党带来的，中国几千年封建黑暗有腐败，资本主义也有。共产党里有坏人，也有好人、正直的人。你采访过朱培德，他就是优秀的共产党员，上世纪九十年代他搞纪检工作，铁面无私，不计自身利益，硬是搬倒了不少坏官。比如，他曾顶住上级官员的压力，把电视台一个恶官搬下来，电视台职工自发地为他放鞭炮。我们从心底里敬佩这样的共产党人。现在很多人不好说自己是党员，我不，我理直气壮地说自己是共产党员。我同老头子、我的儿子（其

中一个是个副总经理）做事光明磊落，从没有收过别人的任何贿赂，我们问心无愧。

长寿湖也有美好的回忆。记得有几个明月之夜，我们划船到湖中，在月光下交谈，非常美好。还记得在三台岛只有一间房子，大家男女同室，中间隔一条毯子，彼此之间非常尊重、非常文明，一点没出问题。还有，长寿湖的农民也不错，文革时有一次斗我，游街。斗完后我到一个农民家，他毫不歧视我，还给我煮了个荷包蛋。

我本来不愿意再提那段经历，老头子更是不愿说，你来都来了，我这个人又爱说话，就说这些。

上世纪五十年代的陈欣

（采访时间：2002年4月1日，地点：重庆市石坪桥）

采访后记

陈欣、李多明是又一对长寿湖夫妻右派。他们的家离我的住地原本不远，但这儿房楼密集、岔路众多，路边一桌桌打麻将的人又各指东西，我绕了一个大大的圈子才找到。

这一带是十八冶的家属区，那条因污染（河水墨黑，臭不可闻）而闻名全市的桃花溪在家属区内蜿蜒而过。

李多明的家不久前装修过，显得整洁、舒适。窗外有绿树和几只麻雀，如果忽略不时飘来的桃花溪的气味，小环境让人心静神安。

陈欣不在家，李多明说："他也不愿意说，我说说就行了。"

李多明精神饱满，动作麻利，尤其口辞清晰，语言流畅——显示出12岁在街头演讲时打下的良好基本功。

还有那时打下的另一种"基本功"——对共产党刻骨铭心的热爱。这也影响她终生。

她说她的一些观点同长寿湖其他人不一样，但是，要允许人家有自己的看法。

观点怎样不该我去评说，我感佩的是，她为自己（包括陈欣和儿子）是正直的共产党人自豪。

在眼下物欲横流良心败坏近于桃花溪的环境中，共产党人也好，非共产党人也好，只要坚守了做人的基本品德，都让人敬佩。

从李多明家出来，沿墨黑色的桃花溪走去。春风扑面，恶臭刺鼻，岸边麻将桌一字排开，参战的人全神贯注，看来没有受气味的影响——或者呆久了已经习惯。

李多明说：腐败不完全是共产党带来的，中国几千年黑暗，都有贪污腐败。

此话也许各有看法，但桃花溪的墨黑腐臭，一定是这几十年形成的。

在过去"黑暗的几千年中"，桃花溪一定是清波荡荡，桃红点点。

补记：在采访李多明8年后，又与李夫妇相遇，发现他们的观点同当年有了很大的改变。交谈后，我心中油然而生一种敬意——在这些一辈子都追求真理的老人面前，我唯有脱帽致意！

我原本不会当右派 ——陈 欣

—— 1957年重庆市委组织部秘书
1933年生

　　我在市委组织部工作表现很好，与领导关系也好，领导很器重我，我本来不会当右派。

　　1957年底，右派分子大都抓出来了，反右运动也基本结束，上面领导说，右派打下去了，但我们自己的缺点还是要改，大家内部提提意见，帮助领导改进工作。

　　我同领导关系好，纯粹出于爱护领导，提了几条工作上的意见，无非是发展党员要注意质量，肃反时错整了不少人，希望今后考虑得细致一点，全面一点等等。这些都没伤筋动骨，"要命"的是给市委副书记李唐彬（他曾任组织部长，当书记后又分管组织工作）提了一条工作作风的意见。

　　李部长有个习惯，不管大会小会，都要秘书写稿子，他拿着念。有时上午开个讨论会，二、三十个人，下午他总结发言，中午便要叫秘书写稿子，先送处长审，再交给他念。他至始至终参加了讨论会，完全可以即席讲几句，用不着我们写，而且他也不是没有文化，他还给我改过几个错字。

　　我当右派，定的罪名是"攻击领导"。

　　组织部的所有右派处理还算轻，没有一个极右，没有一个送劳教，都是撤职降级降薪。我的薪降得最多，原因是我有些不服气，觉得自己的的确确是出于爱护领导，我同领导的关系本来就不错嘛。

　　1958年我下长寿湖，1961年离婚，1962年与李多明结婚，1978年从长寿湖回来，在下面20年。

　　　　　　　　　　　　　　　　（采访时间：2002年5月7日，地点：重庆石坪桥）

采访后记

　　上次采访李多明，见到陈欣的照片，的确长得帅。我将他俩的照片借去扫描，还照片时，又来到他家。这次陈欣在，果然五官端正，天庭饱满，看得出当年的"帅"。我很想听听他在长寿湖长达20年的经历，可惜，他没有多说，在谈了一点当年的情况后，他就要去买菜了。

李多明、陈欣平反后合影（1979年）

我那时很年轻 —— 罗成溶

——1957年重庆市妇女联合会干部

　　我15岁在四川第二女子师范学校（位于重庆夫子池）读书时加入了六一社（即共青团），那是1948年。解放后我进入重庆市妇联工作，1954年结婚，丈夫刘焰在省电力工会搞文艺。1955年肃反运动时，刘焰突然被抓走关了起来，罪名是：读过胡风的书，可能是胡风分子。

　　刘焰被抓之后，不准家属探望，又不准写信，我急了，找到我单位领导华逸，她是市委书记任白戈的夫人，希望她能帮我。

　　华逸态度很粗暴，她说："你还敢去看他？你晓不晓得你现在是什么身份？"

　　"什么身份？我是他妻子。"

　　"妻子？你同老虎睡在一起，你还风平浪静？你晓不晓得刘焰的情况？"

　　"不晓得。"

　　"真的不晓得？！你这是拒绝回答。"

　　"我担保刘焰没有任何问题。"

　　"你敢担保，那好，你敢不敢写下来？"

　　我马上写了一张字条。华逸接过字条说："你既然写了字条，下午就把铺盖背来。"

　　我才22岁，根本没有想到这就是要关押我了。当天下午我一到单位，就被关了起来。

　　我女儿刚五个月，正吃奶，我的奶水特别多，我被关押后，我妈把女儿接走，没奶吃，只好吃米粉。我的奶胀得痛，每天每夜思念女儿，又担心丈夫，一急之下，我吐血了。

高中时的罗成溶

　　吐血也不放，派人看守我，叫我写揭发刘焰的材料，我写不出，我连他读过胡风哪几本书都不清楚。后来又叫我写自己的情况，读过什么书，作者是谁，内容是什么，有什么感想。这下我才写出点东西。

　　这一关，整整关了半年！

　　半年后，突然宣布放我。

　　华逸在会上对大家说：刘焰那边已经解放了，不是胡风分子，我们这边罗成溶也获得解放。现在好了嘛，她经过这次审查，证明没问题，相当于给她脑壳上盖了个金印，到哪儿都走得通。有很多问题呀，不经过斗争，不经过审查，是弄不清楚的。这半年的斗争审查是个好事情嘛，是一个难得的考验……"

听那口气，好像还该感谢她，感谢党组织。这件事对我刺激很大，我从此慎言谨行。

1957年鸣放期间，我咬紧牙关一字不吐，只埋头作记录。团组织找到我，要我去动员两名从未发言的团员给党提意见，帮助党整风。组织上对我说，不要有顾虑，这次党是作了保证的，专门定了一个"三不政策"，对提意见的人，一不抓辫子，二不戴帽子，三不打棍子。刘焰也鼓励我，说这一次共产党明确作了决议："言者无罪。"我胆子小，还是不敢说，只动员那两个团员发言。唉，硬是遇得到，不管我怎么启发，那两个人不来气，死不开口。我憋急了，只好以身作则，带头"鸣放"了一条意见。

我的意见是："希望党组织在审查干部时多作调查了解，经过调查，明确是反革命了，再抓人，让被抓的人心服口服，不要在没有任何材料（证据）的情况下，先把人抓来关起。比如刘焰和我，什么材料（证据）都没有，就被关半年，很伤人的心。"

我总共讲了5分钟。那两个团员铁了心，仍然不吭一声。

1957年8月，市妇联宣布，本单位的右派已经揪出来了，反右运动在市妇联取得了决定性的胜利，今后不再抓右派。

揪出来的右派没有我，我认为反右已经结束了，打起背包下基层工作。

两个月后，我突然接到通知，要我马上回单位。

我匆匆赶回妇联。领导找我谈话，告诉我：妇联按人头比例还差一个右派（已经抓了三个）。我们必须完成上级下达的指标。党委经过研究，决定补划你为右派，因为只有你发言攻击过肃反运动，也就是说攻击过党。领导说完问我有什么意见。我当时只有20多岁，政治上一点不成熟，右派究竟是怎么回事也不清楚。我表态说：既然领导决定了，我就服从。

那天下班后回家，我若无其事地对刘焰说：我当右派了。我天性喜欢唱歌，当晚我还高高兴兴唱了几曲。

第二天，我一上班，发现到处是批判我的大字报，还有条

青年时期的罗成溶

大标语：欢呼市妇联反右斗争的彻底胜利，又挖出一个深藏的右派分子罗成溶。但是，在批判我的会上，大家实在找不到我的任何具体罪行，由于无话可说，只好一遍一遍地呼喊口号，最具体的揭发批判是：我经常迟到。其实这完全是乱说。

紧接着撤职、降薪，让我打扫厕所。1958年"五一"劳动节，市委来通知，右派分子下放劳动改造，去什么地方不告诉本人。当时我正在吐血，但不由分说，一个半夜里，我们被押送上路，直到到了狮子滩，我才知道改造地是长寿湖。

几个月前，刘焰作为下放干部已经到了长寿湖，他是戴着大红花走的。

既然是到了长寿湖，我就要求同丈夫在一起。总工会一个打字员冲着我劈头盖脑一阵臭骂：你晓不晓得你的身份？你是来改造的，不是来谈情说爱！

我不敢再多说。所以，虽然与刘焰同在一个农场，但一年到头难得团聚一次，尤其是刘焰也划成右派之后，我们见一次面就挨一次斗，非要我们交待私下说了些什么。我

们说，都是些家务事，他们不信，整得我们后来干脆不见面。

刘焰、罗成溶结婚后留影（1953年）

我的家拆得四分五裂，丈夫难得见面，丢给我母亲的两个孩子更难见面。我本来很活泼，爱唱爱跳，见到熟人很远就笑嘻嘻地打招呼，到后来我不唱歌了，连话都不多说。长寿湖最可怕的是说话一不小心就挨斗，譬如我们打夯要呼号子："打左边哟，哟嘿，打右边哟，哟嘿，打中央哟，哟嘿。"当天晚上就要我们交代，谁带头喊"打中央"？我唱"唱支山歌给党听"，监管人员责问我："你心中的党是什么党？你要用鞭子抽谁？！"长寿湖那个改右学习班的孙主任最喜欢斗人，他曾为了一点小事整整斗我长达半年的时间，而且对我们女右派，他最喜欢往生活作风上扯。

由于一年到头批斗不断，我感到极其压抑，精神几乎崩溃。我开始想死，但又丢不下两个孩子，在最绝望最痛苦时我经常这样安慰自己：我一定要死，不要紧，我一定要死，等到两个孩子长大一参加工作我就死。

1957年我当右派时不懂什么叫政治，下长寿湖也是懵懵懂懂，20年后从长寿湖回来时，我已经明白了什么叫政治，政治就是欺骗，就是整人，政治太可怕。

"改正"之后，我吸取教训，绝不多说话，做事百倍小心。开会、学习、发言，我满口都是报纸上的革命语言，尽说歌功颂德的赞扬话，没有一句是我自己的语言。又有人来指责我："罗成溶，你光说好听的，你不提点意见，党怎么改正错误？"

我在肚子里暗暗发笑：我已经不再是20多岁的年轻姑娘了。

（采访时间：2001年6月20日，地点：重庆市渝中区）

采访后记

罗成溶身体极差（1955年关押期间落下了咯血症，1960年在长寿湖患上了哮喘病），床边备着氧气瓶，丈夫刘焰体贴她，让她先谈。罗成溶今年68岁，算我采访右派中年轻的，她声音清脆，思维清晰，只是不时接不上气。

她说，她曾经喜欢唱歌，喜欢笑。

我采访罗成溶是2001年6月20日，距共产党80大寿差十天。打开电视，屏幕上一个戴着眼镜

刘焰、罗成溶夫妻被打成右派前全家合影

的大学生，捧着一本党的书籍，对着镜头斯斯文文地说："读了党的80年历史，发现中国共产党的的确确是伟大光荣正确的。"

罗成溶1955年被关押时22岁，同这名大学生年龄差不多。

补记：罗成溶于2008年3月去世。

都怪读了胡风的几本书——刘　焰

——1957年重庆市总工会干部

刘焰（前排左二）1952年

　　1955年我在西南铁路文工团搞创作，写剧本。由于专业的原因，读了一些文艺理论方面的书，这些书中，有几本是胡风的作品。反胡风运动一来，单位派人把我抓起，和其他一些人关在一幢房子的顶楼上。我的日记、书籍全部被查收，身上的所有东西，包括皮带，统统收缴，上厕所也有人跟着，完全是对待犯人的方式。单位派人24小时轮流看守我们，其中有李宁熙、郑汉生等人，喜剧的是，后来看守我们的人也被打成右派，大家在劳改地长寿湖"团聚"了。

　　他们要我坦白交待同胡风反党集团的联系。我说我只读过几本胡风的书，还是从书店买来的。他们认定我不老实，这一关，半年！

　　我被抓进去时女儿才生下来四个多月，我不知道家里的任何情况，家里人也不准来探视，连囚犯都不如。半年之后放我出来，抓、放都是领导一句话。我出来后才知道，妻子罗成溶也被关了半年，她在关押期间落下了咯血后遗症，女儿缺母奶面黄肌瘦。那些整人的人，一个个坦然得很，若无其事，我心中愤愤不平，写了一首长诗，结尾的两句是："太阳还是那么温暖，仿佛什么都没有发生。"

　　1957年鸣放，我肚子里已装了半肚皮不满和怨气。我很看不惯一些官员的霸气和特权。我弟弟是个越剧团的演员，他告诉我，一些当官的来看剧，叫人把沙发抬到台下，脱了鞋子躺在沙发上看，极不尊重演员。还有，妻子单位的领导，处处摆出书记夫人的官太太相，颐指气使，不可一世。一个政党进城没几年，迅速耍起特权，国家自然要出问题。

　　1957年我没当右派，我是作为下放干部，戴着大红花去长寿湖。当时我就认为是惩罚我，因为我出身不好。几个月后，罗成溶戴着右派帽子来了，家里两个娃儿扔给两个无依无靠的老人。我只有57元的工资，全家经济陷入困境。没办法，我决定离开长寿湖，另去找一份工作。我跑到长寿县川剧院，介绍了自己能写会编（剧）的经历，剧院同意要我，叫我回农场开个证明。

我回农场一说，领导大怒，骂我胆敢私自找工作。他们借反右运动的余威，一棍子把我打成右派，发18元生活费，监督劳动，还差点把我送到峨边劳改。那个年代，党组织一句话就可以判刑。我真的是"赔了夫人又折兵"，我们夫妻在经济上、政治上彻底平等了。我再也无力养活家人。1960年，罗成溶把我的一双儿女，连同抚养他们的外婆一起接到长寿湖。她父亲独自留在重庆，他没能活过那场大饥荒。

刘焰（正中）被下放前戴着"大红花"留影

我儿女在长寿湖读小学和初中，受了很多屈辱。老师强迫我孩子在家庭出身一栏上填右派，要让孩子认识到他们的父母是坏人，是敌人。这个老师是我一个好朋友的妻子，她参加过我们的婚礼，对我和我妻子都很了解。她这么做，是要表现积极，显示立场坚定。

在长寿湖我最难受的是当着孩子的面挨斗。

文革初期的一个夏天，儿子和女儿放了暑假，高高兴兴进同心岛来玩，第一天晚上他们同一些农民孩子一起唱歌，表演节目，非常快乐。不料第二天就开批斗会，就在头晚孩子们玩耍的

刘焰与儿子（1968年）

地坝上，我和另外四个据说也是抗拒改造的右派跪成一排，妻子和其他右派站在后面低头认罪。两个孩子看见这一幕，脸色变得惨白，那一霎间，他们变得像大人。我跪在地上，心头痛苦得很哪，你想想，当着娃儿的面！我们当父亲母亲的，再大的屈辱和苦难自己承受嘛，不要让娃儿看。这辈子我最痛苦的就是那一幕。

当天，两个孩子背起铺盖卷就走，我想挽留，女儿看了我一眼，脸上没有丝毫表情。她那种没有表情的表情，给我刺激极大，我一下子冷得全身发抖，一句话都说不出来，眼睁睁看着他们离去。

（注：刘焰与罗成溶的一对儿女，在长寿湖读完初中后，都下了农村，后来儿子在长寿安家，留在了长寿县。）

（采访时间：2001年6月20日，地点：重庆渝中区）

采访后记

刘焰、罗成溶是长寿湖夫妻右派之一，也是全家下放长寿的家庭之一。刘焰"刑期"十九年，罗成溶二十年。据长寿湖的其他右派说，刘、罗二人的"故事"很多，但他们夫妻对我谈得很少。

听了他们的讲叙，忍不住倒推回去：刘焰为什么被打成右派？因为妻子当右派断了收入，想另找一份工作；妻子为什么当右派？因为对1955年被关押表示不满；1955年为什么被关押？因为丈夫被怀疑是胡风分子；丈夫为什么被怀疑？因为读过几本胡风的书。

刘焰痛定思痛地说：推算起来，根源就在读了那几本胡风的书，后来一切不幸盖发源于此。

此话难说。

一架庞大的绞肉机一旦开动，总要不停地往里投无辜的羔羊。不是刘焰便是张焰，不是因为读了几本书，便是因为说了几句话。这是专制极权的本性，这是一段注定要由无数血肉来填充的历史。

刘焰碰巧被"选中"了，不是因为"读了那几本书"。

刘焰、罗成溶在长寿湖时留影

二、瞧这一家子

—— 长寿湖"分子"李长文、冉德瑜的一家。

1、李长文　2、冉德瑜　3、熊愉

1949年进入"新社会"后，这一家中先先后后有8人"非正常死亡"：

1、李凤集——枪杀（镇反）
2、熊异能——打死（土改）
3、熊异能之母——打死（土改）
4、杨泽勋——枪杀（土改）
5、冉德瑜的三女——饿死（土改）
6、卢文俊——饿死（饥荒年）
7、李德珍——气死（文革）
8、熊莞君——自杀（文革）

长寿湖飞龙岛当年右派驻地（谭松 摄）

一听"毛主席万岁"就反感
——李长文

—— 1957年重庆24中学教师

我这一生，错就错在当年没考入上海交通大学，
而考入了国民党中央政治大学。

我这个人一辈子不想当官，不想搞政治，1945年从兼善中学毕业后，压根没想过要去考政大。我当时对中央大学，重庆大学都瞧不起，心目中只有上海交大。我高中毕业时，交大还没招生，政大正在招生。父亲说：政大不好考，只录取考生的4-5%。你去考一下，取得一次经验。我觉得有道理，便去应试。一考，考上了。父亲说："去，去读！"他希望我当官。当时，交大毕业是自谋出路，政大毕业是政府分配，一般都是当县长的角色。我对当官没兴趣，但父亲坚持要我去。我让了步，心想，我暂时进政大，第二年再去考交大。

我就读于政大地镇系，该系是为了贯彻孙中山的土地政策而设置的，研究的内容和毕业后的主要任务是购买地主的土地发给农民。后来共产党是采取没收政策。

考入政大的人，不管工人、农民，都要加入国民党，我们新生入校，坐在教室里，一人发一张表，填写完就算入了党，连誓都不用宣。一个年级算一个区分部，我被选为我这个年级的区分部委员，负责宣教。解放后，共产党整我，我无话可说，因为我符合共产党镇压的标准。

很不巧，也很不幸的是，交大在抗战胜利后迅速迁回上海，不再在重庆招生，我考交大的愿望落空。

1946年，政大迁到南京，校长是蒋介石。蒋介石派他儿子蒋经国来当教育长，政大的师生反对，贴大字报，蒋介石为此辞职。校长改为顾毓琇，政大改名为国立政治大学。

由于我不想搞政治，在三年级时转到金融系。1948年12月，淮海战役打得紧，南京到处是兵，乱糟糟的，我看这不是一个学习的环境，便同女朋友熊莞君一块坐船回重庆，寄读于重庆大学法律系。1949年学完四年本科，完成了毕业论文。在南京的政大因战乱从南京迁往杭州，从杭州到广州，又从广州第二次迁到重庆小泉。当然，这次不是躲日本。

我在重庆把毕业论文交给了政大，论文一交，同政大、同国民党就算永远了结。新社会来了。

我的前妻叫熊莞君，她是我兼善中学的高中同班同学，北碚回龙坝人。1946年她考入社会教育学院。该学院1946年也在南京，我们往来密切，谈恋爱。她思想进步，积极参加学生运动，反饥饿，反迫害，争民主。她不愿意我读政大，认为那是培养国民党官僚的地方。后来她转入重庆大学教育系，解放后院系调整，进入西南师范学院，于1951年毕业，第二年，我同她结婚。

她的两个舅舅解放前各创办了一所私立学校，解放后政府接收了学校，将两校合并为一所公办中学，我就在该校教数学，几年后调入位于北碚蔡家场的24中，不久熊莞君也调入该校。

解放后进行反动党员登记，我主动去登了记，承认自己是国民党员，但一直读书，当学生，没有做任何坏事。共产党也没多说，让我走人。1955年肃反，教师在沙坪坝重庆三中集中，我把自己的历史详详细细作了交待，给我的结论是：李长文解放前当过国民党区分部委员，但解放后一直表现很好，免于处分。

1957年我们夫妻俩都是中教五级教师，相当于大学讲师，每人月工资70多元，日子过得不错。

鸣放期间我什么话都没有说。反右之后搞"向党交心运动"，动员我们向党讲心里话。动员的人态度非常恳切，我被感动了，一时没有忍住，掏出了几句心里话。我说：我一听喊"毛主席万岁"就反感，封建皇帝才喊万岁。我还说，我父亲是地主，解放后被镇压我都没意见，但喊"万岁"我有看法。

我就交了这种"心"。

1958年6月29日，学校苏校长找我，向我宣布：带上简单行李，去农村劳动一段时间。

劳动就劳动，也没什么了不起。学校没有给我戴任何帽子，也没开我批斗会。第二天我离开家，到凯旋路中学集中。7月1日，党的生日那天，我下到长寿湖。

1960年，我正饿得奄奄一息（我是长寿湖第一个得水肿病的人），妻子提出同我离婚，我不同意，她告上法庭，法院马上判离。嘿，刚离不久，学校说她脾气不好，把她开除，放回老家。她拖着两个女儿到乡下去。天！饥荒年母女三人哪个活得出来。没办法她把两个女儿送来长寿湖。我把女儿接上岛，她一个人回北碚乡下。

没过多久，她又来了，她在农村还是活不下去。管教人员同意她在猪场喂猪，说好只管饭不拿钱。这个时候她提出复婚，我也同意，我们去办手续，没办成，说要区以上的政府才能批。后来，我也不积极，我觉得她不能吃苦，在那生死存亡的艰难岁月，不能吃苦只有死路一条。我18元工资，一家四口，能不饿死算命大。熊莞君和我都饿成了水肿，勉强拖过了饥荒年。

我们没有复婚，她便不算家属，不算家属，便不能干喂猪的活，所以，1962年她又独自回到北碚乡下。

1964年，学校把她召回去当工人，每月20元钱。她一下子来了精神，立马跑来长寿湖，要把两个女儿接走，我不同意，想留一个下来，她坚决不干。扯了一段时间，最后我拗不过她，只得同意。

看着两个女儿走了，我心里被掏得空荡荡的。

人的命运真的很难说，就在我们为女儿争执这段时间，学校变了卦，坚决不同意上女儿的户口，熊莞君急得发疯，在校领导面前抱着女儿大哭。但是没法，这次她争不赢了，只好又把两个女儿送到长寿湖。

从此，我两个女儿永远留在了长寿湖。所以后来女儿有些埋怨，当初我要不争，她们就是城市户口了。

两个女儿在长寿湖跟我受了不少苦，每天上学要走十几里路，涨水时还要下湖游一段，一天只能吃两顿饭，多年后她们告诉我，有时她们根本没去上学，跑到坡上漫山遍野找吃的。还有，政治上抬不起头，精神压力大。我女儿熊怡（她跟母亲姓）在毛泽东《为人民服务》小册子上写上自己的名字——表明是属于自己的书——名字写大了一点，她受训，我也被抓来斗一场。大女儿十六岁下乡，在农村8年，吃够了出身不好的苦头，她为了自己的孩子不再受这种苦，特地找一位农村的共产党员、复员军人结了婚。

李长文与女儿熊怡在长寿湖（2003年6月）

后来两人不合，离了婚，再结婚，再离，现在孤身一人。

同我一起劳动的有一个女右派，叫冉德瑜，她为人忠厚老实，又特别能吃苦。她看我独自带两个小孩拖不动，就主动来帮忙，帮我洗衣服，照看孩子。一来二往有了感情。我问两个女儿，"冉嬢嬢来当妈妈可不可以？"孩子说："可以。"于是我同冉德玉在1962年12月结婚。冉的命运比我悲惨，你可以去采访她。

1979年平反，我去市教育局查问，一查，没有给我戴帽子。我冒火说："这二十年一切都按'分子'整我，1962年还宣布给我摘帽。原来没戴帽，白整了？！"

教育局那位女同志阴阳怪气地说："有帽子好哇，有帽子说明整错了，你还能改正，没戴帽你不属于平反对象，没有你的好事。"

平反后我没有再回学校，留在了长寿湖。文革期间，我幸亏是呆在长寿湖，如果我在24中，肯定被整死了。我前妻熊莞君只因为是出身地主，就……

唉，这段伤心事我实在不想提。文革时，她是"死老虎"，任人斗，任人打。两派有事没事都整她。她的"罪过"有三条：一，出身地主；二，老公是"分子"；三，曾经被开除过。红卫兵闲来无聊，拿她取乐，他们说，她姓熊，就得趴在地上装狗熊。红卫兵拿来绳子，栓在她脖子上，强迫她在地上爬。一天中午，他们逼迫熊莞君趴在地上同一群狗抢骨头，她被咬得鲜血直流。她是一个知识分子，一个人呀！当天她就上吊自杀了。

（李长文此时哽咽）

我和女儿不知道她死了，以前她每月给我们寄5元钱，后来好几个月没有信，也没有钱，我写信去问，学校回信只说了一句："熊莞君已死。"

我们当时也不知道她怎么去世的，她死前有没给我们留下一句话。

十多年后，北碚区为她平反，开了追悼会，两个女儿去参加，政府补助了500元钱，算是了结。我把钱平分给两个女儿，那是她们妈妈用生命换来的。

（采访时间：2001年10月13日，地点：长寿湖造船厂）

采访后记

采访李长文，是在长寿湖边一个低矮的平房里。湖面上，烟波浩渺，稀疏的雨点打在湖畔的芭叶上,声声点点,秋韵秋寒。

李长文老人背对长寿湖凄美秋色，有些急不可待地向我倾诉他逝去的生命时光。

条理清晰，语言流畅。

然而，讲到他前妻熊莞君之死时，他声音突然发涩，我看见他眼中一缕悲恨的凶光一闪而过，原本惊心动魄的场面，他寥寥几句，便作交待。我想追问，那声音和表情让我哑然失语。

重庆市著名物理学教授、右派陈祚璜（长寿湖"分子"刘淑明之夫）生前写过一篇《受困记》，该文45页中有这样一段文字：

"(文革)对人的虐待和残忍，更是别出心裁，举个例子:北碚蔡家场市24中有个语文教师叫熊莞君，工作一贯认真负责，性情直率，肯讲真话。一天中午，学生食堂打牙祭（吃肉），学生把熊莞君叫来，又唤来一群狗，把剩下的骨头掷到狗群中，然后逼令熊莞君与狗抢啃骨头，不去就打。熊莞君被狗咬得鲜血直流。她无法忍受，自缢死了。熊是我1944年在北碚兼善中学高七班教过的学生，后她在原国立社会教育学院毕业从事教育。她青年时的慈厚形象还不时在我的回忆中出现，不料到她竟死得这么惨，我心中十分难过。"

当天夜里，我同妹妹谭竹采在湖边一间小屋里，窗外哗哗地下着大雨，妹妹沉默不语，她刚刚写完长篇小说《云顶寨》，写了一大串才女淑女的死亡，一个个写得凄婉动人。我也沉默不语，老是想，当一个人的尊严被"狗"咬得稀烂，不得不毁灭自己生命时，心里想些什么？

夜深沉，孤灯寂静，窗外风雨，湖边水拍。倏地想起《红楼梦》里一首哀怨孤女的诗句：

秋花惨淡秋草黄，
耿耿秋灯秋夜长。
已觉秋风秋不尽，
那堪风雨助凄凉。

林黛玉很凄惨吗？无数中国人为她泪湿衣衫……

熊莞君（右）与妹妹熊达君合影（1951）此照片系从唐山地震废墟中挖出

（这张十分珍贵的孤本照片，我在匆忙中只扫了很低的精度，还没来得及寄还，便被抄家时抄走了。）

丈夫—枪杀；女儿—饿死
—冉德瑜

——1957年四川速成师范学校学生

　　听说你在采访，我外孙女叫我千万不要说，这辈子整苦了，受了几十年的罪，还连累了她，不要又惹祸。我练法轮功，他们坚决不准我练，要惹祸，我不练了。五十年代的事，我亲身经历不是编造，说几句又啷个嘛，又把我弄成个啥子派？又把那两个帽子（地主分子、右派分子）还给我？

　　我是涪陵礁岩乡人，出生才4个月爸爸就去世了。我读书读到初中毕业，在涪陵女中。毕业后结婚，父母从小给我们订的婚，丈夫叫杨泽勋，比我小1岁，在涪陵省立中学读书。

　　结婚后10天，我离开家，到了丈夫家——涪陵清溪场。我在清溪场的南沱中心小学教书。

　　到1950年土改时，我有了四个娃儿，老大7岁，最小的半岁，正在吃奶。那个暑假，农会的人要我和丈夫集中学习，丈夫当时也在教书。他们把他弄到区上去，没要我去，因为我拖4个娃儿。丈夫走的时候对我说，我没得啥子问题，我没田没地，肯定不会评成地主。

　　农会组织开会，先把我评成自由人，第二天叫我站到中农那一堆，第三天又说，你站到那边去。"那边"就是地主成份和地主出身的人。我说，我又升级了，三天升三级。我说这话的时候还没意识到当地主的可怕。我想，我一无田、二无地，娘屋虽然有几亩地，但我早就离家了，妈妈在我结婚后几个月也死了,我一个干人，算那门子地主？！

　　农会说："你教书就是不劳动，是剥削阶级。"

　　他们来抄家，半夜突然来的，先把我们母子五个从床上赶起来，赶到外面站起，他们在里面翻箱倒柜，稍微好一点的东西都要。有一床被盖，棉絮不好，面子还可以，他们就把面子拆下来拿走。我几个娃儿衣服都没穿，冷得哭。我不要命地冲进去，把娃儿穿的那身衣服抢出来。农会那些人挑了满满几担东西走了。最缺德的是他们还把屋锁了不准我们进，我们母子几个只好钻到灶房旁边搭的一个偏棚里。

　　（毛泽东早在《湖南农民运动考察报告》中就礼赞了农会的这种"痞子精神"。）

　　那床农会没看上眼的破棉絮，是我们那个冬天惟一的被盖，我给四个娃儿盖，我晚上不脱衣服，蜷在谷草堆上。棉絮很快就更破了，到处是洞，我连绳线都没有，用谷草把洞扯拢来。

　　其实，冷还可以挺过去，肚皮饿才叫恼火。丈夫弄走没得消息，不准我教书，也不准我外出——农会的武装人员说，为了防止敌人破坏土改，进出都要通行证。我是地主，不准我出去，一家人没得经济来源，我的三女儿就是这个时候饿死的。

　　那天晚上，她"妈呀妈的"哭叫了一夜。"妈呀，我要吃饭哟，我要吃饭哟。你去煮饭给我吃嘛。"我说,哪点来米嘛,灶也封了的。她的哥哥姐姐饿了,红苕藤、糠粑粑都吃,最小的一个还有奶吊倒,只有这个老三,倒大不小,非要吃饭。一晚上都在哭叫,最后她说:"妈,你到奶奶那里去给我舀瓢水喝嘛。"我说,"恁个晚了,别人门都栓了。"女儿没有再叫了。天亮前,她死在那个偏棚里,死时还不到3岁。

（注:这是我第二次听冉德瑜谈到她三女儿的死。第一次是2001年11月25日在狮子滩一家饭店里。那次,当着许多人——李宁熙夫妇、我妹妹谭竹、朋友王康等——冉德瑜声泪俱下,泣不成声。这一次,她只是默默地抹了抹眼泪。）

我去给人干活,找的丈夫家一个亲戚,我喊她五妈,她家评的是中农。我在她家推磨,天天推到深夜12点。她给我半升包谷,我要米,她不给,每天都是包谷。

农会分给我一块地,叫我种,我不要,我腰无分文,买种子的钱都没得。农会说,嘿,你这个人怪,别人翻身,分田分土高兴得很,你还不要。所以我说我是个"翻身地主"。（"翻身"指获得解放,当了主人的意思。）

我们母子几个身上只有那天夜里从农会手头抢出来的这身衣服,没换的,穿了半年,又脏又烂又臭。说起来不怕你笑,我们全家一身都是虱子,密密麻麻。咬得没办法,我烧一锅水,关起门,脱光,把衣服放到锅里煮,水面浮起一层虱子,我大儿子抓了满满一把。我不是乱说,不是加盐加醋,我只有说漏了的。

有个人看我艰难,悄悄说:"你出去借点钱来把地种了嘛。"我说:"不给我办通行证,我不敢走。"他说:"你不走大路,晚上走小路。"我照他话做,悄悄跑到清溪场找我三姑。她给了我两升米,3块钱。我拿这3块钱买了荞子,胡乱种在土里,咦,长得好得很。我收回来,娃儿不吃,说黑糊糊的是猫屎。我吃给他看,他们才勉强跟着吃了。

我每天出去帮工,让儿子照看小的。儿子要出去打柴,妹妹弟弟没人管。有一天我回来,发现二女儿不见了——被人偷了!我又气又急又哭,农会不开通行证,我走不出去,到哪点去找嘛?!你问娃儿爸爸?他已经不在了!（19）50年那个暑假他被弄到区上去,我就再也没见到他。后来我听我那个妹说,她亲眼看见了的——农会把他抓来斗,说他是反革命。叫一个人上去斗他,那个人说,杨泽勋嘛,乡坝头看到长大的娃儿,从小读书,平时对人又好,斯斯文文,客客气气的。农会不要那个人说了,换一个人上来,新来的人还是这样说,一连三个人都说杨泽勋是个好人。农会只好不斗了,干脆判他死刑。那天杀了好些人。杨泽勋跪在地上,五花大绑,武装(人员)对着他后脑扣扳机,连扣三枪都不响。杨泽勋扭回头来看,他们说,他还以为自己只是陪杀场。那个武装慌了,连连说:"杨泽勋,不是我要你的命哟,不是我要你的命哟。"

农会换了个人上来,还是把他打死了。

（说到这儿,冉德瑜老人突然提高声音,异常激愤。）

他死时才28岁,没有做过一丁点坏事哟!他从小读书,后来当个小学教师,说他是反革命就是因为他中学毕业后在涪陵地镇科当了几个月小科员,抄抄写写,学校出来的一个学生娃儿,找点事干就把人当反革命杀了?!

我最艰难的日子是那一年春节。哪一年?记不清了。是二女被偷走后的那个春节,大概是1952年,大年三十那天,他们派人来通知我,春节10天不准出去干活。我立马慌了神,家里一贫如洗,啥子吃的都没得。晚上我抱了一抱柴、砍成条,大儿子帮我捡,我对

"他们还是把他打死了！"

他说，明天早上你起来去给别个送柴（即送财的意思），别人肯定会给你点吃的。儿子答应了。

第二天儿子背起柴，脚刚要跨出门，不干了。他说："妈，我不去，别个会说我是叫花子（要饭的）。"我说："不是去要饭，你去找五妈、三姑他们，他们是亲戚。"儿子又往门口走，一到门坎，他脚就抬不起，硬是迈不出去，扯了四、五次，他哭起来，要我去。我说，你娃儿去好些，我是个大人。他还是不去，我气不过，一把抱过柴来说："好，好，我去！我去！我出去就不回来了。"儿子一听，骇得大哭，他扑过来把我吊倒，"妈！妈！你一定要回来！"

（冉德瑜老泪纵横，边哭边说。）

我对儿子说："你看到家里没吃的，要想饿死呀？那个老头子叫我嫁给他，有饭吃，你要不要妈嫁？"

儿子说不要，但他还是迈不出去，最后还是我去的。五妈他们给了糖、汤园和糍粑，把柴也还给我了。

那10天是我一生中最恐慌的日子，我一辈子的苦难加起来都不抵那10天，两个女儿已经没了，剩下两个儿子不能再饿死。快点过呀，快点过呀，过了年好出去做活。到第10天的晚上，我扯起喉咙对着外面喊："你们想把我们母子饿死，不得行！我们活来了，没有死！"

孙女叫我不要说，我给你说了，这是我的亲身经历，我没说一句冤枉话，没有冤枉共产党，我只有少说了的，说漏了的。

打死我丈夫的那帮农会的武装（人员）中，有一个叫彭癞子的人，这个人以前不务正业，游手好闲，干聊子一个（没钱），讨不到媳妇，进了农会，他神气了，背杆枪到处走。他看上了我，托人来说。我气得发昏，吼起来："把我男人整了还想来要我？！"有一次开会，别人又说这事。彭癞子嘻皮笑脸地说："咦，我有这个福气呀！"我霍地一下站起来，当场冲着他说："你看好了，你是贫下中农，我是地主，你站在啥子立场？！"

他后来把田分来靠到我的田，背杆枪走来走去想欺负我。人到这份上心也横了，我不怕他，跳起来和他斗，我说你敢一枪把我崩了？！他没有占到便宜。

我种不出来粮食，交不了公粮，上面来的工作组找我问原因，我把情况原原本本给他们说了。我要求出去找工作，求他们帮忙开通行证。工作组的人同意了。彭癞子还想卡我，想强迫我嫁给他，但工作组的人点了头的，他拦不住我了。

我打算到重庆一中去找冉淑芳，她是我姑姑，又是我女中的同学，她读了大学，在一中教体育。我没得钱，一个亲戚给我买了张船票。我把小儿子托付给我表嫂，她也是个地主，大儿子交给祖外婆。大儿子非要跟我走，他说他去帮人带娃儿。我说，多一个人要路费，妈的路费都是别个给的。我硬把他留下来，他哭得伤心得很。

我坐船到了重庆，不晓得沙坪坝在哪点，有好远，边问路边往沙坪坝走，走到化龙桥的时候天黑了。我觉得前面迷迷茫茫，走一段，看到前面是山，没人，我又折回来。走投无路的感觉啊。后来我写了一首词，读给你听："涪山青，渝山青，两岸青山相送迎，谁知离乡情。娘泪盈，儿泪盈，骨肉分离娘断魂，泪海心难平。"

我身无分文，在化龙桥找了一家理发店，问他们要不要打工的。那个老板打量了我一阵，把我收下了。我在那家理发店干了半个月，老板看上我了，他死了老婆，想娶我。我不愿意，想到在乡下的娃儿。离开的时候，老板给了我一个月的工钱，还说，要是没办法，可以再回去。

我在一中找到姑姑冉淑芳，我住在她那里，去报考了速成师范学校。等通知的时候，我想娃儿想得要命，忍不住要回去看。姑姑说，你走了，通知来了哪个办？先把娃儿放一下。我说，不得行，放不下。

再说说我大儿子。我走后他失魂落魄，经常跑出去漫无目的找我。有一次他走了很远，到了一个亲戚家，要他们帮着找妈妈。那家亲戚没有理他，只给了他两个烧红苕就叫他走，他那里还走得回去？他一个人在外面一个草堆堆里过了一夜，他一个娃儿，不怕？他肯定要哭嘛。

大儿子开始发昏病，路也走不动了，一个多月时间，身子垮下来。

我回到乡下，大儿子一看见我，高兴得不得了！他说："妈，你回来了？"我说："我来接你，带你出去。"他立马活起来，病也好了。我本来找了个人背他，讲好背到河边两块工钱，结果路上他不要人背，活蹦乱跳走得上好。早晓得我不花那两块钱，但别人跟倒走了一趟。

在船上我给儿子买了一碗饭，儿子说："妈，你呢？你也买一碗。"我说我心头不好，不想吃。我哪里是不想吃嘛，我饿得发慌，没得钱哪！5块钱还是女中的同学杨昌仁（音）给的，已经用了两块。

（冉德瑜泪水又滴下来）

我带儿子到了一中，儿子破破烂烂，长一头癞子。姑姑说，这是学校，别人看得你这个癞子儿哪？她拿6块，叫他到外面去住。

儿子到段上去锤石子，每月5块钱，段上补助一块，总算有了口饭吃。

这个时候，我听人带信来说，我寄放在表嫂家的小儿子滚到茅厕（厕所）里去了，幸亏茅厕是新修的，粪不多，他在里面叫，才把他捞上来。

我一听，又往涪陵赶，我已经丢了两个女儿，儿子不能再出差错。我回到乡下，把小儿子背到重庆。姑姑吵我："你工作都没得，慌慌张张把娃儿一个个弄上来，找些包袱。"我说："你那些娃儿生下来又是亲爹妈，又是请奶妈，我们都是当妈的。"

这个时候，速成师范的通知来了。姑姑说："你看嘛，你哪个办？"

我没得办法，只好又把小儿子送回去。在涪陵的时候，遇到一个亲戚，她说，你不要回去，送回去娃儿可怜，河边有个船工没得娃儿，一直想收养一个，把儿子给他算了。

我犹豫了半天，同意了。那个船工姓张，两口子很喜欢娃儿，立马给娃儿做了两套新衣服，还亲亲热热地抱他。他们要我写个手续，还要我去把儿子的户口办来。

同儿子分手时候，他哭着对我说："妈妈，你要来接我哟。"

送了小儿子，我回到重庆，进速成师范读书，师范是供济制，吃饭不要钱，还发点生活用品。原先说读一年就工作，后来说太快了，再读一年。我找校长要求工作，我说我有娃儿，经济困难。校长不同意，我只好又读，这一读，就读到（19）57年鸣放。

鸣放我一句话都没说，到尾声了，积极分子非要我发言，他们说："你不帮助党整风呀？你不发言，政治上想得2分？"我说我没得啥子说的，他们引导我："你从农村来，经历过土改，你是哪个出来的，你看到的听到的都可以说。"

我于是说了我土改时听说的一件事：有个富农后来评成地主，他害怕，上吊自杀了。有人去找他开会，推开门，看到死人，骇惨了。他们还要我说，我就说到我三女儿，一提到她我就哭了，我边哭边说，她土改期间饿死了。

他们批斗我，说解放后新社会哪有饿死人的？你污蔑造谣！我哭着说："是真的嘛，我的亲生女儿，不信你们去了解嘛，又不远。"

给我定了个罪——"攻击党的土改运动"，又给我戴了一顶帽子——"右派分子"。

在去南桐农村劳动改造的路上，我边走边哭，身上一分钱都没得，别个还可以买些生活用品，我走这么远，又担心娃儿。带队的人问我为啥子这么伤心，我说没得经济，生活哪个办，还有娃儿。他说，没得关系，有组织，要我依靠组织。

我在南桐农村，老老实实地劳动。一中有个姓高的老师也来了，他说大儿子在他家里带娃儿，现在不需要了，是不是把儿子送到南桐来。我赶忙求他："高老师，你帮人帮到底。你看我这种情况，这个大山坡坡，娃儿来做啥？"

高老师找人把我大儿子介绍到8中校办厂去做活。后来他一直在那点干，直到前几年退休。

1961年我们全体转到长寿湖，在长寿湖遇到李长文，我们结了婚，这些你都晓得。

我说说找我二女儿的事，就是被偷走的那个，她被偷时才4岁多，我去找时已经过了快20年。长寿湖渔场给我打了个证明，我出去没走多远证明和钱都被小偷摸了。第二次又去。我女儿就是我们那一带的人偷的，这我晓得，有人给我说，那家人姓夏，他们偷了后还在清溪场住了一个星期，看我找不找。

我从那个沟沟问进去，挨家挨户的问起走，我只晓得那家人姓夏，住哪点不晓得。最后有个人说，夏家当年是弄了个小女娃回来，现在那女娃都结婚了，就在对门斜坡坡对到。呃，那不是，田头干活那个就是你女婿！

我赶忙走上去，对他说，我是他女人的亲妈。女婿听了，叫人去喊我女儿。不一会，来了一群女人。有人喊："夏渝碧，你亲妈来了。"我认不出她，她也认不出我，我二女叫杨云霞。我喊"云霞，云霞。"

女人堆有一个大肚子孕妇走上来，我看她长得像我大儿子。她叫我一声"妈"。我们两个抱头痛哭。

隔壁一个女的跟着哭，她也是被偷来的，她边哭边说："我还不晓得我亲妈姓啥子。"

有的人说："你找到女儿就把她弄走嘛。"我当然想，我要弄走有理由，是他们硬给我偷走的。但是她已经不是一个人，正怀二胎，当月要生。她几兄妹东一个西一个，死的死，送的送，苦得很。她再苦嘛丈夫娃儿在一堆，何必再把她家扯散。农民就农民，干活吃饭平平安安就好，何必非弄个城市户口。别人说我开通，我说我尝够了分离的苦，再说她没读过书，出去怎么办？

其实，我二女小时候特别聪明，两岁多就能认300多个字。她被偷到夏家，那个男人另外娶了老婆，女人也嫁出去了，二女跟夏家的奶奶生活，从小就干活，去给别个带娃儿，挨了好多打，她命苦得很。不过，后来她的两个娃儿都从农村弄出来了。

（叫冉德瑜不要接受我采访的就是其中一个女儿。）

二女儿送我到长江边，我们在船上又抱头痛哭一场。

对了，还有我小儿子，七十年代他带着女朋友来长寿湖找我。别人给他说长寿湖是个劳改农场，他以为有铁丝网，有哨兵。我见到他，一眼就认出来——他同他死去的爸爸长得一模一样。

在长寿湖，我也差点被整死。卢蕴伯就死在我眼前，我只差一点就步她的后尘。回想这一辈子，我不晓得哪个活到今天的。几十年都在骂自己"我是地主、右派，我要好好改造"、"我有罪"、"我有罪"。

我说给你听的都是我的亲身经历，没乱编一句，你看，我的罪在哪点？

回想这一辈子，我写了首打油诗，算是总结：

两口小教无寸土，错划成份成地主。

夫含冤死子女散，我落荒村思骨肉。

地雨右风廿七年，廿七于我一家苦。

忍认他乡作故乡，青丝红颜老江湖。

注：①"两口小教"指冉、杨两个小学教师
　　②"地雨右风"指地主、右派

（采访时间：2002年6月13日　　地点：长寿湖农场子弟中学）

永远留在了长寿湖的李长文、冉德瑜夫妇

采访后记

采访冉德瑜老人时，天下着瓢泼大雨，湖面上水雾迷漫，冷风阵阵。参加长寿湖聚会的当年的右派们在大雨中依依不舍地离去了。他们中有些人一定是永远地离去了。头一天在飞龙岛上，一位年逾八旬的右派，望着那片土地，嗳嗳嚅嚅地说："我回来看你哟，回来看你哟，最后一次回来看你哟。"

我留下来，走进了冉德瑜在湖边的家。

去年10月，采访李长文时，初次见到冉德瑜。在餐桌上，当着许多人，老人提起她饿死的女儿，泣不成声。

那天，也下着瓢泼大雨，湖面上水雾迷漫，冷风阵阵。

老人声音急促、高昂，不需要我提示、询问，多年积压，一发不肯收。悲到深处，又是泣不成声。

返回重庆后，我开始写关于冉的文字。这些平淡的、毫无文学美感的文字，让我不堪重负，好几次写不下去。

刚刚整理完文字，还未来得及写采访后记时，重庆市国家安全局找上门来。

我被带去了另一个地方，作为涉嫌"煽动颠覆国家政权"的犯罪嫌疑人向专政机关交待"为什么要采写长寿湖？"目的、动机、哪些人参与、与国外反动势力的联系，等等。

一个月之后（8月2日），我从重庆市看守所蓬头垢面地走出来，领取了"取保候审"一年的"文书"。

"你要是再搞长寿湖，新帐旧帐一起算！"

于是，冉德瑜成了我"最后一个"采访的人。

两个月后的今天，遇到这"举国欢庆"的"大喜"日子，打开电视，国庆盛宴上坐满了老人（当然不是长寿湖的老人）。宴会厅里华灯闪闪，红光森森，堆满了"辉煌"、"胜利"、"光荣"、"伟大"……我忍不住拿起笔，写下这篇迟来的"采访后记"。

(2002年10月1日)

雨雾笼罩的长寿湖 （谭松摄于2002年6月）

71

她被"狗"咬死 —— 熊愉

—— 李长文之女，1957年8月生

我刚刚半岁的时候，爸爸就被他们弄走了，我和姐姐熊怡跟妈妈，姐姐大我两岁。

1960年初，学校（重庆市24中）说妈妈的丈夫是反革命，本人出身不好，又是解放前毕业的大学生，旧知识分子，有这三条，就不要妈妈教书了，把她放到北碚蔡家场乡下劳动。

妈妈家以前是巴县一个家势很大很富的地主，妈妈是个大小姐，从小在外面读书，没有劳动过，她干不起活，我们母女三口饿得要死。我印象最深的是我和姐姐剥红苕藤那个梗梗吃，甜丝丝的。

妈妈喂不活我们，把我们送到长寿湖，这时候爸爸妈妈已经离婚，我和姐姐是判给妈妈的。

在同心岛，爸爸天天出去劳动，很晚很晚才回来，我和姐姐（我快3岁，姐姐不到5岁）没人管，天天守在食堂。那个时候吃饭票，师傅打点饭给我们吃。吃不饱，饿。晚上，我们姐妹俩坐在食堂门口，一边坐一个，伤伤心心地哭，哭得不歇气，那个月亮白晃晃的。

有一个晚上，我要撒尿，爸爸累得很，说你各人出去撒。我从后门出去，外面有个石坎坎，石坎坎下面是个粪坑，我走出去，没站稳，从石坎坎滚下去，掉进粪坑里，好在粪不深，我骇得发不出声。爸爸见我老不回来，出门找，在粪坑里找到我。他一把提我起来，往湖边跑。他把我浸在水里，提起来，又浸下去，像提一个鸡娃娃。那天晚上也是月亮很大，我印象深得很。

有一个女右派，看见我们很苦，衣服也没得人洗，主动来帮我们，关照我们两姐妹，她后来成了我们的后妈，叫冉德瑜，你见过了。

我妈妈一个人在北碚乡下，还是活不下去，她也跑到长寿湖来，想同爸爸复婚，他们没能复婚，妈妈认为这是冉德瑜的原因。

妈妈又回到乡下。1964年，政策宽松一点，学校觉得把妈妈处理重了，又把她召回学校，不教书，当工人，保管劳动工具，每月24块钱。她马上跑到长寿湖要我们两姊妹。

爸爸求她留一个下来，妈妈不干，爸爸找其他右派来劝，都不行。我记得晚上他们在湖边争，争来争去，争了整整一夜，我想睡，瞌睡得很，到天亮的时候，爸爸放弃了，妈妈把我们带回城。

那天晚上，月亮也很大，亮晃晃的，我印象深得很。

其实我和姐姐很舍不得爸爸，虽然日子苦，但爸爸对我们很好。我小时头上生癞疮，没有药，爸爸到处去找土草药，一点一点的给我敷。我和姐姐小时候最害怕的就是爸爸死了。有一次爸爸吃糠饼把喉咙弄破了，吐了血红的东西出来，我和姐姐以为爸爸要死了，骇得抱

住他放声大哭。

回到城里，妈妈发现我有肝炎，赶紧给我买糖，买猪脑水，尽量让我吃好的，但是她只有24块钱，我们三个人不够。我得了病，她拼命给我买好吃的，经济上更紧张。她去找学校，要求补助——她以前有70多块钱工资。学校不给，她三天两头跑去要，学校气不过，说是你自己要把两个娃儿弄回来。这个时候我和姐姐户口还没上，学校干脆不办户口了，把我们两个退回长寿湖。

上不了户口，没办法在城里呆，妈妈没办法了。这一次我们在妈妈身边呆了4个月，我对妈妈最深的印象就是这4个月。以前我小，没什么印象，以后，以后我再也没见到她。

妈妈是大小姐出身，不像贫苦妇女那样能过紧日子。其实，24块钱我们咬紧牙也能过下去，一闹，把我们又闹回长寿湖。如果我们在妈妈身边，我想她后来可能不会走绝路。

我和姐姐回到长寿湖团山堡。上学，要到同心岛那边的一个乡村小学，水枯可以走过去，涨点水就得下湖游，游两次。冬天田里结了冰，也得下水。那时衣服穿得少，脱下来，脱得光溜溜的，把衣服书包顶在头上，一只手护头，一只手游。家里斗笠都没得，下雨天只有挨淋，衣服打湿了就到同学家的灶门前烤，一天只能吃两顿饭。

妈妈每个月给我们寄5块钱，几年后突然不寄了，半年都没寄，爸爸以为妈妈结婚了，写信给学校，学校过了很久才回信，我现在都记得，只有五个字：熊莞君已死。爸爸又写信去问怎么死的，学校再也没回信。

十多年后，1979年，我们突然接到学校的通知，叫去参加妈妈的追悼会。走的时候，爸爸对我们两个说：人已经死了，不要找学校提什么要求，无非是钱，只要政治上平反了，经济上就不计较了，不要拿死人去压活人。

我和姐姐回到学校，那天同时追悼的有4个人，上面挂了4张遗像，我一眼就认出了妈妈……

（熊愉双眼发红，泪水涌上来。）

我站不稳，放声哭，两个老师架着我……

追悼会开完后，让我去领妈妈的遗物。遗物只有两件东西，一件是那张遗像。学校说，找不到妈妈的照片，费了大力气才从北碚区教育局的一张履历表上弄来。第二件是一个很大的牛皮信封，里面有几十份材料。其中包括妈妈写的检讨、交待、别人检举她的材料，还有审讯记录。我印象最深的有这么一段记录：

李长文与熊莞君（1953年）

"熊莞君，你不老实！"

"我哪点不老实？"

"你思想反动，你还在怀念你那个反革命丈夫！"

"我哪里在怀念？"

"你不怀念？！那你为啥子不结婚？你在等他！"

"他已经结婚了。"

我问学校妈妈的坟在哪点，他们说不晓得，不晓得是哪个把她拖出去的，埋没埋都不清楚。我后来又打听过，没有结果，至今我都没找到妈妈的尸骨。

那两个老师怕我想不通，一直陪着我，他们叫我们姐妹俩住一晚，我不干，坚决要走。

我们没有给学校提任何要求。走的时候,那两个老师拉着我的手哭起来,哭得很伤心……

（熊愉泪流满面,哽咽不语。）

熊愉,熊怡两姐妹

我对妈妈虽然没有多的印象,但我知她是个好人,只是她不会处世,脾气犟,不认错。

我爸爸也是个很好的人,他和妈妈谈了8年的恋爱才结婚,他们是高中同班同学,从高中、大学到结婚,有感情基础。怀上我姐姐时,爸爸妈妈约定,男孩就姓李,女孩就姓熊,结果两个都是女孩。他们分手后,爸爸对她也有感情,他坚决不同意把我们改为姓李,我想爸爸就是为了纪念妈妈,怀念那份感情。

我姐姐熊怡不能完全理解,她认为爸爸如果不同冉德瑜好,而同妈妈复婚,妈妈就会活下来。姐姐16岁就下农村当知青,整整8年出不来,她下决心找一个出身好的"红五类",于是同一个大队干部、转业军人、共产党员结了婚。十多年后离婚了,再婚,又离,现在孤身一人,在渔场办了内退,每月300元钱,没住房,同我住在一起。

（采访时间:2002年6月11日,地点:长寿湖化工招待所）

采访后记

在长寿湖右派重返长寿湖的聚会中,见到李长文的小女儿熊愉,她声音粗犷,高大健壮,举手投足有一种风风火火的泼辣干练。

晚上,我在湖边幽静的化工招待所里采访了她。

我们慢慢谈开,她谈到她的童年,她的母亲。白天那种风火干练消失了,灯光下,我分明感到一种娴雅和秀气。她的声音、目光和表情透射出一种大家闺秀的柔和、细腻和秀美。我想,这一定是她"大小姐"的母亲和政大毕业的父亲血液里传给她的。

她显然不是那种娇娇弱弱容易流泪的女人,但谈到看见她母亲的遗像时,她垂下头,泪水夺眶而出。

夜,十分柔和宁静,长寿湖湖水哗哗拍打窗下的礁石。我一动不动,静静地等她。

我问起她母亲的遗物,她告诉我,那张遗像她一直珍藏

建于"文革"、身着军装的毛泽东塑像仍然立在24中校园,他脚下,便是40多年前熊党君被迫害致死的地方。　　（谭松 摄）

在一个加了锁的小盒箱里。去年小偷进门,认定盒箱是个宝贝,将其整个卷走了。公安至今没有线索。那几十份交待审讯材料,1981年被舅舅拿走了,他想拿去打官司,告那个24中。

她说,她现在手里仅有一张妈妈的照片,来自唐山的小姨妈,姨妈说,这张照片是地震后从废墟中挖出来的,是孤本了,十分珍贵。

我谈到我读过她妈妈去世的情况,熊愉沉默不语。良久,她说,妈妈有六个弟妹,都在外地,他们再三追问妈妈是怎么死的,她和姐姐不敢说。

"如果他们晓得妈妈死前的情况,肯定要气惨。"熊愉说,泪水又涌出来。

瞧这一家子

除前面提到的熊莞君、杨泽勋和冉德瑜的三女儿之外，这一家还有下列五人"非正常死亡"：

一，**李凤集** —— 李长文之父，曾任国民党重庆武隆县县中队长，1949年共产党夺权后把他作为"开明绅士"。李凤集曾帮共产党征粮。1950年5月，李凤集被作为"历史反革命"枪杀。

二，**卢文俊** —— 李长文之母。1958年李长文下放劳动之后，卢被迫回到武隆乡下。1960年饿死。

三，**熊异能** —— 熊莞君之父，重庆北碚回龙坝人，地主，1949年前拥有一座雕龙砌凤的大庄园。1950年减租退押时，农会要他交出"金烟杆"（黄金做的烟杆）等黄金制品。熊异能交不出来，农会将一个烧烫了的、外面是铁皮的炉子压在熊异能的背上，名曰"背火背兜"，待熊的背烤烂后，又用楠竹抽打，熊异能被打死。

四，**熊异能的母亲** ——(姓名不详)遭受同样刑罚，与儿子同时遇难。

五，**李德珍** —— 熊异能的妻子，她也遭受背"火背兜"刑罚，但未遭楠竹抽打，因此得以死里逃生。文革期间，李德珍在得知女儿熊莞君的死因后，活活气死。

　　　　1966年，林昭的亲人最后一次在狱中与她相见，知道自己随时会被杀的她留下一个遗愿：**"相信历史，总有一天人们会说到今天的苦难！希望把今天的苦难告诉给未来的人们！"**

　　　　　　　将这一滴注入祖国的血液里，
　　　　　　　将这一滴向挚爱的自由献祭。
　　　　　　　揩吧!擦吧!洗吧!
　　　　　　　这是血呢!
　　　　　　　殉难者的血迹，
　　　　　　　谁能抹得去?

　　　　　　　　　　（这是林昭用血写的诗）

三、老革命

有一群资历深长的"老革命"，
他们也被"阳谋"的血盆大口吞噬。

1、詹　光
2、李恩章
3、王开泰
4、龙　实
5、朱恩源
6、梅　吾
7、周西平

长寿湖农场职工俱乐部印制
陈华提供

一个死不认罪的顽固右派——詹 光

——1957年重庆日报党支部书记、编委

> 我年轻时，最大的愿望是当一个编辑、作家，几十年一直渴望实现这个愿望，今年我已经80岁，一切都不可能了。

1938年，我17岁，投奔重庆八路军办事处，办事处组织我们到延安。到延安后第二年我就加入了共产党。我先干了几个月的伤兵救护，然后考入鲁迅艺术学院，读文艺系，我的梦想是当一个编辑、作家。读书时，遇上延安整风运动，许多人被打成特务、反革命，还整死了人。由于我是从国民党统治区来的，不由分说把我打成反革命，整风的重点就是要整像我这种投奔延安的人。文艺系的支部书记是何其芳，他要我交待，我不服，同他干起来，他便把我交给同学批斗。同学态度十分粗暴，我不交待便不准我睡觉，我年青气盛，跳起来要打架。何其芳见闹得凶就把我放到山上劳动。那是我第一次体会到什么叫"欲加之罪，何患无辞"。后来周恩来回来说，哪有那么多反革命，毛泽东也给大家道了歉，说："你们受了委屈。"我获得平反。

1941年从鲁艺毕业后，我加入359旅（就是王震那个旅）随军南下。部队只有8个连，1200多人，其中绝大部分是干部。我们的任务不是打仗，而是跟在日军后面发展根据地。周恩来指示我们：日本人打到哪里，我们就跟到哪里，在它后面建立共产党的根据地。

最初很顺利，年底太平洋战争爆发，日本人停步不前，我们就惨了，不得不打了一些硬仗。由于大部分是建立根据地的干部，战斗员少，因此牺牲很大，我这个连的连长、教导员都牺牲了。我从教员很快升到营教导员，主要原因就是减员太大。后来李先念的部队收留了我们，我进入司令部干部旅，跟李先念部转战。

打得最凶的是1946年停战之前，同国民党打，抢地盘。为了拖住国民党30万人，上面准备把我们牺牲掉。我们冒死突围，6万人分6个部分突围。我所在的干部旅拖了战斗旅的后腿，于是在陕西将我们化整为零，每人发点钱，三、五人化装逃走。我扮成老百姓跑到西安，西安八路军办事处的人说，去延安已经很困难，叫我回四川，因为我是重庆人。我到重庆办事处后，找到何其芳，他当时是新华社重庆分社的负责人。我想到新华社，他不同意，让我回到江北老家。1947年2月，国民党勒令新华社回延安，我便同党失去了联系。为生活，我到《陪都晚报》当了一名见习编辑，干了两年。

1949年3月，解放军一路南下，我急不可待要找组织，动身前往当时已经解放的湖北当阳。一路上我不敢住店，不敢走大路，冒生命危险走到湖北荆门找到了部队。一见面，他们首先怀疑我是特务，幸亏我遇到359旅的一个副参谋长（这时他已经是副司令），他证实了我的身份。当时我可以去北京，周扬是宣传部副部长，鲁艺的同学大都是各部门负责人，但我党籍还没恢复，又在国民党《陪都晚报》干过，因此就没去北京。

重庆解放后，我担任沙坪坝区政府办公室主任。后来准备提升我为副区长。我不想从政，一心一意想当编辑、作家。我在鲁艺的同班同学李南力（长寿湖右派，1970年去世）任作协秘书长，我到他手下当了一名创作员。后来我又调到重庆日报任编委、支部书记，并负责文艺、体育等版面的编审工作。

重庆日报的副总编贾唯英（女，长寿湖右派，1994年去世）是个非常有才干的人。我调去时她犯了错误——没有把一篇《论无产阶级专政》的文章放在头版头条。从这点可以看出，当时在报社工作风险有多大。我为了圆编辑、作家梦，副区长不当，一头钻进这个是非之地。

贾唯英犯了那个错误后，上面为了加强领导，从宣传部派了一个叫余XX的人来当副总编，专门负责把政治关。此人不懂行，不学无术。最大的能耐就是政治上整人。反右时他积极得很，报社仅仅整下长寿湖的右派就有17人（死在下面5、6人），其他极右、中右、右倾等又有几十人。

余XX首先将贾唯英打成右派，接着便想收拾我，我业务上瞧不起余，政治上又认为自己资历老，南征北战、枪林弹雨冲杀出来，根本不把余放在眼里。

余XX最初并没有划我右派，他叫我下放到长寿湖当个下放干部，我一听"下放"便明白已经把我当成中右，离右派只有一步之遥，我厉声问他："报社里谁是左派？"

我不服，拒绝下放。

余XX说："好，詹光，你抵抗下放！"他干脆把我划成右派。

划了右派，没有材料，余XX便指使石大周从我签发的稿件和主管的栏目中去找。

很快就有了。文艺版有一个杂文专栏《绣花针》，他们责问我，这个"针"是针对谁的？最后定为《绣花针》是攻击共产党的毒箭。

这是我第二次亲身体会到什么叫"欲加之罪，何患无辞。"

到长寿湖后，我一直不认罪，是有名的顽固右派。但是我认认真真劳动，我不怕吃苦。当问起"为什么在这儿劳动？"别人说是"改造思想，赎罪。"我回答是"为社会主义添砖加瓦。""为子孙后代造福。"

我不服罪是我认为自己为革命事业、为新中国的建立出生入死，从未反党反革命。我坚信自己的冤一定能洗尽，一定会平反，因此我不在乎。

在长寿湖把我打成反改造的首恶分子，成员有不服气的谭显殷、曹贞干等人。既然是以我为首，任何情况下都拿我开刀（注：据长寿湖其他右派说，每次开批斗会，詹光便穿上一件厚棉袄准备挨打）。有一次，"革命群众"勒令我们右派站好队。有人点水（告密）我是最顽固的右派。一个"革命群众"走到我后面，狠狠一刀捅进我屁股，鲜血顺着腿流了一地，旁边一个右派谢汝清骇得咚地一声栽倒在地，我直挺挺的立着，坚持不倒。

由于我死不认罪，整整在长寿湖呆了20年，1978年才回报社。58岁的人了，还干点啥？

今年我满80岁了，回想这一生，感叹万千，真的感叹万千。这场灾难是历史性的，个人无法计较了。共产党从成立起，就一直在折腾，党内就一直在残酷斗争。我成了牺牲品，爱人孩子成了陪葬。爱人从区法院下放到巴县百节镇，一去也是20年。我3个孩子受影响，没有一个能上大学。由于他们文化低，无法教育好他们的子女，这个不幸牵连几代人。

还有我年轻时的愿望——作家梦，我又说这个事，一切都没有了，一切都不可能了。

（采访时间：2001年4月24日，地点：重庆日报社）

采访后记

詹光是我采访的几个延安老革命之一，也是长寿湖拒不认罪的顽固分子之一。

很多长寿湖右派都对我说，詹光有两个特点，一是拒不认罪，二是劳动积极。

他的朋友，重庆日报的另一个右派金践之（也是解放前入党的"老革命"）就比他清醒。他曾说："我劝过詹光，用不着为不值得坚守的东西去坚守，但他不听。"

张志新、李九莲比较清醒，又比较顽固。结局是一个遭刀子割断气管，一个被竹签从下颚穿透舌头——防止她们临刑前"顽固"。

如此，我理解金践之（尤其害怕他们对付"顽固"的手段）。

如此，我敬佩詹光，一刀杀下去，血流满地而坚挺不倒。

詹光此时身体已经衰弱了，听力也差，更兼又患了肺气肿，不时咳得惊天动地面红筋胀，两个多小时采访下来，他显得很疲惫。我问起死在长寿湖的右派的情况，他满面阴沉一言不发，我再问他对他追求和坚守的这场革命的认识，他回给我一阵猛烈的咳嗽。

他站起来送客，魁梧的军人身躯，衰老的病人容颜。走到门边，我伸手向他告别，他一声不吭，目光严峻。突然，他举手齐额，向我行了一个军礼。

我一怔，一股热流涌上心头。

老人想表达什么呢？他是我父亲的朋友，此刻，走到生命夕阳残照的老人，是不是想向他朋友的后代说：走吧，孩子！清醒，而又"顽固"。

补记：2004年1月22日（大年初一），詹光在重庆去世，终年83岁。这位铁骨铮铮、走过了战场上枪林弹雨，走过了长寿湖20年九死一生的汉子，终于倒下了。

2003年9月21日，詹光最后一次参加长寿湖幸存右派的聚会，我赞叹他依然魁梧挺拔的军人身躯和气度，从远处悄悄给他照了张像。四个月后，他永远离去了。我把这张照片"发表"在这儿，献上我一个后来者、一个晚辈无尽的哀思和崇敬。

（2004年1月26日）

敢坚守良知？判20年劳改！
——李恩章

——1957年五一技校校长助理
1925年生

一、河北故乡抗日

我1925年出生在河北交河县官庄子村一个十分贫穷的农民家庭。

1937年，家乡遭了水灾，就在那一年的冬天，家乡被日本人占领了，日本人占领铁路沿线大小城市，广大农村则是一片空白。土匪、民变武装趁机而起，各种番号的军队，到村子就要吃。我见到的有陆路军、八路军、十大队（地方武装）等等。村子里的办公人天天敛钱，逼得老百姓无法生存。

日子过不下去了，我只得外出谋生，我讨过饭、当过学徒、医院的勤杂工。我吃过各种树叶，记得最好吃的是榆树花。

1944年，我19岁。那天我在村长家（他表面上是敌伪的村长，暗地里支持抗日）遇到共产党的地下人员，说起救国救民的话题，投机得很。他对我说，八路军为穷人打仗，解放穷苦老百姓，要大家都有饭吃、有衣穿，最后他问我愿不愿意加入共产党的地下武装。我被他的宣传打动，当场表示同意。村长说，莫忙，先问问你家里，这很可能是要掉脑袋的事。

我回去问父母和祖母，他们正饿得半死不活，叹口气说，家里反正没吃的，说不定哪天饿死，不如跟共产党走，可能有危险，也可能有前途。

就这样，我加入了共产党领导下的地下游击队。

五十年代初的李恩章

我参加的第一场战斗就是拼死突围。那一仗打下来，与我同时参军的两个同乡吓得丢下枪溜回家不干了。游击队很弱小，打一枪换个地方，经常被追得鸡飞狗跳，好几次我都差点丢命。一次我们被堵在屋子里，日本鬼子往屋里投手榴弹，我趴在地上，墙炸垮了，我借滚滚烟尘逃脱。还有一次突然与日军遭遇，我见没退路，掏出手榴弹躲在一垛墙后准备与日军同归于尽……

1944年11月，我同7个战友又被包围在一间屋子里，这次突围失败，我们8个人全部被活捉。

被抓那一霎间，我心想，完了，死定了。

我们被关了9个月，其中有11天我们10多个人被关在只有1.2米高的屋子里，每个人都像狗一样趴在地上，屎尿也拉在地上。难受啊，我不想活了，只想快点死。

日本人审讯很简单，几句话就完了，把我们折磨得惨的是敌伪特务——中国人！他们把我打得昏死过去。但是我不敢说，说了就是叛徒，出去也要被自己人打死。

在监狱中我曾经想过自杀，没走这条路是坚信日本必败和认为自己能逃跑。后来在长寿湖我又想过自杀，又没走这条路是坚信自己无罪和担心影响家人。

我曾经组织过一次逃跑，被人出卖，敌人放出狼狗把我手脚几乎咬成残废。后来我又得了伤寒，11天没吃东西，靠喝一点米汤活下来。那个所谓的医院比停尸房还可怕，苍蝇、蛆、粪、死人，臭气冲天。我睡在地上，与死人为伴，神智慢慢恍惚起来，想到某人就觉得某人走到我身边同我说话。

日本投降时我已经被折磨得不成人样，我们被抓进去8个人，6个死在里面，只剩我和指导员朱宝祥活出来。

回到家乡时，家乡已经是解放区，我养好伤病后参加了土改、镇反，随后又到了部队，在华北补训兵团当了一个教导员，解放那年随第二野战军来到重庆。

1955年，部队让我转业到重庆建设厂，同年11月又把我调到五一技校。不让我呆在部队是组织上对我不放心，觉得我曾经被俘虏过。建设厂是一个大型兵工厂，也觉得不放心，干脆把我转到学校。

按共产党的教诲，战场上最后一颗子弹留给自己，才是光荣的，如狼牙山五壮士，而被俘则是可耻的，给军队带来不好的影响。虽然被俘后我们都坚决与敌人斗争，不泄露秘密，在刑场上也视死如归，但共产党总认为我们有了污点。等到共产党打下了江山，政权抓到自己手里时，对我们这种人员就进行清洗——凡是被捕、被俘过的军人一律下地方，军队一个不留。

二、五一技校反右

我到五一技校后当了校长助理。

1957年，共产党号召大鸣大放，学校党支部书记崔XX召开群众大会，动员鸣放，要求大家帮助党整风，克服三大主义：主观主义，官僚主义、宗派主义。除三大主义以外其他问题也可以鸣放，如三反、五反、镇反、肃反……

动员会后划分小组，讨论崔的动员，同时开展鸣放，各小组选好记录员。

很快，"帮助党整风"变成了"向党猖狂进攻"，声势浩大的反右运动开始了。学校成立了以崔书记为首的五人反右领导小组，我是成员之一。

领导小组首先把对学校教学工作提了尖锐意见的周仁文划为右派，他指责学校领导干部不懂科学，不能领导科学等等。划他时我没提反对意见，但接下来我发现崔书记一心想整一个人，这个人是教务科长王开泰。

一年前，崔书记想要私分一笔钱，这笔钱是教学上省下来的，王开泰不同意分，认为应当上缴，两人为此闹得不欢而散。

反右时，崔XX细细的整了一份王开泰的材料，说他是阶级异己分子，要把他划为右派。他把材料给我看，我看那上面都是些不实之词，完全是胡编乱造，明显看出崔XX想利用反右运动陷害王开泰，报私仇。

我一条一条地否定了他们精心给王开泰编造的罪行。崔XX无法反驳，气得脸一红一白。

他一连三天三夜作我的工作，我始终观点不变，最后他摊牌说："王开泰攻击我，反对我就是反对党，我在五一校代表党，难道有人反对毛主席不是反对党吗？你服不服从组织决定？！"

说到这一条上我无法了，我说我服从，但我保留个人意见。

他们把王开泰弄来斗，斗了好多天，王开泰拒不承认。

崔XX想让我参与整王，在批斗王开泰的会上，他指定由我主持会场，我意识到这是崔XX的阴谋，让群众和王开泰认为是我在污蔑他，王开泰不满，就会反过来诬蔑我，这是崔XX一箭双雕的阴谋。

我怎么办？如我坚持实事求是，崔XX会给我安上包庇右派的罪行，也把我划为右派，如违心地按他的指令去整王开泰，良心上过不去，王开泰也会认为我很坏。

我几天几夜吃不下饭，睡不着觉，在这种有权便有真理的统治下，不从也得从。最后我决定，我去主持，但一言不发，用无声的反抗来对付。

在饭堂里我主持第一次批斗王开泰的大会。我坐在主席台上宣布开会，其他的话一句也没有，给大家一个莫名其妙的感觉。

大会开始了，崔XX早就布置好的积极分子一个个上台发言，说王开泰恶毒攻击党，攻击领导，他参加革命是钻到共产党内部来专门从事破坏……

我在主席台上坐着，一言不发。

会上一个叫李明福的开始攻击我，说我是东郭先生，兔死狐悲，与右派狼狈为奸，等等。

不管他们怎样骂，我仍然一声不吭。王开泰也作无声的反抗，默默地站在那儿，未按崔XX的意愿来检讨自己。

这一次会没有取得崔XX想要的战果。

接下来他们改变了斗争方式，崔XX把他那一帮打手组织起来，分成几个小组搞车轮战，日以继夜地斗，不准王开泰睡觉，墙上、床上、身上到处贴上标语："敌人不投降就叫他灭亡！"把镇压反革命那一套的架势全拿出来了。我见到这种场面很难过，我与王开泰都住平房，中间只有一室相隔。

斗了好几天，王开泰腿也站肿了，晚上他哭着来找我，说："老李呀，我完了，你知道我从小参加革命，腿还被打断了一根。我只不过为分助学金与崔XX发生了矛盾，就遭到他如此打击报复！"他边说边哭，哭得十分伤心。我心里也非常难过，认为崔XX心太黑了。但我不能公开站在王开泰一边，只好用模棱两可的话劝慰他："要相信党，要看到将来。运动中没有真理，群众说的不要计较。你现在倒下去，以后还会站起来，三反中那些错划了的所谓贪污分子，不是以后都甄别平反了吗？我相信党会实事求是的……你知道我现在的处境很困难，像站在十字路口，我不能与右派站在一块，只得暂时划清界限，到定案实事求是的时候，我一把崔XX不敢见人的东西揭露出来……"

王开泰听了我这番话，不再哭了。他说马如兰（他妻子）还在哭，我叫我爱人去劝劝她。

他走了，我躺在床上在想，这场斗争，到底是为了什么？想不出它的目的和作用。

斗争王开泰的小会从早晨天不亮就开始，一直斗到夜里二、三点钟，王开泰实在熬不过去了，精神崩溃了，他按照崔XX的意思，叫承认什么就承认什么，把崔XX栽给他的罪行全部承认下来，并在群众大会上当众公布自己的罪行。

但是，他一喘过气来就否认，接着又斗，遭不住了又承认。承认、否认；否认、承认。最终王开泰受不了折磨，在肉刑逼迫下彻底投降了。

我在一旁看得很清楚，污蔑加大棒起到了艺人训老鼠的作用，达到了崔泄私愤图报复的目的。

崔XX组织人整整将王开泰斗了长达半年的时间，我最记得那一大群"积极分子"，斗争会上一个个张牙舞爪，既凶恶又丑陋。这些人后来都被崔XX提拔重用升了官。

我心里非常同情王开泰，但我也知道同情的后果。宣布王为右派的那个罪行材料是我念的——领导安排我念。我心里当然非常痛苦。王开泰听了，认为我要两面派——因为他来找我时，我明确地对他表示了同情。

王开泰投降了，下一个目标可能是我了，我不得不想如何来保一保自己。我原来保王开泰，为他辩解，现在王开泰自己都承认了，弄假成真了，如我再坚持，就是明目张胆为右派辩护。我预感到大难临头，于是也想站出来批判——把王开泰按他自己承认的材料再重复一遍。这样，王开泰会明白，不是我给他捏造罪名，今后真相大白时，也说得清楚。于是，在斗王开泰的大会上，我发言批判了他，起了助崔XX弄假成真为虎作伥的作用，更助长了崔的气势。

崔XX得寸进尺，说我也是右派，他利用王开泰的软弱，实行一打一拉，叫王开泰作为整我的马前卒。

他找王开泰谈话，对他说：你可以将功折罪嘛，你揭发李恩章，可以减轻你的罪恶，可以从轻处理。

王开泰信了这个欺骗。

他把我同情他的那些话，写成材料，交给崔XX。崔XX看了材料大怒，气冲冲地前来问罪。这个时候，我再也无法忍受被迫说假话的痛苦，我干脆冲着他说："那些话是我说的，告诉你，你们整王开泰的那些材料从头到尾都是假的！"

崔XX立马又用整王开泰的手法来整我。于是，在一连串斗争会后给我定了罪——包庇右派，因此也是右派。

我不服，不断跑到市里喊冤，完全没有用。王开泰当了右派也觉得很冤，我们两个又走到一起，商量之后决定到北京申诉，我们想中央总会给我们一个公正，一个清白。

晚上，我们两人悄悄赶到菜园坝火车站，乘火车到了北京。第二天我们到中央纪律检查委员会去申诉。中央纪律检查委员会在西单一幢大楼，到那里前门不准进，从后门——一个只能进出一人的小门进去。几间平房里坐满衣服褴褛的各地告状的人，也有干部模样的。我们虽然被划成右派，衣服还是干部穿着。我进门以后叫我坐在条凳上等待。

有一个五十多岁的女人把我叫到接待室，我把申诉材料拿给她，她看了看标题，一言不发就走了。十几分钟后来了一个警察，他对我说：走吧。我说到哪去？他说到西城分局，我说到西城分局干什么？他说：你不要多问。

在西城区分局，我被关进看守所，与小偷、流氓们关在一起。王开泰关在另外的囚室。

关了8天后，学校来人了（他们接到了公安局的通知），我们被押回重庆。

崔XX得意洋洋地对我说：你所有给上级的信，这么高一摞，全都转到我手里来了！

这时我才明白，整人不仅是崔XX的问题。我们原来认为中央是好的，崔XX坏，现在看来不是这么回事。但是我还难以相信，中央会与崔XX一样？！

我到北京告状，还付出了一个惨重代价——祸及与我同校工作的妻子王凤鸣。

我原本担心到北京告状，崔XX会对我爱人孩子下手。果不其然，他们得知我去了北京后，就对我爱人下手了。

王凤鸣：他们把我送到南岸弹子石的一个劳教所，要求公安机关判我劳教。当时我两个孩子大的一岁半，小的才半岁，还在吃奶，他们硬是把婴儿夺下，把我拖走。在弹子石劳教所，一个大尉军衔的军人看了材料，觉得奇怪，他说："你这上面一条具体罪行都没有。"那位军人听说我有两个小孩，小的才几个月时，他冒火了，猛拍了一掌桌子："送回去，荒唐！"

我由此躲过了牢狱之灾。

虽然没进监狱，但总可以给我戴个帽子，于是崔XX把我也划成右派。实在找不到罪名，硬给我栽了一个"包庇右派分子

李恩章、王凤鸣夫妻右派

李恩章"罪。1979年给我"改正"时，审查人员也觉得奇怪——我没有任何可以"改正"的"罪行"，就连"包庇右派分子李恩章"都没有任何具体内容。

（我问李、王夫妇，"改正"后崔XX书记是否向他们道过歉。他们回答，崔当面没表示过丝毫歉意，但是托人带来过一张字条，只写了几个字，表示问候，也有道歉的意思。）

李恩章：从北京回到学校，我就被监视起来，门口天天有人站岗，夜间也有，上厕所都被人跟着。半个月后，学校召开群众大会，宣布对我加重处分：每月只发生活费18元，送长寿湖渔场监督劳动。王开泰则被开除公职，抓进劳改营。（详见后面"右派王开泰的经历"）

三、长寿湖劳改

我在长寿湖，属于死不认罪的几个顽固右派之一。为什么不认罪？道理太简单：根本没罪！其他右派同我是一样的感觉，但是为了生存，为了活得轻松点，不得不说假话。我为啥当右派？就是因为不同意说假话，那么，我为什么要说假话承认自己有罪？

不认罪，要吃很多苦头，劳动量可怕得很。比如，国家规定每人每天挖、运、填土2.5个立方，对我们则要求完成10个立方。我就是在这种劳动中当众昏倒。（1944年是被日寇打昏。）

还有，不准探亲，文革中整整7年不准我探亲，还连续斗我120天。我想走绝路就是在这个时候。

那二十年的经历讲起来就长了，说一次我挨打和埋死尸的经历吧。

李恩章画的长寿湖右派"大战三秋"

文革初的一天，我在同兴劳动，突然红卫兵从山上拿着红缨枪向我们扑来。我们被拉到坝子上站好队，报数，然后跪下。我被搜出一首新疆歌曲《美丽的姑娘》，红卫兵说这是黄色歌曲，一脚冲我踢来，然后拉出来用草绳捆上，戴上纸糊的尖帽子，帽子上边挑着一个纸牌子，写着"顽固右派李恩章"。红卫兵给我一个洗脸盆，一根短木棒，强迫我一路走一路敲打。两个红卫兵押一个右派，排着长队向先锋生产队出发。红卫兵不断高呼口号：

李恩章画的长寿湖"右派劳动与生活

"敌人不投降就叫他灭亡！""把敌人打翻在地，再踏上一只脚！""革命不是请客吃饭，不是做文章，不是绘画绣花，是一个阶级推翻另一个阶级的暴烈行动。"

到了先锋生产队，红卫兵叫那里摘了帽的右派来批斗我们，以此说明他们是改造好了的，政策对他们与对我们就不一样，这叫划清阶级界限。在那个年代里，人人争当"左派"，免得灵魂受辱皮肉受苦。

要我低头弯腰，我不干，我当兵练的腰板是直挺的！一个红卫兵上来按我脑袋，按不弯，又按，还是按不弯。他火了，用木枪照我头上噼噼啪啪一阵乱打，我只好蹲下去，但坚持保持腰的直挺。我的顽固又让我遭一顿毒打。

在长寿湖，经常要对右派进行评查，评改造的情况。那一年，场部委派工作组参加评查，还有报社的记者参加。评查到劳动局的右派陈遥之时，他十分恐慌。

陈的爱人是个纺织厂的工人，长年有病，家里有两个孩子，生活十分困难。陈在评查前逃到重庆与爱人住在一起，劳动局又把他送回长寿湖学习班。

评查开始了，先追他的历史，他曾在南京国民党军需署任过职，这是历史上的斑点。接着评他抗拒改造 ——跑回家同妻子呆在一起。

学习班里的批斗是十分严厉的，他精神压力巨大，过去出身不好，这是"罪恶"的根源，眼前家庭经济又十分困难，已经难以支撑，长寿湖繁重的体力劳动又让他身体承受不了，再加上天天批斗，他看不到前途，绝望了。

我与他在一个小组，他睡下铺，我睡上铺。那天晚上小组开会他不在，派我去找，我猜想可能他自杀了，因为我见他端着洗脸盆从我身边走过，脸色很难看。我下到湖边，见一盒兰雁牌香烟在水边飘着，我捞起来一看，心想，他已经死了。我回去把情况报告了朱丰衍组长。

第二天我们把他的尸体捞上来，几天后，我和另两个右派把他埋了。

关于陈遥之还有一段后事。二十多年后，1993年，市劳动局的人事处长突然找到我，问陈遥之死后埋在哪里。我感到奇怪，长寿湖死了那么多右派，有谁在乎过？原来，陈当年在南京时结过婚并生了两个女儿，南京解放前她们逃到台湾去了，现在他女儿从台湾回来找爸爸。劳动局为了搞统战，所以忙着问陈遥之的坟。

劳动局派了一辆小轿车将我和陈的女儿陈仁平拉到长寿湖。上了岛之后，发现坟没有了，那片竹林也没有了，劳动局陪同的人叫我随便指个地方，我想这不是又搞欺骗吗？

李思章画的"埋葬李思强"

拖延了一天多劳动局才同意挖地寻找。我们在那个大约有二十平方米的地方挖条沟拉网式地探寻。才挖了一条沟，就挖到了胫骨，又挖，挖到了头骨。陈仁平见到这些尸骨，泪水汪汪地流了下来，她边哭边收拣骨头。

我当时也流着眼泪，因为我也经历了那个逼人于死地的时代，也差点走上绝路。

我埋的另一个人是投湖自杀的李思强。

李思强原是重庆市委宣传部干部，因不正当的男女关系下放到渔场劳动。在右派带尖尖帽游乡时，他指挥红卫兵整右派。没多久红卫兵说他是保皇派，把他抓出来批斗，他承受不了，批斗会后半夜里跳了湖。

那是1967年3月初，我划船时见楠竹坡一个蓝色的包包，随水波一起一伏，我好奇地划过去看，见是一个死人，四肢伸直，像蛤蟆一样趴着，鱼在他身上跳来跳去。

尸体拖上来后，领导叫我夜里守尸。我是顽固右派，没什么价钱可讲，但我心里想，你们认为是苦差事，我认为是美差。李思强这个泡胀了的尸体，不会汇报我守着他时自个睡觉。我一连守了十几天，一天夜里，忽然一场大雨，湖里的水涨了几公尺，李思强的尸体被飘走了，学习班又派我捞，我划条小船，拿着棕绳找到他的尸体，把绳子挂在脚脖子上拖到一个斜坡处。死人比活人重，我怎么也拖不上斜坡，只得回去把右派李宁熙叫来。我俩把他背上了斜坡，等他家属来看了之后再埋。

埋死人这样的事我是躲不脱的，我喊几个右派挖了窝，郑大同当指挥，用一块白布扯开裹尸，尸体烂得不行了，眼睛爆出来肿得比牛眼还大。大家用铁锹将他翻到木板上，四个人抬到坑里埋了。

他那个坟头后来长了一人多高的茅草，非常茂盛。有一次叫我割茅草盖房子，我想起了李思强，我到他的坟头上只用了半小时就割了一百多斤，任务完成得又快又好，这是李思强的尸体帮了忙。

四、人生暮年感悟

长寿湖那二十年，共产党用劳改、批斗、暴打、强迫认罪等等来折磨肉体扭曲灵魂，把人驯服得像马戏团的猴子一样顺从，整得人不但自己听话，还要去整别人，这叫政治战线与思想战线上的阶级斗争，而阶级斗争要天天讲、月月讲、年年讲。有些右派把这一套看透了，一切顺着来，你假我也假，以假话对假话，这一招果然生效，不仅摘了右派帽子，还当了管右派的干部。

有人说：反右斗争是杀鸡吓猴，是毛泽东学唐僧治孙悟空的办法，戴上紧箍帽，不准你乱说乱动；也有人说：毛泽东学赵高指鹿为马，说鹿的人都被杀了，说马的人都升官了（意思是要跟着毛泽东走，不要辨别是非曲直，叫你干啥就干啥，否则就会大祸临头）。不管怎么说，反右以后事实证明：再也没有人敢给领导人提意见了，四下一片赞扬声，全国到处浮夸风，水稻亩产十万斤、十二万斤，这样的弥天大谎，没有一个人敢反驳。后来成立人民公社、大办钢铁、大跃进、饿死几千万人，这些都与反右斗争的成果分不开。

1957年我有个非常深刻的体会：被斗被整的人几乎全是好人，这些人要嘛有良心，要嘛为人正直，要嘛敢说真话，要嘛有民主意识，至少不趋炎附势，吹牛拍马。而那些整人的人，大多心术不正。回想(19)57年以来的这几十年，发现一个现象，凡是偷奸耍滑，阴险邪恶之徒，大都在这个体制下日子过得滋润，或者升官发财。我们说这个人很"左"，即是说他一是虚假，二是整人。

回想这一辈子我对共产党所作所为的亲眼目睹，发现共产党在各个不同阶段都非常成功地运用了阶级斗争这个法宝（即挑动一批人来斗、打、杀另一批人），正如毛泽东说的："阶级斗争一抓就灵。"比如在解放战争期间，共产党把土地从地主手里夺来分给农民，告诉他们，你们之所以贫穷，就是因为受地主的剥削和压迫。你们要保住分到手的土地，必需彻底打倒剥削阶级和他们的代表蒋介石。

农民是很讲实际的呀，土地是命根子，拚死也要保。那个参军、支前才叫踊跃！打起仗来一个个奋不顾身。当时我们攻一个城，组织一梯队、二梯队、三梯队，也就是敢死队，一梯队抬着云梯往上冲，死光了二梯队上，又死光了三梯队上，反正要把城子拿下来，死多少人不在乎。记得我们战前都要说，这一仗准备死多少人。那些农民士兵，个个不怕死，战前表决心，把身上的钱，不论多少，统统掏出来交给组织，说一旦战死就作为党费。共产党能打败国民党，同那些无数要保卫土地、不怕牺牲的农民士兵有极大的关系。至于共产党夺取政权后还给不给农民土地，那就是另一回事了。

共产党1949年掌权后，继续搞阶级斗争，而且变本加厉、花样翻新，一直到文化大革命走到极至。到那时人们才开始意识到，几十年你斗我杀，老百姓除了付出眼泪、鲜血、生命，什么都没得到，他们只是专制利益集团夺取政权和巩固政权的工具。

我觉得，当局的统治术主要有三点：一是谎言欺骗，二是暴力镇压，三是许愿拉拢——这是我从19岁参加共产党，走到现在暮年的感悟。

（采访时间：2001年5月9日、2003年10月10日　地点：重庆市五一技校）

采访后记

从2001年到2003年，我先后四次前往五一技校拜访李恩章。李老先生身材魁梧，仪表堂堂，同另一位军人出生的长寿湖右派詹光一样，虽80高龄，仍威威虎虎，直挺的腰身透射出一股稳况和力量。

长寿湖有一批老人（如陈英、向光棣、白永康、李春华、朱培德等）让我非常敬仰。无论是在往日黑云压城、血雨腥风、指鹿为马、诬良为娼的"斗争岁月"，还是在眼下物欲横流、道德沦丧、腐败空前、谎言依旧的"后极权社会"，他们都一如既往地坚守了良知、坚守了道德、坚守了做人的根本。

我常常渴望去拜望这些老人，同他们交谈。这似乎已不是为了长寿湖的采写，而是为了一种心灵的需要、一种"回归"的渴求。

他们，不仅仅讲给我一段历史、一段往事；他们，还给予我一种抚慰、一种启迪、一种感召、一种力量。

望着他们日愈衰弱的容颜，我想：面对眼下的礼崩乐坏、面对我们这个"日愈癌子化的社会"（何清涟语），希望，寄托在他们身上？！

2003年10月10日

1957年反右漫画（原载《新观察》杂志）

1957年重庆市共计打了多少右派和其他"分子"，我不得而知。我只知道，当时除了长寿湖，还有缙云山、广阳坝、南川、通江等地接纳过前去劳改的右派。不过这些地方尚属收押"轻刑犯"的"温柔"之地，"重刑犯"—— 极右们—— 则被押往川西偏远蛮荒的山中。据说，那儿才是右派的人间地狱。在那儿，右派大量死亡。五一技校的王开泰是从川西劳改营中死里逃生的一个幸运儿，从他的讲叙中，可以窥见到几个比长寿湖更血腥的镜头。

一个大难不死的幸存右派
——王开泰

——1957年重庆五一技校教务科长

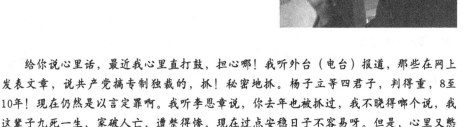

给你说心里话，最近我心里直打鼓，担心哪！我听外台（电台）报道，那些在网上发表文章，说共产党搞专制独裁的，抓！秘密地抓。杨子立等四君子，判得重，8至10年！现在仍然是以言定罪啊。我听李恩章说，你去年也被抓过，我不晓得哪个说，我这辈子九死一生，家破人亡，遭整得惨，现在过点安稳日子不容易呀。但是，心里又憋得慌，压抑不住地要说，真的很矛盾。

我是山东诸城县人，1945年我在诸城中学读书。8月份共产党的军队打来了，他们告诉我，这支军队是劳苦人民的军队，是为解放受压迫的劳苦大众打天下的。我看他们衣着朴实，官兵也平等，于是就参了军。参军后，我参加了整个解放战争，经历了大大小小的战斗。如孟良崮战役、洛阳战役、开封战役等等。我的腿就是在开封战役中受伤致残的。（王开泰因此被定为二等残废军人）伤愈后，我又随军南下，于1949年11月来到重庆。

1957年我在重庆五一技校任教务科长，当时的校领导是崔XX。

当年5月的一天，我们在党支委会上讨论传达和贯彻毛泽东在中央宣传工作会议上《关于正确处理人民内部矛盾问题》的讲话。这是一份内部资料，毛泽东在这个讲话中，要大家以对党无比热爱的心情，帮助党整风，推心置腹，畅所欲言，做到"知无不言，言无不尽，言者无罪，闻者足戒，有则改之，无则加勉。"要贯彻"百花齐放，百家争鸣"的方针政策，对党内存在的"主观主义"、"官僚主义"、"宗派主义"进行一次整风。并指出"房子要经常打扫，否则会积满灰尘。我们同志的思想，我们党的工作也会沾上灰尘的，也应该经常打扫……"还说母亲脸上有脏东西，要帮母亲擦掉。因为毛泽东的这个讲话是我在党内外大会上宣读的，所以印象很深，它内容生动，幽默诚恳，很是感人。

我从小参加革命，把毛泽东共产党当作大救星、大恩人，难道我能看到我们党沾染上灰尘而无动于衷吗？难道我能对伟大领袖的讲话有半点怀疑？这时候，从中央到地方各种舆论宣传机器，在全社会掀起了一场"大鸣大放"的高潮，群众的确被"运动"起来了，每个人的思想都活跃起来了，可以自由地发表意见，人们到处都在谈论着党和领袖的伟大。

那时，哪里想得到这叫做"引蛇出洞"？

为了充分发动群众，市劳动局赵局长亲自前来学校"蹲点"，抓典型，他有意布置了一次全体教职工大会，推出一个名叫周仁文的教师，在大会上作了典型的"鸣放"。

周仁文毕业于云南大学，是教化学的青年教师，人很直率，既然领导诚诚恳恳一再鼓励、动员，他就认认真真地当回事——把学校存在的问题归纳成"十大问题"，有理有据地在大会上"鸣放"了一通。参加会的人大受启发，会场上的气氛立刻活跃起来，很多人纷纷要求发言。最后，赵局长对大会作了总结，他首先肯定了大会开得很好，对周仁文老师大加表扬，并号召大家向他学习。咳！做梦也没有想到，大受表扬的周仁文和那些真正向他学习的人，后

王开泰1945年10月在山东入
伍时留影，时年17岁

来统统被打成右派分子。当他们醒悟过来已经追悔莫及——有的家破人亡妻离子散，有的在劳改营命丧黄泉，那个"典型"周仁文，后来也死在劳改营里。

现在人们当然不会再受这种骗，所以说政治运动把人教"聪明"了，教得人人说假话，教出一些见风使舵整人害人的投机分子来。

六月，《人民日报》突然发表了《这是为什么？》的社论，号召展开"反右"斗争，还公开发表毛泽东《关于正确处理人民内部矛盾问题》的文章。这篇经过大加修改的文章与整风运动刚开始时内部传达的那个讲话内容大不相同，语调也发生了根本性的变化，火药味浓厚，要抓右派！

公开发表的文章中，着重谈的是"香花"和"毒草"的区别和界限，敌我矛盾和人民内部矛盾问题……事后有人说，那个内部传达的《关于正确处理人民内部矛盾问题》讲话是用来引"蛇"出洞的，不那么讲，"蛇"不会主动出洞，"毒草"不会主动"长"出来。也有人说这是个骗局，是个阴谋。毛泽东反驳说：我们搞的是"阳谋"。

告诉你，我至今搞不懂"阳谋"这个名词的含义。

我遭在给校党支部书记崔XX提了意见，主要是说他独断专行，对上面报喜不报忧；对下面以已为中心拉帮结派。我那时不知道得罪了领导的厉害，更不晓得前面有个"阳谋"陷阱。

不久，我就被打成了右派。崔XX一方面从我档案上做手脚，整假材料，说我历史上一惯反党，另一方面大量搜集我平时的言论，断章取义，甚至无中生有编造我的"反党言论"。我当然不认罪，自己17岁就参军，跟着共产党南征北战出生入死，怎么会是反党？！崔XX发动一次又一次的批斗，最后，我顶不住了，在9月23日的全校大会上，我被迫当众"低头认罪"。当时我想，等运动一过去，我就要申冤告状，哪有如此整人的？！我万万没有想到，我从此开始了家破人亡的22年悲惨人生。

1957年，我有一个温馨的三口之家。我妻子马如兰，是重庆电力技工学校的教师，有一个可爱的三岁的女儿和平，还有一位跟着我四年多的老保姆刘简玉。我当右派后，我们这个幸福的小家庭，一下子掉进了万丈深渊。有人把我的孩子叫成"小右派"，有人叫我爱人是"右派分子"老婆，还有人挑拨我们的老保姆，唆使她和我们划清界限。

这时候的我，每天在外面下苦力，夹着尾巴做人，回到家里时见到妻子哭，孩子闹，心里痛苦极了。此时，只有保姆成了我们全家人唯一的精神安慰。她除了操持家务带孩子外，还不

断的安慰我们，叫我们千万不要"钻牛角尖"，要放宽心，要
吃饭，身体是本钱。外面有什么风声，她知道后立即向我们通
风报信，叫我们小心注意。我们一家人一天到晚都处在恐怖
中，随时可能有人进门盘查，甚至抓出来批斗。保姆虽然没有
文化，但为人忠厚善良，在那种恐怖的气氛中，她不懂什么
"阶级斗争"，只讲人性，只讲良心，她竟敢公开在外面说
"王科长是好人哪！就是性子有点刚直，但他心是好的，怎么
会成为右派呢？"后来她被人教训了一顿才不敢公开说了。

1958年3月21日下午，学校通知我第二天一早去南川乐村农场
"监督劳动"。此时我妻子已经下放到南川海孔农场劳动去了。

我立即和保姆商量，决定在我走后，由她把我的女儿带
到她家里抚养，我家的全部东西都交给她带去。此时我每月只

王开泰1956年同女儿和平留影

有十二元生活费，勉强能维持自己的生命。保姆流着眼泪说，无论发生什么事，她都绝不会丢
掉孩子，要我放心。

我的小家就这样破裂了，从此再没有聚合。

这天夜里，我躺在床上一直睡不着，凌晨四点钟就起来收拾东西。这时我女儿和平睡得正
甜，我轻轻地亲吻她的小脸……然后我匆匆告别了保姆，背上行李，走下楼。

我回头向小屋望去，那间小屋已不再是我温暖的家了。（我的住房马上被学校收回。女儿
后来随她母亲改嫁，改名换姓了。）

乐村农场在南川与武隆县的交界处，离重庆约200多公里，当年进军重庆时，我曾途经这
儿，没想到几年后我被分配到这儿来"监督劳动改造"。

农场坐落在一个山区里，这里群山连绵，人踪稀少，人民的生活非常贫苦，天天喝包谷
（玉米）汤度日。气候也是阴雨连绵，很少见到晴天，是名副其实的"天无三日晴，地无三尺
平"的荒凉之地。正是在这个蛮荒之地，我第一次听到了"亩产万斤"、"已进入了共产主
义"等振奋人心的词汇。

在南川劳动时，妻子来找过我一次。那天正吃中饭，接到她的一张便条，约我去水江镇相
会，当时她已调到贵阳水利电力学校任教。她突然来，我有点意外。

饭后，我马上请假，下午3点赶到了水江镇。她一见我，怔了一下，突然扑到我怀里，失
声痛哭！她哭着说，你怎么变成这个样，这么脏、憔悴、苍老……

（我同王开泰长谈六次，他唯一的一次流泪就是在谈到他同前妻的这次会面时。他老泪纵
横地说："我妻子要容貌有容貌，要品位有品位，我失去她是我这一生最大的痛啊……"）

她告诉我：她想把女儿送到汉中她外婆家去抚养，她还说："我知道你是被冤枉的，也一
直忘不了我们之间的感情，但是政治压力压得我喘不过气来，我实在难以忍受！"她边说边
哭。我告诉她，我决心破釜沉舟，到北京向党中央申诉（此前我在重庆申诉过，没用），我坚
信党中央是英明的，我这个冤案一旦党中央调查取证的话，肯定会平反。她急不可待地要我赶
快去，问我有没有钱，说着就把手表取下来给我，叫我卖了当路费。我说不需要，我是残废军
人，坐火车有半票的优待。最后，她提出，为了减轻她的压力，在我平反前我们搞个"假离
婚"，我同意了。那时候我俩都年轻，思想很单纯，想得很天真，不懂政治，但把它看得很神

圣，把党中央毛主席当作真理的化身。

第二天，吃了早饭后，我们一起去水江镇派出所，派出所回答说，离婚必须要有双方单位的证明。因此"假离婚"未成。不过，妻子的情绪比昨天好多了。从派出所回来后，我俩沿着镇东郊外的一条石板路，反反复复走了很多个来回。她满肚子说不完的话，而我却心情沉重，只想着如何尽快让我的冤案平反。

中饭后，我要返回农场，她坚持要留我到明天，准备向农场打电话为我请假。我对她说："那就再呆一会吧，但我今天必须得回去。"她不好再坚持。就这样我们又在一起呆到太阳偏西。分别时，她送我到很远的一个路口才停下来。她一直望着我，我也回头望她，最后，直到我们都看不到对方的身影时，我才急急忙忙往回赶。

我没料到这一别竟成了永别。后来她带着孩子被迫改嫁，于1981年病逝。

这次与妻子相见后，进一步坚定了我上北京申诉的决心。只有我的冤案得到平反，才能找回我失去的一切，才能保住我的老婆和孩子。

1959年2月12日，我随农场的改造分子们一块回到重庆。这时，我已经是无家可归。我看到我原来居住的楼房上的灯光时，禁不住想起我的妻儿……我长叹一声，眼泪流出来。我只得住到黄沙溪我的老保姆家去。

我决心上京告状，同李恩章一块去。李恩章是因为我当右派的，李当时是反右核心小组的成员，他不同意划我为右派。崔为了拉拢他，私下向李许愿，只要李支持他，那么在整掉我之后把他提为学校专职支部书记（即进入校级领导）。值得敬佩的是，李恩章在崔的利诱拉拢面前，坚守了良心和正义，他当面拒绝了崔XX，并质问他："王开泰给你提意见是工作范围的意见，怎么能说成是反党？"崔蛮横地回答："谁反对我，就是反党。"李恩章说："我也是个共产党员，按你的逻辑，你反对我，是不是也是反党？"崔气得面红耳赤，无言以对。他见利诱不成，干脆用除掉我的那种卑鄙手段，一棍子把李恩章也打成了右派。同时，他一不做二不休，在2月28日的全校教职工批斗大会上，把李恩章的妻子王凤鸣也打成右派（据后来落实政策办公室的徐绍成说，王凤鸣的右派一案连个上报手续都没有，她不明不白地被整了22年。）

李恩章夫妇被打成右派后全家遭遇很惨，两个孩子也跟着遭了殃。文革时期，王凤鸣和两个孩子被撵出家门，强迫住在猪圈里。李本人在长寿湖几乎被整死，但他一直不认罪，有人叫他写个假检讨，日子好过点，他不干。他的骨气在长寿湖很有名气，为人所敬佩。

我和李恩章于1959年2月27日到的北京，第二天我们就找到位于西单大街的中央纪律检查委员会。我和李万分激动，当时真像受够了委屈的孩子终于来到母亲的身边。

上访的人很多，里面坐满了全国各地来告状的人，轮到我和李恩章时已是下午四点钟。

我被喊到隔壁的一个房间里，一位中年女同志接待了我。

她先问我的姓名、年龄、籍贯、单位等，接着，她问我申诉什么？我尽量克制我的激动，把崔XX如何欺骗上级和用假材料来诬陷我的情况，全盘托出，并迫切恳请中纪委责成有关方面，甄别此案。使我感到奇怪的是，我的冤情并未引起她的惊奇，我在申诉过程中，她虽然也作笔录，但表情冷漠，也不向我提问题，似乎是例行公事，再后来，她好像有点不大耐烦。我讲完后，她未作任何表示，只是叫我先等一会儿。说着，她与那个正在同李恩章谈话的中年男子交换了一下眼色，然后离开了接待室。

我等她回来，我想她总得对我有个交待吧。

这时，突然从门外进来一个民警，高声喊："哪两个是王开泰和李恩章？走，跟我来！"

我们两人莫名其妙，随即跟着他出去，一出大门，就看见门外的院子里停放着一部小汽车。

民警调笑着说："在外面住房、吃饭都贵得很，领你们到方便的地方去。"李恩章朦胧地问了一声："这是怎么回事？"民警没有回答，一车把我们拉到了公安局！我猛然醒悟过来：那个女同志出去后给公安局挂了电话！

上世纪五十年代王开泰在五一技校

我突然被关进监狱，思想上极端痛苦。这到底是为什么？按照党章规定上诉我的冤案有罪？党中央会容忍崔XX用假材料来诬陷一个好人？这个困惑我是直到文化大革命时才得到解决——我看到刘少奇、贺龙等开国元勋被打成"反党"，诬陷他们的那种手段，同崔整我的手法非常相似。

我和李恩章分别关押在两个牢房里。我这个牢房大约10多个平方，挤了10多个人，"床"是用门板打的通铺，上面什么都没有，夜里10多个人和衣挤在上面睡，门后面一个大尿桶，散发出一阵阵令人恶心的臭味。

我被提审过两次，每次我都喊冤叫屈，审讯员听了我的陈述，沉默不语。（在后来的岁月里，我根本不敢再喊冤，那是后话。）

其实，那时我对党的感情极深，尽管受此大冤，但认定党始终是伟大、光荣、正确的。即使把我从牢房里拉出去枪毙，我也要高呼共产党、毛主席万岁。

我和李恩章在北京西城公安分局关了八天，三月八号黄昏时分，看守人员把我和李恩章押到办公室，一看，全明白了——单位派了王正康、刘承正前来押解我们两个"犯人"回重庆！

1959年4月13日，学校召开了全校教职工、学生大会。我又被加上"右派分子潜逃北京，无理取闹"的罪名，崔XX在大会上宣布开除我的公职，送去劳动教养。会后，我立即被押送到重庆市解放东路219号，重庆市公安局看守所，又称为劳教转运站。

我在看守所被关押了10天，于4月24号同其他犯人一起被押往位于四川乐山的中川钢铁厂。

中川钢铁厂在乐山城西南40公里，散落在周围几十华里的山区里，地处峨眉山支脉山麓中的大渡河畔，是乐山专署下属的公安局办的一个劳改和劳教合一的劳改营，里面有约10000多名劳教和劳改人员。

我们先到厂部，看见到处张贴着"坦白从宽，抗拒从严"、"只准规规矩矩，不准乱说乱动"、"放下屠刀，立地成佛"、"改恶从善，唯一出路"等触目惊心的巨幅标语。还看到一些来来往往的犯人，这些犯人正被持枪民警押着担运矿石，气氛十分恐怖。这场景对我是个极大的威慑，我的神经高度紧张，认为这辈子完了。

我被分到火烧埂采矿四队，火烧埂是万山丛中的一个山冈，远近山峦层层叠叠，人烟稀少，非常荒凉。在山上背风的地方，修建了几排临时茅草棚。棚里的中间有一条人行通道，两边搭了两排长长的大通铺，上面铺了些稻草，我们就人挤人地睡在这四面通风且漏雨的草棚里。室内两盏油灯阴森森的，彻夜不熄，一个大尿桶放在门背后，臭气熏天。

劳教人员之间一律称"同学"，见队长讲话时要立正，要绝对服从。每天早晚两次全体集合，由队长点名训话，个人活动范围限定在警戒线内，严禁超越，否则以逃跑论处，哨兵可以开枪。

正是在这个劳改营里，我彻底明白了，不管你有多大的冤情，绝对不能喊冤叫屈，因为喊冤就意味着你对党不满，认为共产党冤枉了好人，这又是"反党"，要被加重处罚。

我们队长刘丙仁是位三八式的老革命，他看了我的档案，有些同情我，让我当了班长，但是他告诫我，千万不能喊冤，不能上诉。他说："越上诉你就会被整得越凶。只有接受改造，争取早日摘掉'帽子'"。

我也终于明白，我必须把自己当成一个真正的罪犯来接受改造。逃跑？咳，那些被抓回来的犯人，被打得那个惨叫，心惊胆颤啊。就算你侥幸逃出去，改名换姓，也没有用。"无产阶级专政"利害得很，谁敢收留你？另外，没有户口和粮食关系，根本无法生存。唯一选择是老老实实认罪服法，争取早日解除劳教。当时，"回到人民队伍中去"是最让人动心的口号。要达到这个目的，有两条是每个"罪犯"必须做的：一是拚命劳动，二是揭发汇报其他犯人的言行。后一条在劳改营叫"以犯人治犯人"，李恩章他们在长寿湖叫"以右治右"。所以，那些年我们不仅不敢喊冤叫屈，而且绝不敢随便说话。

我们这批人，刚来时还有股猛劲，一个个又想通过拚命干活来摆脱绝境，因此，劳动亡命得很。大跃进不断推高潮，我们晚上也被叫起来挑矿石，更要命的是很快就吃不饱，我们身体迅速垮下来。

那些日子，惨不忍睹的事多呀，随便说几个吧。

有一天，一个劳教分子，因为精神太痛苦、太压抑，买了一瓶烈性虎骨酒，一口气喝了下去。不一会，酒性大发，他坐在地上放声痛哭，把刚吃进肚里的饭菜呕了一地。有个叫董永泉的右派，见到那些呕出的饭菜，立即趴在地上，用双手捧起来就往嘴里送。这是我生下来第一次亲眼见到人变成狗的行为，可见那时的犯人饿到何种程度。

说到这儿，我自己也有一次类似的举动。一天早上，轮着我去厨房打稀饭，各班组打饭的人快到齐时，突然一声巨响，装饭的大木桶爆裂了，稀饭流了一地。大伙一拥而上，蹲下去捧起地上的稀饭就往嘴里送，我犹豫了片刻，也加入了"抢饭"……

今天想起来，难以相信自己会做出这种事，但在那个年代，只要被投放到劳改队，就没有任何人格可言，不管你过去是英雄好汉，还是才子佳人，统统没用。据重庆中梁山煤矿的右派王猛告诉我，他亲眼看见从美国回来的大学者董时光（西南师范学院右派）为了抢桶里剩下的稀饭，把金丝眼镜和帽子都挤落在稀饭桶里。

虽然饿，但还不准"乱说"。有个劳教分子饿得慌，哼出一句："社会主义好，社会主义肚子吃不饱"，结果被人汇报，全队马上召开斗争大会。会上，这个人跪在地上，挨了一阵猛打，着重打他嘴，因为是他的嘴巴唱的歌，直打得他嘴鲜血长流。

我还遇到一件事，后来我当作故事讲给我的孩子们听。

有一个劳教分子，他爱人对他忠贞不渝，她把全家每月每人凭票供应的两个饼子（每个二两重）收集起来，从重庆寄给丈夫。在那个阶级斗争斗红了眼，六亲不认，夫妻之间也要"划清界限"的年代，这位妻子很难得啊！她丈夫收到这包饼子，饿虎扑食，一阵狼吞虎咽，一口气全部吃进肚子里，结果，痛得在铺上打滚，不到一个小时就胀死了。

死人的事接二连三地发生，但那时候，谁也不敢说"饿死"二字，因为社会主义没有饿死人这种事，只能说"病死"。

我们班原有四十多人，不到半年的时间，连续"病死"了九个人，现在我还记得名字的有5个：马正仪、王桥松、方田、刘克彬、伍加林。

马正仪大学毕业，当右派前是长寿八角中学语文教师，他"病"重躺在铺上已经有些神智不清。临死那天，正遇上一次千载难逢的吃肉。他一听说"吃肉"两个字，忽然清醒过来，用手指着嘴，口张得很大，有人问他是不是想吃肉？他吃力地点头。开饭时，一位同学把他分得的那点肉端来，一块块喂他，他吞了几块之后才断了气。

队里有一个医疗队，在一个叫"瞌睡坝"的地方，"病"重的犯人都送到那儿去，但十有八九有去无回，因此人人都叫它"死亡队"。后来，重"病"犯人太多，医疗队承受不了，只好将"病人"留在队里。而许多"病"人，宁愿死在队里也不愿去"死亡队"。

我们班的副班长王松桥（重庆黄沙溪人），那时快50岁了，我们两个为了夜里睡觉暖和些，于是合铺睡。不久，他病倒了，两腿浮肿，上气不接下气，他怕被送到"死亡队"，一再说，他的病不重，不用去集中，可以留下来看守工棚。

1959年秋的一天早上，我把饭送到他铺前，连叫几声他都没答应，我把被子一拉——他已经直挺挺地死去多时了！我大吃一惊，吓得浑身瘫软，他什么时候死的，我一点也不知道，和死人睡在一个被窝里！我至今不忘他那双眼睛，十分可怜，又十分恐怖。

方田也死得惨。他在被送到医疗队之前，多次恳求我说："王班长，我不行了，恐怕回不了重庆，以后你回去一定要到我家看看我的娘和我老婆张琳。"我满口答应，他还不放心，叫我记在笔记本上：重庆沙坪坝区化龙桥黄桷堡小学语文教师张琳。我写完，他这才放心，一再向我道谢。他被送到"死亡队"前拉着我的手泪流满面。临死前他要求见我，我于是请假去"瞌睡坝"看他。一走进草棚子，就看到里面横七竖八、东倒西歪躺着许多面容可怕的垂死病人，棚子里屎尿臭气令人恶心。我见到方田时，他已经成了一个还活着的骷髅。他听见我的声音，突然清醒过来，泪流满面地拉着我的手，很吃力地说："王班长……你……你……回到重庆后……一定要见……我爱人……张琳……说我……对不起……她。"说完他就断气了。我心里非常难过，也非常恐惧，担心有一天我也会同他一样。

后来，我看到了埋葬他的那片荒山，阴风惨惨，到处是一堆堆的新坟，触目惊心！我的难友周革新是重庆长航局的右派，他亲眼目睹了这一切，他对我说，当时死人太多，无处可埋了，有的地方一层层地埋了好几层尸体，后来实在埋不下去，只好把死者用他自己的铺盖卷起来，拖到一个山垭口处向山下推。久而久之，山下死尸成堆，野狗争食，臭不可闻，下面几户农民只好搬家，而且不准他们说出去。又据难友李志田（原重庆民政局右派）后来对我讲，他从有关方面得知，当时中川劳改营共有劳改劳教犯一万人，其中饿死了30%至40%，也就是说大约死了3000至4000人之多。

我们那些没死的人，当然也包括我自己，三分像人，七分像鬼，面黄肌瘦，或黄肿烂胖，头发胡子长得很长很长，两眼痴呆无神。有的人两腿浮肿，走路气喘吁吁，衣领上爬着虱子，身上穿的衣服五花八门，破烂不堪，老远就有一股臭味，看上去的的确确像一群"叫花子"（乞丐），甚至连"叫花子"都不如。我亲眼看到有个劳教分子，在厂部干部伙食团的垃圾堆中捡骨头，用来煮菜叶子吃。

别看这些人的形象不如"叫化子"，但很多人都是有知识、有文化而且是很有个性的人，其中有中学教师、大学生、干部、归国华侨等。我后来得知，著名的文学家、诗人流沙河先生，著名的漫画家汪子美先生等，就在中川劳改营"劳教"过。

我很不理解我亲眼目睹的这些悲惨情景，但那时报纸上和广播里宣传的却是：人民沉浸在社会主义、人民公社的幸福生活之中。

我在火烧埂的日日夜夜，是我这辈子经历的最残酷、最恐怖的日子，与当年我南征北战，出生入死战场险境相比，有过之而无不及，而且性质完全不同。

1960年9月5日晚上，宣布摘掉我的右派"帽子"，解除劳教。我激动得泪流满面，我终于从这个人间地狱里活着出来了！这是我九死一生换来的所谓的"认罪服法，改造好了回到人民队伍中来"。

我离开劳改营时，枯瘦如柴，蓬头垢面，走路有气无力。

在回重庆的路途中，看到到处都是冷冷清清死气沉沉，比如在乐山城，走几条街，难得看到行人，到处关门闭户，好像一座死城。有钱也买不到东西吃，我只有拿着旅馆开的证明到指定的一家名叫"大陆饭店"里去找东西吃。结果那儿只供应萝卜咸菜和酱油开水，还必须准时去，否则过时关门。新津、成都和乐山一样，也是冷冷清清，商店关门闭户，我是直到成都南门汽车站，才吃到只供给旅客的二两饭。

我在重庆已经没有家，只好去找我老保姆，自从我遭受迫害后，她一直关心我，在劳教期间，她还不时写信来鼓励我好好学习改造，同时把自己节省出来的全国粮票寄给我，此时，她已经是我在重庆唯一的亲人了。

我沿着铁路走到她位于黄沙溪的家，她们全家人见我突然以这副骷髅像出现，大吃一惊，老保姆当场就哭了，我忍不住也哭起来。

回到重庆后第二天，老保姆的女儿刘素清就领着我去王家坡派出所上户口。派出所不准，理由是：上面规定要严格限制城市户口，原则上只准出不准进，另外，我又不是刘家的人。我顿时慌了手脚，户口等于第二生命，没有它，就没有工作权和居住权，也没有粮食供应，就意味着我呆在这个城市非法，根本无法在这儿生存。

第二天，我和刘素清又去派出所说情，还是不行，他们叫我找原单位。我是被单位开除了的人，回去有什么用？但是我走投无路，只得试一试。我回到学校一问，碰了一鼻子灰，只得又灰溜溜离开。

当天夜里，我正躺在床上愁得睡不着，突然街道治安委员领着一帮人来查户口，有人认出了我，说我是右派。我说我已经回到"人民队伍"中来了。他们说："那你就是'人民队伍'中的'右派'。"老保姆一家为我说了许多好话，但他们坚持说，没有户口就必须走人。我说时间已经晚了，明天一定搬走，这伙人这才罢休。这事让我意识到，我仍然是个"右派分子"，一个人民的"敌人"，所谓"回到人民队伍"中来，不过是分化"敌人"的一种手段。我感到自己又一次被愚弄了。

第二天，我冒着蒙蒙细雨，离开了老保姆的家。善良的老保姆对我很好，但她是个城市贫民，靠她的女婿朱汉卿当炊事员来养活一家人，最关键是没有户口，谁也不敢留人。

当天我搬到大坪旅馆住下后，又去了大坪派出所（已改名叫"公社"）。我向他们出示了中川的证明文件，对他们说，我的户口原来是在这儿注销的，我现在已解除劳教，应该再回到这里来上户口。

派出所在第二天正式答复我，像我这种人，不能在重庆上户口，必须遣返原籍，而且马上办理手续。

我该怎么办啊？我急得如同热锅上的蚂蚁。

下午六点钟，我拖着疲惫的身体回到旅馆，房主突然逼着我马上搬走，说我事先没有办理当晚继续住店的手续，床位已卖给了新来的住客了。这时天色已晚，我苦苦请求，他不由分说地将我的东西往门外搬。记得小时候看小说《隋唐演义》，秦琼被店小二赶出店门，没想到那种狼狈落到我头上了。我只好背着行李去了火车站的"太和"旅馆，这里也早已客满，我说了一大堆好话他们才像打发狗一样地说："好，睡在地上！"

那天，还有个插曲，当我走到大坪虎头岩时，猛然想起死去的难友方田，想起他临死前泪流满面的托付。这里离方田家已不远，受人之托，忠人之事，何况是临终之托，尽管我落到这般地步，心情很不好，但不能对不起朋友。于是，我找到化龙桥黄桷堡小学，见到了方田的爱人张琳老师和方田的老母亲。我如实地把方田临死时的遗言转告了她们。

她们婆媳二人抱头痛哭，哭得那个凄惨啊……

她们非要留我吃饭，那是饥荒年，我怎么忍心吃她们那点粮。她们拉着我不准走，给我煮了一小罐饭，接着方田的母亲（她是一双小脚）颤颤巍巍爬到黑黢黢的床下，摸摸索索掏出一个皮蛋，背着方田的两个孩子，剥开，一下子压入我饭里。方田家一贫如洗，那皮蛋是他家里最珍贵的东西呀。

从方田家出来，我不知往何处走，想来想去，只剩下回山东老家一条路了。可是，我有什么脸面回去见父老乡亲？回去后又怎么生存？

此时此刻我刻骨铭心地体会到，在这个"无产阶级专政"的国家里，一个人一旦离开了组织（单位），就没有生存的空间，甚至去当"和尚"、当"叫化子"也无容身之地。

1960年10月10日是我一生中最难忘的一天。

这天，我突然发现我口袋里的钱被偷走了！这笔钱是我在中川省吃俭用积攒的一点钱和回重庆后东奔西走收回的公债券现金，共一百元，放在衣服的内包里，准备应急用的。肯定是昨夜同室的一个旅客（小偷），趁我半夜起来上厕所时偷走了我的钱。

那可是我的救命钱啊！

我顿时觉得走投无路。以前有句老话："在家靠父母，出门靠朋友"。如果在"旧社会"，我在外面闯荡十五年，总有几个朋友可以投奔，至少找碗饭吃或借点钱没问题，实在不行还可以投奔"同乡会"，或者找某个民间社团去"告个帮"。（"告个帮"是我们北方话，指人到万般无奈的情况下去求人。）

可是，在无产阶级专政的社会里，党统治着社会的每一个角落，根本不允许有任何独立的民间社会团体存在，整个社会，铁板一块。全国、全社会每一个角落都有党统治的组织，密密麻麻，布满党的神经、血管。完全没有个人生存的空间。这个政权一旦作恶，全国每一个角落都要震动，没有哪个地方逃得脱灾难。

更可怕的是，在这个社会里，一旦你被定为"阶级敌人"，你就成了"人民公敌"，或者说成了"瘟神"，任何人，包括亲戚朋友，都要躲着你，都必须同你"划清界线"，否则就要

受处罚。（我们学校有个姓周的女同志，在我被打成右派后借给我20元钱，结果就受了处分）

我经历了"新"、"旧"两个社会，比较一下，共产党统治比国民党厉害得多、严酷得多。国民党时代茶馆里贴着"莫谈国事"，但私下总可以谈，家里总可以谈。共产党毛泽东时代，夫妻之间都不敢说，都要"划清界线"。解放前，我们老家的人活不下去了，可以闯关东，可以逃难，解放后，"户口"、"粮食关系"，划地为牢，让人寸步难行，灾难一来，只有活活饿死！

我坐在一条马路上的角落里，六神无主，浑身瘫软，怎么办？仅有的一条回山东老家的路也断了，真真的上天无路，入地无门哪！为什么老天爷这样残酷无情地折磨我呀！我想到从小跟着共产党，为共产党拼命流血；我想到自己仅仅是提了点意见，竟被整得家破人亡，落到这般地步；我想到这个不讲亲情、友情、人情，只讲"阶级斗争"只讲"镇压专政"的社会……我焦急、悲伤、痛苦、愤慨之极！

王开泰："当年参军跟着共产党南征北战……"

我完全绝望了，我决心结束自己的生命。

这个时候，正是中午12点钟，我横下一条心，临死前要吃顿饱饭，我另一个口袋里还有30多元钱。（当时饭馆只有中午那会儿才开门营业）

我排了两次轮子（因为饭馆都限量卖饭），在两个地方买了六两大饼，一个馒头，四两米饭，全部吞下肚子里去。随后，我沿着汉渝路向江边走去，准备在那儿跳江自杀。

到了江边，我选好了一个地方坐下。此时秋风习习，落叶飘零，江水滚滚。我掏出香烟一支接一支地吸，一边不断地望着天空，长吁短叹。

此刻我思想极度混乱，过去的一切闪电般在我头脑里混乱不堪地闪过：从我两岁死了母亲，祖母把我抚养长大……从参军跟着共产党南征北战……从我过去美好的小家庭、妻子女儿……从残酷的现实到生与死的比较……

大半盒香烟快吸完时，一个新的念头在我头脑里慢慢冒出现，并渐渐地停下来：要想死为什么不早死呢？死，也应该在刚被打成右派时呀，那么多苦难、那么多非人的折磨都受过来了，现在去死，太不值得！于是我的思绪又回到了"我还年轻，'留得青山在，不愁没柴烧'"的这个根本信念上来，我又想到"车到山前必有路"的古训……

我猛地站起来，不死了，走着瞧吧！

第二天早上，我又去了老保姆家，收拾我的东西。老保姆知道我不得不回山东后，哭了起来，我也含着泪说，事到如今，只有走一步是一步了，请她不要为我担心。

这次同她分别，竟成了永别！

10月11日，我去买火车票，幸亏我是残废军人，用了16.7元的半票价买了一张到山东省高密县的通票。

第二天早上8点20分，我登车离开了重庆。

（注：王开泰回到山东老家后，仍然呆不下去，无奈中只得又返回中

老保姆刘简兰

川劳改营。此后，曲曲折折，九死一生，终于熬到1979年的平反。限于篇幅，后面的经历只得忍痛割爱。）

（采访时间：2003年12月　地点：重庆市五一技校）

采访后记

　　王开泰不是长寿湖右派，与他相识，是通过与他同校的右派李恩章。2001年6月，他在李家看到我的杂文集《看着我的眼睛》，表示希望同我聊聊，于是我们通了电话。不料，紧接着我就开始电视记录片《重庆大轰炸》的采访，把这事拖了下来。

　　2002年2月，我到李恩章家去悼念右派白永康时，初次见到了他。老人拖着残腿，一拐一拐地在屋里边走边"演说"，充满激情，敢怒敢骂，其中不乏精辟的见解和独到的思想。我表示想采访他，他满口答应："你来！我的经历三天三夜讲不完，你至少听我一整天。"可是，又不巧，第二个月我就着手创办《中华手工》杂志，创业之初，千头万绪，分不出身。几个月之后，我被重庆市国安局收审，释放后又被监控。待"取保候审"一年期满（至今未对我宣布解除），我马上赶到五一技校，可惜，王开泰已搬到成都去居住了。

　　我一心想补上那一段长寿湖之外的右派的"故事"。

　　终于，在2003年年底，我见到了回渝来办手续的王开泰老人。

　　老人眉头紧锁神情凝重，一开口就透露出深深的担忧和恐惧，言辞有些吞吞吐吐欲言又止。

　　两年前那个敢怒敢骂的老人哪儿去了？

　　我只好抖擞精神，说了一大堆大义凛然的话，同时告诉他，我现在没事了，肯定不会给他惹麻烦。

1979年6月王开泰平反后与分别20多年的女儿和平在重庆相聚

　　老人毕竟有觉悟、有认识，一经"煽动"，很快便被"颠覆"，那几十年的悲愤又压抑不住，血泪凝就的铭心感受又滔滔涌出来。到分手时，他主动说，他根据亲身经历写了一本秘而不宣的书，叫《"右派"恶梦》（后改为《穿过死亡的幽谷》），有15万字，他愿意借我一读。

　　在12月里，我四次登他家门，推心置腹长谈，并征得他同意，选用了《"右派"恶梦》中的部分情节，以上这篇采访录大部份来自老人书中的内容。

　　《"右派"恶梦》非常真实、非常完整、非常生动地展示了一个右派分子22年的血泪岁月以及那一个年代的荒唐、残酷、残暴，是一份难得的"历史资料"。我细细读了几遍，好几次掩卷长叹，甚至泪水盈眶。

　　在欢庆毛泽东110岁诞辰的那一个夜晚，在山城灰冷阴沉的天空下，我走出五一技校，怀中，揣着老人托付给我的文稿；心底，有一个声音在滚动——

——"让黑色的墓碑刺破你血红的天空！"

投奔延安、热爱美术的代价
——龙 实

——1957年重庆文联党组书记
1918年生

南京失守的消息传来时，我正在广州广雅中学读书，课堂里一片哗然，教师满面悲愤，肃立不动。同学们群情激昂，有的失声痛哭。不少同学当即决定，放下书本，到抗日前线去！

找国民党，还是共产党？

我在学校参加过共产党的一个外围组织"读书会"，常常阅读一些进步书刊，那些书让我觉得，只有共产党能够救中国，中国的曙光在延安。于是，我决定：走，到延安去！

1938年元旦那天，我与读书会的好朋友莫燕忠，约了同学黄巩基、刘仕俊、关夫生、李显仁、伍朝波，一行七人，凭一颗赤诚的心，握一本全国地图，向北找延安。

北方天气寒冷，先把我们这批广州学生冻了个死去活来，遗憾的是，千辛万苦找到西安八路军办事处后，办事处不要我们去延安，把我们安排到西安以北泾阳县的一个青年训练班。

训练班位于一个荒僻的地方，班主任是胡乔木。全国各地的热血青年汇聚于此，南腔北调，交流困难，课也不成体系，一会是江西红军讲"游击战术"，一会是分不清哪地的乡音讲"抗日民族统一战线"。我们中两位同学李显仁、伍朝波难以适应，扭头就走了。我们读了一个多月就算毕业，只有黄巩基被批准去了延安。刘仕俊、关夫生无奈只得回广州。我与莫燕忠不愿回去，训练班介绍我们去山西民族革命大学。2月底，我与莫燕忠考进了阎锡山任校长的民大曲沃分校。进校一周还没上一节课，北面的天然屏障中条山失守，学校紧急搬迁，我们像难民一样逃难。路上，学校四分五裂，我与莫在黄河岸边加入了一支杨虎城将军的旧部，开始打游击。两个月后，大队长牺牲，部队内部矛盾重重。我与莫再次下决心到延安。

我俩从郃阳县出发，几百里路，人烟稀少，满目荒凉，我们一路步行，向延安疾走，那个急切和热情，迄今记忆犹深。

几天后，一个农民说前面不远有一个八路军的兵站，我们俩高兴得跳了起来！

出乎意料，兵站态度非常苛刻，把我们俩当特务审查，彻底搜身，几次命令我们向后转。最后，幸亏看了我们的日记，才勉强相信我们是学生。兵站放了我们，但断定我们到不了延安。

又走了几天，终于看到了耸立的城墙！延安，到了！我们俩欣喜若狂地朝城门跑去。突然，一声喝令："站住！"一杆枪横在我们面前，士兵看了我们郃阳中学的介绍信，一脸不屑，坚决不让我们靠近城门，也不听我们解释。天快黑了，我们急得要死，士兵这才手指城外的清凉山，要我们去陕北公学那边想办法。

我俩急匆匆渡过延河，找到清凉山脚下的陕北公学，以为在这儿会受到欢迎。教务处一位工作人员打起官腔，说什么仰慕延安，可以理解，但如果人人都往延安跑，别的地方靠谁坚持抗战。他还说广州的抗日救亡工作也并非不重要，如此等等。

他分明是打发我们走（后来才知道此人叫张春桥），我与莫燕忠立在那儿，不知如何是好，天已经黑了，往哪儿走？难道两个不到20岁的年轻人，真的是汉奸、特务？我们又急又慌又气，差点哭起来。

在这种情况下，出来了一个"救星"，当然不是那个"大救星"，而是公校校长，大名鼎鼎的"创造社"文艺战士成仿吾。他满面慈祥，一副学者的面孔，他一边听我们的讲述，一边仔细打量我们。最后，他把头一点，说："好吧，留下来学习。"

这样，我1月1日从广州出发，一波三折，终于在5月3日到了革命圣地延安。

我这个人从小就喜欢美术，终身的最大愿望是当个画家。在延安鲁迅艺术学院学习时我选了美术。当时缺美术老师，全国来的一些学生美术水平不低，我是从同学那儿学了一些美术知识。半年之后，我们鲁艺的12个学生和抗大的数十名学员，被派到吕梁山区八路军115师实习。美术系有三人，那狄、陈角榈和我。师政治部主任是罗荣桓，他一见面就告诉我们，鲁艺规定我们实习半年再回去学习是不可能的，因为部队需要文艺宣传人才。

我很失望，但绝对服从。从此，我随着部队出生入死，转战11年，走遍山东、山西、陕西、河南，多次死里逃生，我曾写过一本《烽火岁月》记录这段经历。

上海解放，我随军进入上海，负责文艺方面的接管工作。那时很忙，行政事务太多，我这个人天性不愿当官，不愿意搞行政，只想画画。战争年代我就下了决心，一旦胜利，我愿意当教师不当校长，愿当秘书不当领导。在上海我提出不当那个主任，上面批评我，说党现在不需要搞艺术的人，需要管艺术的人。

1949年底组织西南服务团，需要一名团级干部带队，我自告奋勇去西南——我想摆脱行政，走远点，搞艺术。

到了重庆根本不是那回事，市委宣传部长任白戈说：怪了，共产党打下天下不去管理？行吗？！这样我被派去当沙坪坝区的宣传部长。区委书记张文澄调走后我又接任区委书记。

1955年，张文澄（时任市委宣传部长）问我愿不愿调到市文联当党组书记兼秘书长。我一听很高兴，区委书记管几十万人，工业、农业、学校，很复杂，文联才几十号人，单纯，简单，可以有空时间搞美术，我高高兴兴地去了。

这一去是我人生中的第二个大转折。

我去时，文联的肃反已进入了尾声。我一去就感到气氛十分紧张、压抑，人与人像狼，你要杀我，我要吃你，是一种战场的气氛。文联人虽不多，但有种种"问题"的人不少，我不知道该同谁打招呼才算正确。负责肃反工作的是文联副主席曾克，她在新四军当过记者。此人虽是女性，但斗起来火力很猛。我去时还有十来个人在隔离审查。她大搞逼供信，一个叫殷方刚的作家在隔离审查时上吊死了，她向我汇报这事时，很随便地说"死个了"，那语气和表情给我印象很深，仿佛死了一头猪。

然而，给我刺激最大的是三天后的一个斗争会。你要记住这个人的名字——黄贤俊。我后来一生的遭遇都与他有关。

黄贤俊是一个颇有名气的专业作家，解放前就有相当的地位和名气。肃反时，领导认为他有特务嫌疑，关起来审查，吃饭都从窗户递进去。我去时他已经被关了快一年，斗了无数次。经过调查，已经证明他不是特务，但曾克等人决定再压一压，最后攻一次。那次斗争会让我目瞪口呆！我是枪林弹雨中过来的人，战场上的厮杀司空见惯，我没想到斗一个人会这么凶狠、这么紧张。一个个咬牙切齿，拍桌子，大声吼叫，非要黄贤俊承认是特务，火力之猛，气势之凶让我想起硝烟弥漫的战场。我才去三天，搞不清楚是怎么回事，坐在一边不吭声。

长时间的关押和批斗，黄贤俊的精神已经大受影响，他企图辩解，但刚一开口又被一阵猛烈的炮火压下去。他脸色越来越苍白，双眼渐渐变得通红。他突然大叫一声，双手捧住头，说有人在他的脑子里装了一部机器，机器在向他下命令，是个女人的声音……他越说越玄。

他疯了！

斗争会嘎然收场。人们把他押回去，他从关押处（三楼）突然冲出来，连滚带爬滚到一楼，跪在地上，双手捧头，说"机器"命令他给大家下跪……

曾克等人见状，失去了再斗再关他的兴致，党组会上一致同意放他。派人去告诉他：你的问题搞清楚了，不是特务，现在恢复你的自由。

黄贤俊目光呆滞，毫无表情，"啊，啊，啊"地叫了几声。

1956年是完成三大改造，进入社会主义的大喜年，资本家敲锣打鼓欢呼消灭自己。全国上下莺歌燕舞，喜气洋洋。黄贤俊被释放后，身体有所恢复，神智也慢慢好转，但很难写作，写出的诗朦胧得没人懂。他一心一意编前文联主席邵子南的遗作。邵虽是领导，但平易近人，黄贤俊很敬慕他。但是，黄贤俊不时发病，一发病就双手捧头，说"机器"在给他下命令。

见他那样子，不少人生出同情，想给他点补偿，我也有这个意思。在选省政协委员时，便根据他解放前的名气和地位，选了他。

其实，这是害了他。

他去成都开政协会，偏偏在会上发了病，胡言乱语一通。省上发怒，说重庆文联发了疯，选了一个疯子当政协委员。我赶紧派人去把他接回来，但是，这一幕被省委书记李井泉看见了，种下祸根。

1957年鸣放，反三大主义（官僚主义、宗派主义、主观主义）我很赞同。文联的焦点集中在曾克和她丈夫XXX身上。她们夫妇，妻在前台，夫在幕后，整个心思都放在整人和权力上，肃反就逼得两个作家自杀，一大群人被关审，事后没一点歉意，犯了众怒。所以，整风时，前台的曾克成了众矢之的。她找到我，十分惶恐，想我给她撑腰。我告诉她要检讨自己的工作作风，知识分子、作家们不是敌人。她很失望，也很气恨。鸣放那几个月是她最难受的日子。

六月，形势急转，整风变成反右，提意见的人一个个成了向党猖狂进攻的敌人。曾克精神陡然大振，那个陡然翻身的气势，盛得很。

这儿我不得不说一下毛泽东。毛泽东被匈牙利事件吓坏了，以为知识分子要煽动人民起来造反。其实，当时中国的情况与西方完全不同。中国知识分子非常爱国，在国民党时期就一心渴望祖国统一，祖国强大。解放后，知识分子阶层整体上是一心一意跟党走，提点意见也绝对是善意的。你毛泽东、共产党掌握那么强大的军队和专政工具，怕什么？冲着一些根本不是敌人，也绝无叛心的知识分子开战，用杀气腾腾的战场术语"打退XXXX的猖狂进攻"，既可笑，又可怕。

当年抓右派那个声势你没见过，吓人！我经历过战火的人都发悚。一会儿抓一个，或者铐走一个，家庭破裂，鸡飞狗跳。我是一把手，反右的领导，不敢不反。我在位期间，共打了五个右派，刘盛亚、温田丰、刘钊、张晓，还有一个名字忘了。刘盛亚曾留学德国，与黄贤俊同是比较知名的作家，他比较狂，自比巴金，看不起党政领导。我当时只觉得他勉强可以划右派，其他几个人划右派我很别扭，比如刘钊，他只是同意丁玲"一本书主义"（即作家至少应出一本书），就划右派。

莎菲女士的笔

丁玲笑："现在不管做多少工作，都算什么呢？写东西才是自己的。"

黄佩俊

反右漫画 《新观察》1957年18期

为什么不保他？我不敢，我也有私心，我不打几个右派，自己就没法交待。刘钊是曾克坚决要打的人，他对曾的生活作风提过意见。还有，"一本书主义"搞得很凶，我在北京听周扬讲过话，那是个大罪名。（你听起来好笑？）

1957年反右结束时，我受了表扬，市委宣传部的王若说我有原则，立场坚定。其实我问心有愧，内心一直动摇。

1958年，市里认为打右不够，要补课，还要抓右派。省委书记李井泉来视察反右情况，直接点了两个人的名，一个是市委宣传部长张文澄，一个就是黄贤俊。

张文澄在省党代会上没投李井泉的票，李井泉见少了几票，大力追查，查出了张文澄，非要置张于死地。

分管文教卫生的副市长邓垦（邓小平的胞弟，他原本同张是好朋友），在任白戈指示下，整了一份张文澄反党罪行的材料，我一看那个材料傻了眼，世上还有如此颠倒黑白的东西！我在这份材料上打了一些问号和惊叹号。这份材料后来被曾克拿去汇报给任白戈，那些问号和惊叹号成了我的罪行之一。

关键在黄贤俊身上。李井泉对黄极其不满，认为他是装疯，借疯话攻击党，要打他右派。宣传部的王若马上找我，说黄是右派，是装疯反党。我对此非常反感，黄是真疯假疯文联的人都清楚，你把人家关大半年，逼疯了，已经欠人家，又根据几句疯话打人家右派，太过份。况且整个（19）57年黄都一声不吭，像个木头，没鸣放一句。

支持我观点的人不少，党组支部书记、作家李南力还找来一本医学书，一条条分析黄的症状，认定是真疯。在讨论会上，我据理力争，王若也觉得这样整不妥，但李井泉点了名，他没法，亮出了底牌。这一下，很多人转了向，跟着说是装疯。我不干，顶着不办。

不办？很简单，我被撤职（但保留党组委员）。我想正好，无官一身轻，我要搞美术。

我还是太天真。新党组一上台就整我，扭住黄的问题不放，我坚持黄没反党，不该再冤枉人。这个时候，只有李南力和我两人坚持，原先同意我意见的人见势不对，纷纷倒戈，其中就有作家高缨，几十年后他为这事连连向我道歉。

1958年5月的一天，文联开大会，我一进会场，发现气氛十分紧张，三、四个公安人员虎视眈眈。会刚开始，一声大吼，几个公安人员扑上去咔嚓一声把黄贤俊铐起，主持人宣布黄贤俊是右派，逮捕法办。

黄贤俊马上被押走了，这是我最后一次看到他。

紧接着，主持人说："文联为什么有这么多隐藏的右派？为什么？因为有一个黑司令！谁？"他故意停顿，然后突然手臂一挥，干脆有力地指向我："他，龙实！"

我得承认，那些人很会营造慑人的恐怖气氛，一铐一打，会场空气凝固了，像一场大战。当场宣布我是右派，撤去一切职务。

在战争年代，我遇到过多次突然袭击，我曾被敌人逼得跳到井里，但每次我都化险为夷，死里逃生。1958年5月的突然袭击，我逃不脱了。

我被抓出来之后，文联一连串打右派，今天一个，明天一个，人人自危。与黄贤俊要好的一个专业作家，杨禾（他曾当过重庆大学教授），在会场上就吓坏了，不久上吊自杀。比较坚定的李南力也招架不住了，他赶紧加入批判我的队伍，说是受了蒙蔽。他想混过关，但是，为时已晚。

几个月后，我们俩在长寿湖碰头。

文联一口气打了高达25%的右派，平均四个人中打一个。除开职工占的比例，这25%几乎全是作家。在成都的著名作家沙汀当时叹了一口气，说重庆作家被一网打尽了。

转眼饥荒到来，我在长寿湖饿得要死，买止咳糖浆喝，一口气喝八、九瓶。别人说那是药，要出问题，我说，管它的，只要有点糖。有一次，农民来卖没有孵出小鸡的蛋，右派们一个个争抢，打破壳，里面小鸡已经成形，大家连毛带骨活生生吞下去，那场面，像是回到野蛮时代。1960年，我骨瘦如柴，而脸面却浮肿得变了形，很可怕。农场很大很分散，死了多少人，不得而知，光是我们生产队所在的岛子上，就死了不少人。有一个青年，平时朴实肯干，一看就是个规矩人，可有一天，他饿急了，跑到南瓜地里偷吃了一个小南瓜，他不知道生吃南瓜是会中毒的。饱吃一顿过后，他上吐下泻，肚子剧痛，中毒死了。有一天，一个割草的，割着割着，倒下去就再没起来。又有一天，有人看到湖边飘着衣服，不见洗衣人，后来才发现湖面上露出一具尸体。

我也差点步他们的后尘。那天，我奉命检查麦收，到了一个无人居住的小岛。小船靠岸，我才迈出第一步，突然觉得，湖水怎么跑到天上去了？整个山在转……

等我醒过来，天已经黄昏。最先我微微听到湖水拍岸的声音，睁开眼睛，迷迷糊糊地看到身边的小船，意识逐渐恢复。我以为我要死了，恐惧迫使我挣扎起来。我勉强把小船划到最近的岸边，然后弃船上岸，连爬带滚地回到宿舍，只说了一声："我不好！"便又晕了过去，睡了一天一夜，听到耳边有人说："不会死了！"我这才捡回一条命。

我整整躺了三天，就在那三天中，死了两个右派，一个是市总工会的张樾，另一个是中学教师，他出去放牛，像我一样栽下去，他没能爬起来，第二天人们发现他躺在沟里，死得硬梆梆的。那时，生命脆弱得就像肥皂泡，好好的，一晃眼，没了！

那两年，我最渴望的是当一名炊事员，到厨房煮饭，如果当时有人给我这个工作，并问

104

我愿不愿干一辈子，我会斩钉截铁地回答：愿意！

1961年，我被调回重庆，分到重庆建工学院干杂活，我先后干过工具保管员、收发员、图书管理员等等。文革自然又挨了无数次斗。在我60岁那年，终于宣布"改正"，调我到四川美术学院任院长。

离开建院时，开了一个十分僵硬的"欢送会"——大家还不适应把一个认识了十八年的"敌人"当同志。

我在"欢送会"上讲了一个人——建筑系主任、教授叶仲矶。叶教授五十年代从美国回来，一心报效祖国。1957年被打成右派，反复斗。七十年代新生进校，要上"阶级斗争课"，要学生仇恨"敌人"，又把叶抓出来，给学生练兵当靶子，又斗又打，一整十多天。叶教授有肺气肿，偏要叫他住通风的过道，他咳得脸色发紫。就是这样一个人，天天到图书馆来翻译资料，图书馆的外文资料长期只有两个人来阅读，两个都是右派。叶教授还没进门就咳，一边译一边咳，我劝他，说你又挨斗又有病，何必这么辛苦。他告诉我一件事，他说，他从美国乘船回国时，船上有一位九十多岁的老人，天天顶着烈日，翻译一部希伯来辞典，他问老人，干嘛这么辛苦。老人回答，他来日不多，要赶紧做点事，这辞典很有价值，要留给后人。叶教授说，现在轮到我了，这些资料不译过来太可惜。

我眼泪一下子涌了出来，我赶紧转过身去。

那段时间，我坐在图书室，心是悬悬的，生怕哪天那咳嗽声突然消失。

它终于消失了，叶教授没能等到"改正"。

我问在座的人，这种知识分子是坏人吗？是共产党的敌人吗？

这是我当右派20年后第一次当众发表的肺腑之言，我哭了。

最后再说一下黄贤俊。他进牢房后，公安局发现他的确是真疯，但公安局说，你是上面定了的人，没办法。他被关押了好些年，放出来后没工作，无家无室，流落街头。1979年右派改正后，文联找过他，打听到他曾在码头上干过活，后来死在街头，尸骨已无法寻找。

九十年代，他的哥哥从台湾来找他，文联介绍给我。我详详细细地讲了他弟弟的情况，他泪流满面，问我可不可以录音，我说："你录，都录下来。"

（采访时间：2001年12月5日，地点：四川美术学院）

采访后记

龙先生已经83岁，但仍然堂堂仪表，颇有大知识分子的气质。

老先生滔滔不绝，从上午九点直谈到下午四点。

此时，整他的李井泉、任白戈已经走完了"革命道路"，他为之挨整的黄贤俊、张文澄先后撒手尘寰，他整的右派刘盛亚也早在峨边魂散形消。恩恩怨怨，已是历史陈迹，而一个"整"字仍鲜红地烙印在心头。

中午吃饭时龙先生说："有个工程师的妻子，坚决不准丈夫入党，放言说，要入党就离婚。别人问她为啥，她说：'我不要他成为整人的人'。你看，党的形象到了什么地步！"

其实，它什么时候是"好地步"呢？翻开那一本血红历史，每一页上，活鲜鲜一个大字——"整"。

黄贤俊也许并没有说疯话，他脑子里的确被"整"进了一部机器，机器名叫"无产阶级专政绞肉机"。

这部机器还在转动，日复一日发出隆隆"整"音。从上世纪七十年代张志新被割断喉管，到2000年李松禄被割断舌头，从"六·四"街头喋血，到"XXX"牢中呻吟，机声隆隆，"整"声阵阵，正未有穷期！

龙实已经老了，来日不多。

"机器"呢？

接受采访的龙实先生（离休前为四川美术学院院长）

长寿湖又一个延安老革命
——朱恩源

—— 1957年西南煤矿机建局土建处技术员
1918年生

朱恩源是西安人，1937年底，延安抗日军政大学到西安招生，19岁的朱恩源同当时许多热血青年一样，对延安怀有神圣的向往，当即与堂哥一道报名前往延安，成了抗大政治大队的一名学员。1938年初，朱恩源加入中国共产党，与江青等人一起坐在小木板凳上聆听毛泽东讲"论持久战"……

毛主席平易近人，讲的那些道理也打动人心。我先在政治大队学习，后转到军事大队，毕业后被派到西安八路军办事处工作了一年，然后又回延安，担任了延安警卫连指导员。

那时我才23岁，干一番事业没问题。但一个意外改变了我整个人生。

我堂哥与上司闹矛盾，害怕被整，突然不辞而别离开了延安。他一走就牵连到我，组织上三天两头逼我交代堂哥的去向。堂哥走时并没有告诉我，我实在交代不出来。我害怕了，听堂哥说过，党内斗争很激烈，整死的人很多，有一种药一捂就死。他还了解到有不少连营的指挥员被暗杀，堂哥不辞而别，就是害怕上司要他的命。

我看上面逼我那个架式，开始为自己的性命担忧。最后我向组织提出，愿意外出寻找堂哥，他们同意了，于是我在1941年初离开了延安。这一走，便是同宝塔山永诀，从此我流离颠沛，再没回到党的怀抱.

不过我堂哥后来又重新入党，并为解放天津立下汗马功劳，受到周恩来的接见。

解放后，我对组织详详细细交待过在延安的那段经历，但是每次运动都要清理我，怀疑我，不过总算还平安，我在西南煤矿机建局土建处当了个技术员，结了婚，有五个子女。

1957年组织上叫我们"真诚向党提意见，说出来党才好改正。"

我信以为真。

我认为土建处当时最大的问题是处领导不懂业务，导致了很多质量问题，给国家造成极大损失。我老老实实地说：处领导过去参加革命有贡献，但现在是建设时期，不学技术搞不好工作，这几年质量事故很多，主要原因是处领导不学业务，工作好几年了还不懂业务。

我们处领导是战争年代军人出身，虽然不懂技术，但善长打退敌人的进攻。反右一开始，我就被抓出来斗，说我不接受老干部的领导，看不上老干部，自以为懂技术，老子天下第一。

最气人的是把我打成右派后，还派人到我家里强迫老婆同我离婚，老婆不干，组织上干脆把她和我一起下放劳动。五个小孩在家里没大人，苦得很。后来看实在没办法，他们才放了我老婆。

在长寿湖我最悲苦的记忆是在那个"疗养所"。

饥荒年，饿死不少右派，一些人饿得东倒西歪，我自己眼看也要倒，在这种情况下，农场在同心岛上办了一个"疗养所"，收那些来不起挺不住的人。

1961年我作为重病号进了"疗养所"，照顾我干最轻的活——在厨房洗菜。

那个'疗养所'是我的地狱，我想死就是在那个地方。我已经病得几乎走不动，每天在厨房洗冷水，冻得我浑身发抖。管教人员天天冲着我臭骂，说干这么轻的活还叫苦，是成心抗拒改造。家里也来信责怪，说我给全家带来灾难，要我好好改造，争取早点摘帽，免得影响家庭。

位于同心岛的疗养所旧址

我的确想好好劳动，好好改造，但实在力不从心，我下长寿湖时已经过了40岁，生活把一切路都堵死了，只剩一条死路。一天傍晚，我上厕所，头一昏，栽倒在粪坑里。当时要是栽在湖里，我就不挣扎了，可惜栽在粪坑里，要死，也不能死得太臭。所以，我拼命爬了出来。

疗养所总算看出我快不行了，一副骷髅像，不是装出来的。他们不愿意我死在疗养所，打发我回家疗养。

我在朝天门下船后爬那一坡石梯，唉，我都不想提那段往事，不到十分钟的路我走了一个多小时，每走几步就坐在地上喘气，甚至像条狗趴在地上，上上下下的过路人看我那种眼神，一辈子忘不了，我不像人，像鬼、像骷髅。

趴在冰冷的石梯上我觉得我走不回家了，这条命要丢在这儿。

我在家里整整躺了两个月，才勉强恢复元气。两个月后，我又回到长寿湖继续劳动。

我一直没能摘帽，1979年平反时才一笔勾销。平反的材料、结论都没给我看。单位领导说了一句话，算是了结："你平反了，摘帽了，今后要好好工作。"

朱先生今年已经83岁，我问他回首这一生有什么感想，朱先生回答：

在抗大学习时，上面教育我们说，共产主义社会没有剥削、没有压迫，劳动人民当家作主。对这一点，我现在仍然很拥护，我觉得，共产主义没有错，是左的路线错了。共产党理论上一套，实际上另一套。比如说，当年我在延安学习，学的是：共产党是一心为劳苦大众谋幸福的党。现在看来刚刚相反，它一心为自己谋幸福，当官的一心为自己谋幸福，与我所学的完全是两回事。在抗大学习时说，共产党要消灭剥削，消灭压迫，人人平等。我很受鼓舞。毛主席给我们讲话，觉得他对人很亲近，很平等。现在，共产党当权半个世纪了，既没

2009年3月，90高龄的朱恩源参加
长寿湖幸存右派聚会。（谭松 摄）

有消灭剥削，也没有消灭压迫，更没有平等。别的不说，我孙女在医药公司就深受剥削和压迫。公司领导强迫她和其他人加班，不付一分钱加班费，最多的一个月无偿加班近100个小时。我孙女不敢吭声，因为领导说，不愿干的可以下岗走人，找工作的人多的是。公司领导自己花天酒地，公款出国旅游，游遍了欧洲游美洲，职工不敢吭一声。这就是剥削和压迫。我去延安前当过学徒，受过资本家的剥削和压迫，但比较起来，现在厉害得多，更主要的是，那时压迫还有反抗，现在不敢有一丁点反抗，这口气我一直憋着，想找个新闻单位告他们，但又怕孙女失去工作，现在工作不好找呀。

还有，我们门外有一个城管队，附近是个菜市场，我经常看见城管队的人飞扬跋扈，敲诈老百姓，动辄罚钱，动辄一脚将农民或菜贩的菜踢翻。前几天他们借口一个送牛奶的将自行车停在人行道上，硬敲人家20元，而他们自己经常将摩托车骑上人行道。比较一下，我觉得国民党的城管和警察没有现在的坏。总之，我认为中国的事情很难办，因为根子上烂透了。

（采访时间：2001年5月13日，地点：重庆市南坪）

反右漫画 《新观察》1957年

"好哇，你要杀毛主席的头！"

—— 梅 吾

——1957年重庆煤矿学校政治经济学教师

我出生在河北乐亭县，就是李大钊出生的那个县，父母都是知识分子。高中时我在冀东参加了革命，1946年9月到部队，随后进入延安鲁艺读书。那时，我单纯得很，把党看得既崇高又神圣，一心一意要为马列主义、为革命事业献身。

1947年鲁艺搞整风，我觉得不对劲，所谓整风，就是整人，凡是有高中文化的都被打成特嫌。我们一起进去17个人，划了7个特嫌，都是高中生。他们怀疑我是国民党特务，斗我，要我交待，他们说："你家里不是吃不起饭，为什么要来当八路军？"

我在解放区总结出一个经验：在共产党队伍里，上过初中但没毕业的人最吃香，最容易被提拔。完全没文化也不行，不容易提升，文化太高让人不放心，要被整。初中没毕业，不高不低，正好。我在鲁艺的同学中出了三个将军，都是初中文化。其中一个上将兼中央委员，就是属于初中没毕业。1948到1949年，我从辽宁出发，一路上为部队招生，其中招了30多个大学本科生。几十年后一打听，这些大学生中，除一人外，全部当了右派，漏网的那一个当了"阶级异己分子"。共产党不相信知识分子，但又离不开知识分子，它只能利用，利用后又打压，或者边利用边打压。

我是直到1949年南下的行军路上，党组织才给我作了结论，免去了我"特嫌"帽子。

第二次受冤枉是1955年，当时我在北海舰队海军航空兵服役，职务是理论部主任，上尉军衔。反胡风时因为我同作协副主席陈学昭有联系，就说我是胡风分子，审查了我一年。1956年给我平反，结论是：梅吾在政治上是清白的，但资产阶级思想严重，要加强思想改造。我不同意后半节的说法，要他们修改，他们不同意，我一气之下甩手不干，当年就离开部队，转业到了重庆煤矿学校。

在延安鲁艺被整后，我就开始考虑共产主义究竟是怎么回事。在那之前我对共产党完全是盲目信任，盲目崇拜。1955年第二次被整之后，我便埋头认认真真读马列的书，读《资本论》，读《共产党宣言》、读列宁的著作，还有大量的经济方面的书。目的就是想弄清楚这场革命是怎么回事。

1956年煤矿学校很缺政治经济学教师，我当了这门课的教员，教了一年多，成了右派。

我被整是1958年对大跃进提了些看法。我说，大炼钢铁是浪费资源，"以钢为纲"很荒谬，从经济学上就讲不通。还有，砍这么多树来炼钢（当时歌乐山上的大树都砍光了），将来长江发洪水，谁负责？我还说，《人民日报》报道天津亩产12.5万斤，这不可能，一亩660平方米，12.5万斤怎么堆？

这些都是私下闲聊的话，不知谁汇报上去，把我揪出来斗。我一声声据理力争。我说："1957年底公布的数字是人均年粮249公斤，这点粮食如果像现在这样乱折腾，不出半年，就会饿死人，要是'粮食越吃越多'，可杀我的头以谢天下。但如果饿死了人，该杀谁的头？"我话音刚落，下面一片叫声："好哇！你要杀毛主席的头？"

在长寿湖，管教干部王磊说："你要不承认是右派就只能当一辈子右派。"我拒不认错，为此，又判我两年管制。

是我主动提出同妻子离婚，那是1959年，我31岁。妻子死活不同意，信誓旦旦要等我改造回来。我告诉她，这次怕是难得等，毛泽东不死没指望。斯大林30年代整了那么多人，什么时候平反的？1954年斯大林死后才陆续平反。毛泽东才60多岁，身体好得很，保养又好，怕还得活30年，说不定比我都活得长，30年你能等我？等成老太婆？我很清醒，所以坚持离婚，她坚持不同意，又拖了两年，1961年我们才离脱。儿子判给我，我交给母亲抚养。我在长寿湖放松精神，慢慢等吧，保持不死就是胜利。

当然，我等到了。毛泽东1976年死，我1979年"改正"，1980年重上讲台，虽然已年过半百，晚了点，但还是拼命干了一阵。

1949年之前，无数革命志士为什么前仆后继？因为中国被封建主义、帝国主义压迫太久，人们迫切想改变中国的状况。1949年共产党建国，人们认为革命成功了，兴奋得很。我自己高兴得几天几夜睡不着觉！可惜，后来我发现，我们推翻了一个半封建半殖民地的社会，建立了一个全封建全封闭的专制社会！毛泽东根本不懂上层建筑，他的经济学知识仅限于一本斯大林写的《苏联社会主义经济问题》。这本书我读得相当熟。当时，从这本书中我就发现至少苏联没建立一个真正的社会主义国家。因为社会主义不能建立在小生产的基础上。斯大林也好，毛泽东也好，他们的思想始终没超越农业社会的自然经济思想。为什么共产党一专政，经济就越搞越糟，国家越搞越乱？关键是列宁违背了马克思的基本学说。马克思认为资本主义是不可逾越的历史阶段，而且社会主义革命必须是在几个发达的资本主义国家同时发动。而列宁则认为社会主义必须在比较落后的资本主义的薄弱环节首先发动。于是在俄罗斯小农自然经济条件下，搞了个十月革命。十月革命利用当时的社会矛盾成功了，建立了以农民小生产为指导的所谓社会主义。这个社会不仅没有资产阶级民主，而且完全倒退到封建独裁。靠的什么呢？靠的是契卡，靠的是屠杀政策。苏联的知识分子从列宁时起就被杀了不少。高尔基为了保护知识分子，同列宁争吵，列宁把他送到意大利休养。这不是哪一个人意志所决定的，而是社会生产形态导致的必然结果。第三国际实际上是背弃了马克思主义，凡是第三国际指导下建立的国家，夺权后都是独裁政权，而这种独裁统治恰恰是封建小生产者的必然结果。

在长寿湖时，有一次有人问我，"梅吾，你说社会主义讲不讲民主？"我说："资产阶级才讲民主，无产阶级讲专政。"他说："你胡说！"我说："列宁全集第三十七卷里有篇文章《论资产阶级民主与无产阶级专政》，你去看看。"他说："无产阶级也讲民主，我们有民主集中制。"我问他懂不懂什么叫民主集中制。他很流利地背诵："少数服从多数，下级服从上级，全党服从中央。"我告诉他，还有一条，就是中央服从主席。"最高指示"明明指出："理解的要执行，不理解的也要执行。"宪法上也清清楚楚写着（1975年宪法）"全国人民代表大会是在中国共产党领导下的最高权力机关。"也就是说，在人大后面还存个太上皇——共产党；而全党要服从中央，中央只服从那个太上皇毛泽东。

毛泽东应该说是个天才，绝对是个天才，但他的意识形态不能超越他自身，他实际上建立了一个封建帝国，甚至是带有奴隶制特征的大帝国。毛这个人治国无术，用人多疑，他不如秦始皇，虽然他常常以秦始皇自居。秦始皇还奠定了中国的疆界，扩展了疆土。毛当皇帝后，实际上送了不少疆土。蒋介石都不承认外蒙独立，他承认，他把17万平方公里的江心坡送给缅甸，把麦克马洪线外的土地让给印度，那是西藏最肥沃的土地，相当于安徽、福建两省那么大，当年西藏人民赶着牦牛支援前线，哭着求解放军不要让土地哪。

基辛格的日记解密后，得知毛泽东说了这么一段话：基辛格你喜欢女人吧？我送你500个中国女人。中国女人是最温柔的。

我当时只觉得背脊发麻，他根本不把中国人当人！500女人中包不包括他的女儿？！只有奴隶主才这样发配奴隶。他不是封建皇帝，而是奴隶主皇帝！

毛泽东有首词《念奴娇·昆仑》，里面说："安得倚天抽宝剑，把汝裁为三截，一截遗欧，一截赠美，一截还东国。"这词说得准确，老百姓和国土，都是他口袋里的私产，可以随意"一截、一截"地抛洒。

还有，毛泽东的指导思想不是唯物论，而是主观唯心论，他尽做唯心论的事。"人有多大胆，地有多大产"就是他提出来的。他留下的后遗症太多，给国家造成的灾难太大。现在的组织系统、干部政策、党管宣传等都是他遗留下来的。前不久我回了一趟老家，发现已经公开卖官、公开要钱。要当乡长，行，5万！大学生要安排工作，行，拿钱来！现在已经到了无官不贪的地步，除了脸面不要什么都要！这个根源也在毛泽东。他统治中国后，把中国传统的道德文明统统毁掉。以前人们贫穷，但还讲点良心，有点道德约束。现在是毫无顾忌，没有任何自律。这种破坏是空前的，当年蒙古人入侵中华都没做到这一点。

任何一个王朝建国都要休生养息，但毛泽东共产党不，一开始就折腾，就整人，就大开杀戒，（19）50年至（19）52年的镇反，杀了多少人？！历史上都是惩罚几个首恶分子，下面众多的小人物赦免。毛泽东与历史相反，把几个大人物当座上客，大杀下面千千万万小人物。还有，用落后的农民思想来改造有点民主思想的知识分子，而不是用知识分子去改造、去启蒙落后的农民，这是历史的倒退，也是毛的又一桩荒唐。

我从16岁参加革命，对共产党的认识分几个阶段，第一是从盲目信仰到开始思索，（延安鲁艺整风）；第二是从思索到比较清醒（文化大革命）；第三是从比较清醒到又产生幻想（"改正"后1980年到1985年，当时讲实事求是，改革开放）；第四是从产生幻想到彻底清醒（1989年"六·四"镇压，让我彻底清醒。我看清了邓小平共产党的真实面目，为了保他邓家私利，也为了一党私制，不惜牺牲那么多学生！不惜让国家民族倒退！共产党从此完了！）。从"六·四"镇压之后，我再也不写任何文章，教书也是混饭吃。我这一生70多年就这么过去了，现在摆在我面前的是文革时骂我的语言——"死路一条"。

去年我们延安鲁艺的老同学在山东聚会，那位上将将军也来了。我们在当年战斗过的战场上热泪纵横感慨万千，我写了一首打油诗：

> 五十年来是与非，谁能说清谁怪谁？
> 往事如烟随风去，留下问题一大堆。

（采访时间：2001年6月12日，地点：重庆市江北区）

梅吾2002年6月18日电话中提供：

1、到长寿湖去的都是各行各业的精英。这些人如果不去，可以为国家和民族做出很大的贡献。所以说这场灾难不仅是个人的，也是民族的。

2、在修桃花荡的劳动中，夫妻右派刘焰与罗成溶相遇了。一天晚上，刘与罗悄悄跑到山坡上的树丛里亲热。不料，这事被农民看见，农民不知刘、罗是夫妻，向管教干部孙X汇报。孙X召开大会批斗刘、罗，语言非常难听，说他们不如野狗。孙还要求右派们发言批斗，梅吾实在听不下去了，站起来说："刘焰、罗成溶，你们有没有组织观念？不要以为你们是夫妻，就可以乱搞男女关系。今后这种事，要先向党组织汇报，批准之后才能行事。"

3、饥荒时期，右派胡X林肿得双眼睁不开，仍然强迫他上坡劳动。晚上收工回来，开会批斗"保命思想"。主持会议的人说："共产党统治下难道还会饿死人？这是阶级敌人造谣污蔑。梅吾累了一天，想早点上床，顺着他的话说："说得对。那些人都不是饿死的，而是病死的，水肿病。原因就是不听党的话。党叫大家不要喝盐巴水，不要吃生东西，那些人不听，偏要吃，张樾不仅吃生东西，还不讲卫生，吃潲水缸里的南瓜瓢，怎么不死嘛？"

补记：

梅吾于2005年2月20日去世。去世前几个月我曾到医院看望他。他躺在病床上，气喘吁吁地给我提供了长寿湖下放学生的情况。分别握手时，他胸部一阵疼痛，面部扭曲，最后一句话是："对不起，很难受，谢谢你来看我。"

我最后对他说的是："长寿湖那段历史已经永远保留下来了。"

反右漫画 《新观察》1957年

我整整跪过二十四小时—周西平

——1957年重庆市委党校中共党史党建教员

　　我是湖北人，初中毕业后当了一段时间学徒，17岁那年，1941年，我在洪湖附近加入了李先念的部队，成了新四军中的一个"红小鬼"。1942年，日军大扫荡，新四军的一部分人被迫疏散，我不敢回家，一路跋山涉水，步行走到重庆。我先在中共中央南方局（位于红岩村）干了一段时间，皖南事变之后，我以一名外省学生的身份进入了国民党机关，当了一名抄写员，暗中传递情报。1944年，我考入民治新闻学院（后并入复旦大学）学习，同时担任地下党的联络工作。1955年我调到重庆市委党校，担任党史党建教员。

　　鸣放期间，我按照党组织的布置安排，组织学员提意见，谈看法。我自己没提。哪晓得事后一棍子打下来，把那些提了意见的人统统打成右派！

　　这事太过份了！

　　我不依，跑去找领导闹，我说："上午是同志，下午是敌人，原因是提了一条意见，意见是我去动员人家提的呀。人家按组织的要求提点意见，而且都是工作上的意见，怎么就操起棍子整人？这不是乱了章法？！"

　　闹的结果，我自己成了右派。

　　先把我定成右派，再来找罪名。罪名吓死人:周西平说，毛主席的错误多得很。

　　这个罪名是这样生成的，在一次动员学员的鸣放会上，我说人都会犯错误，毛主席就说过，世界上只有两种人不会犯错误，一种是没有出生的人，一种是已经死了的人。他们为了给我找个罪名，把这句话变成"周西平攻击毛主席，说毛主席错误多。"

　　我本来可以不下长寿湖，到资料室工作，但我心伤了，不愿看到那些人，不愿与他们共事，一气之下我自己申请走人。后来，在长寿湖九死一生，我才觉得自己太幼稚，很后悔，但晚了。

　　在长寿湖我发现，并不是自己才委屈，那群人没有哪一个不是活天冤枉。我心里反而平静了些，但更加不认罪，一有机会我就翻案，翻案更挨整，所以，我在长寿湖20年，连个小组长都没当过。

　　要问在长寿湖体会最深的是什么，那就多了。

　　首先是那个大饥荒。

　　路边上随时看得见倒毙的人，尸体都没人收。有一天晚上，我的渔船停在湖边一个回水沱，早上起来一看，船边漂浮着五、六具尸体，个个肿胀，模样吓人。我大叫一声，想跳上岸跑，一看，坡上也似乎横着死人，我只得赶紧撑船跑。

还有一天，从垫江下来几个十八、九岁的大姑娘，向我们讨包谷吃。她们一上船就直挺挺躺在船上，说甘愿跟我们走，只要给口吃的，干啥都可以。还有一次在飞龙，一个30多岁的妇女，拖着瘦得皮包骨的一儿一女，扑通一声母子三人跪在我面前，女人求我收留她的儿女，给他们一口饭吃。我一个右派，自身都难保，怎么救得了他们。那个凄惨一辈子忘不了。

我们一起的有个教师右派（可惜我把这个人的名字忘了），他是四中的老师，北大外语系毕业。1960年他饿得发慌，半夜爬到猪圈偷吃了一肚子猪食，天亮前，猪食在肠胃里发酵，他满地打滚，痛得猪一般叫。我划船送他到狮子滩，从飞龙划出来，60里水路，要划大半天。一路上他连连说："老周耶，积积德，划快点。"划到狮子滩，已经是下午一点多钟，上岸时他脸色惨白，已经说不出话。两个小时后，他死了。

在饥荒最严重的时候，我听说飞龙上去的庆口已经有人吃人肉，煮小孩吃。

解放前我从武汉到重庆，步行好几个省，兵荒马乱的年代都没有见到过这种惨象。

我幸亏是在捕鱼队，偷吃了几条"国家财产"，才保住了性命。

文革一来，又是一种折磨，这次主要是精神和皮肉之苦。

我老是消化不了一肚子的委屈。我看见文革批斗各单位"走资本主义道路的当权派"，以为毛泽东终于发现了下面基层的问题，要拨乱反正。

机会来了！我赶紧请假回原单位，要翻案。

结果不用说了，我又犯一回傻，抓回长寿湖一阵好斗！

大会小会整整斗了我60多次，有一次连续斗三天三夜。有一个叫XXX的右派，为了挣表现，竟然凭空捏造我回重庆联络人开黑会。指导员郑修成罚我在地坝上整整跪了24小时！我跪在地上，不准动，郑修成派两个右派监视我，每两小时一班，我从头天中午一直跪到第二天中午，膝盖以下全部跪肿。1979年"改正"后，郑修成为这事多次向我道歉。但是，那24小时给我的心灵和肉体留下的伤害终身难忘。还有一次，也是因为不服罪，把我吊在同心岛上的一棵大树上，吊得我昏死过去。前年我回长寿湖重游旧地，专门走到那棵树下照了张像。解放前，我当过学徒，也挨打受气，但比起长寿湖好得多，尤其没有精神上的折磨。

还有相互揭发、汇报。

我觉得解放后最大的不幸在于道德败坏了，良心被践踏，人与人之间的关系被彻底扭曲。共产党提倡互相揭发，互相斗。我们中有个文人右派叫XXX，劳动时，他随身带一只铅笔，悄悄记下谁说了什么，然后向管教干部汇报。管教干部每天晚上根据汇报抓阶级斗争（整人）。一天，原煤矿学校校长廖石成的女婿来长寿湖看他。两人晚上在蚊帐里悄悄说话，女婿告诉廖，说中央陈伯达出问题了。XXX偷听到了，第二天便告密。廖挨斗后想不通，夜半起来走到湖边，他要不是想到他7个女儿还得靠他几十块钱工资，他肯定跳下去了。那些年，夫妻之间都不敢讲真话。我有一个好朋友XXX，在妻子面前满口革命语言，他妻子对我说："XXX太左。"其实，我最了解XXX，知道他内心的真实想法。人与人之间关系的这种败坏和扭曲，根源主要就在1957年。

说到1957年，就得提毛泽东。毛这个人最擅长搞权术，把国家折腾得伤痕累累。

1957年给我加的罪名是："周西平说毛主席错误很多。"那实在是诬陷冤枉我，我既没那么说，更没那样认为。现在我要说：毛泽东哪里是错误多，而是罪恶深重。我们子孙后代都要为他付出代价。

现在言论还是自由多了，我才敢给你说这些话。毛泽东时代只要片言只语，甚至一个玩笑，就可以整得你家破人亡。

（注:1979年周西平"改正"后，不愿重返党校再讲党的历史。长寿湖的经历，长寿湖的苦难，已经将他彻底改变。他调到了重庆出版社。）

（采访时间：2001年6月3日，地点：重庆出版社）

1957年反右漫画

四、文人墨客

当年，这些诗人、作家、记者，笔走游龙，
口吐莲花，何等英气才华！
忽喇喇一阵阴风刮过，长寿湖上，
坠下一群"落毛凤凰"。

　　1、孙静轩
　　2、张天授
　　3、刘　钊
　　4、韦　鼎、黎素芳
　　5、王华东
　　6、殷宗炳
　　7、金践之

1957年反右漫画

一个毛主席赞扬过的著名诗人

—— 孙静轩

—— 1957年重庆市文联诗人

1930年生

> 我始终忘不了长寿湖死去的人，活着的人有些名字记不起了，但死去的人，印象深得很，你今后写书，书名就叫"死亡之湖"。

有一个叫邬启德（市物资局废品回收公司右派，死于1960年，时年30多岁）的右派，死得惨。他饿得不行，偷农民地里的生包谷吃，农民抓住他，把他押送回住地。管教人员组织批斗会斗他，他把一个电灯泡砸碎，吞下碎玻璃渣自杀。那天晚上天很冷，又下雨，我带了几个人到湖边船上去抬他 ——别人把他送到了同心岛。他躺在船板上，身上到处都是血。我对他说："启德，你何必嘛，你死都不怕，还有啥子抗不过去的？你有老婆孩子，你对得起他们？你要好好活。"邬启德闭着眼，一声不吭。我们四个人用绳索子套住他，把他抬到上面一个放农具的空房子。我去找伙食团一个姓曾的（他现在也在成都市）对他说，邬启德自杀，因为饿。曾说："好可怜，我们给他送碗稀饭去"我们俩弄了一碗红苕稀饭端给他。我对他说："启德，天冷，你把这碗稀饭吃了，今天晚了，明天给你找医生"。说完我们锁上门走了。第二天我去打开门，发现他已经死得硬翘翘的。我们把他埋在山坡上，他那张脸我忘不了，忘不了！

（孙静轩夫人李平泪流满面。）

还有一个人叫王恒，西南人民艺术剧院的右派。他在坡上挖土，饿得不行，吃下大量的马桑椹，中了毒，七窍流血。下午五点多钟，太阳快落坡了，他躺在山坡上，招手对我说："老弟，老弟，过来，过来，摆摆龙门阵。"我走过去，他对我说："老弟，我当了人，一生没做过一件坏事，读书时思想进步，搞学生运动，追求自由民主，后来工作兢兢业业。我这辈子最大的遗憾是没有谈过恋爱，没接触过一个女人……"我对他说："不要多想，没关系的，吃点药，会好起来。"我安慰了他几句就走了。仅仅过了两个小时，王恒就死了！我没想到他死得那样快。他自己知道不行了，急于找个人说话 ——那是他留在人世最后的声音。他的死给我很大的刺激，后来我把这事写了一篇报告文学纪念他。

在长寿湖，我自己也差点饿死。我吃过观音土，拉不出屎，用手抠。他们见我干不动了，安排我去放牛。我走不动，恍恍惚惚，摇摇晃晃，牛用头顶着我走。正在这个时候，遇上了后来《红岩》的作者罗广斌，他是渔场副场长，他见我双眼

孙静轩1957年秋（27岁）

深陷，面如死人，吃了一惊，问："这不是孙静轩吗，你怎么这个样子？"我从喉咙里哼出几个字："饿，饿，饿……"罗广斌赶快把我调到捕鱼队——那是饥荒年长寿湖最实惠的地方，这样我才捡了一条命。

我咋个当的右派？说来话长。我13岁在山东参加革命，16岁入党，是共产党队伍中的"红小鬼"，后来写诗，到1957年时已经有些名气。1957年初，《诗刊》创刊，毛泽东把臧克家召到中南海，询问《诗刊》和作者的情况。毛泽东问有没有年轻诗人，臧克家回答，有，有两个。一个是孙静轩，一个是严阵。他说孙静轩从小参加革命，是红小鬼，文学研究院毕业后分到重庆，现在在少数民族地区体验生活。毛泽东说了一段话，原话是："像孙静轩这样的人，要很好地培养、帮助，我们要建立自己的作家队伍。在适当的时候也要压他一压，不要他翘尾巴。"臧克家告诉我："毛主席很关心你呀。"我飘飘然，很得意。这事除《诗刊》外很多报都登过，我认为自己有资本，有金字招牌，谁敢惹我！

1957年我在西南作协——当时全国五大作协之一。我并没有参加鸣放，但我对作协打右派太多表示不满。右派占了业务人员的40%，职工的20%。我说文联副主席曾克夫妇不是反右，而是宗派整人，开夫妻黑店。我根本没想到也会整我，我在党组织会上很狂地说：你们敢不敢把我打成右派？！

咦，有什么不敢的？！1958年旧历8月15，中秋节那天，我成了右派。

我下长寿湖，妻子同我离了婚，她是铁路文工团的团长，我们结婚才七个月。

陡然从人间天堂跌落到人间地狱，我受不了，觉得奇耻大辱，想自杀。后来一想，不行，我死了他们高兴，我要活着看他们的下场。

长寿湖整人最狠的是管教干部孙X。1962年他平白无故把我打成贪污分子，冻结我工资，扣粮，每天只准我吃五两，把我往死里逼。这个人很典型，你该去采访他。我当时有些政治问题看不清，长寿湖有两个人对我帮助很大，一个是你父亲，一个是黎民苏。我同你爸一起打渔，一起在伙食团当炊事员，他天天给我灌输：共产党变质了，政治黑暗，脱离群众，经济搞得一团糟。他的分析帮助我清醒认识这个社会。黎民苏则是在生活上、劳动上帮助我。

我对共产党本质的彻底认识是在文革林彪事件之后，在那以前我还认为共产党是方针、路线、政策上出了偏差。

我年轻时真心相信共产党要建立一个新中国——没有剥削和压迫、人人平等、人人有饭吃、有衣穿、有民主和自由的中国，后来发现这是个大骗局。我一生为之追求，为之献身的不是今天这个样子。我们说，共产党是工人阶级的先锋队，现在工人最没地位，还不如解放前。共产党欺骗农民为他打天下，搞了五十年社会主义，饭都吃不饱。至于土地，我在"一个幽灵在中国大地上游荡"一诗中说过，"左手给你土地，右手又收回去"。岂止收土地？连饭碗、农具都没收，骗农民。有些年轻人说，关你们屁事，你们老了，管它共产党干些啥。我说，我同你们年轻人不一样，我这一辈子同这场革命结下了不解之缘，受骗，生命被浪费，怎么能不关心？

1980年我写了《幽灵》一诗，反响强烈。邓小平定调子批判三个人：我、白桦、叶文福。我是"保护过关"，白桦是"强迫过关"，叶文福是"不准过关"。"保护过关"就是要把我树成"幡然悔悟，重新做人"的典型。上面还许愿可以恢复我的党籍，我坚决不干。

我曾在政协会上说：为什么不能反党？你说个道理？！共产党本身就是反党分子 ——当年反执政党国民党。为什么非要强迫一个人相信党、拥护党？你干得好我可以拥护你，干坏事，我可以反对你，就是我的亲爹亲妈办事办得不对，我也可以反对。一个执政党，动辄用"反党"的罪名置人于死地，太霸道！太专横！多年来我们一听说某人反党，就认定他是罪大恶极，一听说自己反党就惊恐万状。我们怎么不停下来想想：为什么不能反党？

前两年我写了一首200多行的长诗"告别20世纪"，这又是一部"反党"作品，我私下把它印出来，传到海外和网上。香港《开放》杂志选用了一部分，还加了些小标题，其中一个标题"中国人民没站起来"让江泽民受不了。中央派人下来清查了我几次，强行收缴了剩余的书（当然没让他们全收走），让我交待三条：一、书送给了哪些人？二、是哪家印刷厂印的？三、谁上的网？谁带到国外去的？我一概拒绝回答。我对奉命前来收书的作协领导说，你们给省委宣传部和中央带一个口信：历史将会证明，你们是错的，我是正确的。

这个党已经没有希望了。它现在名字叫共产党，实际上什么党都不是，它没有主义、没有信仰、没有理想。以江泽民为首的这批人，是一个强大的利益集团，权力集团，新官僚集团。它以权谋钱，以权保护谋到手的钱，这个集团有权又有钱，比国民党的四大家族利害100倍！

"三个代表"只是个口号，没有理论，而且是很滑稽、很可笑的口号。先进生产力明明是人家资本主义，你怎么去代表？工人下岗，农民穷困，腐败惊心，人民不满，全国一个烂摊子，代表什么广大人民的利益？至于"代表先进文化"，就更是胡说八道，共产党几十年对文化的专制前所未有，活生生是"先进文化"的刽子手，还"代表"？

（采访时间：2001年10月26日，地点：成都市红星路）

采访后记

上世纪八十年代初，国外的一些电台播放了一位中国诗人的长诗 ——《一个幽灵在中国大地上游荡》：

噢，人们，你们可曾看见，
一个幽灵在中国大地上游荡？

他，那个幽灵，就像一阵风，一缕烟
自由自在地游荡在中国的土地上
他大模大样地闯进农民的家里
趾高气扬地走进牧民的毡房
发号司令，骄横不可一世
就像古罗马的凯撒大帝一样
好像他掌握着我们每个人的命运
我们的一切全都是他的恩典赐赏……

……

他就像你的影子一样追随着你

你怎样也无法摆脱他那无形的魔掌

他悄悄地吸吮着你的血液和骨髓

他支配你的行动，控制你的思想

他可以随意地扭曲你的人格

可以摧毁你美的要求、爱的欲望

只要他稍稍暗示一下

就可以长年累月地把你关进漆黑的牢房

他可以让你死，死后还要蒙受耻辱

他可以让你活，活又活得窝窝囊囊

总之，你是他的奴隶，他的臣民

你对他的权威不能有半点违抗……

噢，人们，你们可曾看见，

一个幽灵在中国大地上游荡？

……

孙静轩、谭松合影（1997年4月）

这首剑锋直指毛泽东的诗作在国内外引起极大的反响，我记下了作者的名字，孙静轩。

几个月后得知，孙静轩是长寿湖右派，父亲当年的难友。我于是给他寄去我的几首小诗，恭敬加惶恐地请他"不吝赐教"。后来登门拜访了几次，孙诗人（任四川省作家协会副主席）给我的印象是敢言，敢骂，孤傲而狂放。

去作协宿舍楼采访，门卫说："你不要去，他上午从不见人。"的确，孙夫人电话中已经说了，老孙晚上工作，下午两点才起床。但孙静轩这次破了例——长寿湖让他魂牵梦萦，肝肠寸断！

一见面，他就说，你做这事很有意义，难得！难得！紧接着，他讲起两名右派之死，声音低缓，表情凝重，毫无"孤傲而狂放"，只有悲愤与哀伤。

他夫人李平第一次听说，热泪盈眶。

感情奔放的孙诗人为什么把这段惨烈深深埋在心底？13岁投奔共产党的"红小鬼"，几十年后，不仅拒绝恢复党籍，而且公开责问：为什么不能反党？如此转变，原因之一，是不是因为那段惨烈？

毛泽东说："像孙静轩这样的人，是我们自己的人，要很好地帮助、培养。"二十多年后，躺在水晶棺材中的英明领袖能不能听见太空中激荡的电波，"一个幽灵在中国大地上游荡"？

从"受宠若惊"到"怒发冲冠"，如此转变，原因之一，想必也是因为长寿湖的"帮助、培养"。

在长寿湖时为了活命，孙诗人曾用诗一般的语言来写长篇揭发（汇报）材料，如今，面对来自中央要求交待（揭发）的压力，只有几个硬梆梆的字：我拒绝回答！这是弱小诗人与强大帝国对峙中，前者一点微小但却坚硬的长进。这种长进，是专制帝国最可怕的死敌。

"死亡之湖"？

我相信，孙诗人指的绝非仅仅是生命的死亡。

孙诗人固然大彻大悟，从"红小鬼""培养"成了关心国家、民族命运的"反党分子"。然而正如指责他"管闲事"的年轻人所说，他已经老了。

而年轻人，时下正在走另一条路！从物质到物质，从利益到利益，远离了崇高与神圣，抛弃了道德和责任。即便有一千部"死亡之湖"的问世，但在对歌星如痴的敬拜，对金钱狂热的追逐中，"不管闲事"的年轻人，能对如血夕阳中垂死生命的最后哀鸣作一点思索？

共产党用红艳艳的谎言欺骗了老一代，又用金灿灿的利益（物质）败坏了新一代。共产党真的"伟大"，它死而无憾了。

补记：

孙静轩于2003年6月在成都病逝，由于我尚处在"取保候审"期间，不能擅自离开居住地，因此未能去向他作最后的辞别。不过，由于孙是名人，媒体发了大量的消息和纪念文章。这是他比白永康幸运的地方。

长寿湖高峰岛上秋叶满地

被"改造"成驼背的记者

——张天授

——1957年重庆日报编辑

1916年生

我1944年夏毕业于复旦大学（在重庆北碚夏坝），曾经担任《诗星》编委，《音乐艺术》特约编辑，创办过《诗报》、《中国学生导报》（该报是由共产党南方局青年组领导）。1945年加入民主青年联盟，1947年进《新民报》任记者。

我思想积极进步，成天削尖脑壳去找社会的毛病，给国民党政权捅漏子。

解放后，重庆日报一创办，我就来了。没搞多久，遇上反胡风，我和报社的杨本泉两人被关押审查。原因？原因是胡风在复旦呆过，我们在复旦搞文艺诗歌的人都被认为是胡风分子。

审了我们好几个月，事情不了了之。1957年鸣放，叫提意见，我把这事拿出来说，其实我并没当真，只是顺口说说。我说："反胡风关了我几个月，是不是补我一点假，让我出去走走，会会朋友，表明我没有问题嘛。"

就这句话出了问题。领导找我，说我思想有问题，需要下去劳动锻炼一下。我并没有戴右派帽子，也没有开会斗争我，我下长寿湖一直认为自己不是右派，他们才是右派，我是好人，锻炼一、二年就会回去。正因为没划我右派，所以1979年"改正"时上面感到为难——按文件政策我不属于"改正"对象。为了解决我的难题，据说有关人士只得先给我补划成右派，然后马上宣布"改正"。

到长寿湖之前，我从来没劳动过，握惯了笔，陡然改成锄头、犁扒，很不适应。我下去时已经42岁，算大龄。我这个驼背，就是在长寿湖"锻炼"的成果。

虽然没有给我戴帽，但待遇同右派差不多，我的亲戚朋友全不敢同我往来。我小弟弟从重庆建筑学院毕业，受我的影响，被分到甘肃一个最偏远的地方，饥荒年饿死在那儿。我父亲和大弟弟（他是援朝的复员军人）都死于饥荒年。我下放长寿湖后，他们也不与我往来。我要探亲不批，说我没有家。那些年，只有一个人同我通信，这个人是我解放前的朋友，《中国学生导报》的发行人，解放后任民革中央副主席，叫甘祠森，饥荒年他还给我寄过粮票，是我得到的唯一的关怀。

你问我为什么没有家，说来话长。在复旦时，我春风得意，与戴文葆等创办的壁报《夏坝风》很有影响，不少女同学对我很有意思，我心高气傲，没有理睬。毕业后全身心投入报社工作，没心思成家。解放后，两次恋爱都没成，一次与西南师范学院一名少数民族女学生恋爱，正热乎乎，遇上胡风事件我被关起来，她弄不清楚是怎么回事，害怕，与我断了关系。第二次是我住院时遇上的一个女护士，我们彼此很合得来，真正情投意合，正准备结婚，(19)57年来了，我下放长寿湖，她另嫁了人。她后来家庭很不幸，早早就去世了。算了，不提那些伤心事。

我唯一的一次婚姻发生在七十年代，只有短短几年。她是个离了婚的女人，前夫是育才中学校长。夫妻俩都是"分子"。我们两地分居，她在北碚，我在市中区，婚姻名存实亡，勉强维持几年便告破裂。

从此，我没再找人，人老了，背早驼了，算了！从饥荒年父亲兄弟饿死，我这个家脉就只剩我一个，今年我86岁，我一去彻底了结。你说不幸，不幸多了就不觉得不幸，苦难多了就麻木。我今年还同友人创办了一个"小诗原"的刊物，我任社长，自费编印，也聊以自慰。

（采访时间：2001年10月17日，地点：重庆日报社）

采访后记

采访张先生时，正值重庆日报职工宿舍大搬迁，两幢几十层高的宿舍楼拔地而起，气势恢弘地俯瞰长江，眺望南山。

乔迁的职工喜气洋洋，装修的喧闹此起彼伏。

这是一个不乏银子的"效益好"的单位。在"必须了解党的声音"的行政命令下，重庆人民年年为它输血，用血汗银子换来一大堆僵尸般的文字，以及重复了一千遍的谎言。

张天授没有搬，孤零零留在乱糟糟的旧楼里。他说，新分的房子面积大，没钱装修。

我觉得不是钱的问题。

要那么大的房子干嘛？空荡荡的房间，孤零零的身影。身边，没有老伴；膝下，没有儿孙；夕阳已经沉下，黑夜正在接近。即便装修得金碧辉煌，能掩去枯藤老树，西风瘦马的苍凉？

作诗吟赋，是张老先生晚年中唯一的寄托，破旧茶几上的几朵鲜花，是杂乱房间里唯一的亮色。我请张老先生站在花朵旁，给他照了一张像，我希望这张毫无艺术美感的照片，连同这简短而又缺乏文学华彩的文字，给一个平平凡凡的小人物，留下一点"传宗接代"的长久。

补记： 张天授先生于2006年5月在重庆去世，终年90岁。

张天授当右派后仍然保持写日记和开会记录的习惯。批斗会上他也在下面作"记录"。一天，他写的20多本日记被抄出来，其中他记了女右派廖品云说过的一句话："共产党是不讲爹妈情的。"廖当即被抓出来，罚跪一上午。事后，廖揉着红肿的双膝，哭丧着脸找到张天授："你这个人！在这种环境下还写啥子日记？你要写就写你自己嘛，你把别人的名字写上去，害得我跪一上午！"

对党爱得要死，被党整得要死
——刘钊
——1957年市文联作家，团支部书记，74岁

"当初我对共产党爱得要死，结果被共产党整得要死。"

我是武汉人，10岁时逃难，随宋庆龄办的儿童教养院到了万县。读了一年小学后，考入由国民党政府办的联合学校，这种联合学校一切费用全免，由国家提供吃穿和学费，只是抗战时期，吃得很差，条件比较艰苦。联校毕业后，我考入国民党中央大学经济系。中央大学是当时中国最好的学校之一。我大学一年级就参加了地下党的新青社，二年级担任中央大学学生自治会副主席。大学期间，我一直从事学生运动，争民主自由，反独裁专制，曾经同南京的宪兵发生冲突，受过伤。南京一解放，我就参了军，在二野的军大当教员，后来随二野到重庆。由于我能写东西，也喜欢写，因此转业到了重庆市文联，并担任市文联团支部书记。

1957年，我没有任何言论，平平安安过了险滩。1958年4月，在反右运动基本结束时，突然又来了一次"扩大化"，我就是在这时被"扩大"进去的。

我接到一封业余作者的来信，信中称，他曾给文联创作部的部长曾克（也是文联副主席）寄过一篇稿子，后发现曾克在文章中大量用了他稿子的内容。我于是在私下说过曾X窃用别人的稿子。

上面要"扩大"战果，多打一些"敌人"，曾克又是掌握反右的领导，我还有啥话说。

被打成右派的还有作家李南力（也是文联党支部书记）、党组书记龙实等。李南力当右派是因为不同意划作家黄贤俊为右派。龙实当右派是因为他主持文联反右不积极，打的右派太少，换句话说，他太实事求是。在那个年代是绝不能实事求是的，你打右派太少，你自己就是右派。这个逻辑很荒唐，却是历史的真实。

我当然想不通，解放前提着脑袋跟共产党走，对共产党爱到骨子里，忠心耿耿，共产党怎么说翻脸就翻脸？！我年轻，不仅无法认清共产党，甚至也不知道当右派是怎么回事。我以为共产党把我们打成右派，就像大人打犯了点过错的小孩，打几巴掌就算了，下放长寿湖最多几个月就会放回来。所以，下放初期我认认真真地改造，努力想自己是不是对不起党，在批斗会上我表示愿意认真劳动改造，请党来帮我摘掉帽子。

文革时，我开始有点觉悟，但是真正想通是"改正"后，因为这个时期才有书读，有书读才使我认真思考，这一思考就看清了问题的本质。

毛泽东、共产党领导的这场革命，实质上是一场小农革命，只不过这场革命用了最动人的口号，最漂亮的外衣进行包装。什么"为了解放全人类"、什么"为了劳苦大众"、什么"为了建立一个没有剥削，没有压迫的新社会"，统统都是空话，其实质就是打江山，坐江山。它一旦夺得天下，必然认为天下是他们的私产，谁敢对他的"私产"说三道四，谁就是他的敌人，他就要进行镇压。因此，1957年知识分子被整，绝不是偶然，而是这场小农革命的必然产物。

毛泽东是个造反成功的个体农民，是个变态人物，中国历史上最大的暴君。他可以将中国几千年的所有仁义道德一脚踢翻，将近代的文明、文化踩得稀烂。他要整人就整到底，绝不手软半分！他哪里是要创建一个文明公正的社会，哪里是要建立一个民主自由的国家，他只是要建立他的专制王朝，维护他的独裁统治。为了这个目的，一切手段，无论多么卑鄙，无论多么血腥，他都可以使用，而且毫无半点心理障碍！

1957年究竟整了多少右派？官方说是55万多人。其实远远不止这个数。为什么不给右派补发工资，一个重要的原因是一补发就要算人头，财政要据此发钱，这样，右派的真实数量就会暴露出来。

除了右派，(19)57年还有各种被变相整的人。就拿长寿湖来说吧，从1958年起，前后接受了1000多名下放干部，所谓下放干部，都是些被认为有问题的干部，是靠不住的人。比如刘德彬（小说《红岩》作者之一，创作有《歌乐山作证》等）所在的教育工会没打出右派来，打不出右派你本身就是右派，他这个当工会主席的就被赶下长寿湖，只是没给他戴帽子，算作"下放干部"。

长寿湖20年感受最深的是什么？我认为一是用奴隶般的繁重劳动摧残人，二是用无休止的批斗会折磨人。在长寿湖的劳动量十分恐怖，管教人员用竞赛、用定指标的"奥林匹克运动"方式来定每天的劳动量。指标随心所欲的涨，今天每人挑50担粪，明天涨到70担，后天可能是100担，落后就要挨打，完不成任务就挨斗，或者扣饭，完全是奴隶社会对待奴隶的方法。不少右派就是被这个"劳动关"折磨而死。

为了躲避，一些右派不得不采取种种方法。其中最讨厌的是打小报告，汇报同类的言行，换得赏赐，从而减轻劳动量。你要想活得轻松一点，可以！揭发其他右派，整同类！上面鼓励这样干，逼得你只有损害同类。所以，长寿湖不少右派你揭发我，我告发你，你斗我，我斗你，搞得人人自危。

我在最受不了的时候就装病，

上世纪六十年代的长寿湖（陈华 摄）

但病不是好装的，监管人员一个个火眼金睛。我只有动真格，拔牙！我说牙痛，要请假到狮子滩看牙。回来让监管人员检查，看！没撒谎，一个牙齿没了！我的大牙就是这样拔完的，不信你看。

（刘钊张开嘴，右边大牙全无，左边缺一颗。）

奴隶劳动完了可以回家睡觉，我们不行，每天晚上要"学习"——开批斗会，而且20年不断。有段时间宿舍柱子上挂一块"斗私批修牌"，每人每天必须在上面写一条揭发别人的话。比如张三写"李四今天（或昨天）说，长寿湖的鱼自由自在，令人羡慕。"李四可能写"王五今天在坡上唱国际歌，奴隶们起来起来，别有用心！"搞得右派人人自危，一收工就赶紧朝"斗私批修牌"跑，看有没有人揭发自己，有，便作好准备，晚上批斗会时，首先要承认，没有的事最好也承认，然后自己把自己痛骂一通，这样才过得了关，否则不准睡觉。

自己骂了还不算完，其他右派还得一个个起来批判，再把他骂一通。而且搞连坐法，某人有问题，与他接触的，尤其是与他关系密切的人，都有问题，更得起来揭发、批斗。实在无话可说也得找话说。有一次李淦斗孙静轩，找不到话说，他只好说："孙静轩，你这个人坏得很，无耻得很，反动得很，你反党反社会主义，你对新社会不满……我们被你欺骗，你实在是坏得很，无耻得很，反动得很，你反党反社会主义，你对新社会不满……"李淦厉声批斗孙静轩十几分钟，翻来覆去都来是这些话，管教干部终于听得不耐烦，一拍桌子说："李淦，你说点实际的！"有一次我斗詹光，也是无话可说，我干脆飞快说一串没有标点符号、连我自己都听不清的语言，我做出义愤填膺的样子，嘴皮翻得飞快："詹光你呀唔哼反动你这个人詹光哼不老实那天晚上唔你抗拒改造你詹光不认真嘛……"

想起来真是荒唐呀！每天晚上张三斗李四，李四斗王五，王五又斗张三，你揭发我，我揭发你。有一次教师右派向光棣实在看不下去，批斗会上悄悄写了首打油诗："今日我斗人，明日人斗我，为人宜宽容，何必太过火。"结果被旁边的一个右派发现，马上举手报告："有人写反动诗。"向老师立马被抓上去立起，连续斗了他三个晚上。

这种没完没了的批斗会，对人的精神和心理摧残特别大，斗新华书店的右派胡朝聘时，他吓得尿流了一裤裆。在长寿湖，经常遇到这种事：一个批斗会后，长寿湖就要浮起尸体。重庆42中的教师宁振笃，宣传部的干部李思强就是在斗争会后的当夜投了湖。

（采访时间：2001年6月14日，地点：重庆市文联）

采访后记

刘钊患了脑血栓，三天两头进医院，约了好几次，才得以相见。

一见面，他就用怀疑的目光上下打量我，然后冷冷地说："你年轻，没经过那个年代，你来搞这个重大题材，我怕你把握不稳。那段历史，复杂呀。"

我从小喝共产党的狼奶长大，骨子里有几分"红卫兵"的"大无畏"精神，面对刘钊这种"资产阶级学术权威"，无知就是力量。我不管三七二十一，把我那点浅薄的"历史"知识，包装在我十余年讲台上练就的语言功夫中，对着"学术权威"，不知天高地厚一阵乱侃。

嘿，不知是我花拳绣腿来得密集，还是刘钊患了"脑血栓"有些糊涂，总之，半小时下来，那冷冷的目光变暖了，那张脸也不再居高临下。

我们越谈越投入，待他扯开嘴唇，让我看他为求得休息而拔掉的大牙时，我那"红卫兵精神"荡然无存，整个人在他面前软下来。

两个多小时后，正渐入佳境，刘钊语言开始紊乱，思绪似乎也变得迟钝，他看出我的困惑，很抱歉地说："药效过了。"

——刘钊为接待我，专门服了药，药效只有两个多小时。

我赶紧起身给他照像，然后收拾包，准备走人。他拉住我，要求同我合一张影。他把夫人叫来，我们一起照了张像。照完像，他叫我等一下，然后走进书房，从里面取出他发表的几篇有关长寿湖的文章和几篇手稿。

"你拿去吧，给你作参考。我作为一个作家，很多没有写，现在身体不好，很多又没给你讲，是个终生遗憾了。"

我很仔细、很慎重地把稿子放进包里，同刘钊紧紧地握手告别。

（可惜，2002年7月2日，这些稿子全部被抄走）

刘钊、谭松合影（2001年6月）

一对夫妻记者的遭遇
——韦鼎、黎素芳

——1957年新华社重庆分社记者
韦鼎1923年生，黎素芳1929年生

韦鼎： 我们夫妻俩50年代都是新华社重庆分社的记者，我们在工作中相识、相爱、结婚。1957年，我们已经有三个小孩，老大6岁，老二2岁，老三10个月。

大鸣大放期间，我提了几条意见，其中一条针对社长廖XX。廖XX夫妇都是十四级干部，工资相当高，但他却自己给自己加补助，拿更多的钱，我认为这样做不对，在群众中影响不好。一个领导干部，一个共产党员，应当先天下之忧而忧。

这条意见，把廖XX惹火了，他一步一步地收拾我。

他先翻我的历史，一口咬定我是假党员，解放前混进党内的坏分子。他组织大字报烧我，开批斗会斗我，先把我搞臭。

黎素芳： 廖XX亲自找我谈话，他说："小黎，有件事我不得不把真相告诉你，你的丈夫是个假党员，他解放前的历史很复杂，证明他入党的人不是死了就是去了国外，我们可以断定他是个阶级异己分子……"

廖XX坐在我面前，很严肃很认真，他就是组织，他就是党。那个年代我非常单纯，认为组织最可靠，党最可信。我想，党组织一定是通过调查，掌握了韦鼎解放前的真实情况才会这样说。我心里好难受，我很爱他，感情很深，但他为什么要撒谎，为什么要编造自己的历史呢？我回到家里对韦鼎说："你不是党员就算了，对组织讲清楚，承认错误，我们安安心心过小老百姓的日子。"

韦鼎： 廖XX接下来以劳动锻炼为名，安排我去南岸一个干部农场。三个月后，他又说，你暂时到长寿湖农场劳动锻炼几个月，回来后继续工作。我到长寿湖三个月后，廖XX以新华社党组的名义，给农场去了一封公函，通知农场将我监督劳动（即作为坏人），并且停发工资，只发生活费15元。我傻眼了，我并没被划为右派，是怎么一步步走到这个境地的?

黎素芳： 廖XX来动员我同韦鼎离婚，他告诉我，离不离不是个人的生活问题，而是忠不忠于党，站在什么立场上的大是大非问题。他还说："你看人家周邦坤（新华社右派王华东的妻子），丈夫一划右就离了，这就很好嘛，你要向她学习……

我精神压力大得很。要我揭发韦鼎，我不晓得他如何反党，说不出，批判我，说我右倾。开会时我给另一个右派王华东倒了一

韦鼎、黎素芳结婚照

杯开水，就是划不清界线，也要批判我。不离婚，更是一条罪行。我对韦鼎有感情，舍不得，但看到三个孩子，又担心他们的前途。我是一边哭，一边写离婚书……

（黎素芳泪流满面）

韦鼎： 我坚决不同意离婚，法院不管三七二十一，一纸判决书送长寿湖。我把判决书狠狠摔到地上。

黎素芳： 离婚两年后，我被调到重庆二十中学当老师。那是最困难的日子，我独自抚养三个儿子，儿子正吃长饭，饿得哇哇叫。

饥荒年有一种糠做的饼子叫"糠复元"，儿子舍不得一口吃完，每次只咬一点点，不料化学教师的儿子看见了，翻窗进来把"糠复元"偷走了。我大儿子很懂事，很关心两个小弟弟，有一次他捉到一只大青蛙，舍不得吃，煮起一锅清水汤，把青蛙煮了，分给两个弟弟吃。

有人见我日子艰难，劝我再找个人，我不干，我这辈子就算了，不愿再当妻子，只想一心一意把母亲当好，把三个娃儿养大。

韦鼎： 1960年，我在长寿湖打二锤，每月19斤粮，没多久全身浮肿，头脑糊涂了，尿拉在裤子里。我们睡通铺，早上醒来，身边经常有人永远起不来。有一个从南桐转来的语文老师，叫崔永禄，捉到一条毒蛇，他饿急了，连内脏都不取，宰成几节胡乱煮了一下就往肚子里吞，转眼中了毒，他在地上滚来滚去，死得很痛苦。是我亲自埋的他，埋在桐梓沱。他那个枯瘦狰狞的面容比蛇还可怕。还有一个叫马成敏的右派，又病又饿，一头栽在猪圈里断了气。最惨的是一个叫李刚（音）的右派，投湖自杀后尸体浮起来漂到岸边，被一群狗拖上岸，撕咬得支离破碎。那个姓吴的党支部书记无动于衷，他冲着一个个发呆的右派说："长寿湖没盖盖子，要跳的尽管跳。"

长寿湖发现我不行了，让我回家探亲，我离了婚，彼此连信都没有，要探只能探浙江老家。没路费不说，我也不愿父母见我这个样子，我想，我不跳湖，气要断就断。

1961年，我到湖边一个生产队劳动，在一个荒坡上种了一些红苕，当年产了几百斤，那几百斤红苕救了我的命。

从死亡边缘走过来，特别想去看一眼儿子和黎素芳，这条命说不定哪天就由别人来埋了。五年来，我怕影响他们，不敢同他们通信，我带了几张娃儿的照片，天天看。我要是死了，他们不会晓得。

1963年，我给孩子买了几个高价饼子（五角钱一个）回到重庆，我已经整整五年没见到他们。

他们已经搬了家，我找到新家，黎素芳不在，只有几个孩子。两个小儿子不认得我，冲我叫："叔叔，把你那个纸烟盒送给我。"

这已经不是我的家了，我感到不安，呆了不到两小时就走了，没有勇气等黎素芳回来。

黎素芳： 我见到韦鼎时又过了五年——1968年，他第二次回重庆。

他提了一条大鱼，有二三十斤重，到二十中找我。那年重庆武斗打得凶，我带几个娃娃逃到了大溪沟。二十中一个右派老师告诉他，我住在马家堡，他找到马家堡，没人，到处打听，最后在大溪沟找到我和孩子。

孩子们看见这么大的鱼，高兴得不得了，围着鱼团团转，但是不叫他爸爸。我不敢说话，我已经被划为四类分子，又回来一个五类分子，政治压力大。从1958年分手，我们10年没见面了，但是我不敢留他，心里怕得很，怕有人去汇报。我们在外面一个小饭馆吃了一顿饭。他闷闷的灰溜溜的不说话，饭一吃完扭头就走。我一直盯着他的背影，他没回头，我想他心里一定很难过，10年了，有家难归，好容易见面，不敢住一晚。他背影消失在黄昏里，我泪水往上涌，但孩子在旁边，我拼命忍，忍……

（黎素芳第二次泪流。）

这次见面，唤回了我对他的全部感情，而且，还增加了很深的怜悯。我忘不了他在黄昏中独自离去的背影，他太可怜了。当年我离开他是为了孩子，离婚后孩子仍然受歧视，别人骂他们是反革命子女，同没离一个样。我大儿子考初中，不准他按成绩读好学校，只准读最差的民办校——我们叫板板校。他的班主任王老师为他哭了，我也哭。我想，既然如此我为什么要离？

"那时我非常年轻，没想到共产党、毛泽东会整人。"
黎素芳1958年

还有，这时我的认识也发生了变化。以前，我非常单纯，压根没想过共产党会整人，毛泽东会整人。他们在我心中很神圣：解放全中国，让劳动人民当家作主。

文化大革命让我清醒——原来共产党毛泽东要整人！

我决心要帮他！

黎素芳与儿子（左边就是为"划清界线"而被剪掉的韦鼎）

我到处找人，我到成都去找新华社四川分社社长孙振。孙振告诉我，韦鼎的档案是清楚的，说他是假党员，阶级异己分子没有任何实证，整他的材料上只有廖XX的一个个人私章。孙振承认这是个错案，但是他说，韦鼎的事出在1957年，1957年不好改，是毛主席亲自定的。还有，川东地下党的案子很多，改了你韦鼎一个，其他人来闹怎么办。所以，干脆不动。

从1968年起，又过了五年，1973年，韦鼎第三次回渝探亲。这次我实在不忍心再看见他无家可归。

韦鼎坐在家里，我把弟弟和大儿子叫到外面的山坡上，问他们怎么办，留不留他。弟弟说："姐夫是个好人，把他留下来。"大儿子也说："妈妈，把爸爸留下来。"

他们表了态，我当然很高兴。

当天，韦鼎没有走。

韦鼎：我终于又有家了！从1958年到1973年，整整15年，小的两个儿子不习惯，不叫我爸爸，只叫"他"、"他"、"他"。

黎素芳：当年暑假，我到长寿湖去同他复婚。这是我第一次到长寿湖，他到狮子滩来接我。我一眼看见他，惊呆了：他破破烂烂，疲惫不堪，站在那儿像个流浪汉、叫花子（乞丐）。他身上穿那件府绸衬衫，还是我1957年给他买的，又旧又烂，补丁加补丁，大热天，脚上穿一双裂口的全胶元宝鞋，下身是一条破旧的劳保裤（后来才知道是一个下放干部扔了不要的），我坐在车上，当场就哭起来。

到了团山堡，看到其他"分子"个个跟他一样，都是破破烂烂。他们回渝探亲，穿的是最好的衣服。

在团山堡，我住了一个暑假，亲眼看见他们劳动，我心都碎了。韦鼎从湖边扛大包上山，腰压得弯成直角，像个动物在地上爬，就像我在电影上看见的非洲黑奴。

（黎素芳边说边跳起来演示，她伏下身子，双手向后朝上伸直，一步一步挪动脚。）

我不知道他15年过这种日子，当时我心里好难过，好难过……

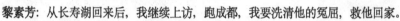

"我终于又有家了！"

韦鼎：其实，那个暑假我过得非常幸福，有家了！

黎素芳：从长寿湖回来后，我继续上访，跑成都，我要洗清他的冤屈，救他回家。

整他的廖XX文革前调到成都。他整人的恶习不改，到文革时，前前后后被他打成各种"分子"的有10余人。文革一来，他自己也被整，亲自尝到了被斗、被下放劳动的滋味。

他不向我们道歉，他看见我来上访，赶紧避开，尽量躲着不见面。他妻子林XX这时也尝到当一个"分子"家属的痛苦。在成都，天冷了，我穿得单薄，她抱了一抱衣服，来到我住的招待所，非要把衣服给我。我当时心里满是怨气，坚决不要，全部退给她。

10年后，1984年，我同林XX在育才中学又见面了，她是育才中学的学生，回来参加校庆。她给我送来10个广柑，很诚恳地说："过去把你们整得很惨，很对不起。我们都是受了资产阶级反动路线的毒害。老廖后来自己也挨整。"我冲着她说："那不是一天、两天，而是10年、20年呐！那些年我们过的是什么日子？！你男人平白无故污陷我男人，他差点儿死在长寿湖……还强迫我离婚，害得我们夫妻分离15年。我一个人拖三个孩子。你也是女人，你也有家庭……"

林XX突然哭起来，边哭边说："对不起，对不起，对不起。"她一哭，我也哭起来，我们两个痛哭一场。

分手时，她要把广柑留给我，我不要，她坚持要给，最后我们一人分了五个。

（采访时间：2001年5月16日、2002年1月8日，地点：重庆市江北区）

采访后记

一大早，挤上中巴，从杨家坪赶往江北。412路中巴车清一色的破烂，一路上黑烟突突，走走停停，抵达江北，已花了一个多小时。

没人知道新华社的宿舍在哪儿，左右两边乱糟糟的建筑工地正在闹哄哄地搭建城市"物质文明"。

待我终于在韦鼎老人面前坐下，抬眼一望，墙上的钟已指向9点40。

我急切地望着老人。

　　刚开了个头，他妻子黎素芳倏地从厨房里奔出，三两步奔到面前，噼噼啪啪抢着说，一边说还一边不时地表演，十分生动，当然，说到伤心处，泪水滚滚涌出来。

　　我蓦地惊觉：一个"分子"家属所遭受的苦难，不会亚于"分子"本人。

　　果然，为丈夫的苦难痛哭，为儿子的升学痛哭，也为另一个女人的道歉痛哭。一个漂亮女人最美好的年华，就在涟涟泪水中过去了。

　　该怪廖XX吗？也许该。黎素芳说："去年廖XX带口信来，向我们夫妻问好。他可能有悔意，但我不原谅他。他不是在大气候下的无奈，而是因私利蓄意整人，这是个品质问题。"

　　这话自然有道理，但我总想起20多年前在杂志上读到的一首诗，大意是：海浪啊，你们，你们都是些风的俘虏……他用沙哑的声音发出一阵咒语，你们如痴如狂，扑向同类，把厮杀当成欢乐。……广阔的海洋，变成角斗的广场，拼杀到岸边，什么都没留下，只有眼泪组成的泡沫……

　　是哪一股风，专门煽起人性中的恶？

1973年韦鼎回到家后全家合影

长寿湖学历最高的右派——王华东

——1957年新华社重庆分社记者
1918年生

王华东毕业于厦门大学历史系，曾在中山大学教书，任讲师。1947年考入清华大学哲学系攻读硕士研究生。1949年底进入新华社。

新华社要我去主要是看我德文好（我学哲学读德文原著），打算派我作驻德国记者。后来发现我出身不好，改变了主意，把我下派到新华社重庆分社当记者。

1957年我根本没鸣放，一直在外面采访，当时我采写和发表的稿件很多，受到总社的表彰。

我当右派是因为一个人——廖XX。

廖XX是新华社重庆分社社长，他在市委书记任白戈组织的鸣放会上提出"报人办报"，这在当时是典型的"不要党的领导"的"右派"言论。他受到市委宣传部的批评，十分紧张。他想通过积极打右派来解脱自己。还有，新华社要不打几个右派出来，他廖XX自己也跑不脱，他非找几个人下手，我是其中之一。

按规定划右派要报市委反右五人小组批，廖XX没上报，以新华社重庆分社的名义处理我，下放我到长寿湖劳动锻炼。

周邦坤（王华东之妻，毕业于北碚乡村建设学院）：我当时刚生了小孩，但我还是支持他去，我想他是旧社会来的知识分子，下去劳动锻炼一、两年有好处，我做了一朵大红花到朝天门去送他。哪晓得两天后就说他是右派，是阶级敌人，压我同他离婚，我不干，把我从重庆电台贬到江北纺织厂。

王华东：我们还是离了。我下去时新华社只发给我每月8元生活费，我闹，加到15元，这当然无法养家活口，唯一的女儿是妻子独自养大成人，1979年我俩复婚时，女儿已经22岁。

我在长寿湖18年，其间也回重庆"探亲"，所谓"探亲"无非是回重庆住几天，不能见妻子女儿，住在旅馆里，看几眼重庆这座城市又回岛子上。我的精神寄托是记日记，我把所见的，所思的都记在日记上。例如文革中说毛泽东的话"句句是真理"，我觉得很可笑，宇宙的奥秘无穷无尽，人的认识很有限，哪来"句句是真理"？我记在日记上。还说"历史就是阶级斗争的历史"、"一个阶级推翻另一个阶级，一些阶级胜利了，一些阶级消灭了，这就是历史，这就是几千年的文明史。"毛泽东说这种话就是不懂历史，也不懂马列，他读的书少得很。罗马帝国灭亡了，奴隶主和奴隶一起灭亡——是阶级斗争的历史？我把这些都写在日记上，厚厚的几大本。当然是偷偷写。日记还是被发现了，全部被组长李XX收缴，李这个人很"左"，我知道大难临头，白永康因日记被判死缓的例子摆在前面。嘿，我运气好，正在这个时候出了林彪事件，幸亏出了林彪事件，我逃脱一难。

那几大本日记，很可惜。我后来讨要过几次，没结果，你要有兴趣，可以去找找李XX。

1976年我从长寿湖回到新华社，在伙食团当炊事员，两年后摘帽，调到收发室。再过一年获得"改正"。这时我已经61岁，过了退休年龄，唯一的收获是当年复了婚。

（采访时间：2001年10月27日，地点：成都市陕西街）

采访后记

在重庆听说王华东是个很有学问的人；到成都，孙静轩说，王华东在长寿湖近20年，很惨。

我抱了很大的希望叩门。

一位个头不高的老人打开了门，他"嘿嘿"地笑着把我安坐在客厅。他表情有些木讷，语言显得迟钝，毫无我想象的学者风度与气韵——这就是我采访的学历最高的长寿湖右派？

是83岁高龄的自然成因，还是长寿湖近20年的改造使然？

接下来的采访更让我失望，仿佛一部齿轮生锈的机器，我费尽移山心力，勉强摇动，吱吱嘎嘎。其间，还有他妻子的多次"仗义"相助。

专攻历史，想必洞悉秋月与春风；研读哲学，自然不乏深邃与透彻。我问："王先生，你是学哲学与历史的，回想你走过的这一生，你对这个社会和这段历史有什么看法？"

王华东又"嘿嘿"地笑了几声，喃喃地说："现在比以前好，嘿嘿嘿，社会进步了，人民生活改善了，嘿嘿，比较自由了，嘿嘿嘿"。

日本电影《追捕》中，酒井把他要整的人一个个送进精神病院，强迫服一种摧残神经的慢性毒药，把人变成丧失自我意识、惟命是从的痴呆。共产党也有这种慢性毒药，专治知识分子，药名叫"思想改造+劳动改造"。

中国最缺乏的是研究社会科学的知识分子，整得最惨的也是这类知识分子。王华东先生无疑是我们国家最宝贵的人才，王华东先生无疑蕴含有独特的思想和超群的才华（就是在短暂艰难的采访中，我也感到他隐隐闪烁的思想火花。），然而，正值盛年，惨遭"腰斩"，几十年的痛，一定很深。

虽然，他对此只字不提。

同王华东握手告别，他又"嘿嘿嘿"地一笑。

我沿着洒满秋阳的人民南路边走边想：我若是如王先生一样走过那段人生，在83岁时回望这个社会，这段历史，会不会也发出"嘿嘿嘿"的笑声。

面对这个"万般无奈"，"嘿嘿嘿"也是一种"人生哲学"？！

补记：王华东先生于2008年12月在成都去世，终年90岁。

我因"不爱说话"当了右派
—— 殷宗炳

——1957年重庆日报编辑

　　我1952年重庆大学英语系毕业，分配到重庆日报工作。我这个人一向不爱说话，尤其在陌生人面前。1957年报社专门把我作为不爱说话的典型，选为代表，去参加新闻系统的鸣放会。那时我很年青，懵懵懂懂，不懂什么政治，把平时在报社道听途说的一点意见杂乱无章地扯了10来分钟，心中想，随便说一点完成报社的任务。这10来分钟，换了一顶右派帽子和长寿湖23年。

　　我没家室，少了很多牵挂和压力。我在长寿湖体会最深的不是挨饿，不是劳动，而是随时随地对我们人格和人身的凌辱。管教干部任何时候都可以找个理由，（甚至不要理由）把我们抓来斗。改右学习班的主任孙X最喜欢斗人，只要几天不斗人他就浑身不舒服，他经常说："对右派分子就是要狠狠斗。"我私下说他："三天不整人，走路无精神。"

　　我本来就不爱说话，在长寿湖更不吭声，但是要整你你跑不脱。说一句："太阳太大，热得受不了。"要挨斗，说是影射毛泽东共产党。说："天变了，阴下来了。"也要挨斗，说是指望变天（翻案）。两个右派吵架，一个说"咱们哪个怕哪个？"，抓来斗，说是攻击无产阶级专政。右派到狮子滩劳动，小娃儿都可以随便辱骂随便欺侮，我们不敢吭声。排队打饭，掌勺的见是我们右派，让我们站到一边，等到最后才让我们吃饭。有一个"革命职工"经常偷东西，只要上面追查起来，他就往右派身上推，说是右派偷的，因为右派不是人，没有申辩的权利。我们报社有一个很有才华的编辑，叫廖忠管，英文、俄文都很强，在长寿湖时，总工会下来的一个勤杂工成天把他当狗一样的骂，廖精神高度紧张，后来精神错乱，在六十年代初死了。

　　但是长寿湖的"历反"（即"历史反革命"）的地位比右派还低，曾经有人揭发一个"历反"，说他"冒充右派"。

　　（女"历史反革命"刘文秀就说过"我好羡慕你们右派。"在采访中遇到这类"历反"，至今胆子都很小，不肯多谈。）

　　在长寿湖22年，我没有出卖过人，没有出卖过良心，哪怕跪在煤炭渣上挨斗，我也没有乱说。上帝也许是为此奖励我，在我44岁那年（1975年），让我娶了一个好妻子。她是一个20多岁的郊区农民，非常贤慧、非常能干。她一点不嫌弃我，她对报社的领导说："我不管他右派左派，我只知道他是个好男人。"她把家料理得整整洁洁，手特别巧，你坐的椅子就是她亲手做的。

可惜她去年去世了。

（殷宗炳黯然神伤，不再言语。）

（采访时间：2001年6月21日，地点：重庆日报社）

采访后记

殷宗炳很不情愿地给我开了门。

一进门，他冷冷的目光盯着我上下打量。我气沉丹田，脸堆艳笑，先讲了一大堆热乎乎的话。

他勉强开了口。然而，正如他所说，他不喜欢说话，尤其是在陌生人面前。22年的苦难史，他总共只讲了半个多小时。

讲叙时，他眼睛不时朝上看——我身后的墙上挂着他刚去世的妻子的遗像。他也不时朝下看——我身旁的小包里正在录音，这骗不过编辑记者出身的他。

他是不是想征询妻子的意见：该不该给这小子讲那段历史？

他久久凝视妻子的遗像，我看见泪光闪烁。

我关掉录音，向他伸出手。

长寿湖"大跃进（陈华摄）

因真话惹祸，靠假话获益
——金践之
——1957年重庆日报副刊编辑

　　我是1948年在重庆南陵学院读书时加入的共产党。那时我对现实社会不满，读了大量的新华日报。报上大声谴责一党专政，呼喊："民主、自由是救国的唯一途径！"我因此把希望寄托在共产党身上，认为中国要走向民主、自由、光明、富强非共产党领导不行！

　　解放那年我进了共产党的专政部门——公安局。

　　我在那儿没干多久，一年多吧。我本是书生，对成天刀刀枪枪，砍砍杀杀不适应。更主要的是当时杀人很多，我经常看到被杀的人临死前扯着颈子喊冤："指导员，指导员，我实在冤枉啊！"那神情非常凄惨。我弄不清是真是假，反正神经受不了。我申请调到市委办公厅，当了一个秘书。

　　在公安局时我弄不清楚真假，在镇反运动中我就看得比较清楚了。

　　我作为办公厅的秘书到江北区审阅镇反材料，在那儿我发现，原来杀一个人如此随便！

　　说随便，是不需要任何法律程序，材料一报上来，当地主管书记一支笔就可以判死刑，不准任何申诉。至于那个材料究竟是不是事实，没人过问。例如，材料上说，此人负有命案一条，那么就判杀头。至于是不是有命案，或者说怎样负的命案则不管。还有，将某人解放前说的话，或做的事，生拉活扯搬到解放后，构成现行反党，现行反革命，不杀头也是重判。至于把一些细枝末节的小事拔高放大成反党反革命，就更是普遍现象。我从基层回来后赶紧向市委领导汇报，说下面的材料问题多，存在着严重的粗制滥造宁左勿右的现象，希望赶快纠正，救一些无辜。我说完后那位书记一言不发。第二天我便受到严厉批评，说我丧失了一个共产党员的立场，犯了右倾错误，同时停止了我审材料的工作。

　　我的思想开始逐渐发生变化，感到满腔热忱迎来的这个新社会有些不对劲。解放前我只是一味追求民主自由，并不知道新社会是个什么样子。解放后看到一群农民队伍来改造知识分子，没有任何民主自由可言。很多知识分子，包括我们地下党出身的知识分子，很不适应。拿小的说吧，吃饭分等级，穿衣分等级，看戏看电影分等级。开会，地师级吃小灶，县团级吃中灶，我们吃只有一盆菜的大灶。另外，以没有知识文化为荣，以不讲卫生为荣。身上长了虱子被喻为"革命虫"，是艰苦朴素的象征。总之，我觉得越来越压抑、越来越苦闷，觉得毫无民主自由平等可言。

　　我开始写杂文，我还有热情，还想提意见。市委副书记李XX作风霸道，又没水平，开会照秘书稿子念，我写杂文，暗暗讽刺他。

1956年，我实在不想在官场上呆下去了。如果紧跟李书记，顺溜拍马，当然有前途，但我不愿意。我申请调到重庆日报当了个副刊编辑。

报社副总编贾唯英和支部书记詹光比较赏识我，因此我的日子过得还顺畅，杂文一篇接一篇出。1957年，我的第一本杂文集即将出版，我高兴得很，在家校对清样。

正在这时，鸣放变成了反右，报社从副总编贾唯英起，一棍子打出一串右派。我在一旁看得心惊肉跳——说真话就是这种下场呀！我赶紧刹车，首先将杂文集中我认为有"问题"的文章删除，然后守口如瓶，作老实状。

可是，李书记记得我！

李书记一个电话打到报社，只一句话："金践之还在写稿？这种人还不是右派？！嗯？！"

1958年，我下放长寿湖。我没有成家，只有一个母亲。我离开报社后，报社把她赶出了报社的房子。母亲成天为我担心，常常通宵哭泣。她在街上只要看见背影像我的人，就不知不觉地走上去，一看不是我，就站在大街上流泪。她还跑到烈日下去暴晒太阳，想体验我在长寿湖顶着烈日劳动是什么滋味，看我受不受得了……

（提到母亲，金践之眼睛潮湿了。）

反右这根棍子把我打懵了，也把我打醒了——原来新社会听不得真话，容不得真话。既然如此，要生存，那就说假话吧。

我到长寿湖后开始说假话，党怎么说，我就怎么应。党说，公鸡会下蛋，我就说，是，我亲眼见。这一招，非常灵，我很快就被认为是思想改造的先进分子，不仅第一批摘了帽，还当了捕鱼队队长。这可是个肥缺，劳动相对轻松自由，还有鱼吃呀，这些都是靠说假话得来的。什么劳动改造思想呀，什么转变立场观点，做社会主义新人呀，只要将说真话改为说假话，将正直不阿改为吹牛拍马，就行了。

在长寿湖十几年，我既没有挨饿，又很少挨斗，如果劳动太艰苦了，我就装病，而且总能从医院里搞来病假条。在长寿湖各色"分子"中，我日子一直过得滋滋润润。我反复对詹光说，何必要同共产党硬顶，认个错，低个头，少吃亏。

詹光坚决不干，他认为自己是真正的共产党员，党误会了他、冤打了他，一定会给他平反，他要坚守气节。

我1979年"改正"后又开始写文章，第一篇就是杂文，而且又是影射"领导"的杂文，这次针对的不是李书记，而是毛泽东。

（注：从那以后，金践之一发不可收拾，一篇篇杂文泼辣犀利，其中如挖苦各地抢购"官太太"的杂文就被全国十余家报刊转载。

当然，"改造"的威力也巨大，同是长寿湖右派，有的人"改正"后第一篇文章就是吹捧毛泽东。有的"改正"多年后，还在四处演讲"社会主义优越性"。）

采访结束时我问金践之："你因写杂文惹祸，后说假话受益，"改正"后为什么还要写杂文？"

金践之：主要是骨子里一直渴望说真话，说假话是迫不得已，心理上很难受。被整了20年后，更有话想说。回想共和国这几十年历史，有很多话想说……我们悲剧的根源在于没有民主。这又回到我解放前当学生时的追求上去了。这个执政党狂热地提倡阶级斗争、阶级仇杀，给国家、民族和人民带来巨大的灾难。我记得1953年镇反时有个内部文件，要在各大城市把国民党的社会基础全部扫荡完，还定了一个杀人指标。在那次镇反中，国民党区、乡以上干部几乎全被杀光。1989年"六四"运动之后，市委书记肖秧在全市一次干部大会上说，当年共产党杀光了国民党的区乡干部，现在你们是共产党的区乡干部，你们不坚决拥护共产党，保住无产阶级江山，一旦丧失政权，你们一个个就要人头落地。

我听了这段话很悲哀，为什么我们的政权更换一定要大开杀戒，后一个政权杀前一个政权的人，当政的人又怕后一个政权来杀他。美国社会为什么就没有这种现象。我想，根源就在于我们没有民主，一味搞暴力革命，提倡一个阶级推翻另一个阶级，非要镇压，非要杀人不可。这是我们民族的悲哀和不幸。

（采访时间：2001年5月24日，地点：重庆日报社）

采访后记

我从小就认识金践之。有段时间，他天天到我家来，笑咪咪地向我们几个娃儿问好，接着便埋头写字。

家里只有一张木方桌，既是饭桌，也是书桌，我们几姊妹做作业当然要用。金践之只得坐在床沿上，扭着身子，把纸铺在我奶奶的一口破箱子上。每到吃饭时，他就收起纸笔，笑一笑，出去了。待我们饭后，他又返回来，继续伏在破箱子上。留他吃饭，他坚决不肯。多年后回想起那一幕，隐隐有些心酸。

1989年6月之后，我一时失去了方向，困惑和痛苦中，写下几篇小杂文，寄给在重庆日报当编辑的金践之。金看在难友之子的份上，把我那些稚嫩的文字删删改改之后，一篇篇发表。就这样，我偏偏倒倒走上了文学写作之路。

采访金践之，老熟人，十分自然。然而，搞新闻工作的他，火眼金睛，一眼就发现了我包里的袖珍录音机，搞得我十分不自然。

金有理论水平，有文学才华，并且对这个社会看得很清楚，一点不含糊。也许，正因为如此，他心存恐惧；正因为如此，他知道如何行事——风浪小时，拿起笔做刀枪，揭露社会时弊，嘲讽专制丑恶；一旦云黑雾冷，他便刀枪入库，退隐南山。

不知这算不算"敢于战斗，善于战斗"，或者说，同强大的"天"抗争时，这也是一种策略，符合"保护自己，打击敌人"的战场原则。

在中国，敢于直面惨淡人生，正视淋漓鲜血，在风沙肆虐，刀光寒冷中奔走狂呼的勇士原本十分稀少。如果能将"以假话（或空话）保护自己，用真话打击敌人"修炼成一种高超的斗争艺术，而不内化为一种无奈的人格分裂，也算一种抗争。

金践之至今孑然一身，没有妻室儿女，这也是1957年带给他的后遗症。离休后，他不愿住在城里，独自住在乡下一家敬老院。

报社、文化界部分右派简况

1、邓林之死

邓林——重庆日报最年轻的右派，肃反时被冤枉挨整，鸣放期间他对此提了意见，由此划为右派。到长寿湖后他一心一意劳动改造，想挣得领导好评，早日摘帽，回到"人民"的行列。他自我改造到了走火入魔的境地，1960年饿得奄奄一息仍拒绝妻子的救助，他退回她寄来的粮票和包裹（食物），对她说："你不要影响我的改造！"由于劳动积极，改造认真，他当了组长。当组长后，他"左"得离奇，像奴隶主的监工一样监管其他右派，干活不准丝毫偷懒，不准偷任何东西吃。他组里的右派一个个叫苦不迭。他本人最后饿得受不了，偷吃了一把生绿豆，结果自己被批斗。邓林不仅身体垮了，而且精神有些错乱，不时喃喃自语："改造，改造，一定认真改造。"终于有一天他跳进了长寿湖。由于他身上穿的棉衣，一时没沉下去，被人们捞了起来。自杀有罪（抗拒改造之罪），因此，他被湿淋淋地捆起来扔进黑屋。第二天打开房门，他已死得冰硬。

2、颜北岩之死

颜北岩——重庆日报记者，四川大学毕业。下放长寿湖后，他被迫与妻子离婚。1962年他以为要落实政策，可以与妻子复婚，不料下半年阶级斗争风声又紧，颜希望破灭，精神绝望。1962年在同心岛的一次批斗会上，他讲自我改造，从与妻子假离婚到真离婚，说着说着他突然说："我是美国杜鲁门总统的秘书，专为他写稿子……"在那次批斗会上，颜北岩神精失常了。

他妻子非常爱他，主动要求到长寿湖，希望一周见他一面，结果每见一次面就挨一次斗，最后只好离婚。颜太爱他妻子，离婚也是导致他精神失常的原因。

1963年颜北岩回渝吊死在报社的一棵树上，终年30多岁。

3、帅左瑶之死

帅左瑶——重庆日报右派，1961年饿死在长寿湖。死后由郑汉生与另外两名右派抬到一条山沟里掩埋。没有棺材，仅有一床席子裹身。帅蓬头垢面，瘦骨狰狞，双眼生满了蛆。一名下放干部叫郑汉生等搜他身上有没有钱。

郑汉生："我目睹了帅左瑶死的惨象，在心底恨恨地发誓：这辈子绝不能死在长寿湖！"

4、廖忠管——重庆日报编辑，1957年因感叹"新社会"人情冷暖而被划为右派，1961年因不堪精神折磨而死。

5、刘新加——荣县人，1922年9月生，中学文化，重庆日报"三好右派。"刘曾任《中央日报》、《新华日报》校对。刘1957年不多言不多语，但一次在读董时光的文章时，连说三声："好"、"好"、"好。"不久，董时光被打成大右派，刘为说三个"好"字被打为右派，在长寿湖，他因此被人称作"三好右派"。

6、曹岳霖——重庆日报记者，右派，二十世纪七十年代去世。

7、靳叔威——山东人，1923年3生，大专文化。重庆日报右派。靳当右派后全家（包括五个娃儿）下放长寿湖。靳的子女在邻封读小学，因父亲的问题一直加入不了少先队。靳叔威

2003年9月去世。

8、贾唯英——重庆日报副总编，右派，1994年7月去世。

9、张定华——成都人，1927年3月生，大专文化，重庆日报记者，重庆日报社右派。妻离异，有三子。张在长寿湖近20年。

10、文履平——合川人，1925年6月生，大学文化，重庆日报记者，重庆日报社右派。

（重庆日报社在1957年划了近20个右派，其中包括副总编贾唯英、党支部书记詹光。另外划中右和开除党籍的有几十个人。除了送到四川峨边劳改的极右外，下长寿湖有14人，其中5人死于"改正"前。）

"一顿吃16斤3两"

11、张 晓——广东人，1921年4月生，大学文化，作家，重庆市作协右派。

1961年的一个冬日，张晓劳动回来，收到家里寄来的一个包裹。他捏了捏，估计是吃的，便躲开他人，独自钻进厕所。厕所里漆黑，张晓撕开包裹，一股葱油饼香味扑鼻而来。张晓大喜，他原本最喜欢吃葱油饼，何况是在饥荒年。但是，他刚刚吃了三两饭，有些不忍"浪费"。

葱油饼的香味压倒了一切，包括厕所里的其它气味。张晓决定吃一个。不料，这一吃就收不住嘴，一个、两个、三个……一斤葱油饼全下了肚。

张晓心满意足地回到宿舍，点亮煤油灯，开始看妻子的信。当他读到"我们千方百计省下15斤粮票，舍不得用，同葱油饼一块儿寄给你"时，全身一震，粮票？哪儿有粮票？！张晓翻身就往厕所跑，打开电筒反反复复地寻找。

粮票无影无踪。

"我一定是吃得太猛，把粮票和饼子一块儿吃下去了。"张晓想。

当夜，张晓翻来覆去，彻夜未眠。第二天一早，他跑到"灭资岗"（"消灭资产阶级山岗"），找了一块好地，蹲下，全身使劲，然后在粪便中细细寻觅。如此三天，一无所获。张晓终于绝望，失魂落魄地对其他右派说起此事。那些饿得面黄肌瘦的右派们听说后羡慕不已，连连说："好哇，好哇，张晓，你一顿吃了16斤3两。"（即三两晚饭，一斤饼子，十五斤粮票。）

张晓于"改正"前去世。

12、刘盛亚——重庆市文联右派，著名作家，早年留学德国，抗战爆发后回国，任四川大学教授，文协成都分会理事，创办"针砭时弊，讴歌抗战"的《文艺后防》月刊。1941年在重庆创建《群益出版社》任总编辑，出版名家系列著作，并写出《夜雾》、《再生记》等多部作品。1957年划为右派后被抓入四川峨边劳改，于1960年死于劳改地，终年45岁。

13、李南力——重庆市文联作家，右派。1939年到延安，曾在鲁迅艺术学院文学系学习。1949年后曾任《红岩》杂志副主编，中国作家协会会员，作协重庆分会副秘书长，于1970年病逝，终年50岁。

14、温田丰——重庆市文联右派，情况不详。

15、游 黎——重庆市文联作家，右派，二十世纪九十年代在成都去世。

16、刘星火——重庆市文联"坏分子。"

17、洪 钟——重庆市文联"反党分子"？

18、余薇野——重庆人，1924年11月生，大学文化。作家协会重庆分会右派。
妻子同为右派。

19、吕 琳——陕北出生的老干部，右派，四川省美协画家，去世时间不详。

20、汪子美——四川美协著名漫画家，右派。下长寿湖后又送去四川峨边劳改。

21、高龙生——四川美协著名漫画家，右派，"改正"之前去世。

22、杨济川——四川美协著名国画家，右派。

23、岑学恭——四川美协著名国画家，右派。

24、宋克君——四川美协版画家，右派。

25、杨鸿坤——四川美协画家，右派。

26、刘慕宇——自贡人，1921年12月生，大学文化。1959年1月在四川人民出版社重庆办事
处（编辑室主任）打成右派，1986年2月6日去世。

27、王文琛——夹江人，1922年12月22日生，大学文化。1958年在重庆人民出版社第二编
辑室（副主任）打成右派，1987年6月11日去世。

28、聂云岚—— 江津人，1922年11月生，大学文化，重庆市出版社编审，作家，1958年在
重庆人民出版社打成右派，1994年12月16日去世

29、黄幼林——重庆市出版社右派，文革前病死。

30、刘运喧——重庆市出版社会计，右派，饥荒年因半夜偷食堂馒头被抓去劳教。
刘2003年去世。

31、李岱林——涪陵人，1929年6月生，中学文化，重庆市出版社右派，2006年去世。

32、叶 穗——重庆市出版社右派。

33、刘时雨——綦江人，1929年7月生，重庆市新华书店右派。刘二十世纪九十年代去世。

34、卢仲秋——营山人，1925年7月生，初中文化，重庆市新华书店右派。卢二十世纪九十
年代去世。

35、龙培云——宜宾人，1929年1月生，高中文化，重庆市新华书店右派。龙二十世纪九十
年代去世。

36、余光华——重庆市新华书店"坏分子"，1960年病死长寿湖。

37、胡朝栋——重庆人，1932年5月生，初中文化，重庆市新华书店右派（与去世的胡朝聘
是兄弟右派），在长寿湖近20年。

38、胡朝聘——重庆人，1925年1月生，中学文化。（原中华书局店员）1957年在重庆市新
华书店打成右派。胡在上个世纪八十年代去世。

39、杨德明——綦江人，1934年2月生，重庆市新华书店右派。

40、陈先齐——江北县人，1933年11月生，高中文化，重庆市新华书店右派。独身。

41、李进秋（音）——重庆市新华书店"坏分子"（因未婚同女友睡了觉）。李进秋于
2001年去世。

42、刘宗钦——荣昌人，1929年3月生，重庆市新华书店右派。（与廖品云组成长寿湖又
一对夫妻右派）刘宗钦于2007年去世。

43、**覃智才**——重庆市新华书店右派。

44、**文 英**——重庆市新华书店右派，1961年饿死在同心岛。

45、**王相成**——没有鸣放。一天叫他站起来交代问题，他一站起来就说：重庆市文化局戏剧改革委员会右派，解放前曾与老舍一起工作过。1957年他"我从旧社会来，有罪，有罪。"斗他的人说他老奸巨滑，他连连承认："是，是，"一心想求平安。但是，他仍然被划为右派，1961年去世，终年约65岁。

46、**黄必康**——重庆市文化局党办干部，重庆大学法律系毕业，右派。

47、**刘 梨**——重庆市文化局文艺科干部，1957年划为坏分子，1960年饿死于长寿湖狮子滩。

48、**陈应善**——重庆市文化局文艺科干部，爱唱歌，娶了比自己小得多的年轻妻子，被认为是勾引诱惑女青年，划为"坏分子"。本人和父亲（山水画家陈漫漫）不服，强烈表示不满，由此被重判入狱劳教，新婚妻子与之离婚。

49、**徐文彬** ——重庆市博物馆右派，书法家。

50、**陈敏戎**（女）——江津人，1924年2月生，大学文化，重庆电影公司右派，丈夫离异。陈二十世纪九十年代去世。

51、**秦开端**——重庆市电影公司右派。

52、**韩忠良**——江苏人，1925年5月生，初中文化，西南服务团入川，1959年3月在重庆市电影公司被打成右派。有妻（劳教三年）。韩二十世纪八十年代去世。

53、**蔡治奎**——重庆市体委右派，1949年后重庆第一代篮球运动员，1996年9月15日去世。

54、**王 余** ——重庆市文联诗人，右派，下长寿湖后又转送四川峨边劳改。

55、**李若愚**——重庆市文联编辑，散文作家，极右，送四川峨边劳改。

56、**罗 泅**——重庆市文联诗人，极右，送四川峨边劳改。

　　历史到今天，共产文化肆虐泛滥，横行百余年，祸乱华夏，是我们民族悠久历史中最野蛮最血腥的一页，它对维系我们的文化的摧残，蹂躏可谓前无古人，怕也不会有来者，它竟把实话、正派当成大敌，它一次又一次地围剿诚实，残杀正义，它五十多年的统治竟让民族论落到无理可论的地步，竟使整个国家陷于黑社会的恐怖，使政权成为野蛮的摧残力量。

——孙丰

上世纪六十年代的长寿湖（陈华摄）

五、海外归来

1949年，一个崭新的王朝站立起来了！

芸芸海外赤子，捧一颗滚烫的心，跨越万里风尘……

几十年过去了，苍茫大地，乱坟凄凄，荒烟袅袅……

几个幸存者，吁吁残喘，抚遍体伤痕，满面泪迹。

   1、熊明鑫

   2、张志荣

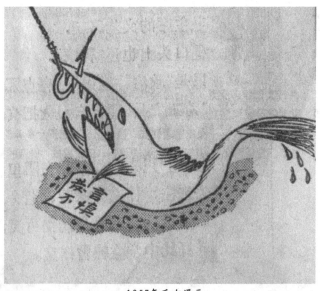

1957年反右漫画

搞什么航天飞行？喂猪去！

—— 熊明鑫

——1958年民航西南通讯台台长
1923年生

你来挖这段往事，哪个说哟，我父母都是
死在我手上，我真的是不想提呀。

抗战时我在齐鲁大学医学院学习，后来又考入无线电通讯专科学校，毕业后进入中国航空公司，在飞机上搞通讯导航，不久，我就成为该公司的技术骨干。

中国航空公司在1949年时，已经是世界第三大航空公司，排在美国PIA航空公司、英国BOC航空公司之后。大陆解放时，中航一片混乱，1949年底飞到香港机场的飞机就有上百架，大量的中航职工聚集在香港。当时主要有三条路摆在我们面前：到台湾、留香港、回大陆。此外还可以到世界各地，那时飞行人才在全世界都是抢手货，我们中部分人就被一些国家用高薪挖走，例如，英国挖了一些人到澳大利亚和新西兰。在中航近3000人中，约有500人选择了回大陆，我是其中之一。

我为啥回来？当然有原因。

我经常跑国际航线，到过近20个国家，亲眼看到中国人在异国他乡的生活情况。我认为祖国强大，海外华侨才有地位，在外面流浪总不及呆在自己的祖国，我的技术肯定能为祖国服务。还有，我虽是搞技术的，但也有点历史知识，我那点浅薄的知识告诉我，开国皇帝总是比较好的、奋发向上的。共产党能够打败强大的国民党，一定有它、先进的道理。还有，1945年我在重庆机场见过毛泽东，听过他的讲话。毛泽东非常亲切，宽厚，开明，而且很有才学。他提出要联合，要共商国事，要政治协商，我非常赞同。总之，那一次毛泽东给我留下的印象好极了。1949年10月，我在香港读到他在开国大典上的致词，读到"共同纲领"，我激动得很，觉得中国在他的领导下，一定能走上富强、民主、光明之路。我才26岁，人生路还长，不为一个光明的新中国效力，还到哪儿去效力？

1949年11月9日，12架飞机载着53名机组人员（包括中航的经理），突然从香港升空，穿云破雾直飞北京。这就是著名的、在世界上引起轰动的两航起义。这事不仅国民党没想到，美国没想到，就连共产党也没想到——天上突然掉下来12个馅饼！

中航的职工，除了那随机的53人外，陆陆续续返回大陆的有500多人，我是其中之一。

我留在了重庆，共产党刚刚执政，西南地区航空人才奇缺，我成了宝贝，不仅马上被录用，而且进入了专门接送邓小平、贺龙等大人物的专机组。

我们当时很受信任，也很受重用，只是共产党最初承诺的高薪和用美元支付没有兑现。

我每月只有100多元人民币，只当我1949年之前三个小时的飞行津贴。我们回来的人中，有100多人因此离开大陆，到了香港或世界各地。

我没有走。我回来不是为了钱，而是希望祖国强大，我自以为自己能干，能做出贡献。但是，我不久发现一些问题。

1952年，叫我们捐款支援抗美援朝，大家都有觉悟，都自愿捐款，我们不到100人就捐了48万，买了三架飞机，两门大炮。但共产党要我们捐款的方式不对。他们给我们算帐：你在中航干了多久，应当有多少钱，所以，你起码应当捐多少。而且还来硬的，比如说某人交了多少，你也得交多少，某人钱全部交了，你也得全部交，不交不行，搞得不像是捐款，而像是逼债。在那次捐款中，我们一起回来的有两个人，被逼得没有退路，上吊死了。我的家底比较厚实，我爱人叫杨世华，她哥哥杨少华是中南空军司令，蒋介石直升机的驾驶员。1949年前我家属于富有阶层，捐款前，家里还有不少黄金和美钞，到捐款结束时，除了还剩点首饰，基本上洗空了。

捐款给我心上投下一点阴影，但没有影响我工作。新中国的航空业刚刚起步，太需要人了。我训练飞行员，举办学习班，开辟新航线，一年到头在外奔波，忙得不亦乐乎。周恩来出访万隆的飞行我提供了气象数据，中缅国际航线的开通是我奠定的基石，我还为贵阳民航的建立作出了巨大的贡献。正因为如此，1956年我被评为民航全国优秀员工，刘少奇亲自给我授了勋。

1958年是我人生路上的"滑铁卢"。

前一年的整风、反右虽然搞得红红火火，但我一点没参加。为啥？一个字，忙！

1958年，重庆市领导认为，民航中有人来自旧社会的中航，这些人在外面日子过得十分滋润，薪金极高，为什么"人往低处走"，甘愿回大陆拿低薪？说不定有不可告人的目的，虽然一时没有线索，但不妨分配两个右派名额，敲山震虎，防患于未然。这样，市里专门拨下来两个右派名额。

那天，民航政委亲自上门来找我，请我对民航工作提点意见。我正忙，没空说话。政委见我实在抽不出身，就说，不要紧，等你空点了我派车子来接你。

几天之后，我到政委办公室，说了几句心里话，包括三方面：

一、 培养新生力量要注意知识面，不能只强调出身。

我提这个意见是基于惨痛的教训。例如，1951我在成都负责培训13名女飞行员（因为毛主席说我们也要有女飞行员），这些女学员按出身好 ——雇农（贫农都不行）；政治好 ——中共党员；身体好三条标准从部队里选拔。三条中唯独没有文化标准，我们训练时，费尽移山之力。由于学员文化太低，一个小时能完成的训练，花十多个小时都达不到要求。折腾下来活脱脱报废了两架宝贵飞机，那发动机和配件是美国货，当时根本配不到。这个想法（即选拔注重知识），我在1952年曾当面给朱总司令提过。

二、 希望今后考虑配备懂业务的副局长。

民航的飞行和管理工作，技术含量很高，我们的局长、政委等都是军队干部，他们打仗行，但搞航空外行，我不同意外行领导内行，我记得刘少奇就说过，我马列主义水平再高也开不动飞机。局长不懂业务，我们中层干部很难处，没有决定权，但要承担责任。向局长请示，他不懂，说我们认为行就干。干得好自然相安无事，一旦出了问题，领导（当时叫首长）可以推说他不懂业务，责任全在下面。我们中好些人因此被判刑，而且一判最低六年。所以，我提出在党领导全面的前提下，最好配一名业务副局长。

三、希望提高民航干部的待遇，因为当时实在太低。

我提这几条意见，政委连连点头，样样同意，很把我感动了一回。

哪晓得转眼就变脸！共产党我摸不透，红脸白脸眨眼变。后来在长寿湖，管教人员教育我们说："形势变了政策就要变。"换句话说，就是可以说话不算话。因此我们管共产党的政策叫"月亮政策"——天天不一样。

我这三条意见都有回答：一、污蔑工农学员，以技术权威要挟党组织。二、想篡党夺权，自己当业务副局长。三、梦想恢复旧社会资产阶级特权生活。

这几条罪状把我惊呆了！告诉你，从那以后到现在40多年，我再没提过任何意见。

公平地说，西航并不想一棍子把我打死，原因是我的技术。我担任民航西南通讯台台长，统领十余个科室，50多号人，负责整个西南地区的飞机导航与通讯。还有，这些年来，我是怎样在干，他们应当看得清楚。

发放名额的重庆市"首长"非要完成任务，他们一状告到省委书记李井泉门下，李井泉马上将民航局长和政委找去，说了一句话："两个右派都处理不下去，是不是要我报到中央去批？！"

抓我，采取了军事上的突然袭击。那是1958年4月的一个晚上，一辆军车突然开到白市驿机场，把我抓上车，押往位于大巴山深处的通江劳改农场。

我当然不愿把这事告诉父母，但是我有两个娃儿，儿子七岁，女儿五岁，我一走，他们怎么办？我不得不写信回武汉老家，请父母来重庆把孩子接走。

妻子？她在1957年因病去世了。说到她，我心里很难受，她1948年毕业于南京金陵医科大学。结婚后，我一直在外忙，很少回家，更说不上照顾她。她弥留之际我从成都匆匆赶到医院，她躺在病床上，双眼睁着，一动不动，也不说话，我俯下身去抱她，非常伤心，旁边的医生、护士在流眼泪。后来我才知道，抱她的时候，她已经断气了，但是她的眼睛没有闭，我在她的遗体前站了很长时间，一动不动望着她。至今我都觉得对不起她，怀念她。

再说那封信，正是那封信断送了父亲。

那几天父亲心情正好。老友董必武先生发来通知，接他进京做点事。他行李已经打点好，喜滋滋准备进京。他收到我的信，坐在藤椅上品读。信还没读完，他突然大叫一声："这个杂种不争气！"他头一歪，倒在藤椅上。家里人赶紧把他抬到医院，脑溢血，已经没救了。

在大巴山劳动四个多月后，重庆把我们接回来，准备转到长寿湖。这个时候，大跃进在全国展开，民航也要大跃进，要在15年内赶超英国。他们觉得我正是可用之材，不必发配我到长寿湖，只需要把我"阉割"一下 ——保留"拉磨"的力气，去掉"传宗"的功能，用他们的说法，叫"政治上打倒，技术上使用"。

我不干，我是头犟驴，宁愿受惩罚，也不愿被阉割。我跑出来，自己买船票去长寿湖。

我一直认为，中国人有力量搞航空，可以不依靠美英把新中国的航空业搞上去，我就是为此回国。后来我们中很多人离去，我也有去香港的机会，我不走，也是为了这番事业。但是我决不以一个"分子"的身份来干事业。

我到长寿湖后，劳改名单中没有我，农场不接收，不给我安排住处。我铁了心，找到一间教室（当时还在放暑假），将几张课桌拼拢作床，然后跑到农场的养猪场，挽起袖子就干活。白白送来一个劳动力，猪场居然不要。我不管，天天去宰猪草，也不多说话，操起菜刀，"通、通、通"一阵猛宰。时间一长，人混熟了，养猪场终于收留了我。

这年我35岁，开始长达20年的长寿湖生活。

我当右派后，只发9元生活费，后来按市政府规定发18元，1962年加到30元，一直到1979年平反后才恢复原工资。饥荒年我全靠卖首饰，一件接一件卖，卖了就赶紧买吃的，1952年没捐走的那些首饰救了我一命。

但是，我个子大，消耗多，还是饿得全身浮肿，1960年，管教干部孙X看我不行了，开恩特批我回武汉老家养病。

（在我采访的所有长寿湖右派中，熊明鑫是唯一一提到孙X好处的人。）

那个时候，武汉条件相对四川好一些，关键是我呆在母亲身边，她像护理婴儿一样护理我，把家里和能搞到的好东西全部给我吃，几个月时间，我又恢复了人样。

我该回长寿湖了。头一晚上，母亲流了一夜的泪，她怕我又要挨饿，在长寿湖活不出来。

第二天，母亲和姐姐送我到江边。

船拉了汽笛，要开了，她这才放我的手。

我转身匆匆朝轮船走去。

母亲一直呆呆望着我，就在我走上跳板，要登船那一霎那，她突然站立不稳，踉踉跄跄往前窜了几步，一头栽倒在地上。姐姐惊叫起来，我扭头一看，飞也似地奔回去。母亲睡在地上两眼翻白口角抽搐，已经不能言语。我与姐姐一起将母亲送到医院急救。她没有再醒来，第二天，她走了，她不会再挂念我了。

父母都是死在我手上啊，都死在我手上！

母亲去世后，我把我的两个孩子分送到姐姐和妹妹家，姐姐收养儿子，妹妹收养女儿。

事情还没完，文革还有一道鬼门关在等我。

1967年，一群造反的学生气势汹汹杀进岛来，把我们拖出来跪成一排。

他们在我胸前挂一块大牌子，强迫我双膝跪在煤渣上。这次，给我定了一个"美蒋特务"的罪名，命令我向毛主席认罪。我跪在煤渣上痛得冷汗直流，突然，一个红卫兵飞起一脚踢来，这一脚狠，力量特大。我惨叫一声，向前扑出三米多远，额头在地上碰得鲜血直流。这一脚踢在我腰上，肾脏受了严重损伤，我躺在床上几个月起不来，整整拉了两年的血尿。幸亏那人穿的是双回力鞋，要是大头皮鞋，我肯定当场就报销。

他们为什么下死命踢我，原因是他们抄家搜到我当年同美国飞行员一起照的像片，说我里通外国。

那次挨打后，我把过去的照片统统烧光，一张不留。

（注：毛泽东也同美国飞行员照过相，那是1945年9月16日。那时毛看上去无比亲切、宽厚、"民主"。）

造反派打人不说，还抄家。我在长寿湖的"家"被抄得只剩下一件劳保服，真正成了一无所有的"无产阶级"。我身体垮得很快，1971年初，终于倒床不起。我料想我不行了，快去见我父母了，别人也这样看。管教干部郑修成来到我床边，问我有什么话要说，也就相当于遗言吧。我告诉他，这辈子我上对得起天，下对得起子女，没有做一件亏心事……

然而，我大难不死，盼到了1979年的"后福"。

一天，狮子滩场部来了一辆豪华轿车，这车在当时当地极其少见，车

1945年9月16日，毛泽东同在华美军第14航空队士兵在重庆合影

上下来两个气宇不凡的人物。场部办公室人员一看介绍信，慌了神——来者竟是地师级官员——渔场场长也不过才县团级。办公室人员赶忙把场长叫来接待。"地师级"告诉场长，他们要见民航西南通讯台台长熊明鑫。

场长说，熊明鑫住得远，一两天出不来，有什么话对他讲。"地师级"表示，他们愿意等。

三天之后，我才从长寿湖最偏远的一个地方——飞龙岛划船出来。

"地师级"在场部招待所接见了我，我那时已被改造成一副"熊"样。我看见桌子上放着我一尺多高的档案，里面装有我多年的思想改造汇报，每年每月的劳动评审鉴定，认罪伏法表现，言论思想记录等等。

"地师级"态度非常诚恳，他对我说，当年把我错划成右派，组织上决定平反，接我回原单位工作。

我本来早已心如死灰，这几句话来得突然，一下子把我撩翻，我也不知为什么，由"熊"转"牛"，一跃而起，指着"地师级"的鼻子大骂："一句整错了就算了？！，老子是二十一年冤屈，九死一生哪！"

"地师级"非常有涵养，他不紧不慢地说："我们来之前首长就给我们交待了，说熊明鑫同志能力很强，水平很高，但性子急。你受了几十年的苦，心里有气，骂我们，打我们，往我们脸上吐痰都可以，只是请你出了这间屋就不要再乱说了。"

这一招，以柔克刚，我伸出去的那只手垂了下来。但是，这几十年我伤透了心，民航伤透了我的心，情感上我无法再回民航。这就像一个把灵魂和肉体全部奉献，但却被无情抛弃和折磨的女人，不愿意再回到那个男人的怀抱。所以，我申请调到了重庆气象局。那时气象局的三个局长都不懂业务，我还算懂气象业务的人，能够做点事。

我进气象局时国家正强调领导干部年轻化，1979年我已56岁了，因此，我自愿放弃官职，当一个一般技术人员。就这样，干了几年退休完事。

从1949年到1979年，经过30年的折腾，两航起义的500多人已被整肃得所剩无几。文革中，仅在北京一地，便有48名起义人员被当作美蒋特务整死。那位策划并指挥了著名的"北飞行动"，将12架飞机和53名航空人才交到共产党手中的潘自国，也被打断了背脊骨。若不是周恩来念他立下试航首飞拉萨之功，保他一命，这位著名的飞行员也活不下来。文革之后他去了美国。

我后来听北京的朋友讲，我当年训练的13名女飞行员之一诸XX，在林彪手下当了民航总局副局长，文革中她曾到处找我——我在训练时几次想淘汰她。北京的朋友说，幸亏我早早躲到了长寿湖，如果落在她手里，必死无疑。

说来不可思议，我两次差点死在长寿湖，但长寿湖终究救了我。

（采访时间：2001年5月20日，地点：重庆市气象台）

采访后记

熊先生身材魁梧，步履稳健，一眼望去，犹有当年蓝天上叱咤风云的气魄，甚至还有几分"大首长"的风度，虽年近八旬，但耳聪目明，思维敏捷，由此可想，35岁"下岗"时，是何等精神。

长寿湖猪场的菜刀"通、通、通"，把熊先生十八般武艺宰得稀烂，拌合他回归大陆的热忱，效力祖国的愿望，一起煮熟，倾入猪槽。

2001年深秋的一天，我登上长寿湖同心岛，这儿是熊明鑫劳动改造过的地方。我沿着一条土路往半山坡走去，四周非常寂静，看不到一个人影，凉嗖嗖的秋风扑面而来。我走到一家农舍前一眼就看到一个大猪圈，几头肥猪在圈里拱动，吧吧嗒嗒地争吃槽食，空气中飘荡着粪水和谷草的气味。我站在猪圈旁，望着深秋有些萧瑟的山坡，感到一种远离社会、远离文明的荒寒。

吱呀的木栅圈门，潮湿的石头猪槽，一堆红苕藤，沾着泥粪……

熊先生留我吃饭，席间，他叹了口气："我今天说了好多话，破例了。前不久有人来找我了解1945年重庆谈判的一段往事，我客客气气，但绝不多说，更不表态。电影《重庆谈判》和反映两航起义的电视剧《北飞行动》与我所了解的一些事实有很大出入，可我一言不发。不怕你笑，我被整怕了，看见一根草绳，便怕是毒蛇。我现在有心脏病，共产党再整我一次，完了。"

补记：

熊明鑫先生于2005年8月2日在重庆去世，终年82岁。

2004年5月16日，熊先生最后一次参加长寿湖右派难友聚会，在会上，他与分别了37年的长寿湖难友谭显殷重逢。一年后，这位厚道的老人永远走了。

熊明鑫与谭显殷分别37年后重逢于长寿湖难友聚会
（2004年5月谭松 摄）

"你知道中国知识分子曾有过多少冤假错案吗？"

2003年5月，中共中央组织部知识分子工作办公室编了个《知识分子工作手册》，由党建读物出版社出版。大概是由于知识分子工作自胡耀邦以来一直由组织部牵头抓，该办公室为了体现组织部门工作成绩，且该《手册》的发行十分有限度，或许也是一时差错，破天荒地在第50条"落实党的知识分子政策解决历史遗留问题"词目解释中，权威性地披露了自1978年至1987年"十三大"前，平反知识分子冤假错案达680多万件。

——顾则徐：中国知识分子，鱼肉耳！

《大参考》2004年10月24日

投奔"新中国",换来终身悔
—— 张志荣
——1957年重庆市一中高二学生

我做梦都没想到,从国外回来是这个结局,说个不好听的话,是非人的生活。人生不可能倒回去重新来过,我只有认命。

我出生在印尼,爷爷那一辈从广东漂洋过海去到印尼,我的三亲六戚都在印尼。七岁那年,父亲去世了,我是独子,与母亲相依为命。该上小学时,日本人占领了印尼,很多中国人都不去读书,我也不去,直到日本投降我才进小学。

读到小学四年级时大陆解放。学校华人学生分为两派,一派支持新中国,一派拥护国民党。我这个人从小就关心、热心社会活动。母亲常常教育我,虽然生长在国外,也要热爱祖国,要好好做人。我订了一份大陆出版的人民画报,那上面图文并茂,使我对祖国、对新中国十分神往。当然国民党也在宣传,说共产党怎么怎么不好。解放时,大陆出来了很多人,不少人也说共产党不好。我在心里想,共产党不好它怎么得了天下?国民党一定是失了民心才把一个大江山丢了。我当时只有十多岁,头脑很简单,但是同我有一样想法的人不少,所以,学生中支持新中国的占多数。

1955年我小学毕业,已经16岁了,我很想回国,因为这个时候我认定新中国好,共产党好。我有一个好朋友`1954年回到大陆,他走时我请他写信告诉我大陆的真实情况。为了防止在受监督的情况下说假话,我们约定,如果该信完全是在自由状态下写的,就在信底加一个符号作为暗号,如果没有那个暗号,就表明这信受到监视,言不由衷。我们为什么这样做,因为国民党大肆宣传共产党国家没有自由,苏联就这样干过。我朋友连来了三封信,都说新中国好,而且都有符号!所以,从第四封信起,我们又约定,既然是自由的,从此取消符号。

妈妈不放我走,我把同学的信拿给她看,她问是不是真的,我说是真的。妈妈还是不放心,她想跟我走,我不同意,我说我回去是读书,不能挣钱养你(妈妈没文化),等我毕业有了工作,再接你回国。

妈妈好容易点了头,三亲六戚又不干,说我是独子,不能撇下妈妈孤零零的。

但我去意已决。

那一批我们学校共有30多人回国,其中我们班有七男七女,我是30多人的团长。我们上的那条船有100多归国印尼华侨,除学生外还有工人农民。同时出港的还有一条开往台湾的船,上面投奔台湾的印尼华侨只有一个人。当时,我们根本不相信台湾会搞得好,那地方小,又是个被打败的政权。大陆大,刚建立起一个崭新的朝气蓬勃的政权。另外,自己的祖宗根脉在大陆,印尼那边的人对祖宗很重视。我们这条船100多人,欢声笑语,生气勃勃,充满了希望。去台湾那条船,冷冷清清,很凄凉。虽然我们回大陆全是自费，而去台湾的全部免费，但回大陆的人多得多。

回国后在广州集中，两个多月下来，我对广州印象不好，不说别的，光那衣服就单调死板——清一色的蓝布。

我那时还没有见到其他城市。

我提了几个我所知道的城市，北京、天津、南京，希望到那儿去读书。上面说不行，那几个地方名额满了，问我去不去长沙，我不知道长沙在哪儿，忙去找地图。翻开地图，长沙没看见，先看见了重庆，咦，重庆！重庆我知道，抗战陪都，大名鼎鼎，居然一时没想起。正在这时，重庆市教育局来我们广州华侨补习校作报告，听了报告，我觉得重庆简直是人间天堂，北温泉、南温泉、南山、缙云山、两江环抱，物产丰富……又位于天府之国。对了，天府之国我在国外也听说过，的确是个好地方。报告一作完，当场就有300多人报名，我们学校有4个，我是其中之一。

我们300多人编为12个大队，我担任一个大队的大队长，浩浩荡荡开赴重庆。

到重庆后，我们中的100多人分到市一中读书，我因年龄大直接读初三。由于我思想积极，工作热情高，学校任命我当了校侨生工作组的主任，上面对我很重用。

我离开印尼前，也同妈约定，写信使用秘密符号。回国后，我觉得很自由，没人监视。我给妈妈的第一封信就说，取消那个符号，用不着。

一中对我们华侨学生比较照顾，吃饭是单独的伙食，有座位，而国内的同学都是站着吃。这种等级让人并不舒服，我给校方提出，大家都是同学，用不着搞特殊。校方认为意见很好，于是，我们也同国内的同学一块站着吃饭。

学校认为我表现好，思想进步，让我参加很多活动，我是重庆市学生会成员，又是市统战部联谊会的成员。但是，会太多，影响了学习，有时我正在上课，学校派人来一敲门就把我叫走。到高二时，我明显感到吃力，学习上拖不走，压力很大。就在这时，发生了一件影响我终身的"小事"。

1957年反右与我们华侨学生无关，可是，一中被安排为一个反右的场地，1957年暑假，全市教师集中在一中整风学习。国内学生放暑假都走了，我们华侨学生没家，只能住学校。上面认为不能让我们了解反右的活动，不能看他们的大字报，于是把我们100多人全部安排到北碚西师去住，我们服从了，没有多说。问题出在寒假，市教育局又把一中作为反右学习和批判的场地，要我们全体搬到市二中（在化龙桥）。当时，国内的同学很听话，领导说一不二，我们华侨学生要独立得多，有些同学不愿服从，认为自己的家就在一中，这是自己的居住权，不能被赶来赶去，其中五个同学更是坚决不走。到了最后时刻——第二天教师就要进校，学校紧急派我去作工作，我当时在华侨学生中威望很高。我劝他们说，整风的事，不能外传，大字报不能让我们看，这是上级的安排，不该我们知道的事就不要知道。那五个同学还是不买帐，他们说，保证不出去看大字报，保证安安静静呆在宿舍。我费尽了口舌，终于在晚上11点说通了他们，搬到了化龙桥。

寒假之后，校方决定给那五个同学记过。我一听，火了，找到专管我们的主任说，我们千辛万苦从国外回来，没有家，学校就是家，他们不愿意走，可以理解，而且，最后人家还是搬走了，没有影响整风，为什么要记过？另外，我还发了点牢骚，说一中有100多侨生，还有少数民族学生，为什么要一次接一次把一中作为反右场地。同时我对主任说"李主任，你管我们三年了，对我们关心太少，从没来过我们宿舍一次，我是你直接领导的下属，你就不知道我住在哪儿"。

一天，学校对我说："你学习压力大，本人又希望多体验生活，现在就派你去体验生活。"

我从小爱好航海事业，我表示希望去青岛，那儿有大海。

校方领导微微一笑，让我收拾行李到市中区凯旋路中学集中。

在凯旋路中学，几十个人集中在一起，我都不认识，大家都不知道去哪儿。

第二天一早，上船下船，坐车，又上船，又下船，最后才知道到了一个叫长寿湖飞龙岛的地方。

我们十多个人被安排到猪圈旁的一个烂棚棚里，十几个人睡通铺，彼此一打听，他是反革命，他是坏分子，他是地主……总之，没一个"好人"。他们问我是什么分子，我说是中学生，不是分子。我当时不知道，学校已经给我定了一个"分子"——"内管分子"。

你不信？真的有这种分子，长寿湖另一个下放的华侨学生，三中的许祥娥，也是"内管分子"。

接下来干体力劳动，挑泥巴，抬石头，当然也参加学习会，批斗会，同那些分子们一样。我最令他们羡慕的是我妈在灾荒年给我寄包裹，里面有肉，肥得很，把那些右派、反革命惹得清口水长流。

我在长寿湖一直干到1962年春节。我没家，无亲可探，春节只能回一中。在一中，有人对我说："你怎么不回来？你可以回来呀，去找领导。"

我一想，是呀，这个生活体验四年了。但是学校不表态，我找到统战部，统战部一个处长说，你要回来就回来。于是我又回到一中，接着读高三。

哎，那个日子并不好过，断了四年多的学习，跟不走。还有，我个头高，年龄大，学生不像学生，教师不像教师，到食堂吃饭不好意思，勉强读完高三，我知道自己不行了。这个时候，我心灰意冷，对重庆感到厌倦，想离开。几年前到一中的100多个华侨学生，此时连我在内只剩下七个。去三中的100多人也几乎全走光，绝大部分通过各种渠道去了香港，小部分去了广州，我们剩下的几个人也想去香港。

市统战部给我们几个人做工作，希望我们留在重庆。说是"希望"不准确，实际上告诉我们，要走不行，只有两条路：一是再读一年，二是自找工作。统战部认为华侨学生走光了影响不好，总得有几个代表。

我不想再读书了，决定找工作。

沙坪坝新华书店里有一张图片，上面是一个工人，穿着工装，戴着帽子，在一台机床前干活，那样子很神气。我一下被吸引，觉得到工厂当工人挺不错。

统战部马上同意，安排我到大坪的一家工厂。我没家，希望厂里单独给我个房间。厂里说，两个人住，另一个人只住白天。我觉得也可以。到工厂一看，那一个人是厂党支部书记，我连忙说："算了算了，我不同书记住。"

那个时候，我对那些当官的已经有认识。

统战部又给我们联系了位于江北茅溪的红旗化工机械厂。

我们四个华侨学生一块去看。

先坐船，再爬坡，越走越偏僻，另外三个还没等走拢厂，就打退堂鼓。最后只有我一人留下来。我想，偏远一点好，我对这个社会已经感到反感。

1965年4月，我接到妈妈的信，她病重，要我一定回去看她。我赶紧打报告给公安局，说明我是独子，妈妈只有我一个亲人。一个多月里，我三天两头跑去催问，他们每次都说："交上去了，还没答复。"这时，第二封信来了，不是我妈妈的信，是亲戚写来的，告诉我妈妈已经去世，盼我马上回去料理后事，继承遗产。我又急又气又悲伤，赶紧再写了一份报告，连同信一起交给单位保卫科，再从保卫科转到公安局。这一去又是石沉大海！印尼那边见我迟迟不动身，以为是没钱，赶紧给我寄来2500元路费。我第三次打报告，再交公安局，公安局一如既往地一声不吭，既不说行，也不说不行，当没这回事。我去求厂长，想请他帮忙。厂长给我一顿臭骂："我吃饱了饭，管你的闲事。"我又急又气，同厂长吵了一场。

半年过去了，1965年10月，报纸报道印尼排华。这时，公安局终于给我答复，大意是：鉴于印度尼西亚局势不稳，为了保障印尼华侨张志荣的人身安全，出国申请不予批准。

我妈去世都五个月了，我死心了。

几个月后，文革开始，社会大乱（不知这叫不叫"局势不稳"）。我回国已经11年，经历了风风雨雨，早已不是当年的那个关心、热心社会活动的进步青年。我不想关心国家大事，只想过点安宁的日子。嘿，正像他们说的，"阶级斗争是不以人的意志为转移"。一天，一排大字报直冲我而来，上面大书："质问张志荣的险恶用心"、"张志荣为什么要积极出国？"、"宣扬资产阶级"等等，连国外寄钱来都成了搞资产阶级特权的罪证。我一张接一张看下去，越看越严重，惊出一身冷汗。

为什么要整我？因为我同厂长吵过一架。不过，这次我没伤筋动骨，因为没过多久，厂长自己就被揪出来挨斗了。

真正把我整得惨还是同长寿湖有关。

我在长寿湖认识了一个教师右派汤儒君，彼此关系不错。汤儒君后来被市教育局开除公职，放回农村劳动。在一次挖土时，汤挖到一根人骨头，他抓起骨头，顺手放在旁边的石头上，说："大家看，一根人骨头。"他没注意到那石头上刻有毛主席语录。汤马上被抓起来，五花大绑，判为现行反革命。

抄他家时，发现我写给他的一封信，其中有一句：今天中午，我们吃了黄瓜炒花生米。他们认为，"黄瓜炒花生米"是一句暗号，非要汤君儒交待。汤交待不出，就把他装在麻袋里，吊起来往死里打，汤受刑不过，乱说一通，说那是要出国的暗号。

公安局这次行动迅速，马上来了三个人，把我抓起来隔离审查。他们认为我申请过出国，国外寄来了路费，我同右派分子有联系，肯定是要投敌叛国。罪证？罪证就从那些大字报中去抄。斗我一通之后，把我押送到华新街看守所关起来。这一关，关了我359天才宣判。同狱室的人说，我可能要判10-13年，结果判了我5年。罪名改了，定为"现行反革命"。具体有四大罪状：1、丑化社会主义制度；2、宣扬资产阶级思想；3、梦想资本主义复辟；4、大肆鼓吹封资修。

宣判后，游街示众。我站在卡车上，挂着牌子，五花大绑。车子沿市区街道缓缓而行，一路高音喇叭呼喊口号，街两边挤满了观看的人群。我觉得自己是个丑陋的猴子，我是怎么落到这个地步的？我神志有些恍惚，不知不觉忘了身处的环境，我想到在印尼渡过的童年、少年，想到我妈妈，想到当年一心要回国，想到自己太好笑……

我沉浸在自我回想中，没注意表情，也许我无意中露出了一丝笑，路边一个老太婆突然大声叫："解放军！解放军！中间那个反革命还在笑！"身旁的解放军马上压我的头，勒紧绑绳。紧得惨呐！胳臂被捆得钻心的痛，只十来分钟，我就头昏，想吐。我在心底一声声地叫：快点！快点！快点！我要昏倒遭不住了！要昏倒了！

回到华新街看守所，所长都吃了一惊——我的两个胳膊变得乌黑！所长问我是不是路上不老实。我说不出话，坐在地上半天起不来。

当晚在牢房，我心如死灰，那种悲哀和绝望无法言说。

5年的徒刑，我没在监狱里服，押回工厂监督劳改。我回厂时，头发长，胡子长，人不像人，鬼不像鬼。我当时很想照张像，作个永远的纪念，但没能如愿。

厂里是造反派当权，问我服不服，我说服，服，彻底服！他们说服就好，好好改造，争取摘帽。

那个劳改可怕，我个子瘦小，竟要我抬360公斤重的东西！

几年后，我利用一次进城挑电影片的机会，去找市委统战部，那位处长还在，这时他才知道我的情况。统战部帮了忙，1972年3月给我平了反。平反时我心已经横了，我在这个国家孤身一人，没什么值得我牵挂的！我不要求补发工资，不要求什么政治名分，我只要求办我案的那几个公安人员进看守所关一年。当然，这不可能，大量的冤假错案，整了就整了，能平反就不错了。

平反后我坚决要求离开重庆，我想到广州，然后找机会逃出去，就是逃不出去也呆在其他地方。

上面坚决不准我调，那些年月回国容易出去难呀。我就是这个时候开始喝酒，而且一发不可收拾，成了酒罐。

1974年，我同事的一个外婆对我说："张志荣，我还没吃过你的喜糖。"我回答："女朋友都没得，吃啥子喜糖。"她说："没有哇？我给你介绍一个。"她当真给我介绍了一个。几个月后，我成了家，妻子对我很好，我这才过上了点安稳的生活。

前些年，统战部召集我们"倒苦水"，但是，规定要在说共产党好的前提下诉说点冤屈。我还能说什么？你来采访，不要以我的专题形式出现。那几十年，你没有亲身经历过，我心有余悸。今后会怎样，会不会又整人，我不知道。我不顾一切地回来，想为新中国做点事，一辈子快过完了，回想起来，说个不好听的话，是非人的生活，想起来就寒心。我本人只有认命了，但我有一个独子，我要为他着想。

（采访时间：2001年10月9日，地点：重庆市江北区）

采访后记

很费了一番周折，才找到这位长寿湖的华侨"分子"并说服他接受采访。

"分子"中他算年轻的，但看上去衰弱而又苍老。

他在说"不要以我的专题形式出现，我有一个独子，我要为他着想"时，表情十分严肃。

我很同情这位不幸的老人，尤其感激他在担忧和恐惧中仍然从头到尾地向我这个陌生人讲了他的经历。我不想给他添麻烦，但是，考虑再三之后，我还是决定违背老人的意愿，把他的讲述作为"专题"。

多年前看过一部美国电影（片名忘了），其中一景印象极深：女主人翁雷娜从监狱中出来，深夜将几个孩子叫到身边说：妈妈甘愿被开除、离婚、坐牢，是为你们今后着想，想为你们挣得一个良好的生存环境。

"挣得良好的（适合人的）生存环境"，是要付出代价的，我们不付出，就要让我们的"独子"们，"独子"的"独子"们去付出。

自由，从来不是免费的午餐。

长寿湖团山堡劳改旧地（谭松摄）

其他个别归国者简况

1、**许祥娥**—— 女，泰国归国华侨学生，在重庆市三中（南开中学）读书时被定为"内管分子"。下放长寿湖几年之后，许祥娥神智有些错乱，说了一些"反动"的话，大约在1963年被抓去劳改，至今生死不明。

黎民苏："我最后一次见到许祥娥是在狮子滩，冬天里，她赤着一双脚，蜷缩在一个大灶炉前。"

张志荣："我为许祥娥的事找过市委统战部，希望组织出面寻找她，是死是生有个结果。但是，没人理。"

2、**赖冠生**—— 美国华侨，生长于美国，抗战时来到中国，是"北飞行动"十二架飞机上的机组人员之一。1952年被关押审查四年，1958年下放长寿湖。妻子（印尼华侨）与之离婚。他1962年调回城，在水运公司看守仓库。1979年因英语教师奇缺而进入渝洲大学教授英语，评为副教授，1998年去世。

他临终遗言是："1949年之后，我就成了一个尿壶，谁都可以把我提去用，但又嫌我臭不可闻。"

3、**袁达成**—— 中国航空公司飞机报务员，著名的"两航起义"人员之一。袁出生在香港，投奔大陆之前，结婚不久，有一幼女，妻子宋菊珍是一个非常漂亮的空中小姐。她劝袁等一段时间，看看大陆的情况再说，袁不同意，执意要同其他起义人员一块走。飞赴北京前，夫妻俩在香港机场外分别，依依难舍，泪流满面。

袁飞到北京后，受到周恩来的接见，然后被分配到重庆白市驿机场。不久，袁将妻子和幼女接到重庆。

1957年，袁说了一句："你们办事太拖沓，如果是在香港，这样办事要被炒鱿鱼（辞退）。"袁因"赞扬资本主义"被划为右派，先下放四川通江劳改农场，后转到长寿湖。

宋菊珍独自在家，因容貌出众常遭遇一些麻烦(包括一些权贵的骚扰)。文革时，街道上的人把她抓出来批斗，说她"男女关系作风不正"。一次，在斗她时，批斗者强迫她女儿（中学生）上台批斗、打她，要她同"道德败坏"的母亲划清界线。

当天回家后，宋菊珍从抽屉里拿出当时十分珍贵的肉票，叫女儿上街割肉回来吃。女儿十分奇怪，妈妈此时还有心情吃肉？

女儿买肉回来，推门不开，大声呼喊，没有反应。邻舍来帮忙砸开门，宋菊珍已悬梁自尽。

袁达成在长寿湖得知噩耗后，精神更加压抑。一天早上，他倒在飞龙岛的一条大船上，人们叫他，他不言不语 ——人变呆了！

管教干部见袁已经神智不清，便停止了对他的"改造"，将他送回了重庆。几年之后，袁与世长辞。

4、**董时光**—— 著名学者，1950年从美国归来，任教于西南师范学院。1957年划为极右，抓入四川西部峨边劳改营，于1963年死于劳改营。

六、工会(厂)干部

重庆市工会和工厂里的中箭落马者：

1、郑汉生
2、马季常
3、王廷芳
4、李宁熙
5、顾大鸣
6、范广受
7、方 奇
8、罗克灿

人民公社大炼钢铁！（陈华摄）

1957年，我憋了一肚子不满
—— 郑汉生
——1957年重庆市总工会秘书

我这个人肯定是要当右派的，跑不脱的。我个子不大，嘴巴敢说，从小叽叽呱呱，1957年也叽叽呱呱，痛快了一回，付出了一生。

解放军打下成都时我18岁，高中毕业不久，正好遇上彭德怀派来支援贺龙和李井泉的一支部队，我参了军，当了一个连队的文化教员。

在部队干了两年半，剿光了金堂地区的土匪。1952年部队上朝鲜前线，把我刷下来，嫌我个子小身体单薄。我转业到重庆市总工会，当了一名秘书。

我是很活跃的人物，个子虽小精力旺盛，尤其是嘴巴没遮没拦，叽叽呱呱啥都敢说。到了1957年，早就憋了一肚子不满：对市委的封建衙门作风；对总工会的思想工作方法；对肃反的扩大偏差；对一些党员的专横骄傲；对用人任命的宗派主义；对党的思想改造政策等等等等我都有意见。党号召我们帮助它整风，提意见。我认为机会来了，噼噼啪啪把心里话都倒出来。我说市委机关像衙门，脸色难看、态度冷硬；说总工会本是群众团体，也变得官僚化、衙门化；还指责一些党员干部要特权，说大话。我不光说，还动笔写。我公开说过："我要看一些共产党员的丑事和新闻"。我用"耻闻"的笔名写出一串大字报。还写了一些顺口溜，例如："X书记放大炮，X部长莫家教，XXX伸手要，XXX多骄傲"等等等等。

嗨，那几个月，我潇潇洒洒痛痛快快走了一回。嗨，我太年轻，完全不懂事，该遭！

把我揪出来斗的那个场面吓死人。台下群情激愤喊打喊杀，批得我昏头转向，骇得我屁滚尿流！批我斗我的都是朝夕相处的同事，其中还有我的好朋友。我噗地一声软了，我觉得自己做过头了，把共产党骂狠了点。后来，中央划右派的六条标准出台，我一看，妈呀！我几乎条条适合！

给我定罪，果然每条都挂上号。只有一条有些冤枉：破坏党的国际主义政策。当时总工会住得有日本工运的实习小组，打开水时我错拿了他们的热水瓶，争吵了几句。

不过，总的来说我该遭整，判我监督劳动不冤枉，尤其是同那些啥也没说就划右的人相比。

我被隔离审查，父亲来看我，旁边守一个人。父亲对领导说："儿子不忠，我带回去管教。"

这是"新社会"，根本不可能。

1958年3月，我被押送到长寿湖。

到长寿湖后我还很天真，心想，我言语虽说激烈了点，但毕竟是响应党的号召呀，最多发配我两、三年，两、三年后我才30岁，回城结婚不算迟。

当右派后只发15元生活费，这一招立马让我全家陷入困境。

1950年郑汉生在一野部队

我虽然没有成家，但我是家中老大，下面有六个弟妹，每月都要寄钱帮补家用。工资一断，两个弟弟马上面临失学，真的立竿见影。1979年"改正"后，我工资恢复到1957年的57元。我算了笔帐：1958年到1961年，每月15元，1961年摘帽后加到每月30多元，农场觉得多了，又扣了一点。1971年说我表现好，加到41元，1977年再加到47元，两年后"改正"，恢复到57元。算下来共产党共扣我工资6705元。哎，你说，把人冤枉整20年不说了，扣的钱总该补吧。不！分文不补！知道不，当年好些饿死的人，每月只要多三块、五块就可以活一命。整右派从经济上下手，导致了好多家庭家破人亡！"改正"后，抛出一句话"国家困难"，把20年剥夺的钱一笔勾销，天下哪有这种道理？！我1984年给市总工会申诉，要求党和国家补发扣去的工资，这是对一个无辜受害20多年公民最起码的责任。我在申诉信上说，这笔钱不补发，不对我们进行赔偿，我死都不会瞑目。

（刘宾雁在丁抒著《阳谋》一书的序言中写道：

那些右派，除极少数人外，二十二年来不是被剥夺了全部工资，也是降了几级，绝大多数人是家徒四壁，一贫如洗。胡耀邦曾提出要给他们补发工资，主管财政的李先念一口回绝："要钱没有，要命有一条！"由于许多右派与海外华侨有亲属关系，大约在1982年，宋庆龄代表海外华侨向中共领导人提出："你们若真的没有钱，我可以建议华侨在海外募捐，用以补发右派的工资如何？我本人也可从我的财产中拿出钱来，如何？"这时，中共中央才不得不再次考虑这个问题，连续提出过几个方案，结果都因遭到抵制而搁置。）

在反右前夕，我去照了张像，当时我25岁，正是青春大好年华，从照片上可以看出，那时我十分单纯、天真。实际上也如此。我认为不对的，一定要提出来，不会见风使舵。例如我批评肃反扩大化了，例如我认为"大毒草"《草木篇》中"纵然死了腰也不肯弯一弯"说得有道理，等等。

仅仅几年后，1959年，劳改一年多的我看上去就面目全非了。那年冬天，农场临时派我到外地劳动，回场时路过重庆，我想去看望父亲，他们准了我两个小时的假，我匆匆把父亲和读

郑汉生当右派前夕

1959年"劳改犯"郑汉生与父亲和妹妹合影

中学的大妹妹约出来，由于不知什么时候才能再见面，我们就去照了张像。照片上的我，完全没有了反右前的神光和风采，活脱脱的一个"劳改犯"形象。照片上父亲和妹妹也是一脸愁苦，可以想象我们当时的心情。

（郑汉生由于个子小，粮食就消耗得少，又由于体力弱，免除了一些重体力活。这样，他无惊无险地渡过了那三年大饥荒。）

郑汉生：正是由于个子小，救了我一命。我们单位一块下去的右派张樾人高马大，食量大，遭不住，1960年饿死了。那几年，我亲手埋了好几个饿死的右派，其中就有大汉张樾。

（个子矮小自然有助于渡过大饥荒，但却不利于"男大当婚"。1970年，郑汉生不仅仅是"大"了，而且是成熟得有一点"老"了。眼看进入"不惑之年"，他还形单影只。

一个离了婚的女人同他相遇了，此人也是长寿湖右派，叫李武珍。她上有患癌症的老母，下拖两个饥寒交迫的女儿，正处在十分困难的时候。

两个处境艰难的右派走到了一起。

第二年，年满40的郑汉生有了一个女儿，葱葱。）

郑汉生：我很珍惜这个家，来之不易呀，就是挨批挨斗，也觉得有勇气多了。

记得女儿刚出生李武珍还在坐月子时，遇上红卫兵进岛斗右派，李武珍骇得不轻，我抓起她的手说："不要怕，我们一起去。"

我们一起生活了四年多。1974年，李武珍调回了城，而我呢，何时回城遥遥无期。另一个也调回城的长寿湖右派同李武珍好上了。

我只有离婚，离婚时女儿才四岁，判给我，她是我在长寿湖唯一的寄托和安慰。

她生在长寿湖长在长寿湖，小时侯她跟我的右派难友卢光特上山看果树。卢光特是川东地下党游击队的政委，后任歌乐山烈士陵园副馆长。我女儿在右派群中长大，可以算作长寿湖的"小萝卜头"。（注：小说《红岩》中，白公馆监狱里的人物。）

女儿从小就很懂事，她看见别人有妈妈，自己没有，虽然很伤心，但很懂事，她对我说："你就是我的爸爸妈妈，你就是我的妈妈爸爸。"

我1979年"改正"，同女儿一起回到重庆。1987年我又找了一个老婆，对方有四个儿女，是农转非的工人。她对我生活上照顾还不错，但没有文化，我买书她不高兴。发生一点口角，她要跑到门外去大叫大闹，搅得左邻右舍不安。但最主要的是，她容不得我女儿葱葱，没法子，几年后我们离了婚。打那以后，我死了心，有个女儿，够了！我同她相依为命过日子。

这辈子，其他我都不计较了，只是女儿年已三十，仍然没有正式工作，我只希望这个在长寿湖苦难中诞生和长大的女儿，现在能有一份稳定的工作。

（采访时间：2001年7月7日，地点：重庆出版社）

郑汉生与他女儿葱葱

采访后记

1957年，年轻的郑汉生敢说敢写，剑锋直指专制丑恶。他为此付出了惨重代价。

晚年的郑汉生老人依然敢说敢骂，多次在公开场所痛斥独裁暴政，毫无顾忌。

专制政权多年来要根植于国人心中的那种恐惧，在郑汉生老人身上失效了。

我在这种经历了九死一生而依然慷慨悲歌的老人面前脱帽致敬。

不过，最让我感动的是郑汉生老人对长寿湖难友的那种深切关爱和悲悯。他细细地保存着长寿湖难友们的名单，每次聚会他都热心张罗，每一个难友的去世他都万分悲伤并一定要前往哀悼。我曾同他一起参加了长寿湖右派陈大中的葬礼、参加了为白永康补办的追悼会……他在难友遗像前的深深鞠躬与斑斑泪痕给我很深的印象。

听其他右派说，当年郑汉生在掩埋难友张樾的遗体时，曾哭得肝肠寸断！

2009年春，当我决定为幸存的长寿湖右派录像时，我第一个选择的就是郑汉生。4月30日黄昏，我们俩在长寿湖边，老人时而慷慨激昂，一泄千里；时而沉默凝望，一言不发。他那久久凝视暮色中湖水岛影的神情让人黯然神伤。

张樾等埋葬在长寿湖的难友的尸骨早已荡然无存，郑汉生老人自身也已走到了黄昏暮色，我唯有用镜头留下这即将被岁月淹没的音容。

（谭松补记于2009年10月）

郑汉生右边的这三人是他高中的同班同学冯孝寅、罗耀禄、赵光东。1957年他们都被打成右派。50年后，他们在成都相遇合影。同班的还有柴与言、郑竹生也是右派。

"工团主义反党分子" —— 马季常

—— 1957年重庆市总工会宣传部副部长，
产业工会主席。

1957年重庆市市级机关打了三大块右派群，一是宣传部系统，以市委宣传部长张文澄为首，二是市政府系统，以市府秘书长陈筹为首，第三是工会系统，以市总工会主席张显仪为首。

为什么对工会系统大开杀戒，主要是为了反工团主义。

工团主义，指的是工会闹独立，不要党的领导。

其实，所谓"工团主义"是无中生有，工会从主席到下面的部门负责人，几乎全是中共党员，市委还派了两名党员干部来做副主席和组织部长。当时，全工会上上下下根本没人闹独立，连想法都没有。党还是不放心，一点小事忘了汇报，说成是闹独立；把工作中的一点不同意见说成是拒绝党的领导。刚才我提到市委派两名干部来当工会领导。这两名干部，其中尤其是一个姓邢的，素质很差。工会的人提个意见，说这两个人不合适，就成了反党。

给我戴的帽子叫"工团主义反党分子"。起因是我提出，调整工资最好搞个民意测验，哪些人该调，哪些人不该调，征求一下群众意见。

就凭这，说我反党，因为资产阶级才搞民意测验。

斗我斗得凶狠哇！还说我是混进党内，我又气又委屈。解放前我在上海加入地下党要冒生命危险，怎么混？不讲道理！

一天，在工会大楼顶楼斗我，斗得我气血直往上涌，我头脑一热，准备从顶楼跳下去一死了之。咳，正在这时，偏偏我老婆推门进来！你说巧不巧，一看到她，我冷静下来，想到家，想到两个孩子。

老婆也在总工会工作，1960年她被打成反革命，下放南桐农村，我的两个娃儿很可怜，初中都没毕业。

下放长寿湖实际上是劳改，管我们的管教干部如虎如狼。他们本身也有点问题，为了表示对敌斗争坚决，证明自己革命，又凶又恶又野蛮，把右派们往死里逼。饥荒年本来就吃不饱，还逼着右派拚命干活。我一个月吃十五斤粮，下身枯瘦，上面脸浮肿，不成人样。好多右派就死在这个时期，如我们总工会的张橄。我在一次三天三夜不下火线的劳动中昏死在地，是一个姓兰的医生用一碗羊奶把我救过来。上面看我确实不行了，才调到捕鱼队，其他右派十分羡慕，说："好了，好了，这下你得救了。"这也算我第二次死里逃生吧。

我1962年调回重庆，在江北茅溪一家化工机械厂干活，那又是一段辛酸史，不过，与长寿湖无关了。

（采访时间：2001年9月24日，地点：重庆市燃气公司）

宁可错抓十万，不可放过一个——王廷芳

——1957年重庆市总工会机械工会组织部长
1929年生

解放后，我们描述蒋介石残暴，多年来说他是"宁可错杀一千，决不放过一个。"我们描述共产党公正，多年来说他是"决不放走一个坏人，也决不冤枉一个好人。"

呸！右派的事怎么说？！

官方公布1957年打了55万多右派分子，实际上远远超过这个数，是90多万！但二十年后认定，确实有反党言论的，注意，仅仅是言论，只有80来人！就算言者有罪，为了这80来人，发动惊天动地的大运动，抓、整、关、打90多万人，算不算"宁可错抓十万，不可放走一个"，嗯？！（注）

注：丁抒在《阳谋》一书写道："关于右派人数，世人及本书首版均引用中共官方数字'五十五万多'，但本书作者近从中国大陆各县、市的出版物中收集的数字推算，不算'中右'，仅'右派'数字便在八十万以上，很可能接近百万。一百万比'五十五万多'更接近于真实数字。（第十三章：超"指标"贱民百万）

《炎黄春秋》杂志刊载：据中央公布的资料，1957——1958年共划右派552973人，1978年以后"改正"552877人。不予改正的共96人，扩大了5759·1254倍，错划比率占99·99%。所谓"必要性"只占万分之1·736。又据解密后的中央档案，全国划右派总共是3178470人，还有1437562人被划为"中右"（中右者也受到不同程度的处罚）。实际上戴帽子的"右派分子"不是55万，而是55万的6倍！

——《炎黄春秋》杂志2009年第2 期第10页

共产党、邓小平认定反右没有错，只是扩大化。几十个人扩大到几十万人，还正确？真是厚颜无耻！太无耻！

共产党当政几十年，杀死、整死、饿死、打死的人超过了二战死亡的人数。我一个小人物，挨整几十年算什么，傅雷、老舍、储安平……中国的优秀知识分子都迫害死了！毛泽东这个人，无比残暴，甚至超过了斯大林。

我是怎样走上"革命道路"的？这就要说到1949年前在上海的"启蒙教育"。

我是上海人，父亲是工人，他去世很早。我妈生了13个娃儿，带活8个。我是家里的长子，父亲死后，担子就落在了我身上，我14岁就出去打工挣钱，拉过三轮车，修过自行车等等。后来进了上海振旦机械厂。正是在这个厂里，我接受了共产党的教育。我有个师弟，他的哥哥是

地下党，从那儿我受到革命的"启蒙教育"：共产党代表劳苦大众，为工农谋幸福；共产党要让劳动人民翻身当主人，要创建一个共产主义的社会；那个社会没有剥削，人人丰衣足食，而且享有民主自由；共产党统治的解放区，是中国最好的地方，解放区的天是明亮的天，解放区的人民好喜欢，民主政府爱人民……

我被迷得如痴如醉，解放区太神圣！太美好！巴不得马上投奔。我那年才16岁，认定共产党是天下最好的东西。我卷起裤腿，跑得飞快，帮地下党传递情报，收藏违禁品，同时，上街游行，反对国民党……

上海解放前，我们厂搬到台湾和海外，我的不少师兄师弟都跟老板走了，我毫不犹豫留下来迎接共产党。上海一解放我就参军，加入了西南服务团，从常德一路步行到重庆。

我离开上海，全家反对，我是长子，家里的顶梁柱，母亲更是舍不得，抱住我痛哭。但是我要走——解放区的天是明朗朗的天！

在进军西南途中，我入了团，到重庆后，入了党，担任市总工会机械工会组织部长。不久结了婚，有了两个小孩。1957年之前，我算一帆风顺。其间，对"胡风分子"刘焰的疲劳轰炸，我也参加了，党叫干啥就干啥，没多想。

1957年反右，机械工会打了两个右派，一个是李宁熙，他在我组织的一次鸣放会上感叹地说，他很渴望读书，但出身不好，没机会，现在只保送工农子弟。我把发言记录交到总工会，总工会反右五人小组说，这是典型的右派言论——反对工农子弟上大学，对党不满。

李宁熙自然没读成大学，当了右派，至今还在长寿湖。

另一个叫谢卿梁，他解放前是上海交通大学学生，在校期间，他听过两次托派的讲课，解放后他对组织上交待过这事，组织上也没认为有什么不得了。1957年，突然来了几个人，宣布他是右派，而且是逮捕法办！我是组织部长，他的问题我很清楚，一个学生，听两次课，就成了托派！就被打成右派！谢同我一块在上海参加西南服务团，工作非常认真，不多言，一头"老黄牛"，1957年什么意见都没提，说抓就抓，太过分！

在抓他的会上，我不忍心看下去，扭头就走。嘿！这就成了我后来当右派的两条罪行之一：同情支持右派。

谢卿梁在监狱里整整关了25年，他比我惨得多，50多岁出狱后才结婚。

反右之后党内整风，有人提议给中央写封信，反映工会工作的一些问题。当时机械工会的两个主席都不在家，我主持了这件事。

为什么写信？

五十年代我们搞工会工作很苦闷。工会是个群众组织，没有任何实际权力，党团组织和行政领导把一切都管完了，工会只能搞点职工娱乐活动之类的事。解放前工会是工人的组织，代表工人的利益，同厂方、资方斗争。解放后说工人是国家的主人，工会的这个性质就不存在了。我们常常觉得无事可干，下基层厂矿不能给工人解决任何一点实际问题和实际困难，觉得工会这个组织可有可无。我年轻，想多干事，更主要的是我觉得我领了工资，是劳动人民养活我，我应当为他们效力，否则对不起他们，也对不起我的良心。写那信的目的是希望中央组织一次工会工作的研究，看如何把工会工作搞好。

煤矿工会的人也写了一封信，主要是向党中央反映，解放好些年了，煤矿工人仍然很苦，工资很低，住房很差，没人关心。

两封信被中央退回重庆市，市委书记任白戈看了信，用红笔勾了一个框，下了判决：这是两条黑线。

斗我的大会同抓谢卿梁一样，突然袭击！

那天开会，我一走进会场，迎面一条大标语：反党分子王廷芳要老实交待！

斗我的语言才叫蛮横："你以为你是谁，嗯？！你比毛主席还伟大？！毛主席没有想到的问题你想到了？！你混进党内，给右派提供炮弹向党进攻……"

我懵了，转不过弯，写信完全是一片善意，成了向党进攻？

连续斗了我四天，不准回家，房间里把绳子、钉子都收了。我说："不用收，我不会自杀。"几天后我回到家，抱住妻子大哭，真的是嚎啕大哭，我爹死了我都没这么伤心。我妻子也哭，我觉得我不该来重庆。

紧接着要我坦白交待罪行，叫我挖根子——即追究骨子里的反党根源——我挖啥子根子？我是血统工人出身，解放后当了国家干部，哪来反动根源？不交待不行，逼得我发疯，我把心一横，这个革命我不干了，回上海去！

有人劝我，说不是那么简单，现在比不得解放前，可以随便走，随便找工作。不如认个错，下去劳动一两年就回来，不认罪要被抓去劳教。

这是事实！我亲眼看到不服气的人被抓走。我长叹一声，不得不低头。我苦苦想了几天，才编出一个"反党根源"。我是这样编的：解放前，我在上海当学徒，看见灯红酒绿，心里羡慕吃得好穿得好的资产阶级生活，解放后，没过上那种生活，就反党。

咦，你别说，我这一认罪，一挖根子，就不再逼我，算是"过关"了。

宣布开除我党籍之后，我趴在桌子上放声痛哭，又是嚎啕大哭！我一生中有三次痛哭，两次都为这事，我舍不得离开党，我真的热爱它，我把全身心都交给了它。我孤身一人从上海来重庆，党就是我的亲人。下放长寿湖之后，我一直都热爱党，信任党，渴望回到它的怀抱。

直到1988年之后我才认清了它。

我妻子受我影响，失去了水轮机械厂党委秘书的工作，当了一名小学教师。两年之后，她毅然抛弃了城市户口和工作，带着两个孩子来长寿湖落户，她对组织上说："我去帮助他改造。"这样，我们在长寿湖建了家，20年后才迁回重庆。

我懂机械技术，进了农场的机械厂，妻子来又带给我家的温暖，所以，我在长寿湖少吃了很多苦。

"改正"后我担任了重庆无线电三厂副厂长，主管财务。三厂当时是个很火红的大厂，我就兢兢业业地干，没为自己谋一点私利。八十年代末我退休。后来的人，咳，别提了，一个好端端的厂败得一塌糊涂！1500名职工的厂，负债6亿4千万，平均每个职工摊43万！前任厂长已经被抓了，光他养的女人就有7个。去美国与所谓外商（中国出去的人）谈业务，吃喝玩乐一趟回来，花650万美元买一堆报废设备！我实在忍无可忍，前不久我去交党费，我把钱往桌子上"啪"地一拍说："你们再这样腐败下去，老子就退党！"

说到这个党，唉，气又不打一处来。我们都是它夺天下的工具、牺牲品。死几百万农民，为它夺天下。现在工人又被它抛弃。为劳苦大众？没有剥削？没有压迫？屁！共产主义是个画饼，充不到饥。自称三个代表，代表什么？代表大量下岗工人？！200块钱饭都吃不起。

我儿媳下岗，一家生活困难，儿子对我说："当年跟着你吃苦，现在还是吃苦，儿子读书学费都困难。"

我说："你不要找我，找共产党！"

（采访时间：2001年9月28日，地点：重庆市江北区）

王廷芳（第二排右三）在纪念反右运动五十周年会上。前排右一为谭松

长寿湖的"守墓人"——李宁熙

——1957年重庆总工会机械工会干部
1930年生

我是垫江人，家划为地主，初中毕业那年父亲病故。我家是个大家庭，兄弟姊妹七八个，我排行老五。我大哥曾是杨森部队里的团长，父亲去世后他回家照顾家业，供我继续读书。我到长寿读高中，快毕业时，长寿解放，学校停课。我回到垫江后，闲着没事干，心里很着急，一门心思想考大学，想学本领。从小父亲就教育我们，人生要靠自己奋斗，不要指望家里这点财产，我爷爷也是这样教育父亲。

读不了书，我只好四处托人找事做。1950年8月，经人介绍，我到重庆"中国汽车配件厂"当学徒。这个厂名字大，实际上只有几台车床，那个私人小老板，也是工人出身。

我有文化，老板器重我，叫我记帐，学车工。1951年，共产党派人来宣传，说资本家剥削工人，压迫工人，工人要组织工会维护自己的利益，同资本家斗争。宣传很诱人，共产主义更是美妙，我很振奋，觉得共产党比国民党好，革命比不革命好，新社会比旧社会好。我立即加入了工会，领了会员证，积极得很。后来，我们那一带的小厂组成一个工会，我被选为工会主席。

我积极参加所有的运动，三反五反，按上级要求发动工人把那些小老板一个个弄来斗，搞得很火。还配合公安局开展监督活动——查看有没有坏人、有没有特务活动。

由于工会很缺干部，1953年我调入市总工会，在第一机械工会当干部。

鸣放期间，组织部长王廷芳再三动员，说提意见是为了党、帮助党、热爱党。大家你一言我一语说起来，我慢慢来了情绪，也提了几条意见，比如，不该把人分成几等，干部定几级几级，搞封建的那一套。还有，肃反时电力工会的刘大友（读过国民党的政阳法学院）按要求写了交待，机械工会主席郭X居然根据他的交待把他关起来，动员人斗他。我觉得，一个单位，搞抓、关、斗、打，这是私设监狱。

本来要判我极右，送进监狱，考虑到我年轻，认罪态度好，放了我一马——啥子认罪态度好？斗我时我看到前面的例子，晓得不能对抗，

李宁熙（左）1955年与侄儿

对抗只有越判越重。

我下放长寿湖，精神压力很大。解放前读书，追求政治清明，社会进步，解放后接受共产党的宣传，觉得共产主义太美好了，对共产党一点怀疑都没有，有一点疑虑还觉得自己思想不对头。我劳动很亡命，想表现好，争取早点回去。

除了精神压力，经济压力也可怕。我每月只有15元生活费，给妈寄5元，交8元的伙食，剩下2元钱，草鞋都不敢买，8分钱邮票我都心痛。

我妈划为地主成分，抓起来斗、打，小弟弟才几岁，也抓来陪斗。斗不说，从家里赶出来，没房子住，住人家的灰屋，别人骂，只得睡在路上。我1953年把他们接出来，住房管所的房子，我当右派后，没钱交房租，他们又被赶出来。弟弟跑到南桐矿区当煤矿工人，妈去帮人，没干多久，别人嫌她老了，不要。妈妈走投无路，到长寿湖投靠我，我在一个烂猪圈旁边搭了一个草棚，安置了她。她每天在猪场铡猪草，挣口饭吃。

我们母子俩相依为命，像叫花子（乞丐）一样过日子，本来已经够心酸了，但是这种最卑微的生活都不让我们过。1964年，来了个政策：地主婆不能呆在城里享福，必须回农村劳动。你明天去看看，那个岛子上算什么城市？！我妈一大把年龄，天天在猪场劳动，享什么福？！心里不满，不敢说，我一个右派分子，哪里敢顶"政策"？妈妈70多岁的人了，孤苦伶仃回到垫江农村。回去之后生产队不给她房子住，让她住在一个烂厕所里，蛆和苍蝇爬满了身子。

妈独自一个人，挣扎了两年，再也起不来了。

传来妈妈死讯时，我正跪在地坝挨斗，胸前挂着我自己写的黑牌子："右派分子李宁熙"。

那些日子，莫可奈何，真的莫可奈何啊！

那群红卫兵，简直就是土匪！他们进岛来，抄家，把我们仅有的一点钱财洗劫一空，还把我们跪在地上斗打。一个流氓气十足的红卫兵，冲着詹光屁股狠狠一刀。詹光是个硬汉子，血流满地，挺住没倒，旁边一个右派"咚"地一声栽下去，面色发紫。我当时只觉得一股血气直冲脑门，直冲脑门！气得发疯呀，本能地想反抗，但不敢，也反抗不过，我一辈子都记得，头一阵一阵地发昏，好容易才没跟着倒下去。

"改正"后，有一次右派詹一之回到长寿湖，望着湖水连连说："这是法西斯专政！法西斯专政！"

1957年我当右派时，结婚才一年，总工会女工部一个姓雷的干部跑到我妻子单位，压她与我离了婚。我现在的妻子是农民，她60年代死了丈夫，独自拖四个小孩，活不下去，我和她成了家，几个娃儿都是我带大，妻子没有文化，但勤劳，懂事。她对几个孩子说："没有他就没有我们今天。"

1975年，总工会把我召回，但没有事做，而且仍然受歧视。我妻子和娃儿是长寿湖的农民，进不了城，我干脆又返回到长寿湖。

我从此留在这儿，一辈子了。

（采访时间：2001年10月13日，地点：长寿湖造船厂）

采访后记

李宁熙低矮的平房紧靠湖边，推开门，便是长寿湖万顷湖水。凭栏望去，秋水长天，景色怡人。

一条小船，孤零零躺在湖边，那是李宁熙的小船，他每日摇起双桨，划向湖心。

李宁熙对长寿湖的每一个小岛、每一个水沱、甚至每一条小径都了如指掌。他先后五次带着我登同心、上三台、爬先峰……一一指给我看当年右派的住处、挨打挨斗的场所、一些右派的死亡地点。

他是长寿湖的活地图，也是长寿湖的"守墓人"。他带我去看女"历反"卢蕴伯自杀的地方时，天下着大雨，我们都没带雨具，路又滑又远又弯曲，我们钻橘子林，穿茅草丛，湿淋淋，汗淋淋。72岁的老人气喘吁吁。我几次叫他不要走了，给我指指方向我自己去。他不干，坚持要陪我。

"卢蕴伯死得很孤独、很凄凉，孤身一人，没有亲人去看她。"老人喃喃地说。

半个多小时后，我们从山坡上下到湖边，大滴大滴的雨点打在卢蕴伯投湖自杀的水面，我同李宁熙站在湖边，默默无语。

卢蕴伯没有家，没有子女，谁来湖边洒一滴清泪，叫她一声妈妈？

李宁熙在讲他的经历时，有两次很激动，其中一次就是说到他妈妈。（李宁熙的家史收于笔者同陈仁德先生的采访录《血红的土地》）

母亲去世，儿子理应灵堂长跪，然而，胸前的黑牌代替了左臂的青纱，双膝跪得发肿，却是在向另一个"妈妈"认罪。

用暴力掠夺了土地，再把土地的主人（所谓地主）像狗一般凌辱、殴打甚至虐杀，若剥去那一层虚华的意识形态油彩，看见的，是不是一个越货后又杀人的剪径强盗？

以暴力将私有财产收为"国有"，再以权力瓜分"国有"，将"国有"变为权贵们的私有，两件伤天害理的事，都被"妈妈"（它要人这样叫它）干了。

"妈妈"还在，80高寿，依然"伟大光荣正确"。长空里，依然是绵绵不绝的娇媚颂唱："党啊，妈妈，亲爱的妈妈……"

谭松与长寿湖的"守墓人"李宁熙、李长文合影于长寿湖边
（2001年10月）

当右派，只因书记想让我走人——顾大鸣

——1957年重庆桐君阁药厂厂办秘书
1933年生

上海被解放军攻占那年，我刚好初中毕业，新政权急需调人入大西南，我于是加入西南服务团来到了重庆。

1956年11月我作为下派干部调到重庆桐君阁药厂。

几个月后，整风运动开始了。工厂反应迟钝一些，没有搞轰轰烈烈的鸣放。我不仅没有"鸣"，连人都不在单位——回武汉老家去了。

我当右派是因为厂党支书记不愿意有一个上面派来的干部呆在他身边，让我走人的最好办法就是让我当右派。

支部书记定了右派，让我签字，我不签。书记也拿不出任何罪证，他只好耍横，说："你不签字就是默认。"

我当右派，就这样简单。

（长寿湖有一个叫郭良彬的右派曾经写了首诗，其中两句是："书记有权来划右，小民无力可伸冤。"）

除我之外，支书还顺便清除了厂里一个资方代理人张鹤林（职务是厂长），张鹤林虽说是厂长，但在厂里说不起话，一切还是"党"——支部书记说了算。尽管如此，支书还是不希望他在眼前晃来晃去。他找了个理由，说张鹤林对党的工商政策不满，将他划为右派，清理出了桐君阁。

除我们两人外，书记还借这个运动摆平了一些人。

厂里有五名工人生活困难，其家属想在厂里找些事做，挣点钱补贴家用。这五名工人联合起来找领导，要求领导解决困难。书记觉得麻烦，一劳永逸的解决办法就是借运动将五名"闹事"工人清理出去。

工人不能划右派，但可以划"反党反社会主义分子"。

他把那五个工人定为反党小集团——共产党整人总有办法，右派帽子套不住，就有其他帽子套你，总之，只要想整你，你就无处可逃。他把"异己"清除得干干净净，连工作上的小麻烦都被他借运动摆平了。那五个工人生活原来就困难，这下更惨，其中尤其是一个叫陈子元的工人，他有五个娃儿，老婆靠给厂里洗衣服挣点钱。陈子元被定为反社会主义分子，加上他历史上的一点问题，进了监狱，直到1980年才出狱。他被抓后，老婆洗衣的活都没了，不知道他们一家怎么活出来，或者活没活出来。

我是1958年8月8日（日期很"吉利"）下放农村监督劳动的，1959年3月，转到长寿湖，每月生活费18元。

　　离开工厂前，厂里那个老红军代表党组织找我谈话，他说："你没什么大问题，下去劳动锻炼一下，最多两年就回来。"

　　我去了十九年。

　　当年在上海读书时，党动员我们来西南，信誓旦旦说：你们先去西南，然后再读书，有的是读书机会，组织上一定会关照你们。结果我再也没能走进校门，倒是被"关照"到长寿湖当了20年单身汉。我不知道这个党是怎么回事，它说话从来不算话。还有，它莫名其妙地整人。1960年我们在长寿湖饿得皮包骨，有人去照了张像，看上去像逃难的饥民。结果把他抓起来斗，说他蓄意丑化社会主义。

　　我1977年国庆节回到重庆，这年我已经45岁。我找了个老婆，她带了两个孩子来，我把妻子的孩子作为自己的亲生儿女，自己没有要小孩。

　　我是1983年才获得"改正"，"改正"结论上说："顾大鸣同志在1957年整风间没有提一条意见，没写一张大字报，属于错划，应予改正。"

　　这时我已经年过半百，我苦笑一声："只怪当初支部书记想让我离开工厂。"

（采访时间：2001年6月22日，地点：重庆重庆南岸区）

1957年反右漫画

一念之差，毁了一生 — 范广受

——1957年重庆热水瓶厂会计师
1920年生

我出生在一个颇有身份和地位的家庭，父亲是商务印书馆成都分馆的经理，交往的都是头面人物。我从小受到良好的教育，在成都华西大学经济系毕业后，进入了金融界和商界。1947年我进入一家进出口贸易公司，任营业部主任，后作经理。此外，我和哥哥合开了一家银楼，同时，刘文辉（西康省省主席兼24军军长）聘我在他的成都办事处里专门负责管钱，给了我一个少校军需主任的头衔，但没有正式发委任书。

那时我27岁，雄心勃勃要干一番事业。

1949年底，共产党打来了，我收拾好行李财物，别人给我送来了去香港的机票。在去机杨的路上，我犹豫了。母亲不愿走，非要留在家乡，我这一走，怕是不容易回来，怕是见不到母亲。可是不走，共产党会不会对我下手？这时，我想起父亲的至交，曾经担任四川督军的熊克武伯伯说的话："两位小侄呀，要相信共产党，共产党当政后也需要工商业，也需要工商人士。"

我留了下来。

今年我81岁，这辈子呀，悔呀，就那一念之差。

1951年，朋友介绍我到重庆工作，我只身来重庆，靠我的一技之长，进了重庆市工业局，成了行政19级的国家干部。

紧接着"三反"运动，我家开始遭殃，我妈妈、嫂嫂都被抓来关起，强迫她们退赔解放前"贪污"的财产。妈妈把全家几辈人辛辛苦苦的积累连她的结婚戒指全部当作"贪污"交给政府，才被放出来。

我把妈接来重庆，她带来的全部财产只有几件没被抄走的衣服。不过我想得开，我还有工作，养得起妈。

1954年，没说理由，工业局把我下放到重庆热水瓶厂，当了一名普通会计。

当然，富贵并不是不可转让的专利，小老百姓的日子，也是人生，我对此很坦然。

我的麻烦不是出在帐本上，而是出在对厂长的态度上。

厂长是扛过枪打过仗的人，打江山自然要坐江山。在热水瓶厂这个"分封"给他的"江山"里，他就是君主。他最喜欢别人对他点头哈腰，顺溜拍马。我看不来他那个官腔，我见过的官比他大得多，当年我出入豪门华府，都是风云人物，即使

范广受1950年步入"新社会"

在刘文辉家，最多也是作一揖，别人也平易近人，不像他那么不可一世。解放前我曾经花天酒地，但就是不吹牛拍马。我祖父是举人，父亲是文化人，从小家教里没有奴颜媚骨。

厂长想整我，打我的"傲气"，但我也是19级干部，同他一般高，他没机会下手。

1957年鸣放，我写了一篇大字报，叫"良药苦口"，主要是说新社会不该搞吹牛拍马，不该搞个人崇拜。这篇文章我写得文采飞扬，又切中要害，在全厂引起轰动，不少人边看边鼓掌。

厂长马上反击，他先找我的历史问题。那些东西在肃反、审干时早就作了结论。他不管，翻出来，证明我在根子上就是坏人。接着他给我罗列了五大罪状：一、攻击党的干部——说新社会有干部喜欢吹牛拍马。二、污蔑建党工作——说某人（工业局的伙食团长）到基层更容易入党。三、让毒草更毒——帮朋友方奇修改文章。四、不听领导的话——自以为懂管理。五、对大右派的文章拍手称快——欣赏西师右派董时光说的"积极分子像国民党特务。"

我划右派后于1958年3月下放农村劳动，发18元生活费，我身体弱，从来没干过体力劳动，有人断言，我下去只有死。我当时也不想活了。妈妈劝我说："好死不如赖活着。"还有，我妻子正怀孕。没法，我硬着头皮下农场劳动。我下去时，最多只能挑70斤。那时，我就像突然失去森林下到地面的猴子，面临"生存、还是死亡？"

在长寿湖劳动，要我推二、三百斤泥土的独轮车，我拼老命把车推上坡，下坡时，没力气控制车，车把打过来，"砰"的一声把我打翻在地，我爬不起来，那一家伙，我左肋断了五根肋骨，右肋断一根，一下子断了六根！后来，1966年，我修堤坝又摔断右手腕，所以，我在长寿湖共断过7根骨头。

伤好后，我更加虚弱，又正逢饥荒年，我终于一头病倒，连空粪桶都挑不动了。

伙食团那个炊事员是长航来的一个工人，姓郭，他专门欺侮右派。他将馒头做成四等，最大的给队长、组长，其次给下放干部，第三给能干活的右派，最小的给右派中的病号。有一次他拿错了，把一个大馒头发给一个病号右派，那个右派满心欢喜，没走多远，就被郭喊回去换成小馒头。说旧社会讲等级，屁！再讲等级也没到这个地步！另外，他还把红苕根打给右派吃，把大红苕喂他的几十只鸡，他当着右派的面这样干，完全不把右派放在眼里。

管教干部是另一种坏法，他们认为，所有的右派病号都是装病，是偷懒耍滑。一天，我和另外几个病号被抓到采石场，勒令我们跪在石头上接受批斗。我全身冷汗直流，双膝痛得发颤。我心头喊冤，我的确不是偷懒，不是装病啊！一个管教干部走上来，先冲着我狠狠一拳，再飞起一脚把我踢翻在地，我当场昏了过去。我永远记得打我那个人的名字，他叫沈XX，是工会系统的下放干部。前几年我专门给他去封信，问他当年究竟是为什么。他给我回信，说那时无知，不是特意要整我，他后来因父亲在香港，自己也被斗，他向我道了歉。当然，我也算了，去年书法协会开会，我邀请他，他们夫妻俩还来见了一面。

（注：沈XX后来在一篇文章中描写了这一幕："阵阵的骂叫、闹、吼充满轰轰烈烈的会场，一个'阶级敌人'——右派范先生拒不认罪，我大怒，怀着'深厚'的无产阶级感情，一拳打在他瘦瘦的脸上，溅了一丝血在我手中，心中感到'斗争'的快意……到九十年代，我向昔日的右派范先生深深鞠躬，道了歉。）

那次跪斗之后，我产生了死的念头，人活到这个份上还有什么意思？！当天我就想自杀，成天想如何死。但是我想到女儿，我走时她还没出生，我这一死，女儿注定永远见不到一眼爸爸。

其实，病、累、打，饿也快把我送上黄泉路了。后来，他们看我那张惨白的死人脸不是装出来的，终于给我假让我回家治病。

我不愿回去，生死的问题都没想好，要死，不如死在长寿湖，不要死在亲人面前。这时，另一个右派说："范广受，你还不快回去，你照镜子看看！"我一照镜子，吓一大跳，那不是我，是个鬼！

几天之后，我右手支一根棍子，左手提一个口袋，一根草绳拴在腰间，像讨饭的乞丐出现在家门口。

离老婆几步远，她居然认不出我，把我当要饭的。

我在家里躺了两个多月，老婆倾尽全力相救，我才捡回一条命。

在长寿湖，有一个词很可怕，这个词叫"汇报"。它给我留下终身难忘的印象，我一想到它就有一种蛇钻进裤腿的感觉。（19）57年之前我不大懂什么叫汇报，（19）49年前更是不懂，（19）57年后我才觉得这个词可怕。它时时刻刻让你处于被监视状态，可以随时随地置你于死命。灾荒年我为了活命，将蚊帐、席子、鞋子全部卖了换吃的，最后卖得只剩一双草鞋。1961年我在场上用鞋子换了一块麦粑，马上被人汇报，马上就斗我，说我违反粮食政策，而粮食是阶级斗争的焦点。我当时正要摘帽，这次"汇报"让我多戴了六年"帽子"。

（19）78年我从长寿湖回到热水瓶厂，是工业系统右派中回来得最晚的。当年整我的厂长和他的那帮哥们全都健在，一个个日子过得很滋润，由他们来给我改正是件艰难的事。所以，厂长给我的改正结论是："范广受1957年有错误，但不是反党反社会主义，应予改正。"

冤枉我、整得我劳改20年的人没有错，我有错？

（采访时间：2001年5月12日，地点：重庆市陈家坪）

刘宾雁在丁抒著《阳谋》一书的序言中写道：

"二十二年中间，从基层到中央，很多当权者是靠一九五七年后卖力推行左倾路线爬上去的。因而，给右派平反遇到极大阻力就不足奇了。毛泽东的'宦官'汪东兴首先反对，拿出毛泽东一九六二年的讲话——'一九五七年的右派不存在甄别平反问题'。邓小平随即回答：'不是给右派平反，不过是给结论做错了的人改正而已。'这就是为甚么明明是平反，却称做'改正'的来由。"

采访后记

采访前，范先生在电话上详详细细告诉我怎么走：左拐右拐，上坡下坎。我边记边画，像画寻宝图。多亏范先生口齿清楚，条理分明，让我在第二天的寻访时少了许多麻烦。

他的家在重庆热水瓶厂一幢宿舍的底楼，房间狭小、阴暗、拥挤。没有客厅，我只能在他卧室床边的窄缝里落座。

范先生坐在一把旧藤椅里，面容瘦弱苍白。

"我摔了一跤，又摔断骨头，花了几千元，还没完全好，站不起来，请原谅。"老人喃喃地说。

重庆热水瓶厂是个早已破产倒闭的企业，范先生每月从社保领取400元钱，他妻子所在的重庆针织总厂也是个破产企业。夫妻俩都报不了医疗费，范先生那一跤，摔得家里债台高筑。还有，顶替他进热水瓶厂的儿子失业下岗，顶替妻子到针织总厂的女儿下岗失业（即范先生下长寿湖时尚未出生的女儿）。事情还没完，17岁的孙子遭遇"新生事物"（校园下暴），被整成精神失常。

范先生身体虽然不好，但目光炯炯有神。他从1949年前讲起，时间、地点，一清二楚。其间，他妻子进进出出，抬头看钟，频频催他快点讲，不要罗唆。

其实，范先生一点不罗唆，虽81高龄，身体瘦弱，但思维敏捷、口词清晰，显示出良好的文化功底。

转眼到了中午时分，他妻子又进来了，瞅了一眼墙上挂钟，说："该吃饭了，家里没啥吃的，我给你下碗面？"

我慌忙起身，匆匆告辞。

他妻子送我出门，松了口气。

两年后，我又到他家，此时，范先生的家显得更加破败、凄凉。他妻子已站立不起，正倒卧床上声声呻叹；范先生背上的伤痛愈加沉重，几乎难以行走。他说，他唯一吃得起的药是止痛片。

最苦的也许是那位在父亲被打成右派时还没出生的女儿，她既要外出打工挣钱（下午上班，半夜12点下班），又要照顾全家衣食住行。一家四口每天只吃两顿：中午和半夜一点。

我在范家举目四顾，看来看去，看不到这个家庭的希望在哪儿。

2004年春节前，我又去范家，请范先生书写长寿湖右派白永康的遗诗（范是书法家），顺便向他讨要他当年的旧照片。范先生从贴身的衣袋里掏出一张1950年他步入"新社会"时的照片。我捧起一看，照片上的帅哥眉舒目展，满面英气，丝毫看不出此刻他已"一失足成千古恨"，即将一步步走向五十四年漫漫长夜。

我目光从照片上的英气才子移到正佝偻身子书写"五七莫须罪，齐囚长寿湖"的耄耋老人，心底一声长叹："新、旧社会真是两重天哪！"（注：这是共产党"忆苦思甜"的用语）

补记： 范广受先生于2008年2月24日去世，终年88岁。

2004年3月，83岁的范先生为本书题写书名

不写是对党不忠诚——方 奇

——1957年重庆热水瓶厂劳资股长

我家是"父子登科"，老子、儿子一起当右派。我父亲方德宣，解放前是美丰银行遂宁分行办事处主任，后来，他又开了一家百货店，算是资本家，按新社会定的标准，我出身不好，属于剥削阶级家庭子女。

但是，1949年我参加了革命，进入解放军11军军大学政治，一年后分到奉节县警卫营剿匪。那时，那个地方穷得很，所谓的匪几乎都是老百姓，饿得没法，抢点粮就成了匪。

剿了一年多，调万县基干团，1953年送新兵到朝鲜前线。1955年初我得了胸膜炎，从朝鲜回国，组织上要我复员，我不同意，为啥子不同意？因为家里来信说工作不好找。但是命令不能违抗，我在日记中发了牢骚，意思是：要人就要人，病了就一脚踢出来。我哪里会想到，这几句牢骚要付出代价。

复员后我分到重庆热水瓶厂——当时在沙区的一个烂棚棚厂。我当学徒，每月9块钱。那点钱刚够吃饭，但我没怨言，我是团员，思想进步。

1957年动员写大字报，我没兴趣——我正在如痴如醉学小提琴。厂计划科科长魏福节来动员我，他说每个人都要写，不写是对党不忠诚，没意见？一点都没得呀？一张不写啷个行？

当时我是厂劳资股股长，工作中倒是有点意见，魏福节上纲上线地动员，我只得写。

我曾经具体负责在厂里一个车间搞计件工资。搞计件前，工人每天做铁扣300个左右，我们把计件定到700，工人亡命，一天干下来，做到1300多个，其他车间马上有意见，说计件工挣那么多钱。厂长一看有意见，马上就叫不搞。我不服，说这是厂务会讨论通过的，工业局还下来看过，作了肯定，三个月试行期还没满就终止，对工人不讲信用，人家做到1300是拼了命，为提高效率想了不少办法。

可是，胳膊拧不过大腿，我挨了批评，工人也白辛苦、空高兴一场。

叫我提意见，写大字报，我就把这事抖出来，说领导说话不算话。

我写了个草稿，会计师范广受看见了，连声说写得好。在热水瓶厂我同范广受都爱好诗词歌赋，彼此很谈得来。他帮我润色，还加了个标题——劳资股演义。

大字报在厂门口办公室前贴出来，影响很大，其他厂的人都跑来看，工人们拍手称快。

我根本没想到会把我整成右派！报上宣传说，右派是有计划、有组织、有纲领向党进攻的坏人。我觉得我离右派很远，我既不向党进攻，更没有"计划"、"组织"、

"纲领"。

厂领导首先整了一个叫刘纯武的人，此人毕业于国民党中央政治大学，当了几天县长就遇上（19）49年解放。他在厂里搞职工教育，他判得最重，极右，抓到峨边劳改，死在那儿。

其次整范广受，戴右派帽子，只发十几元生活费，他有几个小孩，经济上很惨。

最后是我，本来没给我戴"帽子"，只说我是右派思想，不幸的是我放在抽屉里的日记被人拿去看了，他们翻出我在部队上为复员发牢骚那一篇，说我一贯反党，这一家伙，立马把"帽子"给我戴上。

我父亲这一年也当了右派。解放后父亲的百货商店被收了，政府把他安排在商店当店员，父亲对此并没有说什么，他最不理解、最想不通的是要子女同他划清界线。父亲读的是旧书，不接受新社会的观念，脑子里还是以前那种忠孝仁义的东西，我们子女受共产党的教育多，国家观念、阶级观念很强，家庭观念淡薄，父亲认为，财产可以失去，亲情不能被扭曲，什么叫"划清界线"？他想不通。1957年大鸣大放，父亲把这个"想不通"拿出来说，被划成极右，同刘纯武一样抓到峨边劳改。

父亲在峨边劳改营学会了理发，全靠这个手艺，他活出来，文革中期被放回重庆，当了个理发匠。

我父亲虽是资本家，但一生很勤劳，对我们从小要求很严，要我们劳动，该我们做的事，决不要仆人做。我现在觉得父亲那些章法有道理，忠孝仁义也有道理。他老人家已经去世了。

我当右派后，先下放到距南川50公里的乐村农场劳动，后转到长寿湖。

重庆市右派们最初分系统下放，工业系统到南川农场，商业局到缙云山农场，交通局到通江农场，教育局到南桐矿区农村。当时南川乐村农场很荒凉，还有老虎。我们中有个右派死在那儿，他背砖修土高炉，从陡坡上栽下去摔死。

我转到长寿湖没呆多久，1962年就回来了，安排在二车间当统计员。厂里没长寿湖那么左，劳动也没长寿湖那么累，说起来比一直呆在长寿湖的范广受日子好过。我回来后面临的问题是婚姻。由于是"分子"——"摘帽右派分子"，没人敢嫁给我。后来，别人给我介绍了一个离了婚的女人，有三个孩子，我同她结了婚，算是有了个家。

家……唔，算了……不说这事。

我没要孩子，现在这个儿子是她带来的，但跟我姓，叫方华。他们母子俩跟我吃了不少苦，受了不少气，一家人长期抬不起头。孩子受人欺打，不敢吭声，更不敢还手，有好几次被人追到家门口。而家门口就贴着批判我的大字报，门上写着"方奇我儿"。文革把我揪出来游街、斗，还关了一些日子。我搞不懂，这个人哪，平时见面都熟，还点个头，运动一来就不认人，像是有不共戴天的深仇大恨，尤其是一些想往上爬的人，平白无故整人，往死里整，毫无人性。

当然，还是有人对我好，有些工人表面骂我，和我划清界线，但私下里说，你这个人不是坏人，我们知道右派是怎么回事，无非是乱说了几句话。在关押期间，还有工人悄悄在我铺盖下塞了一条烟。那个年代，一点温情特别让人感动，特别难忘。

总的说来，我这个人是被整怕了。当年人家追打方华到家门口，我不敢出来帮他。

有个反革命分子对我说："一死无大难，讨口无二穷，你已经到了这个地步，还怕啥？！"但我还是害怕，现在我说话都很谨慎，担心一不留神又惹祸。老婆尤其怕，她听说你今天要来采访，担心得很。

（方奇老婆不时从卧室走到客厅，默默无语朝我投来目光。）

（采访时间：2001年10月12日，地点：重庆市江北区）

采访后记

方德宣老先生想不通，财产没收了为什么还要"划清界线" —— 拿父子间的亲情下手。

想不通很自然，这的的确确是个"新社会" —— 中华五千年文明史上前所未有。

群众运动，新！

思想改造，新！

大跃进，新！

文化大革命，新！

定指标抓人杀人，新！

学生斗、打老师，新！

吃被打死老师身上的肉（文革时广西宣武县宣武中学），新！

……

这些东西，不仅老祖宗家谱上没有，苏联老大哥的血红史上也没有。

满脑子忠孝仁义传统的老先生，一头撞上"阶级斗争"、"无产阶级专政"这种新生事物，怎么想得通？

想不通便打发去峨边的铁网高墙。

《青春的浩劫》一书披露了"文革"时期发生的一个真实故事：

北京幸福大街中国水暖厂有一个叫杨秋光的人，在1954年公私合营时他以定股900元被划为私方（即资本家）。"文革"时一群红卫兵用鞭子轮番抽打这个"阶级敌人"和他妻子，打得老两口满地乱滚。一名叫胡汉山的工人在红卫兵的配合下，喝令杨秋光的儿女上台痛打自己的父母，以示"划清界线"。杨家兄妹便登上台，与红卫兵一起使劲抽打亲生父母。终于，老杨夫妇被红卫兵、也被自己的儿女合力当场打死。杨家兄妹没流一滴泪，边打还边喊："打倒反动派"。（书116页）

几年来，这个"故事"像阴森森的恶梦，沉甸甸压在我心头。

究竟是什么魔法，可以驱使儿女活生生打死父母还高呼"革命口号"？

"神圣"的意识形态真的威力无边？在它"崇高目的"的辉照下，一切作恶（哪怕是对无辜的父母下手）都没有了负罪感？

一种学说，一个政党，鼓励杀向最基本的人性，最美好的亲情，是神圣还是邪恶？

　　这个"新社会"，以暴力和谎言在短短几十年里，将数千年的文明和道德摧毁得干干净净，建起一个巍峨的权力祭坛。奉献在这个祭坛上的，是无数无辜的生命和被败坏了的人心。

　　方老先生想不通，感到气愤；

　　我想通了，感到绝望。

＊　　　＊　　　＊　　　＊

　　父子双双划右，我遇得少，来了兴趣想多问几句，然而，方奇不时不安地望一眼卧室，欲言又止——他妻子正在里面不安。我本能地感觉到，他还藏有大量的"货"。

　　还是那个老问题——恐惧。

长寿湖右派劳动　李文书摄

最不幸的是我的妻子儿女——罗克灿

——1957年重庆市工业局计划科副科长

1920年生

我1944年毕业于重庆大学商学院，马寅初曾经给我们上过课。毕业后我分到教育部（当时在青木关），干了两年左右，抗战胜利后，我随教育部迁到南京。1947年，我同戴学珍结婚，她是女子师范学院的毕业生。淮海战役之后，教育部搬往广州，我不愿去，回到重庆，在市政府当统计员，一直干到1949年。

1950年2月，人民政府来了个通知，要我去工商局工作。我解放前没参加任何党派，业务能力又很强，因此领导比较赏识器重我，到1957年之前，我没受到冲击，还当了工业局计划科副科长。

鸣放时我只提了一条十分温和的意见：党对知识分子信任不够，重用不够，这些知识分子都是建设新中国的人才。

1957年底我从成都开会回来，把我抓出来，说我有右派言论。两个局长王XX和江XX平时很器重我，认为我是可用之才，不同意整我。他们给市委打报告，还到家里来安慰我，说我问题不大。为这事他俩被划为右倾，一个停职，一个下放。我当右派主要是工业局组织部部长一心要整我，他说我一是地主出身，二是有反党言论，搞阶级报复。

我先随工业系统的右派下放到南川的农村劳动，一年多后转到长寿湖。1961年我妻子拖着四个小孩也来了。

她当然不是自愿来的，她也是右派！

妻子原本在市一中教高中语文，因为评职称和加工资的事与校领导过不去，领导说，戴学珍这个人泼辣。1958年底把她划为右派，由于有四个孩子，没下放她，但不准上课，降薪降职。到了1961年，据说下达了文件，要把右派清除出各个单位，她只得带上小孩来长寿湖。

罗克灿、戴学珍结婚纪念 1947年

几个小孩，大的两个每天走十几里路读小学，小的请人带，我得水肿病进了长寿湖疗养所，妻子在园艺队，一家人扯得四分五裂。在疗养所仍然要干活，我负责100多水肿病人的伙食，每月都得划船去运东西。我不会游泳，好几次死里逃生，高峰岛的一个伙食团长就是运货时淹死的。到1961年底，我的水肿病越"疗养"越肿，长寿湖没办法，便送我回工业局。我在市三院住了三个月，才捡回条命。

1962年，工业局把本系统的长寿湖右派全部招回，我下放到水泵厂一车间搞生产统计。第二年，妻子也被教育系统招回，但教育局不是安排工作，而是把教师右派全部扫地出门，凡在农村挂得起钩的统统赶下了乡。我妻子挂不上，成了无业游民。那个年代不准"分子"找工作，也没有哪个单位敢招用"分子"。所以，从1963年到1979年，整整17年，我妻子干的全部活是糊纸盒，还捶过铺铁路的石子。

在某种程度上说，最不幸的是我的四个孩子。大的两个孩子学习很刻苦，成绩是班上一、二名，初中毕业便不准再读高中。儿子远走他乡，大女儿到涪陵农村落户8年，1978年进入水泵厂大集体。虽说努力读了一个工业局的职大，但还是没摆脱下岗的命运。儿子回来后在重棉二厂当工人，读了一个电大，现在二厂停产，他也下岗。二女儿糊了多年的纸盒，无法读书，能在街道找点零工就算好日子，后来她进入新桥水泵厂，四年前这个工厂倒闭，她和丈夫双双失业，房子都没有住的，同我挤在一起。她女儿今年考上渝大，一进校就得交6200元。女儿把街道和厂里的贫困证明给学校看，请求减免，渝大根本不理。我大儿子的儿子高中毕业找不到工作，20多岁了在家耍起。小女儿耍了多年，最后顶替我进了水泵厂，眼下也是个捉襟见肘的单位。

我老了，81岁了，一身病。前不久进医院，先叫我交八千元，我说："八千？一千都没有，我回去！"

我和我的儿女们，看来永远走不出这个困境了。我儿女们本来应该成才，至少像他们父母一样，考上大学，但是，这个社会只给他们打压和羞辱，没有给他们机会。

你问我妻子？她已经去世近20年。"改正"后她回一中教高中，工作拼命，被评为高级教师。仅仅几年她就得了病。她1993年4月去世，死得很痛苦，她一辈子没过几天安稳日子。我同她高中就认识，几十年风风雨雨，感情很深。她去世后我不再娶。我现在尽量往宽处想，后退一步自然宽，平平淡淡过剩下的日子。

（采访时间：2001年10月10日，
地点：重庆市沙坪坝区）

罗克灿、戴学珍与子女合影 1972年

工会、工业系统右派简况

1、张樾之死

张 樾 —— 重庆市总工会右派。张樾下长寿湖后，每月生活费15元。张樾个子魁梧高大，饥荒年，那份定量粮远远不够，而管教人员又根据他人高马大的身材，分配给他重体力活。他饥饿无力，完不成任务，遭扣饭，扣饭更饿，更完不成，张樾身体很快垮了。

张樾当右派后，他在茶厂工作的妻子马上与他离了婚，她说："就算我不怕，我总得为儿子着想。"这样，张樾在饥荒年没有一点家庭的救助。

郑汉生："他先是饿得双眼发昏，后来饿得眼睛往外凸，他不顾一切地捞东西吃，从猪圈里的溲猪食到潲水缸里的烂菜根，都往肚子里吞。一天早上出工时，他倒在地坝上站不起来。长寿湖教养院一个叫舒显友的16岁少年走上来，抓住他双脚，将他倒着在地坝上拖了一圈，一边拖一边骂，说他想逃避劳动。当时教养院的那些娃儿被教育说，右派是坏人，用不着把他们当人看。张樾被拖了一圈后，更站不起来，我们把他抬到床上，他还有一口气，但已经说不出话。他眼睛瞪得很大，像是要凸出来。不一会儿他就断气了，眼睛还睁着。"

张樾死时31岁，郑汉生与另一个叫秦开端（电影公司）的右派将他埋葬在长寿湖三台岛瓦银坳湖边。1979年郑汉生获得"改正"后，专程去找到了张樾的前妻，告诉她张樾的情况。她脸上毫无表情，那个20年前的夫君早已在她生活和心灵中消失了。

（注：我曾专程登上三台岛瓦银坳，希望能找到张樾之坟，但一切都消失了，只能为他留下这一点文字，是为我后来者永恒的纪念。）

三台岛上那棵大树在黄昏的血红中默默守候（谭松摄于2003年7月，距张樾遇难42年之后）

2．谭希文之死

谭希文 —— 手工业管理局右派。1961年因饥饿水肿，在高峰岛下船时全身无力而落水，救起后抬到饭厅，因无人理睬，三天后死去。妻子来后痛哭，但不敢找管教人员闹。

3．"无知的谢苗罗夫"

谢汝卿 ——（谢苗罗夫）巴县人，1917年12月生，初中文化，重庆市废旧物资回收公司右派。他把前苏联领导人的名字读得七零八落，长寿湖右派们便赠了他这个俄罗斯名字。1957年站长对他说："我们有一个右派名额，我看你合适，就给你吧。"谢苗罗夫以为站长关照他，把唯一的一个名额给他，很是感激，连忙向站长道谢。但是过了很久，还无音信，他还以为好事落空了。后来通知来了，叫他下长寿湖。下去之后，他才晓得右派是怎么回事。他又气又恼地说："背时了，龟儿站长二天生儿子肯定没得屁眼。如今工资也没得了，我肚儿大，能吃，怎么办？！"

4．黄德的"烟屁股"

黄德 —— 四川遂宁人，1923年3月生，大学文化。重庆市邮电局右派。

一个大热天，黄德一口气挑了好几挑粪，累得头昏眼花。突然，他看见一个烟屁股（烟蒂），黄德大喜，抢上一步抓起烟屁股夹在耳朵上。走了几步，黄德感到耳朵上热乎乎的，"这个烟屁股还有火"黄德心想。"何不赶快抽一口？"

黄德取下烟屁股，叼到右嘴角，贪婪地狠狠一吸。一阵刺痛让黄德失声大叫。他慌忙捏住烟屁股，凑到眼前（黄德高度近视）细细一瞧，烟屁股原来是个大马蜂！

当天，黄德右半边脸和头就肿得发亮。在同心岛马鞍山那偏远的地方，眼看就有生命危险。黄德幸好遇到右派医生吕汉章，吕汉章说："你饿烟也不要不顾死活嘛。"

黄德回答："是我眼睛不好，眼睛不好。"

5．**吕汉章** —— 无锡人，1907年2月生，大学专科文化，重庆震旦消防器材厂医生，厂职工代表，因帮工人说话被打成右派。吕汉章出身于医生世家，是一个非常有医德、有教养的知识分子，1949年前很有名气。吕汉章1979年获得"改正"时失声痛哭，当年即病逝。

6．**陈援** —— 重庆市商业工会右派，死于饥荒年。

7．**回恩浩** —— 重庆市工业系统右派，1959年死于长寿湖瓦银坳，死因不详（据说是在出工路上因病累交加倒下去不治身亡）。其子女到瓦银坳反复寻找父亲遗骨，一无所获。

8．**杨昌林** —— 重庆市工业系统右派，饥荒年在飞龙岛被教养院的娃儿打死。

9．**陈诲德** —— 重庆市工业系统右派，二十世纪八十年代去世。

10．**曾广闻** —— 重庆江北县人，1933年3月生，高中文化，重庆市手工业管理局右派，独身。曾二十世纪九十年代初去世。

11．**刘文秀（女）** —— 重庆大学毕业，因加入过三青团，在重庆市总工会被打为"历反"。由于"历反"比右派地位更低，在长寿湖她说过"我真羡慕你们右派"的"名言"。

12．**陈蜀于** —— 重庆市北碚复兴隆煤矿右派，去世时间不详。

13. **朱泽厚** —— 重庆市北碚复兴隆煤矿右派，去世时间不详。

14. **郑可庄** —— 重庆市北碚复兴隆煤矿右派。

15. **甘正常** —— 重庆市轻工局干部，右派。

16. **谢正通** —— 重庆市轻工局干部，右派。

17. **萧去非** —— 重庆巴县人，1925年1月生，重庆市手工业管理局计划科副科长，右派。萧二十世纪九十年代初去世。

18. **封世泽** —— 重庆市机械局度量衡器制造厂计划科科长，右派，"改正"之前去世。

19. **张典范** —— 重庆市锅炉厂计划科科长，右派，"改正"之前去世。

20. **丁慧江** —— 重庆人，1928年生，中学文化，重庆市邮局右派，妻离异。丁2001年9月去世。

21. **赖金泉** —— 重庆市邮电系统右派，由长寿湖回单位后经常挨斗，死于"改正"之前，据说是自杀。

22. **徐树德** —— 江苏人，1921年1月生，初中文化，邮电部重庆汇兑稽核局右派。徐二十世纪九十年代去世。

23. **郭良彬** —— 重庆璧山人，1917年11月生，高中文化，重庆市邮局右派。

24. **杨启祯** —— 重庆市邮电系统"历反"，"改正"之前去世，死因不详。

25. **包联生** —— 重庆市邮电系统历反。1949年前包联生是扛包包的工人，因同社会上的袍哥有往来，解放后便被打为"历史反革命"。包于二十一世纪初去世。

26. **李引安** —— 綦江人，1919年12月生，大学文化，重庆市邮电局右派。李于2009年10月7日在北京去世。

27. **刘 钧** —— 重庆巴县人，1920年11月生，高中文化，重庆市邮电局右派。

28. **朱汝鳌** —— 河北人，1916年11月生，初中文化，重庆市矿山机器厂右派。

29. **吴却贵** —— 四川彭县人，1934年12月生，初中文化，重庆市矿山机器厂医务室右派。独身。

30. **陈普安** —— 重庆江北县人，1917年8月生，高中文化，重庆市生产联社右派。陈二十世纪八十年代去世。

31. **曾昭槶** —— 四川隆昌人，1914年6月生，大专文化，重庆市永新肥皂厂右派。曾二十世纪八十年代去世。

32. **卓松岱** —— 国民党少将，重庆市矿山机械厂"历反"，"改正"之前去世。

33. **雷克勤** —— 巴县人，1916年4月生，高小文化，重庆灯泡厂右派。雷二十世纪九十年代去世。

34. **张 平** —— 江苏人，1932年1月生，高中文化，重庆电机厂右派，与妻子陈敏戎同为长寿湖右派。

35. **龚鸣谦** —— 重庆标准件厂右派，二十世纪九十年代去世。

36. **袁庭义** —— 宁波人，1931年3月生，高中文化，北碚四川省总工会第三工人疗养院右派。独身。

37. **杜众明** —— 重庆市机械局右派。

38. **唐平亮** —— 重庆市工业系统右派，二十世纪九十年代去世。

39. **巫启德** —— 重庆市物资局废品回收公司右派，1960年吞玻璃自杀。

40. **杨昌泉** —— 右派（单位不详）。饥荒年在同心岛播种时将一袋胡豆藏于水中被人告发，被捕入狱，后情况不详。

41. **刘纯武** —— 重庆市热水瓶厂极右，毕业于国民党中央政治大学，死于峨边劳改营。

42. **马德轩** —— 重庆市印制公司右派。

43. **赵　琨** —— 昆明人，1930年4月生，大学文化，重庆市总工会右派。妻离异。

44. **陈海德** —— 重庆人，1923年生，高中文化，重庆市手工业管理局右派。妻离异，有四子一女。

45. **陈忠麟** —— 重庆人，1931年2月生。大学肄业文化。重庆市手工业管理局右派。

46. **周　颢** —— 湖北人，1923年11月生。初中文化。重庆锅炉厂右派。

47. **甘正常** —— 璧山人，1930年6月生，高中文化。重庆市手工业管理局右派。

48. **马应芳** —— 河南人，1921年10月日生。初中文化。重庆第二针织厂右派。

49. **全在云** —— 成都人，1927年8月生，高中文化。重庆市电信局邮电工会右派。

50. **周维翰** —— 重庆人，1920年1月生，初中文化。重庆市总工会商业工会右派。

51. **程代泽** —— 重庆人，1934年6月生，中学文化，参加西南服务团入川，重庆市总工会右派。

52. **秦开端** —— 重庆万县人，1924年2月生，大学肄业文化。重庆市电影公司右派。

53. **刘耀荣** —— 重庆巴县人，1933年8月生，小学文化，重庆电机厂右派。妻子离异。

54. **邓万华** —— 重庆巴县人，1933年12月生，高中文化，重庆市建筑工会右派。独身。

55. **伊宗祥** —— 重庆钟表公司右派，2009年7月15日去世。

56. **胡九皋** —— 重庆钟表公司右派。

57. **胡泽先** —— 情况不详，"改正"之前去世。

58. **谭范？** —— 情况不详，"改正"之前去世。

59. **傅绍清** —— 情况不详，"历反"，"改正"之前去世。

60. **刘迪光** —— 情况不详，"改正"之前去世。

重庆市总工会右派名录

主席：张显仪
秘书长（常委）：邓　平（劳教）
生产部长（常委）：郭　平（病逝）
建筑工会主席：王延平（下放长寿湖）
宣传部副部长：罗志德（下放长寿湖）
重工业工会副主席：邓宗辉（下放长寿湖）
宣传部副部长（反党分子）：马季常（下放长寿湖）
轻工业工会副主席：丁固生

劳动教养右派：
陈湘涛　胡世济　朱国祥　邓荣森　庞大　向贤杰　景显宗（？）　李文浩　江虹

抓入监狱：

谢卿梁（肃反时被打成"托派分子"，入狱25年，见"王廷芳"）

下放长寿湖农场监督劳动： 第一次13人

邢言绫　王廷芳　杨正秋　李多明　郑汉生　李宁熙　赵琨　程代泽　邓万华
王辅华　张樾　陈援　罗健华（以历反名义同时处理）

以后又陆续送长寿湖劳改的共5人：

王延平、罗志德、邓宗辉、周维翰、刘文秀（历反）

1958年底长寿湖未通过总工会直接划的右派：

刘焰

不明情况的：

柳青　丁可嘉　张德修

（陈华供稿）

189

七、技术人员

当年岁数大的，没能等到今天的采访，
这儿只有三个当年的年轻人：

1、李春华
2、郑光荃
3、李建钰

长寿湖（谭松 摄）

不说假话？定个顽固右派！
——李春华
——1957年交通部川江航道整治处技术员

1953年我从武汉大学水利学院毕业，分到南京。一年后，有个领导看中了我，调我到重庆，他说干三、五年放我回南京。

那个年代我们很听领导的话，别说去重庆，就是去深山老林也会毫不犹豫，真正是党叫干啥就干啥。当然，没料到三年后变成"阶级敌人"，回不去了。

1957年我27岁，在交通部下属的川江航道处任技术员，机关团支书，处办公会秘书。那时我思想活跃，风华正茂，在科研上，我发明了"急流滩图解法"——专门整治川江急滩的科研成果；文学上我喜欢写点散文、通讯；政治上，无限热爱共产党、毛主席。组织上正考虑发展我入党。还有，我爱唱爱笑，对人和气，人缘极好，原本与右派不沾边，也不会有人要整我。

川航处领导一直在闹派性，一把手李立明是交通部派来的，他与地方实力派郑XX、杨XX势不两立，双方势均力敌，谁也搬不动谁，1957年反右提供了整人的机会，这个机会对双方是公平的，区别在于谁更心狠手辣，卑鄙无耻。一把手李立明工作能力强，业务水平高，群众关系也不错，还占据着一把手的有利位置。但是，在"无中生有"、"心狠手辣"这些"智慧"上，他不是杨、郑二人的对手。

他们的内斗本来与我无关，倒霉的是杨、郑二人把攻破对方的突破口选在我身上。他们精心编造了一份材料，要我照此揭发李立明。我一看那材料傻了眼，我从来没听李立明说过那些话，办公会记录上也没有那些东西，纯属栽赃陷害！我断然拒绝。他们用入党、升官来劝诱我，反复做工作，我还是不干。他们一怒之下，把我关起来逼供。

以前看古装戏，县老爷审案，惊堂木一拍，一声断喝："这厮狡诈，不打如何肯招。"80大板打下来，皮开肉绽，什么口供都有了，既简单，又快捷，破案率也高。

我没有挨板子，挨的是不准睡觉。

我一想起三天三夜不准睡觉的滋味至今心发抖。说起来没有动刑，打得血肉横飞，但几天几夜疲劳折磨，逼得人发狂，头痛得要炸，我好几次烦躁得要往墙上撞。最后我实在挺不住，在那份诬陷材料上签了字。但是这实在有违我做人的基本原则——怎么能平白无故地陷害一个人？所以，一旦我睡了一觉，马上翻供，翻供又抓起来整，受不了又签字。这样反反复复整了几个月，我身体垮了，我的脑子受了很大的损伤，从此经常失眠、头痛，至今留有后遗症。不过，我坚守了我做人的准则。他们一气之下把我划成右派，勉强给我安了个罪名——赞同右派言论。

杨、郑二人不死心，接着寻找新的突破口。他们找了一个年轻女人——医务室的护士。

这位护士曾经护送李立明去黄山疗养，既然是一男一女，不妨往那方面整。女护士被找去"谈话"，这一"谈"，便"谈"了好些日子，最后的结果是，女护士招认了她同一把手的"不正当的男女关系"。

白纸黑字，李立明有口难辩。

我当时就怀疑女护士的招供是被逼出来的，我受过那种审讯，知道厉害。她一个女人，不一定受得住。你想，女护士才结婚不久，爱人在我们同一个单位，不是受到极大的压力，她怎么会把这种事扯到自己身上。

李立明被定为"坏分子"，1958年发配长寿湖。他从处座的位置上栽下来，憋不下这口气，在长寿湖仅仅三年，就气闷而死，死时还不到四十岁。

郑、杨他们说，我本来没什么问题，但太犟，所以，定我个顽固右派，发18元生活费，押送大巴山通江农场。去的途中，睡在一个破房子里，我为了照顾民航的熊明鑫，半夜从楼板上摔下来，脑子又受了一次损伤。

在通江，一个叫郝士风的右派死那儿。他是我们单位的供应科长，只因说杨、郑二人是红鼻子就被划为右派。他已四十多岁了，有严重的胃病，去通江前，他明白这一去就回不来。临行前他给老母下跪，说："妈，我侍候不了你了，是儿子不孝，对不起你。"我当时在门外，听见他们全家人哭成一团。他到通江后，很快死在那儿。

我们100来人的航道处，划了20多名右派，按5%的右派指标算，超额15%以上，而且还在源源不断地往上报。市委后来觉得太多了，不再批，杨、郑二人才没有继续扩大战果。到反右结束时，他俩已经把给自己提过意见的，甚至没得意见，只流露出一点不满的人，整肃得一干二净，有些人甚至被直接送进监狱劳改。

1958年是我人生的一个分水岭，在那之前，我活泼开朗，爱说爱笑，对共产党无限热爱，对毛泽东无限崇拜，之后，我变得沉默寡言，胆小如鼠，一点小事就怕得不得了。在通江，我对整个运动并没有认清，我以为反右是正确的，我被整是因为杨、郑二人太霸道，乱整人，共产党本身没问题，对毛泽东我还热爱、崇拜。到长寿湖后，遇到了一些很有水平、有见识，也很有胆量的右派分子，是他们让我认识到问题出在毛泽东、共产党身上。例如，市党校的右派周西平对我说，共产党内斗争一向残酷激烈，共产党解放前就整人。又如，在1960年最艰苦的日子，团市委的"反党分子"谭显殷对我说：要坚持住，反右是颠倒的历史，一定会颠倒过来，否则中国就不会前进。有的右派甚至要帮我找女朋友，说：右派也是人，为啥怕结婚？！不怕，我们给你找对象！这些话对我启发很大，鼓舞也很大，帮助我从悲观绝望和胆小怕事的状态下挣脱出来。1962年，我同长寿县的一位姑娘结了婚。所以说，长寿湖是我思想认识转变的地方，从热爱党、崇拜毛走向反面。

采访时，李春华取出一份1997年四川省交通厅内河勘察规划设计院的文件给我看，上面的主要内容如下：

1976年、1977年、1989年、1991年及其以后运用"急流滩图解法"对羊滩、桃花滩、朱石滩、叉鱼碛滩、小角邦、大角邦和坳角等激流滩的整治施工，证明效果非常好。

通过对嘉陵江、岷江、乌江等山区河流急滩的整治、设计和多年的实践，证明该急流图解法对山区航道的整治作出了重要的贡献。

"急流滩图解法"是我1957年的科研成果，那时我充满了创造力。我27岁发明的东西几十年后还在应用。但这几十年我一事无成，只在档案袋里留下了厚厚的思想汇报、自我检讨和翻案材料。1997年给我的这个肯定还有什么用，我早就退休了。

不过，想起来这还不是最令人悲愤的，那个逼人说假话的东西才不是个东西！不要我搞技术、搞发明也罢了，非要我昧良心说谎！我受不了！我这个人一辈子清清白白做人，宁愿死也绝不诬陷人。可是，你看看，那些说谎做假卑鄙整人的人，一个个升官发财（譬如1957年诬陷我"连毛主席都骂"的人，事后马上升官当了段长。），而坚持良心，有正义感的人一个个被打成坏人、阶级敌人。现在也是这样，说假话的得利，说真话的遭殃，连评职称都如此，弄虚作假的评上了，埋头苦干的被淘汰，结果大家一窝蜂地去做假。

还有腐败，我简直看不到一点希望了。说国民党腐败，它哪里敢同共产党相比！我父亲是上海交大毕业又留学日本的高级知识分子，曾在国民党铁道部渝汉铁路局当课长。他，还有他那些任高级管理人员的朋友，一生清正廉洁。共产党当政后，仔仔细细清查过他们，只查出他们参加过国民党的一次会议，没发现任何贪污腐败。（后来共产党把这批人全部打成历史反革命，迫害几十年，就是根据那次会议报到的签名册。）现在共产党的官员，有几个经得起查？

除了腐败，共产党还有个大毛病，就是内部不停地斗，斗得你死我活。我们航道处前前后后十几任党委，没有哪一届不是勾心斗角，不是你整我就是我整你。最喜剧的是，1957年联手把李立明斗下去的杨、郑二人，十多年后郑反戈一击，将同一条战壕的杨"战友"一闷棍打了下去，取得了最后胜利。

你问我这辈子最大的教训或者说最深的体会是什么？我觉得是不能讲老实话。说老实话要付出惨重代价，我就是例子。可惜，虽然我认识到这点，但我还是做不到。27岁的我做不到，71岁的我还是做不到，明明是驴子，我不能说成是马，这是我做人的底线。今天我对你说的，就是老实话，是真话，最后我要说的话就是，我当年热爱的那个党已经烂透了，我当年热爱的这个新社会已经没有希望了。

（采访时间：2001年5月31日，　地点：重庆市渝中区）

采访后记

在我童年时代，李春华是我父亲长寿湖难友中不时来家走动的人。他是单身汉，很喜欢小孩，常常抱着我们，给我们讲故事。我小时唯一的一件玩具（一盒拼搭汽车、吊车的铁片），就是李春华送的。当然我不知道他那时只有18元生活费。

2001年3月初，我回父母家无意中提到李春华，话音刚落，门铃响了，进来的正是他！

冥冥中一定有神灵，这个神灵一定在昭示着什么！

我已经有整整三十多年未见到他。李叔叔老了，头发已经花白，手微微颤抖，但是，那双眼睛仍然那样和蔼，那样善良，那样亲切。

我们谈到了长寿湖，谈到反右运动，谈到那血泪斑斑的苦难岁月……

我目不转睛地盯着李叔叔，心头有一股热血一阵一阵地涌动。

我觉得我应当做点什么。

妈妈说："你要做就得赶快，这些人年岁都很大了。"

那一刻，我已经作出了决定。

3月底，我同原单位彻底解除了关系，怀揣着一个"重庆市企业职工下岗证"和一次性"买断"的4000元钱，作为"社会闲杂人员"（李鹏总理发明的词），走上采访之路。

李春华是我采访的第三十位老人。他为坚守良心而付出的惨重代价，以及付出这种代价之后依然坚守良心，给我一种激励和感召。

今天是六一儿童节，我想把一个个老人的故事，作为礼物，送给儿童。

(2001年6月1日)

长寿湖（陈华 摄）

活到这把年龄，憋得要死——郑光荃

——1957年重庆市总工会机械工会组织部长

我听说你在采访，我盼望你来，我早就憋了一肚子话，这个国家，这个政权，这个党，太让人憋气，我经常出去同他们争论，我不怕，活到这把年龄，憋得难受！

我父亲解放前是北碚大明厂的厂长，解放后的命运就不提了。我哥哥中大航空系毕业，1945年加入共产党，1971年被共产党害死。我南开中学毕业后考入北京理工学院，1956年分到重庆煤矿设计院，一年多后划为右派。

我的言论有三点：一是就波匈事件发表议论，说怎么能把坦克开到别国首都，怎么能随便换别国的领导人，二是赞同马寅初的人口论，三是认为领导应当懂业务，尤其是分管业务的领导。给我定的罪只有一条："破坏中苏团结"。

这个罪名我直到1979年"改正"才知道，定罪时没给我说，我刚刚听说我为之劳改22年的罪名是什么时，就宣布这个罪名不成立，我忍不住当场大叫一声："捉鬼放鬼都是你共产党！"你想，古代苏武放羊才19年，罚我劳动改造22年，整得我人虽然没亡，家却破了，至今独身一人。

我不认罪，咬定你共产党自己说好的"言者无罪"，而且我没偷没抢，有什么罪？不认罪？好！罪加一等，划为顽固右派。

我妻子同我一个单位，我们结婚才一年，她马上同我离婚。离婚时，距我女儿出生只差十几天。我女儿一出生就面对一个破碎家庭和一个右派父亲。离了婚，妻子还是没跑脱，仍然被扫地出门——右派家属一律不准在本单位工作。女儿刚生下来，她就离开了她，独自远走它乡。后来她发奋考上大学，现在是一个副教授。我女儿是我母亲用牛奶喂大的，她这辈子没吃过一口母奶。前几年她母亲找到她，出钱给她买房子，我想她感到了内疚。

1958年我下放到南桐山区农村，那地方穷得很，我去了连床都没得，农民提供了口空棺材。我睡在棺材里，静布怕人，黑得恐怖，我想到这场飞来的冤祸，想到离婚的妻子，刚刚出生的女儿……这是最容易将人击垮的时刻，精神可以在一夜间轰然倒塌，永远埋葬在棺材里。

在这个关键时刻，我奋身而起，在黑暗中首先庄严地自己给自己宣判无罪，接着引用古巴卡斯特罗的话说："历史将宣判我无罪！"

嘿！这句话后来成了我强大的精神支柱，我之所以没有死，全靠这个信念，很多右派没活下来，就是精神垮了。我们一块下去的右派刘光明十分绝望地对我说：这辈子完了。我告诉他，历史将判我们无罪，不过要等那个"毛万岁"死了才行。"毛万岁"已经60多岁了，我们才20多，肯定活得过他。嗨，刘光明不仅不听我的，后来还揭发我，害我挨了几天斗，他自己也垮了下去，1960年饿死在长寿湖。

我自己给自己判了无罪，坚信历史会判我无罪，眼下过的每一天都是在等"毛万岁"驾崩，我才不像其他右派那样老老实实认认真真地劳动改造。我悄悄溜到镇上找人下象棋，消磨"送给毛泽东的时光"，另外，偷吃能够偷吃的一切东西，这是保存"革命的本钱"，等待历史判我无罪的那一天。在南桐最艰难、不少右派死亡的日子里，我干脆偷跑回城，躲在母亲身边。到长寿湖之后，我更是靠山吃山，靠水吃水。

守着这么大一个湖，我才不会去饿死，湖里的鱼说是国家财产，偷吃是犯罪，但谁又对我们犯罪了？嗯？！所以，正如共产党说的，关键是个思想认识问题。认识清楚了，哪有偷不到鱼的？长寿湖这么大，湖广人稀，岛子众多，晚上悄悄下根线，第二天保证收条鱼，就是生吃，也可以救条命，我们煤矿设计院下长寿湖8个人中，刘光明和焦光复饿死了，在某种程度上说，就是因为没有解决认识问题，还在一心一意按共产党的要求改造思想，争取重新做人。告诉你，我在南桐和长寿湖都没有吃太大的苦，除了我求生本领强之外，更重要的是，我解决了认识问题，又有精神支柱，在右派中，像我这样想得开，精神愉快的人极少。

把南桐和长寿湖相比，南桐地理环境恶劣，但精神压力没有长寿湖大，长寿湖成天绞磨你的灵魂，折磨你的精神。管理人员鼓励右派之间互相告密，互相批斗，有些管理人员本身就是有右倾问题的下放干部。

这些本身因右倾受了处分的人，"左"起来可怕得很，他们想用"左"来洗刷自己的右，得到上面的赏识。尤其是某些摘了帽，当了组长的人最混帐，比奴隶主的监工还要厉害，例如，出版社的摘帽右派XXX为了创造先进，取消一切休息，强迫其他右派像奴隶一样拼命，有些右派的死亡直接与这些组长有关。其实共产党并不因为你摇尾乞怜而将你从狗变为人，最多不过让你多得一根骨头，何苦呢？这又是认识问题。

在几个小时的采访中，郑光荃老人很少谈自己的苦难，而大多时间在抒发今天的感叹和悲愤。

郑光荃：1949年走进"新社会"后，国民党时代还存有的一点民主，被共产党扫荡得干干净净，中国五千年史上，建起了空前残暴的独裁统治。毛泽东这种人出现在中华民族历史上，绝对是中华民族的灾难，就算不提"反右"、"大跃进"、大饥荒、"文革"，光是他扭曲了中国人的人性，强奸了中国人的精神，摧残了中国文明道德，就足以使他成为历史的千古罪人！秦始皇哪儿比得上他？！唯一能同他媲美的只有苏联的杀人魔王斯大林。他们俩是共产主义大旗下的一对孪生狼兄。有人用16个字来形容毛泽东，我认为非常准确，这16个字是："嫉贤妒能，背信弃义，口蜜腹剑、心狠手辣"。对这样一个中华民族的千古罪人，我们至今还把他供在水晶棺材里顶礼膜拜，至今不敢揭露他的罪恶，这是我们民族的悲哀！

再说共产党，可以说，中国这几十年的一切灾难都集中于一点——共产党的一党专政。这个党无所不管，无所不占，管制人它可以理麻你半夜在想什么，同老婆说了什么话，占有物可以把全社会的所有财物都归到它门下。我看见党委那一班人心头就有气，看见那层层叠叠的人大政协心头就烦，各级党委除了制造麻烦还能做什么？养那一群人大政协，除了花纳税人的钱，还能起多大作用？说来实在可悲，中华五千年文明发展到现在，我们还拥有如此专制独裁的政党，还拥有如此臃肿落后的政权。一个政党强占一切宣传工具,垄断所有新闻媒体,自己说自己"伟大、光荣、正确",简直无耻之极、专横之极、虚伪之极!

我们院的党委书记、院长、副院长们,怎么说他们呢?副院长因贪污腐败已经被抓起来了。这个政权、这个政党已经烂透了,比国民党糟得多,国民党时代还有游行示威,还有新华日报,还有社团组织,还有不同的声音,现在除了"伟大、光荣、正确"的共产党的声音,就是共产党"伟大、光荣、正确"的声音。假话、空话、大话把人都要憋死了!!

我现在每天听美国之音、亚洲自由广播电台、英国的BBC,就是想听点真实的声音,让灵魂透口气。我听到香港为纪念"六·四"游行,感到很欣慰,中国还是有希望,中国人的良心还没有死绝。对了,共产党内我最敬佩李慎之,他是中国知识分子的楷模,共产主义运动史上我最敬佩戈尔巴乔夫,他们是共产党内良心的代表。但是,我们绝不能对共产党抱任何幻想,共产党从来都是背信弃义!共产党、毛泽东对中华民族和中国人民犯下的罪行罄竹难书!我现在越来越坚信我的看法,中国要发展、国家要富强、社会要民主,人民要解放,必须废除一党专政!

我这样激愤,并不是因为我57年受了冤屈,也不是因为我唯一的女儿吃尽了苦头,更不是因为共产党害得我至今孤苦一人没有家室,而是看到它给国家民族带来了巨大苦难,我心中郁积的悲伤和愤怒太多太多,没有地方可说。现在的文人我非常瞧不起,一个个毫无骨气,一门心思在共产党体制内捞名捞利。我对你有个要求,你要写就照实写,大胆写,我巴不得你写出来,共产党要来抓就来抓,我快70的人了,把我抓进监狱去,死,无所谓。

(采访时间:2001年5月28日,地址:重庆市大坪)

采访后记

采访郑光荃时,下着瓢泼大雨,天,十分阴沉,雷声阵阵。我在煤院宿舍的一间底楼里找到郑先生。

他的客厅窄小、阴暗、尤其显得潮湿。他是一个孤身老人,1957年妻子离他而去后,他再没有结婚。现在他最大的安慰是他的女儿,提到女儿,他眉飞色舞,这是他比白永康幸运的地方。

初次见面,刚刚落座,郑先生就扯开嗓门,毫无顾忌地谈起来。说到激昂处,他从椅子上跃起来,又是挥手,又是扬眉,仿佛这不是他家的小客厅,而是广场上的大舞台,他也不是一个孤独老人,而是"五四"时奔啸于街头的热血青年。

他最大的苦恼不是孤独,而是"没有说话的地方",每每"夜半狂歌悲风起"之后,是"报国欲死无战场"。

注视着这位老人,我想起辛弃疾的词句:"把吴钩看了,阑干拍遍,无人会,登临意。"

他说:"你大胆写,照我的原话写,我不怕,再把我抓去也无所谓。"

眼下,我怎么老是在一些七、八十岁的老人身上看到久违的正义、久违的良心、久违的勇气?采访《重庆大轰炸》的老人如此,采访长寿湖的老人也如此。

难道,中国的希望寄托在他们身上?

毛主席说,5%的人是坏人——李建裕

——1957年重庆煤矿设计院助理工程师

我当右派据说是还有一个名额没完成。

记得那时领导讲:毛主席说,5%的人是坏人。

1957年我毕业才一年多(毕业于重庆建筑工程学院),年轻,单纯,工作热情高,积极上进,家庭出身好,本人没有任何历史疤疤,领导对我很器重。我到设计院很快担任了政治辅导员,代理科长。1957年鸣放,我是科室召集人、主持人。

划我右派,有两条罪状。

一次选工会干部,我们认认真真讨论、提名、推荐,当一回事在做。哪晓得领导早就内定了人选,各个位置已经名花有主,所谓选举完全是空过场。我是个技术员,没多少政治见解,但同所有知识分子一样,把民主看得很重。我非常气愤院领导的这种作法,在选举会场拂袖而去。

事后给我定个罪:破坏选举。

我们科室有一个印尼华侨叫黎体仁,英语棒得很,抗战时期,他给美军当翻译。解放后搞肃反,把他抓起来,说他历史有问题,关了几年,老婆离婚,他为这事愤愤不平。鸣放会上,他提出一个条件,要院办公室主任来了他才发言。我去把主任找来。他一见到主任,情绪就激动,滔滔不绝控诉主任当年迫害他(是主任整他的材料),害得他人被关,家破裂。我是主持人,没阻拦他,为啥没阻拦?因为头几天科室鸣放空气很沉闷,没人发言,好不容易气氛热烈。我想把各项工作都抓积极,就是这个心理。其实华侨的事,我也不懂,我才毕业一年多。

结果,获得第二个罪:包庇反革命分子,翻肃反的案。

你好笑?是的,我也觉得荒唐。不过,划我右派据说是有个指标没完成,记得那时上面讲,毛主席说,5%的人是坏人。反右就按这个比例整。单位要完成指标,完不成是阶级斗争没抓好。剥削阶级不甘心灭亡,总要向党进攻,所以要不断地按人口比例抓。当时,一会听说这儿抓了多少,一会那儿抓了多少,抓得越多,越忠于党。设计院抓了二十六、七个,如果我当院长,也要抓那么多,不能落后,要争先进,抓得多市委要表扬。

我先被发配到南桐,安排到一个最苦最穷的农民家,说是最苦最穷最革命,有利于改造知识分子的资产阶级思想和资产阶级习气。为右派后,工资没有了,每月只有8元钱生活费。我没成家,只有个母亲,母亲千辛万苦供我读完大学,我是她的骄傲。我当右派下放农村,她又急又气又担心,天天哭,不到一年时间,双眼哭瞎。

这儿我给你说一个医生,他叫吕钟立(音),是英国留学回来的眼科专家,非常有名。我妈找他看病时他正在挨斗,一阵阵口号和辱骂整得他垂头丧气。斗完了叫他看病人——病人已经等了一长串。他丧着脸问我妈："哪点不好？快说！"我妈回答："哭多了，眼睛看不见。""你哭啥？""我儿子被他们弄走了。"我妈把我的事讲给吕医生，吕医生没再多说，认认真真给我妈治病，我妈的一只眼睛就是吕医生救下的，我们感谢他一辈子。

1960年，我被转到长寿湖，在三台喂猪。让我喂猪，是党对我的信任，是恩惠。为啥？有个不成文的规定，右派不准当"五员"——保管员、记分员、饲养员、炊事员（还有一员记不得了）。右派是敌人，敌人要报复、投毒、使坏。

在灾荒年当饲养员的确是恩惠，可以偷吃猪食，填肚子。我们设计院一块下去的右派刘光明和焦光复在三台对面的桐梓沱劳动，活活饿死。刘光明死前带信给我，要我一定去看他。我划船去，发现他已经站不起，直挺挺睡在只铺了一点谷草的地上，蓬头垢面，面色惨白，双眼凹陷，真的是"三分像人，七分像鬼"，他死前的模样，我一直抹不去。我空着手去看他，什么都没带，只好说几句话安慰他。多年来，我为这事很伤心，我要是给他带几斤红苕去，让他落气前吃顿饱饭也好呀。

我在长寿湖干了二十一年，一直没成家，不是不想，是怕。我看到有家室的右派，活得累。我们单身汉中，有个叫欧文定的右派，憋得慌，忍不住去追渔场的女青年，所谓追，不过是色迷迷地盯着人家看。他也不想想，自己是什么人，想吃天鹅肉？他没沾着一滴腥，弄了一顶"坏分子"帽子，抓进监狱蹲了十年。

这事本来可大可小，斗一场也可以了结。有个组长叫李XX，他一手策划，置欧于死地。这个人是个摘帽右派，算起来同是天涯沦落人，但他为虎作伥，在别人伤口上洒盐，踩着别人的尸体往上爬。新华社的右派王华东因写日记，也差点被他整进监狱。他当年整人太多，所以，现在长寿湖难友聚会，他一直不敢来。

我是"改正"后从长寿湖回来才结的婚，都快50岁了。我算好的，成了个家。想成家的想得要命的欧文定一辈子打光棍，前几年死在床上都没人知道。

那21年，三天三夜都讲不完，刻骨铭心，说给你你也发表不出来。

留给今后？

好，好，我等，等那一天，等不到就在九泉之下读。

（采访时间：2001年12月4日，地点：重庆市大坪）

采访后记

出门时，有点蒙蒙细雨，赶到设计院宿舍大院，雨下大了，我光着头，狼狈不堪。

院内正在施工，路阻断。我正焦急，宿舍楼里出来一位40多岁的妇女。我问，能否从左边绕到后面去，她盯了我一眼，冷冷地说："可以。"

我出铁大门，往左而去。

沿途的高墙、铺面，水泼不进。我这一绕，绕了二十多分钟，一大圈，几乎又回到原处。

在铁大门右边50多米，便是一扇通往宿舍院后部的门！

那位住在院内的妇女不知道?

我湿淋淋走进那道门,在12月冬风中冷得发抖。

我想起一个雾蒙蒙的早晨,我到市党校采访刘康。

偌大的校园内四下无人。远处款款走来一位窈窕女子,靓丽高雅。我一般不向这种佳丽问路,除非万不得已。

"请问……"我彬彬有礼地问。

佳丽既不减速,更不停步,头向上一翘,鼻子里哼给我两声,高跟鞋敲出节奏,转眼是个远去的背影。

我立在那儿,鼻子吸着她飘散的甜甜香气。

采访中,这类"寒冷"遭遇不少。

去年此时,我在悉尼街头迷路,空荡荡的路上好容易来了一个金发碧眼,我"万不得已"地把她拦下。她满面笑容,最后还带我走几百米,找到她的一位朋友,送我一张地图!

我们传统文明中,原本也有那种热情和友好,我们日常生活里,本不应有这种冷漠和自私。

眼下铺天盖地的假冒伪劣与冷漠自私是如何生成的呢?

1957年应当是一个研究重点。

我湿淋淋叩响李建裕的门。

图片来自光碟《长寿湖我们怀念您》

部分技术人员右派简况

1、胡尔勤之死

胡尔勤——西南煤矿基本建设局右派,上海人,专长英语,1956年从上海来重庆。1957年鸣放期间,胡尔勤的好朋友(一块从上海来的同学陈颖)写了一篇大字报。反右时,领导追查该大字报的作者,快查到陈颖头上时,陈慌了,他正要同上海的女朋友结婚。胡尔勤为救朋友,主动找领导承认自己是作者,由此当右派,下放长寿湖。

十年之后,胡尔勤忍受不住,觉得这个忙帮得太大,他找到领导,说明了真像。领导回答:你已经当了这么久,没法改,哪儿去找人来替你?只有继续当下去。

几年后,1972年,胡尔勤一次劳动回来,下湖洗澡,他避开其他人,单独找了个地方,不幸跌入深水区淹死,遗体埋在同心岛楠竹坡,终年38岁。

遗物中发现他保存了十多年的一张照片——他当年的女朋友。

(注:采访中,很多人都提到胡尔勤,共同的评价是:一、老实,二、英文极好。

睡他上铺的李建裕曾在"改正"后,到上海找他的姐姐,但未找到。与胡一个单位的右派朱恩源告诉我,当时夕阳西沉,他远远看见胡沉下去,他似乎笑了一下。

胡尔勤究竟是失足淹死,还是存心自杀,只有他本人和湖水知道。)

胡尔勤遇难处和陈遥之投湖自杀处(同心岛   谭松摄)

2、焦光复之死

焦光复——煤矿设计院职工,因一篇日记被打成右派。日记记载:今天全院停工打扫卫生,说是苏联专家要来,院内平时卫生很差,领导无所谓,有客人来,就全体动员,里里外外打扫,做表面文章。

焦光复被划为右派时只有17岁，于1960饿死在长寿湖，终年20岁。

3．**刘光明**—— 重庆煤矿设计院技术员，右派，1960年饿死在长寿湖。

4．**冯瑞勇**—— 重庆煤矿设计院右派，在长寿湖精神失常。1983年去世。

5．**罗安琼（女）**—— 重庆煤矿设计院右派。在临上车前往长寿湖时，罗突然放声大哭：“我有三个娃娃，我一走，他们怎么办？”罗哭声凄惨，押送的丁书记发了慈悲，说：“算了，算了，你就留在院内打扫清洁。”罗因而未下长寿湖。

6．**胡　蓉（女）**—— 重庆煤矿设计院右派。

7．**罗美灿**—— 重庆煤矿设计院右派，未下长寿湖。（现情况不详）

8．**彭兆亮**—— 毕业于哈尔滨军事工业大学，重庆煤矿设计院的才子，因说政府对地主太残酷而被划为极右，押往四川省雷波县劳改，后放回湖南农村劳改。1979年获得改正时头发已白。

9．**黎体仁**—— 重庆煤矿设计院，印尼归国华侨。肃反运动期间受迫害，被关押，妻子与他离婚。1957年鸣放时他对此表示不满，被划为极右，押往四川省雷波县劳改。（现情况不详）

10．**张学渊**—— 重庆煤矿设计院工程师，右派，二十世纪九十年代去世。

11．**吴希鳞**—— 重庆煤矿设计院工程师，右派，二十世纪九十年代去世。

12．**张　汝**—— 重庆煤矿设计院工程师，右派，二十世纪九十年代去世。

13．**周家元**—— 泸县人，1936年1月生，大专文化，重庆煤矿设计院右派。（书记、院长宣布：本应降三级处分，因无级可降，发给生活费下放农村劳改。）周家元于2009年10月去世。

14．**邓家琦**—— 四川犍为县人，1927年4月生，大学专科文化，重庆市煤矿设计院右派。

15．**李成中**—— 重庆煤矿设计院右派。

16．**冯瑞勇**—— 重庆煤矿设计院右派，改正前去世。

17．**张万金**—— 长航右派。1959年在长寿湖石高滩过独木桥时被洪水吞噬，次日水退后在下游老虎口崖缝中发现尸体。张被埋葬在老虎口对面的河边，终年30多岁。

18．**胡咸中**—— 1949年前的大学生，川江航道处财务科长，因给领导的霸道作风提意见被划成右派，1961年从长寿湖外逃，被抓住后跳河（跳车？）自杀，死时30多岁。

19．**杨　林**—— 孤儿出身，航道处职工，反右时说了一句“若惹到我，我就跟他白刀子进，红刀子出”被划为右派，在一次斗争会后跳长江自杀。未婚。

20．**廖西台**—— 长航海员工会右派，1960年死于长寿湖，死因不详。

21．**郝士风**—— 航道处供应科长，右派，1958年死于通江劳改农场。

22．**蔡观强**—— 航道处技术员，一次在河边测量，无聊中在沙滩上写了几个字，被认为思想反动，划为右派，入狱，几年后死在劳教所。

23．**李立明**—— 航道处副处长，1957年被整为“坏分子”，1965年郁闷而死。

24．**薛秉农**—— 长航长江轮船公司右派，二十世纪九十年代去世。

25．**卢昌绪**—— 长航长江轮船公司右派，二十世纪九十年代去世。

26. **谢重开**—— 重庆唐家沱东风造船厂高级技工，右派，二十世纪九十年代去世。

27. **刘抚万**—— 长江水利委员会上游工程局工程师。在一次闲聊中，有人说"积极分子是英雄。"刘说："啥英雄？狗熊。"刘因此被划为右派，下放长寿湖，1973年调回，2001年去世。（与刘曼若是长寿湖的兄妹右派。）

28. **周正林**—— 长航"坏分子"（"生活作风"问题），1961年在长寿湖服毒自杀。

29. **梁　湘**—— 长航历反（因中学加入三青团，并当了一个干部）。

30. **林木森**—— 长航技术员，右派。

31. **李功成**—— 长航党委宣传部长，因说回老家看见农民很苦而划为右派。

32. **信宝堂**—— 长航右派。因工手致残，提意见说领导不重视安全而划为右派。

33. **顾崇义**—— 长航工会宣传部长，右派。

34. **李潜修**—— 长航工程师，右派，2003年去世。

35. **猗　兰（女）**—— 长航右派（现在北京）。

36. **杨宝珍（女）**—— 长航右派（现在丰都）。

37. **关XX**—— 长航最小的右派，划右时不足18岁

38. **龙　生**—— 长航右派。

39. **朱XX**—— 长航右派（现情况不详）。

40. **杜执忠**—— 长航右派（现情况不详）。

41. **廖　翔**—— 长航右派（现情况不详）。

42. **刘全友**—— 情况不详。

43. **周伯华**—— 情况不详。

点火

1957年反右漫画

203

八、舞台人物

文艺团体中的右派分子不少，但好多都没能熬过那段岁月。
幸存者似乎大多看透了人生这幕荒诞剧，不愿向一个后来者
掀开那一角沉重的幕布。拒绝者继续沉默，接受者大多话语不多。

1、诸　　溪
2、李　　正
3、康　　敏
4、万　　声
5、肖培禧
6、陈　　华

1957年丑化右派的话剧（陈华提供）

唱了几首歌，坐了20年牢 ——诸溪

——1957年重庆市歌舞团独唱演员
1926年生

1949年，我进入"新社会"，50多年来，唱了几首歌，坐了二十多年牢，劳改前后25年，然后退休吃闲饭20年。这一辈子，怎么说呢，我被坏分子打成坏分子，被盗窃犯打成盗窃犯，被扒手污成扒手，这个"新社会"呀……

　　我是南京人，1926年生，出生于一个家财万贯的富豪之家。父亲是大生意人，11岁那年，日本人打来，我们家产全部被毁，父亲病亡，母亲一气之下上吊自杀，家里仅剩我和祖母，所以我这一辈子都痛恨日本人。我在沦陷区长大，有强烈的爱国心，一心渴盼国家强大、富强。我觉得国民党腐败、独裁，中国的希望在共产党身上。所以，1949年我坚决不跟舅舅去台湾，而加入了共产党的第二野战军，在军政文工队当独唱演员。

　　我第一次坐牢是1952年，那时我们驻扎在四川简阳，队里有一个采购员自杀了（当时搞三反运动），尸体是一个叫王振东的小演员发现的。上面不分青红皂白，把他抓起来咬定凶手是他，王不承认，不承认就押出去枪毙，王吓得屁滚尿流，赶紧承认。但是一押回来，马上翻供，又押出去，王又赶紧承认。说他是什么他就承认什么，中统特务，军统特务，都承认。王虽然承认了，但上面觉得他只有17岁，还不成熟，背后一定还隐藏有老奸巨猾的特务。当时同王接触得比较多的一个是乐队指挥安啸北，他教王拉胡琴，另一个就是我，教王唱歌，我们有时晚上就在花园里练习。他们不由分说，一把把我们俩抓起来，脱掉军装，穿上黑衣，关押入牢。你听没听说过当年在苏区抓AB团？就是那种模式，平白无故认定你是特务，设一个套子诱你往里钻，用各种手法逼迫你承认。比如半夜三点突然把人提起来，劈头问："姓什么？接头的是谁？你家里还有什么人？你还有什么话说（指遗言）？"等等。共产党有个很坏的作法，不问青红皂白先认定你是坏人。他们给我带上手铐脚镣，威胁要枪毙我，我知道他们做得出来。我要来纸和笔，准备给我在南京的祖母写信，也算遗书吧。我拿起笔突然不知怎么写，说我是冤枉的，信寄不出去，说我犯杀人罪被枪毙，那还不把我祖母气死？！我越想越气，越想越冤，干脆不写，那天我豁出去了，慷慨激昂地冲他们嚷："我诸溪不顾一切留在大陆，抛弃工作，参军入伍，是一心一意要跟共产党走，我那么热爱党，那么热爱毛主席，你们非要把我整成敌人，整成特务，杀吧，杀，杀了把我的心挖出来看……"

　　我原本是歌唱演员，声音宏亮，又是生死关头的叫喊，这还真把他们震住了，所以后来宣布王振东、安啸北死刑，我则暂不枪毙，说是还有重大问题。死刑还未执行时，部队开赴朝鲜，我们被解押到省军法处，这救了我们的命，因为他们终于弄清了采购员确系自杀，我们被放出来时已是1953年年底，共坐了22个月的牢。我们中最不幸的是安啸北，他有妻子儿女，精神压力极大，他在牢里大叫："张XX（他妻子），我没得事，你要把娃儿带好。"放他出来时，人已经疯了。他挨打呀，给他戴一种叫"童子拜观音"的刑具，那是两个铁圈，一头勒住脖子，一头铐住双手，中间一根铁棍固定，戴上这种刑具，双手不能往下垂，稍微一动，颈子就痛得钻心。

仅管遭此牢灾，我对共产党、毛主席仍然非常热爱，非常崇敬，仍然一心一意听毛主席的话，跟共产党走。你刚才看到的那张照片，就是我出狱后不久照的，你看那精神！

1955年，我从部队转业，到重庆歌舞团当了一名独唱演员，不久成了家，有了一个女儿，妻子是铁路文工团的一个演员。

1957年我没有鸣放，也没把我打成右派。1958年底，歌舞团舞蹈组的组长来通知我，说组织决定我下放农村劳动，没说任何理由，也没说劳动多长时间。那时的人很听话，党叫干啥就干啥，我背起被盖就去了。

在南桐农村，我才知道我已经被开除公职，一分钱工资都没有了。犯了什么罪，我一无所知。我回去问，歌舞团的人厉声呵斥："你自己的事自己还不清楚？！"

后来，我清楚了——那是20年之后。

在南桐，我与农民同吃同住同劳动，饿得惨呐！"大跃进"越深入，饿死的人越多，到最后我们靠吃红苕叶子充饥，我们那一带青壮年饿死很多，因为他们要劳动，需求量大。

1960年，我同南桐的右派分子、历反分子一起转到长寿湖，在长寿湖我定量是每月17斤粮，这点粮根本不够，我水肿，走不动路，于是派我到新滩去照守参子鱼。新滩是个斜长的水滩，参子鱼喜斗滩，我们抓住鱼的这个特点，在滩上挖了一个水坑，鱼斗滩上来落入坑中，我们守株待兔，每天收获上千斤。

同我一块照守的是重庆日报的右派詹光。新滩队的党支部书记叫陈XX，是长航来的干部，他经常把鱼批给他舅子，名义上是买，记得每斤是2角3分，100斤就是23块，运到城里去油炸了卖要4、5元一斤。他舅子拿张交款收条来，在我们面前晃一晃，用挑谷子的大箩筐装上满满一挑，说100斤，弄走的不止150斤，这还不

右派劳改地之一，新滩

算，他条子不交给我们，下一次用同一张条子晃一晃，又弄走一挑，如此反复多次。詹光看在眼里，不吭声。有一次，我忍不住，很委婉地对他说："你还是适当点，你弄多了，我们说不脱。"

陈的舅子瞪了我一眼，走了。

不久，在捕鱼队煮饭的右派孙静轩赶来告诉我，要我当心点。他说，听见陈的舅子对陈说，诸溪这个人装怪。陈书记回答，装怪不要紧，他不听话就收拾他。

孙静轩叫我回家去看看妻女，万一被"收拾"就回不了家了。孙静轩的前妻是铁路文工团的团长，同我妻子熟。

我赶紧请了三天假，匆匆回了家，然后又回到长寿湖。逃跑？哪里敢？而且，没有钱

没有粮，又没有证件，往哪里跑？

那一天，陈书记叫我到狮子滩去学习，我去了。进会场一看，杀气腾腾。不一会，有人高声宣布："诸溪犯盗窃罪，盗窃国家财产参子鱼2万斤，判三年劳教！"

立马有人上来把我五花大绑。我虽然知道要被"收拾"，但那一刻还是把我骇昏了。同我一块被抓的有36个人，名字记不得了，因为我被吓得昏头昏脑。

我先被押到沙坪坝松山劳改转运站，然后被押送到北碚西山坪劳教所。我给妻子写了封信，说我被打成了盗窃犯，判了三年刑。这儿说说我妻子。她跟着我受苦啊，因为坚决不同意跟我离婚，单位惩罚她，把她下放到内江火车站打扫厕所。我被抓后，在更大的压力下，我们离了婚。离了之后，她的待遇马上提高了，从打扫厕所改为在火车站卖票。后来，她带着女儿改嫁了，女儿改了姓，不再姓诸。还有，我南京的祖母靠我赡养，我入狱后她断了生活来源，很快就去世了。

我在西山坪同扒手、小偷、妓女们关在一起，所谓扒手、小偷都是因为饿得要死，忍不住偷了一点东西，比如偷了几个馒头或者摸了人家一、两块钱，其中大多数是十多岁的娃娃。至于妓女，就更冤了，那些女人饿慌了，给碗稀饭吃，就献身，这就算作卖淫。

正因为如此，这些人关进来很不服气，大多不认罪。劳改所的干警想让他们认罪伏法，于是找到了我——他们认为我有文化，有舞台经验，要我编剧、编歌来教育他们。他们给我看了一些材料，据此编剧。比如，有人摸了一个老人的两块钱，那两块钱是老太婆给她孙子买药的，老太婆很穷，丢了钱，买不了药，孙子发高烧死了，所以，偷两块钱也是大罪。

另外我还编歌，组织劳教人员演唱。什么"认罪服法……"、"逃跑无出路，害人又害己"等等。在劳教所我的这点"文艺才华"使我少受了许多苦，相比其他犯人，日子要轻松一些。

三年期满，我被释放，但我已无处可去，家没有家，工作没有工作，户口都办不了，只好留在劳改农场当一个就业人员。没过多久，一年吧，我又栽进去了。起因是这样的，劳教所有一个留场人员叫王XX，当时十六、七岁，他因扒窃入狱，刑满后也留场。在一次上街赶场时，他又去摸人家的钱包，结果被抓住，送回来后他很害怕。一个叫柴XX的人教唆他：你就说是有人怂恿你去干的，这样就会从轻发落。王于是一口咬上我。我同王关系很好，把他当干儿子，教他文化，教他唱歌。王咬我之后，我被抓出来当作扒手的黑后台批斗。当时正是文革初期，整个社会上上下下发了疯地大抓阶级斗争，大抓所谓的反党集团，这件事被一层一层上纲上线：诸溪为什么要叫王去摸包，因为诸溪需要钱，要钱来干什么，因为他仇恨共产党，要组织反党集团，组织反党集团需要经费，诸溪自己担任反党集团首领……，那个年代只要说发现了、破获了隐藏的或者潜在的反党集团，就是一个令人高兴的"伟大胜利"，办案人员就要立功。至于是不是事实，则没有人去管它。就这样，我被定为现行反革命，又判了三年。不过王诬告我也没有滑脱，同样判了几年。多年后我们相见，他连连向我道歉，说昧了良心，恩将仇报。现在他已是一个大老板。

那些日子很难过啊！打死人的事经常发生，我见得多了，死人太多太多。一种是专政机关给你定个罪，抓起来就枪毙了。比如有一个姓周的右派，以前是从渣滓洞逃出来的，被打成现行反革命，在永川劳改队被枪杀了，我亲眼目睹，临刑前他想呼口号，后面的人勒紧捆在他脖子上的绳子，他一声都没哼出来。这个冤案至今没平反，现在有一个叫吴明的很有正义感的法律专家在帮他申冤。

我再给你讲一个真实的故事。我们歌舞团有一个叫马维聪的男高音歌唱家,一米八的个头,仪表堂堂,是团里的主力演员。饥荒年,他人高马大,饿得发昏,万般无奈中只得去偷。他穿戴整齐,气宇不凡地走进商店,叫服务员把一部高档相机给他看。他左摆弄右摆弄,乘服务员不注意迅速调包,在皮套里装进一部旧相机还回去。得手后他将相机换成粮票,吃进肚里。不多久,他又故伎重演,但这次他失手了,被抓进了派出所。在派出所,他死活不肯说出自己的姓名和单位,一直拖到晚上8点多钟。为什么要拖到8点多钟?因为当天晚上有他的演出《货郎与小姐》,他是剧中的主角,男高音。他突然失踪,剧团只得宣布退票。8点多钟,马维聪估计观众都走完了,才供出自己的姓名和单位。他被押回来接受批判。这事本来认个错,写个检查也许就过去了,他毕竟是团里的台柱子。问题出在他死不认错,不仅不认错,还说:“我错了?全世界的男高音歌唱家有哪个像我,饿得被迫去偷?!这不是我的耻辱,是这个社会的耻辱,我没有罪,有罪的是你们!”

本来偷点东西是品质问题,马维聪居然敢指责社会主义社会,这就变成了一个政治问题。政治问题就要用其它手段来解决了,于是,马维聪被公安抓走。

在劳改期间,其他犯人晓得他歌唱得好,不时叫他唱支歌,马维聪也放得下脸,说:“要唱可以,拿一块红苕来。”

不料,这又给他带来了灾难。马维聪不唱革命歌曲,不唱歌颂党歌颂毛主席的歌曲,而专唱一些民歌,民歌里少不了“哥呀妹呀”的,于是又有人去汇报了。那个年代呀,告密者满街都是,整个社会已经被扭曲了。在他劳改地的山坡上有个女管教,民歌里有句“妹在对面山坡唱”的词,于是,马维聪被诬为“调戏女管教”。

当天,马维聪被批斗,挨打,随后,罚他到山上干重体力活——背南瓜。

第二天,马维聪从山上背满满一背兜南瓜下山,由于饥饿,头天又挨了打,他体力不支,一跤摔下去——

山上有很多竹子,农民砍了后留下一截截尖利的竹桩,马维聪不幸一屁股坐在几根竹桩上,竹桩从他屁股刺入体内。马维聪被钉在竹桩上,动弹不得,大山上,喊救命也没人听得到。

当晚,劳改队的人不见他回来,以为他逃跑了,派人搜山,发现他的遗体。

他还端端正正地坐在竹桩上,鲜血浸透了地上的泥土……

(在血一滴一滴浸入泥土,生命一点一点逝去的过程中,马维聪呼喊了吗?用他那高亢的嗓音……)

马维聪的妻子也在歌舞团,是大提琴手,他们夫妻有才有貌,女的拉琴,男的唱歌,是个非常美好的充满艺术和恩爱的家庭。

就这样给毁了!

对了,他的妻子现在还在,叫于XX(电话是63862XXX),你可以去采访她,但不要说是我介绍的,她很苦,不愿提过去的伤心事。

还有,劳改队里经常唆使犯人打犯人。比如要收拾我诸溪了,就说,今天晚上开诸溪的批斗会,开会时监管人员自己是不动手打人的,但他们想要打谁,谁就在劫难逃。他们确定好了要打的人，然后授意下手的犯人，开会时借故离开现场，丢下一句"要文斗不要武斗"——其实这就是动手打人的暗号。过一阵子，监管人员估计打得差不多了，又返回现场，责怪说："咦，你们怎么动手打人？停下来！"这场虐杀这才告一段落。

那个日子不堪回首啊，真的生不如死，求死不得！我好容易熬过了三年，又给我加刑三年！

劳改队每年都要对犯人进行评审，看是否改造得好。我每年都一样，两个优点两个缺点。优点是劳动积极，吃苦耐劳，二是遵守纪律，外加从不逃跑和企图逃跑（我往哪里跑？）；缺点一是"不靠拢政府"，二是不认罪。"不靠拢政府"你可能听不懂，那指的是"不告密"、"不汇报他人的言行"。我以前在南桐农村劳动时，也是这个"缺点"。当时，我们这些"分子"又被管教我们的党组织在内部分为三等，一等就是"靠拢政府"，表现好——告密！你要想当"一等"，就得去整同类，从而活得轻松一点，总之，要逼你去作恶。"不认罪"就不用多说了，我既没有盗窃，也没有组织反党集团，怎么认罪？不认罪就要罪加一等，于是我又被加刑三年。

我真的绝望了，对这个社会，对这个人生，对生命的意义统统绝望了。我没有家，没有亲人，活在这个世上一无所有，真真的一无所有，连一点做人的尊严都没有，生不如死。我想自杀，想用高压电线自杀，也想投河，成天就想死。

说来救我的竟是一个管教干部，他叫XXX。一天，我坐在河边，正在想怎么死，他看出我不对劲，走过来，冲着我的屁股一脚，骂道："你他妈真没出息！活不下去了？！嗯？站起来，走，活下去！"

这几句话还真激励了我："活下去！"

1969年，我从西山坪转到永川劳改农场。这次转移，得力于一个叫XXX的监管股长的帮助，这事说来还有一段"佳话"。

有一个叫赵X的妓女刑满释放，股长把她推荐给我，他说，赵是扬州人，离我老家南京不远，如果同她结婚，出狱后就有家可归，而且是回老家。

长年累月在劳改队，性压抑可怕呀！一个男人几十年不过性生活，真的惨无人道，我怎么不渴望？不过，我也绝没想过这辈子要同一个妓女结婚。我拒绝了股长的好意，得罪了他。他骂我：你这辈子就呆在劳改农场，死在劳改队。可奇怪，他反过来又对我有了几分敬重。1969年，13军想要把西山坪作为后勤基地，所有劳改犯要转到四川峨边。我无所谓，孑然一生，去就去。股长叫住我，对我说："你晓不晓得峨边的情况？那儿条件差得很，十有八九活不出来，我安排你到永川劳改农场，那儿吃大米。"

就这样，我被"照顾"到了永川。

在永川，我帮人写检讨，写出了点名气，很多人都找我。要晓得检讨不好写，要写得深刻，使检讨人过关，不仅要有文字水平，更要有技巧，有时还得逆向思维。

（注：文革中，在重庆北碚区，有人专门从事代人写检讨书的职业，而且明码标价。分为"五角检讨"、"一元检讨"、"一元五检讨"、"两元检讨"几种价格，价格越高检讨越深刻。其中"两元检讨"就是保证检讨人过关的"最深刻的检讨书"。 ——长寿湖右派曾永藏提供。）

劳改队有个犯人叫孙秀石，是个大学生，罪名是现行反革命。有一次读报，他不知是走神还是精神太紧张，竟把打倒刘少奇读成"打倒毛主席"。

那一顿好打！然后勒令他写检查，他写了几十次都过不了关，过不了关就挨一顿打。别人指点他找我帮忙，他找到我时已经被折磨得精神几乎崩溃，苦苦哀求我救他一命。

我说："你几十次检讨过不了关，是方法不对。每次你都说是口误，走神，读错了，绝对没想要'打倒毛主席'，结果一次次挨打。现在你干脆说就是想打倒毛主席！为什么？深挖阶级根源：自己出身地主家庭，祖祖辈辈的家产被共产党强占，爷爷又被枪杀，所以你心底阴暗，仇恨新社会，必然要跳出来反对毛主席，这是阶级本性决定了的，就像狗要吃屎……你要同意我就帮你写，包你过关。问题是你要敢当众念。"

他哭丧着脸说："现在生不如死，还有什么不敢念的？"

我说："也是，你已经劳改15年，早已是现行反革命了，还有啥怕的？"

他照我说的做，果然过关。

我帮人写检讨，不要钱，要一把挂面，或者两尺布票。在劳教所那些日子我穷得很呐，一个月干下来才发两块钱，又没有亲人接济，长年累月缺衣服穿，一年中有大半年赤裸上身，冷很了就找一条围腰裹一裹。由于长期赤裸身子，我背上长出一层一寸多长的白毛，雨水落在上面顺毛滴下，不湿皮肤。

我这条命呐，可以说是捡来的，也可以说是被逼到绝境上奋起"自卫"保存下来的。

那个年代，上面成天鼓动人揭发、告密，时时刻刻监视、控制你的思想、你的一言一行。我们出去劳动，有两个组长，一个负责劳动，监督完成劳动定额，一个监视言行，当天有没有人发牢骚，说"反动话"。每天收工后开批斗会，互相揭发。我用了个办法，也可以说是宝贵经验，任何人揭发我说了什么，我都作老实认罪状，全部承认（免得挨打）。然后说，他（揭发我的人）比我说得更多、更反动，我活龙活现的编造一通，比如说他告诉我他有个亲戚在国外，他拉我叛逃……这样揭发者也被拉出来批斗。嘿，这一招很灵，到后来没人敢揭发我。

但我还是遭了一次。我曾对其他犯人说：猴子活蹦乱跳不好管，人们把猴子关起来，拿一只鸡当众一刀宰去头，血洒一地，猴子吓坏了，于是，每当有人来，其他猴子就把一只猴子往外推，到最后，剩下那只猴子也跑不脱。我说咱们要团结，不要当猴子。不知谁转眼就告了密，我被拉出来斗，我仍然运用法宝，不仅一概承认，更重要的是，从我解放前出生于大资本家家庭的经历讲起，一点一滴，有细节有血肉，逐一分析，深挖反党反社会主义的思想根源，我不仅讲得非常深刻，而且讲得非常生动，劳改队里很少有如此高水平的自我批判和检讨，管教干部觉得是个好的教育典型，竟没让我劳动，白天整理批判稿，晚上安排我在各队检讨。一场又一场，直到后来才发现有点不对劲，上了我的当。

劳改队暗无天日，要生存下来要必须费尽移山心力，其中之一就是要拉帮结派，遇到事，有没有兄弟伙的支持大不一样。有一次，我选了一个最喜欢告密的人，决心收拾他一下。一天，在早请示仪式时（注：文革中人们每天早晨要站在毛泽东像前向他请示问安、表忠心，晚上要向他汇报，这被称为"早请示、晚汇报。"），我悄悄凑近他耳朵说："祝毛主席万寿无疆！祝林副主席永远吃糠。"那人如获至宝，马上汇报："诸溪说反动话，他说祝林副主席永远吃糠。"

当天收工后，开我的批斗会。揭发者又把那句话说了一遍。我很沉着地站起来问："哪个听到我说这话的？"我那帮哥们齐声说："没有，没有。"我又说："你们听见哪个说的？"哥们争先恐后地指着告密者说："是他，他说了两次，早上一次，现在一次。"我进一步煽动说："XXX是假借检举呼喊反动口号，发泄心中不满，他是伪装积极，打着红旗反红旗……"

那个年代，就算重复反动口号，也是罪过。

于是，那个告密者被打得鼻青脸肿。

在获得平反前，我有过一次绝望的冲动。那是1979年，我在山上守庄稼。中队长赵胖子叫我给他喂十来只鸡，他来收蛋。这个赵胖子，当年从农村入伍，转业到劳改农场，当了指导员，因为奸污女犯人被贬为中队长。此人既贪婪，又霸道，我很鄙视他，凭什么要又出力又出粮替他喂鸡？！赵胖子见我不从，命令我马上下山，准备用重体力劳动收拾我。我背起行李下到山下，远远看见赵胖子的身子，这时，几十年的冤屈、苦难、悲愤陡然涌上心头。从1962年被抓进来，我已经在劳改队17年了，我究竟做了什么？把人往死里整？！老婆女儿早跟别人走了，我诸溪一个反革命，一无所有……

我突然失控，跳起来冲着赵胖子的背影一通臭骂，把他奸污女犯人的事也骂出来。这种"犯上"在劳改队是石破天惊的事，其他犯人起哄："诸溪敢骂中队长，把他捆起来，捆起来！"

我已经无所谓了，不想活了，活够了，活厌了！我继续跳着骂。这时，指导员来了，他与赵有矛盾，我这通臭骂正中他下怀，他冲我吼道："诸溪，你发什么疯？！你给我滚回山上去！"

我于是又背着行李回到山上，赵胖子没能下手收拾我。

后来我多次想起那天的情景，想到那种绝望，那种豁出去了要拼命的绝望。每每想起，很感慨：一个社会，一个国家，一个政党，不要把人逼到无路可走，人如果不想活了不怕死了，一个个都是反革命了，你这个革命就危险了。

我告诉你一件也算是我的丑事吧。那是上世纪七十年代，文化大革命后期，当时我在永川劳改农场（茶场）一个叫云台寺的地方守打水房。因为山上缺水，要从山下抽水，再从我守的这个水房抽到山上场部。我虽然一直不认罪，但我不会逃跑，也不会干坏事，所以我可以一个人住在一个破房子里守这个抽水房。

一个夏天，很闷热的天气，要下雨。大概下午四、五点钟的时候，来了一个小姑娘，十多岁吧，很清秀的一个小姑娘。她说："我讨口水喝。"我说："你喝吧。"她喝了不走，同我摆龙门阵（聊天），问我怎么来的呀。最后她说："叔叔你给我两块钱吧。"

"我怎么给你两块钱？"我一个月才四块钱。我又问："你要两块钱干什么？"

"我妈妈病了，发烧、发炎，要到川汽厂去打针，打青霉素。"

我还是不愿意。

她支支吾吾地说："我跟你那个嘛。"

"你跟我哪个？"

后来我明白了，她可以跟我睡觉！

我二十年没碰过女人了，心里还是很高兴。这么一个漂亮的小姑娘，主动送上门来，而且只要两块钱。

她说着说着，看我这个样子好像是同意了，于是她就把上衣脱了。

唉呀！除了袖子以下是晒黑了的，她的身子像是汉白玉雕塑！我一个饿了二十年的光棍男人，一见到这个，呀，简直太美了，简直是个艺术品，一个维纳斯！

不知为什么我突然问她："你爸爸呢？"

"我爸爸在东山。"

脑子里"轰"地打了一个炸雷！

东山也是永川劳改队的一个大队——二大队。我们队在西山，场部所在地。我问："你爸爸犯的什么罪呀？"她说："是右派，因为抗改造又判为现行反革命。"

我一听，脑子里"轰"地打了一个炸雷！我也有一个女儿啊！我女儿会不会也被逼得去卖淫？她爸爸是右派，我是坏分子，我现在也是现行反革命，管制三年又三年。

我怎么堕落到这个地步，来残害同我女儿一样的人？！我女儿同她差不多大，我被打成坏分子时她才三岁。我说："你赶快把衣服穿起来。我不是禽兽，我不能残害同类！"

我骂我自己，我怎么会堕落成这样一个人？我自己都被逼得家破人亡了。

这时天上响起一个炸雷，下起了大雨。她不能

"这个罪魁祸首是谁？！" 2009年6月

走了。我问她吃饭没有，她说她早上吃了一点包谷羹羹，中午没吃饭。我说这儿有挂面，你下点面吃。

大雨一直下个不停，我这个地方是两个山峰，中间一条独路可以到川汽厂，下大雨她不能走了，我留她，同她说话。她告诉我，她爸爸是个小学教员，当了右派，不接受改造，被判了十五年徒刑，在东山二大队。

我想，还有比我更苦的人，一个小姑娘，为了两块钱，为了给母亲治病，跑到劳改队来卖淫。我们的人民，我们的社会，怎么会搞成这个样子？！是什么人，把国家、把老百姓害成这个样子？！她有什么罪？我有什么罪？

这个罪魁祸首是谁？！

1979年，中央开始平反冤假错案，我从劳改队回歌舞团找领导解决我的冤案，他们说我不属于平反之列，因为20年前没有给我定任何罪，罪名都没有怎么平反？

那我是为啥被开除公职，下放劳改的呢？

现任歌舞团领导赵发奎一番话，我才明白，原来我还是"因言获罪"。

当年我很想把妻子调到歌舞团，我妻子又会唱又会跳，调来既解决夫妻分居，又能干一番事业。可是领导不同意。没多久，我发现团长吴X的老婆XXX调进团了。我忍不住说了一句话：他老婆又不会唱又不会跳也能调进来？

就是这句话得罪了团长，他暗地里指使把我整成坏分子，驱逐出歌舞团。

吴X这个人才是个坏分子，利用职权搞了不少女人。

但是，歌舞团还是不同意接收我，他们说，坏分子的事不成立，但我还有盗窃和现行反革命的罪名，这两个罪名不解除，不能接收。

为洗清这两个不白之冤，我来来往往上上下下地奔波呀，那个苦，一言难尽。又整整过了三年，才还我一个清白之身。

我回到歌舞团是1981年，我已经55岁，歌舞团安排我到伙食团煮饭，干了几年退休。

今年我78岁，这一辈子快过完了。几个月前我在观音桥突然一头栽倒在地，差点儿一了百了，醒过来很是感慨：

我年轻时相信，只有共产党才能救中国，于是一心一意跟共产党走，但是，我一辈子吃苦、坐牢。50多年来，唱了几首歌，坐了二十多年牢，然后退休吃闲饭20年。这一辈子，怎么说呢，我被坏分子打成坏分子，被盗窃犯打成盗窃犯，被扒手污成扒手，这个"新社会"呀……

（采访时间：2004年5月24日、6月7日、7月12日；2009年6月
地　点：重庆市渝北区）

采访后记

诸溪是我决定"洗手不干"之后又采访的一个长寿湖分子。

2004年5月16日，在长寿湖右派一年一度的聚会上，一位老人慷慨激昂地朗诵了一首臧克家的诗《有的人》：

"有的人活着，他已经死了

有的人死了，他还活着

有的人骑在人民头上，啊，多么伟大

有的人伏下身子，给人民做牛马

有的人把名字刻进石头，想不朽

有的人情愿做野草，等待地下的火烧

有的人他活着，别人就不能活

有的人他活着，是为了多数人更好的活

骑在人民头上的，人民把他摔垮

给人民做牛马的，人民永远记得他

把名字刻进石头的，名字比尸首烂得更早

只要春风吹到的地方，到处是青青的野草

他活着别人就不能活的人，他的下场可以看到

他活着是为了多数人更好的活的人，人民把他抬得很高很高"

老人目光炯炯，声音宏亮，一口标准的普通话饱含着朗诵者自身的强烈情感。

长寿湖难友们对他的朗诵心领神会，抱以热烈掌声。

有人告诉我，此人叫诸溪，以前是重庆歌舞团的独唱演员。

不一会，老人主动走到我面前，硬朗朗地说："我听说过你，听说过你的事，希望你到我家来，咱们聊聊。"

于是，我又背起采访包，前后三次登他家门，记录下了上述那些文字。

诸溪真的是又一次"最后一个"？

他又给我开出一串名单，叫我去采访。

可是：

有的人死了，阴魂还压着活着的人；

有的人活着，紧抱着死人的僵魂不放……

第三次从诸溪家出来时，正值山城火辣辣的七月，我挤在又闷又热的公共汽车上，再一次感到那种无可奈何的绝望。

诸溪说："如果冤整了我诸溪一个人，算是偶然，没什么关系，但如果冤整了一千万，两千万呢？"

一千万？两千万？五十多年来，狼烟滚滚血泪斑斑的大地上，到底有多少万呢？

我在那长长的望不到尽头的数字面前大汗淋漓。

这个"新社会"呀……　　　（2009年6月）

一辈子都记得你共产党！——李正

—1957年市歌舞团大提琴手

"我一辈子都记得你共产党"

德国人整了犹太人一直在认错，日本人侵略中国不认错，共产党1957年整了几十万知识分子，也不认错。现在的年轻人搞不懂（19）57年是怎么回事，我年龄越来越大，巴不得说一下，希望恢复历史的原貌。

我是重庆南川人，地主出身，8岁时父亲死了，叔父把我养大。叔父思想很进步，同地下党有往来，掩护过不少地下党领导人，其中就有刘隆华（女，曾任重庆市副市长）。刘隆华还发展我姐姐加入了地下党的外围组织。

1949年5月，我加入了解放军12军文工团，算是走上了文艺道路，也走上了革命道路。后来我到了重庆市歌剧团，担任乐队大提琴手。我那时对共产党很崇敬，这主要是在学校读书时受一些优秀同学的影响，这些学生不仅成绩好，而且有理想、有抱负、追求民主、热爱自由、疾恶如仇，人品与学品都没说的。我后来了解到，这些优秀学生几乎都是共产党地下组织的人，我一下子对共产党感兴趣了，这个党一定代表中国的未来，值得我追求投奔，所以我坚决同我那个很富的家庭划清界线，一头扑进了革命怀抱。

解放后，一大群南下工农干部进了城，这些人素质很低，但气势很大，一个个以救世主自居——是他们把老百姓从水深火热中拯救出来。这些人举手投足盛气凌人，我很看不惯。还有，外行领导内行成了普遍现象。歌剧团本是专业性很强的单位，领导不懂业务就罢了，偏还乱安排人，任命的乐队指挥连五线谱都不识，每次还得我们帮他译成简谱。我年轻不懂事，私下里嘀嘀咕咕说了一堆抱怨的话。我没有申请入团，入团要积极，积极就是汇报，入了团更是要汇报，汇报别人的思想、别人的一举一动，这不是象特务吗？我非常反感这一套。

我有个好朋友叫冯异，拉小提琴，冯异喜欢读书，研究点文艺，他同胡风有几次书信往来，探讨诗歌艺术。反胡风运动一来，领导把冯异抓出来，说是胡风分子。我在一边愤愤不平，那几封信我也看过，纯学术。联想到单位领导一向不懂业务，水平低，我忍不住骂了一句："简直不学无术！"

冯异年龄比我大，书读得多，他感觉事情不妙。一天晚上，他来找我，劝我不要再为他说话，可能有麻烦，我不以为然，笑他胆子太小，这么点事，能咋地？哪晓得就在第二天，公安局来了几条汉子，亮铮铮的手铐"啪"地一声铐在冯异手上：正式逮捕，押送监狱！

我吓懵了，赶紧闭口作老实状，可惜晚了。

我很快被隔离审查，不仅说我是胡风分子，还非要我交待胡风反党集团在重庆的组织结构、组织纲领、集团人员、行动计划等等，我的个天！我哪儿去找？不交待不行，整整七天七夜不准我睡觉，逼得我发疯。最后没法，只好按照他们的要求，一口气写了整整23本材料，有组织、有纲领、有目标、有行动计划，然后再把我所认识的人，统统写成是胡风反党集团成员。这一下他们满意了，破获了一个反党大集团。但我仍然被隔离关押，一直关了九个月。那一天，记得是人事科长找的我，他说，经过调查，我不是胡风分子，予以解除隔离审查。他接着批评我，怪我没有经受住党组织的考验，写了大量虚假材料，害得他们花费了大量的人力物力搞调查。

没经住考验？让他七天七夜不睡觉试试！

（唐吉诃德将风车当作敌人，向风车发起进攻，留下千古笑谈。有人青出于蓝，连风车都不要，先假想一个风车，再把假想的风车当作假想的敌人，发动全国人民同风车战斗。

唐吉诃德是几百年前西班牙书中的人物，共产党是当今一个大国的领导核心，后者折腾一下，决非塞万提斯笔下的文字潇洒！）

关了九个月，我还没清醒，坚持认为共产党毛主席是好的，问题出在下面。我的老师方大提，是当时中国四个著名的大提琴师之一，他也遭受迫害。我气得咬牙，觉得歌舞团实在乱来，老子要到北京告状！告下面乱整知识分子。我登上火车，风风火火直奔北京。在北京，我听到消息，共产党马上要开展整风运动，反官僚主义、主观主义和宗派主义。

我高兴极了，党中央、毛主席真是英明，高瞻远瞩，晓得下面乱来，我认为用不着在北京告状了。我慌忙赶回重庆，要在歌剧团整整风。

正当我摩拳擦掌准备大干一场时，亲友们劝我不要多说，免得惹祸。我一下子想起冯异被抓走的情景：手铐咔嚓一声。

我头脑顿时清凉了。

我只提了两点很轻微的意见，一是不该整我的大提琴老师，二是"天高皇帝远"，下面没有按中央的正确部署办。

我一直认为党中央、毛泽东是正确的，只是基层党组织和单位领导乱整。我直到七十年代末才真正认识共产党和毛泽东。

最初没把我划为右派，而是让我戴着大红花，作为下放干部到南桐矿区劳动锻炼。一年后，1959年2月，领导突然把我从南桐召回，当晚就不准我自由行动。第二天上午，我稀里糊涂上了批斗台，下午宣布我为右派，下放长寿湖监督劳动。我的老师方大提被遣送回老家，六十年代被打死，至今没平反。

我没结婚，免了很多烦恼和负担，只是18元生活费灾荒年吃不饱，我把唱片、乐谱、书籍卖了个精光，换冠生园的高价饼子吃，但我一直没卖大提琴。为了多吃一两粮，我干犁田的重体力活，身体迅速拖垮。1961年，不到一个月，我整个人变了形，全身浮肿。有人给我打了一针"干精针"消肿，肿没消下去，引起感染，两条腿肿得发亮，我看那架式不进医院只有死。为了求生，我用双手和屁股在地上一步步挪动，整整花了近四小时才移到卫生所。那四个小时在路上的狼狈和凄凉，我一辈子都忘不了。我双腿上的两个刀口，就是那次留下的纪念，终身的纪念。

还有一次难忘的经历发生在文革。一群造反派窜上岛子，勒令我们右派跪成一排，造反派冲着我们又打又踢又骂。一个十来岁的娃儿，用脚踩在我头上，一边踩一边叫："踏上一只脚，踏上一只脚，叫你永世不得翻身。"那时我好绝望！右派就像人人都可以踢一脚的癞皮狗，娃儿都对我们充满了仇恨。

1975年我回到歌剧院。大提琴还在，但没让我上乐池，让我打扫厕所和院内的卫生。1979年我获得"改正"，领导还是当年整我的领导，说一声"整错了"就完了。给我分配的工作是到伙食团煮饭。

我真的绝望了，整我的领导没有一丝忏悔，更不要说道声歉。不仅如此，待遇上还处处卡我，仍然把我当有问题的人。我在长寿湖最艰苦的时候都没有绝望，总觉得改造好了就会重新得到尊重和任用。"改正"后看到整我的人仍然用那种态度对我，毫无悔意，这时我才对共产党彻底绝望。我把1961年饿得浮肿都没舍得卖的大提琴卖了，彻底断绝了重返乐池的念头。1989年我退休，工会的人找我谈话，我咬着牙说了一句：我这一辈子都记得你共产党！

李正十分痛苦

我50岁才结婚，有了个家。我没得子女，长寿湖右派中好些人都绝了后，我是其中之一。

当年我一直认为毛泽东共产党发动反右是应该的，错在下面没执行好，我以为只要把党风整好就行了，现在看来太幼稚。共产党一直是靠整人来维持它的统治，总是利用一批人来整另一批人。土改时如此，文革也是如此，党外如此，党内也是如此。政客们都是些毫无良心的东西，毛泽东就是个典型，我提到他就想骂，只是不敢公开骂。1957年明明整错了，共产党死不认错，只说是扩大化。他们所做的一切都是为了自己的权力，哪里是为了国家和人民。现在绝大多数人对共产党都很绝望，腐败触目惊心，巴不得它早点完蛋。我现在常常想如何治理好国家，民主还是独裁？中国这个人口众多的大国，一旦乱了，又要独裁专制来收拾整理，但独裁又可怕。一个小小的村长，不仅可以整人，而且可以大捞其财，这比毛泽东时代又进了一步。另外我也很困惑，共产党的独裁统治固然可怕，可一旦没有共产党，又怎么办？中国一旦天下大乱，也很可怕。所以，我现在思想很矛盾，也很苦恼。

（采访时间：2001年6月9日，地点：重庆市歌舞团）

采访后记

李正的绝望，始于"改正"之后。

20年日子虽然孤独，但大提琴在，希望在。"改正"时，一声："哦，搞错了"，20年的苦难和希望一笔勾销，唯一的变化，是从扫厕所变为做馒头。

长寿湖守着那琴，虽不敢拉，但立在那儿就是希望，饿得要死也不能换饼子。况且，没老婆的人，看着它，抱一抱，也是一种安慰。

领导安排自有道理，抬石头十年，犁田六年，扫厕所四年，都是些磨损指头的活儿，拉大提琴专业要求太强，安排到食堂干活，也是一种关怀——考虑到在长寿湖长期饿饭，一脸枯瘦。

至于冷漠不道歉，毫无悔意，那就更不是领导的错了。首先，"总设计师"和"伟大光荣正确"压根就没承认（19）57年不正确。其次，传统文化中又找不到叫忏悔的东西，怎能指望整人的人，能够听到教堂透彻灵魂的钟声，泪流满面地说，主啊，饶恕我，我（19）57年整了一个人，害得他20年讨不上老婆，一辈子断了琴弦，又绝了后。

采访李正时，正值党的八十大寿前夕，电视上广播里成天在颂唱"没有共产党就没有新中国"、"他是人民大救星"。

李正说："我一辈子都记得你共产党！"其实，记得又怎样？大提琴早卖了，一辈子也快过完了，"伟大"的依然"伟大"，"正确"的仍然"正确"。

李正与他年轻时的照片合影
（2009年5月）

解放前我敢说，现在我不敢—— 康 敏

——1957年重庆文化宫文艺组导演

1949年年底前，康敏参加了共产党川北区委文工团。当时，他对政治并无兴趣，不属于那种追求民主自由而投入共产党怀抱的热血青年。他加入川北区委文工团纯属一种爱好——对文艺的爱好。

我无意加入国民党，也无意加入共产党，我只想搞文艺，当个导演。川北区委搞了个文工团，我进去了，也就算参加了革命。刚参加革命，给我的第一本书是毛泽东的《为人民服务》，那上面的一些话说到我心里去了。例如："我们的各级干部，不论职务的高低，都是人民的勤务员。"又如，"一个人做点好事并不难，难的是一辈子做好事。"我觉得这个党，这个领袖不错，是一心为人民服务的。

解放后，一切都欣欣向荣，人们的精神面貌焕然一新，我非常兴奋，认为遇到千年难得的太平盛世了，自己应当好好干、亡命地干，才无愧于这个盛世。

1955年审查干部，一棍子把我打懵了。我不懂为什么审我，我哪点出了问题。组织上把我挂起来反反复复地审，审得我发狂，最后逼得我大叫："你们不要再审了，干脆把我抓到公安局关起来。"整了大半年我才弄明白，他们怀疑我是特务，因为我解放前在国民党报社干过。那一次虽然最终查清楚了，但已经把我折磨成精神分裂，身体也垮了。

1957年鸣放时我一句话都没说，为什么不说？反胡风时我得出了教训：绝不能够犯上。解放前我还敢骂蒋介石，出了事还可以跑。解放后不同了，反胡风我看得清清楚楚，因此，不到1957年我就老实了。

我所属的文化宫工会共11个人，1957年划了5个右派，比例高达45%。但这5个右派中没有我，我一言不发，抓不到我的辫子。我下长寿湖是自己主动申请的。我当时身体很差，希望跟右派们一起下去劳动，把身体锻炼好。现在想起来当然很好笑，但我的的确确去了，在下面干了四年。

这一辈子回想起来说什么好呢？我非常怀念五十年代初，那时社会上没有小偷，人与人关系非常和谐亲善。我刚到重庆没有熟人朋友，大年三十，我在街上乱走，有一个中年人看我无家可归的样子，主动关心我，听说我是外地人，初来重庆，他马上热情邀请我到他家过春节。所以，我到重庆的第一个春节是在一个陌生人家过的！那时，人们开口闭口都说共产党好，虽然还穷，但大家都在奋斗。现在？不敢想！

眼下这个社会，看不到希望。下岗的工人太多。前不久我们厂（毛纺厂）一个下岗工人上吊死了，死后人们去他家，发现他一贫如洗，缸里一粒米都没有。医药更是没有保障，老百姓一听说病了要上医院就骇得发抖。我们毛纺厂，一个好端端的厂被搞垮

了……算了,还是少说点,解放前我敢说,现在我不敢。对这个社会要看得惯,看不惯怎么活?小老百姓没办法,这个社会不是老百姓所能左右的。对了,你搞这个右派采访是个敏感题材,很敏感,真的,你要注意……

(采访时间:2001年6月5日,地点:重庆市李家沱)

补记:2005年,康敏先生在贫困中去世。

1957年反右漫画

幸亏江青没找到我——万声

—— 1957年重庆市话剧团舞台
美术队队长，84岁

我是山东济南人，1933年到上海，参加了左翼剧团，左翼剧团当时是上海非常有势力、有影响的团体。我同时在上海美术专科学校学习。在上海期间，我认识了蓝苹（即后来的毛泽东夫人江青），一起演过剧。蓝苹也是山东人，她到上海时，是个不错的青年，思想进步，大方开朗。1935年冬，我从上海美专毕业，回山东，到省立剧院工作。1936年，蓝苹到济南，这时，她已经不再爱她的第二个爱人唐纳，她想同章泯结婚。我们戏剧界的人劝章泯不要同江青结婚，因为不合适。唐纳追到济南，江青不见他。唐纳一气之下自杀，但没有死。我在报上看到他的消息，跑到医院去找他，并且亲自把他送回上海。江青文革中要是找到我，我肯定活不出来，因为当初劝章泯不要同江青结婚的人，一个个都被整死。

抗战初期，我来到重庆，参加了中国电影制片厂，一直呆到解放。

快解放时，我在重庆演剧12队，队里有两个地下党员，他们对我很了解，也很赏识我，解放后介绍我进了市话剧团。

1952年突然把我打成三反分子，关起来审查。这是我人生遭遇第一次政治运动。审了整整一年，整得我昏头转向。后来剧团要到云贵川演出，慰问解放军，需要用人，突然放了我，没作任何说明，更没有结论，我莫名其妙（至今也莫名其妙）。这次运动对我是个转变，从此我不爱说话，从此我远离领导。

1955年肃反运动，突然说我是反革命，又关起来审查，还派人到外地去调查。折腾了大半年，后来剧团要到北京演出，急需用人，又放我出来，重新担任舞台美术队长，赶赴北京布景。这次，又没有任何说明，抓抓放放，像是舞台上演戏搞着玩。

鸣放时我一句话不说，反右也没我的事，我遭在反右之后那个"向党交心"运动。

领导说："交心，是指有什么委屈，有什么心里话可以对党讲。"我信以为真，把我三反、肃反心中的疙疙瘩瘩交了出去。那晓得书记说："你是带着黑心向党交心！"、"你向党交一颗黑心！"

一巴掌打下来，我当了右派。

对我处分很重，别人是三降（降职、降薪、降级），我120元工资全部取消，只发10元生活费。组织上说，10元钱够了，人民公社伙食费是4元，还可以剩6元。其实，长寿湖伙食费是8元。我有一个家，有孩子，都不管了？好在我妻子一直没同我离婚，我每次回家探亲，都是她给路费。

　　她想得很细，我回来，一定让我到幼儿园去接儿子。儿子见到我，高兴得哇哇叫，他一一对他的小朋友说："这是我爸爸，这是我爸爸，我爸爸来接我了。"

　　在长寿湖近20年，我十分老实，一天难得说一句话，更不私下写任何东西。文革时造反派突然来搜查，翻箱倒柜，找不到我一张纸条。那些年人与人没有感情可言，我觉得对任何人都无话可说。我们戏剧界30年代在上海一起干过的人，解放后都被整死了，我活下来不容易。

（采访时间：2001年9月19日，地点：重庆市话剧团）

采访后记

　　万声先生是我采访的第52个长寿湖右派。前期采访中，不少人都提到他，说他当年与江青共事，同台演出，说他若不是当右派躲在长寿湖，肯定被江青整死，还说他高高的个子，堂堂的仪表，饿急了时竟趴在地上拾人家吐的鸡骨头……

　　我相信他是一部厚重的历史。

　　万声先生站在市话剧团宿舍铁门外等我，84岁的老人，腰身挺拔，眉目传神，一口标准的普通话，透出当年舞台艺术的神韵。

　　我坐在他陈墙旧壁、毫无艺术气息的家里，期待着一段波澜起伏的人生。

　　"咚咚咚"，有人敲门，进来一位老人。万声介绍，来者是话剧团另一位右派肖培禧，也下放长寿湖。

　　来者滔滔讲起他的经历和感受，一口气讲到十一点一刻。

　　送走肖先生，我急切地转向万声。

　　万声讲了二十多分钟，便不再多说。我声声追问，感觉已是拖不动的车。

　　我只好起身走人。万先生满目慈祥送我到铁门外。

　　步入山城秋阳明亮的炎热中，我突然明白，万先生压根不愿意我去采访，但以他的厚道，他不便拒绝长寿湖难友的儿子，于是，他找来肖右派，占据说话的时间。

　　他不是已经告诉我了，"三反"之后他就变得沉默寡言？他不是已经说了，向党交心的后果？

　　一个已经被完全改变了的人，为什么要他在他人生的迟暮向一个后来者"交心"呢？

　　我感到难过——

　　——为万声变为无声的个体不幸难过；

　　——为放弃反思苦难的整体责任难过。

万声老人在长寿湖聚会上（2002年月6月）

"改造"就是让人变成奴才——肖培禧

—— 1957年重庆市话剧团编导
1921年生

　　1938年，我进入国立剧专读书，国立剧专是现中央戏剧学院前身，抗战时从上海内迁到江安。毕业后我在宜宾等地的剧团当演员，解放后进入重庆市话剧团当编剧和导演。1957年鸣放时，重庆市委发来大红请柬，请我们剧团的几个艺术骨干前去提意见，帮助党整风，我是被邀请者之一。在会上，我只对团里的工作提了点意见。具体是：话剧团有个艺术委员会，由业务骨干组成，上演一部新剧，角色要由艺委会指定，不少青年演员对此不满，认为不公平。我是艺委会成员，我支持青年演员的意见，我只提了这一条。

　　青年演员知道我支持他们，把我当知己。一次在路上，几个青年演员说："肖老师，我们组织一个青年演剧队，你来给我们当编导。"我随口答道"可以，好哇。"一个叫刘志成的青年演员，莽莽撞撞写了条消息，没给我看就投给重庆日报。当时报社记者配合鸣放，乱哄哄地抓消息，也不核实就登出来，那消息是：市话剧团将组建青年演剧队，由肖培禧担任编导。

　　这报道把我害惨了！党组织据此给我定了罪："肖培禧与党争夺青年一代！"

　　1957年是否被划右派，与单位领导的关系很重要，他们掌握生杀大权。

　　本来，剧团团长（兼党支部书记）李XX与我关系很好，他很赏识我的才干，但是，在鸣放初期我把他得罪了。

　　1957年之前我不懂政治，也不懂人际关系，我一心搞艺术，比较单纯，以为共产党员真的像宣传的那样大公无私，提点意见不会在乎。所以，我对李团长提意见很直爽，我说他"宁为鸡头，不为凤尾。"他在意见会上伤心流泪，我还说："不要理他，他是麻痹我们。"我说这话并没有什么坏心眼，我们关系并不坏，但是，我这句话伤了他的心，他后来坚决要划我右派。

　　我的处分是三降：降职、降薪、降级，同时下放农村。我已经有五个小孩，唉，说来也是响应号召，学苏联，多生孩子，当英雄母亲。团领导看我的确困难，保留了我50元工资，算是网开一面。剧团其他右派就惨了，例如万声，120元的工资降为10元生活费。

　　我老婆是剧团的演员，我当右派后一年，她提出同我离婚。法院完全一边倒，对我态度很凶，离也得离，不离也得离，不像判民事案，像是判犯人。那种恶劣我记得一清二楚。5个孩子全判给她。其实离婚后，老婆孩子并不少受歧视，少受影响。我1977年回剧团，她身体已经很差，一年后她就去世了，离我获得"改正"只差一个月。

在下放劳动期间，最难过的日子是那三年饥荒。劳动量大，吃不饱，管教干部凶得很，把人往死里逼。一天晚上下雨，加班夜战，有个叫李文久的右派，身体不好，浑身发抖跑回去烤衣服，一个姓陈的管教干部找到他，一把揪住他的头发，象拖猪一样把他往外拖，一边拖还一边骂。市歌剧团的右派李正，身体瘦弱，没完成犁田指标，被罚站在水田里整整一夜，双腿肿得发亮。他悄悄对我说："我吃不消了，我想逃。"我说："你往哪里逃？抓回来还不整死你。"

我本是文弱书生，没干过体力活，下去后我亡命干，成了劳动强手，担几百斤石头不成问题。痛苦的是吃不饱。有一次遇见一个老朋友，他说："唉呀，你咋变成这副模样，你照照镜子。"我没有镜子，他去给我找来一面小圆镜，我一照，吓一大跳，鼻子歪了，眼睛两个黑洞，颧骨凸突，像是要死的人。几天后的一个晚上，我半夜外出小便，刚走出门，天旋地转，一头栽下去。我躺在地上，双手抱头，不想起来。我望着寂静灰沉的天空，很绝望，人活到这个份上，还有什么意义，那一夜，我想死在地上，不再起来。

为了活命，右派们的衣服、床单等能换吃的都卖完了。右派偏偏倒倒走在路上，经常有农民走上来，扯一把衣服说："这件衬衫换不换？3斤包谷。"有个卖得一无所有的右派饿急了，把旅馆的床单偷出来换吃的。

救了我一命的是一个姓孟的女医生。她是个好人，从不歧视右派，那天她一见到我就说："这个人不行了，赶快送到队部医院。"她给我打了针，吃糍粑，不要我参加重体力劳动。是她救了我一命，她还救了其他好些右派，是长寿湖难得的好人。

我1977年才回来，"改造"了二十年。记得下去时文化局的肖局长很轻松地对我们说："去吧，去吧，没啥，最多一年就回来。"

我自己也这样认为，因为没犯什么错。哪知"改造"的路这么长。

改造？人的改造，怎么改法？灵魂里怎么闹革命？经过20年，思想改造成啥样？改成无产阶级了？！

改造就是给你警告，让你受苦，让你变成奴才，看你今后敢不敢乱说乱动。不过就我个人来说，"改造"让我赢得了副好身体，我一个文弱书生变成了身强力壮的汉子，至今很少生病，这是其一；二是让我懂得了政治是怎么回事；三是让我懂得了人事，人际关系，该怎么说话。

不过，不管受到多大的压力，我从来没有昧良心编假话整人。不整人、不害人，这是做人的起码准则。

（采访时间：2001年9月19日，地点：重庆市话剧团）

那时我年轻，麻麻哈哈——陈华

——1957年重庆市歌舞团美工
1923年生

我不是右派，也不是其他"分子"，我下长寿湖十几年纯属误会，也怪我，那时年轻，麻麻哈哈，一会儿"好人"，一会儿"坏人"，弄不清楚怎么回事。

我一辈子搞美术、摄影。解放前在一所小学教书，解放后先后在五一电影院、西南文工团、四川人民艺术剧院，重庆市歌舞团工作。

1957年反右，歌舞团划了一批右派，下放到南桐矿区劳动，没有我，同时还去了一批下放干部，也没有我。1959年10月，领导通知我，到南桐参加短期劳动，我不敢违抗，背起铺盖卷就去了。

南桐的人认为我一定是有问题才被放下来，把我安排同右派一起劳动，这当然是最苦最累的活。干了一个多月，发现我不是右派，把我调出来，归到下放干部一类，也就是说，按"人民"对待。1960年，上边通知，下放干部回归原单位，右派分子转到长寿湖。由于我是独自一人去的南桐，下放干部的整体名单中没有我的名字，于是，通知回城的干部人员中就把我漏下。这一漏，就漏到右派分子中，漏到了长寿湖。

我那时年轻，麻麻哈哈，不晓得跑回单位闹，心想，长寿湖就长寿湖，反正工资没少，锻炼一两年再回去，没啥不得了。

陈华五十年代作宣传画

结果在长寿湖干了十几年！我有六个小孩，1960年我妻子病逝，六个孩子在家里没父母，大的拖小的，麻麻哈哈，不是个日子。

在长寿湖，我身份很微妙，到底是好人还是坏人？

1962年农场把所有的分子分为两类，一类右派，一类地、富、反、坏等分子。后一类集中在团山堡。我被划为后一类进了团山堡。那一次整得凶，所有"分子"不准外出，一个个交待问题。但是我例外，我可以划船到狮子滩买东西，而且，也没有让我交待。这样看，我又算好人。你别小看了"名份"，那个年代"名份"定你生死。"坏人"中也要分等级，摘帽右派比没摘帽右派日子好过，没摘帽右派又比"顽固右派"轻松。例如，仅说干活，最重最累的活，如冬天下水，雨天出工等，往往是没摘帽的去干。挨斗挨打，遭得最惨的是"顽固右派"。

总的说来，我在长寿湖没吃多少亏，主要就是我没戴右派帽子。1963年我同长寿湖女右派颜淑群结了婚。不久，右派要集中到项家坝，而我在团山堡。我坚决要求妻子同我在一起，上面也破例同意了。我想，这都是归功于我的"名份"。

由于我会摄影，场部拿出250元钱，让我在狮子滩开了个照相馆。我跑遍了长寿湖的山山水水，亲眼目睹了右派非人的生活和奴隶一样的劳动，我还给一个淹死了的女右派的尸体拍过照，可惜记不起她的名字了。

我庆幸我没当右派。

1976年我同一些右派一起回到歌舞团。没摘帽的干扫厕所之类的活，摘帽的可以安排到厨房，他们开会单独开，而且不能吃样板伙食，样板伙食就是有肉吃。我回来后没扫厕所，没下厨房，而且吃的是样板伙食，我认为自己理所当然的属于"人民"。

不久，女儿要入党，组织上来调查我，歌舞团人事处的人说：陈华正在落实政策中。对方一听，肯定有问题，女儿入党的事便搁下来。还有一次，单位供应白糖，挂出

右派颜淑群在长寿湖　陈华摄

一块牌子，上面写，购买白糖，请把钱交到陈华同志处。人事处的人见后，叫人去把"同志"两个字擦掉，给人印象我有问题，是"坏人"。我一气之下找到院长说："我回来一直吃样板伙食，到底有啥子问题？"院长很不错，为我专门去了文化局，文化局找不到当年处分我的任何材料，给我出了个证明：该同志没受过处分，没戴帽子，长寿湖宣布摘帽是错误的，应当消除影响。

我那二十年，不明不白地过，子女受影响，本人活得窝囊，麻麻哈哈。我不敢据理力争，有一个重要的原因，我解放前参加过三青团。虽然肃反时作过交待，共产党也作了结论，但总是一个历史疤痕，骨子里觉得共产党整我一下好像也应该。自己底气不足，受点委屈，挨点整，算了。看看那些右派，看看那些分子，那才叫整得惨，我算没吃大亏，日子过得去。要说冤枉，我第二个妻子颜淑群才冤。她什么问题都没有，也没鸣放，只因为前夫是国民党川粮处处长，被共产党镇压，就把她抓出来当右派。我看到冤的多得很，我不算啥，真的，没啥。

（采访时间：2001年11月6日，地点：重庆市江北区）

采访后记

陈华老人讲述时用得最多的一个"专有词"是"麻麻哈哈"。

他"麻麻哈哈"下长寿湖，"麻麻哈哈"被集中在审查"分子"的团山堡，"麻麻哈哈"被摘掉根本就没戴过的右派帽子，"麻麻哈哈"在"好人"与"坏人"中找不到

名份和位置......

　　用他自己的话说,他"麻麻哈哈"过了一辈子。

　　其实,这哪里是陈华的"麻麻哈哈"。

　　一个没有法制的国家,必然"麻麻哈哈";一个不尊重人权的社会,必定"麻麻哈哈";一个视个体生命如草芥、公民如奴隶的地方,必定"麻麻哈哈"。

　　一言不发的颜淑群被打入长寿湖,是不是"麻麻哈哈"?

　　回归祖国的张志荣被打成"投敌叛国",是不是"麻麻哈哈"?

　　千万个知识分子莫名其妙成为"敌人",是不是"麻麻哈哈"?

　　"麻麻哈哈"是专制绞肉机的另一个血腥特性,而非陈华老先生的"稀里糊涂"。

　　(注:陈老先生还保留有部分当年他拍摄的长寿湖照片,他无偿地提供给了我,使我们看到一点当年的旧景。从这个意义上说,感谢没有明确把他划为"坏人"。)

上世纪六十年代的重庆朝天门(陈华摄)

演艺界部分右派简况

1. **曾 蓉(女)** —— 重庆市话剧团主要演员。在讨论演出的艺术问题时观点与领导不同被打成右派，下放长寿湖，1973年1月病逝，终年45岁（详见"王薇"和刘曼若《红苕鼻子》一文）。

2. **赵 平** —— 重庆市话剧团演员，下放长寿湖后逃跑，帮人打石头。他个子高、力气大，聚集一帮小偷，自己当帮头。后来跑到汉中一家煤矿当矿工，1995年去世。

3. **蔡 炎** —— 重庆市话剧团最优秀的演员，写了几篇小品文被划为极右，因身体不好未送监狱劳教，但被开除公职，流落街头，靠打零工、挑沙等为生。

4. **朱伯封** —— 重庆市歌舞团乐队指挥。在市委宣传部组织的鸣放会上说共产党不如国民党，被划为极右，抓入四川石棉县石棉矿劳改。上世纪六十年代死于劳改地。

5. **曹绥志** —— 重庆市歌剧院演员，他培养女朋友考入川大中文系，并与之结婚。婚后一个星期，曹被划为右派，女方在巨大压力下与他离婚，曹极度忧郁，死于1958年国庆节南桐矿区山中，终年20多岁（死在右派李正怀中。刘曼若在《红苕鼻子》一文中写到的死亡即曹绥志）。

6. **王 恒** —— 四川省人民艺术剧院话剧团演员。1961年为了争取每天多吃一两粮，王去干重体力活 —— 犁田，在干活时饿慌了，吃下大量马桑，中毒，七窍流血而死，死在同心岛，终年30多岁。

7. **熊 丰** —— 四川川剧团创作员，"历反"，在长寿湖团山堡劳动改造。文革初期，他说了一句"虎啸他年未可知"，被连续批斗几夜。熊丰恐惧中半夜起来上吊自杀，不料绳子吊断，熊摔在地上发出响声，正巧有人外出解手，熊因此得救。熊丰于"改正"之前去世，具体时间不详。

8. **范国瑞** —— 重庆市话剧团骨干演员，右派，1979年"改正"后，任市话剧团团长，二十世纪九十年代去世。

9. **邱令贻（女）** —— 重庆歌舞团钢琴演奏家，上海人，与男朋友（在重庆电台工作）双双划为右派。男友（姓名不详）在二十世纪六十年代去世；邱令贻1980年因心脏病去世。

10. **宋清涛** —— 重庆市歌舞团右派，导演，1999年去世。

11. **任 然** —— 重庆市歌舞团右派，编剧，2000年去世。

12. **郑波文** —— 重庆市歌剧团演员，右派，二十世纪九十年代去世。

13. **赖 飞** —— 重庆市歌剧团演员，右派，二十世纪九十年代去世。

14. **肖伯志** —— 重庆市？剧团历反，"改正"之前去世。

15. **陈友功** —— 重庆市歌舞团乐队队员，因对市委市府每周把歌舞团的女演员和乐队队员叫去伴舞提了意见而被划为右派，与余泽华一起被打为反党集团。

16. **余泽华** —— 重庆市歌舞团乐队队员，右派，与陈友功一起被打为反党集团。

17. **龚巴村**—— 重庆市歌舞团右派，歌唱演员。在南桐两河公社劳动时得了脑膜炎，送回重庆抢救，因而未下长寿湖。

18. **唐存淼**—— 重庆市歌舞团导演，右派（或历反），毕业于上海剧专，在南桐两河公社劳动时饿死。

19. **王文浩**—— 重庆市歌舞团歌唱演员，历反？留团监督劳动，现情况不详。

20. **鲁 风**—— 重庆市歌舞团右派，下长寿湖后又转入永川劳改农场，现情况不详。

21. **冯 毅**—— 重庆市歌舞团小提琴手，因同胡风通过几封信被抓入监狱，生死不详。

22. **方大提**—— 重庆市歌舞团大提琴师，右派，被遣送回老家，上世纪六十年代被打死。

23. **王 枫**—— 重庆市话剧团历反。

24. **金 辉**—— 重庆市话剧团历反，下长寿湖后又入狱。

25. **李文义**—— 重庆市京剧团右派。

26. **罗远凯**—— 重庆市话剧团右派。罗于2009年8月30日去世。

长寿湖右派劳动　陈华摄

九、逃亡者

　　长寿湖没有高墙铁网，刺刀哨兵，然而，600多名劳改分子中，鲜有逃亡者。20年漫长岁月，纵然大悲大苦、九死一生、沉湖上吊，亦不越雷池半步！听了李文书的经历，我于是明白："毛泽东时代"是中华民族历史上一个前所未有的、极其独特的时代。整个国家在这个时代里被整合成一块无孔无缝的大铁板。"分子"们纵然逃出长寿湖又怎样？面对的，是一个960万平方公里的大监狱！

　　不过，采访到两个"胆大包天"者：

　　　　1、谭显殷
　　　　2、李文书

长寿湖猪儿岛（谭松摄）

一个长寿湖逃亡者的自述 —— 谭显殷

——1957年重庆市团市委宣传部长

解放前，我在重庆南开中学读书时，摆在面前有三条路：一、科学救国；二、追随国民党；三、跟共产党走。我选择了最后一条路，这在当时是最艰辛最危险的一条路。为什么？很简单，为了民主和自由。那时，我认为国民党专制腐败，中国的希望寄于大力呼喊民主和自由的中国共产党身上。

我出生于四川万县高梁乡一个贫苦农民家庭，10岁那年，父亲贫病交加上吊自杀。父亲虽然穷，但有点文化，他让我上了小学。12岁那年，有一个也姓谭的地主打算送他12岁的儿子到重庆读书，他不放心，想找个陪伴。

我当时在那个乡坝头有点小"名气"——鬼机灵。我点子多，上树掏鸟蛋，下河捉鱼，我总比其他娃儿能干，连同姐姐抬水（她走前，我走后），我都悄悄把桶绳往她那边移一节而让她不发现。我还敢打架，嘴巴能说。那个姓谭的地主认为，要陪太子攻书，我是个上等人选。他找到我妈，我妈娃儿一大堆，身边多一个少一个无所谓。于是，我在1941年12月来到了重庆。

谭显殷在南开中学（1947年）

我同地主的儿子一块考最著名的南开中学，考下来，我中了，他落榜了。他转而考入次一点的广益中学，后来考入农学院，成了一个农业专家。

我在南开读了五年，解放前南开是一所非常优秀的学校，校长张伯苓的办学思想和方式方法至今令我由衷赞叹——那是培养有独立思想自由意志的地方。

1947年1月（南开读高中时），我参加了地下党的外围组织"六一社"，后转入"新民主主义青年社"，专门从事学生运动工作，并担任地下社支部书记。我活跃得很，演进步剧，发挺进报，组织游行示威，反饥饿，反独裁，反内战。由于我太投入，很快上了黑名单，我只得弃校出逃。那几个月的日子艰辛得很，没钱，没住处，不敢找组织和朋友，东躲西藏，饱一顿饿一顿，不幸又拉肚子，天天跑到面馆里找师傅求面汤喝。这个时候正遇到暑假，我翻进一所学校的学生宿舍悄悄住下来。快开学时，学生要回来，又得逃。正在这时学校贴出布告招生，我走投无路，便去考。一考，考中了——南开中学已给我打下了五年的初、高中功底。这所大学就是政阳法学院。

这时已经是1948年下半年了，川东地下党很活跃，国民党抓得也凶，我几乎没敢在学校的宿舍里睡过觉。这一年多，死里逃生的经历就多了，但我天生机灵，次次逢凶化吉。有一次在七星岗，几个特务逼上来，只差十几米都让我胜利逃脱。

解放后，我担任了南岸区团区委书记，区党委宣传科长等职。在任时我同部下、少先部部长裴秀娟结了婚，她是一个羞涩娴淑的姑娘。1956年，我调到团市委担任宣传部长。

1957年反右，我是团市委常委，反右领导小组成员。随着运动对人的批判和处理，我开始感到反感。说几句话，提一条意见，怎么就成了坏人？这不是明显的以言定罪吗？这不是明显的对起码民主的破坏吗？

我这个人有极强的民主、自由、人权观点，在南开中学读书时，摆在我面前有三条路：一、科学救国；二、追随国民党；三、跟共产党走。我选择了最后一条路，这在当时是最艰辛最危险的一条路。为什么？很简单，为了民主和自由。同那个时代的许多热血青年一样，我非常爱国，一心渴盼祖国富强。我读到《新民主主义论》、《论联合政府》，读到新华日报的文章，共产党呼喊的要建立一个独立、自由、繁荣、富强的新中国很让我激动，我觉得自己应当为这一个目标奋斗。那时，我认为国民党专制腐败，中国的希望在大力呼喊民主和自由的中国共产党身上。

反右整人，扼杀民主，堵塞言路，与当年共产党大声疾呼的东西背道而驰，与我冒生命危险追求的东西背道而驰，它本能地引起我强烈反感！

我不同意划康中清（市团校教研室负责人，1959年死于长寿湖）为右派，对划黎民苏为右派有看法，对重庆日报右派贾唯英表示同情，等等。

我这个人关不住话，心里想什么就要直说出来。1957年8月，我对南岸区委宣传科科长陈适情（他是我的好朋友）谈了我对反右的看法，对以言定罪，以言整人的反感。陈适情在对其他人摆谈时，谈了我的观点。有一个姓张的人把陈适情的话整理成材料告密，陈适情马上被打成右派，天天挨斗。陈是一个很单纯很善良的青年，他经受不住，突然失踪。人们最后一次见到他是他独自站在区委下面长江边的一块礁石上，我估计他投了河，至今没有他的任何消息。

大学时的谭显殷

那份告密材料也转到了团市委，成了我的罪状之一：同情右派，否定团市委的反右斗争，与团市委常委离心离德（后来定为与党"离心离德"）。

说到这儿，我还说一件与党委"离心离德"的事。

有一次，在团市委常委会上讨论要处理某人时，副书记XXX突然说：我们要吸取江北区委（也许是一个大厂的党委，我记不清了）的经验，常委会所有成员要团结一致。

这个"经验"是这样的：该党委布置反右工作，策划让某人来揭发斗争某人。第二天开斗争会，被整的人十分痛苦，大呼冤枉。有一个年轻的女秘书（她头天参加了党委会）受到良心的压力，忍不住站起来揭发党委，说这是昨天策划的阴谋。党委书记带头起来说她撒谎，其他党委成员一个个附和，一致认定女秘书撒谎。女秘书孤家寡人，没办法，结果她自己被打成了右派。

要我们学习这个"经验"，就是说，大家要警惕团市委中"女秘书"之类的人，一旦我们的布置策划被某个"女秘书"揭发，大家要向江北那个党委学习，全体否认。

我不知道我在他们眼中算不算"女秘书"，但我对这事极其反感。这肯定又是同党离心离德。

（44年过去了，不知江北那帮党委人士是否还健在，他们在面对自己孙儿天真目光的时候，他们在面对自己生命最后一抹夕阳的时候，是否还想得起那位女秘书，是否会有一丝良心的不安。）

团市委还有一个干部叫旷忠炽，领导反复动员他给党提意见，他老兄就是不敢。最后领导冒火了，警告他：你不提意见本身就是对党有意见，你必须交待。旷忠炽被逼得没法，关在屋里想了一天一夜，终于想了一条他认为最保险、最万无一失的意见——针对伙食团的炊事员。他说：伙食团卖红苕可以剥了皮卖，皮可以喂猪，也不算浪费。

谭显殷出席团三大时留影

没有划他右派，划的右倾，罪名是"对粮食政策不满，恶毒攻击党的粮食政策。"他被下放到北碚劳动，后来的情况我不了解了，因为没过多久就轮到我头上。

（注：据黎民苏提供，旷忠炽现仍住在北碚。）

我的第二条罪状是"反对共青团第三次全国代表大会"。

1957年5月，全国第三次团员代表大会在北京召开。我是四川省团员代表大会选举出席"三大"的代表，重庆共四人，廖伯康、于克书、刘文权、我。在会上，我感到"三大"发扬民主不够（又是"民主"），例如，我们去时，收集了很多团员的意见，但根本没人听，小组会开了几天，连记录本都不发。我在四川省代表团的小组会上发言，认为"三大"缺乏民主，结束时，我引用鲁迅的一句话：这是一个"无声的会议"。

我被划为"反党分子"，开除党籍、撤职、降级、降薪，下放长寿湖劳动改造。

我是属于清醒得很早的人，反右一开始，我就觉得不对劲，以言定罪整人，我更反感，到我本人当了"反党分子"，我便彻底清醒了——这个党堕落了，这个党与民主自由为敌。

到长寿湖后，我被分到捕鱼队，这是农场里最好最实惠的劳动单位。这得感谢罗广斌（即小说《红岩》的作者），他是团市委统战部部长，下放下来当副场长，在团市委时我们俩是好朋友。他有心照顾我，问我会不会游泳，我说，我从小就是水中的好手。他说，那好，你到捕鱼队去。

我在长寿湖，一开始就没有心理负担，我心里明白得很，反右肯定错了，共产党肯定错了，我谭显殷没错！不敢公开反抗，我就把我小时候的鬼机灵和解放前地下斗争的本领施展出来同他们斗。我是团市委打的职务最高的右派，我告诉团市委这帮难兄难弟，如曹贞干、高志长、黎民苏、李普杰等，咱们一定要抱成一团，决不要互相揭发，互相斗，谁要是去"汇报"，大家群体攻击他，孤立他。那时我已经看清了共产党的整人术：老是挑动一些人整另一些人，让人们内部互相起哄，他坐收渔翁之利。我告诉他们，咱们要活得轻松，要少挨整，一定要团结，要想办法同他们斗，不要咱们自己内部斗。我们这帮人抱成一团，少吃

233

了不少苦。

大饥荒那几年，我对难兄难弟说：私人的东西咱们绝对不要动，公家的东西，能吃则吃，能偷则偷，湖里的鱼，不能吃？国家财产？屁！咱们辛辛苦苦的劳动成果，大多送到那些官员的私人餐桌上，我们劳动者反而不得食？饿死？休想！

那几年的故事就多了。

1961年的一天，我去赶场，突然有人扯我的裤腿，我回头一看，是一个瘦骨嶙嶙的小女孩。她大约八、九岁，脸像张白纸，一双眼睛又大又圆，里面全是哀求。"叔叔，求求你，带我走吧。"她的声音像一只小猫。我问她，"你妈妈呢？""饿死了。"她说话有气无力。"爸爸呢？""也死了。叔叔，我跟你走吧，我会洗衣服，我帮你洗衣服。"

谭显殷34岁

我心里一酸，把她抱起来，我一下子想起自己的女儿，我产生了强烈的冲动，收养她！喂她点小鱼她就能活下来。旁边一个右派说：老谭，放她走，我们哪个敢收留她呀。

我一下清醒了。

我把她放下来，掏出五角钱和二两粮票塞到她手里，对她说："你到前面食店去吃碗面。"她一把抱住我的腿，抬起头，睁着像猫一样哀哀的眼睛望着我。

我转身逃亡一样地走了，她还在后面叫："我会洗衣服，叔叔，不白吃饭……"我不敢回头，眼泪夺眶而出。

这件事对我刺激很大。

1960年，饿归饿，阶级斗争抓得紧，那一年春节前，上面宣布，长寿湖所有右派分子不准回家探亲。这对我们是一个沉重打击，"分子"们一年到头累死累活，眼巴巴就盼望那几天假。我打鱼时，捞到小参子鱼，总是细细剖了，晒在船篷上，晒干后春节带回家。每剖一条小鱼，都让人想起家，想起妻子儿女。听说不准探亲，右派们一个个垂头丧气，我望着那一包小干鱼，发呆。

捕鱼队队长金践之是摘帽右派，我的好朋友，他虽然没成家，但有个母亲，他挂念得很。春节一天天临近了，金践之冥思苦想，终于想出一个不是办法的办法。他对其他右派说，有一些事必须要到狮子滩去，由他同我去办，两三天就回来。金践之是队长，有点权。

当天晚上，天黑之后，我同金践之各自挑一担年货溜到湖边，上了早已准备好的船。从飞龙划到狮子滩，要整整6小时，我们俩憋足了劲，拼命划。天，黑沉沉的，静得很，只有桡橹吱吱呀呀的声音和哗哗的水声。划到狮子滩，已经是下半夜，我同金践之弃船登岸，挑起担子飞走。从狮子滩到长寿县江边，有60多里路，我们必须在上午一早乘上到重庆的船。

那一阵好走！大约凌晨5点左右，我们俩实在来不起了，爬上一个山坡，看见一堆谷草，倒下去就睡。金践之突然坐起来说："不能睡，不能睡！东西遭偷了就惨了。"我顾不得了，呼呼入睡。金践之硬挺着，坚决不闭眼，一心一意守着年货。那年货我记得是几个老南瓜，十多斤红苕干，一包小干鱼，还有些包谷……

1962年下半年，我调回重庆，身体好好的，精神也没垮。我回来后，带妻儿老小去照了一张全家福。那张照片上，就我一个人最神气，完全不像是"释放"归来。当然，家里遭得很惨……

裴秀娟（谭显殷之妻）：老谭1958年去长寿湖后，几年里，家里死了三个人。那时，上面三个老的，下面三个小的，经济很紧张。1958年我父亲得病，无钱医治而死，1960年小女儿饿死，1962年我妈妈上吊自杀。

我最难过的是我妈妈。

饥荒年家里不准烧火，只准吃集体食堂。食堂在江边，我家在半山腰，我妈是小脚，身体又差，不管刮风下雨，每顿饭都要下一大坡去打饭。饭只有二两，吃完饭爬坡回来，累不说，又饿了。

有一次我下班，正好看见她爬坡回来。她右手支一根竹杆，左手拿一个碗，目光呆滞，我想起鲁迅笔下的祥林嫂，妈妈和祥林嫂一模一样。

我妈是个非常贤惠的女人，她每天都要留一口粮食，哪怕一个小土豆给她的孙儿。她身体垮了，脱肛，直肠垂落在肛门外，每次都要用热毛巾捂住肠子，慢慢把它托回去。她觉得自己活着是个拖累，便萌生了死意。1962年7月28日下午，她吊死在木床挂蚊帐的横栏上。那个横栏很细，她吊上去竟然没断——只有五十多斤了，皮包骨。

我抱着她的身子大哭，她头一天说过她想吃一片扣肉——那是她在人世的最后愿望。

（裴秀娟满眼含泪。）

谭显殷：1967年，我又被抓回长寿湖，算是"二进宫"吧。

1962年我回来后，在南岸海棠溪一个油毛毡棚子里卖菜。1967年2月22日，一帮人突然闯进家来，叫我马上收拾东西到长寿湖办学习班。

凭多年的经验，我知道来者不善。一个月前，罗广斌也是突然被带走，没几天就传来消息：罗广斌畏罪跳楼自杀。我去参加了罗广斌的葬礼，他妻子胡蜀钦亲口告诉我，她绝不相信罗广斌是自杀，她了解罗。还有，罗死之前的一天还带信叫她送牙膏等生活用品。说不清了，这事至今都没有定论。

我预感到我很可能要步罗广斌的后尘，文革来势凶猛，打人、杀人、死人的事天天发生。要轮到我谭显殷头上了？！

1962年全家合影

但是，我很镇静，我悄悄对妻子交待了三点：一、如果我死了，不要相信我是"畏罪自杀"，我绝不自杀。二、三个娃儿要抚养成人。三、我母亲要养老送终。

我强调第一点，就是为了避免像罗广斌那样死了说不清楚。

在解押去长寿湖的路上，我一直在想：这次为什么抓我？他们要达到什么目的？被他们整死还是找机会逃跑？当然逃跑！怎么逃跑？

与我同时被抓的还有一个叫陈孟汀的右派，他当年是延安抗大的教员，一个老革命，很有理论水平，也很顽强。到狮子滩时，我们俩趁解押人员不注意，悄悄约定，如果我们两人中有一个死了，另一个要负责把情况告诉对方家庭。我俩还交换了一张纸条，上面写了各自的家庭地址，还特别注明：我不是畏罪自杀。

《红岩》作者罗广斌1959年任长寿湖渔场副场长

当天下午到了同心岛。一上岛，正遇上一群右派在打捞尸体——个叫李思强的人在前几天的批斗会后跳了湖。我认识李思强，1956年他从团市委宣传部长的位置上调到市委宣传部，我接他的班，他是我的前任。看见他肿胀的尸体，我心里噗咚一跳：我这次来要步他的后尘？

第一次审问下来我就明白为什么抓我了——为了罗广斌。

罗广斌写了《红岩》，算个名人，整死了有点不好说，于是想整一个"反党集团"出来，罗广斌属于这个反党集团，既然是坏人，那就死有余辜。

他们原定抓四个人，除我和老陈外，还有作协的李南力和孙静轩。李南力被抓后，半夜逃脱，当夜在储奇门江边躲了一夜，第二天过江往贵州方向逃得无影无踪。成都的孙静轩正同造反派打得火热，抓捕的人没敢下手，结果只把我和陈孟汀抓来。

他们要我写揭发罗广斌的材料，我写了一份交上去。审我的人一看，气势汹汹地说："你这哪里是揭发材料，你还在为他涂脂抹粉！"我说："审判员同志，你们是要我按照我了解的情况写呢，还是按你们的特殊需要写？如果是后者，我做不到。"

我特别强调了"特殊需要"几个字。

这一下惹得其中一个人跳起来，他一拍桌子，厉声说："你口硬，谭显殷！我听说过你这个人，刁！但是你还不晓得我，你还没认清此时此地，我要整得你血红血歹！你休想回去！"

这是暗指要我死在这儿？

"认清此时与此地"这是白公馆、渣滓洞里的语言，当年我要是被国民党抓进去，就该听到这句话，现在，它出自一个共产党监管干部之口。

这个人叫孙X，长寿湖监管右派的主任。

斗我的大会，声势很凶猛，但没怎么打人，我只挨了几脚。这得托李思强的福，他的死让那帮人收了点手。

会上宣读揭发我的材料，是我一个右派朋友写的。他写道：1960年的一天，我和谭显殷夜里从狮子滩划船到三台，我在船尾，谭在船头，谭显殷望着夜空，面色凝重，意味深长地说："天，快要亮了吧？"我说："不会吧，还没听到鸡叫。"谭显殷恨恨地说："大跃进以来鸡都死光了！"

下面一片喊打喊杀，我立马挨了几脚。

共产党的批斗会有一个特点，专门要点与被斗者相好的、关系亲密的朋友站起来揭发。

我那帮难兄难弟一个也跑不脱。高志长被点起来揭发我，他憋了半天，揭发说："有一次我和几个人到谭显殷家里去，他端出一盘黄豆招待我们，他说，对不起了弟兄们，只有点黄豆招待。谭显殷说这种话，分明是对社会主义不满，认为社会主义缺吃少穿……"

第二天上坡劳动，高志长看见我，眨了一下眼，点了点头，微微一笑，我明白他的意思：对不起了，老伙计，没办法。

一连斗了我一个月，白天强迫劳动，晚上斗争会。孙X放言："谭显殷，你听清楚，落在我手里的人还没有不败下阵来的。"另一个"审判员"郑修成要温和些，他说："你跳出来吧，揭发，你不是主要的。"他想分化我，我暗自好笑。他又说："我还没见到像你这样顽固的人，居然一个都不揭发，还不认错。"我回答："什么是错，什么是对，我们两个认识不一样。"

斗陈孟汀，他也是个"老顽固"，绝不认罪。

其实岛上这些人斗我，我挺得住，担心的是红卫兵进岛，这些杀红了眼的年轻人，无理可讲，我和老陈这点顽强和斗争经验，是秀才遇到兵。

三十六计，走为上计。我天天冥思苦想逃跑的方法、路线，两个月过去了，无机可乘。

同心岛上有一个叫马鞍山的地方，我观察到，在马鞍山脚一个水氹里，晚上有时停有一条小船。我打上了那条船的主意，脑子里详详细细制定了一个逃跑计划。我要往与重庆相反的方向逃，还得带上陈孟汀。陈年龄比较大了，又不会划船游泳，还有，他是在延安平平安安长大的，我是重庆地下斗争的出身，比他有办法。我如果一个人跑了，他肯定更受罪。

陈孟汀，"改正"后任四川外语学院院长，1992年去世

我悄悄把我的想法告诉他，他很担心，说到处是水，难度大，风险也大。我让他放心，说我自有办法。老陈同意了。

我暗暗作准备，先托曹贞干买来一对电池，又向詹光借了一个电筒。连续好多天，我白天观察山势地形，记方位，半夜起来看，进行校对，晚上看了，白天又校对。有人看管我俩，但看得不紧，看管的人也是"分子"，其中一个就是金践之，我告诉他我要跑，金践之不动声色，暗中助我一臂之力。

逃那天晚上，还斗了一场陈孟汀，批斗会结束后，回到工棚已是半夜十二点。

一点左右，我开始哼哼，声音由小到大："肚子痛哟，唉哟，肚子痛哟。"我一边哼，一边看反应。没人理，这些人白天劳动，晚上开斗争会，累得早进入梦乡。我轻轻下床，对着门栓冲了泡尿（免得它响），然后悄悄开门溜出去。我摸到老陈住的地方，按计划拉动从窗里伸出的一根细麻绳，然后伏在地上等。不一会儿，老陈夹着一个包袱，猫一样地溜出来。我们俩弯着腰，轻手轻脚往湖边走，没有月亮，但路熟，不一会儿，我们就到了船边。

上了船，才发现没有桡片！这一惊非同小可。老陈慌了，说，趁还没被发现，赶快溜回去。

我想了想说，不，你趴在船上别动，我去想办法。我返身往山坡上摸，打算找一根插四季豆的竹竿。我在茅草丛中钻，生怕遇到豺狗和蛇，为了逃命，顾不得了。

我找到一根竹竿，又拔了两根备用，然后返回船上。我在船尾一边划一边辩认方向，长寿湖到处是水湾水沱，稍不留意就要迷路。船走得太慢，我于是叫老陈趴在船头用盅子划。

整整划了两个多小时，我全身都被汗水打湿了，包括裤腰带。

我们在垫江县的地界弃船上岸，沿着一条小路往垫江的白家粮仓走。1959年我在捕鱼队时往那个方向走过一次，记得翻上坡有一棵黄桷树，过了八年，又是夜晚，我一路担心，怕走错路。

四下伸手不见五指，那把电筒起了决定性的作用，走一段我就关掉电筒，蹲下来借天空的背景看山形，还好，我找到了记忆中的黄桷树。从黄桷树到白家场有15里，走到白家场天还没亮，我们不敢停

谭显殷、陈孟汀1967年逃跑地同心岛马鞍山（谭松 摄）

留，急匆匆又往严家场赶。我们两个的鞋子都走烂了，脚打起了泡，我们干脆把鞋扔了，赤脚走。走到严家场是早上八点钟，铺子开门了，我们各花两块五买了一双胶鞋，然后坐到馆子吃早饭。

我要了四两烧酒，炒了一大盘鳝鱼，还有两个蒸笼，一钵汤。嘿，那个鳝鱼才叫好，四角钱满满一大盘，店老板说，当地黄鳝8分钱一斤。

如此便宜的上等货，怎能不吃！

老陈十分着急，四下张望，生怕有人追上来，他气急败坏地对我说："你这个人就是贪杯！这个时候了还要品酒！快点吃，吃了走！走！"

我胸有成竹地对他说，我算好了，他们起床后发现不见人，还得找一下，八点钟出工还不见我们，才会断定我们逃了。汇报上去，再打电话到狮子滩，折腾下来至少半个多小时。还有，他们主要的拦截方向肯定是通往重庆的公路码头，不会想到我们反方向逃跑，我们有时间好好吃顿饭。

事后证明，我的判断都是正确的。

吃完饭，上路，这一走，又走了30多里，走到高峰场。一个饭店的招待员说，下午有一辆过路班车到垫江县城。

实在走不动了，两个多月的连续劳动和批斗，一夜的紧张奔命，把我们累垮了。

下午四点来了一辆客车，我们搭上车，天黑前到了垫江县城。

县城里一片喊打喊杀声，高音喇叭吼得震天响，火药味很浓。誓死保卫毛主席的两派正在为一个共同的目标打斗得难分难解。

我一看这阵势，心中暗喜，对老陈说，放心放心，今晚不会有事，他们打得越热闹我们越安全。

我们找了一个不起眼的鸡毛店住下来。我带得有菜站的工作证，店主把我们当成重庆来的客人，热情迎到楼上住。

当天晚上，我还溜出去看了一眼垫江县无产阶级文化大革命的"大好形势"。

第二天一早，乘车继续往北，到了梁平，住一晚又乘车到大竹，从大竹又到邻水，最后回到重庆。

我们绕了一个大圈子，让那些在狮子滩，在长寿码头，在朝天门追捕的人白忙一通。

我同老陈在市中区分手，各自回了一趟家。第二天，老陈逃往北京，我逃往成都，我在成都呆了大半年，确信没危险了才回到重庆。

1979年，大形势让我"重新做了人"。市委组织部的人找我谈话，问我这些年怎么过来的。我说，四年鱼贩子，一年流浪汉，十六年菜贩子。他说，算不错嘛，活出来了嘛。我说："是呀是呀，托共产党的福，我还健在。"

"改正"后，我进入市委宣传部，后担任了副部长、高等教育办公室主任，又干了十年。

八十年代初，平反冤假错案，改革开放，我很振奋，以为共产党有希望了，那些年，我没日没夜的干。八十年代后期，我又觉得不对劲——以权谋私、官倒捞钱愈演愈烈，但真正给我当头一棒，让我"痛醒"的是"六.四"的枪声！

我年轻时就是专搞学生运动的，追求民主自由、反对独裁专制是学生运动的主旋律，也是我青年时代生命意义所在，1989年我老了，但当年的精神和追求仍在。

我没料到当局会对学生动用坦克机枪！

我年轻时加入的这场革命是历史的一个大悲剧。

……

眼下，我已经老了，上几步楼就喘气，医生检查，说我共有九种病。

不过，我很乐观，我坚信中国一定要走上民主自由的道路，我年轻时的追求——建立一个独立、自由、繁荣、富强的新中国——一定会实现。

只是我可能看不到了。

（采访时间：2001年4月18日，地点：重庆市渝中区）

我坚信，中国一定要走上民主自由的道路。（谭显殷，2009年6月）

采访后记

两年前，汕头大学出版社出版了一本书，叫《历史的先声》，该书收集了共产党在二十世纪四十年代反对一党专政，呼唤民主自由的社论、文章。下面是部分这类文章的标题：

一党独裁，遍地是灾！《新华日报》1946年3月30日社论

谁使中国不能安定？专制政府！《新华日报》1946年5月17日社论

三三制：一党专政的天敌 《解放日报》1945年12月7日

结束一党治国才有民主可言 《解放日报》1941年10月28

不能因国民程度不高而拒绝民主 《新华日报》1939年2月25日社论

只有民主才能保证创作自由《新华日报》1946年6月12日

新闻自由——民主的基础《新华日报》1945年3月31日

报纸应革除专制主义者不许人民说话和造谣欺骗人民的歪风《新华日报》1946年1月11日创刊八周年纪念文章

为笔的解放而斗争——"九一"记者节所感《新华日报》1945年9月1日时评

学校要做民主的堡垒《新华日报》1946年2月6日社论

……

只看这些标题，就让人热血沸腾！

只看这些标题，就知道这个党和领袖伟大光荣正确。

只看这些标题，就明白谭显殷为什么要冒生命危险跟它走。

裴秀娟："那时只有共产党在喊民主自由。"

裴秀娟（1946年在重庆女子师范学校加入共产党领导的地下社）对我说："那个时候国民党没有喊民主自由，只有共产党在喊，喊得声声入耳，声声入心。我以为中国只有共产党代表民主自由，只有共产党追求民主自由，所以就跟共产党走了。"

下面是随手摘录的几段"语录"：

中国的缺点就是缺乏民主，应在所有领域贯彻民主。（毛泽东1944年6月12日答中外记者团。《解放日报》1944年6月13日。）

中国缺少的东西固然很多，但是主要的就是少了两件东西，一件是独立，一件是民主……从前有人说过一句话，说是"有饭大家吃。"我想这可以比喻新民主主义，既然"有饭大家吃"，就不能由一党一派一阶级来专政。（毛泽东在1940年2月20日在延安召开宪政促进会成立大会的讲话。）

我们不想像苏联那样趋于极端——没收地主的土地……政治方面，在我们既不要求也不计划无产阶级专政一点上，我们也和他们不同的，我们也不主张一个最沮丧的个人创造性的集体主义——实际上，我们是鼓励竞争与私人企业的……讲到政府——像你晓得的一样——我们信仰与实行民主政治，采用'三三制'，限制任何一党专政的可能性，像今天国民党所实行的那种情形。（1944年毛泽东与福尔曼的谈话。）

有人说，共产党要夺取政权，要建立共产党的"一党专政"，这是一种恶意的造谣与污蔑。共产党反对国民党的"一党专政"，但并不是要建立共产党的"一党专政"……共产党除了人民的利益与目的外，没有其他的利益与目的。（《刘少奇选集》上卷172页。）

目前推行民主政治，主要关键在于结束一党治国。……因为此问题一日不解决，则国事

势必包揽于一党之手；才智之士，无从引进；良好建议不能实行。因而所谓民主无论搬出何种花样，只是空有其名而已。（《解放日报》1941年10月28日。）

民主还是独裁就看有无言论自由；言论出版自由是民主政治的基本。（《新华日报》1945年3月31日。）

记者和同胞应当一致奋起，挽救新闻界的危机，挽救全民族的危机，反对一个党、一个领袖、一个报纸的法西斯化新闻统治政策，并向国民党当局要求立即开放言论出版自由、保证记者的人权和言论自由权。（《解放日报》1943年9月1日社论）

对青年应有民主态度—— 不可强加污蔑、动用武力。对青年千万不应以武力对付，并保障其身体、言论、集会、结社等基本自由。（《新华日报》1945年12月11日。）

中国共产党一向是忠于它对人民的诺言的，一向是言行一致的，因此它的纲领中的每一条文与每一句话都是兑现的。我们绝不空谈保障人权……禁止不经过法定手续来逮捕、审问、处罚任何人……人民不仅有集会、结社的自由，还有有武装自己的权力，我们不怕人民的组织与活动，只怕他们不能积极动员起来。（《解放日报》1941年5月26日。）

我从小天天被灌输一句话："听毛主席的话，跟共产党走。"现在，我越读《历史的先声》，越觉得这句话正确。

被当局匆忙查禁的书

只是，这本收集共产党光荣历史的书，被共产党急急忙忙查禁了，查得非常迅速，非常彻底。（我是从网上千辛万苦才找到它。）

我没有四十年代谭显殷、裴秀娟的那种幸运，但是，我愿意继承他们当年的那种追求。

谭松与《历史的先声》一书的编者笑蜀合影

一个长寿湖逃亡者的经历——李文书

——1957年市歌剧院演员
1937年生

　　我是四川邻水县人,家里在县城开了个照相馆。我从小喜欢画画,初中毕业那年,1954年,我已经画了几百幅,我的美术老师认为我有天赋,专门带我到重庆报考美术学院附中。

　　附中看了我的作品,非常满意,老师高兴得很。

　　报考前,市教育局突然定了个"区域限制"——只有户口在成都、重庆、昆明、贵阳、拉萨五个城市的学生才能报考。

　　我人生路上遭遇的打击难以计数,这是第一个。我脑子里冒出一个念头,这个"新社会"不自由。

　　老师垂头丧气,带我在市中区游荡。他安慰我说,他有个朋友在国泰电影院,找他商量把我的户口从邻水转过来,变成重庆人,明年再考。

　　在国泰电影院附近,我们看见西南人民艺术剧院演员训练班招生,老师说,去考一下试试。

　　我在初中很活跃,经常上台表演,还会拉手风琴,但我一心想搞美术。老师再三劝我:去试一下嘛。

　　260个人报考,只收5个,我无心当演员,所以不紧张,初试、复试,一考就中!

　　我不去,招生的人不干,扣住我的学生证(报名时交给他的)。这个时候,老师和我身上都没钱了,没钱住店,老师要回去了。演训班非常热情地留我,保证供我吃住。

　　为了生存,我留了下来。

　　我这辈子,总是命运推着我走,我个人把握不住。

　　演员训练班偏偏设在美术学院内,勾得我心猿意马,我一边表演,一边暗恋美术,有空就去看美院学生画画,现在的著名画家江碧波、马一平都是同我一块报考的,他们比我幸运,户口在"区域"内。

　　演训班学习两年,每周一个作品表

李文书毕业演出(正中为李文书)

演，连续四次不合格就要被淘汰，我完全可以主动被淘汰，改学美术，但那个时候的人很老实，我没想到可以钻这个空子，也没有人给我指路。

我1956年6月毕业，毕业演出一炮打响。《重庆日报》登载了我们的演出，剧评家王大虎（注：王大虎1957年被划为极右，1963年病逝。详见本书《一个将门后代的遭遇》）专门评论了我，那个时候，一上报受赞扬就算有了点名气。

但是我不在乎，我心大得很，前面的世界宽广得很。

我分到话剧团不到一年，鸣放开始了，人们给当官的提了不少意见，什么任人唯亲、独断专行、要干女儿——搞年轻女人，等等。我一看，哇，怎么这么污？！

这些事放到现在来看是小菜一碟，比如眼下当官的包二奶已经是普遍现象，但那个时候我对共产党很热爱，认为共产党先进、优秀，共产党内不应该有这种人。

我画了幅漫画《我所欲也》，指名点姓讽刺院长。我把他画成个罗汉，舒舒服服躺着，旁边有人给他打扇，有人给他挠痒，有人给他掏耳朵。院长则把一顶顶"党员"、"先进"、"优秀"的帽子赐给这些人。

这幅漫画我画得惟妙惟肖，充分展示了我的绘画才能，是我分到话剧团后的第一幅公开作品。

反右一开始，就把我划成反党小集团，成员有右派李正、范国瑞等。

但是没划我右派，领导找我谈话，要我写检查，认错。我不干。他们前后找了我三次，问："写不写？""不写！""写不写？""不写！""不写就划你右派！""划就划，当右派有啥了不得！"

我那时还是一个毛头小伙子。

1957年11月，划我右派，下放南桐农村劳动。

我并不害怕劳动，人年轻，力气好，又活泼，农民们都喜欢我，我1959年就摘了帽。

在当右派前，我有20来个朋友，每个月通一次信，当了右派，我主动给他们写信说我是右派了，今后不再往来。那几年，只有一个人不怕，坚持同我通信。

李文书初恋情人王真真

这个人叫王真真，是我邻水中学的同学。我在歌剧团时，她来报考，我给她手风琴伴奏，她考上了四川音乐学院附中，我到附中去看过她，她的同学说，哟，王真真要了个帅小伙。她高兴得很。我当右派之后，她一直同我通信。一天，我收到一封信，沉甸甸的，打开一看，是她寄来的，里面还装了两颗上海大白兔奶糖。

1960年，她附中毕业，成绩非常优秀，但是，学校党委告诉她，必须同右派分子划清界线，否则不准升音乐学院。她给我来了封信，问我怎么办，我没给她回信，直接给她学校的党委写了一封信，告诉他们，我已经同王真真断绝了往来。从此我真的不再给她写信，后来我出去流浪了，她找不到我，给我哥哥写信，哥哥也不知道我的下落，我们就此断了音讯，直到1976年。

我的麻烦主要出在长寿湖。

大跃进时，重庆市委的领导冒出个念头——把长寿湖搞得像西湖。渔场为此组织了一个美术组，要求从美术的角度把长寿湖设计得比西湖还美。右派中有的是美术人才，如四川美协的国画家杨鸿坤、岑学恭，西南美术学院美术系主任吕琳，四川美协漫画家高龙生等等。我是摘帽右派，被派去当副组长。

在美术组里，我同顶头上司苏新——渔场狮子滩区的书记——发生了矛盾。

这些画家都是半老头子，身体又不好，苏新认为，搞设计也得参加劳动，劳动改造思想雷打不动。我是副组长，为他们说话，同苏新发生争执。苏新骂我"你不要以为你摘了帽，告诉你，摘了帽也还是右派！"

紧接着，大跃进变成了大饥荒，到处死人，还搞啥"超西湖"？美术组撤销了。

在长寿湖有一件事我终身难忘。那是

李文书（左一）为演出伴奏

1960年的一个夜晚，我划船去新滩，结果在路上迷了路。长寿湖到处是水汊水湾，我左转右转像陷入了迷宫。到夜半时分，我隐隐约约看到前面好像有一个小房子，但是没有灯光。我划上前一看，果然是一个小房，孤零零地立在湖边，四周杳无人烟。我上去拍门，一个男人打开门，很惊讶地望着我。我告诉他我迷了路，他让我进了门。点亮油灯后我惊喜地发现，他的小屋里还有不少粮食！在那个大饥荒年，很难看到一户人家有这么多粮食。我在那儿住了一夜，也吃了他一顿。

他是一个单身汉，长得很壮实。

他为什么一个人孤零零地住在这与世隔绝的地方呢？

后来，我一有机会就去他那儿，主要是为了吃他一顿。这样，我也了解了他的身世。

解放前，他是当地一个地主的长工。地主有个年轻漂亮的小老婆，他同地主的小老婆私下好上了。他们的私情不幸被地主发现，那地主很残酷地杀死了小老婆，然后又把他阉割了。

解放后，那地主被镇压，他则独自留在了这儿。狮子滩建坝后，土地被淹，农民们都迁走了，但是他不走，他独自在这儿修了个小房，陪守着那已经淹没在水下的他情人的尸骨。他利用湖边水落后荒露的土地种粮食，饥荒年居然不缺吃的。

那一年农民饿得惨，一家一家的饿死。一天，我看见一个15岁左右的女孩，领着两个同她一样奄奄一息的小孩在讨饭。我看他们的样子十分悲惨，便上去问他们是哪儿的。女孩告诉我，他们是丰都县的，丰都饿死的人成千上万，女孩一家都饿死了，只剩下他们姐弟三人。女孩说，她把爸爸埋了后就带着弟妹出来讨饭了。

但是，那个年代哪儿讨得到饭？

我看他们姐妹三人也会饿死，于是产生了强烈的救他们一命的冲动。

我想到了那个隐蔽湖湾里的单身汉，他有吃的。于是我把他们带到了那间小房。

单身汉收留了他们，他们因此活了下来。

事情到此本来也结束了，不料后来那女孩一心要嫁给那单身汉，虽然他年龄比她大一倍多。这女孩还读过书，有文化，她想同他结婚生子。那单身汉是个好心人，但是他已经没得生育功能了。女孩不了解内情，苦苦地盼望能嫁给他。后来的情况我就不知道了，因为不久我就被迫外出逃亡。不过逃亡前她给我烙了一些饼子。

20多年后，1984年，我重返长寿湖，本打算去旧地找找他们，不料一到长寿湖就生了病，几天后，假期也到了，没能前去寻访。从此再不知他们的下落。

1961年冬，有个小整风，传达了个文件，上面有毛主席的一封信，专门针对农村一些干部的大吃大喝和克扣群众口粮，说这是国民党作风。我看见场部小食堂经常大吃大喝，管食堂的一个姓李的小个子，同我关系好，他告诉我一些内幕。我忍不住了，又像1957年鸣放一样站出来说话，写大字报，还把苏新调戏一个姓王的女娃娃的事抖出来说，她是热带鱼研究所的，比我小一岁，是她亲口告诉我的。

那个小整风转眼又变成整人！大吃大喝的人一点事没有，我又遭了。毛泽东这个人，真的，捉鬼放鬼都是他。

苏新不出面，找了一个叫顾XX的摘帽右派当打手。

5月份搞"双抢"——抢收、抢播，通宵达旦地干。一天晚上12点，我还有一块麦子没割完，我准备坐下来休息一会儿再割，结果一坐下去就睡着了。苏新、顾XX借机惩罚我，把我一个人放到猪儿岛，三顿饭划船送来。那两个月我每天和泥巴、荒草、星星、月亮作伴，我的孤独性格就是在猪儿岛形成的，从那一年起到现在，我都特别能忍受孤独。

他们还强迫我干重活，不干完不准吃饭，1961年，每一口饭都是救命。我发现他们是要置我于死

李文书在长寿湖犁田（1961年）

命。我悄悄跑回剧院，要求领导调我到别的地方去劳教，长寿湖太黑暗了。

在剧院发现，1957年我讽刺过的一个秘书已经当了副院长，此人最善于吹牛拍马，媚上压下，我的请求自然不会有结果。

回到长寿湖，苏新说我逃跑。这次动手打，他不动手，顾XX也不动手，顾找了一些孤儿来打我，我又跑回剧院，强烈要求换地方。剧院答复：忍一忍，明年调我回剧院。

长寿湖认为我第二次逃跑，惩罚更重，这一次不打，而是把劳动量加大，大得我根本完不成，完不成就不准吃饭。每天晚上，田里只剩我一个人在干活。苏新、顾XX要把

我逼死的意图旁人都看得一清二楚。

我决定真的逃亡，等不到明年了，我很恐惧，第一次感到死的恐惧。

我把我的决定告诉了范国瑞、宋清涛，他们也明白，我不逃只有死路一条。但他们担心我跑不脱，范国瑞给了我几斤粮票，说："你要是被抓回来，肯定吊起打，你活得出来？"

在猪儿岛对面一个叫黄桷村的地方，住得有几家农民，我同他们关系很好，我决定先到农民家躲几天，等追捕的人收兵了再逃。

农民很好，收容了我，不怕受牵连，我在一个姓刘的农民家躲了三天三夜。

李文书1959年右派摘帽后留影

1961年9月，一个没有月亮的黑夜，我偷偷摸摸溜出门，开始了长达半年，纵横十余个省的逃亡之路。

姓刘的农民怕我迷路，也怕我被抓，他半夜起身陪我上路，还给我烙了几个饼子，我泪水流出来。那个时候，回龙乡靠近垫江一带，一个村一个村的人饿死光，几个饼子比现在的几两金子还贵重！

我们不敢走大路，摸黑走小路，一路上月黑星稀，没有狗叫，更没有鸡鸣，四下一片死寂。横扫中国的大饥荒已经到了第三个年头，借用毛泽东的诗，叫作"万户萧疏鬼唱歌"。从狮子滩到邻封镇短短七、八里，就在我走的这条小路上，就看见三具尸体。尸体都倒卧在黄桷树下。川东地区，路口、垭口总有一棵黄桷树供行人歇凉休息，这几个人走到这里，坐下来休息，倒下去就断了气。我在黑夜中看见那张枯干凹陷的脸，尤其是那白森森的牙齿，背脊阵阵发麻。我才22岁，已经感受到四周的世界像一个阴森森的大地狱。

"改正"后我把那天晚上的经历和感受写成一篇小说，本来要发表，批判白桦又撤下来，我拿给范国瑞等人看，他们看哭了。

在邻封，我同小刘分手，他叮嘱了我一番，一直目送我消失在黑夜中。

我走到长寿县城天才亮，我不敢直往重庆走，往反方向，坐船下涪陵。到了涪陵，一看也是满目萧条，我在江边一个烂棚棚里蹲了整整一天，然后从涪陵坐船到重庆。

在重庆我没有钱，又没有家，只得回邻水。我渡过嘉陵江，到江陵厂找我一个朋友，他也没

李文书逃亡前躲藏的黄桷村

钱，给我几个馒头，我靠这几个馒头，走了两天才回到邻水。

老家只有一个哥哥，他因病没得到医治，瘫痪了，家中娃儿多，生活十分困难。我吃了一个月，实在不忍心再吃下去。我听人说，北大荒日子好过，不缺粮吃，于是我决

定跑北大荒。

哥哥把祖传的一个照相机交给我，作为送别，那个年头一分别，还见不见得到，鬼都不晓得。

我到重庆后，把留在剧团的最后几件衣服拿到大阳沟卖了，买了张到北京的火车票。

在北京永定门下车后，身上钱光了。北京查得严，不好混车，北大荒还远，怎么办？

我在永定门转来转去，走投无路，莫法，只得去找民政局。我老老实实说，重庆来的，要去北大荒。民政局把我当盲流收留，强制送我回重庆，我同一群盲流一起被送上火车。

到丰台时，我溜下车，钻出车站。在车站外我蹲在地上一筹莫展，逼迫痛下决心：卖相机！

我转来转去找买主，几个公安人员突然出现在面前，不由分说把我抓进派出所。

"相机从哪儿偷的？说！"照相机在当时属于贵重物品。

"是祖传的，我父亲开像馆。"

"祖传的？你是什么人？"

我老老实实交待，我是右派，活不下去了，想到北大荒。

他们一听说我是右派，不多问了，立马把我抓进看守所。

这一关就关了20多天。

放我出来时，派出所的人说，他们同剧团联系了，证实了我的身份，是右派，要押送我回重庆。

"相机呢？"我问。

"相机？你还想要相机？！"

我不敢多说，怕又被关，相机就这样被他们吞了。现在老百姓说，公安腐败黑暗，其实那个年代就腐败。

快到石家庄时，押送我那个人下了车，他一走，我赶紧溜下车。打死我，我也不回重庆，不回长寿湖。

在石家庄车站，我遇到两个河北熟卢县的农民，他们是父子俩，倒腾点小生意。听说我的身世后，他们劝我不要到北大荒，跟他们去内蒙古，那边有粮食吃，人手缺，管得又不严，肯定能呆下来。我身上还有最后几块钱，他们叫我拿来买点杂货，比如大蒜，沿途倒卖，挣口饭吃。车票就不用买了，跟着他们，混。

我一无所有，不怕被骗，而且那个时候骗子少，人心不像现在这么坏。

我决定跟他们走。

从石家庄出发，经阳泉、榆次、太原、忻州、朔州、大同，一截一截的混车。这父子俩是混车老手，各个车站地形熟，我跟着他们翻围墙，钻栅栏，爬车厢，进进出出上上下下，如入无人之境，居然没被逮住一次。

到了内蒙，每过一个村子，他们都前前后后找人问：有个小伙子，愿意留下来干活，要不要？

每次答复都是：要是早来两个月，没问题，但现在中央刚刚下了文件，传达了，不准收留任何陌生人，尤其是没有证明的陌生人。

我们整整走了三个县，没有一个地方敢收留我。这个政府威力大得很，内蒙这个偏远的地方都管得严严实实。

父子俩陪我走了一村又一村，没法了，他们要回家，问我怎么办？跟不跟他们回去？

人到了这个地步，心有些横了，血液里生出了些野性。我说，不回去，我再往草原深处走。

同父子俩分手，我有些感伤，素昧平生，他们尽了力帮我。

天，冷了，越来越冷，我穿得单薄，衣服早卖得精光。茫茫大草原，风吹草低见牛羊，我很有些冲动，可惜，又冷又饿，骨子里那种绘画的艺术浪漫升华不起来。

我又混上火车——我已经很有"技术"——又到了北京。北京也冷，我坚持去看天安门，天安门在我心中很神圣。

那个天冷得很，寒风呼呼吹，我站在宽广气派的广场，哆哆嗦嗦。毛主席的巨像挂在正中，正慈祥亲切地望着我。人民英雄纪念碑、人民大会堂……我突然觉得这一切都与我无关，我卑微得很，在这个地方没有立锥之地。

我也突然想到，我这种状况，不该往北大荒走，要流浪，也要往温暖的南方。

我主动找到收容所，这次我没说实话，更没说自己是右派，我告诉他们，我是湖南来的盲流。

在收容所住了几天，我同一大群盲流一起被送上南下的火车。整整一节罐罐车厢装盲流，里面各色各样的人，还有大学生。我同他们交谈，个个都有一段惊心动魄的经历，让我大开眼界。

到了武汉，从车站转收容所，我又溜了——我想去看武汉长江大桥。大桥是新中国的骄傲，富强发达的象征，报纸、广播都这么说，来都来了，不看可惜。

我在武汉游荡了一天，饿着肚皮看大桥，那一天我只吃了一点糠饼，在大桥上，饿得清口水直流。

当天晚上我在江边一个码头上过了一夜，第二天扒火车混到了长沙。

我已经变"油"了，脸面、自尊顾不上了，在长沙我游荡了两天，实在讨不到东西吃，就又往收容所跑。车上的盲流曾经对我说过，云南比湖南好，不冷，容易找到吃的，所以，在长沙收容所我就说我是云南那边的人。长沙收容所没让我白吃饭，扎扎实实让我劳动了三天。然后，从长沙到衡阳、衡阳转桂林，桂林转柳州、柳州转贵阳，从收容所到收容所，免费"旅游"。记得在桂林时我特别动情，收容所在漓江边上，江水清得很，唤起我的美感，我想去游漓江，那里是画画的好地方，可惜我腰无半文。

在收容所，我"表演"得很好，我受过专业训练，又演过话剧，一路上跟盲流学几句当地土话毫不困难，收容所根本没看出破绽。我的表演才能在一个个收容所里派上了用场。

在贵阳我遇到了一个人——河北寄县的农民郭道纯，这个名字刻骨铭心，至死不忘！

郭道纯家里饿死了人，他活不下去，打算跑到云南宣威修公路。他对我说，宣威修公路不要证明，吃饭没问题，还有工钱。

我一听来了精神，这个大中国只要哪点能收留我，给口饭吃，我就去！干活，再苦再累没问题。

我又从盲流队伍中偷跑出来，跟他混上去云南的火车。当时，铁路只修到安顺，再往前只有走路。

我们俩从安顺出发，跋山涉水，一路上全是大山，那些地方偏僻落后，人烟稀少，时值隆冬，山高坡陡，更是显得凄冷荒凉。不过，山上的农民还是有吃的，他们受"大跃进"的折腾小一些，没有遭到像李井泉（四川省委书记）那样整，日子比四川农民好过。我们一路上向他们讨吃的，他们至少丢几个干包谷，我们在火上噼噼啪啪烤起吃。

这个时候，我身体垮了，发烧、流冷汗，不再感到饿，不想吃饭，连水都不想喝。我叫郭道纯走，别管我，他不干，扶着我偏偏倒倒走到水城。

我身上早就没钱了，他还有几块钱，去给我找来个中医，中医说，我是身体弱，气血亏，气候不适。

我不走了，郭道纯坚持要我走，他说："宣威不远了，我扶你走。"

一出水城，哎哟，那个山大呀，又是爬坡！我的身体在长寿湖就磨损了，流浪四个月，没吃几顿饱饭，加上病，实在拖不起。郭道纯20来岁，劳动汉子，身体好，他又扶又拖，一天只能走20多里。

几天后，我们来到一个山溪边，这儿海拔2000多米，空气稀薄，我躺在地上，死鱼一样张着嘴。我已经三、四天没有大小便，汗也不出了，一滴都没有。郭道纯跑到山民家，为我熬包谷粥。我对他说，不费心了，我活不过去，我写封信，告诉家里我死在这儿，你今后寄给我哥哥，我只有他一个亲人。

郭道纯说，"我晓得你这个病，有救。这条路我熟，前面有人家，坚持几天，我找人给你医。"

他几乎是背着我走，云贵高原，一望无际，冬风吹得呜呜响，那个声音像是哭丧。

我坚决不走了！我把信掏出来递给他。他不接，说："除非你死了，我才会一个人走。"

我清清楚楚地记得他的表情，一辈子都忘不了，那张忠厚的脸！

又走了一天多，我除了神智还清楚，全身像个死人。

四周的山，大呀，大得很，压得我喘不过气来，我觉得随时都有可能断气，但我不怕，不悔，不逃出来也要死，长寿湖死得更快，出来还见了天安门，大草原，游了祖国的大好河山。

天，近黄昏了，我断定我活不过当夜。正在这时，我们看见前面靠山顶的地方，有个苗寨。

郭道纯高兴得叫起来："好了，好了，你有救了！"

寨子里有个70多岁的孤老头，是个瞎子，同一个七、八岁的小孙孙生活。郭对他说有个病人，你看一下。他摸了摸我的头和脉，问郭道纯："你还有好多钱？"

郭说："只有两块。"

老人说："够了，你到对面宣威去买一块腊肉回来，要快！"

　　老人这个苗寨，正处在云南和贵州交界的边界上，中间有一条小河，对面是云南宣威。"对面"说起近，但山大，一上一下得两三个小时。

　　然后，老人又把孙儿叫来，给他说了三个地方，让他去采三种药。

　　我已经站不起，倒在火塘边，老人把火塘烧得暖暖的。"你是中了大山上的瘴气，寒气出不来，要死人的。"老人说。

　　孙儿采药回来，老人逐根摸，他点头认可后，孙儿才把它们切了丢进一个大沙罐。郭道纯回来时，天早已黑尽了。黑腻腻的一块腊肉，也不洗，胡乱宰成几砣，丢进罐子里一起熬。

　　半夜时分，老人说："行了，喝。"

　　一碗黑糊糊的汤端到面前。

　　我不喝，那些天我吃啥子都像是吃泥巴，吞不下。

　　老人说，就是刀子你也得吞。

　　我不相信他那个"药"，我认为自己必死。

　　他们强迫我喝了三次。

　　第二天早上，我开始出汗。那种汗，像浆糊，浸出来粘乎乎的，接着往外吐痰，整个呼吸道都在往外吐，痰浓得很，像稀泥巴。

　　我在老人的火塘边睡了两天三夜，身子轻松了。

　　第三天，几个背枪的民兵闯进来，气势汹汹盘问"干啥子的？"

　　我们都没有证明，那个年代也没得身份证，民兵断定我们不是好人，抓起来就往水城押送。

　　这次用枪押在背后！

　　我们沿着郭道纯扶我千辛万苦走过的路往回走。郭道纯忍不住一次次回头往宣威那边眺望。

　　那边意味着工作、意味着吃饭。我心里很内疚，是我拖累了他，他已经走到宣威边上了，实际上买腊肉时他已经踏上了宣威。

　　到了水城，他对我说，不要紧，我们找机会跑出来再走。

　　哪晓得这次看管得严，盘问得也严，我们只好如实招认，于是他被送回河北，我被送回四川。水城，成了我们分手的地方，这一分手，至今音讯渺茫，彼此连地址都不知道。

　　几十年了，我忘不了这个人，一个河北的普通农民，生死之交呀！你要写，就照实写，不要管共产党高不高兴，但愿你能发表，他能够看到，一旦有他的消息，再大的年岁我都要去找他。

　　1962年1月，我被押送到毕节看守

李文书在长寿湖边（1960年）

所，在看守所关了20多天。

从苗寨出发，我就一直吐痰，天天吐那种又浓又稠，像泥土一样的痰，一直吐了一个月。在看守所，我身体还没完全恢复，但得劳动，不能白吃饭，幸亏劳动不重，比长寿湖轻得多，饭也比长寿湖吃得饱。

在毕节过了春节，我被送到四川泸州。这个时候我已经没有自由，看管得紧，而且每到一地，必须劳动，泸州、重庆都如此。不过，我也不想再逃了，广阔天地，天网恢恢，疏而不漏，往哪里逃？听天由命算了。

毕节看守所曾经同剧团联系过，核实了我的身份，但是剧团不要我，让我回长寿湖，所以到重庆之后，我只有呆在收容所。重庆收容所把我转到长寿县收容所，长寿县又把我送到长寿湖。

我转一大圈，历时半年，九生一死，又回到起点。

这是1962年2月。

我踏上狮子滩熟悉的土地，又望见湖水时，眼睛里的光阴冷得很：要打要杀随便，生死已经无所谓。

嘿，我运气好，正遇上中央宽松政策：右派分子要恢复身体，恢复业务。据说刘少奇、陈毅等人认为把右派整凶了，人死多了，要"宽松"一下。

长寿湖所有右派都集中到同心岛搞"两恢复"，右派们高兴得很，以为苦日子快熬到头了。学习班书记陈锡元对我很"宽松"，只叫我把到了哪些地方写一下，没有斗，也没有打，劳动也很轻——洗牛皮菜。

我身体已经很差，陈锡元问我有啥想法，我说我想回邻水老家恢复身体，陈锡元同意了。我于是在当年4月回到邻水，与哥哥住在一起。

接下来我就找剧院，要"恢复业务"，剧院说，户口不好解决。有人给我出主意，重庆进不了，可以去专县。正巧，当年招我进训练班的一个老师，因"右倾"被下放到宜宾文工团当团长，他一直很喜欢我，愿意冒风险接收，这样，我在1962年底到了宜宾。

1962年的那段"宽松"，让我死里逃生，毛泽东"千万不要忘记阶级斗争"一出来，右派们的日子又难过了，我刚好在那个空子里钻了出来。

1963年，我登台演出，第一个角色是扮演《红岩》中的成刚。接着演《霓虹灯下的哨兵》、《南海长城》、《青年一代》。最成功的是演《青年一代》的主角林育生，我把这个角色演活了，演红了，前前后后，下工矿，走农村，演了近200场。我在宜宾大红大紫，每到一地演出，观众就挤在门口等我签名，演出完了又涌到后台要见演员，我走到街上，大人小孩都追着叫"林育生！林育生！"

李文书在《青年一代》中扮演林育生

我很早就享受了被"追星"。

1964年，文工团创作了一个话剧《山村里的斗争》，反映阶级斗争，里面有两个重要角色，一个老贫农，一个生产队长。剧的内容是：队长被一个地主的女儿诱惑，丧失了阶级立场，后来在老贫农忆苦思甜的教育下，幡然觉悟，回到正确的革命路线上。

队长不好演，几副面孔，演得不好就僵化，展示不出丰富复杂的内心世界。这个角色我又把他演活了。老贫农由一个老右派谢明德扮演，他也演得十分生动。

我们到成都演出，大获成功，我又上了四川日报，省委宣传部专门请我们吃饭，住的也是豪华宾馆。

上面不知道，这场"阶级斗争"戏是靠一个老右派和一个小右派唱主角。

我这个人的好运气一向不长。

1964年11月，搞"四清"运动，谢明德和我一老一小两个右派被抓出来批斗，斗之后把我下放到泸州劳动，谢明德被关了四个月。

泸州文化局局长一见我，惊讶地说："咦，你这个名演员怎么来了"？我说，"没办法，是右派。"他问："摘帽没有"？我说："摘了。""摘了就好办。"他说。

局长关照我，让我参加演出。泸州老百姓一见我，就呼叫："哟，李文书又来了。"

在泸州，我结识了一大批社会"闲散"人员，三教九流都有，尤其是一帮抬工——抬从岷江漂来的原木。这帮人大多数都是被整的人，其中有北京、上海一些大学的学生，有出身不好不准读大学的青年，一个个都很优秀，有思想，有才华。我同他们打得火热。

六、七十年代，宜宾、泸州一带，社会上埋藏了很多有才华的能人，这些人都是因各种各样政治原因被整，下放下来。我越接触这个社会，越感叹。

在泸州干到1966年上半年，文工团重新给我和谢明德安排了工作——到一个硫磺厂——一个劳改犯的厂干活。

我同谢不干，提出辞职，文化局的书记很左，干脆把我俩放到农村去劳动。

到农村不久，文革开始了，谢明德忧心忡忡地对我说：遭了，又来运动了，我们又要遭整。

果然，我们俩很快被抓回去挨斗。

他们说谢明德是特务，我是企图投敌叛国。

他们要我交待：跑内蒙是企图叛逃苏联。我心中暗想，我那时还不晓得可以往苏联逃，更不晓得苏联变修了，否则，我肯定往那边逃。

我在批斗大会上交待我的逃难（"叛国"）经历，我是演员，讲的又是亲身经历，

李文书扮演《霓虹灯下的哨兵》中的陈喜
（1963年）

一番"交待"，把下面不少人感动得眼泪汪汪。主持会的书记也听入了神，突然，他觉得不对劲，赶紧站起来，挥着手叫："干啥？！干啥？！他这是在放毒！你们还哭？！"

文革中两派打闹起来时，我感情倾向于造反派，那些当官的太坏，该打。造反派找我画几幅漫画讽刺当官的，我一激动，忘了自己的身份，拿起笔就画，这一画，又把我扯进了监狱。

抓我那天的批斗会，很富戏剧性，有人已经给我报信，说会场上要抓我。当时抓人的程序是：主持人突然高声点名："把XX分子揪出来示众。"被点名者立马被两个打手左右倒扭胳膊，揪头发，弯腰，像喷气式飞机一样被推上台。我一进会场就发现不对劲，左右两个人监视着我，那架式随时准备扭我胳膊。我暗想，我李文书也曾经是个"公众人物"，决不出这个丑。

我紧紧盯着主持人的嘴。他点名抓了一个人上去，我估计马上就要轮到我了，我突然站起来，跟着那个被抓的人大步走上台，高声说："我是李文书，自己来了！"

下面一阵哄笑。

接下来捆绑游街。大街小巷的人都认识我，有的人喊，李文书，莫怕，硬起！（那时还没"雄起"的叫法。）

我进监牢，坦然得很，当年收容所、派出所、看守所，进进出出，早已习惯，唯一不习惯的是牢房里人太多，晚上睡觉某一个人翻身，全体都得翻。

这次坐牢，时间不长，一个把月，反"二月逆流"，造反派得势，他们敲锣打鼓把我从监牢里接出来。

接下来我目睹了一场惊心动魄的战争。

宜宾、泸州是全国武斗最惨烈的地区之一，两派从钢钎、棍棒发展到坦克、大炮、高射机枪。宜宾5·13武斗，造反派围住保皇派一个据点，突围的人，冲出一个杀一个，据点外保皇派的战友急红了眼，组织敢死队冲锋，他们兵分几路冲出来，不分青红皂白，见人杀人，在军分区门前呼喊解放军制止武斗的两个北大学生，就被他们顺便打死。那一仗打下来死伤几百人，真真血流成河。

还有武装攻打泸州，造反派兵分三路，每一路都有一百多辆卡车，浩浩荡荡杀奔泸州。泸州之战打了三天三夜，造反派攻占了全城，保皇派被挤到城外一个兵工厂。

我被造反派叫去拉手风琴，慰问造反派。我一进泸州，惊得目瞪口呆，好端端一座城市被打成一片废墟，到处是弹孔，到处是血痕。医院里伤员一声声惨叫，停尸房尸体堆积如山，我们去慰问演出，唱的歌全是"打打打、杀杀杀，誓死保卫毛主席。"

泸州的惨烈让我彻底清醒了。

我最初赞成造反派，觉得该造那些当官的

李文书在《南海长城》中剧照

253

反。武斗时，发现两派呼喊同一种口号厮杀。我亲眼看见一派把钢钎杀进另一派的肉体，呼喊"忠于毛主席，冲啊，杀啊"，另一派也喊同一口号。在泸州，攻、守双方势不两立，杀得血流成河，但口号完全一样，都是"誓死保卫毛主席！头可断，血可流！"

我觉得不对劲，这场革命出了大问题，有人用貌似神圣的东西挑动老百姓互相仇杀。

保皇派的炮弹不断打来，我自己在"前线"慰问演出时也差点被机枪打中。我目睹战场上那一排排尸体，对这场革命已经非常反感。

1969年，江青有一个专整文艺界的讲话，要冲击文艺界的"三名三高"（即名人、高工资等）。我工资不高，30元，但说我是文艺黑线上的名人。

这次被抓出来斗是我挨得最惨的一次，又一次游街，跪在地上写检查，身体被整垮。我不承认反党，他们就打，拳打脚踢，其中一个重拳打在我脸上，给我留下了终身后遗症。我头当时就肿了，口腔里裂了一条口（缝了几针），这一重拳损伤了我的面部三叉神经，右脸从此抖动，右眼机械地不停地眨，我再也上不了舞台。记得1979年"改正"后，排演《于无声处》等反映伤痕文学的话剧，我有切身体会，很适合，非常想演，但已经无法上台。

（采访时，李文书的右脸和右眼不停地抖动，我最初以为是老人激动时的习惯动作。）

为啥下狠心打我？主要是说我翻案，不承认反党。当时，我的确不承认。

现在我承认！

1979年宣布给我"改正"，我不签字。我说，当年我不反党，不反毛泽东思想，你们说我反党、反毛主席，打我右派。现在我反党，反毛泽东思想，真正是右派，不用"改正"了。

所以，我不签字，至今都没有签。

1969年，整个宜宾乱得一塌糊涂，只有派部队。于是，解放军13军进驻宜宾，对各个单位实行军管。

李文书（右三）演出后与贺龙（左一）、周恩来（左三）、李井泉（右五）合影
（1963年）

这一军管，导致了我人生路上又一段刻骨铭心的经历。

我的婚姻，我的家庭毁在了"军管"上！

1963年，我戏演得红火，文工团里漂亮女孩多，喜欢我的漂亮女孩也多，其中最漂亮的一个叫张淑君，她是重庆姑娘，18

岁，团里的舞蹈演员。

她爱上我，很多人心里不平衡，一朵鲜花，哪个找个右派？给她做工作的人多啊！有宣传部长，文化局书记，团里的领导，还有一些同事。

她坚定得很，非要同我好。1964年11月我挨斗，把她也弄来陪斗，说她划不清界线。从那时起，只要我挨批挨斗，必定把她弄到场，让她受教育，受刺激，想让她转变思想，转变立场，说穿了，转变感情。

张淑君年龄不大，意志很坚强，就像我们演那些革命剧里的女英雄，宁死不屈。

我下放泸州劳动一年半，她一心一意等我，还专门来看我。这种等不容易呀，她漂亮，身边追求的人多，有的很有来头，条件比我好。我一回去，让她看到的就是我站在台上挨斗的狼狈。

1968年初，她不顾一切同我结了婚，我们的结合在宜宾几乎是家喻户晓，我俩都是舞台上的人物，如果不扯我右派这码事，真正的说得上郎才女貌，很多人羡慕，也有人嫉妒。为啥嫉妒？还是那个老话题：一个美人凭啥让一个右派娶走了。

不过宜宾好多人都佩服她，觉得她在那么大的压力下坚守，不容易。不过，在那个年代，她嫁给我，注定要付出极大的代价。

结婚才20多天，按现在的说法，还在蜜月期，我就因为画漫画被抓进了监牢。她找到监狱，监狱答复她："造反派可以放，他不能放。"原因是我是右派，是铁定的阶级敌人。

这事给她烙上的烙印很深。

结婚之后，我接二连三地被斗、打、抓、关、游街，她在动荡不安中生下大女儿李君。女儿生下来，只得送到重庆，托她父母喂养。

1969年底，我和"老右"谢明德等被下放到高县涪江劳动，半年之后，谢明德认罪好，放回去了。他们说我傲气，不服罪，继续劳动。到1971年初，传来消息，单位准备开除我公职，发回原籍。

正在这个时候，发生了一件事。

宜宾军分区有个政委，叫徐怀旺（这个名字我也是刻骨铭心），军管之后，他分管宜宾文艺团体。这个人来后，很关心大家的生活，他看到宣传队（当时几个剧团合成一个"毛泽东思想宣传队"）的住宿条件和伙食状况后，直摇头，说，这怎么行，这是乞讨生活呀！他着手改善伙食，提高演出补助标准。多年来演员们听够了宣传部长、文化局长"要艰苦奋斗"之类的话，突然得到一点关心，大家高兴得很，感激得很。

这个人说话也很有水平。

我们团里有个五十年代就得过金奖的演员刘文元，他初中时在山西参加过阎锡山的"同志会"，解放后被打成历史反革命。徐政委来后，在大会上说："我在山西呆过，了解那个同志会，不算什么，刘文元一个十多岁的初中娃娃，还不懂事，什么历史反革命？"

徐政委这些话，在那个"极左"年代，大得人心，大家觉得他懂政策，有水平。

一天，徐政委来看排演《红色娘子军》，看完之后，他问舞蹈队队长："为什么不让她（张淑君）跳吴清华？"

队长答道:"她男人是右派。"

"右派可以离婚嘛。"政委说。

"她不干,结婚前好多领导都给她做过工作,还让她陪斗,没用。"

"哦……"徐政委哼了一声,走了。

没人料到一个堂堂大政委会亲自找一个小演员做工作,动员她离婚!

这事碰巧被人在窗外听到,传出来,大家很惊讶,徐政委是很懂政策的人,怎么一下子"左"起来,要动员一个年轻女人同右派丈夫划清界线?而且还亲自出马?

我远在农村五七干校,毫不知情,张淑君写信没提这事,是创作《山村里的斗争》那个女才子冒了风险告诉我的。

一天,我正在写毛主席语录,一辆小汽车开来,钻出一个军人,他说:"你是谁呀?字写得不错呀。"

我说,我叫李文书。

不一会,有人来叫我开会,会场上,我才知道那个军人就是徐政委。

"谁是李文书,请站起来。"徐政委客客气气地说。

我不起来,我已经晓得他找张淑君的事。

大家着急,生怕对不起徐政委,政委亲临干校,让他们受宠若惊。

"起来,李文书!"

我不动。一个军代表走过来把我拉起来。

他操普通话,我也操普通话,盯着他朗朗地说:"我就是李文书,李文书就是我,什么事?!"

"你在宜宾很有点名气,我听说你有一个外号叫小天才。"

"那是吹的。"

"是呀,吹得太高,摔得越痛,不过你不要灰心,你那个事不算什么,1957年你才十几岁嘛,一个娃娃,而且你已经摘了帽,你在这儿好好干,今后还可以回去工作,重上舞台。"

话,说得很温和,也入理。

但是,我一直回不去,干校只剩五个人了,我还是回不去,不仅回不去,还传出话

《南海长城》剧照

要开除我公职。我心里又冒出流浪时那种"发横"的情绪,我拒不劳动,每天出去画画,我不能演戏了,今后要有口饭吃,得有本领。那一年多打下了我画画的基础,否则我不会有今天。

1971年底,又是在最寒冷的日子,我接到张淑君的信,她提出离婚!

1972年初,春节,我赶回宜宾。同她的那场对话我记忆犹新。

她说："文书，斗你、打你、关你，我都没离开你，所有痛苦我都承受下来，事后想起，每次都很怕，现在有两个娃儿，再来一次，我怕受不了。"

我说："对右派这件事，我绝对不服，肯定整错了，今后一定会平反，我才30出头，熬得过，一定能看到那一天。"

"我压力大得很，娃娃一天天长大，团里又说要开除你。"

我安慰她说："我会找到工作，能挣到钱，能养家。"

当时张淑君只有20多元工资。

她问："你能不能保证不再被抓进去，不再挨斗挨打？"

我迟疑了一下说："我不敢保证。"

她哭起来，哽哽咽咽地说："我，我怕影响孩子，你看到了，那些家庭出身不好的子女，活得好累，好惨。读书、工作、婚姻，一辈子受影响。"

我一下子说不出话来。

我的两个女儿，长得非常漂亮，带上街，陌生人都要夸几句，熟识的人，一定要抱抱。

我叹一声："是不是徐政委反复给你做工作？"

"他只做了那一次，后来没有再来。他说右派是一辈子的事，要为娃娃着想。徐政委这么好的干部都劝我离婚，他懂政策……"

我的心又横了。我问："你想好没得？"

她说："我想好了。"

"那好，我们离！"

写好离婚申请，我们俩签了字，找领导批，团长不批，让去找军代表，军代表也不批。嘿，怪了！我说："你们政委不是动员她离婚吗？不是要她同右派分子划清界线吗？"军代表说："我不晓得。"

我心里明白是什么原因。我们婚姻是宜宾一段家喻户晓的佳话，大家谈起，对我们两个人都佩服，对张淑君的人格、气节更是敬佩，

1975年的李文书

尤其是我挨斗时她陪斗，花容月貌，面不改色。

团长和军代表不想惹别人说闲话。

我决定去找徐政委批，而且要公开找。

一天，宜宾所有文艺团体开大会，我埋伏在外面，看见徐政委进会场，我大步跟上去。

我没资格参加那次会，大家见我进去，知道有好戏。

徐政委骤然见我，怔了一下，说："你不是李文书吗？"

"是呀，我们在干校见过一面。我回来同张淑君办离婚，他们不签字，请你签。"

"我怎么能管你们的私事呢？"

我一听这话来了情绪："你不管？你去做张淑君工作，叫她同我离婚，你去过没有？当着大家说。"

我完全是审问的口气，当时，没有哪个敢这样对徐政委说话。会场上鸦雀无声。

我接着说："张淑君一向是很坚强的，挨斗陪斗，跟我风风雨雨，那么多领导都没说服她。你来了，你很能干，在座的人都说你好，张淑君也说你好。我们上次见面，你说我这个小右派不算什么，说得入情入理。但是，你背地里一锄头挖下去，把张淑君的'堤坝'挖垮了。你很会挖，用孩子的终身前途去挖一个母亲的心，只一锄头，张淑君就崩溃了。我不晓得你是两面派，还是把我们当儿戏，我们小老百姓，离婚大事，不敢当儿戏……"

我在会场上用标准的普通话，滔滔不绝地诉说，像是我最后一次登台演出。我豁出去了，面对一个可以置我于死地的军分区政委，毫无惧色。我厉声问："你到底签不签？"

徐政委下不了台，但是他很沉着，他对军代表说："你们去办这件事。"意思是叫他们签。

军代表把我劝出会场。

同张淑君离婚对我打击非常沉重，但是，我也不想挽回。张淑君跟着我，没过上几天好日子，从1964年起，她一直提心吊胆，我不是被下放，两地分离，就是挨斗，抓她陪斗，我是男人，经过磨难，不怕，她是女人、母亲……

去派出所办手续那天，下着迷迷濛濛的春雨，我们俩共同打一把大红油纸伞，难分难舍地走进了派出所。

派出所的人问："你们俩来干啥？"我说："办离婚。"民警笑起来："开啥子玩笑，看你们两个亲亲热热的。"他也晓得我们这段婚姻。我们把手续给他看，他看到领导批的离婚原因是"感情破裂"。

他傻眼了。

办完手续我同她分手，她把雨伞给我。

（李文书停下来，眼含泪光。他背过去抓起一个桔子，抖抖索索地剥开。）

两个女儿都判给她，为的是不背右派父亲的名。女儿送到重庆，由她父母抚养。

离婚后我独自回到五七农场。

1972年4月，团里把我调回城，没有开除我，据说是林彪事件之后，高压暂时松缓，我又逃脱一难。

我住在团里单身宿舍，与张淑君同一个单位，我回邻水探亲，路过重庆就住在她父母家。这样别别扭扭过了一年多，张淑君想复婚了，我当即表示同意。

这个时候单位派她到成都观看舞蹈表演。在成都，她遇到当年舞蹈班一个姓蒋的同学，蒋听说她离了婚，拼命追她，并表示要离了婚娶她。

张淑君动摇了，她告诉了我，我没勉强她。

但是，蒋一直离不了婚，这一拖，就拖到了1976年。

一天，张淑君找到我，说，徐政委托人来说，想同她结婚。

这个徐政委，前两年死了老婆。文工团舞蹈队队长，也是张淑君舞校的同学，一心想嫁给他，她主动登堂入室，投怀送抱。徐政委也愿意接纳，她是党员，年轻，漂亮，又爱他。但是，她老公坚决不离婚，扬言要把她拖老。

两年之后，徐政委见没有希望，便找上了张淑君。

张淑君告诉我，徐政委亲自找她父母作工作，父母压她结婚，否则，就不再为她带两个女儿 。

我很冷静地问她："你怎么想的？"

"我不愿意！"她很肯定地回答。

"那好，"我说，"你到重庆去把女儿接来，我们带，同时，我们把复婚的风声放出去，姓徐的晓得我的厉害，他肯定不敢再来缠你。"

张淑君完全同意，当即动身去重庆接女儿。

我在宜宾一心一意期盼她，期盼女儿，期盼破镜重圆。

谁知这一去就没了消息。20多天后，徐政委和张淑君双双回到宜宾—— 一个新郎，一个新娘！

我惊得目瞪口呆，整个宜宾街头也轰动了。

我结交的那帮抬工愤愤不平，几十个人提着杠子来找我，他们叫喊说："你发句话，我们冲进军分区，打他个狗日的！"

我拦住他们，我说："我和张淑君没复婚，他是合法的。"

徐政委同张淑君结婚时已经60多岁，张淑君还不到30岁，他们俩不敢一起上街，上街就有人喊："六十几比二十几，老头子，占便宜。"

那段时间闹得我也不敢上街，人们见我就问："怎么回事？"

我也不晓得是怎么回事。

他们俩在宜宾呆不下去，被迫去了成都。

但是，在他们走之前，发生了一件事。

那是1976年底，我去金沙江劳动。那几天我心情特别不宁，烦躁不安，我临摹苏联画家的一幅风景画—— 一片灌木丛，灌木丛中一朵白花。我画得心烦意乱，画好之后我说，这幅画像一座坟墓。

地委书记来了，他找到文工团带队的，悄悄地说什么，其他人都没听见，我听见了，那几个字，太敏感"……张淑君……她娃儿在重庆死……"

我一听，转身就往公路上跑。我拦下一辆车，正好司机是熟人，他拉着我飞快往宜宾赶。

赶到宜宾，我才知道大女儿已经去世三天。

我没回文工团，跑到杂技团一个朋友家里，倒头睡了三天三夜！

老丈人赶到宜宾来，我们在铁路旁相遇，他一见到我，扑通一声跪下去，失声痛哭……

（李文书第二次讲不下去，泪水夺眶而出。他背过身去，喝水、服药，不愿意我看到他的眼泪。约十分钟后，他才继续讲述。）

我把他带到宿舍，他告诉了我女儿的死和张淑君的婚姻。

259

那天大女儿同几个同学坐在教室外走廊的木栏上，一个男同学在打闹时，站立不稳，一下子扑在她身上，女儿往后一仰，倒下去，后脑撞在石头上，三天之后她在医院断了气。

女儿去世时，她妈妈新婚才一个多月，她刚刚把名字从李君改为徐淑君。

我一直觉得，女儿不改姓不会遭这个灾，不改姓不会遭这个灾。她同几个女同学坐在一起，刚巧撞在她身上。

我女儿是个小美人，左邻右舍都非常喜欢她，她从小跟外婆外公长大，她的死，给两位老人极大的刺激，丈母娘从此神经错乱。

"我一生的命运，就像我画的这幅油画。"

老丈人接着告诉我徐怀旺和张淑君的婚事。

徐怀旺多次找两位老人（他们是普通工人），他说，右派始终是右派，摘了帽也是摘帽右派，一辈子改不了。这两个娃娃这么漂亮、聪明，让家庭出身毁了她们的前途，可惜了。父母虽然离了婚，但仍然要受影响，今后无论在政治上、经济上都注定抬不起头。

……

徐怀旺找人做张淑君的工作做不通，就亲自找她父母，让老人以娃娃来逼张淑君就范。

两个老人哪是政委的对手。

我同张淑君准备复婚，要接走娃儿（要是接走就好了）。老人接到信，急了。那天晚上，老丈人拖着两个娃儿到火车站接张淑君，他们几乎要给张淑君跪下，他们恳求张淑君说："我们求你了，为了这两个娃娃。"

张淑君当场在月台上昏倒！

徐怀旺和他的小轿车早就在外面等着！他马上把张淑君拉到峨岭十三军司令部。

一切都安排布置好了，张淑君还没醒过来，就进了洞房！

张淑君其实很痛苦，女儿死后，她门都不出，班也不上了。

1984年，我到成都写剧本，朋友说，张淑君想见我。

我们在锦江宾馆见了面，她告诉我，小女儿考上大学就来见我，女儿一旦参加工作她就同徐怀旺离婚。

1986年，我见到了女儿李青，她考上了四川外语学院。

1990年，女儿毕业参加了工作，就在当年，张淑君与徐怀旺离了婚。

她至今一个人，我已经同初恋的情人王真真结婚。张淑君比我还要不幸，精神上很苦。

（采访时间：2002年1月12日，地点：重庆市歌剧院）

采访后记

我在市歌剧团家属院底楼一间只有8、9平方米的小屋里找到李文书。

小屋里没有床，只有一张破旧的沙发，那是他睡觉的地方。沙发旁，支着一个大画架，下面杂乱地摆着一些颜料和画笔。唯一的一张小木桌上，张开一个装盒饭的白色饭盒，几个空啤酒瓶倒在门后。

—— 又一个白永康？！

不过，他有一个家，妻子就是他当年的初恋情人王真真—— 几十年风雨之后他们又走到一起。

但是，长寿湖的劳改，十余省的流浪，五七干校的独居，已培养了他忍受孤独、忍受贫困的耐力。

实际上，他已经变得喜欢这份孤独，喜欢这份孤独中的自由。为了这份自由，也为了他酷爱的绘画，他经常离开王真真，在这间"创作室"里一住就是月余。

李文书在小屋作画　2002年2月（谭松 摄）

"我从小就喜欢画画，但是，那些年，绘画只给我带来灾难，现在人都老了，它才给我带来好处。我觉得，人生最大的快乐就是能够自由自在、一心一意干他最喜欢干的事。我注定躲不开这场悲剧，因为我从小就有一种独立不羁、自由自在的性格，这个社会不容我这种性格。"

李文书从早上9点开始讲他的经历，一直讲到下午6点（包括吃中饭）。

他目光炯炯有神，思维记忆异常清晰，尤其是那深沉厚重的男中音，回肠荡气，牵引着我的心，在他几十年悲欢离合的波峰浪谷中回旋起伏。

其间，他两次语音哽咽，泪光闪烁。

看得出，他是一个拒绝眼泪的硬汉子，然而，情到深处，身不由己。

他不愿让我看到他的悲痛，在两次泪水快涌出时，他慎地站起来，背过身去，喝水、默默伫立。

李文书2002年

我一言不发，一动不动地等他。小屋里笼罩着一种庄严的寂静，悲愤的寂静。

从小屋里出来，夜幕正降临，快过春节了，解放碑华灯溢彩，喜气洋洋。

我站在街头，朝那个著名的但已被高楼挤压得惨不忍睹的碑望去。

那是八年抗战，无数同胞血肉之躯铸造的一座"精神堡垒"。那里面原来刻有罗斯福总统赠给重庆市民的一段珍贵赠言：

　　"我谨以美国人民的名义，向重庆市赠送这一书卷，以表达我们对英勇的重庆市男女老幼的赞美之情。

　　在空袭的恐怖中，甚至在这种恐怖尚未为全世界所知悉的日子里，重庆市及其人民一直表现出沉着和不可征服的气概。你们的这种表现，自豪地证明了恐怖手段决不能摧折决心为自由战斗的人民的意志。你们对自由事业的忠贞不渝，必将激起未来一代又一代人的勇气。"

　　1950年，"抗战胜利纪功碑"被改名为"人民解放纪念碑"，罗斯福总统那段珍贵的赠言也被铲去了。

　　"空袭恐怖"早已过去了，新的恐怖"尚未为全世界所知悉"，我有"决心为自由战斗的意志"吗？我每读一遍罗斯福总统60年前的赠言，我这个"未来一代"的重庆人，只感到深深的惭愧……

李文书油画《古老的歌》2001年

　　性格独立不羁，天性热爱自由的李文书，在这个被改了名的碑下注定找不到位置，注定只有去流放，注定只有被抓、被关。

　　……

　　突然，从那碑顶，势不可挡地传出《东方红》乐曲（它每小时播一次）。我一惊，向那已变得十分矮小的碑身投去一瞥，赶紧转身，背对着它，向冷风扑面的夜空走去……

其他逃亡者简况

　　1、**莫德仲**——1962年下放长寿湖劳动的学生。文革初期，莫感到自己会被整，恐惧中逃往国外。在中缅边境时，莫德仲被抓获并被押送回长寿湖批斗，然后被逮捕入狱（判刑多少年不清楚）。莫刑满后留在劳改农场，并与当地一位农家妇女结了婚，生有一子。

　　莫在长寿湖劳动时，一位名叫兰春蓉的姑娘（也是下放劳动的学生）爱上了他，但不久兰就去了美国。上世纪八十年代，兰从美国回来（她已加入美国籍，并已结婚），她千辛万苦找到莫德仲，表示愿意离婚嫁给莫。经过协商，莫与妻子离了婚，带上儿子，同兰一块去了美国。

　　2、**高明辉**——长寿湖另一个逃亡者。详见本书第十四章。

　　（大约6年前，高明辉回重庆参加长寿湖幸存右派一年一度的聚会，在会上，高当着众难友的面诉说自己的遭遇，失声痛哭。

　　2002年6月，幸存右派们重返长寿湖聚会，邀请了高，高未能来，但他给主办者李宁熙写了一封信，言词十分感人。李将信转交给我，我把信带回了重庆。十多天后，我被抓获，高明辉的那封信，落入了当局之手。）

十、国家干部

他们，曾是无限忠于共产党的好干部

1、李普杰　　2、高志长
3、黎民苏　　4、曹贞干
5、姚　谷　　6、陈忠笃
7、赵子生　　8、杨光瑜
9、陈初蓉　　10、詹一之
11、刘　康　　12、罗报群

同心岛（谭松 摄）

牛比右派宝贵 — 李普杰

——1957年重庆市团委学校工作部副部长

解放前我为什么参加革命，因为对国家民族的利益看得很重，对呼喊民主自由的共产党很有好感，认为共产党救国救民，代表中国的未来。我加入了地下党领导的"六一社"（共青团），并担任清华中学支部的负责人。

解放后，我进入重庆市团委，负责中学共青团的工作，那个时候我肯干得很。

1956年，团市委召开第三届代表大会，响应胡耀邦书记"向科学进军"的号召。会上有一位团干部说，向科学进军团干部应当带头，但是干部们工作太忙，星期天都在干。因此，希望团市委领导考虑给一定时间让团干部学知识、学技术。

这个发言引起下面强烈反响，不少代表纷纷要求发言。这本是一个非常普通非常正常的事，但团市委领导认为乱了规矩，坚决不准代表发言。我们几个中干支持代表的正当要求。组织部副部长曹贞干说："根据团的章程，团代表有权在会上发言。"我也表示支持。就这么一件小事，我们几个中干被认为不同领导站在一边，也就是反领导。不过，当时是1956年，还有点民主空气。"不同领导站在一边"还没上升到"反党"的高度。但领导已经暗暗记在心了。

1957年来了，领导翻出1956年的旧事，上纲定性为"反党事件"，把我们几个中干一个个打成右派。

这是1957年10月。

在这之前，我一直在积极参加反右运动，在各中学参与将一些教师划成右派，并且在批斗会上批判别人。那时的年轻人相当听话，共产党说某人是坏人，便认定他是坏人，毫不怀疑。

现在轮到说我是坏人了。

斗我，我想不通，觉得自己仅仅是看法与领导不同，哪是反党？连续斗，天天斗，同事、领导、朋友都说我有错、有罪。我渐渐觉得我真的错了，因为我认为党肯定是不会错的。

在宣布开除我党籍的会上，我真心诚意认了错，我伤心得很，流了泪，一边检讨自己的罪行，一边表示一定好好改造，争取重新入党。

"重新入党"刚一出口，轰地一声惹翻了天，会上立马吼起来："好哇，你一个右派分子还想入党？！说明你根本没有认罪服法！"还有的说："对顽固不化的右派分子李普杰必须加重处罚！"

我是真的渴望回到党的怀抱，结果让我罪加一等——政治上判为监督劳动；经济上降为最低线，18元生活费。

1958年3月，我半夜起来，扛着行李步行到朝天门上船前往长寿湖，团市委派了人押送我们。

到长寿湖后，我马上感到了"加重处罚"的分量和在右派中的"等级"。由于我是监督劳动，被派去做最苦最脏的活。我身体瘦弱，才100斤，但非要我挑200斤的泥巴。下雪的冬天，强迫我赤脚去将冻硬了的板泥踩成泥浆。几天下来，我双脚又痒又痛，鲜血长流，折磨得我通夜通夜睡不着。农民看见后问为啥不用牛，有人回答："牛比右派宝贵。"

最折磨人的还不是劳动，是精神压力。我是真心拥护共产党，热爱社会主义，党在我心中神圣得很呐，哪里动过一丝反对它的念头？把我同国民党、地主、反革命、坏分子等划为一堆，我想不通，苦恼得很。

还有，我不忍心妻子受我株连，她是个孤儿，只有我一个亲人。我当右派后，她不愿同我离婚，被赶出团市委，下放到巴县一乡镇。

1959年底，她给我做了件棉背心寄给我，组织上发现后马上批判她，说她丧失立场，强迫她离婚。她顶不住了，只好离。离婚时她表示，只要我一摘帽，马上就同我复婚。

委屈、劳动、尤其是对妻子的负罪感，差点把我压垮！长寿湖最初那两年是我一生中最最艰难的两年！

为了改变命运、为了家，我拼命劳动。我们中一位叫康中清的右派（原市团校教研室主任）就是离婚后拼命劳动，1959年底累死的。那时不少右派对家庭都有一种负罪感，心头沉甸甸的。重庆四女中的教师右派李春阳，摘帽后留渔场，每月有一斤肉，他从来舍不得吃，把肉细细熬成油，一年积一大瓶送家。他每次熬肉那眼神柔和得很，我印象很深。

我思想发生变化是因为大跃进、人民公社。我亲眼目睹一个好端端的农村被政

李普杰与夫人王惠1955年合影

策彻底整垮！上面鼓励说假话、谎话、瞎指挥、强迫蛮干。红薯没人挖，秧没人插，强迫农民去炼钢。紧接着饿死大量的人。我震惊了！当初冤枉我、批斗我、划右派等等都有没有动摇我对党的信心，但是大跃进、饿死人让我清醒过来，我产生了怀疑，对社会主义产生了动摇。我开始觉得，这个党、这个国家肯定出了问题，而且是大问题。我对党的幻想、迷信，一下子坍塌了。

——这个我学生时代追求的党其实并不值得我爱。

认识到这点，嘿，我一下子轻松了！不可思议！我心理上、精神上的沉重负担一下子消除。

1962年，我摘了帽，但转眼又变成"摘帽右派李普杰"，仍然在长寿湖劳动，唯一的变化是妻子在我"摘帽"后同我复了婚。

虽然我对又变成"摘帽右派"极其不满，但我不再像最初几年那样痛不欲生。我一直到1979年才回重庆，整整在长寿湖"改造"21年。

当年我很气很恨整我的人，后来我认识到这是整个体制出了错、是整个共产主义运动出了错。整我的人后来也被整。1957年不是我遭殃就会是另一个人遭殃，不是这次被整就会是下一次被整，这个体制、这个以阶级斗争为纲的政党本身是一部整人机器。"反右"是整个共产主义运动历史发展的一种必然。

（采访时间：2001年4月11日，地点：重庆市渝中区）

采访后记

李普杰应算我正式采访的第一个人。他目光善良柔和，心境也比较宁静。往日的苦难从他嘴里缓缓流出，把我深深感染。由于我刚开始采访，经验不足，没有录音机，也担心不停地笔录引起他的不安，因此漏掉了好些内容。

采访中，李普杰多次提到对妻子的负疚。几个月后，我见到了他妻子王惠（在对重庆大轰炸受害者、幸存者的采访中相遇。）。我细细听了她的故事，下面是她讲叙的主要部分：

我是梁平县人，家中的独女，10岁那年父亲病逝，剩下我和母亲。1942年6月17日（旧历五月初四）是我终身难忘的日子。那天县城赶场，妈妈进城进货，中午时分，日本飞机突然飞到县城上空。我只跑了100多米，炸弹就落下来。我慌忙蹲到一垛土墙后面，两颗炸弹在我身后60多米的地方爆炸，我吓得要死，但没有受伤。日机飞走后，我听人们在叫："首大嫂遭了！首大嫂遭了！"我浑身一震，大哭起来："妈妈！"人们把我拉住，不要我去看，说惨得很。

妈妈是在进货回来的路上遇难的。当时她正经过县立小学，日机来得快，她跑到一棵树下躲藏。炸弹扔下来，弹片从她肚子和腿上划过，两条腿切断了，肠子吊在树上。

转眼之间，我失去了唯一的亲人。乡下的舅舅赶来掩埋了妈妈，把我带到乡下，那时我才12岁，刚刚小学毕业。

失去妈妈后的那些日子，我一直不敢去回想。多年来，我只要一看到电视上的战争场面和战争造成的孤儿，心中就特别难受，眼泪忍不住就要出来。

难怪李普杰心灵上如此沉重。

2001年8月，重庆连晴高温，我奔波于山城大街小巷，采访60年前重庆大轰炸的幸存者、受害者。100多位耄耋老人，泪流满面，悲愤凄怆，在我面前展示出尸体加尸体的恐怖、鲜血复鲜血的惨烈……

中华民族八年铁血苦难；数千万生命灰飞烟灭！

然而，尘埃落定之后，升起一轮血红毒辣的太阳！

70多名长寿湖老人，声音哽咽，悲愤苍凉，在我面前展示出另一种腥红。

镇反、反右、饥荒、文革……

四十年代家破人亡，五十年代人亡家破、六十年代倾家荡产，七十年代荡产倾家，是我采访的一些老人的人生脚印。

——是否，也是我们这个民族的百年沧桑？

王惠先为被日机炸死的母亲啼哭，后为被打为右派的丈夫啼哭，泪水一淌数十年，一生的大半，也就去了。

"乔明鑫说了那句话就断气了。"

2002年6月12日，在重返飞龙岛的路上，李普杰指着一个湖湾说："有一个叫乔明鑫的右派（19）60年死在那儿，他吃了大量的马桑果中毒，我划船送他到狮子滩，划到那儿的时候，他睁开眼问我：'我的伙食退没得？'我说退了。他又说：'你要把我的粮票捡好。'说完他就断气了。"李普杰十分伤心，泪水涌出来。

十三岁的"集团军司令"——高志长

——1957年重庆市团校干部

我1936年生于河北保定，6岁那年随父亲（他毕业于保定军官学校）到重庆。父亲任中美合作所内务组组长。你想象中美合作所的军官一个个穷凶极恶，贪污腐化？不！我父亲是个很正直的军人，他管的物资堆积如山，绝不准我们动一个指头。我小时特别喜欢骑自行车，仓库里有的是，我提出借一辆来骑骑，他劈头给我一顿臭骂。1948年，他被抓到白公馆关了大半年。为啥？有人假公济私搞物资，父亲看不惯，公开大骂，有一次甚至掏出手枪要动武，对方官比他大，后台也硬，父亲只有蹲班房。他是共产党快打到重庆时才释放的。

1949年5月，我在小龙坎中正中学读初一。一天正在上课，父亲到教室来找我，他很客气地对老师说，他有点急事，很抱歉。

我跟他走到外面路上，看见一长排军车。父亲说，他马上去兰州，军情紧急，安顿好之后就来接我们。他掏给我四个银元，抱了抱我，匆匆跳上吉普车，朝成都方向驶去。我记得

高志长立功受奖 1953年

车队扬起满天尘土，大得很，转眼就看不见父亲了。那时，我13岁。

那一别，就是同父亲的永别，他后来去了台湾，我当了右派，天各一方，到父亲去世也没再见面。

1949年底，我在磁器口求精中学读初二。一天早上，起床一看，哇，学校坝子睡满了军人！晚上居然没有听见一点动静，这么冷的天气，睡坝子，这个军队纪律太好了！晚上，他们同我们搞联欢，表演节目，一个个和蔼可亲。我当场被他们吸引了，我要参军，要跟他们走！

学校里与我想法一样的同学不少。我是北方人，虽然只有13岁，但个子高大，可以冒充高中生。同学劝我改年龄，还有，出身也得改。于是，我把年龄改为17岁，出身改为自耕农。

我顺顺当当加入了解放军，一直坚持到1954年。为什么叫"坚持"？因为一起参军的同学后来发现不是那么回事，集训时就跑了一大半。我上了朝鲜前线，在战场上立过功。

解放后一个接一个运动，几乎全是整人。1955年的肃反是抓反革命、特务、胡风分子。也许是根据我的出身（我在部队上坦白了我的出身），他们一口咬定我是国民党潜伏特务。

1955年我已经转业到重庆，搞退伍军人安置工作。那天，区里领导干部都来了，黑压压

一屋子人，气势凶得很。他们脑瓜子里已经把我判定为特务。1949年才17岁，小了点，不太够潜伏特务的标准。因此，他们断定我隐瞒了年龄——天呐，这是真的！他们噼噼啪啪拍桌子，要我老实交待。我心头发慌，解放后我一切都交待了，只剩年龄，这一直是我的心病。当着那么多人一声声追问，我稳不起，只得承认。我承认时很羞愧，满脸通红。我说："对不起组织，我的确撒了谎，1949年我实际年龄13岁"。

话音刚落，满堂大笑，有人挖苦："老滑头！不老实，你该说1949年你刚刚出生，是婴儿！"

我已经说了实话，不再心慌，但他们不罢休，一连逼供我20多天，我拖不起了，这个时候我终于发觉，他们不需要事实，只需要战果，不承认怕是活不出来。在又一次审讯时，我大吼一声："我是特务！"

四下马上安静下来。

接下来，审讯就容易了，我对他们有求必应，他们要什么我就是什么。

"你终于缴械了，承认是特务？"

"是的。"

"你的任务是什么？"

"任务？"我一时没转过弯。

"是不是想组织反共军队？"

"是。"

"你要组织多少队伍？"

"一个师，哦，不，一个军，"我往大处说。

"一个军就够了吗？"

"不，不够，"我看了一下那张脸，发现还没达到要求。"两个，唔，三个军。"

"那就是集团军了。你要组织几个？"

"前期我先组织一个，以后再壮大。"

"这么说你就是集团军司令了。"

"是的。"

"副司令是谁？"

"副司令？"我一时想不起，看他们又要骂，我急中生智说："是我哥哥，不过他还没通知他。"

"你这支部队名字叫什么？"

"名字？"我脑子里临时冒出几个字，"忠义救国军。"

"只有一个名字？"

"哦，还有一个。"

"是啥？快说！"

"绿林军。"

"……"

……

1957年当右派后没人再理我，我去找石狮子，我想石狮子不会嫌弃我。

审讯到后来，双方都有一种做游戏的感觉，我分明看见审讯人员有人忍不住想笑。

审完后，我被关押起来，派了一个军官出身的人来监管我，这可不是做游戏！

我认为共产党有一个很坏的作法，就是先认定你是一个坏人，如特务、反革命，然后再来搜集材料，甚至编造材料（罪证）。总之，一步步诱使你往里钻，逼你往里钻。

区里高兴得很哟，又破一个大案，有成绩。不过，没高兴多久。他们四方八面调查，找老师、找学校，很容易就查清了，我1949年的确只有13岁。13岁的初中生担不起那种重任，这个道理他们懂。

他们把我放出来，公开给我平了反。但是，我伤心了，我天天上班的地方就是斗我关我的地方，平日朝夕相处的同事就是斗我的人，我坚决要求调动。

一年后，1957年初，我调到市团校。

在团校干了几个月，遇上大鸣大放。校领导号召大家给党提意见。我们这个会场常常冷场，没人吭声。校领导很着急，说帮党整风是团员的职责，争取进步的表现。他一再动员，我觉得不说点什么实在过意不去，还有，我想表现，争取积极、进步，这是私心，所以我也该遭。但是，我刚到团校，情况不了解，没意见可提，我只好把肃反的事拿出来说。我说："肃反是绝对必要的，也取得了很大成绩，但个别地方没有实事求是，冤枉了好人，搞得一团糟"。

这一家伙，我"进步"没捞到，捞到一顶右派帽子，罪状是：攻击党的肃反运动，说肃反运动搞得一团糟。

1955年我认识了"先定性、后求证"的逼供，1957年我又认识了断章取义、罗列罪名的行径。反正都是要把你整成敌人。

在团市委召开的批斗会上，一个叫曹贞干的右派不服，竭力想为自己辩解，他刚一开口，下面就是一阵怒吼、叫骂。我一看那阵式，太熟悉！我高志长两年前就锻炼过了，晓得该怎么办。点到我名字时，我大步走上台，中气十足地说："我，高志长，右派，有罪。"

这一招大出他们意外，整个大会场顿时没有了声音。

我说这话时心里很坦然，并不觉得承认是右派有什么丢人，右派当时还是个新鲜词，我心想右派就右派，无非观点偏右了嘛，有什么不得了？！

那年我21岁，年轻。

1958年我到长寿湖，进了捕鱼队。捕鱼队是肥缺，劳动相对轻松，又可以偷鱼吃。我们团市委好几个人在捕鱼队。大家抱成一团，从不互相揭发，互相内讧。"以右治右"的招数毒得很，在农场整得鸡飞狗跳，人心惶惶，但在我们那个小团体里完全失灵。我们几个人中，宣传部的"反党分子"谭显殷点子最多。这个老兄解放前搞过地下斗争，脑瓜子灵，斗争策略多。还有，他有理论，认识清醒，放得开手脚。他怂恿我们偷鱼吃，偷能偷的公家的东西吃。他说，吃自己的劳动成果，怕啥？我们本来就是挨冤枉，还要守节？他也放得

高志长在长寿湖打渔船上

下面子，有一次我们一群右派被派到重庆九龙坡区修鱼池，想抽烟，买不到，你不晓得，那个年代，越苦闷越想抽烟。谭显殷跑电影院门口捡烟屁股，人来来往往，他钻来钻去，像鸡啄米。我说，咱们大小是个知识分子，前国家干部，不大好。他抬起头，瞪了我一眼说："把我们整到这个地步，是他们的耻辱，我们有啥丢脸的，捡！"

于是，我们一群右派跟着他"鸡啄米"，捡了起来。

有一次偷鱼，也是在九龙坡修鱼池的时候。谭显殷精心策划，一一分工，曹贞干（团市委前组织部副部长）手最巧，负责撒网捕捞，我负责运输，他本人负责放哨。所谓"运输"是要把鱼藏在衣袋里，走过一条街，放回屋里。我本来以为轻松，哪晓得鱼在衣袋里使劲蹦，街上人多，我做贼心虚，脚发抖，虚汗直流，斗我特务我都没这么怕。我慌慌张张回头一看，谭显殷悠哉游哉坐在坡上放哨！我想，亏了！曹贞干累点没风险，谭显殷又轻松又没风险。我要被抓住肯定是一顿好打。

不过，怕归怕，还得偷，饥荒年没法。我们还偷过麦子，方法也是谭显殷教的——藏在裤腿里。有一次正在吃饭，我裤子破了一条缝，麦子从里面流出来，我蹲不下去，裤子里装满了麦子，只得用手压，我饭碗都嘿得差点落在地上，幸好没被发现。

不管怎么说，我们几个人抱成一团，又偷又吃，饥荒年没吃亏。其他右派没饿死的也偏偏倒倒，人不像人鬼不像鬼。我们捕鱼队这一群，精精神神硬硬朗朗。当时被叫做长寿湖的"仪仗队"。

（采访时间：2001年4月14日，地点：重庆市李家沱）

采访后记

高志长是一个精力旺盛、活泼幽默的"年轻"老人。

他的家"淹没"在李家沱迷宫般房楼巷道中。他在电话中说："你肯定找不到，你在车站等，我出来接。"约20分钟后，一个人急急匆匆直奔我而来，他步履稳健有力，行动风风火火，像个小伙子。我正困惑他是不是高志长，他中气十足地朝我说："你是小谭？长得像你老爸。"

高志长记忆特好，表情又生动，在他那间窄小的客厅里，他又侃又"演"——不时跳起来，用几副面孔，几种声音，几套动作扮演不同的角色，展示当年审讯、批斗他的精彩场景。

他的表演，引得我哈哈大笑，笑声中，我脑子里冒出一个书名："敌人是如何制造出来的"。如果把这几十年全国各地的"高志长"们汇编出来，一定十分精彩。

从高志长家出来，已经是晚上10点钟（他整整侃了8个小时），他说，他的故事还多，下次我去，再讲长寿湖的故事，三天三夜都讲不完。

2002年6月12日，在从狮子滩到飞龙岛的船上，高志长又侃又演，一路都是回忆。他指着一片地说，那是他大跃进开荒的地方。他说："派我去开荒，我在湖边开一块地，那地是沙土，很好挖，我猛干一天，开了一亩多，晚上报产量，我有些得意，哪晓得我少得很，有人3亩，有人4亩，最多的开了6亩多。我受批评。第二天，我在坡上把一块荒地开出一个圈，中间胡乱挖几锄，做个样子。晚上报上去，今天开荒6亩5。咦，哪晓得又落后了，有人已经开荒12亩！管教人员批评我，说我人高马大不卖力。第三天我选了一大片坡地，估计有10亩，我把4个角挖4个点，中间再挖几个点，报上去今天开荒13亩，有人来看了一下，说起码有18亩，于是当天报18亩，于是我当天受表扬。

　　沿途不时遇上当年长寿湖难友遇难或自杀的地方，李普杰触景生情热泪盈眶，高志长说：“据说大象很灵，也很重情，大象只要发现了同类的尸骨，都要停下来，围着尸骨转，用鼻子触地，十分悲伤。长寿湖不同，同类死了，你要朝死者吐口水，骂他（她），恨他（她），甚至踢他（她）两脚，这样你会受到赞扬，说你立场鲜明，有觉悟，热爱党。”

高志长边讲边表演

我不想入党，又说了一句俏皮话

——黎民苏

——1957年重庆市团市委干部
（重庆市少年宫负责人）
1932年生

我出生在长江小三峡中那个著名的古镇——大昌镇，1950年考入重庆大学，在学校担任了学生会的学习部长。我很喜欢读书学习，在中学时代有幸遇到了抗战内迁的教师，那些教师（有些是教授）一个个非常优秀，人品、学品都是一流的，我受益不小。我原本可以往学术的路上走下去，但是，1951年团市委书记曾德林发现了我，非要把我调到团市委，不走要受处分。原因嘛，是他看到了我发表的文章，又听到我的演说，觉得我是个人才。

我离开了重庆大学，到团市委一直干到1957年当右派。

我这个人喜欢搞点幽默，说点俏皮话。叫我积极申请入党，我说，我不入，我还年轻，大一点再说。他们问："好大？"我说："我学苏联画家格拉西莫夫，69岁加入共产党。"

这一家伙把他们惹翻了，说我是仇恨共产党。这成了我当右派的一大罪名。

那时，我对共产党完全说不上仇恨。但是，我心里有些怕它，这说来话就长了。1949年之前，我不了解它，只读到毛泽东的《论新民主主义革命》，毛泽东说我们要建设一个和平、民主、繁荣、富强的新中国。毛先生慷慨激昂，让我热血沸腾，我认定毛泽东、共产党好得很。1950年考入重庆大学后，迎头撞上的就是——杀人！那天拖了30多个人来重大，一个个五花大绑，说他们是反革命。有的很年轻，才20来岁。其中，我认识的只有重大的教务长侯风。那是我第一次目睹杀人，而且杀这么多，枪"砰、砰、砰"地响，人一排一排地倒下去。我平生第一次感到恐惧。不久，朝天门又要杀100多个人，还登了报，他们去看，我不去，不想看那个场面。那时候，大规模的镇压国民党的军、警、宪（兵）、特（务）、政，到处杀人。"政"就是国民党的政府人员，杀到乡长、保长，全国要杀光。我的亲哥哥黎民镐就被杀了。他初中回乡当了小学教师，由于当地找不出有文化的人，就把他拉出来当了个乡长。他既没有打人，更没杀过人，只因为当过乡长，就被枪杀，他死时才30来岁。

还有，那些斗争会也很恐怖，我看见沙坪坝区斗地主，抓出来一阵乱棒劈头盖脸地打，我看见这样野蛮地对待一个人，心里很不好受，同时也感到恐惧。解放后共产党说国民党杀人如麻，我在国民党时代，无论是在乡下我家乡，还是在奉节、万县读书，没看见杀一个人，也没看见那种乱棍齐下的斗争会。一进入"新社会"、"新中国"就耳闻目睹了一次又一次的血腥，这才是杀人如麻。

我不想入党，又说了一句俏皮话，于是，就让我当了右派。

你问我既然感到害怕，为什么还爱说俏皮话？问题出在我自以为自己历史清白，共产党要整我没得理由。哪晓得没有理由创造理由也要整。团市委一共整了几十个人下长寿湖，整得团市委几乎全军覆灭。我一看，可怕！所以我到长寿湖后不再说俏皮话，作老实状，一心一意劳动，同时钻研劳动技术，什么都学，织网、打鱼、种果树、木工、瓦工。很快，我就成了行家里手。

我们团市委一帮子右派很团结，从不你拱我、我拱你，而是互相帮助、互相支持。饥荒年高志长的老婆带着儿子来长寿湖，高志长一贫如洗，愁眉苦脸不晓得哪个办好。曹贞干二话不说，把手表取下来，拿去换了30多斤大米招待高志长妻儿，那个年代，很不容易呀。

1959年，大饥荒迅速蔓延开来，1959年底1960年初的那个冬天最难过，饥荒来得猛，右派们猝不及防，阵脚大乱，一些右派倒下就没再起来。我们变得像野人，抓到啥吃啥，比如吃老鼠。那时看见老鼠跑来跑去已经没有往日的厌恶感，眼睛里那是一团肉，一心想把它吞下去。顾大铭很有办法，他在一个布口袋里洒一点粮食，袋口系一根绳子，然后守株待鼠。老鼠钻进去，他一提绳子，布口袋便悬在半空。饿急了的右派一拥而上，用火钳夹，老鼠吱吱乱蹦，越急越夹不住。又是顾大铭，他推开众人，提起口袋，往墙上抡，三五两下，老鼠不动了，于是掏出来剥皮剖肚，放在盅盅里炒。其中吃得最带劲的有女右派崔京生。

那年冬天，救了我和其他几个右派命的不是吃老鼠，而是抓团鱼。

有一天，副场长罗广斌找到我，说中央首长薄一波、李富春要来重庆开会，上面指示长寿湖为他们准备团鱼。罗晓得我是个多面手，所以把这个艰巨的"政治任务"交给我。

团鱼是一种营养价值很高的稀有鱼种，不好抓，尤其是在冬天，我也不晓得如何下手。我听说有个姓戴的农民是抓乌龟的好手，人称"戴乌龟"。我把他找来，他说，这好办，下药!这个"药"就是把巴豆、辣椒、和半夏磨成粉撒在小河沟中（冬天团鱼大都伏在小河沟里不动），团鱼受不了刺激，会浮出水面。但药不能下得太多，否则团鱼会丧命。

于是，专门成立了一个"特种捕捞组"，我当组长，成员有"戴乌龟"父子、右派李南力、李淦、孙静轩。当时孙静轩最苦，饿得接不上气，他听说我们要去捉鱼，哭兮兮地说："把我带走嘛，我要饿死了。"孙是个诗人，激情、浪漫，长寿湖那个环境残酷，容不得浪漫诗人，两下就把他打趴了。他曾经托我给他买过一包饼干（因为我同供销社的人混得熟，可以买到一斤粮称四斤的粗粮饼干），哪晓得另一个"分子"张志荣也饿得要死，晚上把饼干偷吃了。孙静轩同他大干一场。

（注：廖亦武在他的《诗人孙静轩灵魂如虎》一文中有如下一段描写：

孙静轩当右派下放的时候，曾经因为私藏的乾面饼被人偷窃而斗狠。据他回忆，两个饿疯了家伙互相扭着在地下打滚，气喘如牛，他朝死里勒对方的脖子，却手颤心跳；对方也以同样的手法回敬，两人都翻了几下白眼，泪水和口水逆流。最后，两人都勒不动了，就侧卧在地相持半天，数一二三，一起放手。

"你为了什么？"那厮发问。

"两块饼子。"孙静轩答。不觉心酸，于是两个文人抱头痛哭。）

孙静轩进了我们捕捞组，算他起死回生。

为什么这么说？因为我们药团鱼，也要殃及其他鱼，下药后一条河沟的鱼虾被赶尽杀绝。团鱼我们绝不敢动，但可以吃点死鱼虾，这就救命喽。

我们挑个担子，从汪家庙、人和、包家、护河、石堰、葛兰，一路"药"下去，也一路死鱼死虾吃下去。我们一直干了几个月，捉了几十个团鱼（专门有吉普车送走）。至于薄一波、李富春两个大员是否吃到这些团鱼我们不得而知，但是，说他们要来开会，要吃团鱼这件事客观上救了我们几个右派的命。

我们沿着湖的河河沟沟转，一路也看到听到许多稀奇古怪而又令人心酸的事。比如，垫江县高洞搞"五大集体"：集体居住、集体伙食、集体劳动、集体牲畜（还有一个"集体"忘了），乡村分为营、连、排编制，起床、吃饭、出工等等全部用哨子吹。最"精彩"的是把男人和女人搞成两个集体分开住，那些结了婚的农民才惨了。高洞的渔夫张启贤曾对我说："我的老婆我碰不到，白长个鸡巴有啥子用？！"

（注：毛泽东、共产党的这种"精彩"发明在中国土地上只小试了一下，未广泛和长久地推行。但是，红色高棉的波尔布特从毛共手里得此真传，在柬埔寨青出于蓝地发扬光大。终于整出了一段血泪斑斑的千古奇史。）

还有，当时农村大搞什么"五统一"（统一思想、统一行动等等）、"三一运动"（一条心、一股劲、一个样）。农民说，要我们同党一条心可以，搞社会主义一股劲也行，但是要把庄稼种得一个样（当时主要是密植）就害死人了。

中国的农村有史以来哪受过这种折腾？不饿死人才怪！

（采访时间：2001年至2003年先后十余次　　采访地点：重庆市大坪）

采访后记

黎民苏是伴随了我整个采访的长寿湖右派，在某种程度上说，他是这部采访录的共谋者。

我漫长的采访以他为开始，也以他为结束。几年里，我先先后后登他家门十多次，他为我提供右派的情况，联络的名单、电话，并还说服一些不愿接受采访的右派。由于他太投入，有关部门也盯上了他，据说他的电话也受到监控。

我从看守所出来后，第一个就去找他，我没打电话，突然叩门。他听见我的声音（黎民苏在上世纪八十年代末双目失明），一怔，第一句话是"有没有人跟踪你？"第二句话是："采访文稿被抄光了？"

我凑到他耳边悄声说："我抢救了一份。"

黎民苏面部聚然一阵痉挛：激动？欣喜？感伤？庆幸？他双手抱拳，连连作揖，失明的眼睛里依稀有泪光闪烁。

那一刻，泪水也涌上我的双眼。

在长寿湖右派中，黎民苏属于敢言敢怒而又颇有见解的右派之一。每每说起那些死去的难友，黎民苏心情沉重，热泪盈眶；每每论及专制极权，他则讥讽笑骂，刀刀见血。

他一生是极其不幸的，漫长的21年右派生涯不说了，刚"改正"几年，突又遭遇双目失明。这个打击，对一个正又编又写干得火热、一心想弥补岁月损失的知识分子而言，是非常惨重的。但他又一次挺过来，活得比大多数长寿湖右派还要乐观、坚强。

他每天清晨四点起床，收听来自"自由世界"的声音；一听说有什么好书、禁书，一定要设法弄到手，请人读给他听。风声、雨声、读书声；国事、家事、天下事，黎民苏足不出户，然而心事浩然驰骋万里。

有位党员干部问起他失明的双眼，他嘻嘻一笑："放心放心，我一定活到看见贵党垮台。"

我同他谈到有关部门关注他的言行，他又嘻嘻一笑："没事没事，抓我进去也无所谓，反正一党专政的天空下一样黑暗。"

书到用时方恨少——曹 贞 干

——1957年重庆市团委组织部副部长
1930年生

我当右派有好多条罪名。

1954年我到中央团校短训班（一年半）学习。1955年肃反时，每一个学习小组都要找一个人出来斗。找谁？从档案上去查，当时学员的档案带到团校，看谁有疤点。

我们这个小组抓出来的学员是杨非，他是自贡市团委书记，上海人，解放那年随西南服务团进川。人们在档案上发现，杨非抗战期间与几个同学从上海到苏北寻找新四军，途中迷了路，又返回上海。就这么一点事，把杨非抓来斗，说他有问题。

大家彼此都是同学，一斗起来就变了样，人人都要表现积极、进步、革命，一个个冲着杨非吼："站起来！老实交待，到解放区是什么目的？！"

我觉得那根本不是个问题。不能因为必须要弄个人来斗就把不是问题的问题整成问题。我对那种一凶二恶的吼叫十分反感。斗杨时我声音很小。我的表现被记入档案，两年后反右，成了我的第一个罪名：在肃反中右倾。

顺便说个事，那次肃反，团校另一个班上死了一个人，自杀。他在宿舍的窗子上上吊。把他放下来时，身上还是热的，有人说，还有救，马上就有人吼："救什么救？！反革命分子，不管他！"

当时人很多，我没挤上去，没看见他的脸。

第二个罪名是"反苏"。我在闲聊时说了一句话：乌苏里江以东，大兴安岭以北的150多万平方公里土地是中国的。组织部长刘XX说我造谣，破坏中苏团结。亲自给我定了"反苏"的罪名。

第三个罪名是："攻击党的人事干部制度"。我说过，端"铁饭碗"之后大家工作积极性不高，应当实行合同制，双向选择。其实这也不是我的先见发明。刘少奇在参观了南斯拉夫实行合同制后，认为有道理。我也觉得有道理。刘XX批判我：你这是攻击党的人事干部制度。什么双向选择？实行双向选择将天下大乱！我这辈子，对整过我的所有人都可以原谅，但对刘XX不可以原谅。他不仅仅是个"左"的问题，而是品质太恶劣。他整过很多人，但他没有对任何被他整的人道歉，而且，如果再有运动来他还要整人。

第四个罪名是"支持'裙带关系'之说"。在开团代会上，黄石生代表团市委团支部向团市委领导提意见，其中就提到搞"裙带关系"。领导不准发言。我只说了一句："按照团章，团员有发表自己意见的权利"。在团代会上，副书记XXX到会场来观察表情，看谁支持"发言"。他看到我笑嘻嘻的——我这个模样天生一副笑嘻嘻——于是把我划成另类，马上派人搜集我的材料。我到团校讲课，前面讲，后面就有人搜集我的讲话，想从中找出问题整人。在常委会上XXX批判我："你看那个曹贞干，笑嘻嘻的，一副两面三刀的样子。XXX是南下来的工农干部，他对知识分子出身的干部看不顺眼。1957年被整成右派的团市委干部，个个都是文化人出身。（注：XXX在反右时很积极，划了不少右派。但在随后而来的大饥荒中，他冒着政治风险，同他人一道写信给毛泽东，反映四川饿死人的情况，他因此也挨整，受了不少苦。）

斗我时，强迫我把我的私人日记交出来，他们把日记中的内容印发出来发给大家供批判，任何人只要提出一条，你就必须承认这是你的罪行，绝不容许辩解，否则就是一阵喊打喊杀。这种恶劣作法我在中央团校作为旁观者已经体验过了。

我下长寿湖，带了一大堆马列主义的书。我并没认为共产党有错，而是认为下面像刘XX、XXX这样的人太左，品质有问题。我打算认真改造。

刚到长寿湖，管教人员就当众呼叫："曹贞干，站起来！""谭显殷，站起来！""高志长，站起来！"接着宣布这三个人是坏人，只准老老实实，不准乱说乱动。我们三个立在那儿，失魂落魄，觉得奇耻大辱。（据高志长介绍，当时管教人员喝令他们三人从分成两排的人群中走过，勒令他们抬起头来让众人看清他们的"坏人"模样。）当然，这是暂时的，我们团市委这帮人，个个都有头有脑，懂政策，见过世面，在随后的改造中，我们抱成一团，互相探讨，互相支持，少吃了些苦头。

孙X这个管教干部是个整人不遗余力的人，他在"分子"中划分等级，用监狱里犯人打犯人，犯人管犯人的方式收拾这群右派，鼓励互相揭发，挑动相互斗，使右派们的劳改日子雪上加霜。

教师之间相互揭发的现象比较严重，他们对国家、对政策的整体认识不足，又急于解脱自己，所以，他们比我们活得更累。

在长寿湖，我那一大堆马列主义的书也派上了用场。湖中岛荒纸少，大便之后急需用纸，一张接一张，还不够。一次便后，我长叹一声："书到用时方恨少。"

（采访时间：2001年4月19日，地点：重庆市江北区）

采访后记

曹贞干属于不情愿接受采访的"长寿湖分子"之一，电话上婉拒了两次。

我早听人说，曹先生是个心灵手巧之人。在长寿湖，任何把式他一上手就成为专家。撒网，撒得又圆又准；捕鱼，任何时候任何水域产量最高（曾派人向他取经，他嘻嘻一笑，秘而不宣）；晚年退休后学画画，转眼功夫，作品已经可以悬挂在朋友的客厅里而不失大雅……

他在他跃层楼的书房里"笑嘻嘻"地接见了我。

这是一套150多平米的典雅跃层，窗明几净，雕花扶栏，外面是湖波荡漾，垂柳拂地的花卉公园。坐在这疗养胜地般的环境里采访，不怕他倾吐沉甸甸的苦难。

可惜，待他叙说完当右派的过程，讲叙大致也就完了。长寿湖16年的月缺月圆，人生路上一长段悲欢离合，他淡淡一笔描过。

我知道他不愿翻动那早已尘封的"旧书"。

他十分热情地留我吃中饭。

饭厅洁净，一尘不染。女佣摆开大碗小碟，荤荤素素，菜虽不多，但做得十分精美，色彩尤其好看，红绿黄白，相衬相映，赏心悦目。

四月春风，拂动窗帘，飘飘逸逸，送来点点桃红，幽幽暗香。

我倏地想起四个月前我在澳大利亚堪培拉和新西兰罗托鲁阿所体验的那种生存环境。

那种环境远离忧伤，那种环境拒绝苦难，那种环境读不懂"阶级斗争"、"暴力革命"、"三个代表"。

在那从未遭受过战争，也从未经历过"运动"的田园牧歌环境中，人们从心底发出"笑嘻嘻"。

曹先生以他的心灵手巧，营造了一个小环境。这个小环境似乎也远离忧伤，拒绝苦难。

"长寿湖"，已经是很遥远的过去了。人，来到这个世界上不是为了体验苦难，寻觅烦恼。

追求"田园牧歌"的生存环境，不是金发碧眼们的专利。

曹先生从不幸中走出来，晚年有了这么一个"小环境"，不愿多说，也自然。

"总路线万岁"（陈华 摄）

指标正好没用完 —— 姚 谷

—— 1957年重庆市委办公厅干部

　　我是上海人，上海解放时刚21岁，那个年龄遇上一个崭新的社会，心里那个激动哇，没法形容，浑身充满献身精神，很神圣。我毫不犹豫加入了支援大西南的西南服务团，同几千名与我一样的知识青年一道，向偏远的西南进发。

　　我们1949年10月出发，步行几千里，穿过湖北湖南，整整走了两个多月，年底才抵达重庆。一路上满目都是贫穷和荒凉，多年的战争动乱，老百姓很苦，好多地方的山民没有衣服，用棕树皮蔽体。我看到这些，暗暗下决心，要把自己的一切奉献给祖国和人民。我认为，我们毕竟有了一个光明的新中国，我恰恰遇上了她。

　　不过，我也记得，一路上景色十分灰暗，入川后更是愁云惨雾，看来那也是一种预示。

　　到重庆后，我分到团市委，负责在南开、树人等中学发展积极分子，组建团组织。一年后，我到西南革命大学学习。班上有一个非常活泼开朗的姑娘，叫李光仪，她特别喜欢笑，同学们说她是"人身未到，笑声先闻"。她的性格和健美的体态深深吸引了我，我爱上了她。

　　从西南革大毕业后，我分到市委办公厅，不久，同李光仪结了婚。儿子出生之后，李光仪还想读书，她考入北京邮电学院学习，我独自带儿子住在重庆。

　　1957年开展整风运动，我一如既往响应党的号召，全身心投入。我奔赴各个学校，审看报来的材料，参与划定右派。虽然我觉得材料上的一些"罪行"很牵强，但没有多想，骨子里觉得共产党不会错，毛主席不会错。

　　市委办公厅分得有右派指标，指标到1958年2月还没完成。我对这事很不理解，我说，市委办公厅年轻人多，而且都是经过选拔的优秀分子，哪来那么多坏人。这句话惹火烧身，指标正好没用完，就用在我身上！

　　定了右派，才去找材料。有人回忆我以前闲聊时说过"学苏联不能盲目照搬，应当结合自己的国情"，这句话汇报上去，领导派人

姚谷与妻子李光仪1956年合影

把它加工、提高、上纲上线，最后给我捏成一项"反苏"的罪行。

接下来是批斗，批斗时不准申辩，一申辩就喊口号，"死路一条"、"不老实"、"毒蛇"等等。好在当时还不打人，打人是文革时期。

这时我妻子刚刚毕业，分到成都邮电局。我实在不想告诉她，但三岁的儿子没人带，我不能把他带去长寿湖，只得写信叫妻子回来。

光仪高高兴兴从成都回来，一进门就笑，朗朗的。见她那个高兴劲快乐劲，逗儿子那么沉醉，我开不了口。

三天的探亲假转眼就完了，第二天一早她要走。晚上，我等儿子睡熟后，鼓起勇气说："光仪，告诉你一件事。"

"啥事？"她眼睛还是笑眯眯的。

"我当了右派，马上要去长寿湖。"

她愣了一下，突然失声痛哭。

我一辈子都忘不了她的哭声。

第二天，光仪，当时她28岁，带上儿子登上开往成都的火车，我送到车站，儿子从车窗里探出头，活蹦乱跳地向我招手，光仪泪流满面说不出话。我心里痛苦极了，觉得对不起他们。

几天之后，我收拾起一点简单行李，上船去长寿湖。重庆这个家算是破了，这是1958年3月。

到长寿湖后，我很老实。记得临走前领导给我的最后赠言是："下去后要夹着尾巴做人。"所以我不多说话，明知是错的也不吭声。例如，种胡豆和麦子，为了达到上面定的天文数，将成袋的种子倾倒在挖出的沟里，我晓得这是乱整，不敢说一句真话。

"大跃进"造成灾难性的大饥荒，我这个人最怕蛇，讨厌蛇，但是在饿急了的日子里，我学会了吃蛇！

1960年，我们一群右派被派到重庆九龙坡区修鱼池，那是靠近曾经是我家的地方，一下子唤起了我对妻子儿子的狂热思念，那种思念很折磨人呐。一个星期天，我请假到市中区给儿子买玩具，为了省钱(我每月只有20元工资)，我步行几十里，路上连一个糠饼都舍不得买，只吃了一些萝卜缨。我在商店买了一个小玩具汽车，在里面放了几颗糖，寄给成都的儿子，尽一点父爱。

1961年初，他们母子生活拖不走了，政治上压力又大。妻子单位的一位老领导，不断压她与我离婚，还表示对她很有"意思"。妻子走投无路，又不敢得罪老领导，不得不下决心离开成都。

我得到这个消息，从狮子滩步行60里去县城接他们母子俩。当我赶到长寿，他们已迫不及待搭车去了长寿湖。我转身又往回赶，连夜又走60里，要见到他们那种心情，无法形容。第二天早上，我在长寿湖边见到妻儿，悲喜交集，真的悲喜交集！

我们在一间四处漏雨的茅草工棚里安了个家，每遇下雨，只能重点保护儿子，其他右派给我们的茅棚取了个雅号叫"天波府"。妻子当了工具保管员，成天收拾锄头渔网，从此不敢再做工程师的梦。

她慢慢变了，不笑，成天沉默寡言。到1964年"四清"运动时，她萌生了死意。

那时，我又遭批斗，批斗不需要任何理由，只因为我是"摘帽右派分子"就行了。"四清"干部叱喝我："姚谷，你给我听着！右派这顶帽子是抓在人民手里，随时可以给你戴上。"她也受到批斗，罪行是她两个姐姐在国外（一个在美国，一个在加拿大）。他们因此怀疑她是特务。当然还有一个永远都成立的罪名 —— "右派分子老婆"。

她越来越沉默，成天不说一句话。她把自己关在屋里不见人，连我也不见。一天，她躲在屋里坚决不准我进去，我觉得不妙，破门而入，看见她正捧着一大瓶农药。我一掌打掉药瓶，抱着她痛哭起来。

……

1979年，我获得"改正"，回到市委办公厅。第二年，妻子儿子也回到重庆，1958年在重庆破碎的家，21年后得以重建。这时我们都年过半百，心灵上满是伤痕，妻子的活泼开朗早被改造成沉默寡言。

最不幸的是，1999年，我的独生子被人杀死！他跟我在农场吃尽苦头、突然一下没了！他的离去，给他母亲致命打击，她身体迅速垮了。几个月后，她一头栽下去，脸浸在浴池水中，再也没有起来。

她出事那天，我钓鱼去了，家里没有人，否则还可以救她。我为什么还要去钓鱼？长寿湖还没有够？！

短短几个月，我失去了两个亲人。有人见我孤苦，劝我找个老伴，我无法接受。光仪为我受了半辈子苦，从没埋怨过。她能与我共患难，在最苦的日子，也没想到要离开我。我对她充满了感激，充满了爱。

1958年，我是家破人未亡，现在相反。人老了，爱回想过去，有时想起当年从上海向重庆进发时的那种豪情，心头一阵一阵的揪心，感觉很复杂。

那个时候眼前好明亮！我庆幸自己正青春年华就遇到中国历史上的崭新时代。心中有团火在燃烧，崇高得很，再苦再累也不怕。共产党、毛主席代表真理、代表光明和未来。我毫不怀疑祖国要走向自由和富强，我当时充满了神圣的献身精神，真的很美。

1957，一切都改变了。

（采访时间：2001年4月25日，地点：四川外语学院）

采访后记

我在四川外语学院成教院的办公室里找到姚谷，我很惊奇，70多岁的老人了，还坐在办公室里"打工"。

他带我走进他山坡上的家。这是一套整洁宽敞的三室一厅，窗外，绿树成荫，阳光灿烂。

姚谷老人满面皱纹，声音细弱，眉宇间透出深深的无奈和哀伤，空荡荡的厅内只有他孤独的身影和衰老的容颜。

他一个人守着空荡荡的房子，守着生命的黄昏暮色。

我于是明白他为什么这般年龄还要去"打工"。

采访中，从头到尾姚谷脸上没有出现过一丝笑容，结尾他提到当年的理想时，声音异常沉重，目光透出绝望。我觉得喘不过气，提议到阳台上去给他照张像。

姚谷木讷地站在阳台上。从镜头望出去，外面正是阳光明媚的春天，柔和温暖的春风从歌乐山上吹来，拂起他鬓角丝丝白发……

歌乐山的春风，年年依旧，生命里的笑声，不再回返。

补记：

姚谷先生于2004年3月中旬在重庆歌乐山下去世，他患了骨癌，去世前非常痛苦。

我得到消息时，正捧读章诒和的《往事并不如烟》。章女士写道："我拿起笔，是为继续生存寻找一个借口，拯救即将枯萎的心。我不怕死，那些纷纷离我而去的人，是那么地美丽。我愿意到天国和他们团聚……"

（2004年3月22日）

长寿湖（谭松 摄）

还有两个右派名额——陈忠笃

——1957年重庆市团市委宣传部宣传科副科长

我1956年是共产党的红人，1957年帮共产党整人，1958年成了共产党的敌人，三年一步一个脚印，走向长寿湖，劳动改造20年。

其实，我遭噩运主要是到1958年单位还有两个右派指标没完成。

我是1951年直接从市一中调到团市委的，当时我还是高三学生，正要毕业考大学，一纸调令改变了我整个人生。进入团市委，我工作很积极，1956年我已经是宣传科副科长，入党也快了。57年我表现当然积极，反右、批判，我事事听党的话。（19）57年底，团市委已经打出了十来个右派、反党分子，但还缺两个名额。领导不由分说地将其中一个名额分配给我。随后再给我分配了一条"罪状"——"利用个别领导的作风问题伙同不满分子向党进攻"。这条罪状当然很无聊，也很无耻。这是我以前给一个早已调走的中干提的一点意见，把我打成右派后扯出来变成向党进攻。我当然不承认。

组织部长刘XX来处理我，他强迫我承认，说不承认加重处罚。我已经看见前面的例子了，晓得不是开玩笑。我只好承认。

我正在争取入党，一心想入党，已经要入党，我进什么攻？

1958年3月我到长寿湖，这年我23岁。在长寿湖我很老实，不多说也不多想。饿得要断气也不敢偷东西吃。好在我后来进了伙食团，一干多年，比其他右派少受许多苦。

1979年我回到团市委，我是当年那批右派中唯一回到原单位的。回来后没给我安排职务，做点打杂的活。虽然平了反，但人们还是对我另眼相看，总觉得我有问题，是一个"改正右派"。我又递上入党申请书，想了20多年前的心愿。嗨，居然不批。我闷闷不乐干了几年，仍然受歧视。1986年我只好走人。

我调到市建材局，又递上入党申请，这次，咦，出乎我的意料，很快就批准了。算来我争取入党整整31年，1956年我还是个年轻小伙子，1987年入党时我已经快退休了。

（采访时间：2001年5月23日，地点：重庆市江北区）

采访后记

陈忠笃一看就是那种"忠笃"之人。言谈笑貌给人很真很实之感。他将我安排在卧室电脑旁——他正在密切关注股市行情。

"我买的XXXX明天要除权了，我得盯着点"。陈忠笃一边接受采访，一边说。

他轻描淡写地说了点往事，其间还有五、六次暂停——屏幕上，多空双方正在激烈厮杀。

"陈先生，您从五十年代起就一直申请入党，您对共产党怎么看？"我问。

"五十年代我一心热爱共产党，拥护共产党。八十年代我觉得共产党虽然有错误，但还是伟大的。"

"现在呢？"

"现在？现在不好说，不好说。"陈眼睛又转向屏幕——那上面红红绿绿曲曲折折，起起伏伏升升降降，变化莫测。

（陈华 摄）

敢仗义执言？劳改20年！——赵子生

—— 1957年重庆煤矿学校总务主任，基建科长

赵子生属于根红苗壮立场坚定的革命左派。首先他出身于贫农家庭，其次，他解放前就参加共产党领导的共青团，第三，解放后他一心跟党走，思想左倾激进。他原本同"资产阶级右派分子"沾不上边。

我在民治中学读初中时，教师中地下党员不少，教我们语文、历史、数学的都是中共党员。他们上课常常抛开课本，给我们讲鲁迅、讲民主、讲自由，还对现实社会进行批判。这些教育唤起了我对光明的追求，对真理的热爱，也使我对社会丑恶深恶痛绝。日本人打到贵州独山时，我们语文教师在课堂上慷慨激昂地说："一旦日本人进入重庆，我就带领你们上山打游击。"这些教师的言传身教给了我很深的影响，所以，我进入四川省高级商业学校后，马上义无反顾地加入了新青社（共青团），我翻印马恩列的文章，传播新华社的文章，一直干到重庆解放。解放后，我很受重用，年纪轻轻就被派去审查国民党金融界的上层人士，并担任组长，后来又专门干审查别人历史的工作。我从土改、肃反一直红红火火干到1957年，每次运动对我的鉴定都是：立场坚定，斗争性强，工作积极。说来不怕你笑，当时我最恨反革命，最恨特务，巴不得把他们全部清除干净。记得有一次我把一批材料送给陈孟汀，要他签字批准抓人。陈孟汀不同意，我同他大吵了一场。后来在长寿湖我与他不期而遇，陈先是一愣，接着微微一笑说：你这个左派怎么也到这地方来了？

1957年我调到重庆市煤矿学校，担任总务主任、基建科长，同时，进入校肃反（后为反右）五人小组。

我去组织教师、职工提意见，帮助党整风，改进工作。我认为倾听群众意见是必要的，也是党所倡导的，"知无不言，言无不尽，言者无罪，闻者足戒"绝对正确。我是真心实意发动群众大鸣大放，也是真心实意倾听群众意见，我认为很多意见提得非常好。

我认认真真将意见收集起来，指望以左XX书记为首的校领导认真研究，认真对待，从而改进工作。左书记倒是认真对待了，只是不是为了改进工作。

在五人小组中，我是唯一"不和谐"的声音，对某些左书记一心要整的人，更是坚决不同意，其中最典型的便是为校图书馆馆长戴披星和他的"扣门事件"申辩。

左书记的夫人是图书馆阅览室的一名职工，1956年的一个傍晚下班后，她还没离开阅览室，突然一股风刮来，"砰"地一声将门关得严严实实，她在里面怎么也打不开。左书记左等右等不见老婆回来，找到阅览室，发现老婆被关在里面，左书记当场大怒，事后他专门召开一次会议批评戴披星，并要他作检查。戴馆长很委屈。鸣放时戴披星提了一条意见，认为左书记在"扣门事件"中错怪了他（应该怪那股风）。左书记懒得同他讲是非，把戴划成右派，开除党籍。我反对这样做，我了解戴馆长的为人和"扣门事件"的来龙去脉。

在一次批斗戴披星等人的职工大会上，我忍不住站起来作了一次完全不同于左书记等人的发言，我首先肯定教职工的意见绝大部分是正确的，态度是好的，是为了学校的工作，改进工作作风。正垂头丧气挨斗的戴披星闻言，当众感动得哭起来，教职工一时议论纷纷，整个会场风向大变，组织者不得不草草收场。我为此得罪了左书记等人，他们说我支持戴的反党小集团。

赵子生（右二）重返飞龙岛（2002年6月）

五人小组开会不再通知我，他们四个人把我排挤在外。接着就有人搜集我平时的言论，指责我有右倾情绪，我不服，争辩说，是我们去动员人家提意见，人家提了意见我们不总结，不表态，马上就反击，就根据所提意见整人，世上哪有这样的道理？！这怎么算是右倾情绪？！好，不算右倾情绪就算右倾，我更不服，变成严重右倾，还不服，变成反党情绪，再不服，变成反党、疯狂反党、反党分子——直到定为右派分子！

接下来要我写交待。交待从何谈起？我坚决不写，折腾了很长一段时间，最后一个老同志的一句话让我投了降，他说："赵子生，为了党的利益，你就是牺牲了自己也应该，何况认个错！"这句话让我无法反抗，我一下子泄气了。于是，在批斗会上，我拿着他们整我的材料，当作自己的认罪交待读了一通。最好笑的是，读完之后有人喝问，你自己的认罪态度呢？我一时没反应过来，竟回答："这材料上没写。"

我当右派后戴披星非常内疚，认为是他连累了我。20年后，戴从峨边劳改回来，他是煤校10多名右派中判得最重的——送监狱劳改。他紧紧握着我的手，哭着对我说："对不起，对不起，我连累了你几十年。"我安慰他说："你不要过意不去，我那样做是出于本能。"

（这种本能，便是人性、是良知、是正义感，也是共产党几十年来竭力要摧毁的东西。）

左书记用"扣门事件"整了一串人，图书馆的一个工人周世禄也被划为右派。

我当右派后只拿12元生活费，我有三个小孩，生活非常困难。去长寿湖前我先去的南桐农村，是在那儿我才真正变得"右倾"。

那时正在大跃进，我看到农民苦苦哀求队长："队长嘞，这样点麦子要不得，要绝收。"队长也没办法，共产党要亩产万斤，十万斤，就得密植，农民不敢违抗，只好一筐筐麦种往地里倒。这样下种的后果可想而知。还有大肆破坏生态，把一坡一坡的树砍来炼土钢，劳民伤财。还搞什么"原子爆炸"——把不识字的人都集中起来，规定在几天内脱盲，变成能读会写的人，如此等等，荒唐透顶！但是，没有人敢说一个不字，没有人敢提半点意见，否则就是反对三面红旗，反对共产党。57年给党提意见的后果血淋淋摆在眼前，哪个还敢说话？这一切使我开始觉得，这个国家出了问题，这个政党也出了问题。知识分子不敢说话，农民一样不敢说话，工人农民虽然不划右派，但划反社会主义分子，整起来一样的凶。我这个时候终于明白，所谓的"知无不言、言者无罪"原来是"不准说话、言者有罪！"

1960年，我从南桐矿区转到长寿湖，我不再多说话。

（采访时间：2001年6月13日，地点：四川外语学院）

采访后记

长寿湖右派陈孟汀1979年"改正"后，担任了四川外语学院院长，陈院长"翻身"不忘长寿湖，"收留"了好几名难友，其中包括当年同他大吵大闹一场的赵子生。

他是不是看到赵子生在1957年所展现的最宝贵的东西——良知？

在歌乐山下绿树掩映的川外宿舍里，我问赵子生，是否为1957年的"仗义"后悔。赵子生摇摇头说，他中学时从教师那儿接受了一种正义感，这奠定了他做人的基调。

在人类历史上，新王朝代替旧王朝，新政权摧毁旧政权，司空见惯。但是，如果有个新政权、有一场革命摧毁人的良知，摧毁人的正义感，摧毁人的善良、摧毁人的诚实，这个政权，这个革命会给这个民族带来怎样的后果？

步出川外，买得一份报纸，几个大黑字扑面而来：我市发现毒大米！

长寿湖同心岛上的一棵大树（谭松 摄）

如果要……我愿意去干！——杨光瑜

—— 1957年重庆新华书店会计
1930年生

听说你在采访，我是盼望你来，心里憋了话，想说！很多
人已经吓怕了，长寿湖整死了100多人。没死的一个个精神
上都受到摧残。话剧团的XXX是个很活跃的人，至今不敢
参加长寿湖右派的聚会。团市委的XXX一心只想过平安的
生活，不愿多说话。还有些人精神和人格已经被彻底扭
曲，永远站不起了。

　　我父亲1949年前是商务印书馆一名高级管理人员，曾在杭州、贵阳、重庆等地当过
当地商务印书馆的经理。我子从父业，不到20岁便进了商务印书馆。由于书店的便利，
我读到一些共产党的宣传品，你可能没读过，那上面民主自由喊得震天响，如果现在把
那些语言拿来散发，共产党肯定要抓你，把你当民运分子。正是读了那些宣传品，我认
为中国的希望在共产党身上。我年轻，热血冲动，私下组织了一个地下组织，有几十个
青年人，宗旨是反抗国民党，宣传共产党。

　　共产党很快进了城，我欣喜若狂。可惜我是一厢情愿，共产党嫌我是"资产阶级家
庭出身"。

　　鸣放时我担任部门的工会主席，有人要求工会组织鸣放，我欣然同意，说："好，
要鸣就鸣。"我带头鸣，其中要命的是两句话。一句是：镇反时有些被镇压的人根本就
不是反革命！另一句话是：胡风的私人信件是谁去拆开的，这样做对吗？这一个"！"
和"？"各值10年劳改。

　　1957年重庆新华书店共计100来名职工，划了12名右派，60多个右倾和中右，打击
面高达70%。为什么这么高？因为那时新华书店几乎没有贫下中农出身的人，上面认为
新华书店是被知识分子、资产阶级分子占据的地方，所以下手狠，1949年前的老职工几
乎全部被整光。对我的处理算轻的，有的右派被直接送进监牢。我只是撤职降薪，下放
劳动。这是因为我认罪认得好。我们12个右派中，有人死活不认罪，被连续批斗几十
天，斗得死去活来，最后判为极右送去劳教。我见势不对，一上台就认罪，把吓人的大
罪名往自己头上戴。例如，我说自己一贯反党，一贯仇恨新社会，还说自己企图推翻政
府，让资产阶级当政等等。这些假话效果好得很，没人来追究我是如何企图推翻政府，
反而认为我认罪伏法态度好，我没挨多少斗，还保留30元工资——那是救命的钱呐，是
我认罪认来的。

　　到长寿湖之后，天天说我们有罪，天天要认罪，搞久了，我真的认为自己有罪了。
我开始觉得自己对不起共产党，镇反杀人是必要的，不牺牲一些人国家搞不好。自己虽
然主观上没有反党，但客观上起了反党的作用，错了。

我想，共产党是一心想把国家搞好，必须要发动一些运动。我虽然当了右派，但仍然相信共产党，大跃进亩产10万斤我都相信。有农民对我说，你晓不晓得10万斤堆起来是多少，我批评农民思想保守，说人民日报都登了，还有假？后来看见饿死了人我才有些觉醒，不过这个时候我已经不敢吭声了，那个年代，一句话就可以判你的刑。长寿湖鼓动右派互相斗，互相揭发，连说梦话都要派人记录，我就被派去记录过右派周西平的梦话。

我彻底清醒归功于文革中大跳忠字舞。

每天，老老少少集中起来，排成一排、两排、三排，僵尸般地挥手，一边嘴里唱"敬爱的毛主席"，一边脸上要做出很幸福很虔诚的样子。我在一旁看，觉得像舞台上的小丑。还有，到处贴上红鲜鲜的大"忠"字，连死人的坟墓上都不放过。我私下想，这算那杆子社会主义？马列主义就是这个样子呀？！我解放前的追求就是这个样子呀？！封建王朝都没到这个地步，荒唐，荒唐透顶！我开始去认真读马列的书，包括《资本论》。我不读毛的书，我对他的书非常厌恶。每个人甲种本、乙种本、语录本一大堆。轮到我煮饭我偷偷把他的书撕烂塞进柴灶，只剩下两本装点门面。我自己给自己宣判无罪，我大声唱国际歌，重点唱那句"从来就没有什么救世主"。

由于我坚持不参加表忠心，不跳那个愚昧丑陋的忠字舞，他们把我抓起来，跪在地上，用铁钎丝死命抽我的背，抽得我鲜血淋淋，死去活来。但我决不再说假话，不表那个根本就没有的"忠心"。

杨光瑜一旦清醒，从此就再没有"糊涂"过，他越到晚年越激昂。我采访他时，杨老先生发表了慷慨激昂的"演讲"：

这几十年哪里是我有罪，是他们有罪！有罪的人把无罪的人抓来关、打、骂、斗，还要进行认罪伏法的思想改造。什么思想改造？思想改造就是要摧残你的精神，摧残你的人格，摧残你人之为人的本性。我在长寿湖最大的痛苦不是饿得偷了一碗饭被抓去关了半年，也不是三天三夜抬石头累得趴在地上起不来，而是没完没了的思想批判、思想汇报、思想评审、思想鉴定。开一句玩笑，可以上纲上线，斗你三天五天，说错一句话，可以罗列罪名判你五年十年。不仅如此，还非要你从思想深处深挖反动根源，痛哭流涕地向党、向毛主席认罪悔过。一个政权以强大的暴力为后盾，强行对一个人的精神进行惨无人道的折磨，致使一些人人格分裂，甚至变态。长寿湖有一对夫妻右派，丈夫叫林柏力，妻子叫杨惠云，文革时杨惠云跳湖自杀。林柏力在湖边整整转了一天，一边哭一边呼喊妻子的名字，景象十分凄惨。嘿！两天后，农场举行批判杨惠云"畏罪自杀"的缺席审判大会（因为杨惠云"缺席"），会上，林柏力同大家一起批判他的亡妻，一面批她抗拒改造，一面表示要同她划清界线。整个批判会这位丈夫没掉一滴眼泪！政治高压和精神摧残让林柏力彻底垮了，直到现在他都害怕，不参加任何长寿湖右派的聚会。有一位文人右派叫XXX，他已经被人改造得彻底丧失了脊梁骨。本来他自己也被人揪辫子上纲上线批斗。例如有一次他写了一首诗，大意是：清风吹来，温柔美好，仿佛爱人抚摸我头发。有人汇报给组长，他马上挨斗。反过来，他也最喜欢干这种事，一门心思去揭发、批斗他人。还有，重庆日报有个右派死了，他女儿来收尸，长寿湖把她父亲的遗物交给她，要她打个收条。她看见父亲的全部财产只是几件破烂衣物，悲伤得全身发抖，笔都握不稳，但就是不敢哭出来。她怕！

我活到70多岁了，现在是彻底看清了共产党的本质，共产党毛泽东才是历史的千古罪人，他们对国家、民族、人民犯下的罪行罄竹难书。过去的姑且不提，就说现在，共产党一方面要打社会主义招牌，以便坚持一党独裁和无产阶级专政，另一方面要搞它领导下的市场经济，以便为自己捞钱。这两者共产党都要抓，而且抓得很有成效。你看看，现在腐败烂到什么程度！就在我住的这条街上，就有军官穿着军装戴着肩章嫖妓。我亲自去侦察过，亲眼看见有军官嫖妓后还开了发票。开发票干什么？拿回去报账！我找老板要发票底根，他不给，要保护顾客（嫖客）。

现在同（19）57年完全不同了，那时真没有几个人真心攻击共产党，现在凡是有一点正义感的人都要骂。说共产党好的不是昧了良心说假话就是既得利益者。我最瞧不起郭沫若，这个人至死都在说假话，活了一辈子，从当年反封建的斗士变为媚颜奴骨的奴才。

一个人做人要有点良心，有点正义感。当个人就要说人话，所谓人话就是真话，我就要说真话。有人说，我现在这个样子又要当右派，我说我再当右派没关系，这已经不是我个人的灾难，再搞一次我个人完了，这个国家也肯定完了。我现在不光是想动动嘴骂几句，告诉你，我还愿意干点实事！如果要……我愿意去干！可惜现在找不到那种组织。共产党不允许除他以外的任何组织存在，连建立学习马列的组织都不允许。它对社会、民间的控制比国民党严密一百倍！……我同社会各阶层的人都有接触，对共产党的不满、怨恨是普遍性的。共产党常用多行不义必自毙来说别人，现在该轮到它自己了。

（采访时间：2001年5月30日，地点：重庆市渝中区）

采访后记

在一间窄小的底层屋里，个头矮小，其貌不扬的杨光瑜慷慨激昂，目光炯炯有神，神态大义凛然，仿佛有一团火，在老人的心灵深处滚动，令人想起岳飞"抬望眼，仰天长啸，壮怀激烈"。

老人还渴望行动、渴望实实在在地"干点实事"。

现在，能"干"的只有70岁以上的老人了？（就像让一群群老太婆上街去"反饥饿"？）

还有，找不到组织。

1949年前可以自行组织几十个人的"地下党"反抗国民党，50年后，白茫茫大地真干净，只能站在冰冻的王国里，一筹莫展地悲叹"失掉的好地狱"。

不知杨先生是否看到今天的新闻联播——中国人民大学的一群男女学生们正在共产党的党旗下宣讲"三个代表"。

一样的慷慨激昂，一样的目光炯炯有神，神态大义凛然。

但愿他没看，否则，那种绝望更胜于"找不到组织"。

2001年5月30日

"XXX，打！" —— 陈初蓉

—— 1957年市委宣传部处级干部
1930年生

莫名其妙地获罪、遥遥无期地服役、无休无止地批斗，组成了我们这批人几十年人生。

我解放前在北京国立师范读书，参军后随军南下，参加了渡江和接管南京。1949年底成立西南服务团，我随团到了重庆，接管出版社。1954年，我调到市委宣传部报刊处，同时任宣传部团支部书记，负责新闻出版工作。1957年没我的事，我是在1958年2月反右继续"扩大"的惯性下被抛出来的。我负责报刊工作时，说过一句话："新闻舆论要大胆干预生活。"他们说，这是鼓动舆论揭露党的阴暗面，是社会上右派分子的传声筒，向党进攻的内应。另外，我对划重庆日报副总编贾唯英为右派感到困惑，私下里曾说，贾唯英是延安时的老干部，她怎么是资产阶级右派？这成了另一条罪：与右派分子有千丝万缕的联系。不过，我一直是被作为内部问题批斗，没当成右派分子整。两个多月后，1958年4月23日晚上，有人请示王若（王若，1957年市宣传部副部长，市反右小组五人成员之一，文革期间被斗，自杀于歌乐山下烈士墓），陈初蓉的问题怎么解决？王若冲口而出："陈初蓉？打！"

他一个字"打"，判了我20年零6个月长寿湖劳改。

4月23日，我永远记得这个日子，9年前我们就是在那一天攻占的南京。当时，也是一个字："打！"

我们宣传部总共66个人，打了22个右派（见本章"简况"）。我离开宣传部时，支部书记对我说：你简单收拾下行李就行了，下去两三个月就回来。

说到这儿，我说两句共产党的"量刑"。即使我们是罪犯，判个三年、五年、十年，也有个刑满释放的盼头。我们到长寿湖服役，遥遥无期，不知何时是尽头，有些人正是因为看不到出头之日才自杀。莫名其妙地获罪、遥遥无期地服役、无休无止地批斗，组成了我们这批人几十年人生。

我下长寿湖后，一直不服罪，从1960年起，我每年10月1日给党中央写翻案书。这些翻案书全部被退回市委宣传部，我"改正"时，翻案书都在，全部退还给我，满满一大包！

1958年我还没结婚，有一个恋人，她是四川医学院的大学生，当右派后我们被迫断绝了关系。

1975年我45岁才结婚，妻子是我1972年回湖南老家探亲时认识的一个女知青。她没嫌我，她嫁给我的唯一要求是：不要告诉她家里她是同一个右派分子结婚。我当然巴心不得。咦，长寿湖农场给我开结婚证明，偏偏写：我单位右派分子陈初蓉回乡结婚……我气得一把将证明书撕得粉碎。闹了好几天，才终于把"右派分子陈初蓉"改为"宣传部下放人员陈初蓉"。

在长寿湖20年的苦难一言难尽，仅说劳动，曾经强迫我们48小时不下火线，累得死去活来，共产党用劳动这个手段折磨人，将人折磨死！完全不把我们当人看，连畜牲都不如。

长寿湖500多名右派分子，有专家、学者、教授、作家、诗人、教师、干部、工程师、大学生、归国华侨等等，每个人都有一部心酸史、血泪史，真的是一言难尽！

共产党千错万错，"左"祸是最大的错，国家、民族、人民深受其苦。"左"的根源又在提倡"阶级斗争"，提倡人与人斗，今天我斗你，明天你斗我，不仅同志间斗，朋友间斗，而且夫妻间、父子间、兄弟姊妹间都斗，斗得人人自危，斗得妻离子散，斗得冤魂遍野。斗斗斗，斗坏了一切，搞得国不像国，党不像党，整个国家和社会乱了套。毛泽东这个人，太残酷，太专制，是个典型的封建暴君。他的后半辈子，罪恶深重。多年来，没有民主、没有法制、没有人权，腐败越来越严重。这样搞下去，人民不会答应。工人、农民，什么国家的主人？！屁！他们对共产党曾经那么信任，那么支持，那么拥护，现在你去听听，一片骂声！

共产党不要这么害怕民主，害怕批评，应当赶快实行多党制。再这样搞下去，官逼民反，民不得不反。我们现在是坐在火山口上呀！我是副局级待遇，本是共产党体制内的既得利益者，但我看到眼下这一切，心急如焚！

（采访时间：2001年6月15日，地点：重庆市渝中区）

一名被无辜打死的右派

1967年，在重庆南岸区涂山人民公社新兴大队莲花山生产队劳动改造的右派石洪志（原重庆南桐矿区干部）挑粪途径重庆11中学，学校的一群红卫兵拦下他喝问："你是哪一派的？"（意指重庆"8.15"派或"反到底"派。）不知所措的石洪志慌乱中回答："我是右派。"红卫兵听说他是右派，当场将他打死，然后将尸体扔进了11中校园的水塘。

简直是法西斯专政!——詹一之

—— 1957年中国科学院哲学研究所
1926年生

我是搞哲学研究的，1954年到1956年，我担任重庆市党校哲学教研室主任，1957年调到中国科学院哲学研究所，1959年8月又被调回重庆。

这调来调去自然有人生的"趣闻"。

市党校副校长周X学问不高，但脾气很大，对教师态度十分粗暴，我经常给他提意见。他业务上要依靠我，我又是党委委员，他一时拿我没办法，但怀恨在心。1957年初我调到北京，市委组织部萧部长留我，我不干，坚决要走。萧很生气，说："好，你走! 你走! "这样又得罪了一个人。

1957年，周X组织人整我的材料，交给萧部长，并寄到中科院。萧得到材料，坚决要求把我调回。中科院很器重我，不同意我调回。一次，萧到北京开会，找到中央组织部长安子文，要调我回重庆。安子文给中科院发了话，中科院顶不住了，我只得卷起铺盖回重庆。

我到市委宣传部报到，不安排我工作，让我参加一个农业检查团到綦江乡下检查大跃进，检查团的团长便是周X!

1959年10月，通知我去参加一个会。我一去就把我揪出来批斗，说我攻击三面红旗，攻击毛主席、共产党。那真正是突然袭击! 事先没有一点预兆，距我从北京回来不到两个月，下手又快又突然。

李国音（詹一之妻子）： 他挨斗后第二天就来抄我们家，把一些书籍，他写的文章，甚至我们夫妻写的私人信件全部抄走。

詹一之： 给我罗列了六条罪状，都很荒唐。举个例子，《哲学研究》上曾发表一篇文章，强调政治挂帅。该文把人的思想觉悟加在生产力要素上，认为它起决定性的作用。这个观点就像李井泉（四川省委书记）说的"你想什么、要什么，就能达到什么标准。"也有点"人有多大胆，地有多大产"的味道。我在中科院写文章批判这篇文章。我说，人的政治觉悟，思想觉悟是历史形成的，把它作为生产力中起决定性的作用，那么唯心主义，唯物主义还有什么区别。——这就成了"恶毒攻击毛主席的政治挂帅"。还有，我汇报说，现在农村干群关系很紧张，这便成了攻击三面红旗，等等。

不管怎么说我被揪出来了，到底怎样处置我还没有定论，有不同意见。几个月后，在市委一次常委会上，市委书记任白戈一锤定了音："詹一之这种人不划右派划谁？"

说起这个任白戈又是我得罪了的人。我在党校时，任白戈是市委宣传部长，也喜欢搞哲学，他曾到党校来上课，讲斯大林的辩证唯物主义与历史唯物主义。我作为哲学教研室主任，曾给他的讲课提过一些意见和建议，完全是善意的，就事论事。我没想到他从此对我印象不好，认为我这个人不知高低，很狂。

我只有走人，下长寿湖、劳动改造、离婚。

李国音： 我本来一直顶着不离，他打成右派后，把我下放到农村一个公社当副主任，我原来是市妇联的秘书长。这是我第二次被下放，第一次是为罗成蓉被打成胡风分子鸣不平下放长寿湖。1962年下半年毛泽东提出"阶级斗争天天讲"之后，政治压力加大，任白戈在四千人会上不点名地说我顽固不化，还在同老虎睡觉。那次会后组织上同我摊牌：是要共产党党籍还是要右派丈夫。我要了党籍。但是，离婚后，四清运动时，还是把我划为"四类分子"。文革时押我游街，揪我头发，要我自己喊："我为右派分子翻案。"

詹一之： 我下长寿湖后一直不服罪，主要是想不通，解放前一心一意跟共产党走，闹学潮，争民主，1947年为"沈崇事件"上街抗议美军暴行，被国民党抓进监狱关了半年，对共产党全心全意，牺牲生命都不在乎，解放后也一直热爱并歌颂毛主席、共产党，说我反毛、反党，觉得很委屈。委屈，便要翻案；翻案，便罪加一等；罪加一等，更委屈；更委屈，更要翻案。所以，我摘不了帽，也回不了城，在长寿湖一直呆到1978年底，算长寿湖的老右派。

那十八年的经历就太丰富了，都不知道从哪儿说起，长寿湖搞以右治右，搞劳动指标，搞精神折磨，肉体摧残。管教干部孙X就创造发明了不少办法整右派，把右派整得很惨。我目睹了李思强之死、余顺春之死、卢蕴伯之死、贾厚友之死……简直是法西斯专政！

长寿湖的深重苦难，并没有让我彻底清醒，我在长寿湖还写关于毛泽东哲学思想的文章，还认为马列、毛的思想上体系没有错。我被整是因为同那几个领导的个人恩怨，还没有从共产主义的本质上来认识。正因为如此，1979年调回社科院我仍然宣称：我的信仰不变，马列主义、毛泽东思想是好的。别人叫我不要再搞理论了，我不干，我埋头写列宁的论新经济政策的文章，发表论文，等等，等等。

"六·四"的枪声，"六·四"的鲜血把我惊呆了，也把我彻底改变！

一个执政党，为了自己的权力，自己的利益，居然可以对追求民主的学生和手无寸铁的老百姓进行如此血腥的镇压！

这就是我当年搞学生运动时追求的共产党？！

我认真反思1949年以来毛泽东共产党的所作所为，发现它搞的全是独裁、专制、暴力、个人崇拜那一套。毛泽东如此，邓小平如此，江泽民也如此。一个标榜自己代表和追求民主自由的政党执政后，不仅没有为人民创造一点民主自由的条件，反而把旧社会的一点民主自由清扫得干干净净，把人民应当享受的基本权利剥夺得彻彻底底，这个罪恶更大，必须进行揭露和控拆！过去共产党讲"不破不立"，现在对共产党首先就要"破"，这个党已经没有希望了。

除了"破"，还应当进行清算！

毛泽东就不用说了。至于邓小平，这么说吧，毛泽东挨一巴掌，邓小平应当挨两巴掌，因为他是在目睹了毛泽东独裁专制的暴行之后继续走这条路，甚至走得更远，

"六·四"把坦克机枪都用上了,丝毫没有接受毛的教训。至于江泽民,既学毛泽东,又学邓小平,还有自己的几个令人好笑的空洞口号。

另一方面,对斯大林、列宁都要进行清算。马、恩的根子上就有问题,我是由中国惨烈的社会现实,反推回去找它的根源,发现共产主义的本质问题。"六四"之后到现在,我越来越清醒。70岁那年,我准备写一本书"半个世纪",目的就是进行反思、揭露和清算。我认为我这一生,并没有违背自己青年时代的追求——对真理的追求、对自由民主的追求。共产党和共产主义用种种美好的东西欺骗了我,我上了当,但是,这并不意味着我从此放弃对真理、对自由、对民主的追求。

可惜,正是那一年我得了食道癌,从此身体江河日下,力不从心。

李国音: "六·四"之后老詹就不再写那些理论文章,转而研究平民教育家晏阳初。当年我同老詹都是乡村建设学院的学生。晏阳初一辈子实实在在地干,真正为人民谋幸福,不像毛泽东、江泽民尽说空话、假话、大话。他在农村开展四大教育:科学教育——增强农民知识力量;生计教育——培养生产力;卫生教育——增强健康;国民教育——培养农民团结的力量。这些都是实实在在给农民带来好处的东西,不像那个空洞的"三个代表"。可惜,1949年共产党执政,晏阳初的事业半途而废。但是晏阳初在南美搞四大教育却成功了,农民实实在在得到好处,他们挂晏阳初的像,十分崇敬。

(晏阳初在自己的祖国却一筹莫展,是讽刺,更是不幸——人民的不幸。)

詹一之: 晏阳初不是从上层政治作改造工作,而是由下层基础改造做起。他提出"民为邦本,本固邦宁",脚踏实地作基础工作。"六·四"之后我也是这样,我已经出版了好几部研究晏阳初的专著。

(采访时间:2001年10月27日,地点:成都市百花潭)

采访后记

詹先生不仅仪表堂堂,而且颇有学者的儒雅。采访时,他不紧不慢,娓娓道来,有思想、有胆识,敢想敢说。更让人敬佩的是,到了晚年,他拖着病体,仍然在孜孜不倦地思考和追求,写出了一本又一本专著。

回到重庆后,翻开詹先生送我的一本他的专著,想到他在血与火之后的不懈追求,崇敬之情油然而生。

一个中了"毒"的北大才子——刘康

——1957年重庆市党校政治经济教研室研究员
1926年生

我走上革命道路，加入共产党，是那个年代的一种必然。

我从小是一个一心一意读书的人，1945年以全年级第一名的成绩毕业于成都树德中学。树德中学同重庆的南开中学一样，是全市第一流的学校。毕业后，我和几个同学一起到昆明报考西南联大，联大由内迁的北京大学、清华大学和南开大学组成。考下来，几个同学中只有我上线，我原本想学物理或地质学，我的一个同学说，要学就学经国济世的学问，要改造这个社会。我不大懂什么学问是"经国济世"，心想，经济学大概属于那个范畴，于是，我把第一志愿从物理改为经济学。

"一·二一"学生运动是我人生的一个转折点。我从一个埋头钻研学问的书生变成了一个关心国家大事的激进青年。记得那年费孝通等5个教授来演讲，他们说，八年抗战好不容易取得胜利，绝不能再打内战，中国要实行民主，成立联合政府。他们的话说到我们心坎上，我也是坚决反对打内战。

国民党派特务来干扰，还放枪进行恐吓。这一下激起了同学们的愤怒：要民主自由你居然进行威胁？！同学们罢课上街游行，我也去了。

那天，我和另外两个同学在省政府旁看见一条大标语："联合政府是共产党的主张！"我们一看，很生气，联合政府是我们的主张，怎么是共产党的？那时，我们对共产党一无所知。其中一个叫陈世夫的同学（他现在是陕西社会科学院的教授）说："给它改了！"于是掏出粉笔，把那个巨大的"！"改为"？"。

转眼特务就围上来，一顿拳脚打得陈世夫落荒而逃，另一个同学因为手中有讽刺国民党的传单，也挨了打。

也是那天，我们得知，特务往校园扔手榴弹，南菁中学的青年教师于再为保护学生，在抢夺手榴弹时被炸死。这一系列事件让我怒火中烧，好哇你个国民党，与民主自由为敌！于是我思想开始转变，变得激进。在随后的游行示威中，我积极得很，嗓子都喊哑了。

当时，联大中有很多共产党员，建有他们的支部，我的一个树德中学校友庞邦铺就是中共党员。我在他的箱子里找书看，无意中读到了草纸印的毛泽东写的《论联合政府》和《中国革命与中国共产党》，我这才明白联合政府果真是共产党的主张。毛泽东说得何等好啊！说到我心里去了，那的确是救国救民的好主张。

两相对比，我认定真理在共产党一边。

我不再埋头读书，我创办了一个《树德校友通讯》，宣传民主自由，反对国民党独裁专制。我自刻自印，邮寄到树德在全国的校友。不少人就是受《通讯》的影响，走上了革命道路。

1946年6月，联大解散，同学们分别归到北大、清华、南开三个学校，我进了北大。6月27日从昆明动身，8月12日才到北平。国民党派了几十辆崭新的军车送我们，每个学生还发了16万法币作为伙食费。我们一路上吃得好哇，鸡鸭鱼肉都有，一顿饭才800元钱，16万根本用不完。在上海我还用这钱买了一些革命书籍，读后思想进一步发生变化，弄懂了什么是无产阶级世界观，为什么无产阶级要革命。

你说国民党还舍得花钱？这倒是，我进校一分钱没有，学费、伙食费全免，到北平后读书也没花钱，像我这种情况的还不少，国民党是花钱在为共产党培养干部！培养了一大批坚定不移要革它命的优秀青年。想来也就是它要打内战，搞专制，把很多优秀学生逼到共产党一边。

我是1946年10月在北大加入的共产党，当时已经开始打内战，国民党比共产党强大，天下很可能是他国民的。我偏要加入弱小的一方，我认为真理在共产党那儿。

多年后，在长寿湖，管教干部天天要我们学习毛泽东的两篇文章《敦促杜聿明等投降书》和《南京政府向何处去》，好像我们是国民党南京政府，要赶快投降。我觉得好笑，当年我就是反南京政府，不顾一切加入共产党，到了共产党天下，我怎么成了国民党一伙？要我投降？这一辈子，想不到呀。

1948年，我是北大支部的总支委员，负责宣传的书记，离毕业也只差一年。这时，上级通知，重庆地下党被破坏，需要一批人回四川工作，于是，从北大、清华和燕京大学抽了30多名党员学生南下，其中北大的10多个人由我负责。

到重庆后，我专门从事学生工作，在学生中发展党员，一直干到解放。

解放后，我先后在团市委、市委宣传部工作，1954年调到市党校，在政治经济教研室当研究员。1956年，我到北京中央高级党校学习。学习期间，讨论一些理论问题，如谈到资产阶级民主，我说，它不应是哪一个阶级、哪一个党派的东西，而是人类文明发展的一个成果。法国大革命，就有广大的工人、农民参加，选举权就是广大人民共同斗争取得的成果，不光是资产阶级的。再谈到无产阶级专政，我说，那是权力高度集中的专政，如果最高领导人个人素质好，思想状况正确，就能给人民办很多好事，反之，则会带来灾难。

反右时，他们把我以往学习讨论时的话串在一起，送给我一个当右派的罪名："欣赏资产阶级民主，攻击无产阶级专政。"

我1957年12月戴着右派帽子从北京回到市党校。党校给我一个结论："刘康是混入党内的阶级异己分子。"我被放到伙食团干活，天天给领导端菜送饭。

几个月后，1958年3月23日，我下放长寿湖，这一去就是20年，从32岁到52岁。

在长寿湖头几年，我一声不吭，叫我干啥就干啥。记得有一次叫我往粪坑里跳，我二话不说就跳下去。我没有死在长寿湖，全靠在最危险时遇到几个好人，其中最值得提的就是洪修成医生。洪修成解放前是国民党孔祥熙的私人医生，医技高超，他两次救了我的命。可惜他后来在长寿湖被打成历史反革命，下放到农村，衣食无着，死在那儿。

在长寿湖我思想认识有一个变化过程。最初几年我不服，觉得自己的那套理论没有错。1962年，我到县城，买到一些反右倾机会主义的书。我拿回来细细读，那上面有理论，有事实，条条分析，层层说理，我读了后，觉得自己错了，自己的思想认识落后了，也就是右了。我开始站在极左的立场上来否定自己1957年正确的东西。于是我真心实意地认错，这一下，很快就摘了帽。后来，我又用我学到的那一套极左理论去批判其他右派。在长寿湖，别人对我有意见，根源就在这儿。

你问我为什么轻而易举接受了极左理论？极左的东西，并不完全是一些口号，它有一整套完整的理论，就像"无产阶级专政下继续革命"的理论，一步一步的，发展得相当完善。文革时期，为什么有那么多人受到那套理论的迷惑，甚至奋不顾身为它献出生命！共产党那一整套完整的错误路线，很迷惑人呐！

（刘康说到这儿，情绪异常激动，声调高亢，言辞急促，依稀让人猜想他当年在昆明街头的慷慨激昂。）

我们在长寿湖，与世隔绝，除了共产党的东西，除了听见党的声音，听不到任何其他声音，没有比较、鉴别，这也是接受极左思想的一个原因。

我虽然认识上"左"了，但我这个人骨子里天生对"极左"的东西反感，对那种强迫命令，横行霸道的行为非常反感。我看到把农民的茅草屋掀了，锅碗抢走，七、八十岁的农民老婆婆走几里路，像乞丐一样去公社食堂喝一碗清水粥，这哪里是"解放劳动人民"？长寿湖一些共产党干部作风坏得很，动辄骂人打人，捆人吊人，还骗吃骗喝。有的右派家里寄来点吃的，巧取豪夺弄到自己嘴里。我们党怎么会变成这个样子？！我不相信共产党是这个样子，我只看到长寿湖这一小块地方，我以为只是这一小块地方烂了，出了问题，上面是好的。这种认识，让我在文革时又吃了大苦头。

造反派进来打砸抢，把我们右派拖出来跪在地上，还动了刀子。我非常反感，怎么能这样辱损人、折磨人？当时我不知道全国的情况，长寿湖很闭塞。我决定向党中央写信反映问题，我相信党是正确的，绝不会这么污糟，绝不会容忍下面搞成这个混乱样子。

我根本没想到共产党是根本上出了问题，我到老虎面前去告状，结果可想而知。

1969年，我又被重新专政，先关到先锋岛写两个月交待，然后放到飞龙岛，批斗会自然少不了。那些右派看我挨斗，高兴得很，说"刘康完全是假改造。"其实我不是假改造，我是真的相信了他们那一套。

这次"专政"，把我腰弄伤了，完全站不直，走路、劳动，腰弯成90度，痛得钻心，又是靠洪修成给我治好。

你提起后不后悔，怎么说呢？当年加入共产党，好像也是一种必然，也是应该的，后来看到它不为老百姓谋幸福，又歪又恶，和平年代饿死几千万人，公安局里是有数字记录的，我思想认识自然就发生了变化。现在我仍然在思考很多问题，其中也包括我从学生时代参加的这场革命。

想起来这一辈子真的好笑哇，说给别人也不懂。我外孙女就不懂，她问我为什么要去长寿湖，我说，我成了人民的敌人，被专政。她问为什么要专政，给她说了半天，她还是不懂，觉得听起来像个神话。

我觉得也像个神话。

（采访时间：2001年5月、2003年9月，地点：重庆市党校）

采访后记

刘康是北大毕业的才子，也是长寿湖一个思想比较"左"的右派（当年长寿湖有些人对他的"左"颇有微词）。现在回过头看，觉得这是可以理解的。

刘康的"左"不是个人品质问题，而是思想中了毒——共产党意识形态或曰理论体系的毒。正如他自己说的："共产党那一整套完整的错误路线，很迷惑人哪！"

前些日子，我在网上看到一篇文章，其中有这么一段：

"为什么许多人要等到林彪事件才开始怀疑文革，怀疑毛呢？毛的一贯正确的神话，难道只有林彪事件才能捅破吗？此前，毛犯过多少错误，造成多少严重的后果，让人们吃了多少苦头，为什么你不怀疑，为什么你还对毛那么迷信？

这就是意识形态或曰理论体系的作用了。

在现实生活中，我们早就感受过这样或那样的困惑与不满。我们发现自己的很多愿望和想法被压制，自己的许多利益被损害。不论官方的意识形态宣传是何等的冠冕堂皇，美妙动听，但是在现实生活中却存在着大量的丑恶和污秽。然而，在很长一段时间里，我们的这些感觉经验，却并不足以帮助我们萌生怀疑与反叛的思想。我们对很多事情都'想不通'，可是，我们不敢轻易地怀疑党、怀疑领袖，我们总是怀疑自己。我们怀疑自己理论水平不高，世界观没有改造好，革命立场不够坚定，因此对形势不能有正确的认识。我们总是力图用官方的理论去解释现实，解释经验，而不是根据现实，根据经验去批评理论。

这正是理论体系的妙用。一旦我们接受了某种理论体系，我们以后的观察和思考，就变成了一个又一个的推论。如果我们发现在推论和现实之间出现了矛盾，我们常常不是依据经验去调整理论；相反，我们往往是依据理论去调整经验。只要体系是足够的包罗万象，前后一致，从而能够自圆其说（哪怕很勉强、很生硬），我们进去之后就很不容易再走出来。

官方意识形态是一套封闭系统，它自身规定了真理与谬误的绝对标准，因此身处其中的人们，很难具有另一套评判是非的标准；更由于官方意识形态，具有超越个人利益的理想主义色彩，因而，一般人即使是蒙受了巨大的个人损害，也常常不能据此而理直气壮地表示反对。"

（很对不起，忘了出处，在网上一时没能再找到全文。）

在共产党意识形态大厦尚未坍塌的那些日子里，有多少知识分子、工人、农民、红卫兵，同刘康一样，中了"很迷惑人"的毒？

我前后两次采访刘康（第一次的笔记尚未整理成章就被国安局抄走），感觉到，刘康是一个一辈子都在思考和追求的知识分子，虽然年近八旬，仍未放弃他青年时的那种执着，这让我感动。

补记：

刘康于2007年3月1日在重庆去世，终年81岁。2006年9月，我到医院看望他，他已说不出话，他认出了我，突然流出两行眼泪。那是我们的最后一次见面。

30元补助与20年劳改 —— 罗报群

—— 1957年重庆市第二直属机关党委干部
1933年生

我是四川省渠县人，1950年初参军，参加过抗美援朝，1955年复员到煤矿基本建设局，后调到重庆市第二直属机关党委。

1957年鸣放时，我给我单位的党委副书记王鹝提了个意见，认为她不应当领取一笔补助金。王书记是16级干部，每月工资102元，她家只有三口人，每人平均34元，这在当时算是高收入了。她有一次生病，住了几天医院，便领取了30元补助金。我在会上提出，王身为书记，对自己要求不严。我话没说完，王书记就打断我，说发给她补助金她不知道。我反驳说："就算不是你自己要求的，但你在领钱、签字时总该知道吧。"王书记一下子哑了，神色十分尴尬，而在座的人则都对我投来赞许的眼光。

我要为这次"胜利"付出代价，而这个代价是一生的惨痛。

反右运动时有一个口号：反对个人就是反党；反对地方一级组织就是反对党中央。

于是，我就成了反党反社会主义的右派分子。

说来好笑，在大鸣大放期间，我作为工作队员，还叮嘱我的表哥杨克远（他在西南第四建筑工程公司工作），叫他在鸣放时说话要谨慎，该说的话才说，不该说的一定不要说。他因为我这个国家干部的忠告而谨言慎行，一点事都没有。我则因"说话不慎"被打成右派。事发后他大惑不解地问我："你是怎么回事？"

我1958年3月5号正式戴上右派"帽子"，第二天，3月6号，被押送长寿湖。

当右派前，我的月工资是42元，一打成右派，立马降到12元，中间刚好差30元！

从1958年3月到1978年10月，我共在长寿湖劳动改造20年零7个多月。工资在1962年1月增加到25元，后来一直领25元，直到我离开长寿湖之后。

"改正"之后，右派们的工资恢复到蒙冤时的水平，我便又开始领20年前的那个42元。那20年，不说赔偿，至少该把扣发的工资补发给右派吧？

不！右派一律不补发！

同属冤假错案，补发要分"文革"前与"文革"后。当时有个文件，文件规定，只补发"文革"中受冤者的工资，"文革"前的一律不补发。

"文革"前的不是受难时间更长久吗？

经济上惩罚只是一方面，诛连九族是另一方面。我父母去世得早，我唯一的亲人是我弟弟。我当右派后，当局把我从城市赶回农村，而且通知当地，他哥哥是右派，因此他属于"五类分子"（即地、富、反、坏、右）家属。这样，弟弟在农村受尽歧视，重活、累活、脏活都派给他干。由于受我影响，弟弟当了一辈子农民，至今仍在农村。

1957年我还没结婚，但正同一个姑娘——西南水利学校的一位女学生——热恋。我当右派后，我们被迫分手，她后来去了云南。我理解她，她压力太大，别说还在恋爱，就是结了婚的，在那种政治高压下都要离婚。

有一件事我终生难忘。1961年，劳累和饥饿把我推到死亡的边缘。一天，场部一位姓杜的女医生看见我，吃了一惊，说："你怎么这副模样？气色这么差。"她找了点葡萄糖液给我注射，但是找不到血管，她于是叫我喝下去。然后她找到支部书记娄云龙，对他说，罗报群不行了，快死了，得把他送到疗养院。娄云龙同意了。当时渔场办得有个疗养院，一些身体垮了的右派经领导同意就可以送到疗养院，在疗养院可以不干活或干一些轻活。这样我才从鬼门关上折了回来。我感激娄书记，他若不同意我也只有死路一条，但我尤其感激杜医生，她对我是救命之恩，我很想向她表示感谢。一次在场部门口，我走近她，对她说："谢谢您，杜医生，我……"我话没说完，她很紧张地小声说："赶快走开，离我远点！"

她害怕呀，怕人家说她同一个右派分子往来。毛泽东的阶级斗争把人与人的关系就搞成这样。

我再不敢走近她，不敢向她表示谢意。没多久她就离开了长寿湖，去哪儿了我不知道，1979年"改正"后我到处打听她，一直没有她的消息，但我永远记住她的名字——杜梦朴。

我在长寿湖劳改20年，无家无室，除了远在渠县乡下的一个弟弟，再无别的亲人。每年春节，我都是与其他同我一样的右派呆在一起，烧起树疙瘩，围着火光，光棍对光棍，渡过一个又一个春节。我永远记得我们那种绝望，看不到希望在哪儿，不知道这种日子何时是尽头。有个叫XXX的离了婚的右派，实在忍不住，在一个春节时，提着鱼和鸡蛋回城去看望前妻和儿女，结果被家人将鱼和鸡蛋扔出门外，家里人也害怕呀，要同他彻底划清界限。从此XXX再不回城，每年春节同我们一起默默地烧树疙瘩。

想不想成家？当然想！但是不敢去想。压不压抑？当然压抑！但是不得不压抑。

右派是什么？是人人都要避而远之的"坏人"，是一个生活在最底层连小娃儿都可以欺压的对象。经济上一贫如洗，政治上臭不可闻，若生个孩子还是"狗崽子"。谁愿嫁给一个右派？我要是个女人，我就绝不会嫁给右派。

不过后来我还是成了家——经人介绍，一个农村妇女嫁给了我——那一年我42岁。

婚后不久，"改正"通知就下来了，说是20年前反右扩大化，把我整错了。

我没有回原单位，一是我对当年整我的那个机关党委心如死灰，不愿再回去。二是我妻子是农村户口，当时要转成重庆市区的城市户口几乎是不可能的。于是，我就到了位于长寿县的维尼纶厂，从此留在了长寿。

罗报群同他妻子参加难友李宁熙的80大寿

（采访时间：2009年5月1日　地点：重庆市长寿湖）

采访后记

2009年4月30日，应长寿湖右派李宁熙之邀，前往长寿湖边参加他的80大寿。寿会上，我见到了几位李宁熙的长寿湖难友，其中之一就是也永远留在了长寿县的罗报群老人。

我抽空匆匆采访了他。至此，留在长寿的五位幸存右派老人（李宁熙、余洪洲、李长文、冉德玉、罗报群）我都一一采访到了。

这五位老人，除了李长文和冉德玉是"分子"加"分子"的结合，其余三位都是同农村妇女组成的家庭。

采访完罗报群，约几位长寿湖右派老人到湖边漫步。湖畔芳草青翠，老人步履蹒跚，春天的气息轻盈温润，生命的暮色沉郁滞重。李长文独自前来参加80大寿，以往与他行影不离的爱妻冉德玉此时已卧床不起。

望着雨雾蒙蒙的湖面，心中有种湿淋淋的感伤。

从2001年4月6日开始长寿湖幸存右派的采访，到2009年5月1日采访罗报群，整整8年过去了。其间，我采访过的不少右派都已永远走了。仅仅去年，就有范广受、陈英、向光棣、罗成溶等六位右派与世长辞。

8年了，一场旷日持久的抗日战争都打完了⋯⋯

长寿湖右派李正、李长文、罗报群、郑大同、顾大鸣2009年5月1日在长寿湖（谭松 摄）

部分干部右派简况

1、贾厚友之死

贾厚友 —— 重庆市劳动局右派，北碚乡村教育学院毕业，琴棋书画样样精通的才子。1957年他画了一幅漫画，一个官员正在装烟斗，题目是《钻研？钻研？ —— 装烟！装烟！》。贾因此被打成右派。下放长寿湖之后，其妻（重庆渝中区的一个小学教师）真心实意帮助他改造思想。她完全相信共产党的话：越是艰苦的劳动锻炼越能让人脱胎换骨重新做人。因此，每月领了贾的工资后，她只给他15元生活费。贾厚友在饥荒年代，得不到家里的援助，1961年吃下大量鹅儿肠（一种喂猪的草）而死，死于长寿湖二工区，终年29岁。他妻子来到长寿湖，见到丈夫的尸体，哭得死去活来。旁边的右派说："好，好，好呀，你已经帮助党把他改造进了天堂。"

2、陈遥之之死

陈遥之 —— 重庆市劳动局右派。文革初期，在一次年终评审会上，管教干部认为陈表现不好，说了一些威胁的话，陈感到十分恐惧。一天晚上，约11点钟，陈提了一盏马灯，端了一个脸盆，里面放了几件衣服，对人说到湖边洗衣。

几天后，陈的尸体从湖中浮起。陈被埋在同心岛"灭资岗"（消灭资产阶级山岗）。

1979年右派改正后，陈的从台湾回来的女儿向劳动局讨要父亲，劳动局派了一名干部同李恩章下长寿湖，要李恩章随便指一个坟包打发陈的女儿，李恩章不干，坚持在"灭资岗"上找到陈的埋葬地，挖出几根骨头交给陈的女儿带走。

3、田际昌之死

田际昌 —— 重庆市团市委行政科科长，历史反革命，1957年被捕。1979年"改正"时田际昌在西藏劳动改造。得到"改正"通知后，他仰天大笑三声："哈！哈！哈！有这种事？！"然后把手中的手杖一扔，向前踉踉跄跄奔走几步，倒地而死（脑溢血），终年50多岁。

4、李思强之死

李思强 —— 曾任重庆市团市委宣传部长、市委宣传部办公室主任，因婚外恋（当时叫"生活作风败坏"）于1964年下放长寿湖，分管团山堡的"历史反革命"。1967年2月，李在同心岛被红卫兵揪斗，从晚上7点一直斗到半夜12点，挨跪、挨踢、打耳光。斗争会结束后的当夜，李思强在同心岛跳湖自杀。红卫兵以为李畏罪潜逃，张布告四下捉拿。四天之后李的尸体才浮起 —— 李会游泳，为沉下去，在筒靴和衣袋里灌满沙石，终年约40岁。

李的父亲无依无靠，与李同住团山堡，儿子死后，他也病逝，埋在团山堡。

5、李受之之死

李受之 —— 重庆市委宣传部干事，右派，下放长寿湖。1960年，在身体极其衰弱的情况下，他被迫去守工棚，饿死在工棚，尸体数天之后才被发现，死时30岁。

6、康中清之死

康中清 —— 重庆市团校教研室主任，一个刻苦研读马列学说、对毛泽东无限崇敬的理论工作者。1957年鸣放时他说："毛主席不仅在中国，而且也在世界上享有崇高的威望。但是我只看见他到机场迎接过赫鲁晓夫和胡志明。我觉得毛主席应当多亲自迎接一些兄弟党的领袖。"反右时，康中清因"攻击毛主席"被划为右派。他主动提出与妻子离婚，并说："我不摘帽绝不来见你和孩子。"（他孩子刚刚出生）下长寿湖之后，康精神压力极大，他拼命劳动，想早日摘帽。一年多后，康身体垮了，于1959年在长寿湖去世，终年30多岁。

7. 杨惠云之死

杨惠云（女）——重庆市团市委右派。杨在长寿湖小心翼翼做人，不多言语。文革初期批斗她，杨在恐惧中于半夜划船到湖中，在身上系上石头、靴子里灌满沙子（杨会游泳）投湖自尽。杨死后仍被批斗——"缺席审判大会"（详见杨光瑜的讲述）。

团市委幸存右派李普杰、高志长、曹贞干在杨惠云投湖的地方（先锋岛）致哀。　　　（谭松 摄）　2002年6月

8. 黄静瑜之死

黄静瑜（女）——重庆市委机关党委右派（也是长寿湖一个漂亮的年轻女右派）。1960年的一个夜晚，她从高峰岛对面的万鸡山上跌入湖中淹死，终年约30岁。

9. 庄湛之死

庄 湛——西南公安学院（现西南政法大学前身）干部。他爱上一位老干部家的女保姆（资本家的女儿），写信约在"五一"劳动节见面。不料那天街上人多，两人被挤散，庄湛很沮丧，回来后在日记上写"讨厌的人群挤散了我们。"日记被人发现并汇报，庄湛因"攻击五一劳动节"，并且是与资本家的女儿约会而被划为右派，下放长寿湖，于1958年6月遇难。

《重庆市长寿湖联合企业公司大事记》第4页记载：

"6月25日上午9时20分，渔业队队员周登云（原市委办公厅收发员），庄湛（原西南公安学院干部）在新滩渡河时翻船落水身亡，27日葬于新滩山坡。"

10. 张光育之死

张光育——重庆市委某机关右派。1960年，张因饿、病交加，身体极其虚弱。在一次劳动时，他支持不住，一屁股坐下去。组长顾XX（市委摘帽右派）冲着他一阵臭骂，强迫他继续干活，张只得站起来继续干。当天回去后，张倒下去再没有站起来，终年30多岁。

11．孙毓澄之死

　　孙毓澄——重庆市劳动局右派，因说曾给康心如（1949年前四川美丰银行总经理，陪都参议会议长）当过秘书而划成右派。1961年的一个夜晚，他从狮子滩划船运粮回高峰岛，在桃花荡时小船漏水，孙随船沉入湖底。几天后尸体浮出水面，人们把他埋在人头山湖边。孙遇难时30多岁，留下三个孩子。后来其子女到人头山反复寻找父亲的坟，一无所获。

12．谢予之死

　　谢予——原綦江县宣传部部长，后任重庆市宣传部理论教员，右派。文革初看了人民日报社论《横扫一切牛鬼蛇神》后，极度惊恐，上吊自杀。死在市35中，年龄不详。

　　13．童铸——重庆市委宣传部右派，1959年因病未得到医治而死。

　　14．徐和——重庆市委宣传部右派，发配峨边劳教而死。

　　15．肖扬军——重庆市委宣传部右派，"改正"前死于长寿湖，死因不详。

　　16．卢光特——巫溪人，1921年6月生。重庆市委宣传部党教处处长，右派，二十世纪九十年代去世。

　　17．赖恒国——重庆人，1934年11月生，初中文化，重庆市委宣传部右派。二十世纪九十年代初去世。

　　18．尹平宗——重庆市委宣传部右派，文革前去世。

　　19．恭平——重庆市委宣传部右派。

　　20．张文澄——重庆市委宣传部部长，右派，二十世纪九十年代末去世。张未到长寿湖。

　　21．陈孟汀——重庆市委宣传部文教部部长，右派，二十世纪九十年代去世。

　　22．王匡时——重庆市委宣传部副部长，右派，发配峨边劳改，2003年去世，王未到长寿湖。

　　23．顾玉玲（女）——重庆市委宣传部右派，已去世。

　　24．邢传俊——河南人，1931年1月生，高中文化（二野军大入川），重庆市委文教部右派。独身。

　　25．陈正英（女）——重庆市委宣传部右派。

　　26．郑大同——杭州人，1930年5月生，高中文化，重庆市委文教部右派。

　　27．何子超——犍为人，1924年9月生，大学文化，重庆市委宣传部右派。

　　28．赵万仞——重庆人，1921年生，大学文化，1960年在重庆市委宣传部生产办公室（副主任）打成漏划右派，妻离异。赵二十世纪九十年代末去世。

　　（重庆市委宣传部共划了22名右派，目前尚有三名不知情况）

　　29．杨正木——重庆市团市委右派。因带病劳动，身体衰竭而死（约1963年），终年30多岁。

　　30．郑永康——四川灌县人，1920年7月生，大学文化，重庆市团市委右派。1979死于长寿湖。郑无家无室，终生孤身一人。

　　31．陈琏（女）——重庆市团市委右派，文革前病逝于长寿湖，终年30岁。

　　32．肖莲蓉（女）——重庆市妇联干部，1957年时20多岁（长寿湖另一右派余薇野之妻）。她在鸣放会上讲：我们国家不必什么都跟苏联学，例如，有些幼儿园买不起风琴，就不一定非学苏联，每个幼儿园都配。另外，她还说，福利部的部长很少上班，一切事都是她在干。肖莲蓉因"反苏"和"企图篡党夺权"被划为右派。

33. **陈思贤**（女）——重庆市妇联干部，1957年时20多岁。鸣放期间，陈正在医院生小孩，妇联党组织派人去医院征求意见，她提出自己一直参加党组会，但没有正式进入党组，希望能成为党组的正式成员。陈以"篡党夺权"罪划为右派。

34. **杨映雪**（女）——重庆市妇联干部，1957年时20多岁。杨是由街道积极分子调入市妇联工作的干部，她只有初中文化，工作非常积极，开会时喜欢读报纸。一次，她读西师董时光的文章，声音很大。董时光被打成右派之后，杨便被说成是赞成大右派观点，起到了煽风点火的作用。杨因此被划为右派。

35. **唐尚灵**——重庆市劳动局右派，1928年生，北碚乡村教育学院毕业。"改正"时他说："我不要'改正'，我当年提的意见是正确的。"唐已去世。

36. **欧渊如**（儒）——重庆人，1919年10月生。高小文化。重庆市劳动局右派，下放长寿湖后又放回农村。欧已去世。

37. **罗仁俊**——重庆市劳动局右派，北碚乡村教育学院毕业，劳动时手致残，2000年去世。

38. **廖品云**（女）——成都人，1928年2月生，大学文化，重庆市劳动局右派，与丈夫刘宗钦为同场右派。廖与丈夫都已去世。

39. **顾学义**——浙江人，1930年5月生，参加西南服务团入川，高中文化。中共重庆市监委右派，二十世纪八十年代去世。

40. **付　涛**——重庆市委组织部右派（未到长寿湖）。

41. **陈　宇**——广东人，1930年9月生，参加西南服务团入川，高中文化，中共重庆市委组织部党群干部处（干事）右派，已去世。

42. **王锡雯**（女）——重庆市委组织部右派。

43. **聂承奎**——重庆市委办公厅右派，二十世纪九十年代去世。

44. **成世忠**——重庆市财经委右派，饥荒年死于长寿湖。

45. **郗永吉**——抗战时期的老干部，曾任重庆市北碚区区委副书记，右派，去世时间不详。

46. **胡道成**——重庆市工交部右派，死于南桐矿区，具体时间不详。

47. **龚明谦**——重庆市轻工局右派，2000年去世。

48. **李达白**——重庆市公用事业局右派。

49. **苏朝纲**——湖北人，1928年11月生，大学文化，重庆市委直属党委右派。

50. **陈朝芳**（女）——重庆市委机关干部，右派。

51. **余华光**——重庆市工业部右派。

52. **朱丰衍**——浙江人，1928年4月生，大学肆业文化，参加西南服务团入川，重庆市委直属党委右派。

53. **林伯力**——遂宁人，1922年2月1日生，重庆市委办公厅右派。

54. **周远照**——湖南人，1919年3月生，大学专科文化，重庆市图书馆右派。

55. **徐显镛**（女）——贵州人，1918年12月生，大学专科文化，重庆市体委右派，独身一人，2007年去世。

56. 陈本华——大竹人，1920年11月生，大学文化，中共重庆市委干部文化学校（即党校，教师）右派，工资33元。有妻、三子、四女。陈二十世纪九十年代末去世。

57. 杨　建——重庆公安系统右派

58. 陈适情——重庆南岸区委宣传部科长，右派，估计1958年投江自杀。

59. 梁耿清——上海人，1930年11月生，大学一年级文化，重庆市委党校右派。妻离异，有一女。

60. 刘守荃（女）——政法系统右派，具体情况不详。

61. 王孝社——重庆市农业局工程师，右派。

62. 张　骏——情况不详，死因不详。

63. 萧思辉——重庆人，1928年5月生，大学肆业文化，1958年在重庆市九龙坡区法院打成右派。

据《重庆市长寿湖联合企业公司大事记》记载，到1964年4月，长寿湖还先后接受了1030名下放干部。他们中也有人永远"留"在了长寿湖。如该"大事记"记载："1960年6月19日下午6时，三台生产队队员乘木船返队途中，船漏下沉，淹死下放干部左文和（女）、华长灿、陈在荣、卢圻章、刘运杰等五人。"

图片来自光碟《长寿湖我们怀念您》

十一、唉，教师

在长寿湖的"分子"中，教师群体人数众多，死亡人数也众多，今天，幸存者中心有余悸的也众多。这似乎是一块最重的灾区。

1、宋节文	2、刘　晶	3、李　铮
4、黄伽佛	5、李太璞	6、李国元
7、李　淦	8、邬绪昌	9、白永康
10、陈祖翼	11、向光棣	12、曾永臧
13、余洪洲	14、陈　英	15、汤儒君
16、常　青	17、刘淑明	

反右漫画　1957年《新观察》16期

这辈子完了，下辈子还教书
——宋节文

——1957年重庆教师进修学院地理教师
81岁

宋节文不同意照像，这是地放在冰箱上的地丈夫的遗像和地献的鲜花

1946年我从四川大学地理系毕业，毕业后一直教书。

1957年，我在重庆教师进修学院。鸣放时，上面再三动员给领导提意见，我拗不过，提了两条：一，希望分管文教卫生的副市长邓垦（邓小平的胞弟）不要用小轿车送孩子上学，本来也没几步路。二，请领导多关心职工。我说了一句："不要高高在上，下来吧，了解人间疾苦，不要在人们心里留下阴影。"后来，说我"放毒"，污蔑共产党，说党在人们心中留下阴影。我急忙申辩："我的原话还有'不要'两个字。"但没有用，给我定性为反革命言论。好在我出身好，解放前是贫苦孤儿，又加入过地下党的外围组织，参加过反对国民党的学生运动，因此，一直没有给我戴右派帽子，只是说我中间偏右。

运动中还强迫我揭发另一位教师宋兰馨反党，领导说，这是向党组织靠拢的实际表现。我说我不能无中生有，不能为了入党出卖良心。为这事又挨了一通斗。

1957年那一幕让我觉得很丑恶，我决心不问天下事，埋头去读书。我打定主意报考研究生，一头扎进书堆里，亡命复习，志在必得。哎，领导说我走白专道路，把我抓来关在教室里，整整关了两个多月，彻底断了我的考研之路。

1959年5月，学校突然通知我到法院受审。原来，学校已将我告到法院，说我隐瞒反革命历史。我站在法院被告席上，听见法官指控我1938年参加了国民党外围组织"反共铁血团"。我第一次听说这个名字，摸不着头脑。

我有些恍恍惚惚了，心想，这是不是梦？我怎么会站在被告席上，这肯定不是真的，一定是梦！但梦怎么老不醒，我用手指掐我的手膀，觉得痛。

法官逼我交待，我争辩说：我从来没听说过什么"反共铁血团"。法官气汹汹喝道："这正是你最狡猾的地方。"我解释说：1938年我才17岁，刚刚读高一。只在班上加入过三青团，当时是抗日期间，抗日活动我都参加，三青团也抗日，里面有许多积极抗日的热血青年。

法官宣称他们掌握了人证物证，不管三七二十一，硬性定案，判我"管制三年"。

我不懂什么叫"管制"，我是个书生，一直和教室书桌为伍，不懂法，也不懂社会，以为"管制"是一个什么纪律处分，不晓得那就是判刑。判我时，没人帮我说话，进修学院凡是有良心的领导都被右运动扫荡干净了。我一个弱女子，没办法，只得卷起铺盖卷去缙云山劳改农场接受"管制"。

劳改也要填表，有人认为"反共铁血团"属于国民党军统，于是我就承认是军统，另外的人认为属于"中统"，我就只好填"中统"。解放前国民党说我是共产党，要抓，我跑脱了；解放后共产党说我是国民党，也要抓。

我丈夫齐东野是进修学院的总务主任，他先在北京清华大学，后在山东青岛大学读书，毕业后教了多年英语。他受我影响，被迫辞职，前往市六中教书。他叫我安心去接受"管制"，两个孩子由他带。他一点没埋怨我，他坚信我是无辜的。

我在缙云山"管制"了四年，为啥多一年我也不晓得。释放后，我被发配到北碚文兴场。派出所的所长看我档案，一头雾水，他问："你到底是'军统'还是'中统'？"我说："我也不晓得，我是个傻乎乎的饭桶。"他说："我看你也是，17岁的中学生了，加入特务组织，军统、中统都分不清。"

我怎么分得清？！"反共铁血团"是个啥，我一辈子都不晓得！

我被释放时，丈夫已经被贬到北碚文兴中学，原因是六中作了一个硬性规定：凡是家属有问题的教师一律不准在六中教书，他只好到乡镇中学。

我释放没几天，学校突然宣布我属于"压缩"人员，把我一脚踢了出来，我没钱，没工作，成了靠丈夫养活的家庭妇女。

我说几句我丈夫齐东野。老齐是安徽人，高中加入中共地下党，曾经担任安徽桐城县共青团书记。他在一次转移武器弹药中子弹爆炸暴露了身份，被迫逃亡。他隐姓埋名，躲过了国民党的通缉，最后在北京和山东完成了学业。抗战期间他流亡到四川成都，迫于生计，到国民党空军通讯学院当教员，教英语。我是通过我的一位老师认识他的，他帮我补习英语。他爱上了我，我也爱上了他，我觉得他有才学，人正直，而且还长得很帅。抗战胜利那一年，我们结了婚，婚后，我俩感情一直很好。解放后我把他拖得惨，他从没怪我。

抗战期间那段历史，老齐对党组织交待得清清楚楚，解放后一次次政治运动，他都安然无恙。"文革"一来，有人找出他在通讯学院教书那段历史，认定他是叛徒，是国民党特务。天！无休无止的斗呀打呀抄呀！红卫兵进我们家就像进茶馆，随便得很，东西也是随便拿，看上什么拿什么。我家所有的钱和值钱的东西全被抄走，连厨房的菜刀、房里的灯泡都不剩。他们骂："你们一家坏蛋只配呆在黑暗中，还想要光明？还想拿菜刀造反？"

我们全家在黑暗中过了几个月，做饭用水果刀切菜。

老齐是个硬汉子，不管怎么斗，坚决不认罪。那个年代，老师和学生都疯狂。学生打老师，老师也互相斗。有一位姓杨的老师常来找老齐补习英语，文革一来，他首先出来揭发，说老齐对毛主席像不尊敬，煽动红卫兵用石头把老齐打得鲜血长流。还有一位教地理的衰老师，是老齐的朋友，他家经济困难，时不时找老齐借点钱，文革中，斗老齐最狠的人就是他，你说怎么回事？

有一天老齐回来情绪非常激动。那天，学生逼他去打其他"牛鬼蛇神"的耳光，逼他的人是他亲自教的学生！老齐坚决拒绝。学生便逼一位体育教师逐一打他们的耳光，然后又令他们每人打体育教师两耳光。学生们在一旁欣赏噼噼啪啪的耳光声，开怀大笑。老齐回来后气得在屋里乱转，连连说："这是为啥？！这是为啥？！"

1967年10月16日是我一生中最难忘的日子。那天半夜，一群人风风火火闯进来，把老齐从床上抓走，我追出去，看见来人都提着枪。我浑身一震，大叫："齐东野没有犯死罪！齐东野没有犯死罪哟……"我话没说完，两只枪把我逼回屋里。我从窗口望出去，看见外面操场上人来人往，一片杀气。我急得在房间里来来回回乱走，像陷阱里的野兽。我全身绷得紧紧的，心乱跳，生怕听到枪声，每一秒钟都可能传来枪声！那是我丈夫啊！我完全束手无策，我一个劳改释放犯，一个弱女子，不晓得怎么才能救他。老齐被打成叛徒后，朋友们都不往来了，不落井下石就算好的了。在那个夜晚，我刻骨铭心地体会到什么叫绝望，什么叫走投无路。最无助的时刻，我突然觉得，只有求冥冥之中的神灵了，只有上帝能保佑我了。我"咚"的一声跪倒在地板上，一瞬间变成了个信仰神的信徒。你看我冰箱上供得有一个神像，我就是从那一晚上变成一个有神论者的。

世界上为什么会有宗教？那是人在最无助最孤苦最凄凉时的唯一依托。这个道理，我也是在那天晚上明白的。

那一夜我不停祈祷，没有听见枪声。

下半夜，门外有响动，我打开门，见地上爬着一个黑乎乎的东西，没有电灯泡，我看不清，以为是条狗。突然，"狗"朝我扬起手，"节文，拉我一把。"我吃了一惊："你怎么了？""摔了一跤。"他镇定地说。我慌忙把他拖到床上，问他伤在哪儿，是不是腿被打断了。他一声不吭。老齐这个人很倔，他在红卫兵面前一直坚守知识分子骨气，在我面前也一直保持男子汉大丈夫的形象。他下不了床，痛得浑身是汗，绝不哼一声。我们俩都是"坏人"、"反革命"，不敢去任何医院，没有任何人表示同情，没人愿意来抬老齐。其实，去医院也没用，那时，哪个医生敢给一个反革命分子治病？最后只有一个私人医生来看了一下，发现是股骨打脱白了。但他没有接骨技术，也没药，所以，老齐直到死，股骨都没有接上。

接下来的几个月是最悲惨的日子。家被抄一贫如洗。本来我手中还有一个存折，上面有300元钱。那是在抄家时，老齐的一个学生悄悄摔还给我们的，我一辈子都记得。我不敢去取，怕被发现后说我隐瞒财产，又要挨打。

没有药，没有营养，老齐身体垮得很快。我把抄家后剩下的所有书籍全部卖给废品站。

说起这些书，又是一把伤心事，我和丈夫都是嗜书如命的人，文革前搬家，共8个箱子，其中6个都是装的书。老齐的外语书很贵，有些很精美，红卫兵看见好的就拿，或者把一些漂亮插图撕下来带走。老齐为此气得长吁短叹。现在，剩下的全当废纸卖。

书卖了几十元钱，我给老齐买点鸡蛋，他舍不得吃，一个鸡蛋分成两半，一顿吃一半。

还有，我们房子很小，灶和水缸等都在门外，有些人欺侮我们是"牛鬼蛇神"，晓得我们不敢吭声，经常在我煮的饭中撒沙子，撒虫子，往水缸里撒尿，恶作剧。

一天，北碚军管会来通知，要老齐到北碚交待"国民党特务"问题。老齐站不起——那天晚上回来后他就再也下不了床。但他坚持要去，他说要到那儿去说清问题。没有人愿意抬他，他只好趴在儿子身上，一步步往外挪。儿子只有14岁，体弱，十分吃力，老齐不忍心，尽量支撑，在离公路只有几米的地方，他倒在地上，再也起不来……

军管会的解放军马上通知学校，学校叫了几个"牛鬼神蛇"把老齐的尸体抬回来。就是这个时候，最令我发疯的一幕发生了。

学校一些人不准尸体放在家里，他们说："不准放家里，你们搬走了，哪个敢住停过死人的房子。"按规定，老齐死后我们一家人再没有权利住学校的房子。

我只好提出将他停放在操场上的台子上，又不准。那几个抬尸的"牛鬼蛇神"不耐烦了，将老齐的尸体往操场上的沙坑里一抛便撒手离去。

我不知如何是好，赶紧跑去找人。这时，一群十多岁的娃儿跑来，一边大叫："国民党特务"、"国民党特务"，一边将粪便和石块往老齐身上扔。有一个娃儿掏出一把小刀，割老齐的耳朵。有位认识我的当地农民看不下去，跑来叫我："宋师母，宋师母，他们在割齐老师的耳朵。"

我一听，"轰"的一声，头炸了。我从家里抓一根竹棍，朝那群学生娃冲去。我一边挥杆乱打，一边声嘶力竭地大叫："我和你们拼了！拼了！我拿我的命换你们的命。我的命不值钱，来！来！我们来拼命！"

那时，我觉得一切都无所谓了。

那群学生娃退了，远远朝我掷石头。

（宋节文眼中闪烁泪光，但泪水没有流下来）

我丈夫生前仪表堂堂，真的一表人才，一表人才呐。

还没完！学校转眼间贴出的一幅大标语："叛徒、国民党特务齐东野畏罪自杀！"

"畏罪自杀"又是一个罪，要罪加一等。

我赶紧找到老齐断气时在场的解放军，求他们证明老齐不是自杀。那几个解放军还不错，马上就派医生来做尸检。尸检的结果，发现老齐身上共有32处伤痕！那条断腿可以旋转360度！

老齐去世后，我断绝了唯一的经济来源，学校赶我走。那时，正遇到国家安排知识青年上山下乡。我快50岁了，也安排下乡。我和儿子一起下到与陕西交界的南江县，大巴山深处一个荒凉闭塞的山村。

老齐去世前头一天曾经对我说："如果我不在了，组织上肯定会关照你，估计每月至少会给你40元，节约一点，也拖得走。我们的事一定会水落石出。"

他说这话，大概感到自己不行了，他认为学校会给我生活费，共产党不会不管。

在大巴山我呆了整整10年，老齐预言的40元钱一点影子都没有，我穷得一塌糊涂。有一年，我六个多月没沾过一滴油，心中发慌，平白无故流口水。我去找大队赤脚医生，他断定我肚子里有蛔虫，给我一剂打虫药，结果蛔虫没打下来一条，把我打倒在床上睡了三天三夜，差点把命除脱。

在大山里，我也属于被管制分子，不准"乱说乱动"。我成天不说一句话，没有人知道我有文化，没人知道我是大学毕业生。

那一带山区文化教育非常落后，教师乱教，学生乱读。"惭愧"读作"见鬼"、"谆谆教导"读作"哼哼教导"，我不敢吭声。

由于教师奇缺，大队小学校长非要我儿子去教书。我儿子骇得跑，他初中是混出来的，哪里敢上讲台。我对他说，怕啥，我在背后教你，这样我儿子才答应了。一个多月下来，儿子教得很好。校长高兴得很，儿子告诉他，这全靠我妈，这一下暴露了我有文化，校长缠上我，非要我出来教书。我不敢，怕挨斗。校长反复说，不得整你。我还是害怕，最后我要求，要我教书必须全队贫下中农表态同意，保证不揪斗我。

校长果然把贫下中农找来，他们一致表示同意，这样，我又登上了讲台。

我当时好高兴好幸福，我这个人最喜欢教书，下辈子我还愿意教书。

大巴山的农民朴实，红白喜事都请我这个老师，还要我坐上席。我不敢，农民说，怕啥

311

子，我们不懂啥子"分子"，只晓得天地君亲师，你该坐上席，坐!

我把全部精力都倾注在教学上，我所教的小学从公社最后一名一举跃为除公社小学外成绩最好的。人们这才晓得我是大学生毕业生，而且是全公社唯一的大学生，全县唯一的地理本科生。

我一直教到1980年。

一天，负责管制我的特派员从公社给我带来一卷报纸。他叫我看，如果有话要说可以到公社去找他。

读了报纸，我才知道外面已经发生了大变化，在搞平反冤假错案!

我本来已经认命了，打定主意老死山里。儿子劝我去问一问。

第二天，我走了几十里山路赶到公社，我对特派员详细讲了我当年被判管制三年的原因，然后请教他："你看我这种情况可不可以回去申诉，如果你觉得可以，我就去，不可以，我就回生产队，绝不翻案。"

他认为可以，于是，我十年来第一次回城，找有关部门上访。

（注："找有关部门上访"又是一个长长的、曲折而心酸的故事，宋老师又讲了近一个小时。这段经历简单地说就是：当初三言两语把一个人打入地狱的法庭和官员们，不肯为她平反，他们以未明确将宋划为右派为名，认定她不在平反改正之列。宋老师上上下下奔波、申诉了整整两年，一家人的冤案才得到平反。

这时，宋老师已经62岁，重返讲台是下一辈子的事了。）

（采访时间：2001年4月28日，地点：重庆市渝中区）

采访后记

宋节文不是"长寿湖分子"，而是"长寿湖分子"刘淑明的好朋友。

刘给我推荐了她的两个苦难朋友：宋节文、宋兰馨。后者身体已经很差，表示不愿提过去的伤心事，因此拒绝采访。

开门的是一位满面皱纹的老妇人，81岁的高龄使她身子收缩成10来岁儿童的高度。她背微驼，衣服陈旧灰暗，但那目光和表情十分活泼生动，举手投足也麻利，尤其是她的声音，非常清晰，非常流畅，我惊奇不已。

她的家是我所采访的"分子"中除白永康外最小最差最穷的。几平方米的一个小客厅既不通风，又不透光，白天也得点灯，空气沉闷，十分压抑。唯一的一间卧室隔成两半，外面住她孙儿，里面（又是不通风，不透光）归她住。

宋老师最神圣的两件东西只能放在一个破旧的冰箱上，一是她丈夫的遗像，二是一个瓷做的菩萨。遗像后面插着一支艳丽黄花，那是这狭窄而灰暗客厅里唯一的鲜活亮色。

"我一直坚持每天给我丈夫送一朵鲜花。"宋老师一边说一边深情地望着冰箱上的像。

照片上，她丈夫齐东野仪表堂堂，儒雅而又帅气。

她讲起往事，语言清晰而流畅。我有些喘不过气，全身僵硬一动不动，然而宋婆婆却能以一种超然而轻松的语气来讲叙，有时甚至还发出幽默的笑声。除了讲到丈夫去世时她声调激昂泪光闪烁之外，她仿佛是在讲一个别人的故事。

是苦难太多太重太久以至不觉得太痛，还是她早已皈依佛主，获得了一种超越苦难的力量和心境。

她告诉我，她很喜欢说话，但从大巴山回来后好长一段时间，她都不会说话，也害怕说话了。现在她又能滔滔不绝地说，也不怕说，但是却没有人听了。她还说，她最喜欢教书，这辈子被耽误了，下辈子她还当教师。

她说这些话时，神情坦然，毫无惆怅、失落之感。我想起前两天采访重庆日报的詹光和四川外语学院的姚谷时，他们露出的那种感叹和感伤。

我被这位81岁的老妇深深吸引。

还能再找到这种女性吗？她们拥有才华而不自傲，她们遭受苦难而不沉沦，她们一生贫穷而不抱怨，她们面对诱惑而不动摇，她们惨遭迫害而不忘奉献……

善良、温柔、勤俭、质朴、爱心、奉献这些中华民族传统女性的美德将会随着宋婆婆一同衰老，走向死亡？

告别前，我提出想看看她过去的老照片。她说，老照片在"文革"时都被毁了，只剩下一两张。

一张是她在四川大学读书时照的。她站在锦江边，亭亭玉立，丰满而漂亮，整个人散发出强烈的青春气息和书卷味。她向河的上方望去，目光和神情清纯而恬静，仿佛带着少女对未来玫瑰般的梦幻。

她知道前面等待着她的是什么？

我目光从照片上的青春少女转向身边的衰弱老妇，与这两者相连的，是刚才听的那一段历史。

宋老师送我出门，我低头望着这位缩小为10来岁儿童般高的老妇，心中充满了敬意和爱意。她在我眼中蓦地变得高大，变得丰满而美丽。

宋老师说过，下辈子她还教书。

下辈子？如果有下辈子的话，我一定会爱上 ——一个像宋老师一样的女人。

（2001年5月1日）

补记：

2003年9月21日，我去参加长寿湖幸存右派一年一度的聚会，遇见刘淑明，她告诉我，宋节文因肺病于2002年7月去世，刘说，宋老师长期住在那间昏暗沉闷不透气的房间里，健康受到很大影响。

我永远失去了再一次去看望这位可敬老人、这位伟大女性的机会。她在我被关押的日子里走了，一去不复返。

2002年春节，我打电话给她拜年，她的声音依然那样的清脆、那样悦耳、那样充满了活力，她热情地邀我去她家，并答应把她丈夫和她毕业的那张照片借给我。谁想到，仅仅几个月，她就走了。

她心爱的丈夫齐东野会在另一个世界里迎候她吗？她捧一束花，沐浴在圣洁的光辉里，金风四起，圣歌低回……

（2003年9月25日）

吃饱饭比什么都重要 —— 刘 晶

—— 1957年重庆市42中语文教师

1923年生

1979年我从监狱里出来，就打定主意不提过去的事。

我这一辈子够麻烦的了，家破人亡。我很少跟人来往，长寿湖那些人聚会，每次约我，我都不去。当年那些右派，天天汇报，你整我，我整你，右派也不是一个单纯的群体，你要多加小心。你搞这事，可能给我惹麻烦，也给你和你家人惹麻烦。还有一年多我就满80，人老了，感到悲哀，什么都完了，无能为力。出狱后我新建了个家，我要替她们着想。我一辈子过点安宁日子，尤其是还能吃饱饭的日子不容易。不怕你笑，我这辈子是饿怕了，直到现在我都觉得吃是最重要的，比爱情、自由都重要。

我在上海读的中学，1949年我在重庆大学法律系读最后一年。解放后，由于我家同张澜的关系深厚（张澜时任"新中国"第一届中央政府副主席），他为我担保，证明我政治上没问题，这样我进入了北京新闻学院学习，在那儿学了点马列主义，换换脑子。毕业后我分回重庆，先在川东报任编辑，一年多后同另一个编辑颜白岩一起调入新华日报。

别人很羡慕我们，说我们俩是幸运儿，前途远大。其实，我正是在那儿尝到了共产党等级制和阶级偏见的厉害。新华日报是共产党的一个缩影。我们两个"幸运儿"后来都成了右派。

在新华日报社，只要是延安来的、老区来的，不管会不会写作，都高人一等。出身好的，受重用，出身不好的，受歧视、受排挤。还有，小学文化比中学文化受重用、中学文化比大学文化受重用、解放后毕业的知识分子比解放前毕业的知识分子受重用，最底层的是那些历史上有"问题"的"留用人员"。之所以留用，是因为这些人很有才学，一时离不开。

我出身不好，全靠张澜的政治担保。我不是党员，日子不好过，出去采访，人家材料都不给你看。"留用人员"比我还难过，又要用他们，又要打压他们。

我很想当记者外出采访，我向领导提出，领导冲我一瞪眼："你想要的事情就是不满足你，哪一天你非常热爱编辑工作，不想当记者了，我就调你去采访。"你看看，偏偏跟你反起来。

在我这个等级上，不仅工作上不受领导重用，生活小事上也受影响。例如，聚会时领导发烟，就不发给我和那些"留用人员"。我觉得很压抑。

有一天，单位一个叫卢XX的女职工在办公室哭，我问她哭啥子，她说，人事处通知她，叫她过两天到北京外交学院学外语。她不想去，她只有小学三年级文化，字母都认不得，肯定学不走。还有，她孩子小，不想远走，但领导非要她去，说要培养自己的可靠人才。

我真的绝望了。报社那么多外语人才，只因为是旧社会来的知识分子，就认为不可靠，打发去干杂活，清理资料、发放报纸。这样的报社还有啥意思？

一气之下我决定出家当和尚！

我先跑到市中区的罗汉寺打听出家的规则，然后选择了峨眉山，最后正式向领导提出。

我也太天真了，领导既然可以不要我当记者，当然也可以不准我当和尚。

我去意已决。1955年，我调到四十二中当了语文教师，我以为当教师单纯些。

哪晓得学校照样讲出身、讲等级！

教师中排在最底层的，仍然是那些有点历史问题的人，那些啥子历史问题嘛，现在看来好笑。但那时他们话都不敢多说。

有一件事对我刺激很大。我是一个毕业班的班主任，毕业前，校长专门来对我说，哪些学生考得起，哪些学生肯定不行。我很奇怪，校长说考得起的学生中有的成绩很差，其中一个已连留了两级，而校长说肯定不行的学生中有两个是班上最优秀的，成绩好，又是学生会副主席。校长说，这不取决于成绩，那两个学生的家庭有历史问题。

我不信。

后来的结果完全如校长所言！那两个落榜的优秀生跑来找我，当着我的面放声痛哭。一边哭，一边说："刘老师，刘老师，这是为什么？！"

作为一个教师，看到自己所教的优秀学生遭遇这种不公正，心里又气愤又难受。我忘不了那两个学生哭红了的眼睛。从那一刻起，我就变了，这个革命我受不了，这个新社会我理解不了。出身不好，没前途，学生老师都一样。

从此，我也同那些出身不好的教师一样 ——变得沉默寡言。

1957年我并没有鸣放，是一个意外断送了我。

那一天我上了三节课，下课后在食堂打了一份姜爆鸭子，准备找个地方享用。正巧，校长瞿XX在一旁吃饭，他招呼我："刘老师，来，来，来，一起吃。"平时我同他没多少话说。瞿校长虽然还不到30岁，但很有政治资本，其中最显耀的是他曾经在北京见过毛主席，这使他在学校很有些飞扬拔扈。

我坐到他身边，他问我："刘老师，这段时间读报没有？"

"读呀，再忙我都坚持读报。"

"那你读到西师董时光的那篇文章没有？"

"读过。"

"你觉得怎样？"

"写得不错。"

"具体一点。"

"董时光是抱着满腔爱国热情从美国回来的，那边物质生活好得多，他之所以回来，就是要报效祖国。他回来后觉得发挥不出来，课都不让他开，支部书记对他爱理不理，他有些牢骚，很正常。"

"还有没有？"瞿校长追问。

"哦，对了，文章写得漂亮，文采飞扬，连标点符号都用得十分准确。"

我哪晓得董时光刚刚被打成右派！但瞿校长晓得！

第二天，批判我的大字报就出来了，接下来我就成右派了。

党组织一旦把某人宣布为坏人，他的一切都完了。还没有停我的课，学校就规定，我上课学生不起立，不准叫我老师，有问题直接叫"刘晶"。课间十分钟休息，还要求学生唱首歌"右派是个大坏蛋"，你说叫我哪个上课？还有，同事们像避瘟神一样避我。有一个晚上我睡不着，看见我朋友张伯良的窗户还亮着灯，便推门进去。张伯良两弟兄都在学校，教美术的，他哥俩以前是故宫博物馆专家，因为有点啥历史问题被贬到四十二中。张老师一看是我，脸都白了，连连说："刘晶，你不要来好不好，做点好事。我给你作两个揖，你赶快出去，你要啥子我都给你。"

他怕得很，也难怪他，我们的一举一动都有人向党组织汇报，积极分子多，党的耳目多。但他们哥俩还是没躲过，双双被打成"反革命"，驱逐出学校，死在哪儿我就不晓得了。

后来我干脆不在学校食堂吃饭，自个去外面的小食店。在家里也难过，老婆埋怨我，说我给全家带来灾难。女儿进幼儿园，人家一听是刘晶的女儿就不收，只得把她的姓改了，直到现在她都不姓刘。我妻子是国民党政治大学新闻系毕业的，我同她结婚就是偏不相信那个"阶级斗争"。我们1956年结婚，1959年离婚，唯一的女儿跟她走了，至今没有往来。

有一天上面突然把我们右派分子集中，弄到郊外白市驿去劳动，几天后回来才明白，毛主席来了重庆，为了保障纯净，右派不准呆在市内。还有一次到南开中学集中学习，市委宣传部长张文澄劈头给我一顿臭骂，骂我忘恩负义，党送我去学习，我竟然认贼（右派董时光）作父。嘿嘿，仅仅几天，张文澄自己就当了右派。共产党真的笑人得很，像演戏一样。

最使我难过的是我的一个学生因我而失去自由。其实那个学生同我并没有任何特殊关系，我连他的名字都想不起。他说了一句"刘老师没啥错，只不过乱说了几句。"就为这话，他被开除送去劳教。当时他才14岁，14岁呀！

（整个采访中，刘晶只有此时眼中依稀闪出泪光）

去长寿湖之前，我的手表等物品已经在南桐变卖换吃的，说是转到长寿湖吃得饱饭，屁！照样饿得要死，还多了一个"汇报"，汇报不多说，讲几个挨饿的经历。1961年，重庆市委的几个领导来长寿湖了解右派的改造情况，场部备了一桌酒席款待。市领导酒足饭饱后到隔壁房间休息，桌上还有些残汤剩水。我们一群右派分子，早就守候在门外，市领导刚离席，轰的一声，我们一窝蜂扑上去，叮叮当当呼呼噜噜，桌上桌下都在抢。有的抢了一个馒头，塞在嘴里哽得满面通红，有的捧起一碗残汤咕噜咕噜喝得两眼翻白，还有的一只手抓一把剩菜往口中塞，另一只抓一根骨头往怀里揣……

我体弱，好不容易抢到一根骨头，不晓得是哪个，混乱中又把骨头抢走了。那个场面，就像电视上的《动物世界》。

声音惊动了市领导，他们走出来，很不理解地说："你们都是知识分子呀，XXX，你以前还是个副部长，怎么到了这种地步？"

他们要检查"改造效果"，这就是"改造效果"。说什么屁话：劳动改造重新做人。劳动改造整死人！

1960年中秋节前两天，我们收工回来路过一个生产队的队长家。不一会，队长跑来找到指导员江渭滨（江渭滨下放前任重庆某中学总务主任），说他打的糍粑少了一块，一定是右派偷了。

江指导当即将全部右派集中，在地坝上站成一排。

"是哪个偷的，站出来！"江指导喝问。

右派们都不承认。

"好！不说今天不准吃饭，全体站在地坝晒太阳！"

右派们沉不住气了，七嘴八舌地说："是哪个偷的，坦白嘛，不要害得大家吃不成饭。""好汉做事好汉当，站出来嘛！"

磨了一阵，顾祖镖走了出来，顾是重庆20中的教师右派。

"糍粑呢？"江渭滨问。

"吃了。"

顾祖镖挨了顿打，不过打得不狠，要命的是不准他吃饭。

第二天早上，顾祖镖躺在床上不起来，我问他："你今天不出工？"

"我没得力。"他说。

"你请假没得？"我问。

"没有。麻烦你帮我把我的糖从床头上那个包里取出来。"

"你各人取。"

"帮一下嘛，我没得力。"

我帮他取出糖，一粒一粒的数到他手头。"看好，一共四颗，当面点清，免得少了怪我。"

中午，我收工回来，他还躺在床上，我走上去摇他："你睡一上午，也该起来了。"

没有反应，我又摇。

还是不应，我定睛一看，发现他的身子都冰冷了！

顾死后还开了一个"缺席审判大会"。"缺席"，是本人已死；"审判"，是还要受批判。

我们聚集在地坝批判顾祖镖，一个接一个发言：

"右派分子顾祖镖是想以死来向共产党示威，想证明共产党不好，饿死人，其用心何其险恶！"

"顾祖镖是有意同共产党作对。毛主席认为每人每月15斤粮够吃了，顾祖镖一个人偏偏不够。他不仅偷糍粑，更为恶劣的是，他还以死来给共产党抹黑。"

"顾祖镖以死抗拒改造，死了，我们也要批判他，不能让他险恶用心得逞……"

（1961年的中秋月亮，照见地球上这种奇怪动物。）

你采访（19）57年的右派要多加小心呐，右派中也有很危险的人，说不定哪天你就被汇报了，给你和你家人带来不幸。告诉你吧，我进了监狱反而轻松一些，主要是精神上轻松，在长寿湖成天如履薄冰，到处都是汇报，右派整右派，动辄得咎。

说到动辄得咎，我给你讲一个"笑话"。有个右派，饿慌了，把卫生员发给他抹手的油膏吃了。卫生员把这事汇报给江指导员，我碰巧在一旁听见了，忍不住咧了咧嘴，他们说我是在笑，这下又闯祸，给我定个罪：刘晶胆敢嘲笑共产党，嘲笑共产党没让人吃饱饭。斗我一通倒没关系，最他妈混帐的是罚我每顿吃饭前站在凳子上唱首歌——"社会主义好"。

我每顿打了饭，胃里伸出爪爪，还得先唱"社会主义好"、"共产党好"。我一边唱，一边在心里骂："好他妈个鬼！"

我被判为现行反革命，也是因为饿。

那是1962年。我有个好朋友叫邓祜曾，他是重庆四女中的教师右派。有一天，他找到我："刘晶，你不是在上海读过书吗？"

"是呀，怎样？"

"海边是不是停得有很多船？"

"那当然。"

"是不是还有外国船？"

"有哇，怎样？想去找你妈？"邓祜曾是个混血儿，他妈是比利时人。

"是呀，看样子活不出来，逃出去吃口饱饭。"

"不可能，"我说。"别的不说，人还没走到上海，路上就把你饿死了！"

我们就这么闲聊了一下，没外人，哪晓得邓祜曾在悄悄记日记！他也不看看那是啥环境。他把这事记在日记上，上厕所时，日记本掉出来，他没发现，不晓得哪个捡到本子，交给了监管人员。

我突然被抓去审问。

"刘晶，你胆子大呀，老实交待！"

我完全不晓得怎么回事。

"你不争取主动，要罪加一等！"

我根本没想到邓记了日记。

"刘晶！你企图投敌叛国！"

"没有哇，我哪里敢。"

"没有？！你同邓祜曾密谋的，他已经交待了。"

他们用同样的方式审邓祜曾，说我已经交待了，我们俩都没想到是日记本惹的祸。

这下跑不脱，我们两个双双成了现行反革命，罪名是"企图投敌叛国"。

我是重庆大学法律系毕业的，从来没学过可以因"企图"而判人徒刑。当然，我是国民党时代读的大学，共产党可以不管那一套。我的体会是，国民党还要顾一下脸面，讲点规矩，共产党连遮羞布都不要。

我们1962年被捕入狱，我被押到大凉山修铁路，后来在盐源县大山里的一个劳改农场。那十多年的故事就长了，又是一道风景，你看，我的脚就是在那里面致残的。我能出狱全仗邓祜曾的母亲，那位比利时老太太天天跑到中国大使馆去闹，要共产党还她儿子。大使馆说："你说你儿子在哪点？"老太太答不出来，只晓得以前在四川。后来这事传到四川省委书记赵紫阳那里，赵紫阳过问了我们的案子，说了一句：没问题，放人。

我1979年被放出来，出来前，法院找我谈话，我那时已经万念俱灰，早已不把自己的命当命。在监狱和劳改农场（盐源农牧农场），死人的事见得多，今天还在同你说话，明天拖出去就枪毙了。每次杀人，都要把我们全体弄去看，叫"接受教育"。被杀的人也坦然得很，说："我们死了有个好棺材——狼的肚皮！"山上狼多，枪毙了的人草草埋点土，都被狼掏出来吃了。这些事见多了，生死就无所谓。所以我敢指着法官的鼻子说："还要到哪儿去找剑子手，你们！你们这些法官就是剑子手！"

（采访时间：2001年5月15日、2003年11月17日，地点：重庆市第35中学）

采访后记

经过长寿湖右派黎民苏的一番忙碌，打听到了刘晶的电话，又经过他的一番"动员"，刘晶勉强同意我去采访。

进35中校门，穿过操场，往后面的家属院走。

前面立着一位瘦骨嶙峋的老人，背对着我。

我走上前去。

"请问，刘晶老师家……"

老人浑身一震，倏地转身，满面惊恐瞪着我。

我吓了一跳。

半晌，他才说："我是刘晶。"

刘晶的家在底楼，进门就感到阴湿和压抑。他带我到卧室，他盘坐在床上，那只在监狱里扭残的脚直冲着我。

他劈头就说，我来搞这事可能要给他惹麻烦，他过点能吃饱饭的日子不容易，所以他不愿意多说，甚至不愿同长寿湖的难友往来。

然而，慢慢谈开，刘晶情绪变得激动，时不时有些压抑不住。可是，一见我拿笔记录，他马上有些吞吞吐吐，甚至戛然而止，眼睛里又满是那种担忧和戒备。我感觉到，还有很多东西很多感想他没有说。

中午12点，刘晶送我出门，初夏的阳光暖洋洋地照在身上。刘晶看了一眼我的采访包，又看着我，那双眼睛郁郁阴阴。

后悔？担忧？

"你一定要小心哪，共产党……"

我逃也似地挤上公共汽车，在热气腾腾的挤压中感到夜的寒凉。

（后来，我被抓后在看守所里老想起刘晶，想起他的提醒、想起他那双郁郁阴阴的眼睛。出狱后我又去看望了他，这次，我专门倾听了他在狱中的经历。）

（据说，毛主席在三年饥荒时期，听说人民挨饿非常伤心，于是，他老人家不吃肉了，这一动人事迹广为传颂，那么毛主席到底吃什么呢？这里转贴一段报纸文章）：

毛泽东一生喜欢吃中国菜，尤其以爱吃红烧肉名闻遐迩。只是到了60年代才对西餐发生了一点兴趣。毛泽东吃西菜，特别喜欢吃鱼虾。汪东兴担任顾问的《毛泽东遗物事典》收了一份1961年4月厨师为毛泽东制订的西餐菜谱，其中各式风味的鱼虾共有十七种，这里不妨抄录一下：

蒸鱼卜丁、铁扒桂鱼、煎（炸）桂鱼、软炸桂鱼、烤鱼青、莫斯科红烤鱼、吉士百烤鱼、烤青菜鱼、菠兰煮鱼、铁扒大虾、烤虾圭、虾面盒、炸大虾、咖喱大虾、罐焖大虾、软炸大虾、生菜大虾。

摘自2000年5月24日《中华读书报》，作者：顾钧

这是劫难，没办法——李铮

——1958年重庆三中物理教师

什么叫"在劫难逃"？

我这辈子的经历就叫在劫难逃。

我师范毕业后，进了国民党的教育局，还加入了国民党。解放后被整，不奇怪，不遭整，才是怪事。

1950年，我到学校去教书，在复旦中学担任理化科的教研组长，教高三物理，后调到市三中。刚解放时，我比较单纯，看到街上换旧币，秩序井然，而且很快就换完了。我认为这个新政府是个廉洁高效的政府。我一五一十向共产党交待了在教育局那段历史，共产党经过审查，作了结论：李铮1949年前是国民党一般党员，没什么问题，不予追究。

后来开展肃反，反胡风，反右，我觉得不对劲，自己是有点"疤子"的人，可能要挨整。我夹紧尾巴小心翼翼做人，不多说半句。1957年我平平安安过了，1958年眼看要过完。12月底的一个星期天，我正在家准备教改，突然来了一个人，把我叫出门，说："由于你是旧社会来的知识分子，思想没改造好，要继续改造，组织决定你下放农村劳动改造，今天下午就走。"我说"好嘛"，没有表示一点异议。他走后，我赶紧把三个孩子叫回来，叫他们呆在家里不要动，然后立马爬上歌乐山把妻子找回来。那时我妻子已经是右派，被送到歌乐山上劳动，三个孩子都是由我带。

说起妻子当右派，也是活天冤枉。我妻子是个美术教师，根本不懂政治，她学校离家比较远，家里三个小孩，最小的三岁，又没请保姆，每天往返很累。她看见学校校长家的保姆，日子过得比她还轻松，优哉游哉，就发了一声感叹，说自己还不如校长的保姆，为这句话她成了右派。

我把她叫回来后，把三个小孩推给她，还没来得及作安排，学校就催我上路。是一个军事教官把我押走的，当天我到了市中区凯旋路，在那儿集中，宣布我是反革命，但给了一个希望：改正好了让我回来。那天晚上，妻子带着三个小孩赶到凯旋路，我们最后见了一面。我的户口当天就下了，工资从90元减到50元，1962年又减到18元。

在南桐农村，最难受的是挨饿。我们分散住在农民家，农民本身很穷，我们每天只有5两毛谷子，做成米饭只有了3两多。劳动重，每天走四、五十里翻山越岭去背煤。路上饿得慌，看见挖小煤窑的农民煮饭，情不自禁围上去，向他们讨米汤喝，那样子跟叫花子差不多，说起都是知识分子，几个月前还在教室上课。最惨的是那些年龄大一些，身体弱一些的教师，这样恶劣的条件下他们无法生存。南桐死人相当多，我所熟悉并亲眼见到的就有20多个教师，例如，十二中教英语的冯书光（音）老师和一中的教导主任都是那时饿死的。

他们子女来痛哭的那个场景才叫惨，但是无可奈何，死的都是"阶级敌人"，也就是说，不是人。

我之所以活下来，全靠我还年轻。南桐死人的具体情况，你最好找当时的管教干部江渭滨了解，他最清楚。

（注：我曾向与江渭滨一个学校的汤儒君打听过，汤也不知江现在在哪儿。）

由于教师们在南桐死得太多，那个整教师不遗余力的重庆市教育局终于发文，让幸存的教师全体转到条件较好（吃25斤粮）的长寿湖。这样，才有了200多名教师进入长寿湖的大行动。

长寿湖的定量粮比南桐多一点，但是蔬菜粗粮不及南桐农村，所以，长寿湖也饿死不少人。长寿湖最可怕的是精神压力，在南桐，劳动就劳动，住在农民家，没人来天天训你斗你，可以吹牛闲聊，农民还喜欢听。长寿湖有一批下放干部来当队长，当管理人员，这些人自身也有点什么问题，只是没戴帽子。他们要表现积极、进步，就死劲整右派和我们这种分子。劳动量一层层加码，搞高定额，还押我们晚上打火把走十几里路去"夜战"，稍不小心就挨训，如："某某某，你给我站好，脑壳啄起！""晚上不准睡觉，要开会。""开会"是训话、批斗、揭发、你拱我、我拱你（互相斗）的代名词。每周要写思想汇报，要互相揭发，某人私下谈下了什么。话剧团右派金辉在摆龙门阵（闲聊）时说了几句有关苏联的话，被人汇报，管教干部李思强揪住不放，最后把金辉打成现行反革命，判3年徒刑。李思强后来也惨，文革时被造反派斗打，跳湖自杀。

1962年市教育局把我们召回去，我还以为会回校教书，因为下放时给了我一个希望：改造好了就能回去。没料到教育局把我们全部除名，有的被打发回农村老家，一无所有，例如教师进修学院的尹从华、四十二中的邬绪昌。我留在农场，工资从50元减到18元。市教育局很左，那个林局长很左，他整了不少人。1979年搞平反他仍然顶着不办，所以，教育系统有不少"分子"直到（19）82年、（19）83年才回到原单位，而且还全靠市委书记王谦鼎力相救。

文革时说我们是阶级敌人，没有权力过问文革的事，我们躲在岛上不出去，少了很多麻烦。那个时候我们去赶场，叫站倒不敢坐倒，造反派可以任意收拾我们，可以随便搜我们的身，看中我们身上的任何东西，一句话就得交给他，不给不行，要打你，抓起来斗。所以，我们这群"牛鬼蛇神"只好躲在岛子里。当时我们有个说法：在鬼的世界里还有一点人的味道，在鬼和人的世界里就毫无人味。

我们这批从旧社会来的知识分子，历史上有那么一点斑点，在新社会里根本不敢乱说乱动，胆子小得很，只想规规矩矩做个老百姓，过点平安日子。如果我们有新的犯罪，可以惩罚。但共产党抓住我们解放前那点问题，反反复复整，几十年整个不歇气，每次都是因为那么点问题。本来，1952年共产党审查后作了结论：没大的问题，不予追究。可是几十年都在追究！几十年整个不歇气！共产党说话不算话，说的、做的，两回事。这个党整人，古今中外历史上少有。还有，我的工资被克扣了二十多年，改正之后不补还，我生活困难，劳动报酬极低，本来就不合理，单位给点补助，还要千声万声说：感激党呀，给我关怀呀……

话说多了！知识分子就是这样，感觉不对头，就要说几句话。说几句话，并不就是要造反，要推翻政权。就算想造反，中国有句老话："秀才造反三年不成。"况且解放后中国知识分子哪里想造反，只不过说几句话嘛。政权、枪杆子都在你共产党手头，怕啥子嘛。我当年一句话没说，也挨整几十年，这是劫难，没办法，躲不脱的。

（采访时间：2001年5月22日，地点：重庆沙坪坝南开中学）

采访后记

李铮既认命，又想不通。

认命——谁叫他师范毕业后要进教育局，还加入国民党呢。（毛泽东也加入过国民党，任过国民党宣传部长，但那是毛泽东啊。）

想不通——经把心掏给共产党看了，为什么要反反复复整几十年？

李铮想不通是因为他脑子中还装有人类文明的游戏规则，并用这种文明规则去对待一个中国文明史上从未出现过的新事物。他如果认认真真读一下伟大领袖在《湖南农民运动考察报告》中对痞子流氓的革命礼赞，就想得通了。

真正的冤枉可能是1958年12月的那一个星期天。一个代表学校"组织"的人来说一句话，就判了一个公民、一个教师不是徒刑的徒刑。

还有一个精彩的手法：上午突然宣布，下午立马走人。

20世纪30年代，斯大林发动清除富农运动，手法一样精彩：一个人物（或几个人物）闯进"富农"家，说一句话，"富农"们立马上路。西伯利亚的冰雪狂风，替斯大林把猝不及防的"富农"们收拾得干干净净。

世界上很多东西可学，我们唯独挑选了斯大林和他的苏联社会主义。

不过，毛泽东与斯大林，本是具有相同"遗传基因"和"特殊材料"的伟大人物，既便没有斯大林这个老师，自称"我就是和尚打伞无发（法）无天"的毛泽东，也会发明出无数精彩。

"改造好了就可以回来。"毛泽东给了一个希望，这是他比斯大林仁慈的地方。只是，怎样才算改造得好，标准是什么，没人知道。

当然，现在知道了，它取决于大救星的"龙体"是否健在。

补记： 2007年1月15日，李铮因癌症被推上手术台。但是，他再也没有下来。

长寿湖部分右派重返劳改地团山堡（第三排右二是李铮）

沉默是金—— 黄伽佛

—— 1958年重庆市南开中学历史教师

我解放前是农工民主党的党员，在国民党的公安局干过。解放后因为我是民主党派，让我在共产党的公安局干了一年多。1951年我被清理出来，安排到南开教书，教历史。我原本是学师范的。

1952年开展向党交心的忠诚老实运动，全市中学教师集中在南开交待问题。我没有大问题，顺利过了关，共产党给我作了结论。我以为这辈子没事了，便安安心心教书。1958年清理阶级队伍，学校突然通知我下去劳动改造，说最多一年左右就回来。我信以为真。

重返南开，是20年之后，1978年，我已经是个退休老头子。

我是1917年出生的人，这一辈子风风雨雨起起伏伏生生死死，咋说才好？我的方式是什么都不说。这几十年，人与人之间不是反映正常的人性，到处是假话，上下左右互相欺骗，两夫妻床上的话都可以做告密的材料。假话我不想说，真话我不敢说，所以我只好什么都不说。

请原谅我就说这些。你大老远跑来，就在我这儿吃中饭，有鱼，只是不是长寿湖的鱼。

（采访时间：2001年5月22日，地点：重庆市沙坪坝区）

采访后记

黄老先生今年已84岁，但头脑清晰、口辞清楚，耳朵也好使，本是一次不费力的采访。但是，说了不到10分钟，他就表示无可奉告了，是我采访中最简短的。

在长寿湖当"历史反革命"的那些年，黄先生自觉遵守对"阶级敌人"的行为规定："只准老老实实，不准乱说乱动"。走到今日人生暮年，他是不是也一如既往地坚守这条准则？

这想必是教历史的黄老先生在读透历史之后的"历史性选择"——沉默是金。

补记： 黄伽佛先生于2009年11月29日去世，终年93岁。

我哪里敢说话？——李 太 璞

——1957年重庆一中数学教师
1926年生

我注定跑不脱。解放前我在重庆大学法律系读书时，参加过国民党的一个组织。

1950年我毕业，晓得共产党不会放过我，法律越早甩掉越好，颈子缩得越短越好。我拿定主意当个普通教员，安安分分教书过日子。有人劝我教语文，我认为语文容易扯到阶级斗争上去，少惹为妙。我到教师进修学院，进修数学，后来成了市一中的数学教师。

1952年搞忠诚老实运动，我把所有问题都作了交待，党组织经过审查，认为我没大问题，可以教书。我从此老老实实教书，不多说话。1957年我根本就没说话，我哪里敢说话？

1958年12月20日，这一天我忘不了。学校副校长刘西昆很随便地对我说："体力劳动对思想改造很有好处，组织决定你下放农村劳动，何时毕业根据你的表现。"就这么一句话，我失去了工作和一大半工资。

我们在凯旋路集中时，宣布我们是监督劳动，这意味着要把我们当坏人对待。第二天去南桐，我们中有一个叫刘淑明的女教师，带着四个孩子全家下放（她老公陈祚璜已经当右派下放了）。那四个孩子一路上很兴奋，齐声唱"社会主义好"，"社会主义好"，唱了一遍又一遍，一直唱到南桐。

在南桐，不少教师饿死，1960年1月，3天之内就倒下12个教师。重庆市教育局的领导怕死得太多影响不好，于是把我们转到了长寿湖。

长寿湖分几个等级。先锋岛住有问题的下放干部，属第一等级；同心岛住右派分子，属第二等级；团山堡住历史反革命等四类分子，属最低等级。最低等级待遇最差，劳动最重。监管干部实际上也分等级，派来管团山堡的，一定最不受重用。管我们的下放干部陈锡元，来之前是同心岛的管理干部，后来他受排挤，被贬到团山堡。陈锡元用整我们来表示积极，表示对敌人仇恨，对党热爱。他规定我们每天劳动9个小时，还不算路上的时间。每两个星期休息半天，即使冬天下雨下雪也要出工。后来附近的农民都看不过去了，对他说："陈指导，就是牲口也要爱惜，你把这些分子整垮了，整病了对你有啥好处"？农民这番话对他还起了作用，从那以后他把我们放松了一马。

（注：陈锡元后来一直不好意思参加长寿湖"分子"的聚会，直到2000年，才第一次与当年他管教的人相聚，双方相逢一笑泯恩仇。此时，大家都是近80岁的老人了。）

我下去时不像右派那样想不通，到长寿湖也不像右派那样情绪抵触。自己解放前沾上了国民党，该倒霉。唯一的委屈是觉得处罚太重，自己已经作了交待，党组织也作过结论，还是丢了工作。我老婆是小学教师，每月30元，三个小孩，我走时最小的才一岁。

几年后我可以探亲了，每次回家我心里都很难过。妻子陪我在树人小学旁的街道上散步，当时，我觉得只要能经常同妻子散步，就是人生最大的幸福。

在长寿湖最困难的时候，我想到过死，因为看不到任何希望。右派还盼望平反，共产党可能把他们整错了。我是历史问题，共产党整我们这种人是天经地义，这个无期徒刑判定了。与其没有希望劳累而死，饥饿而死，孤独而死，还不如痛痛快快投湖而死。好几个夜晚，我半夜起来走到湖边，想一了百了。可我又实在放心不下家庭，我怕我的死更给他们带来灾难。那时凡是自杀的人都要戴上"抗拒改造"、"自绝于人民"、"畏罪自杀"的帽子，让家属子女更抬不起头。正是顾忌这一点，我才没有跳下去。

现在我都无法想象当初是怎样活下来的，我们有些同伴说断气就断气了，比如一中同我一块下去的语文教师姚述隐。他为了争取早日摘帽，拼命劳动，他本来年龄偏大，50岁，又有病，一天晚上他带病同大家一起猛干，结果一头栽下去断了气。姚老师说来很冤枉，他以前同陈独秀一起呆过，因陈独秀是老右派而把他打成新右派，在长寿湖送了命。

请你原谅，我实在不想多谈过去的苦难，那是一场恶梦，而且这场恶梦很可能再落到我们这种人身上。1982年放我回来时没有给我平反，上面说1958年并没有划我为反革命，不承认我是属于冤假错案，不恢复工资。所以，我是莫名其妙地去劳改，又莫名其妙地放回来。现在仍然是共产党当权，说不定哪天共产党又要收拾我，不需要任何理由。人为刀俎，我为鱼肉，很多事我不敢说，权在人家手里，欲加之罪，何患无辞。我死里逃生，好不容易吃了碗安稳饭，很珍惜今天的平安，不想再惹事，如果再整我一次，我必死无疑。现在我还经常做恶梦，梦见又被押到长寿湖，醒来一身冷汗。

（采访时间：2001年5月18日，地点：重庆市一中）

采访后记

李太璞先生在电话上勉强同意我去采访，一见面就说："如果不看你爸爸也是长寿湖难友，我一句话都不愿意说，你年轻，没吃过那种苦，我是被整怕了。"

在我采访的"分子"中，教师右派胆子很小，像李太璞这种1949年前加入过国民党组织的"历史反革命"更是如此。他们认为，共产党天然的要把他们当敌人，往死里整，不需要任何理由。

李太璞仅仅谈了一个多小时，便把他的一生，包括长寿湖的23年讲完了。也许是有些歉然，他坚持要留我吃中饭，并且不辞辛劳跑到大街上去买回一大袋卤菜。

李先生可能早已忘记他是学法律的大学生了。从1950年毕业起，他就主动把自己放到"小羊"的位置上，"狼"要吃"小羊"，天经地义，除了接受这个血红的现实，难道还可以求助重庆大学课堂上的法律？

"阶级斗争"、"一个阶级压迫另一个阶级"成了这文明古国的铁血法律，就像大自然的天然律令——狼要吃小羊。这是不是炎黄子孙的悲哀姑且不论，看得见的，是无奈中对这"铁血法律"的认同。

文明的王国，注定不容"狼吃小羊"的丛林法则。敢于愤怒和抗争，是获得"免于恐惧的自由"的前提。

那4斤8两四川省粮票——李国元

——1957年重庆煤矿学校力学教师

1957年的公案没有了！经济上就没有补，更不用说赔偿。不补，不赔，意味着这个案子还正确。事实上如此，共产党对文革彻底否定，反右基本肯定。邓小平说，1957年反右运动是正确的，只是扩大化。55万多知识分子，99.9%的人都整错了，还正确?！1979年为什么要给我们平反？那是一种手段，一种权宜之计，当时如果不给知识分子平反就无法调动积极性。

1957年最根本的一点就是不择手段践踏人权。给我安的罪名是"攻击工农干部，反对党的领导。"

这个荒唐事我把来龙去脉说给你听。

1956年我从合肥工业学院毕业，分到重庆煤矿学校教力学。学校有我一个校友，教电机的教师刘凡庆。他同一个学生恋爱上了，当时煤校有个规定，不准师生间谈恋爱。学校警告他。刘凡庆同那个女学生正恋得热，不听。学校勒令他退职，把他赶出了学校。他后来的情况我就不清楚了，我很为他惋惜，但学校有规定，我也无话可说。

没多久，又有人同女学生好上了，不仅好上了，而且把她肚子搞大了。这次是一个老区（解放区）来的工农干部，校总务主任，党总支委员。搞大了就得结婚，但总务主任是有老婆的人，老婆在北方农村，你一听就明白他的性质比刘凡庆严重得多。但是，由于他是党员，是老革命，学校只给了他一个内部警告，而且给他遮羞，不让大家知道。对刘凡庆是在全校大会上公开宣布，公开批判。对年轻知识分子一种标准，对党员老干部另一种标准，我看在眼里，心中不平。

1957年鸣放，学校要求我们提意见，帮助党整风，反对官僚主义、宗派主义、主观主义。提吧，知无不言，言者无罪。我认为说得很正确，鸣放很及时，三大主义该反。包庇总务主任就是宗派主义。学校的党总支书记兼校长左XX是个工农干部，文化不高，他重用提拔的都是文化不高的工农干部，学校的中层干部文化之低近乎于文盲。例如，人事科长就只有小学扫育生的文化水平。叫我提意见反三大主义，我指名反宗派主义，具体的例子就是处理刘凡庆和总务主任的双重标准。

鸣放转眼变成反右，我立马被打成右派，罪名是我刚才说的"攻击工农干部，反对党的领导。"

鸣放——反右，真是个绝活呵!有根有据的让你按照他设计的框框来提意见，你一钻进去就把你脖子卡住，往死里整。斗我的声音我记得清楚："李国元不缴械投降，我们绝不收兵！"最初我还顽抗，后来遭不住了，连连说："好，好，好，我投降，我投降。"

但是晚了，因为顽抗过，所以处分重，只发8块钱生活费。

党号召我们反宗派主义，结果宗派主义大胜利，煤校打出十六个右派、反革命，全部是知识分子，其中包括两名知识分子副校长廖石诚和杨鹏骞。工农干部彻底胜利了，学校完全被他们统治。

划我右派时我23岁，正在同一个姑娘热恋。姑娘叫万XX，在中梁山煤矿工作。我主动给她写信，说自己成了右派，断绝关系。

她不干，坚决不干。

（注：李国元1.75米的个头，浓眉大眼，可以想象23岁时的风采。）

但是我们不敢公开往来，她提出每周周末在华岩寺（位于重庆沙坪坝区上桥）约会。于是，一到周末，我们悄悄从各自单位溜出来，在佛门的红墙绿树下幽会。我最记得1957年的中秋夜，我们在华岩寺，月色、夜风，很美。我望着她，心中很感伤。算了，不提它。1958年1月，万XX突然不来了，音讯杳无，写信也不回，我连续几个周末在华岩寺等，等。三个月后，我被发配到南桐农村劳动改造。多年后，我才偶然从一位老师处打听到，这是煤校党总支作的怪。不晓得是哪个发现我们在约会，汇报上去，学校党总支以组织的名义给万XX的单位去了封公函，说我是右派分子，要万XX的单位挽救她，同我划清界限，断绝关系。那位老师告诉我，他看到铺天盖地的批判万XX的大字报。她压力太大，我不怪她，党组织说得对，的确是挽救她，她要是坚决同我结婚，后面几十年日子难过，政治上压迫不说，我8块钱生活费（1961年后加到18元），若有个家，怎么活？党组织其实也挽救了我，我在长寿湖看到那些有家有子女的右派精神压力大，对妻子儿女内疚，经济紧巴巴，日子苦得很。

我们煤校教数学的吕声拯，就是家里人口多，精神和经济紧张，1961年死在长寿湖。

阶级斗争是个绞肉机，一旦宣布你是坏人，就要强迫所有人同你划清界限断绝往来，彻底孤立你。国民党时代要人道一些，还可以表示同情，还可以去营救。

我先到南桐，后转到长寿湖，说是长寿湖比南桐好，吃得饱饭。到了长寿湖，才觉得比南桐恼火。南桐可以搞到些杂粮吃，农民对我们好，称粮食农民家是好多就好多，给我们称，秤杆翘到天上去了，他们说，你们没得家，恼火。还有，他们不拿我们当坏人，他们

李国元1965年春节摄于狮子滩

说，只有你们读书人才那么傻，共产党的话都当得真？对共产党说话，老实话都说得嘛？只有你们知识分子才恁个相信？

到长寿湖，完全是一种恐怖环境了，听不到真话，更不敢乱说话，唱国歌"起来，

不愿做奴隶的人们"，都要挨批斗，说是别有用心。

我到长寿湖后，他们看我人高马大，分配到狮子滩打铁。打铁就打铁，没啥，问题是要吃得饱。

我只打了一个多月，人就变了形。三天两头有人饿死，包括我们学校的吕声拯。我见势不对，赶紧向外地的哥哥求救。我哥哥经常出差，在火车上吃饭不要粮票，他省下粮票，每个月给我寄5斤全国粮票。莫小看了5斤，那个年月，一粒米都要起作用，多几斤米就可以救一个人。我活出来，那5斤粮票起了关键作用。

1960年，大概是8月底，发生了一件让我痛不欲生的事。那天，我收到哥哥的5斤全国粮票。当天晚上，我拿粮票打了二两饭，食堂找给我4斤8两四川粮票。记得是晚上9点多钟，突然听食堂说，刚刚接到通知，四川省粮票全部作废，明天使用新粮票。我一听，头"轰"地一声炸了！我跑到食堂，声音发抖，问为啥子事先不通知，搞突然袭击。食堂很委屈，说他们也是突如其来。

当天夜里我彻夜不眠，翻来覆去想，决定第二天一早往偏僻的乡场跑，也许那些地方还没有接到通知，赶快把粮票用出去。第二天早上，我5点钟就起来赶路，到了回龙一问，不行了，头天晚上已经通知了。我翻身又往更偏远的乡场赶，赶拢问，还是不行。又跑，连跑三个场，场场落空，这个伤天害理的事做得彻底呀！！粮票不能换，让我吃一顿也好啊！又不是发现了假粮票，又不是流通领域出现了混乱，事先又不通知，突然宣布作废，这实际上是对全省老百姓口中那点救命粮的血腥掠夺。如果现在突然宣布人民币全部作废，明天用新票子，你怎么想？我当时那个绝望难以形容，我一屁股坐到地上，双手抱着头，手指狠狠地抓头发，现在就是一把火把我家烧光，我都不会那么伤心，那么心痛。缺了那个4斤8两，当月我脚就肿了，像灌了铅，一个小坎坎都迈不上去。

[注：饥荒年，四川省省委书记李井泉谎报四川粮食产量，中央于是从四川大量往外调粮，造成了四川居民定量口粮的严重短缺，为了弥补这个短缺，李井泉采取了突然宣布四川省粮票作废，重发新粮票的作法。四川省饿死那么多人——据廖伯康统计为一千万，详见本章后面对廖伯康的采访录——与李井泉的谎报产量和突然宣布粮票作废有直接的关系。这个后果比前苏联梁赞省省委书记弄虚作假造成该省经济大衰退更严重、更恶劣。但是，李井泉并未为此受到丝毫惩罚，他反而将后来（1962年）揭发他的萧泽宽（时任市委组织部长）、李止舟（时任重庆市委办公厅主任）、廖伯康（时任重庆市委办公厅副主任兼团市委书记），打成了重庆市著名的"萧李廖反党集团"]

由国际港澳出版社出版、右派李才义著的《天府悲歌》210页中有这么一段描写：1959年至1961年四川连续三年粮食产量大幅度下降。1960年和1961年的产量相当于解放前夕（1949年）的89.6%和77.3%。但三年间国家征购占产量的比重反而由1958年的30%左右提高到48.9%，46.2%和38.8%。三年间农村人均留粮分别为139公斤、130公斤和129公斤。粮食征购率之高和农村人均留粮水平之低，为全国仅见。（同期，全国平均粮食征购率分别为41.7%、35.5%、29.6%，全国平均留粮分别为188公斤、176公斤和184公斤。）城市人口的口粮定量标准也一再降低，1960年城镇居民每月只有8.5公斤。当年夏季，全国粮食进一步紧张，中央于5月份起一再发出紧急指示，要求包括四川在内的粮食调出省，抓紧突击抢运，确保北京等大城市和各灾区的供应。四川为此千方百计筹集粮食，并于9月1日突然宣布正在流通的"四川省地方粮票"作废，总额为4800万公斤，严重地失信于民。据统计，就在四川人民忍饥挨饿，水肿病蔓延，人口负增长的三年里，四川向中央上交了587万吨粮食......有生产队"减员"1/3的，也有全家老小都饿死的。

蔡咏梅在《李井泉害死无数四川人》（《开放》杂志2005年9月）写道：

一九六〇年八月二十三日（日期与李才义有出入）这一天可能那一代四川人都不会忘记的。大饥荒已很严重，许多人营养不良全身浮肿......就在这样一个绝望的时候，这一天清晨饥肠辘辘的人们醒来，骇然听说四川省当局宣布四川省粮票全部作废。远在青白江的母亲气得跺脚，欲哭无泪。要知她身上已变成废纸的十多斤省粮票是她饿着肚子一口口省下来的，是要救她年幼的儿女的！

四川省委书记李井泉这一黑心命令不知把多少已在饥饿中的人赶向了绝路。我知有一家人从外州县调工作到成都安家带着省粮票上路，粮票作废，全家断了粮源，结果是靠卖光所有衣物到黑市买高价食品才挣扎着渡过难关。李井泉此人一贯极左，紧跟毛泽东，因此四川大饥荒最严重。

除了饥饿，长寿湖还有可怕的精神和性压抑。

长寿湖有个叫卢仲秋的右派（新华书店右派，已去世）有一次说，蛊惑人心的"蛊"繁体字是"蠱"——三个"虫"字加一个"皿"字，这就是把一群虫子关进器皿里，让他们互相斗，长寿湖对于右派就是"蛊"。

这话说得很形象，也很正确。共产党把我们集中在一个封闭的地方，远离文明，远离亲友，远离信息，然后挑动我们互相斗、洗脑。日本人搞以华治华，慈禧太后搞以夷治夷，共产党搞以右治右。梅吾圈点一首宋词，有人（右派）汇报，组织批斗他的是摘帽右派。把右派欧文定整进监狱的就有当了组长的摘帽右派。白天坡上说一句话，有人记下来汇报，晚上斗你。有时甚至无中生有，非要你对号入座，认错，把自己骂个狗血淋头，还要问，"你口服了，心服没有？"把你自尊、人格、尊严、灵魂翻来覆去地强奸。把你变成一条哈巴狗，变成一个十足的奴才，这就叫"思想改造，重新做人。"

某些当了组长、队长的摘帽右派，比奴隶主的监工还厉害，他们虽然也是受害者，但一旦当上组长、队长，立马就有了生杀予夺的大权，可以随意批斗人，可以整材料把其他右派送进监狱，可以用劳动量、扣饭等置人于死地。这是长寿湖一个非常奇特的现象——一方面被整，有满腹冤屈，一方面象像公安一样握有对其他人的专政大权。所以，"改正"后有的右派说，那些当了组长、队长的、能管人的右派可能还感到失落，因为再也没有那种主宰几十个人生死的大权了。

在长寿湖，我们没有任何尊严，管教干部可以对我们任意呵斥，我们就是奴隶，组长就是奴

李国元义愤填膺

隶总管。右派们虽然彼此是平等的，但相互间要防止别人告密，精神十分紧张。还有，一年到头不断的批斗会，在会上要被迫批判同类，又要被同类批斗。批斗会上，有良心的要绞尽脑汁思索怎样说才能不伤害对方——即既应付了批判又不真正伤害对方。没良心的就是一阵乱说，只讨领导欢心，不管对方死活。我每次回去探亲，都很感伤，为什么？因为长年累月在岛子里被呵斥、被批斗，已经习惯了没有尊严的生活。回去探亲，周围的人不知道你

说起这段往事，李国元热泪盈眶

是右派，不把你当坏人看待，人的尊严回来了，一下子受宠若惊！

可是，探亲毕竟只有那么短短的几天，探亲回来，人反而更加难受。有一次我回安徽探亲，梅吾回河北探亲，返回时我们在狮子滩相遇，当晚住在狮子滩。晚上我们摊开信纸给家里写信，写着写着，我们不约而同地哭起来……

（李国元讲述至此时泪流满面）

几十年，我们都生活在一个没有做人的起码尊严的环境里！

1976年，我回安徽看望母亲。母亲有个邻居，一个老太婆，没文化。她来母亲家，请我帮她给她儿子写封信。写完信，她问我，在四川结婚没有，我说没有，她很诧异，因为我那时都是40出头的人了。她说，你这么有文化，又是教书的，怎么会没结婚呢？不要紧，我给你介绍一个女的，是师范大学毕业的，也是年龄比较大了，没有结婚。我给你介绍。

我怎么敢同意呢？！她不知道我是一个右派（我妈没对任何人说）、一个贱民、一个毫无尊严的人。

李国元与母亲

我妈只好说："不用，不用，他在那边耍得有女朋友。"

一个母亲看到儿子40岁了，还没成家，别人来介绍对象，不敢接受，这是一种什么感觉？！我又是什么感觉？！

所以，那一年我同梅吾在狮子滩给家里写信时，不约而同地都是泪流满面，心想，我们又要回到那个毫无尊严的地方去了。

在同心岛汪家庙，有很长一段时间，大约六、七年吧，只有五、六十个男右派，没有女人。有右派说，汪家庙啊汪家庙，耗子都是公的。有一天，詹光看见一个小孩子登上岛，非常感动，晚上对我们说："我今天感到了一点人间烟火气。"有一个叫徐树德的人（邮电局右派，90年代去世），从1966年到1972年，一直不准他探亲，1973年，终于放他回云南探妻子。临走前，我们说："老徐，你

回去嘛要先磨磨刀哟。"他去药店开了一大包中药 ——壮阳药，惶惶不安地回去了。探亲回来后，我们问："老徐，刀磨得怎样？"他垂头丧气地说，"还是不行，不行。我看到她就担心，害怕。"另一个叫蔡容的右派（四川三台县人，重庆水利学校右派），娶了个农村老婆。多年后她来岛上看他。第二天我们问："战果如何？"他长叹一声："莫说，莫说，不行了！不行了！"

长寿湖还有一群像我一样的单身汉，有的人熬不住，想找女朋友。郑光荃爱上了渔场的一个女青年，他给她写信，"你像夜空中的一颗流星。"信被交上去，郑光荃马上被抓出来斗，"你一个坏人，还妄想革命女青年。"欧文定最惨，想追女人，但女人的气气儿都没闻到，就被送进了监狱。长寿湖，他不说你不准谈恋爱，但只要你接触女人，马上就斗你，说你腐蚀革命群众，右派是人人都要仇恨的对象，怎么能够爱。除非你像电影《芙蓉镇》里那一对"坏人"，结合的时候自己说自己"一对狗男女"。

我看得清楚，所以我不去找麻烦。卢仲秋回老家悄悄找了个农村姑娘，一直不敢吭声，"改正"以后我们才晓得。我1979年平"改正"才同一个丈夫病逝了的女人结婚，这年我已经44岁。我没有自己的孩子。

（注：在我所采访的长寿湖右派中，还有另外几个人与李国元的情况相同，都绝了后。他们是李正、顾大铭、周家元、金践之、张天授、汤儒君、李某某 ——因为特殊原因，不能说出他的名字。）

"改正"后，回到煤校，学校还是那帮人，校党委书记在全校会上，称我左一个"改正右派"，右一个"改正右派"，仍然歧视我。调工资，必须接受党的领导 ——也就是说必须接受本单位党的领导。我不情愿，就不给我调。我只好走人，调到了城建校。

1980年，我同分别22年的万XX又见了一次面。我想起同她共度的那个中秋节，1957年在华岩寺的中秋节，她那种眼神，为我担心，充满感情……

（李国元很健谈，滔滔不绝，但说到这段往事，嘎然而止，显得很凝重。我没有追问。一年后，我打电话核实几个细节，又问到此事，他只说了一句："是的，1980年我们又见过一面"便不再吭声。）

（采访时间：2002年5月28日，地点：重庆市城建校）

采访后记

长寿湖右派们的性压抑，也许没有饥饿、死亡那么血腥恐怖，但是，这种折磨的时间长达20年，在某种程度上说，性欲的折磨不亚于饥饿的痛苦。采访中，老人们大谈饥饿，但对性压抑避而不说。李国元是第一个主动谈到这一点的人，虽淡淡几语，也足以让人想象。1987年，长寿湖右派诗人孙静轩在《诗刊》发表了一首长诗《这里，没有女人》。现抄附于后：

> 不是我的诗荒唐
> 生活本来就荒唐

荒唐，荒唐
荒唐的世界，荒唐的年代
曾发生过一个荒唐的故事
竟然有一个没有女人的地方
没有令人颤栗的爱的抚摸
没有女人的长发散发的气味
没有浪漫，也没有缠绵
只有男人，粗野的男人
脸上烙有金印的男人
他们一半是人
另一半是魔鬼
上帝也许太仁慈了
竟没有把他们打入地狱
只是驱逐出伊甸园
囚禁在一个孤岛上
囚禁在一个没有女人
只有石头和死水的世界

这孤岛
这死地
早已被上帝遗忘
连死神也不屑一顾
它没有名字
它不配也不需要有个名字
这鬼也不愿来的地方

属于另一个世界
一个被太阳的火焰烤焦的
被月亮的死光冷却的
被沉默的大山窒息了的世界
在山与山的对峙中
在岩与岩的夹缝里
在着了火的沙滩上
在密密麻麻落满了蚊虫与牛虻的芦苇丛中
生命却顽强得发野
野得疯狂
竹叶蛇穿梭于苇叶已有一千个世纪
这个讨厌的软体家族
却始终没有绝迹
狼颔丧地徘徊在夜色中
徒自望着半弯月亮嗥叫
难得捕获一次猎物

332

饥肠辘辘却不曾绝种
悬岩上饥火烧红了眼的兀鹰
竟等待不到一个倒霉的男囚
在它之前更早地死去
真他妈的怪事
这些男人，这些犯了罪的男人
这些头发蓬松得像杂草
衣着褴褛得像乞丐
命贱得如铁蒺藜如狗尾巴草的男人
这些露出锋利的牙齿
一半是人一半是狼的男人
只须嚼几条草根
只须嚼几团叫作"观音土"的白泥巴
或者吞一口乌鞘蛇的冷血
却活得撒野，野得发疯
饥饿折磨不死
疾病纠缠不死
真他妈怪
连死神也怕他们三分
这些男人，这些半人半兽的男人
这些被钉上十字架的男人
怎么也想不起触犯了哪一条戒律
他们曾自由自在地嬉戏于伊甸园的丛林
沉醉于维纳斯酥软的胸怀
几乎每一个人都有一段罗曼史
每个人都算得上一个真正的男子汉
而今这一切没剩下一点记忆的碎片
是的，连梦也忘却了
剩下的只是人的外壳
—— 一具活尸

即使天塌地陷，世界末日来临
也跟他们毫不相干
要紧的是在草丛与蛇同眠时不被咬伤
与狼为邻而不被吃掉
在同别的囚犯交往中保持缄默不被告密
在人与兽的界线上不被兽性同化
而最要紧的是在没有女人的地方
别像个白痴，别蜕化成中性人
别忘了男人的本性男人的伟岸
别让那一团男人的火熄灭
然而，在这孤岛

保持一个男人的本性可真不易
没有女人，男人会渐渐迟钝，变得愚蠢
会失去对性别的敏感
像灼热的沙滩上
一条被干渴而死的鱼
尽管也有暖烘烘的太阳
尽管也有弹性的沙滩和柔软的草地
但却没有女人，没有羞耻，也没有文明
这些男人像原始人一丝不挂
赤条条地直挺挺地仰卧
让那阳物显露于光天化日之下
却怎么也唤不起清晰的性别的记忆
甚至想不起自己的妻子是个什么模样
朦胧的月光是最能思乡怀旧的
再试试作一个真正的男子汉吧
然而徒自具有男人的标志
却怎么也打不开那把棕色的伞
啊，一把失去弹性的伞
于是恐惧和悲哀笼罩着整个孤岛
于是全体男囚都在月光下围坐
一面用大碗喝着劣等的烧酒
一面用猥亵的语言大谈女人
再一次点燃火种
试一试男人的本性
然而，旗杆突然被飓风折断
始终也悬挂不起那面男人的旗
这时候，也只有这时候
这些半人半兽的男人
这些饿不死病不死生命野得发疯的男人
第一次被悲哀压垮
一滴滴滴着男人的无声的眼泪……

2002年6月11日，李国元在长寿湖猪儿岛愤怒地说："长寿湖不是性压抑而是性禁锢！"

334

补记：

2004年2月，我到成都采访了廖伯康（他平反后担任过重庆市委书记、四川省政协主席），廖谈到了当年向中央反应四川省饿死人的情况及遭遇。

廖伯康：饥荒年，由于李井泉（四川省委书记）虚报产量，外调粮食，造成四川大量饿死人，我看到情况十分严重，决定向毛主席、党中央反应四川的真实情况。我们团市委几个书记在一起讨论，由副书记于克书执笔，给毛主席写了一封信。信由我们团市委的打字员李国全（音）打出。李国全是个哑巴，找他打就是怕走漏风声。信打好后我们不敢在重庆寄，托人带到武汉才寄出。为啥？怕邮政检查呀。这是1962年上半年的事，不久，我到团中央开会，单独同胡耀邦谈了一次。随后，胡耀邦又安排我同杨尚昆见面，专题谈四川饿死人的情况。这次谈话之后，中央组织了一个18人的调查组，到四川进行调查。这18人全是司局级干部，为什么安排司局级是有讲究的。部长级下来公安要陪同保护，不利于调查，处长级级别又低了点，很多事接触不到。

调查组的人来后曾找了市委组织部长萧泽宽、市委办公厅主任李止舟，他们两人如实反应了情况。

我们给毛主席的那封信杨尚昆把它打印出来（去掉了头尾），只分发给在京的政治局委员，这样做是为了避开两个人：上海的柯庆施和四川的李井泉。

贺龙看到信，给李井泉打电话，说四川有人告他，但不知是谁。李井泉叫贺龙把信转给他。贺龙于是托廖苏华（女，西南妇女联合会主任）把打印件带到了李井泉手中。

李井泉动用一切手段大肆追查，最后终于把我查出来。

我和萧泽宽、李止舟三人被打成"萧李廖反党集团"，我名字排在最后是因为三人中我职务最低。但是，处分我挨得最重，因为我是"始作俑者"。我被撤销一切职务，下放到建筑工地干最重的体力活。

文革期间我被抓出来斗，重点就是围绕饿死人的事。我坚持说四川饿死了大量的人，具体多少我说不上。李井泉后来曾向中央承认饿死了700万，有人说，不对，是800万。我这次根据共产党自己的资料进行计算，得出比较准确的数字是1000万。其实，700万也好，800万也好，1000万也好，都是冷冰冰的数字，，哪怕是一个"1"，但是，它若表示生命就不一样了，也意味着一条鲜活的人命！

李锐为我书写的序在《炎黄春秋》发表后，不少人打来电话，索要书。但我现在是有序无书，因为书还没有出版，眼下看来还无法出版，再等

廖伯康在那人人自危自保的日子里，拍案而起，为民"鼓与呼"，坚守了一个人的良知，如今又在耄耋之年，怀忧国忧民之心，奋笔疾书，把一段真实的历史，留给后人。

（谭松摄于2004年2月）

335

几个月看看吧，实在不行我就自费把它印出来。

（我问到饥荒年突然宣布粮票作废一事，廖伯康的答复是："当时是电话通知的，我没有看到文件，也许当年一些搞财会的人看到过有关文件。"）

（采访时间：2004年2月25日；地点：成都市省委大院）

《龙门阵》杂志2006年第1期刊登了一篇"访四川省原政协主席廖伯康"的文章，其中有这么一段文字：

"廖伯康说：1958年四川人均占有粮食630多斤（包括种子、饲料和工业用粮）。到1961年，这个数字下降到373斤。三年之内下降了将近一半！情况已经如此严峻，他（李井泉）还是继续欺上瞒下，硬绷面子，狠心克扣群众的口粮。四川城市居民每月口粮是21斤，干部只有19斤，农村社员每天的口粮由公共食堂控制，只有1到2两米，城里居民每月供应2两肉和糕点，农民根本就没有。这么低的标准，有的地方还不落实，只有空指标没有粮食。1960年7月1日（日期与前又有出入），省委突然一道命令宣布粮票作废，把老百姓苦苦积攒下的4800万斤粮食化为乌有，这种做法在全国也是绝无仅有的。

下面是李锐为廖伯康《回忆四川"萧李廖案件"》一书写的序《从一个案件看一段历史》的部分内容（原载《炎黄春秋》2004年1期）：

"大跃进"造成的大饥荒，全国饿死了多少人，我没有看过精确的统计数字，只看到几个推算数字，说有三千万，有说四千万的（我的有关文章引用过这个数字），各有各的推算根据。如果不说全国只说一个地区，号称天府之国历来富裕的四川省（那时还包括重庆），却有颇为精确的数字，即1960年底比1957年减少1000万。

这个数字是伯康在回忆录中提供的。他说明了这个数字的文件根据：1957年的《户籍年报》上，四川全省人口是7215.7万。而1962年5月，省委批转的有关附件中所列1960年底全省人口总数是6236万，相差正好1000万。统计数字中一条人命只不过是个1。这太抽象。回忆录中还提供了很多具体的例证，如雅安地区荥经县县委书记说的："那个县人口死一半，有一个村子死得一个不剩，连埋尸的人也没有了，只得找另一个村的人来埋，这些人挨着饿挖坑，是重劳动，也死在坑边了，只好再找其他的村来人埋这些埋人的人。"这是一页怎样的腥风血雨令人战栗的历史呀！

问题的严重还不只是饿死了这样多的人，而在于当时四川省委的个别领导人封锁饿死人的消息，继续调动粮食"支援兄弟省市"，以至到了1961年、1962年还在饿死人……

这一场遍及全国的巨大灾难中，四川（还有河南等省）是全国最突出的重灾区。所以如此，就不能不谈到当时四川省和中央西南局的那个主要负责同志了。1958年、1959年那两年参加中央的会议我是有亲身感受的。"抬轿子"抬的最起劲的是长江上中下游的三个人，（注：即四川的李井泉，武汉的王首道，上海的柯庆施）尤其是上游的这位，跟得最紧，对推行极左政策措施，特别卖力，对农业的破坏也就特别严重，实际造成农业减产。在农业大放"高产卫星"，虚报产量的时候，他也不怕把牛皮吹得大。

1959年4月上海会议时，田家英在四川农村作了调查，就同我谈过他在乡下挨饿的情况。可是，四川省委的那位主要负责同志就批评他，不同意他的调查，后来硬是充好汉，根据虚报的增产数从四川调出粮食，使广大农民失去赖以维持生命的口粮，这就是四川饿死上千万人的直接原因。出了这样大的可怕问题后，四川省委那位主要负责同志的对策仍是向中央封锁消息，不准谈饿死人的情况。谁要谈，就是小资产阶级软弱性和动摇性的表现。一些人对此忧心如焚，为了使事态不再恶化，为了把众多的饥民从死亡上救出来，他们想方设法向毛主席写信，向党中央反映真实情况。

下面是欧阳也写的《说一说四川第一任省委书记李井泉》中的部分内容：

在四川的历届省委书记当中，名声最好的是赵紫阳，名声最差的是李井泉。

李井泉主政四川十七年（1949——1966），一贯极左。通常是在中央已经过左的政策上再加倍偏左。对此，白桦的评语是比较贴切的："李井泉不仅不折不扣，而且变本加厉地执行极左的方针，硬是把一个天府之国治理成一个饥饿之乡，在四川，有口皆骂，实在是很不容易！"（白桦：《我所见到的胡耀邦》）

1957年的"反右派运动"中，全国的"右派分子"人数是55万多人，占知识分子总数的百分之十一，而四川被打成"右派分子"人数是5万余人，四川的知识分子人口比例低于全国，"右派分子"的人口比例则远高于全国。另外还有6万多人被打成"中右分子"。

1959年的"庐山会议"上，李井泉是围攻彭德怀的最卖力者之一。其间有派系的因素，也有现实的因素。派系的因素是李井泉属贺龙一派，贺龙因为与彭德怀有历史恩怨，在"庐山会议"上被老毛挑起攻彭，李井泉当然也得卖力。现实的因素则因李井泉治下的四川在"大跃进"中属"人祸"最重的几个省，出于自保也非得斗倒彭德怀不可。

"大跃进"时期，李井泉在四川为祸尤甚，从1958年到1962年，官方的死亡统计数字是812万余人。（按：纠正一下：岂止饿死812万？据官方统计1960年底减去1957年的人口就尽少了1000万。实际数字要高得多。）在中央已经开始纠正左的政策的时候，李井泉出于打击反对者的需要，还扣住老毛的《党内通信》不下发，致使四川的经济复苏晚于全国其他省份。丁抒的《从"大跃进"到大饥荒》、《人祸》，东夫的《麦苗儿青菜花黄——川西大跃进纪实》对此有较详细的描述。

"七千人大会"上，中央收到了四川干部的检举信，检举李井泉欺瞒中央。同时，李井泉受到众多与会代表的非难，还有人要求中央将李井泉调出四川。李井泉在邓小平的保护下过了关，回川以后不是认真改过，反而动用公安机关追查检举人，图谋打击报复。

李井泉最为人痛恨的事是在1959（注：应是1960年）年宣布四川省粮票作废，使得许多人勒紧裤腰带积攒的一点存粮化为乌有。直到今日，四川的还有人提起此事就愤愤不平。（见愚人：《大饥荒遗事》、何蜀：《为民请命的"萧李廖反党事件"》）

李井泉最为人痛恨的话是当有人谈起"大跃进"饿死人的时候，李井泉说："中国这么大，哪朝哪代没有人饿死！"完全没有把饿死人这件事当回事。（见丁抒：《从"大跃进"到大饥荒》）

在贵州安顺天龙屯，有一座四合院，它是抗日英雄国民革命军102师304团团长陈蕴瑜的旧居。陈在1938年的台儿庄大战中，与五倍于己的日寇展开血战，英勇殉职，忠骨无收，国民政府感其忠烈追赠为陆军少将。在其故居的大门上，蒋中正题写的"忠烈可风"高悬。 在题词下的左边墙上，残留着"打倒李井泉"的墨迹。同是军人，前者必将流芳千古，后者注定遗臭万年。

（谭松 摄）

刘宾雁在丁抒著的《阳谋》一书序言中写道：

毛泽东有比斯大林高明之处。他对自己的政敌一个不杀，也很少逮捕，甚至还要把"属于敌我矛盾"的右派"按人民内部矛盾处理"；其实，毛泽东及其同伙刻意营造的那种特殊环境里长年的贱民地位与非人的生活条件，是对右派的慢性枪决。事实证明，这种"慢性枪决"并不比斯大林处置政敌的手段更人道；对于最终仍然死于非命的许多右派分子来说反而要痛得多，对于统治者却更为有利。一百余万名"反面教员"（毛泽东语）散布在全国各地，朝夕出没于数以亿计的人们面前，无疑是对于所有中国人的无言的警告：哪一个胆敢对中共稍发异议，便必定会得到同样的下场！而那个下场是令人不寒而栗的。

被剥夺一切而又身败名裂却且生存下来的那些右派分子，时时刻刻起着反面教员的作用，向人们昭示着：在中国做人，切不可诚实坦率，切不可过问政治，切不可有自己的是非、善恶感，切不可违抗当权者的意旨，切不可对任何人寄予同情与信任！一代又一代的中国人将把这些戒条牢记心间，并传给自己的子女。

我仍然害怕 —— 李 淦

—— 1957年重庆市政治学校干部
1925年生

长寿湖是一段非常悲惨的回忆，这些年来，我一直不愿去触动它，所以我不想参加长寿湖难友的聚会。麻木一点我好过些，清醒反而难受。我现在都还经常梦见把我又押回长寿湖。做梦出现打、杀、跳岩，地点一定是在长寿湖。我甚至在梦中大叫，滚下床来，妻子不得不把床加上围栏，就像幼儿园的小孩。

解放前我毕业于晏阳初创办的乡村建设学院。1957年我在市政协办的政治学校工作，专门搞资本家的思想改造工作。鸣放期间我既没鸣又没放，只是在同好友的闲聊中谈点读书感想。

以前我在杂志上读过不少储安平反对国民党的文章，聊天时我说储这个人有功，有一定的进步性。另外，我还提到，流沙河的《草木篇》文字技巧不错。储安平和流沙河都被打成了大右派。有人把我闲聊时的话汇报上去，说我赞同右派，于是我就成了右派。

我没有申辩，我看得清楚，没有用，申辩反而会被重判为极右，一旦判极右，工资没了，还要进监狱。

我当右派时，大儿子刚刚初中毕业，他在班上成绩最好，学校马上不准他考高中。儿子很伤心，后来到一个小卖部去卖酱油。妻子受我影响，从市农委下放到井口农场劳动，一干也是20年。我私下摆两句无关痛痒的龙门阵（闲聊），把我本人整去劳改不说，儿子妻子一齐整。共产党，哪个说它呢？太缺乏人性！！

我下去后，非常悲观，前途茫茫，看不到希望。我骨子里认定历史一定会作出公正结论，但我看不到了，因为毛泽东说过"右派不准翻案"。

长寿湖基本上是按监牢的方式来管理的，痛苦难以用语言来形容。劳动时间每天12个小时以上，定额高得离奇，完不成就要加班，每天晚上还要接受批判。没事也要找些人来斗。管理人员大多是有点问题的下放干部，这种人为了证明自己清白、自己革命，下起手来凶得狠，其中最典型的就是管教干部孙X。

我1961年摘了帽，我以为自己会好过点，呸，又变成"摘帽右派"，一样的劳动改造。最气人的是1962年，毛泽东强调阶级斗争，突然给我加一顶帽子——地主！

2002年6月，78岁的李淦在长寿湖三台岛"重操旧业"。

我从小在外面读书，父母在我很小时就去世了，家里原来有点土地，但与我毫不相关，我哪里当过一天"地主"？

在长寿湖，地主、历史反革命等比右派还惨，更看不到出头的日子。这类分子集中在团山堡。我当地主后，工资降得更低，并且从捕鱼队调到团山堡劳动。

当右派时，妻子一直没同我离婚，现在我又成了地主，她受不了了，当年同我分了手。但她也被下放到井口郊外。

离婚后，为了不影响她和孩子，我连信都不写，更不能见他们。我呆在一个孤岛上，非常苦闷，有时也想找个农民结婚，成个家，但又担心有了家负担重，这点钱养不起。在最最苦闷压抑的日子，我放声唱歌，唱抗日战争的老歌："同胞们，向前走，别退后，我们再也不能忍受，牺牲已到最后关头……"

我的同学贾厚友在长寿湖饿死，这大家都知道。我更了解他，其实，他也死于巨大的精神压力。

1979年"改正"时我一点不激动，以为同当年摘帽是一回事。让我激动的是统战部干管处那个张志遥处长，就是他让我戴上地主帽子的。1962年他在看材料时弄错了，没有核实就认定我是地主。平反后他向我道歉："对不起，老李，弄错了。"

既然弄错了，我妻子也没有压力了，她想同我复婚，但这时她已同一个工人结了婚。那个工人了解情况后，主动退出，把她又还给了我，我们于是在1979年复了婚。

回想这一辈子，心中不是个滋味，1949年前我反国民党的腐败，争自由民主，认定共产党代表一个新时代新希望。现在看看，共产党在腐败上远胜于国民党，自由民主远不及国民党。在国民党时代，还有民营报纸，学校图书馆里还有马列的书，更不会私下闲聊几句话就整得你家破人亡。算了，人到这个年龄，看不惯，想不通又怎样？我从长寿湖回来后写了首打油诗：

> 人生事事有偶然
> 长寿湖畔学种田，
> 凄风苦雨二十载，
> 潇洒淡泊度晚年。

（采访时间：2001年4月21日，
地点：重庆市南岸区）

2002年6月，李淦重返当年劳动改造地——飞龙岛

她死于"改正"前夜 —— 邬绪昌

——1957年重庆42中教师

78岁的邬绪昌老人，还保存有22年前中共重庆市市中区委员会致中共重庆市42中支部关于改正邬绪昌划为右派的公函。另外，还有一份42中党支部"关于改正邬绪昌同志错划为右派问题的复查报告"。这份报告简述了邬的经历，也大体说清了邬绪昌是如何被划为右派的。

下面是该报告中关于邬的简历部分：

邬绪昌，男，1923年11月生，四川云阳人，出身地主。学生成份，大学文化程度，1950年3月参加工作，历任西南军区第一速成中学文化教员，西南军区第二速成中学文化教员，大竹中学教员，大竹师范教员，重庆42中学教员。1958年2月12日划为一般右派分子，送农村监督劳动改造，给予生活费。同年4月28日去南桐矿区两河公社一大队劳动，1960年2月在长寿湖农场劳动，1963年回校后被精减退职送回原籍云阳县双江区双江公社东风大队7生产队劳动至今，1978年5月27日摘掉右派帽子。

对此简历，邬绪昌补充了几点：一、他在上海辅成华学院（抗战时迁到万县）读书时，就参加了地下革命活动，1948年加入了地下党。二、他被迫从部队转业是因为父亲在土改时被共产党枪杀。三、他作为一般右派，而又受到监督劳动的重罚是因为他不服，为自己辩解了几句。四、1963年重庆市教育局将教师右派从长寿湖召回学校，紧接着又将他们开除，罚下农村，是市教育局对他们的欺骗和又一次迫害。

下面是关于邬绪昌被划右派的罪行复查：

一、关于诽谤党组织，公开挑拨党群关系的问题。

原结论说邬绪昌攻击党的干部政策说："党员提拔快，照顾周到，党对非党群众就采取宗派主义态度对待。"还说："地方党没有军队党那样关心知识分子，大竹的党和政府都不了解我。"经复查，邬当时说这些话，是从部队刚转业下来，对其工资要重新起薪（本人系转业军人，而工资按复员军人对待），心里想不通，有不满情绪，不属于右派言论。至于"学校万事都由党支部包办，正校长（群众）没有权力……"等，根据当时党员反映情况属实。邬对此提意见，不能说是反党。

邬绪昌在部队留影

341

二、关于与右派分子一个鼻孔出气，咒骂新社会的问题。

原结论说邬在大竹师范一次鸣放座谈会上讲："报上的大人物（指章××、罗××、潘××等）说出了我这个无名小卒的内心话，现在才出现了真正的马列主义，前一时期尽是教条主义"和邬说他父亲是"在杀鸡吓猴的情况下，作了祭刀绵羊"，现查无实据，应予否定。

三、关于说邬把新社会描绘成一团漆黑的问题。

经复查，有天晚上，邬在教研组备课，电灯突然熄灭，而对面的大竹中学却灯光明亮，他脱口而出说："大竹师范一片黑暗"。这主要是针对电灯熄灭而言，不是攻击社会主义。

四、关于对学校办二部制、粮食定量、漫骂行政领导的问题。

这是邬自高自大看不起校领导干部，对由大竹师范敞开吃粮到42中定量吃粮有不满情绪。

对此复查，邬绪昌作了几点说明：一、关于第一条，当时还给他定了一条罪："分裂党的统一"（地方党与军队党）。二、关于第二条，他说过，解放前他很喜欢读储安平办的《观察》杂志，那里面对民主自由的论述很对他的胃口。这成了"与右派分子一个鼻孔出气"。三、他只说过42中党支部书记讲话罗嗦，这就是"漫骂行政领导"，后来上升到"丑化党员干部"，最后定罪为"攻击党的领导"。他之所以被加重处罚，判为"监督劳动"，就是对这条不服。

下面是中共重庆市第四十二中学支部的处理意见：

根据中共中央（1978）11号、55号文件精神和中共中央一九五七年关于"划右派分子的标准"中不应划为右派分子的第一条规定，邬绪昌同志没有右派言论，应予以改正。我们的意见：否定原划为右派分子的决定，恢复政治名誉，恢复原工资，收回安排适当工作。子女和亲友档案中涉及这一问题的材料应予抽出并销毁。

中共重庆市第四十二中学支部（章）

一九七九年二月二十七日

邬绪昌讲述的婚姻故事

我妻子叫高长春，北方人，抗战时流亡到内地，成了我的大学同学。毕业后好些年我们都没有在一起，但这并没有影响我们的感情。后来我在大竹县师范教书，她在重庆市市中区中级人民法院工作，我父亲是地主，被共产党镇压，她出身比我好，但这些没影响她的选择。1956年元旦，她专门跑到大竹县来同我结婚。

我1957年6月调到重庆42中，夫妻团聚。几个月之后，我就当了右派。下放农村劳改时，她已经怀孕6个月。我对她说，你受不住压力，我们就离婚，她不干，说要等我。分别前，她流着泪，让我给孩子取个名字。我取的是"邬渝进"。渝，指重庆，进，代表"大跃进"。

女儿出生时，我正在南桐农村，没见着。妻子因为不离婚，被法院清除，调到沙坪坝百货公司。这样支撑了两年，1960年4月，我们被迫分手。

1963年，女儿已经5岁，一直没见到过爸爸。她在外面玩耍，其他小孩嘲笑她，说她是没爹的娃儿。她回到家找妈妈闹，哭哭啼啼非要爸爸。妻子本来就是被迫离的婚，女儿一闹，她受不了，这样，我们在1963年又复婚。复婚前，我原学校已按教育局的指示，将我精减退回云阳农村，这就意味着我可能要当一辈子农民。我让妻子仔细想好，我一分钱都没有，又远离重庆。她回答说："你当一辈子农民我都没意见，只当父母当年给我找了个农民。"我听到这句话后才同意复婚。

女儿进小学读书时，妻子娘家的人要求把女儿的名字改了。他们说，我是犯了错误的人，女儿开始读书了，要奔前程，要把高家的家"正"过来。于是，我女儿改名叫"高正家"。

我到云阳后，妻子每个月给我寄5块钱，我每年回重庆探一次亲。文革开始后，她的压力越来越大，单位上社会上都让她抬不起头。左邻右舍也歧视她，开口一个"你这个右派家属"，闭口一个"右派分子婆

邬绪昌与妻子1956年合影

娘"，很伤人。女儿日子也不好过，处处受欺。1970年中央清算"叛徒、内奸、工贼刘少奇"的罪恶之后，妻子感到来自政治上、社会上的压力更大，她受不了了。这样，1970年我们第二次离婚。离婚后她仍然给我寄钱，但我不能再回重庆，一个人在云阳农村呆了九年。

1978年5月27日，我在农村摘了右派帽子，我马上写信告诉妻子。妻子非常高兴，马上给我回信，希望再复婚。接下来几个月，我们信件来来往往，商讨春节复婚。

当年12月底，42中突然把我妻子叫到学校，校领导告诉她，根据中央文件精神，正在进行右派分子的"改正"工作，邬绪昌不仅可以"改正"，而且还会调回学校任教。

她陡然得知这个喜讯，高兴得发疯。20年，终于熬到头！她回到家里，极度亢奋，通宵不眠。第二天她上厕所，往下一蹲，脑血管突然破裂。她叫了一声："妈，妈妈！"一头栽倒在地上，嘴角流出一丝血，当天就在医院里去世。

女儿给我拍来电报，我立即从云阳乡下动身，赶到重庆已经是元月7号，妻子早已火化，分别九年，迎接我的是一盒骨灰。

安葬了妻子后两个月，上面那张"改正"公函下来了。

（采访时间：2001年6月15日，地点：重庆市渝中区）

采访后记

据说，1949年之后，中国主要有两类人的妻子在刹那间遭受了沧海桑田的巨变，在巨变后经历了漫长的苦难，在苦难中展示了感人泪下的凄美。

一类，是国民党军政人员的妻子；一类，是右派分子的妻子。

十九世纪，俄罗斯十二月党人的妻子大义凛然，慷慨赴难，与丈夫并肩走向风雪弥漫的西伯利亚，世界历史画廊中，留下了她们亮丽的身影。

二十世纪，中国"分子"们的妻子，看似没有那么英勇豪迈，然而她们集聚中国数千年传统美德，以一种忍辱负重的坚韧，作了忠贞不渝的坚守。其生离死别的斑斑血泪、其寂寞长夜的孤苦荒寞，不亚于遭受西伯利亚呼啸冬风。

高长春，这位大学毕业生（上述两类妻子，大多有文化、或出身于含"知"量较高的家庭），仅仅过了半年多的夫妻生活，家便破了，但她始终守候着、等待着、支持着她的丈夫。

她最后的呼喊为什么是"妈妈"？是多年孤苦无助中撕心裂肺的渴盼，还是在坟墓边缘对生命的悲切呼唤？

高长春走了，不少"分子"们的妻子也走了。随之而去的，是不是一道"最后的风景"——凄凉而美丽的风景？

邬绪昌的诗及说明

2002年4月3日，在向邬绪昌核实女右派曾容的情况时，邬读了他近日写的一首诗：

> 左祸灾难乱九州，急风暴雨数十秋；
>
> 无辜生灵被涂炭，冤魂饿殍几万千。

他说："我1958年在南桐矿区看见一个50多岁的农民婆婆坐在空荡荡的屋里，伤伤心心地说："毛主席啊，毛主席，我们农民祖祖辈辈盼了多年的土地，你给我们了，才几年，你初级社、高级社又拿回去了，现在人民公社连锅瓢农具都收走了，我们几年的辛苦什么都没有了。"当时，那个农妇的表情给我很深的印象，后来听说她也饿死了，所以我说'无辜生灵被涂炭，冤魂饿殍几万千。'"

邬绪昌（2009年3月30日）

在孤独中消殒的高贵生命
—白永康

——1957年重庆五一技校体育教师

　　我身体不行了，就这几年垮下来，耳聋，手又抖。前些年我身体好得很，在长寿湖和监牢里练的。好在我现在头脑还清楚，只是表达有些吃力。

　　我是四川自贡人，1928年生，父亲是个大盐商，富甲一方，在自贡城里的房产就占了一条半街。我10岁那年，父亲病故，家产大部分被人骗走，红红火火的家业从此衰落。我与12岁的姐姐相依为命。

　　1951年，我考入了成都西南体育学院（后改为四川体育学院）。那时，我思想进步，性格活跃，喜欢写作。1952年，我当选为校第一届学生会主席，成都市学联执委，一直任职到毕业。毕业后，我被作为德才皆备的高材生送到中央体委，担任《新体育》杂志社的记者兼编辑。那时，我身强体健，能文能武，一切都很顺。

　　但是，我很想念我的女朋友李松筠。

　　李松筠是我大学的同学，云南大理来的少女。她不仅能歌善舞，颇有艺术天才，而且模样淳朴漂亮，我一看见她就堕入了情网。

　　我们学生会组织了一个京剧组，李松筠嗓子好，善表演，是剧组的骨干演员。我们排演京剧《打鱼杀家》、《玉堂春》，她扮演剧中的肖桂英和苏三。我以学生会主席的身份经常去剧组查看，同李松筠频频接触，一来二往，自然花前月下，眉目传情。越接触我越喜欢她，毕业时我要求把我们分在一起。

　　可是，学校坚决反对我俩好，说我是学生会主席，是党正在培养的对象，而李松筠出身资产阶级家庭，不能选择她。

　　其实我也出身于资产阶级家庭呀！

　　我在北京干了一、两年，身边当然不乏才貌双全，政治上也"般配"的姑娘。但我死活摆不脱李松筠的音容笑貌——我一辈子都没摆脱。

　　1956年，我已经28岁，我向领导提出把李松筠调到北京，领导不干，于是我说，那就放我，我调云南。嗨，这一下惹得领导勃然大怒，他指着我的鼻子骂，骂我把个人利益放在革命利益之上，还说我以调动来要挟组织，这绝对不允许。

　　我年轻气盛，一气之下甩手就走，工作、北京，不要了！

　　我一口气跑回重庆。为啥是重庆，不是云南？唉，当时顾脸面，不愿像个流浪汉似的出现在李松筠面前，我打算先找个工作，安顿下来，挣点钱，再去找她。

　　当时大学生不多，我本来功底就扎实，所以，顺顺当当通过了市劳动局的招考，进入重庆市五一技校当了一名教师。

进校不久，还没来得及去云南寻访，大鸣大放就开始了。学校搞得火热，党支部书记崔正杰同教务科长王开泰、办公室主任李恩章有矛盾，运动中就分成两派。教师中，崔书记对我比较器重，把我看作是他那一派的人，拉我作为教师代表进入鸣放领导小组（8人组成）。

进入小组后，我发现"对立派"王开泰、李恩章等人的意见和作法是正确的，他们坚持正义，为人也很正直，而崔书记等人却不磊落，处心积虑想整人。我一旦看清是非后，感情就倾向"对立派"。我把崔书记悄悄将王、李整为右派，已将材料上报的绝密消息透露给他们。我知道这样做的后果，但我十分讨厌那些成天搞阴谋、整人的人。1957年时我已经对这个国家，这个政权鼓动人与人斗的作法极其反感。在北京报社时，内部也是你争我夺，两派互相斗。我感到中国没有希望，我气闷，想反叛，想把自己毁灭掉。我从小深受"生命诚可贵，爱情价更高，若为自由故，二者皆可抛"的影响，认为一个人活在世上就应当舍生取义。

崔书记用右派帽子把王开泰、李恩章等"外部敌人"清理出去，也用同样的帽子收拾了我这个"内部叛徒"。我同李恩章在长寿湖成了难友，王开泰整成极右，抓到峨边劳改。

在长寿湖我不多言语，仗着身体好，一阵猛干，劳动上没说的，但是我精神上非常苦闷，我仍然思念李松筠，想得心痛。还有，我异常敏感地关注国家大事，在那天荒地老的岛子上，我思绪飞得很远很远。

我没有家，唯一的一个姐姐（也就是解放前父亲病故后与我相依为命的姐姐）是党员，她害怕我染上她，不再同我往来，饥荒年我饿得快死了她都没理我。那些年，我唯一的"亲人"是日记本，我把我心里的话和心里的感情朝日记本倾吐，到1967年东窗事发，我已经密密麻麻记了三大本。当然是偷偷记，很多是诗，没人知道。

1967年，红卫兵进岛来打、砸、抢。我正在外面劳动，听说红卫兵抄家，我脸刷地一下子白了。我本能地产生一个念头——逃跑！但是，往哪里逃，没钱、没粮、没户口、没证件，又能逃多远？

被抓之后我万念俱灰，那几大本日记白纸黑字，有好几首诗骂毛泽东是暴君，是独夫。这是死罪，我不抱希望。

我没上任何法庭，没经过任何审判。在一个万人公判大会上，我被五花大绑，胸前挂一块"现行反革命分子白永康"的牌子，同其他各类"分子"站在一起。我身旁绑的几个人，一个个被点名、宣读罪状之后，吼一声："不杀不足以平民愤！"然后是结束语："判处XXXX分子死刑，立即执行"。每判一个，台下群众都是一阵口号和欢呼。

轮到我了，我不害怕，心如死灰，一动不动地等待那个"结束语"。

"判处现行反革命分子白永康死刑，缓期两年执行！"

我以为我听错了，是不是自己潜意识里渴望活命，产生了"缓期两年"的幻觉。但我没被拖走，这是真的！

至于为啥没马上杀我，我好久都没搞懂。后来得知，是他们认为日记本没有扩散，骂毛的诗没有外传。否则，我必死无疑。

公判大会后，我被押到四川大足县四川省第三监狱服刑。其实，长寿湖也相当于判刑，只是没有铁窗、高墙。

我被分配到第二中队劳动改造。第三监狱共关了长刑犯（死缓与无期）一千多人，分为五个中队，两个中队刷麻纱，织麻布，一个中队搞工业上的产品，一个中队搞基建工作，一个中队搞农业，每个中队下分20个小组，每个小组约15人左右，每3个犯人编为一个监督组，不管解大小便都要一起行动互相监督（省三监狱只关押男犯人，全狱没有一个女犯）。每两个小组共住一个大室，每室一排通铺，睡觉时一人头向墙，第二人则脚抵墙，大小便晚上解在一个大桶内，白天轮流抬出抬进。我在狱中遇到了胡风，我们各在一个组，同住一间大室，一天除劳动外，基本上都是生活在一起，但我们从来没有交谈过。监狱规定各个监督组严格互相监督，不许互谈案情。其实我认出了他，当时没人知道他是胡风，人们叫他张光人。我认出他是因为1955年我看过一幅《百丑图》，上面有胡风的画像，印象很深。胡风那个组是特殊组，不准与任何人交谈。所以，我与胡风关在一间牢房里，有30多人，3年多都没说过一句话。胡风那个组人数较少，只有七、八个人，只负责每天供应刷麻犯人需用的浆糊。1971年9·13事件发生后，胡风产生了自杀的念头，一天，在出工之后他拣了一块砖头砸自己的天灵盖，砸得血流满面，但没死。事情闹出来，大家才晓得张光人就是胡风。从此胡破格升为特殊犯人，关押在一栋有四间平房的小院内（这是省、军级以上干部犯罪后用的，面积有一两百平方米，院内还栽有果树几十株，生活也是开小灶，经常供应罐头等高级食品。）1979年三中全会后，北京派来了小车把胡风接回了北京。

在第三监狱，两年后，我因劳动积极，改为无期徒刑，担任了学习记录员。

在监牢里不能写日记和写诗，我最大的精神寄托和精神抚慰就是夜深人静时思念李松筠。我细细回想我们在蓉城武候祠一块漫步、一块交谈的情景，回想她演出时的表情，她的一举一动。想象她此时此刻在干啥。我闭着眼，不看那个铁窗，在心底默默构思怀念她的诗句，在脑子里修改，一遍一遍地背。我几十年间（到今年初止），共写了两百多首怀念她的诗，其中几十首就是在监牢里默写的，我记在脑子里，十年后出狱，一字不

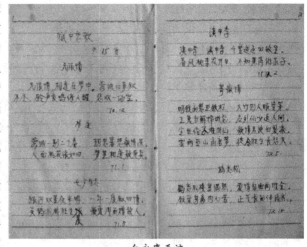

白永康手迹

忘。

1979年的一天，监狱长找我谈话，说根据文件精神，可以改正我的右派冤案。这个时候我对平不平反，出不出狱已经麻木了。我无家无室，无形中把监狱当成了家。我对监狱长说："你们觉得可以平反就平，不平也无所谓，我就在监狱里呆一辈子。"

（注：不可思议的是，在监狱和长寿湖之间，白永康宁愿选择监狱！几十年后，70多岁的白永康老人提到这一点言辞和情绪都非常激烈。）

那个长寿湖在好多方面比监狱还凶！天天人整人，天天学习会、批斗会，你要想摘帽，想探亲，想请假看病，想减轻一点劳动，你就得先去整别人，搞得相互间你整我，我整你，勾心斗角，彼此揭发，用右派斗右派，把人整变了形。在监狱里劳动就劳动，没那些斗争会，没那些思想改造。我在监狱里精神比长寿湖还轻松！

（注：1980年，白永康走出了四川省第三监狱的铁门，回到了阔别23年的校园。当年身强力壮的体育教师，此时已是年过半百的老头子。唯一相同的是，他依然单身。还有一点相同的是，崔书记仍然是校领导。当然，他早已儿孙满堂。）

出狱后，我不打算成家，我心头一直装着李松筠。我千方百计打听她的下落，托旧时的同学，找云南大理体委，都没有结果。1981年，我专程去云南，从昆明到大理一路寻去，还是一无所获。当然，我知道再也找不回成都武侯祠的那个少女，我只是想见她一面，我太想她了。二十多年来她从未离开过我，在我最孤独、最痛苦的时候，在我等待死刑宣判的时候，她都守着我。我想见她一面，我想知道她好，她的儿女好。我只见她一面，就安心了，死而无怨。

现在又过了二十年，还是没找到她，我只有不停地写，写日记，写诗。这成了我一生唯一的渲泄，也是唯一的安慰。心里实在憋得慌，要发狂，不吐不快，就写日记。监狱里没纸笔，就在脑子里写。我把生死看得很淡，就是死也要写。我写毛泽东是暴君，差点送命，但不悔。毛泽东这个人，今后必须清算，他是专制体制里必然要出现的人物，是中国躲不开的劫难。我进监后，曾暗暗许下三个愿望：一、要争取活下来，看见毛泽东死亡，共产党垮台，专制帝国崩溃；二、若获得自由，要游遍祖国山山水水，要找到李松筠；三、能看到中国走上自由民主的道路。

现在第一个愿望实现了一半，另一半我看也快了。第二个愿望也实现了一半，遗憾的是至今没找到李松筠。第三个愿望我想也一定能实现，只是我可能看不到了。中国非要走民主自由的道路，无论怎样艰难曲折，都一定要往那个方向走。搞一党独裁，搞法西斯专制，中国没有希望。我老了，心有余而力不足。但我在自贡读高中时萌生的强烈的追求自由民主的愿望仍然在，我希望出一批新人，继续我们年轻时的那种追求。现在中国有一些民主斗士在监狱里，有一些，如魏京生等在国外，他们是中国民主的希望。

（采访时间：2001年5月15日、6月7日 地点：重庆市五一技校）

采访后记

白永康家里没电话，我在一幢陈旧杂乱的宿舍楼前打听到他的住处。我彬彬有礼地扣门，没反应。

"你要大声点，他耳聋，听不见。"邻居说。

我"啪啪"拍门，仍不应，改用拳头，"咚咚"，"咚咚"。整幢楼都有了反应，除了这扇破破烂烂的木门。

"你还要用劲，"邻居说，"他肯定在。"

我于是使出当年红卫兵的赫赫武功。

十分钟后，门开了，一位老人怔怔地看着我，他衣衫零乱，双手颤抖，一道深深的伤痕从左眼角一直斜伸到左上唇，上唇因而向上歪扯，露出几颗残存的黄牙。

步入卧室兼客厅兼饭厅兼"卫生间"，一股异味扑鼻而来，乱糟糟的床前，安放着一个支在木架上的大尿盆，盆边唯一的靠背椅上，胡乱堆着几件脏衣服。

我冲着他左耳高声报出家门，他万分热情地把那张最舒适的椅子收拾出来让我坐。

他目光单纯而友善，不速之客的打扰给他带来的仿佛是意外欣喜。他微微伛偻身子，吐出含混不清的声音，我收回游移不定的目光，在浑浊的声音中寻觅一位老人深深浅浅的足印。

从残缺的唇齿间，缓缓流出一段段清晰的人生，一股股回肠荡气的真情。我渐渐忘记了他陋室所呈现的一切，只有一个活灵灵的人，在五十年风雨苍黄中沉浮。

两个小时过去了，我问老人可有当年的照片或文字。他说，覆巢之下无完卵，出狱之前早已片瓦无存。但1980年"改正"后又写了一些诗文。说着，他走到床边，从枕头旁拖出一个尼龙编织袋，打开一把小锁，拉开拉丝，从里面掏出两个破旧的塑料日记本和五本《红梅》笔记本。

笔记本上标题是"《道德经》注解新语"。里面字迹纤细工整，密密麻麻大约有十余万字，日记本主要是诗，也是密密麻麻。

"我几乎每天都写，这是我唯一的寄托。可惜现在手抖得利害——前两年跌倒受了伤。你拿去吧。"

我惊讶地望着他。拿去？把自己多年的心血和内心秘密交给一个初次见面的人？

"我这辈子写得多，不是被收缴了，就是送朋友了，都没变成铅字。现在只剩这点，你拿去，我老了，没有用了。"

老人颤颤颤颠走到床头，从席子下摸出一个钱包，"你就在这儿吃饭，我去买点烧腊。"

我慌忙站起来，连声说不用。老人目光切切地望着我，"你不要客气，难得有人来，我想请你吃饭，现在能够聚一次算一次。"

我蓦地感到十分悲哀。

我想起长寿湖另一个独身右派欧文定，他死在家中，一个多星期无人知晓。我建议老人进敬老院，并表示愿意帮助他。

老人笑了笑说："算了，这辈子都是独身一人，剩下这点日子还是一个人过。我生日是7月1 日，不寂寞，年年有人庆祝……"

共产党老了，它的一生麻麻密密，有蝗虫般的文字。

白永康也老了，他脸上深深的伤痕，一定要变成"铅字"！

白永康因这首诗被判为死缓——

《白云囚歌》

身囚白云学鲁班，杰士志难效补天。石破天惊大厦倾，神州生灵堪涂怜。

霸君一纸万民动，沽名钓誉胜三山，十二铜人回头笑，孤魂欲强赢政权。

全民炼钢枉费心，人民公社众难平。妇孺老幼俱疲命，披星戴月苦群黎。

拔苗助长气逞强，回光返照智已昏。神州重见光明日，暴君无处再容身。

白永康自注：此诗成于1958年冬。1958年初，重庆市工业系统和劳动局系统的右派分子集中到南川县的乐村山区劳动改造，余被分配到基建队。1958年大跃进，土法炼钢蔚然成风，农民砸破自家的锅灶，办起了大食堂。农场也响应号召，大办炼钢。白云乡是由南川到武隆县公路上的一个小乡，盛产适用于建炉的耐高温的白泡石，乐村农场场部立即组成白云采石大队，调了一些年轻力壮的右派分子学习开山取石的技术，余被调至白云采石队劳动，直至乐村农场解散，重回城内再分配到长寿湖农场劳动改造。在学石工期间，亲眼目睹了白云乡的农民们，不论男女老幼都投入了大办钢铁的行列，不分黑夜白天都在运石料修建高炉，以致在秋收到来无法分出人力抢收土内的红苕，以致大量红苕烂在土内，余见之有感，故有此诗之成。1959年转入长寿湖农场，此诗曾记于《白泉诗集》之中，在文化大革命中被抄出成为"现行反革命分子"的严重罪证之一，余被判为死缓送到四川省三监狱劳动改造。

2002年2月20日，长寿湖部分难友聚集五一技校李恩章家，悼念白永康（右一为谭松）

白永康于2002年春节大年初一去世，五一技校工会在第二天将遗体送到石桥铺火葬场火化。

白永康孤身一人走完一生，走时，没有任何亲人和朋友为他送行。

白永康去世对我影响很大，好几个月我悲愤而狂躁，一不冷静，我把写他的那部份传到国外（英国和瑞士）我的两个朋友处，

这引起了已经在监控我的国安局的严重不安。

我写了一篇纪念他的文章（未完），后来被抄走。下面是朋友王康写的一首悼念他的诗《大年初一的早上》：

大年初一的早上

——悼白永康先生（二〇〇二年元宵节晚十二时）

大年初一
大年初一的早上
你独自一人，出走
去赴一个神秘的约会
只穿一件白袍
谁也没有觉察
谁也勿需相告

那片山岩上
坟冢巍峨的骷髅地上
云翳阴沉长夜无涯
穿白衣的使者
怀揣含泪的地址
伫立在床前
把屋顶的灯拉亮

你用最后的生命
凝视
谛听
微笑，真是她
洪荒时代就出发的使者
一生一世相约的阳光，终于
明晃了门窗

你起身，下床，跨步
多么陌生啊
又多么熟悉
多么熟悉啊
又多么陌生
你止步，转身，回望
热泪盈眶

你闭目，屏息，关门
你把自己关在
鱼肚白的惨淡的
浮嚣喧腾的，曾经也是你的
大年初一之外，纵然
寒光刺目的钢刃戳过

351

腥气扑鼻的血帚刷过
你的布袍依然洁白，因为
这是你的大年初一
你的唯一的
大年初一的早上

白鹤早已飞走
万里不回头
五千言的天书
是遗世的绝殇
这般抄录的滔滔逝者
已是另番惊悸的狂思
纤细如蝶斑的恋诗
多少高塘苦情，望穿了
多少秋水
请便将肢体凌迟到底

无非是痴心柔柔
浩气堂堂

看哪，万籁俱寂中
箫声如虹
东君如仪
白衣天使簇拥你
欢度并庆贺
你的大年初一
你的阖家安康

星云黯淡
晨光熹微
天门洞开，看哪
我们的慈母正用
弥天飘拂的襁褓
垂泪裹护又一名
遍体鳞伤的圣婴
在这大年初一的早上

王康自注：去年夏天，我曾在长寿湖幸存右派分子一次聚会上远远地见到白永康先生，他那孤独的目光和紧闭的嘴唇，那只有经历了漫长苦难的中国老人的特有形象，令我心痛，令我肃然起敬。白先生是一首诗，作为对共产极权罪恶的控诉和高贵人性的坚守，将长留于霄壤之间。

2001.9.16，白永康（前排右四）最后一次参加长寿湖幸存右派聚会（前排右一为王康、右二为谭松）

补记

2001年9月16日，我第三次，也是最后一次见到白永康。那天，长寿湖幸存右派一年一度聚会，我去五一技校接他。他特意梳理了一番，头发整洁衬衣雪白。他站在操场上等我，一眼望去，白先生散发出一种独特的气宇和风骨。我没有料到，此时，他的生命只剩下四个半月了。

我是在大年初二的下午得到他去世的消息，后来得知，此时，白永康已经被火化了。

他走得非常孤独，没有任何亲人朋友为他送行。他有一个姐姐，是他唯一的亲人，但他们早已不往来。白永康曾告诉我，他姐姐是中共党员，姐夫是国家干部，他们害怕受影响，在饥荒年他饿得要死时都没理他。

白永康去世，她没来，说是身体不好。

五一技校工会主席刘中华告诉我，校方还是对得住他，给他换了一身新衣服。

白永康总算有一点安慰了？？呵？穿了一身新衣服上路！感谢党啊！妈妈！

"黑暗从地底升起，遮住了明亮的天空。"那位卧轨自杀的诗人海子，你为什么这么绝望？！

长寿湖的一些难友们，为未能向白永康辞行感到不安。10多天后，他们聚集在五一技校另一位长寿湖右派李恩章家里，为白永康举行了一个不是追悼会的追悼会。（我和朋友王康也去了。）

李恩章声泪俱下地向大家谈起了白永康生前的最后日子。

在春节前一个多月，由于长期营养不良，缺钙，白永康已经迈不动腿。他挣扎着最后一次来到李恩章家，很愤怒地说，学校对他不公，在"改正"时，就压低他的工资，二十年了，现在他才知道。

他离开李恩章下楼时，已经支持不住身子。李恩章不敢去扶他。"我已经80多岁了，自己下楼都困难，怎么扶得动。我返回家拿了一根拖把递给他，他一手拄拐杖，一手扶拖把，颤颤巍巍往下走。突然他大叫一声：'共产党要把我气死！'"

春节前十多天，李恩章给白永康送去20个热饺子。白永康大喜，一个接一个，一口气把饺子吃得精光。

这是白永康在人世最后一顿丰盛的晚餐。

白永康告诉李恩章，除了四个人，他不想见任何人。这四个人是刘钊、李恩章、周西平、谭松。

刘钊和周西平没有参加"追悼会"。周西平不在重庆。我给刘钊打电话，他声音悲凉："我下床都困难，否则，我爬也要爬去送他……我离他的路不远了。"

白永康为什么提到我呢？我只见了他三次，谈了两次话，总共不过十多个小时。

蓦地，我明白了，也明白了为什么他会把记录自己心路历程的笔记本托付给我这样一个"陌生人"。

他分明已经感觉到自己来日不多。

他凭直感觉得我是可以托付的人。

由于2001年太忙（包括采访百余名《重庆大轰炸》幸存者），我未能细读他的笔记、诗词。他去世后，我才捧起来读。越读，越感到老人灵魂的高贵、心灵的淳朴、情感的丰富、爱憎的炽烈。他忧虑——渴盼祖国尽快走上民主自由之路而又不得不面对岁月流逝世风日下的现实；他矛盾——想从道教中寻求解脱而又不能根除内心深处丰富的世俗情怀。当读到他在他生命的最后一个情人节里所写的14首诗时，我泪流满面。

这位一辈子从未享受过性爱的孤独老人，在生命的最后残光里，是那么热烈地渴盼着爱情和家庭啊！

我想起采访他的那一幕，不禁悔愧交加。

那天采访完后已近中午12点，老人再三留我吃饭，我不肯。他从席子下掏出一个黑乎乎的小钱包，说："我去买点烧腊（卤菜），叫上李恩章，大家聚一聚。"我还是要走，他很恳切地说："难得有人来看我，现在聚一次算一次。"我编了个谎话，说女儿中午放学要回家吃饭。

老人听了这话，眼中马上露出理解的神情，不再坚持了。

我执意要走，原因是老人那间卧室兼客厅兼饭厅兼厕所的小屋里有一股十分难闻的气味，几个小时采访下来，我有些想呕，急急地想走到外面去。

我拒绝了老人生前对我提出的唯一的一次请求。

我反反复复想起老人手捧钱包时的目光——真切、孤独、渴盼。

我在这永远逝去的目光里连连自责，悔愧万分。

能在他的坟前为他烧一炷香吗？他的坟墓在哪儿呢？火焰熊熊，把一个高贵的灵魂，连同对爱情的渴慕、自由的追求、民主的企盼，统统化作一缕青烟，消匿在你东风浩荡，血红万里的长天里。

只剩一把骨灰，洒在这个充满了罪恶和谎言的世界上。

王康在《咏而归》中写道："倘若世界充满了黑暗，死亡，便是通向光明的唯一途径。"

如此，让我为你祝福吧，白永康老人。香烟袅袅升起，经幡猎猎低鸣，我捧一掬黄土，洒一杯老酒——

　　　　—— 啼血长歌，祭望天涯……

2003年7月

白永康1970年6月入狱，1980年6月出狱，十年间，默默在脑子里"写"了大量怀念李松筠的诗，出狱后凭记忆抄写在日记本上，以下三首选自《狱中恋歌》（共15首）

(1) **鹤恋松**

鹤恋松筠岂偶然，爱情自由两难全。

愿受身离内心苦，正气长留伴浩然。

1972年10月

(2) **忆蓉城**

鹤恋松筠遭身囚，牺牲爱情，贵在争自由。花落情长无限意，托与东流。

月里嫦娥当思归，"桂英"、"苏三"，曾否记心头；纵使镜破难重合，武侯祠前情长留。

（肖桂英、苏三都是恋人李松筠扮演京剧中人物。 1973年8月）

(3) **忆知音**

天涯沦落忆知音，儿女情长误半生。

铁窗身囚心已碎，孤鹤不鸣为松筠。

1979年10月

二、白永康出狱半年后，在第一个假期(寒假)时，专程去云南寻找李松筠，从昆明到大理，一路寻去，半月后无功而返，写下滇中行二十一首，以下选二首：

（1）**访松筠**

旧情永难忘，春城千里行。痴心一片滇池诉，梦中见玉人。半生右派怨，十载铁窗凌。鸿雁虽断琴音在，蚕老丝尤存。

1981年元月29日　昆明

（2）**寻李松筠不遇**

离昆大理行，流水空有情。鹤飞千里只为旧，不见意中人。"玉堂春"何在？琴音今尤存。天公有意岂折磨？孤身回山城。

355

1981年2月11日于下关市

三、白永康1980年出狱到2002年2月去世，22年间，写下大量怀念李松筠的诗，以下选五首：

（1）桂东夜梦松筠

桂东深夜梦玉人，默默不语带羞情。

风花水月俱幻境，醒来床头灯光明。

1981年8月27日于桂东（此为白永康寒假游桂林时所作）

（2）水调歌头

月明独斟酒，含怨向苍天，蓉城尤存，迄今三十年。青春似水早逝，白发频生双鬓，孤身不胜寒，琴音又八年，梦声留心间。

滇中行，大理返，长失眠。天公作弄，一别容易再见难。

铁窗身囚无罪，鸣雁失音息断，镜破岂复全？遥寄词一首，祝筠长婵娟。

1984年4月21日于五一技校。

（3）夜梦蓉城旧事有感

蓉城花落年复年，音信渺无两茫茫。

一曲高山知音少，生死未明梦魂连。

生不逢时一生遨，四海为家高歌啸。

终身难忘蓉城事，鹰击长空愿出鞘。

1985年5月10日五一技校

（4）夜思（三首之二）

举杯欲醉复罢杯，心事茫茫有谁知。

孤身傲骨天涯落，魂断蓉城梦依稀。

（5）除夕

不求名利存人间，誓为自由作先鞭。

恋筠甘受独身苦，此情长留照云天。

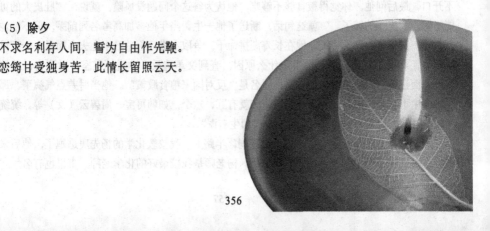

一个"起义右派"和一个"内划右派"

——陈祖翼

——1957年重庆六中教导主任

我是民盟会员，还是民盟六中支部的副主委。1957年注定要挨刀——全国民盟从中央主席、副主席到下面一般会员，一半多人成了右派，劫难，跑不脱。

解放前，1948年，我毕业于东北大学，我曾是校学生会主席，思想进步，搞学运，反内战，反饥饿，闹得欢。为这事我在沈阳被国民党关了100天。解放后共产党一直追问、调查这事，生怕我是特务。

1957年，校长（一个老处女）找了个不是理由的理由，说我是资产阶级右派。我也不申辩，不抗争——反正都要抓民盟。还有，我真心认为，我是旧社会来的知识分子，多少都有资产阶级的东西，需要批判，需要改造，没说的。

1957年暑假，教师在市一中集中学习，主持人是宣传部文教部的部长陈孟汀，他在会上宣讲政策：凡是自己承认自己是右派的，就不斗，不划右，算作"起义右派"，一律宽大处理。我是那次学习班的"起义右派"，果然没挨斗。

半年之后，教师们又集中在三中办寒假学习班，主持人是宣传部长张文澄。（陈孟汀在主持完暑假学习班后，自己当了右派。）这次来势汹汹，"起义右派"照样整归，照样划右，根本不顾当初我们"起义"。这也不怪上面说话不算数，当时，整个社会认为右派越来越反动，是凶恶的阶级敌人，要夺共产党的权。所以，不仅处理越来越重，而且打击面越来越广（主持人张文澄在寒假学习班之后，步了陈孟汀的后尘）。1958年打击面扩大到中学生身上。六中一批高中生，还有其他中学的学生，被集中起来办学习班，要他们讲想法，提意见，向党交心。这些学生都是各学校品学兼优的人物，学生干部，本来一个个积极上进。但是，他们已经看见前面那些人的下场，知道是要抓右派，一个个死活不开口。其实不开口也没用，要完成任务，总要弄些人出来。我有个学生叫周焕坤，一直逼他谈看法，他咬紧牙关不开口。最后问他，你觉得粮食够不够吃，他认为答这个问题没风险，就说："肚皮大的可能不够，肚皮小的够了。"就这句话，断送了他一生。当年他参加高考名列前茅，但不准他升大学，把他下放到长寿湖。他在长寿湖拼命干，争取上进，但总升不上去，而且，一有风吹草动，就要把他整一下。他不知什么原因，直到文革造反，冲进档案室，看到自己的档案，上面记着：周焕坤，内划右派。罪名是"反对国家粮食政策"。他当时差点气疯了。那一批人中不止他，我当班主任时认识的就有五、六个，如韩可宝、周碧云（女）等。统统下放长寿湖，说起来我们算是长寿湖的"师生右派"。

我们六中划了十几个右派，先下放南桐。半路上，我校教化学的杨先庚逃跑了，他后来被抓，关进成都一个劳改农场，不知生死。杨老师是我校最好的化学老师，市里也有名气，很可惜。解放前颇有名气的求精中学（五十年代改为六中）经历一次又一次运动，元气大伤，到了1971年的"净化运动"——即把市委周边学校里"有问题"的教师全部清除——六中已经远远落在一中、南开之后。

在南桐，我校的数学教师赵师明饿死了。死前他全身浮肿，嘴里塞满了豆食（豆豉）——他饿慌了，把咸豆豉整斤整斤地吞。他死时不到40岁。

1960年我们全体转到长寿湖，我在长寿湖劳动15年，你问感受最深的是啥，是劳动！长寿湖劳动强度原本就很大，我自己诚心诚意接受"劳动改造思想"，背煤炭、挖鱼池、下雪天下河、除夕夜加班，没哪样我不是拼命！说来我的悲剧正在这儿，我认为共产党要改造知识分子的资产阶级思想是正确的，我主动配合，诚心诚意改造自己。直到文革我才觉得不对头。现在想起来，还有啥说的，两个字：荒唐！

（采访时间：2001年12月11日，地点：重庆市大坪）

采访后记

今晚，2001年12月13日，中央电视台《焦点访谈》披露，甘肃岷县堡子乡党委书记、副书记（加上派出所）在全乡强制推行评选"劣迹人"运动，每个村必须选出"劣迹人"10余人。"劣迹人"的标准包括"不交税款、罚款"、"穿奇装异服"、"留长头发"等等。

一些村民无法填选或拒绝填选，书记刀法很简单，一、打，二、罚（200元），三、你自己去当"劣迹人"。

如此，全乡共"选"出"劣迹人"120人，最大者68岁，最小者14岁（他是顶替父母去开会，因没填写选表而"当选"）。

"选"出的"劣迹人"集中乡场强迫学习、劳动。

这一幕太眼熟了！只要把党委书记改为毛泽东，"劣迹人"改为"右派"，堡子乡改为中国，派出所改为公安局、法院，乡场改为右派劳改农场——活鲜鲜又一场"反右运动"！

谁说1957年已经成为历史？谁说定"坏人"指标的发明已经作古？

水晶棺材里的"龙体"没有僵硬，保存完好的肌肉很有弹性，哪一天日光西出，阴风冷起，广阔的土地到处是死灰待燃的温床！

面对镜头，岷县县委书记总结教训说：发生这种伤害群众感情的事，主要是乡干部没有学好江泽民总书记的"三讲"（讲政治、讲学习、讲正气）。

当然，时代毕竟不同了，堡子乡也有与1957年不同的刀法——凡不积极评选者，罚款200元，乡党委因此创收近2万元。

这是时代的"进步"。

补记： 陈祖翼先生于2008年12月去世。

358

"孤岛风雨夜，凄然囚徒心"

——向光棣

——1957年北碚兼善中学语文教师
1916年生

我从小喜欢写作，初中时开始在报上发表文章，在当地小有名气。1949年，我的朋友，西南师范学院中文系主任萧蔓若，邀请我到西师中文系任教。我于是放弃了在南京边疆语言研究所的研究工作，来到了重庆。到重庆后，我没去西师，我更喜欢教中学，于是选择了西师旁边那所由卢作孚创办的著名中学——北碚兼善中学。

1957年，学校开始鸣放，我接到南京朋友的信，告诫我，千万不要提任何意见！南京要搞得早一点，已经有提意见的人被整。朋友知道我爱说话，所以一再告诫。那时我对共产党已经有了一些了解，因此打定主意不发言。一开会我就跑，躲着不见。我本来可以躲过那场劫难，但我是民盟，民盟的会我不能躲，会上每个人也要发言。我心想，在民盟内部发言可能关系不大，于是，我谈了几点，一是我对储安平说的"党天下"有同感。我举例说，西师的正院长谢远辉是民主人士，副院长张永清是中共党员，没过几天，上面就把他俩位置调换——党要主管一切。二是我认为肃反冤枉了一些好人，例如我在江苏一所学校当教研组长的朋友汪肖环被无故关押半年多。西师一个系主任同胡风关系好也被关押半年多。三是我对学校的工作提了点意见。我只谈了十几分钟。哪晓得民盟里面的"积极分子"将我的发言整理成材料交给学校党支部，党支部根据这份材料，把我打成右派。

二十年后，我获得"改正"，民盟来找我，希望我重新加入，我坚决拒绝。

我先到重庆南桐矿区农村监督劳动，发18元生活费。我两个女儿，日子很苦，每月每人只有几块钱。下去时，校长对我说："下去一年半载，回来再教书。"

1960年，我从南桐农村转到长寿湖。在长寿湖，我最大的痛苦一是想念妻子和两个女儿，二是因为这种思念三天两头被斗。

我是一个放不下家庭的人，平日劳动要思念，独自看守庄稼要思念，白日里要思念，睡梦中要思念，节假日和妻女生日更要思念。思念得太苦，便要写几行诗词。我在《窝棚夜雨》中写道："孤岛风雨夜，凄然囚徒心，日与山作伴，夜与鬼为邻，有家归未得，无人问死生，安得山中酒，窝棚强自斟。"

（自注：某年初夏，于长寿湖豌豆寨

向光棣1954年结婚照

看守庄稼，独卧窝棚，夜雨无眠，念及妻女，倍感凄怆，赋此以歌代哭。)

在《除夕有感》中我写道："世乱于今又一年，别妻抛女有谁怜。"在《忆江南》中我写："别离恨，恨到几时休？梦魂昨夜妻和女，无言相对泪长流，怎不教人愁。"

写了许多，难免不被人发现，被发现，难免不被汇报，汇报后，难免不被斗。同寝一位姓谢的右派发现了我写的《忆江南》，上交给学习班负责人胡某。胡某组织其他右派，把我一阵狠斗。一位叫XXX的右派，站起来批判我："向光棣说'恨到几时休？'他对谁这么仇恨？他为什么这么仇恨？我看他是要恨到蒋介石反攻大陆时才罢休……"

XXX至今没有向我道过歉，他自己也写过思念妻子的诗。

你问起长寿湖的批斗会，我告诉你，这是最折磨人的手段之一。每天劳动回来，晚上组织所谓的"学习"（批斗），先读毛主席语录，然后把要斗的人一个个抓来站起，下面开始揭发，如你今天又说了什么"反动"话等等。接着要你承认，要你交待。有一次我们开会斗右派欧文定，反反复复的斗，我在下面悄悄写了一首打油诗"今日我斗人，他日人斗我，为人宜宽厚，何苦太过火。"

打油诗被坐在我旁边的右派谢XX看见了，他一把抓去，汇报给指导员。我马上就被抓上

"1958年到南桐矿区农村改造，当时，每半年可以回家探亲一次。这张照片拍于1959年夏。下农村不到一年，同1954年的结婚照对照来看，'神光'尽退。"（向光棣 自注）

去，这一家伙，连续斗我三个晚上！第三个晚上，我站不住了，头昏昏沉沉，身子有些晃荡，脚在地上动。谢XX马上站起来说："报告，向光棣不老实，用脚在地上画0。"指导员没懂他的意思，问："画0干啥？"谢说："他是不接受改造，表示你们斗我等于0。"

"改正"后我为啥很少说话，即便说话也十分小心，并且尽量避免同人接触，有原因的。

现在，我最多独自写点诗，以歌代哭。

（注：2000年11月5日，84岁高龄的向光棣写了一篇文章《写于夜深人静时》，发表于企业文学2001年1期，该文在结尾时有这么一段话：）

小时候，我曾多次听吃斋念佛的祖母摆谈过，说每一个人都有"今生"和"来世"。今生多行善，来世就会多福多寿，儿孙满堂；反之，今生多作恶，来世就会变牛变马，供人驱使。我想，行善得有经济基础，我乃穷措大一个，所以，我未行过什么"善"，这是事实；但我扪心自问，我苟活于人世至今，年已八十有四，确实也从未作过什么"恶"，这也是事实。即使在四十多年前的所谓要使右派分子脱胎换骨，改造成为新人的二十年的监督劳动过程中，我也决不为了要想早日摘掉头上这顶资产阶级右派帽子，而诬陷在一起改造的相同命运的人。我对那些专向管理右派的头头打小报告的无耻之徒，作了一首打油诗讽劝他们。诗

曰："今日我斗人，他日人斗我；为人宜忠厚，何苦太过火。"令我万万没有想到的是，写这二十个字的小纸条儿，却被同寝室的人拿去交给管理右派的最高领导人：指导员。为此，我又被批斗了三个晚上。

祖母宣扬佛教轮回之说：善有善报，恶有恶报。我想，如果把"行善"的范围扩大一点儿，比如说，一个右派分子改造过程中，不出卖自己的良心，不像疯狗一样乱咬同样命运的可怜者，也算是行善的表现，那么，在将近二十年的改造苦难岁月中，我也算得上是在"行善"了。

（采访时间：2001年6月19日，地点：重庆市北碚区兼善中学）

采访后记

在校园内寻找向光棣的家时，看到一尊铜像——著名实业家卢作孚先生的铜像。

兼善中学是卢先生二十世纪40年代初创办的一所中学，这所中学培养了大量的人才。

小时，听大人提起过民生公司，也提到过卢作孚，但不知他是怎么一个人，宣传品中读不到关于他的任何东西。

二十世纪80年代，开始有了对他的介绍。前年我办一期关于抗战陪都的专刊时，细细读了关于他的文字，后来拍《重庆大轰炸》又采访了当年民生公司的职员。

家住渝中区的陈代六老人，曾任卢先生的秘书，一提起卢作孚，马上肃然起敬；家住江北区的杜仁杰老人（民生公司职员）提到卢作孚，立马也是肃然起敬。

"成者为王"的伟大人物说：历史证明，改良主义道路走不通，实业救国的道路也走不通。救中国的，只有社会主义——阶级斗争、暴力革命、无产阶级专政。

同晏阳初一样，实实在在干事，走实业救国、教育救国之路的卢作孚，一进入"新社会"，路就到头了。果然，1952年，卢作孚在绝望中吞金自杀。

我第二次到陈代六家时，老人在反反复复"考察"我之后，交出了一份他写的卢作孚之死的真实过程，他希望我找地方发表——一个卢作孚当年的部属，想在他残留的岁月里，为他一辈子敬仰的人作一点事。

我接过那沉甸甸的稿子，很认真地向我最熟悉的几家杂志推荐。但是，一一被退回。我长叹一声：卢先生你为什么要在"新中国"里自杀呢？

卢先生的铜像默默地立在校园内，一言不发地注视着这所他创办的、现在飘扬着五星红旗的学校。

幸亏，他大彻大悟走得早，没有看见校园内向光棣老师、谢德全老

谭松在卢作孚先生的铜像旁（2003年9月）

师、李岑西老师、张大开老师一个个被打成右派；没有看见他们的妻儿、老母、儿女一个个失魂落魄的样子；没有看见该校的毕业生熊芜君文革惨死；没有看见学校早已变成一个政治洗脑的机器，疯狂敛财的产业，否则，先生作为这所学校的开创者，会有什么感受呢？

采访过向光棣老人后，我便同他保持了联系，在接触中感到老人心地非常善良，非常厚道，有时甚至感觉到他单纯朴实得像个没长大的孩子。

2002年6月，他以86岁高龄，支着手杖，颤颤巍巍地重游长寿湖。

我知道这很可能是他最后一次重返这块土地，于是跑前跟后为他拍照。向老师怕我累着，很不安，眼里充满了关切和慈爱。

可惜那些照片还没来得及寄出，就被国安局抄家时抄得一干二净。

出狱后，我收到向老师寄来的信和50年代的老照片。他邀请我到北碚，要陪我游缙云山，请我吃饭，玩完后还要送我回城。

让一个86岁的老人来陪伴我，安慰我？

我"出事"后，好些人都很小心，怕同我往来，向光棣老人则逆"道"而行。

向老师太单纯了，长不大，学中文一辈子，劳改二十年，永远读不懂这个社会最时髦的字眼："识时务者为俊杰"、"面对现实"、"明哲保身"。

他在信中还说，他请了他的好朋友陈英一块来作陪。

陈英，我永远记得他的坚守："竹子有节不能卖"！

面对向光棣、陈英这样的老人，我回信说："你们站在前面，我仰望着你们，于是，我知道自己该如何做人。"

"1951年末秋末来校任教，1952年7月思想改造。后排右二是我。"（向光棣）

补记：向光棣老人于2008年8月去世。

早知如此，我就跟国民党走了
——曾永臧

—— 1957年重庆第一师范学校教师
1925年生

我1945年在成都师范学校毕业，当了一个乡村小学的校长，不久到成都教书，参加了抗议国民党的罢教活动。1946年到重庆大学，又参加反抗国民党专制的革命活动，随后在北碚考入晏阳初创办的中国乡村教育学院教育系，解放前夕毕业。

1951年，我在担任重庆实验小学校长时，传来消息，家里被划成地主！我又惊又怕，惊的是，全家18口人，共25亩地，人均一亩多，怎么划地主？怕的是，一旦定为地主出身，当这个校长树大招风，不会有好结果。

我想，与其被人灰溜溜地掀下台，不如自己拍屁股走人。我离开实验小学，到第一师范当了一名普通教员，教心理学和教育学。

1957年我既没发言提意见，也没有写大字报，本来可以平安。

一天，我在路上遇到校党支部书记王幼群，他抱怨说，实在太忙了，太累了，什么事都找到他，连一个职工的窗子坏了也要找他。我对他说，你之所以忙，是党、政没有分开，以党代了政。党本应是领导者，监督者，鼓舞者，应当抓大事，把握主要的方针政策，不一定非要管具体的行政琐事。王书记听得直点头，还向我表示感谢。

下半年反右，王书记将我抛出来，说我攻击共产党，认为共产党不能以党代政。我就这样当了右派。王书记本人对我没有个人恩怨，他也不是故意要整我。他把我抛出来，是上面有指示，要重点整民盟的人，我是民盟，他只得拿我下手。

在几个民主党派中，民盟不仅敢说敢言敢写，而且说得有水平，写得有力度。毛泽东解放前十分赞赏民盟的骨气和水平，解放后他又最恨这两点，非整民盟不可。1957年的反右运动，民盟遭到了灭顶之灾。从中央主席到下面一般成员，一多半的人被打成了右派。我们学校共划六个右派，五个是民盟。

我们六个人既不呼冤，也不鸣屈，除了一个叫姚家骏的教师觉得实在冤枉，作了一点争辩之外，没有一句反抗的声音。

我为啥马上低头认"罪"，不吭声？原因是我对共产党已经有了了解。

我有两个舅子是公安局的，他们对我说，只要被抛出来，就算定案了，即便整错了，也要错下去。我结合自己那些年的观察，到1957已经明白了一个道理：共产党若要整你，你就毫无办法了。不是死也是死，越辩解越喊冤整得越重越惨。所以，不如早点承认，少受点罪。我小时看过一个戏，说一个将军叛国，将军据理力争，将法官辩得哑口无言。法官最后一拍桌子说：老子就是要杀你，你再有理，老子也要杀你！我认为共产党毛泽东就是那个法官，无理可讲。认清了这一点，我就有了对策。绝不花力气去讲道理去上告，党说什么我就承认什么。这一招还灵得很，我后来在长寿湖少受了很多罪都归功于我这个宝贵认识。共产党说某右派顽固不化，在某种意义上说，真还说对了，有些"顽固不化"的右派就是一直看不清这点，不断辩解，不断上告，结果一层一层往下打，直到打入十八层地狱，吃了大亏。

在毛泽东死之前，有哪个右派是因为辩解，因为上告得到改正的？

由于学校六个右派都老老实实认罪服法，因此，书记很高兴，他说："我们学校任务完成得很好。但是，运动没有完，市八中有几个右派死不认错，一直在顽抗，接上级指示，我们要去支援八中。我们学校的右派，要去批判八中的右派。"

最好笑的是，在我们出发去"支援"之前，上面有人来给我们讲共产党的政策。他说："我们共产党是最讲道理的，只要说得脱就走得脱，绝不会冤枉一个好人。"我听到这话，暗暗好笑。

我到长寿湖后，活得比较"潇洒"。我毫无负罪感，没有心理负担。我的精神支柱是：我曾永藏没有做一件对不起国家、对不起民族、对不起人民的事，历史将判我无罪；历史将宣判判我有罪的人有罪！

到1957年，我对这个新社会已经有了两点深刻的认识。

第一点是，这个社会已经被统治成铁板一块，作为个体的人已经无处可逃。解放前在国民党统治下，个人要自由得多，既没有城乡之间的鸿沟，也没有行政单位的束缚，没得户口制度，更没有"粮食关系"（没粮票，你动一步试试，饿死你！）。拿我来说，我毕业后到乡村教书，不愿意了就转到成都市，在成都闹事（抗议国民党）后我又跑到重庆大学。在重庆大学搞了一阵革命活动又自由自在地来到北碚读书。总之，感觉到那个社会自由度相当大，到处是眼子。到了"解放后"的新社会，个人的自由被剥夺得干干净净，每个人都被变成了"螺丝钉"，被固定在那架庞大的机器上，一旦离开那架"机器"便难以生存。1957年八中那几个"顽固右派"教师，就是没看清这一点，他们选择自谋出路，其结局比我们服从国家安排，下长寿湖监督劳动更惨，没有有关单位的证明，他们不可能找到任何工作，连去拉板车，或者摆个老荫茶摊，都要经过街道办事处的同意。没有户口，你就是"黑人"，要被抓，没有粮食关系，你就领不到粮票，吃不上饭。你还敢随便动弹？而运动一来，被斗、被打更是家常便饭。旧社会还可以出"白毛女"，逃到山上，新社会你想当白毛女都不行。

第二点是，在"解放后"的新社会，任何一个行政单位（包括学校）都可以拥有审判和宣判一个人的司法大权，可以随便把人抓来关起（名曰隔离审查）。单位的领导，或者是党组织，可以整一个人的材料，罗列，甚至编造罪名，把自己的职工、干部、教师送去劳改，或者送进监狱。很多人被关了十几年二十年，没有经过任何司法程序，甚至不知道自己究竟犯了什么罪。如果这叫无产阶级专政，那实在是中国历史上的空前创举，也实在是前所未有的恐怖。

对言论的限制更是可怕。我在长寿湖，唱一首歌颂社会主义的歌曲，"马儿哪，你慢些走"，被抓出来斗，说："社会主义就是要快步走，你这个右派分子，为什么要唱慢些走？"右派练冰梧在一次扫厕所的劳动中顺口说，厕所另有几种叫法：松活堂、东池、毛尸（茅厕）。被抓出来斗，说他影射毛泽东。总之，我们知识分子遇到共产党，实实在在是秀才遇到兵。

1979年，我结束了20年的劳动改造，回到学校。重新执教后，有学生问，什么是毛泽东思想？我反问学生，有的学生说：是"实事求是"，有的说：是马列主义与中国实践的结合。等等。我在课堂上差点脱口而出：毛泽东思想就是在马列主义的神圣外衣下的暴君、专制、独裁思想。

说到这儿，我不得不说，对毛泽东这样一个暴君、刽子手，至今仍将他的画像挂在天安门城楼上，这是对全中国人民的一种侮辱、一种讽刺。我感到悲哀的是，毛泽东造成的灾难我们几代人都难以肃清。

我获得"改正"后，当年整我的书记王幼群一再向我道歉，甚至赔罪。他算是有良心的人，至少后来良心发现。我对他说，你不用向我赔罪了，个人的苦难我不再去计较，你同我探讨一下中国怎么办？中国走什么路才好？说起来这又回到中国知识分子上世纪前半叶的探讨和追求。

现在社会问题堆积如山，官僚腐败盛况空前。仅说师范教育：解放前在兵荒马乱的情况下，国民党办的师范学校都不收费。我读成都师范和资中师范，一分钱都不要，我哥哥读成都师范时，还发他四个大洋。他给家里交两个，自己零用两个。现在共产党在和平年代治国五十年，说是综合国力大增，但师范收费越来越高，教育收费越来越狠，不仅穷家子弟读不起书，连"小康"之家也喊遭不住。现在中国的教育现状是：一方面学校收费猛增，一方面教育水准每况愈下，我作为一个学师范，搞了一辈子教育（中间有20年劳改）的知识分子，看到这种现状，很着急：中国的教育像这样走下去，怎么得了！

我们的学生去参观了白公馆，渣滓洞后回来说："江姐如果看到现在这么腐败，一定不愿去受竹签子的苦刑。"现在，我们用什么去教育学生？学校已经变成一个唯利是图的，一心搞创收的产业了！

前些年有人动员我加入共产党。我回答：其他不说，仅是要求党员作党的驯服工具我就做不到。要一个活灵灵的高贵生命去做工具？！只有野蛮的奴隶社会才会如此要求。我不愿意当工具——那怕仅仅是口头上这样说我都反感。

最后想说的是：中国必须赶快进行政治体制改革！今后不管谁上台，如果抛弃了民主自由，中国不会走向真正的繁荣富强，也不会真正融入世界主潮流。

采访完后，曾永臧送我出门，告诉我一件事：

1957年全北碚中小学教师集中在一师学习。有人揭发一位教师XXX（曾永臧回忆不起名字），说他提过，他解放前坐过飞机。XXX被马上被勒令交待问题。（当时认为，解放前能坐飞机的人一定是官僚或有钱人）他肯定历史上有重大问题没交待。XXX被斗时说，他从没坐过飞机，是对同事吹牛，想炫耀。但没人相信，说他不老实，继续斗。XXX在一个夜晚爬上一师的教学楼，从四楼跳下，气绝身亡。

（采访时间：2001年6月19日，地点：重庆市北碚区）

采访后记

采访完曾永臧，已经是下午5点多钟，云暗天低，大雨滂沱，曾永臧冒雨带我去看那幢教学楼。

一师干净、整洁、绿荫满目。曾永臧指着一幢四层楼的房子说："我记不起名字的那位教师就是从那儿跳下来的。"

　　雨，哗啦啦地越下越大，举目不见任何人踪。44年过去了，雨水早已冲洗了一切，只有一点记忆，残留在曾永臧脑海深处。待曾永臧也走向永恒的命定，又一段冤屈便彻底洗尽。

　　76岁的曾永臧老人想必早已意识到这一点，所以，我来采访，他连连说："好哇，好哇，这是功德无量的事。"

　　告别曾永臧，从北碚赶回杨家坪，雨打在车窗上，我感到世界一片宁静，宁静中便胡思乱想：从四楼往下跳，"飞"在空中是种什么感觉呢？那个同事为什么要为这么一点事站出来揭发？是什么把每一个人都变成监视别人的密探，或者看成可疑的"潜伏特务"？ 我们的后代读不读得懂那一段历史，相不相信我们的文明史上有那么一段不可思议。还有，那个揭发XXX的人现在在那儿呢？他看到XXX血淋淋的尸体会有什么感受？

　　我一路胡思乱想，在黄昏的雨中湿淋淋地前行……

1957年反右漫画

长寿湖是人间地狱！——余洪洲

——1957年重庆42中语文教师
1924年生

我1942年毕业于涪陵师范专科学校，毕业后当小学教师。1947年来到重庆，想在大城市里谋个发展。解放后我在菜园坝小学当老师，由于教书教得好，多次被评为优秀教师，1955年把我提升一级，进42中当了中学教师。

1958年，学校的右派一个个都抓出来了，没有我。当年7月份，学校又组织一次学习班，凡是解放前毕业、解放前参加工作的人都要进学习班。干啥？交待解放前的历史。这种事以前干过多次，比如，"向党交心"运动、"忠诚老实"运动等等。我没啥可交待的，从学校到学校。但是，1947年我刚到重庆时，没找到工作，别人介绍我到枣子岚垭的一个单位去当过工友，我去后才发现，那是国民党中统局在重庆的分部。我在大门口当收发员，总共干了两个月，找到工作后（江北寸滩一个小学当教师），我就离开了枣子岚垭。那两个月我除了干点收发，没干任何其他事，更没有加入任何组织。

我根本没把这事放在心上，两个月收发员，算啥？

上面反复叫我们把解放前的根根底底都抖出来，向党交心。我想了半天，要抖，只有抖这事。我没做什么，以为没关系。还有，我以为共产党真的像他说的那样，主动交待，既往不咎。

我太老实了！我一辈子都为这事后悔。老实，老实毁了我一辈子，毁了我全家！我不说屁事没有，打两个月零工，哪个晓得？一交待，脱不到手，纠缠我几十年！

主持学习的那些人高兴得很，挖出了一个中统特务！

两个月后，我被赶出学校，发18元生活费，下放南桐农村监督劳动，没有给我宣布任何处分，也没戴任何帽子，只叫我走人。

我这一走再没回到42中。1979年"改正"后，也没向我宣布，只是不再劳动，准许我教书——在长寿湖回龙中学。

所以，我体会，一个人一生的生生死死，系于共产党随口一句话。

在南桐，教师死得多，尤其是岁数大点的，多半活不出来。有个叫周远达的教师右派（哪个学校的想不起了），他年龄大了，又累又饿，拖不起，我和他一起从山上劳动回来，刚坐在桌子边，他身子突然一歪，倒在地上就死了。

我幸亏年轻，身体好。

1960年，我们转到长寿湖，我到的高峰岛。这里并不比南桐好，而且，长寿湖极左，整人整得凶，根本不把我们当人。

我在重庆有个家，母亲、老婆、一儿一女，我只有18元生活费，为了保命，家里所有东西卖得精光。还是不行，1960年先是我母亲饿死，接着是我大儿子病死。家里发电报来，农场卡住不通知我，他们死了好久我都不晓得，长寿湖没得人性！

但是，老婆寄来一纸离婚书，农场通知得飞快，立马送给我，要我签字。

这对我是晴天霹雳！我根本没想到她会离开我。她是我从涪陵家乡带出来的农村姑娘，我教她文化，培养她学习。她没工作，我一直养着她到1958年（1958年后她才找了个工作）。在她最困难的时候，是我帮她，改变了她一生，但是在我最困难的时候，她甩手就走。走得突然、绝情，不吭一声，毫无商量，陡然一纸离婚书寄来让我签字！

我知道她日子很难，但我们是患难夫妻，要离，也该打个商量，要走，也该让我见一眼女儿，所以，我不原谅她。现在我回重庆见女儿，与她近在咫尺，但就是不见面。

1960年，母亲饿死，儿子病死，老婆离婚，女儿被带走，我在高峰岛孤零零，束手无策。

那一年的苦难还多。我在高峰岛上的难友，一个接一个水肿，死的死，亡的亡。我也水肿，家庭保不住，自身也难保。一个叫罗宇的教师右派，饿得乱吃东西，连树叶都放在嘴里嚼，搞得拉肚子。岛上没药，没医生，没人管，他拉得死去活来，痛得在地上打滚。我眼睁睁看着他乱抓乱啃，蓬头垢面，枯瘦如柴。他落那口气呀，惨！

余洪洲在高峰岛前（2003年6月，谭松摄）

我们把他拖出去草草埋了，没棺材，更没有亲人为他哭，他还不到三十岁。他的死对我打击非常大，长寿湖在我眼里是个恐怖的世界，一个到了尽头，马上要毁灭的世界。我想到自己，觉得自己生命也到了尽头。我们这群人，不是人，没人把我们当人，没有徒刑，但遥遥无期。劳动有你的，死活没人管，罗宇的今天就是我的明天，我真绝望了。

从南桐起，与我一起劳动的，好些人一个个倒下去，我哪一天步他们后尘，不奇怪。

1960年，我作好了死的准备。

……

1963年，市教育局把我们这些下放教师全体开除公职，老家在农村的发回老家。我已经没有家了，留在农场。生活费从18元降到16元，扣除四元给女儿，我每月只有12元。1979年"改正"，我进了长寿湖边的回龙中学，站了半年讲台就退休。

在长寿湖，由于我一直属于未摘帽的分子（当初根本就没戴帽），所以，最重最累的活都是我干。还有一项任务，埋死人！凡是死了人，不管是自杀、病死、打死、饿死都叫我去埋，连文革中武斗打死一个"造反派"，都是我埋的。

长寿湖边，有好多孤魂野鬼！你们说长寿湖风光美，我看到的处处是死人惨白的脸。我最后给你说一句话，长寿湖是人间地狱！！

（采访时间：2001年12月13日、2003年6月14日　地点：重庆大坪、长寿湖）

采访后记

余洪洲是几个永远留在了长寿湖的分子之一，他后来同一个农村妇女（寡妇）结了婚。

2003年6月，我在长寿湖谷黄村一个偏僻的农家土屋里找到了余洪洲。79岁的老人，身材修长、五官端正、动作敏捷，其气宇、其风度与周围的环境形成很大的反差。从他居住的山坡上，可以远远地望见高峰岛，望见那风光秀丽的"人间地狱"。

老人一生中最黑暗的日子在高峰岛，最恐惧的世界是高峰岛。

高峰岛，长寿湖中一个风光旖旎的旅游胜地。岛上树林葱郁，曲径通幽。有水波涟涟的池塘，年代古远的寨门，浑然天

"人间地狱"高峰岛

成的草坪，翻飞欢叫的水鸟。每天，有"龙凤呈祥"的彩色游船，满载红男绿女，来岛上觅幽探胜。

2001年10月24日，我们一行人登上高峰岛。正是金秋风高日朗的季节，空气中一尘不染。秋阳暖烘烘透过树林，斑斑驳驳，洒在铺满金黄落叶的小径上。清风从湖面吹来，万叶颤动，飒飒簌簌。登高临远，秋水长天，飞鸟低翔，俨然一幅宋元山水画。同行的四川美术学院教授王晓剑、岛子扬言，一定要带学生来写生。

高峰岛会是人间地狱？！

一个人，要绝望到何种程度，才会把这儿看作是"最恐怖的世界"。

长寿湖的"守墓人"——当年的右派李宁熙——指着一棵大黄桷树说，那些年右派们就住在树旁。

顺眼望去，那儿真是一处疗养胜地。满地绿茵，一泓碧水。

时光倒退回去，这儿是什么景象？

一群"怪物"，脸泛青光，全身浮肿。

一尘不染的空气能吃吗？美丽的黄叶能吃吗？

"扑通"，一个蓬头垢面倒下去了，"扑通"，一个全身浮肿倒下去了……

右派罗宇在地上翻滚挣扎，生命的残光在湖畔"宋元山水画"中一点点消逝。

埋他的余洪洲老人也找不到他的尸骨了，他只有对一个聆听者说："长寿湖是人间地狱……"

谭松第五次到高峰岛（2005年9月）

高峰岛依然美丽，仿佛什么都没有发生。又一船红男绿女来了，欢声笑语与湖光山色交融成辉……

竹子有节不能卖—— 陈 英

——1957年重庆市城建校语文教师
1926年出生

解放前母亲怕我被国民党抓，成天提心吊胆，1949年她放心了，说："现在是共产党的天下，你安全了。"1957年我被打成右派，押往农村监督劳动，妈妈眼睛都哭坏了，她说："现在是坏人整好人，但这不是毛主席，毛主席不会做这种伤天害理的事，是下面的坏人干的。你要去找毛主席！去找毛主席！"

我出生在江南农村，抗战时就读于迁到四川万县的上海法学院，在该院的新闻专业毕业。毕业后我在重庆《新民报》和《武汉时报》当记者、编辑。国共和谈时，曾在重庆七星岗中苏文化协会采访过毛泽东、周恩来，在武汉采访过周恩来与国民党的郑介民、美国的白鲁特的行辕谈判。1946年，又进入复旦大学新闻系读了两年。毕业后到上海《民国日报》当记者，1949年初该报派我到重庆采访，在四川一直呆到解放。

解放前，我思想很"左"倾，虽然没加入共产党，但同地下党联系密切，我到凉山去采写揭露国民党92军的劣行就是受地下党的指派。解放前夕，我被特务追踪，跑到了万县，我在那儿按地下党的指示办了一份《中国民主报》，解放军入城那一天散发到大街小巷。《中国民主报》是我迎接新社会到来献上的第一份礼物。我高兴得不得了，我妈妈也放心了。她一直担心我被国民党抓，提心吊胆。她说："现在是共产党的天下，好了好了，你安全了。"

解放后我到重庆市工商局工作。1955年反胡风，突然宣布我是胡风反革命分子，而且在万人大会上当众宣布。原因是我以前在武汉见过胡风一面，向他约过稿。半年后又突然说我不是胡风分子，几个人口头通知一声就算完事。我要求也要在大会上当众宣布，没人理睬。我由此萌生去意。

正好这时市委宣传部的张文澄搞了个招聘委员会，我去报了名，想挪个窝。我的名字被我当年在《新民报》的同事姚江屏看见，他任重庆城建校副校长（没有正校长），主管教学。他力邀我到城建校任教，于是我进校当了语文教师。

1957年，上面来人请姚江屏给党提意见。姚说，我是民盟，管总务的副校长是共产党员，对内对外很多事都找他，我工作起来不大方便。

第二天，重庆日报刊出：城建校的姚江屏说，民主党派有职无权。

姚校长因此被打成右派，而且是极右，押到四川峨边劳改，现已去世。

学校党支部书记找上门来，三番五次要我揭发姚江屏。他说：只要揭发一点、两点就行了。当时，我对党发动的那场运动是百分之百的支持，不要说是朋友，就是亲人，我也不会庇护。同样，我只要认为他没问题，决不会乱说半句。党支部书记警告我："你如果揭发他，你还是我们的同志，否则，我们只能按同情右派对待你，你必须认真考虑。"我回答说："我没有什么可揭发的。"他们又动员我妻子来作我工作，非要我就范。我妻子了解我的为人，况且她也不愿意我乱咬人，诬良为盗。最后他们竟诱逼我妻子在会上揭发我，要她大义灭亲。妻子是党的积极分子，对党一片忠诚，既然党反复要求她，她不能不听党的话。于是，她揭发了我三条，其中最严重的一条是"反对合作社"。

起因是这样的，她同我去合作社买蚊香，去了几次都缺货，我说了一句："这么热的天没蚊香卖，合作社太不负责任。"这便成了"反对合作社"。我看到妻子在会场上非常为难，为了减轻她的精神压力，我当场表示："我承认自己是右派，行了吧？"

但是，承认是右派容易，要交待反党罪行很难。当时我对党一片赤诚，实在没有罪行可交待。

党支部书记和党员副校长还找了我两条"罪状"。

一天我去上课，学生们嚷着要我讲解当天发表的毛泽东《蝶恋花·答李淑一》。我说，我还没看，怎么好讲。学生把报纸递上来，一定要我先粗略讲一下。一个同学问："'蝶恋花'是什么意思？"我说，这是词牌名，大致相当于今天一首歌的曲子，比如《东方红》这首歌的曲子，我们在歌颂党和领袖时可以填上"东方红，太阳升"的词，如果要揭露帝国主义的腐朽没落，也可以填上"西方黑，太阳落"的词。下课后，一个学生马上跑到那个党员副校长处，说我在课堂上攻击毛泽东思想。

另一条是攻击政治教员。有一次几个教师在一起发牢骚，说，政治课为什么非要党团员才能教，这是宗派主义。我正好从旁边经过，便说："哪个党都要抓政治。解放前教公民课、三民主义课的还不都是国民党员、三青团员。"他们听了相视而笑，我知道是笑我"左"，但口头上表示"深受教益"。反右斗争开始后，他们怕我揭发他们，便串通起来检举我，说我攻击政治教员，把共产党的政治教师同国民党的公民教员相提并论。

我当右派有了三条罪状："反对合作社"、"攻击毛泽东思想"和"攻击党的政治教员"。

1958年4月5日，是我终生难忘的日子。主持反右斗争的总务副校长最后一次找我谈话。也是给我最后一个机会：只要认错，就可以从轻发落。我不识相，仍然一条条辩解，比如我说，批评合作社基层门市在夏天不供应蚊香怎么是攻击合作社制度？他们不仅是对消费者不负责，也是对合作社本身的效益不负责。批评这种渎职行为成了罪行，起码的是非观点都没有了。副校长说："你的问题确实不大，完全可以从轻处理，你要承认了，（右派）帽子都不戴。但是，你态度太恶劣，始终不认罪……"我听到这儿，打断他的话说："校长，随便组织上怎么处理我都接受，包括坐牢，但说我'态度恶劣'，我不能苟同。打个比方说，我如果偷了你的东西不承认，那是恶劣；如果没偷却认帐了，也是恶劣。我认为我是属于后一种。把一个正常人的理智行为说成'太恶劣'，我无法理解。"

我逐条反驳他，气得他双眼发红。他说："你是新闻记者出身，你这张嘴我说不赢。"

就这样，我失去了最后"悬崖勒马"的机会。

突然，他对我大吼一声："听到！我代表党组织宣读处分决定：……撤职，送农村监督劳动！——你接不接受？"

"接受！"我回答得很干脆。

"好，你现在回去，把家里事安排一下，明天由丁书记送你们去南桐农村。"

当天下午我回到家，妻子看见我很高兴，叫我到床上去看刚出世20多天的儿子。我一见到幼儿的脸，眼泪就流出来。

"爸爸，你哭啥？"四个女儿（我共五个子女）呆呆地望着我。

我抹掉眼泪，告诉妻子我要到农村劳动改造。

妻子脸色发白，但她没有哭。她竭力想安慰我："到这个地步，只好认命。你不要太难过。我确实没料到，我被骗了，我对不起你。"

我问她："你说被骗了，被谁骗了？"

"被丁书记。他肯定说你没有右派问题，揭发你是为了帮助你在运动中克服小资产阶级的通病，以便日后更好地为党工作。他再三劝说，我才讲了些话，哪晓得会是这样……"

那一夜，是我有生以来最悲酸的一夜。我想到母亲、妻子和五个儿女。我再也没有钱供养他们了。他们是无辜的啊，为什么平白无故遭此劫难！这场斗争中全国有多少受牵连的母亲，妻子和儿女？我母亲为我的事，后来眼睛都哭坏了。但是她说："现在是坏人整好人，这不是毛主席，毛主席不会做这种伤天害理的事，是下面的坏人干的。你要去找毛主席，去找毛主席！"

那一夜我一直在流泪，彻夜未眠。为了不让妻子发现，我一点声都不敢出。时钟敲了五响，我悄悄起床。

妻子突然一把拉住我说："还早，再躺一会。"

原来她也是通宵没入睡。

我起床逐一看熟睡的儿女，泪水忍不住又要流下来。我对妻子说："我这一走，不晓得好久能回来，只有偏劳你把孩子带好。"

妻子到厨房给我做吃的，我说用不着，我吃不下。她坚持要做。

天刚露出鱼肚白，孩子们还在熟睡，妻子送我出门，我看她要哭，赶紧扭头……

我必须要说一下我妻子左世兰。

我与她是1948年在南京协助地下党援救被捕的进步作家骆宾基的过程中相爱的。1949年我俩在重庆结婚，当时她在国立女子师范学校教舞蹈和体育。1956年我到城建校后她也调到该校。我当右派后只有12元生活费，我母亲和五个儿女全靠她每月62元工资生活，家里经常没钱买菜，逼得我母亲60多岁了还出去打工。我同妻子感情很好，虽然她在丁书记诱骗下揭发了我，但我当右派后她坚决不同我离婚。那些年除了经济上，她政治上的压力也很大。

1961年，我大女儿报考外语学校，因为父亲是右派，政审不合格，被拒之门外。妻子和大女儿很伤心。1963年，二女儿小学毕业，眼看着又可能升不了学，妻子很担忧，给我写信来，征求我的意见：为了儿女们的前途，可不可以离婚。我回信同意。于是，1963年我们离婚了。

我妻子本是一个性格开朗、能歌善舞、身体很棒的人，1957年让她整个人生变了样，她太劳累、太焦虑，吃得又差，身体迅速垮了。在文革开始那年，她终因积劳成

陈英妻子左世兰

疾去世。那时，她才38岁。

多年来，我一直觉得对不起她，如果不是因为我，她绝不会去得那么早，也绝不会去得那么悲凉，那么凄惨。

我的五个儿女现在都不大同我往来，感情很生疏。我没有尽到父亲的责任，反而给他们带来无穷的灾难。我四个儿女下农村当知青，留下一个有病的小女儿在家，无依无靠。那些日子，不堪回首。

（采访时间：2001年7月22日，地点：重庆市XX学校）

采访后记

陈英不肯违心地揭发别人，弄得家破人亡。

2001年7月22日，我坐在陈英老人那间简陋的房间里，面对孤独老人问道："你当年只要揭发一、两点，整个人生和家庭就是另一个模样，你后不后悔？"

老人斩钉截铁地回答："不！"

接着，老人讲了一段往事：

我小时候家里很穷，常常吃了上顿没下顿，有一年春天，奶奶带我到自家的竹林去挖竹笋充饥。我看见别人在田里耕种，就问奶奶为什么我们没有田。奶奶说，以前我们也有田，后来家庭困难卖了。我说，现在家也困难，为啥不把竹林卖了？奶奶告诉我，爷爷说过，竹子有节不能卖。这是祖宗留传下来唯一不能卖的东西。当时我太小，不懂得什么叫"竹子有节不能卖"。后来我读书，读到苏武牧羊，明白了一点。毕业后我回老家，一个私塾先生对我说："你爷爷很有气节，日本人用刺刀逼他出来当会长，他坚决不干，日本人一刀杀下去，血溅出来，他立着不倒，还是不干。"

那一瞬间，我豁然明白了什么叫"节"，懂得了为什么我的祖宗一直不卖竹林。

这片"竹林"不能在我手中卖掉。

高峰岛上原右派驻地旁的一棵大树

从位于化龙桥半山腰的陈英家出来，山城火辣辣的太阳当空毒照。我不知道该不该买瓶饮料，前几天报上说，据抽查，47%的饮料不合格。

在"唯物主义"五十年火辣阳光毒照下，什么"气"，什么"节"都蒸发完了，辽阔广衰的土地上，只沉淀了功利，只留下了假大空的话语系统，以及这个假话系统的物质体现形态——铺天盖地的假冒伪劣产品。

陈英老人在1949年前受到的教育已经后继无人。什么叫"竹子有节不能卖"？"气节"是个什么东西？

在"不管白猫黑猫，抓住老鼠就是好猫"的滚滚热浪中，"有节的竹子"枯萎凋零。

陈英老人已经76岁了，在他走向命定的归宿之后，"竹子有节不能卖"这个祖传的家产，会不会从此失传？

上世纪九十年代初，长寿湖难友重返长寿湖，女右派贾唯英（原重庆日报副总编，已去世）望着湖水泪流满面地说："长寿湖一定要建一个纪念碑，一定要写出那段血泪史。"陈英老人回来后，写了近6万字的《血泪年华》，记载他在南桐和长寿湖的经历。

补记： 陈英老人于2008年初去世。

谭松与长寿湖三个教师右派陈英、向光棣、曾永臧合影于北碚兼善中学（2003年9月）

这场以摧毁国人的良知为代价的政治运动所采用的种种卑鄙手段，已经成为下流无耻的同义词。就像数学领域里的哥德巴赫猜想一样，反右运动给后来的人们留下了许多难解之谜，由于这些谜过于违反人类的常理，所以，一些后来的人甚至不愿相信：难道这一切不可理喻的事情都曾经真正发生过？那些在运动中一边咬牙切齿地置无数正直的知识分子于死地，一边开颜大笑弹冠相庆欢呼伟大胜利的人，心肝到底是什么做成的？

陈仁德（重庆作家）

从"洋买办"到"6835"——*汤儒君*

—— 1957年重庆工农速成中学总务干部
1926年生

我这条命是捡来的，活到今天算我命大。

我出身在一个富豪之家，解放前家大业大，有房产，有工厂，有土地，现在朝天门街道办事处那幢房子以前就是我家的私产。1947年我在东北财经学院（抗战时迁到重庆市中区，现外科医院）工商管理系毕业后，在南岸西湖中学当过教师，管理过我家在唐家沱和市中区的工厂。

那是我一生中最风光的时期。大学毕业，银子大大的有，头发梳得油亮，西装穿得笔挺，皮鞋是专门定做，连拴狗的链子都是银子做的。

唯一不顺心的是家里给我包办的婚姻。我去相亲，一眼看见一个漂漂亮亮的姑娘，我心中大喜，正要眉来眼去，家里人说，错了，错了，不是她，是她妹妹，旁边那个。我定睛一看，哇，我的妈，一个十五、六岁的黄毛丫头，还没长成熟。我不干，想要她姐姐。一打听，漂亮姐姐已经嫁人了！我这个人性子烈，在学校就爱打架，想逼我成亲，没门！我一气之下逃到湖南，在那儿打了一大架。你看我左下颚这条伤疤就是那时留下的。

解放后，我家的所有财产被收缴得干干净净。记得退押时我父亲叫人挑了满满两担票子清退。多的干脆不要了，全部上交。我父亲这个人一辈子仗义疏财，交得起租就交，交不起就拉倒，从来不逼。所以，解放后虽然被划作"工商业兼地主"的成份，但那些租户都不恨他，更没有人起来斗他打他。再加上父亲干脆，所有财产你共产党全拿去，竹筒倒豆子，一点不剩。这可能是父亲没挨什么整的原因。

刚解放时，一位在大西南广告社当社长的朋友买了一所学校，请我去当教务长。没多久学校被收为国有，把我安排到位于小泉的"革命大学"学习。我在那儿读了四个月报纸，就算毕业，分配我到四公里的工农速成中学搞总务。

我犯了一个错误，把旧社会的一些习惯带到了新社会。一是我口无遮拦，喜欢提意见，而且还要幽默，搞点笑。二是我注重服饰仪表，一向穿得整整齐齐，干干净净。针对这两点，学校的人给我取了两个外号："汤大炮"和"洋买办"。

但是，学校又离不开我。我口齿伶俐，善长交际，精通财务，无论是对内管理，还是对外交往都是一把好手。所以，虽然"大炮"、"买办"惹人嫌，但在1957年大运动到来前，我还是相安无事。

反右时，学校党支部书记刘炎本来不想打右派，他对市委说，我们学校都是工农学员，没右派。市里批评他，说全国都反右，工农速成中学怎么会没有右派。市里就把刘炎和校团支部书记暗定为右派。刘炎见势不妙，赶紧抓。第一个被抓出来的是学校的出纳李华伟，他没有任何言论，只因为解放前在罗广文部队当过司务长，所以挨了头刀。接着抓会计刘景向，还抓了一个学生会主席。我是最后一个。

说来算我运气不好，也怪我头脑发热。当时党号召提意见，要我争取入党。我想入党，当然就要表现，要积极。我冲书记放了一炮，说他不顾工作，跑去给娃儿买结婚礼物。这一下惹翻了书记，本来学校划右派已经结束，我这一炮惹火烧身，书记立马把我补了进去。

那个时候只要把人一点名，抓出来就是一阵狂轰乱"打"——"打"不是文革那种打，而是拍桌子，呼口号，骂，贴大字报。谁吼得越凶，斗得越狠，揭发越多，谁就是争取进步的积极分子，就能入党、升官。当年揭发我最积极的一个工人后来一路升迁，竟然当了一个学校的校长。

给我定了两条罪：一、攻击人民电影——在一次放电影时我当众放了一炮："现在的电影艺术性的东西少，政治性的东西多"。二、攻击粮食政策——我看见打饭时人们争先恐后往食堂跑，顺口说了一句："咄，粮食不够吃了吗？"

但是没有宣布我是右派，只是一切待遇与右派相同。教育系统的"分子"下放到南桐矿区，带队的是我们学校的总务主任江渭滨。在南桐，由于饥饿和强劳动，教师们一个接一个倒。我亲眼看见一个老师从山坡上回来，走着走着一头栽下去断了气。还有一个人，名字我忘了，我看他耳朵慢慢变干了，我问他怎么回事，没想到第三天他就咽了气。

队长江渭滨沉不住气了，他从180多人中选了50多名进行救治，最虚弱的送回重庆治疗（其中包括你采访过的张元任）。重庆市教育局知道这事后把江渭滨找去一顿臭骂："才死这么点人就把你吓倒了？！这些都是些坏分子，死有余辜！赶快把这些人弄回去！"

江渭滨不敢违抗，立马通知返回。这一整，又活活整死了些人。

1960年，由于南桐死人太多，教育系统的"分子"全体转移到长寿湖。我在长寿湖那几年还没吃过大亏，江渭滨照顾我，让我到伙食团煮饭。

我要是一直呆在长寿湖就好了。可惜，不！可恨，1963年市教育局把我们全体退职，清除出教育系统，我被放回原籍——江北农村。我不干，市教育局来了一个干部，逼迫我签字。莫法，我领了200多元退职费，成了农民。

我没有家，回到农村——江北东方红人民公社三大队，我一无所有，不仅没有房子，连床都没有，只得同一个侄子挤着睡。因为是"分子"，队里整我，全劳力一天10个工分，我只拿8分，年终结算只发我70%，剩余部分当成是"五类分子"对国家的义务。我一天做到黑，不够吃饭。

还有政治上的歧视，人格上的侮辱，分分秒秒压迫你。他们强迫我在胸前戴一个牌子，上面注明"黑五类"三个字。一个小孩子都可以叫我站住，向我扔石头。我去看电影，不准我进门。去买东西，人们不同我站在一起，像躲传染病。一次，我的公债券到期（那也是强迫我买的），我去银行取。那位职员把钱数好了，正要递给我，一眼看见我胸前的牌子，马上把手缩回去，说"分子"不能取。眼睁睁看到我的90块钱——那在当时是个大数目——又被放回去。后来我托一个人去取，他取后再也没给我。不是怪我老实，不敢把牌子取下来，万一熟人看见，汇报上去肯定是一顿暴打。

其实，我还是没逃脱那顿暴打。

文革时，我那破破烂烂的家被反反复复抄了三次，什么都没有，他们不甘心，总想搞点成果出来，便拿我的私人信件做文章。

我在长寿湖认识了一个华侨学生张志荣，我同他有信件往来。但我们说好，只谈生活不谈政治。嗨，要整人，白开水都可以毒死人。他们从张志荣给我的信件中找到这么几句话："这几天生活有改善，今天中午我们吃了黄瓜炒花生米，很好吃。今后有钱了，冰糖蒸肘子，好吃得很"。不晓得那些人是咋搞的，一口咬定这是暗语，是我要同张志荣投敌叛国的暗语。

他们把我抓到大队部，用麻袋把我头罩起，吊我一个鸭儿凫水，操起扁担嗶嗶啪啪一阵乱打，我受不了，嚎叫，连连说："我承认，我承认。"他们把我放下来，我一喘过劲，马上翻供，又吊上去，又是一阵嗶嗶啪啪。我又承认，又放下来。如此反复三次，从下午4点一直吊打到晚上6点，我终于挺不住，昏死过去。

他们用扁担戳，我一点反应都没有。他们认定我死了，叫两个红卫兵晚上10点钟把我拖出去埋了。为啥当时不埋？可能有点心虚，想等天黑。我命不该绝，那天晚上8点，长安厂搞武斗，两派之间打得也是嗶嗶啪啪。两个红卫兵忍不住跑出去看，这一去去了整整一夜。

第二天早上，两个红卫兵回来打开门，一看，咦，死人怎么翻了个身？我原来是脸朝下趴在地上。他们再仔细一看，我眼睛虽然紧闭，但鼻孔还有一丝气。

活人不能埋，他们把我侄儿找来，用一架板车把我拖回生产队。

我不知那天晚上长安厂武斗打死人没有，反正我是因为那晚上的武斗才捡了一条命。

几个月之后，我被抓到江北华新街看守所，在那儿我见到了张志荣，他也因为那句"暗语"被抓进来。

1968年3月5号，公判大会上宣判：汤儒君，现行反革命，十五年徒刑。

五花大绑游街示众之后，我被押到永川一个劳改农场服刑。

囚犯不叫名字，只叫号码，我的号码是6835——我被判刑的日子。这个号码一叫就叫了十几年。所以，解放后我有好多个"绰号"：汤大炮、洋买卖、右派分子、黑五类、现行反革命、6835。

监牢里收拾人又有一套办法，其中绳索捆绑是一绝。那绳子不长，大约两米，中间打个扣，从脖子上捆下来，双手反剪后死命往上提，提得犯人杀猪般叫。捆好后往地上一扔，几个小时、甚至十几个小时不理不睬。说来你不相信，一些犯人就这样被捆死了。我印象很深的是有一个犯人，被捆翻在地上后，用头咚咚咚死劲撞篮球架，想撞死。还有一个高中生囚犯，学习时说了一句："读毛主席著作，我取其精华，去其糟粕。"这还了得？！那时，"毛主席的话句句是真理，一句顶一万句"。高中生被暴打一顿，接着把他捆翻在地。我亲眼看见，一上绳之后，他脸色就大变，口中直吐白沫。可想那种捆绑的利害！

（2003年9月我在网上看到一篇文章《捆绑——恐怖年代的回忆》，其中有这么一段描写：

最常见的捆绑招式据说是从苏联学来的"俄罗斯绑缚法"，此法是先将二、三米长的绳索在中间打一个结，预留一个绳扣，然后将绳扣置于受虐者后颈下，再从左右两边分别缠绕双臂至腕部，将双手反剪交合，两端绳索合一，再将绳头向上穿过后颈预留的绳扣，将反剪的双手拼命向绳扣靠近。此法伤害极大，有时可立即致人手骨脱臼，大约是在十月革命一声炮响的时候，这种残忍的"俄罗斯绑缚法"和马克思列宁主义一起传到中国的。一到中国，这种方法便和中国革命的实践结合起来，得到了普遍运用。

我曾无数次目睹打手们捆人的场面。他们一般都是先脱掉受虐者的厚衣服，从后面将其轰然一声猛推在地——他们称为"狗啃屎"，用麻绳一圈一圈地将受虐者手臂捆紧，双手反剪，从地上拉起来，用膝盖抵住受虐者的腰部，再使劲将反剪的双手往上提，有经验的打手会将绳子反扛到自己肩上，猛一使劲，让受虐者双脚悬空，从而使绳索迅速上收，受虐者无一例外都要发出杀猪般的惨叫声。

捆绑成一团的人血液不能流动，一会儿就脸色苍白，全身沁出一层白蒙蒙的细汗，打手们把这种汗称为"白毛汗"，这是痛到极致的一种生理反应，如果能将人捆出"白毛汗"，就证明这个打手捆人技术已经到家了。

原载www.secretchina.com【看中国报道】2003年9月21日，后得知，该文作者竟是我的好朋友陈仁德。）

还有关小号石头禁闭室。那禁闭室终日不见阳光，只有一个小小的门洞，犯人在里面站不起身，只能蹲坐，时间一久，不死也得疯。有一个少年犯逃跑，抓回来后关在那个禁闭室，不知关了多少天，打开门时已经是一具尸体。

（注：被割断喉咙的张志新也蹲过这种小号禁闭室，她的神志就是在那种禁闭室里错乱的。我因采写长寿湖被抓进看守所后，我那间囚室的铁窗，正对着一间小号禁闭室，我听见里面传出声声惨叫，那种恐怖，终生难忘。）

我在进牢前已经吃过各种苦头，学乖了，晓得绝不能乱说乱动，只能千方百计讨好当官的。我服服贴贴，察言观色，监管人员很快就对我有了好感。我有文化，算里面的"高级知识分子"，所以，叫我担任学习记录。后来，又让我负责煮饭——这绝对是个美差，无论是在长寿湖还是在永川都如此。我利用煮饭的"权力"，巴结指导员。指导员生了七个女儿，非要生个儿子，第八个如愿以偿。但这样一来弄得他家吃饭的人口太多。我嘛，在厨房里干活，当然懂得投其所需。嘿，到后来，我在永川劳改队过得比在江北农村还好，其他犯人还得看我的脸色!

12年过去了，1980年，上面来了政策，我被提前释放。我回到重庆，无家无业，原来的工农速成校早就撤销了，我只好去找教育局。教育局落实政策办公室一个姓马的人不理不睬，既不安排住处，也不给饭吃，他说，你从哪儿来，回哪儿去。我没法，只好又回劳改队。劳改队的人比教育局的人热情，安排我住招待所，给饭吃。但他们说，我们不能留你，留你是违反政策，你最好还是回去。他们给我出了一个手续，让我拿着再去找教育局。

这次教育局总算开恩，把我安排到教育学院。

1980年是我人生的转折点。一、出了狱；二、有了个单位；三、结了婚。

我妻子王富琴的前夫因病去世，她有两个孩子，我一结婚就当爸爸。当然，我年龄不小了，那一年我已经54岁。

妻子和两个孩子对我都很好，1992年我遇车祸，昏迷40多天，妻子和孩子日夜守护，没有他们，我肯定活不下来。

王富琴：老汤这个人性格非常开朗，淡泊名利，所以他能活下来。

汤儒君：回想这一辈子，比起那些一个个死去的人，我算幸运的，因为，我活下来了。

（采访时间：2001年11月20日，地点：重庆XXXX研究所东楼3单元1号）

采访后记

汤先生头上那一堆"绰号"，很有"学术"价值。从"洋买卖"到"6835"，每一个"绰号"下面都是值得挖掘的"新中国特产"。

一个鲜鲜活活的人，从一个"绰号"到另一个"绰号"，层层递进，待步入"6835"岁月，当年性子刚烈、幽默潇洒、敢逃婚、爱打架的汤儒君消失不见了，换成几个阿拉伯符号，符号的后面，一个跪着的灵魂，手握饭勺……

在"非人化"社会中，灵魂的长跪，是不是"活下来"的前提？

毛泽东头上也有一堆"绰号"：从"舵手"到"统帅"，从"大救星"到"红太阳"，每一个"绰号"也都是新中国的特产，挖下去，一定是一长串森森白骨。

"红太阳"是非人，"6835"也是非人，前者升天变作神，后者入狱成为鬼（牛鬼蛇神）。

神的威力雷霆万钧，指点江山，激扬文字。亿万芸芸小民，按照"神"的"最高指示"，一次又一次地以5%、10%的比例变作"牛鬼蛇神"。

"红太阳"坠落了，水晶棺材还在；"6835"取消了，捆人绳索尚存。非人化的"人肉宴席"，神光点点，鬼气森森，腥味尚浓！

"中国人民，我站起来了！"

"铁马冰河入梦来"——常 青

——1957年重庆市第七中学地理教师
1932年生

　　我1954年毕业于广州华南师范学院，1957年在重庆七中教书。那年底，上面组织我们学习，其中谈到学校的中心工作。他们说，应当以政治为中心。我说，应当以教学为中心。我们争了起来。当时，我除了地理专业外，还读了很多教育学方面的书，我把一些理论书籍一一摊在桌子上，引经据典地同他们争辩。他们搬出毛主席的话驳我："学校的一切工作都是为了转变学生思想。"我仍然不服，说，那是毛主席在抗大说的话，那是战争期间，现在是和平建设时期，学校就要以教学为中心，就像工厂要以生产为中心。

　　这次争辩，改变了我的一生。

　　他们组织了三个学校的人来斗争我，说我反党、反人民、反新中国，是典型右派等等。那种态度非常横蛮，像街上的无赖。现在的孩子看到红卫兵的行动，觉得不可思议，其实反右时也是一样。共产党在国民党社会里，理直气壮，敢说敢骂，有文化的人哪个不佩服。可是当权后，就一点不讲道理，顺之者昌，逆之者亡，用莫须有的罪名把你打倒，又绝不让你申辩。什么是道理和真理，"强权就是真理"！这句名言，1957年我真正体会到了。可是知识分子受不得冤枉，不是强盗，说我是强盗我就不服。我想，我同你们讲不通道理，我去找市领导任白戈，我相信共产党的话"坚持真理，修正错误"。现在想起来当然很幼稚。接待我的正好是我的一个亲戚。我很激动，说着说着竟哭了起来。我亲戚话没听完，吓得赶快躲开，就像我有瘟疫。那个年代你不懂，他要是同情我他也要遭殃。

　　1958年1月1、2号，我永远记得，那两天重庆下大雪，特别冷，我准备死，方法是撞车，"砰"的一声，送他们一个新年礼物，士可杀，不可辱。

　　是我妻子救了我，是她的一句话："娃儿不能没有爸爸。"

　　1958年1月，我女儿刚刚满月，我结婚（妻子是涪陵一所小学的教师）正好一周年。

　　一年多后，她带着女儿到南桐农村来看我。我在南桐两河公社和平大队一个最高的山上劳动改造。我心中有怨气、委屈，在她面前说了抱怨的话。她很着急，说我仍然是这个态度怎么改造得好，怎么能够"摘帽"。说到"帽子"，共产党是太聪明了。这个"帽子"不是判刑，但戴上"帽子"就把你当坏人、当囚徒对待，而且没有时间限制，没有刑期，十年？二十年？

　　我见妻子都不理解我、安慰我，心里就来了气。心想，你也要认为我抱怨是对党不满，我们就没有什么说的了。送她母女俩回城时，我很冷淡，绝望中，还伸手打了女儿一巴掌。

　　现在我当然理解她了！她是个共青团员，积极、进步，对党热爱。我出了事，她着急，抬不起头，政治上、经济上压力大。我那时二十多岁，血气方刚……我们离了婚。但是我心中一直挂念她们母女俩。1961年，我在长寿湖快饿死时（那时，我虚弱到极点，每天晚上睡下去，都不知道第二天还能否醒来），给她和女儿写了一封遗书，告诉她，我不行了，离死不远了，嘱托她好好把孩子养大。人的本能是爱下一代的，这也叫人性吧。人之将死，最怀念他的亲人。我见不到她们母女，只能留一封信。

常青1954年毕业任教

我当右派后，还有件事让我非常悲愤。我母亲同我住在学校，我一离开学校，学校马上把她赶出去，收回住房。母亲没有工作，没有经济来源，借住到别人家，天天为我伤心，几个月后就心脏发病死了，死在重庆南纪门，才50多岁。他们不告诉我，说不要影响我劳动改造。我得知后气得发抖。我一生坚守八个字：孝亲、尊师、爱国、守纪。首先就是"孝"，母亲去世，居然阻止儿子去尽最后的孝道！！共产党所讲的革命的人道主义，只是宣讲或者印在书本、报刊上，实际生活中是不存在的。要说什么人权，在共产党人的脑子里就更不存在了。

1960年，我们转到长寿湖，说是长寿湖吃得饱饭。我被分配到飞龙，有二十人左右，其中有两个女的，一个叫钟树琴，另一个名字想不起来了。粮食每月21斤，要我们响应党的号召——节约，又扣去两斤，只剩19斤，这点粮食莫说劳动，光耍也饿得慌，我的体重从120斤一下减到80斤，像骷髅。最心痛的是眼睁睁看着把粮食往湖里倒。我们播种胡豆，上面下命令每人每天必须播种多少斤，播种不完的不敢带回去（要挨斗），更不敢私自吃"国家财产"，当组长的便把播不完的胡豆统统倒进湖里。那个年代，既荒唐又残忍。我们最怕阶级斗争，右派是阶级敌人，一切都要专政呀。

我还是没有躲过。

1961年底，我因为"逃跑"，被公安抓捕了。

起因是这样的。有一天，我地还没挖完就到了开饭的时间，我很老实，回来就说："没挖完，我吃了再去。"结果厨房只给了我一两饭（本该给二两）。我苦苦哀求，几个流浪儿（长寿湖是个汇纳各种"杂质"的湖，社会上收容的流浪儿也送到这儿。这些流浪儿比右派地位高，打骂右派是常事）冲上来狠狠一拳把我打倒在地，我皮肉受伤不重，但心头受不了。我一言不发，第二天天不亮卷起一包衣服就开溜。我往珍溪镇赶，想从那儿乘船去看我女儿，我对她日思夜想。不料走到半路就被民兵挡住了，民兵把我弄到派出所，派出所把我那包衣服扣了，要我回农场办证明来取。

这件事给我定了一个"逃跑"罪，也是"反改造"，斗我一通之后，送我到新滩去劳动。当年评审，我因"反改造"被公安押送劳动教养。一起被抓的还有两个"表现不好"的右派，其中一个是我同事董守中老师的爸爸。他们俩是逮捕判刑，路上用绳子捆着，吃饭由我喂他们。

押回重庆，路过储奇门时，我眼泪哗哗淌下来，我女儿王XX就寄养在储奇门她外婆家。女儿不跟我姓，跟她妈姓，她妈一直不让她知道有我这个爸爸，怕影响她的前途。我落难，她是我唯一的亲人，特别想念。押送我的公安见我掉泪，到了转运站后，对接收人员说：该犯思想上有情绪……

在转运站，听说要挑一些犯人去修铁路，他们见我瘦得像木棍，不要。我一再恳求，终于同意。不料我走到半路上就因身体虚弱栽倒在地。我醒来生怕不要我，急忙说，主要是没吃饱，只要吃上43斤，我肯定是强劳力！

后来的事实证明也是如此。一吃饱饭，我力气大增，反过来，为了吃这43斤，我拼命干，很快我就可以抬7袋水泥，100斤一袋！我还当了班长，当时当班长必须劳力超过班里所有人。我们那个劳改队里，很多人都有知识，有文化，这些人一旦又有了大力气，劳动效率就很高，质量也好。省委书记李井泉就比较赏识我们。因为"聪明+劳力=很好的生产力"。

我这一干，就在劳改队和劳改农场干了17年，一直干到1978年。其中值得说的是我在"改正"前一年又结了婚。

当时，我在离西昌80公里的一个劳改农场，由于我学会了理发，所以不下矿井（煤矿），天天给人理发。这个手艺活我很珍惜。当时想，这辈子能一直让我理发就太幸福了。所以，我对人态度很好，服务非常热情周到。有一个工人对我印象很好，他回家探亲（在重庆江北农村）时，对他表妹说到我。当时她已经三十多岁，属于大龄未婚。

他表妹对我有了兴趣，表示愿意来见个面。我不抱希望，以前别人也介绍过几个，但一听我的身份，扭头就走了。

"表妹"来了，她见到我们这儿这么偏僻，心里发凉，到农场门口，得知这是个劳改农场，站住不动，不愿进来。不过后来还是进来了。

我当时住一个单间，是当理发匠的优惠。她住到我的单人间，我没指望有好结果。还为她准备了50元钱，重庆到我们农场单边路费24元，往返48元，还有2元她回去时路上吃饭。

当天晚上，农场的人很兴奋，纷纷涌到我房间来看她。夜深了，大伙离去，我也起身准备离开。突然，她抓住了我的手。接下来的情景同电影《牧马人》的那一幕一模一样，她说："我看你这个人老实。"……

我们在1977年除夕之夜结了婚，到这时，我已经过了19年的单身汉生活，从25岁到44岁。

三个月婚期过了，农场要她离开。这个时候，她已经非常爱我，分别时，她一把抱住我，说离不开我。那次拥抱，一个女人的拥抱，让我刻骨铭心。

一年之后，我获得"改正"，回到重庆，我又有了一个儿子。这个时候我前妻找到我，希望同我复婚。说实话，我对她仍然有感情，她有文化，那些年她也吃了不少苦，独自把女儿养大。不过她也结了婚，丈夫是农村一个煤矿的会计，又有了一个孩子。我对她说，我们复婚，要扯散两个家庭……

如今又是二十多年过去了，越过越觉得苦闷、孤独。我不愿呆在家里，想出去干活。但现在年龄大了，身体也不是很好。我只有从书中找慰藉。我一辈子酷爱读书，在劳改队只准读毛主席的书，我把他的书全读完了，把他的诗词全背了下来。每天收工回来，要读一首毛泽东诗词才上床睡觉。那些年没钱，我曾经用衣服去同别人换书。文革时，把我的鲁迅的书抄走了，我心痛得睡不着觉。

看电视，我爱看关于海峡两岸、时事政治方面的内容。我们这种知识分子，有很强的爱国情结。我特别欣赏林则徐的"苟利国家生死以，岂为祸福避趋之"。可惜妻子不理解，彼此文化差异太大……

我也不时想起前妻，想起她提出复婚……

我现在最想做的事是写一本有关孔子论教育方面的书，算是给我这辈子划个句号。不知你出版社有没有熟人，如果要我出钱包销，我就没办法了。妻子从农村出来，没经济来源，我退休金少，病都看不起。

最近我常常背诵陆游的诗作《十一月四日风雨大作》，从中获得一种感召，也算慰藉吧。

"僵卧孤村不自哀，

　尚思为国戍轮台。

　夜阑卧听风吹雨，

　铁马冰河入梦来。"

（采访时间：2003年6月18日
地点重庆市清华中学）

常青在张自忠将军墓前

采访后记

2003年6月18日，我偷偷摸摸来到位于清华中学的常青老师家。

说"偷偷摸摸"是因为我尚处于"取保候审"时期，担心有人"汇报"——谭松还在（又在）活动。

我不敢用家中电话，到街上用公用电话同他联系，然后立马出发，一口气赶到位于郊外的清华中学。

常青老师由于住得偏远，又同其他右派少有往来，竟然还不知道我被抓的事。去年8月，我刚放出来不久，他打来电话，热情邀请我去采访，我吱吱唔唔，不敢作答。

但我心里一直挂着他，总觉得欠了他。

从去年6月13日采访冉德瑜到今年6月18日采访常青，整整一年过去了，我没有采访一个右派；其间，又有一些"57分子"与世长辞。这使我想到，当局其实用不着抓人，只要让我不敢动弹，岁月会迅速把这些老人一个又一个地"淘汰"（或者说帮当局"杀人灭口"）。再过个七、八年，"老右"们人去楼空，我党的那一段血腥罪恶，死无对证了。

常青老人一心希望那段历史真实地保存下来，他说他要尽力帮我。果然，他不时打来电话，说给我找到一些资料，让我去拿。于是我在三个月内，三次登他家门，从他那儿拿来了右派李才义写的《天府悲歌》、右派绿石写的《左右春秋》等等。

我希望接到他的电话，但又害怕他在电话上"乱说"。我一直没告诉他我的电话"不安全"，他要是知道了实情，会不会像其他很多右派一样，因担心（恐惧）而退缩呢？

吃人的"黄狼将军"——刘淑明

——1957年重庆市巴蜀中学生物学教师
1923年生

我这个"历史反革命"的帽子，同抗日战争有关。

我是河南西平县人，1939年下半年时，我正读初三，日寇大举入侵激发了我们强烈的爱国热情，学校一些教师慷慨激昂，给我们影响很大。还有，我家住了一些逃难来的亲戚，他们讲起日寇的暴行，我恨得咬牙，于是下定决心，不读书了，我身体好，我要参军!

我们几个女同学，离开学校，加入了国民党的一个训练班，当时，我们不知道这个训练班是做什么的。

在郑州，日机来轰炸，我们去救护，唉呀，那个鲜血、尸体! 我们几个女孩吓坏了。后来训练班往长沙迁移路过西平，我的两个西平老乡下车回家，不干了。但我留了下来。

在湖南呆了好几个月，又转到重庆，我在训练班里搞无线电通信，这时我已经知道我加入的是戴笠办的一个特务机构。戴笠很霸气，记得有一次一个叫张铨的人犯了一点小错，戴笠冲着他一阵拳打脚踢，我十分反感。我们搞通信的主要都是些女孩子，其中有一个叫丁绘，她是北大来的学生，是后来获得诺贝尔奖的丁肇中的姑姑。她比我大，比我成熟，她对这个训练班非常不满，想走，不久她就找关系离开了。我也想走，但不敢，私自逃走抓住要杀头。后来有一个叫刘宁台（音）的年轻人表示愿意帮助我，他说，他老家在丰都，在当地很有些势力，乡下也有房子，我可以去躲躲。就这样，我悄悄逃到了丰都，隐姓埋名在他家住了一年。说隐姓埋名不确切，我把名字都改了，我原本姓赵，他家姓刘，家中有一个女孩叫刘淑君，我于是改为刘淑明。

躲了一年后，我考入丰都高家镇的一所中学读高中，在那儿，一位中央大学毕业的教师爱上了我，他叫陈祚璜，后来成了我丈夫。

1946年，我考入重庆大学医学院，一直读到1949年。

解放之后，我主动向组织交待了加入训练班那段历史，组织上给我的结论是"不作为历史反革命"。我于是安安心心教书。

1957年，老陈（在教师进修学院任教务主任）被整成了右派，下放到南桐矿区最苦的一个地方两河口农村劳动改造。1958年，我所在的41中（即著名的巴蜀中学）突然把我们有"历史问题"的教师下放农村。我当时有四个小孩，最大的11岁，最小的才4岁，我们全家五口一起下放，几个孩子还不懂事，一路上兴高采烈，一遍又一遍地高唱"社会主义好，社会主义好"。

下车后要走20多里山路，我一会抱6岁的女儿，一会抱4岁的小儿子，还背一包行李，走得非常吃力。押送我们的那个工人，是我们学校的校工，我永远记得他，空着两手不仅不帮我一把，反而一路走一路骂，那个话难听得很，什么"你们一家坏透了烂透了，头上生疮，脚底流脓……"等等。他后来得癌症死了。

当天晚上，我们睡在农民家，床边放着两口大棺材，孩子们怕得不得了，一声声叫："妈妈，妈妈，怕呀怕呀。"我把两个小的抱到床上同我挤在一起，对两个大的说："那是空的，没装过死人，不要怕。"

在南桐农村劳动的老陈陡然见到我们，一下子呆了，那个地方，贫穷落后，娃儿生活、读书怎么办？

紧接着就是饥荒年，就是不断饿死人。老陈亲自抬、埋了六个右派。其中有一个求精中学（市6中）的教师，名字记不得了，他饿得奄奄一息，家里给他寄来一包饼干，他抓起猛吃，吃到一半就断了气。他个子高大，棺材装不下，只得硬往里压，看上去惨不忍睹。

1960年，上面把我们转到长寿湖，说长寿湖吃得饱。我和四个孩子到了长寿湖园艺队，老陈没去，他后来转到南开中学，干抬石头的体力活。

我小儿子陈晓光差一点在长寿湖送了命。那是1961年，他在邻封读小学，老师反应说他逃学。我很生气，我们知识分子，虽然落难，但把子女读书受教育看得很重。我考他生字，果然不认得，一气之下我打了他一巴掌。过两天，我发现他头肿了，身上也肿了，原来，由于吃不饱，他已经得了水肿。初步检查，他心肺已有积水，医生说，必须送重庆抢救，否则有生命危险。我慌了，赶紧送他到重庆儿科医院，他整整在医院躺了一年多才康复，我们付不起医药费，带着他一走了之，从此他留在父亲身边。后来，我被调进岛子里，生活实在困难，被迫把女儿送到湖南亲戚家，我们一个家搞得四分五裂。

说到小儿子，说到四分五裂，我给你讲一个"分子"的故事。他叫尹从华，是教师进修学院的"历反"。1963年，我们在长寿湖王家坡劳动，尹从华是我们的小组长。那年小春丰收，大家很高兴，一天收工后聚集起来吃顿丰收饭。饭间，我们一时兴起，决定每人唱支歌。我唱了首《三只小鸡》，歌词是：

"（小鸡唱）：春天到，天气好，黄莺歌唱在树梢，多快乐，多逍遥。

（黄鼠狼唱）：小白鸡呀小白鸡，你认识我吗？我是一个黄狼将军，我来捉你当点心。

（小鸡唱）：黄狼将军呀黄狼将军，请你饶了我的小生命。我的年龄小，我的身子轻，不要把我当点心。

（黄鼠狼唱）：不能！不能！不能！不能！我要结果你的小生命，还要把你们一个一个吃干净！"

尹从华唱了首《燕双飞》，记得有两句歌词："画栏人静晚风吹，去年门下燕双飞。"

这件事被汇报上去，上面把它当作一个政治事件来追查。唱那些歌是什么目的、什么用心？尹从华被勒令写检查，写了一篇又一篇，总过不了关。这个时候，正是他两个儿子小学放暑假来长寿湖陪爸爸的时期，儿子闹着要爸爸陪他们出去玩，尹从华不敢走，关在屋子里写检查。两个儿子见爸爸不动，便自个跑到湖边玩。不一会，大儿子尹学跑回来说，弟弟掉进湖里了。

我们赶紧跑到湖边，把尹新打捞上来，我是学医的，给他做人工呼吸，但是晚了！

他才5岁，就这样在长寿湖走到尽头。

上面见出了人命，这才停止了尹从华的检讨，给他假让他把大儿子送回去。

尹从华的妻子是市宽仁医院的护士长，她最爱这个小儿子。尹从华带着大儿子在朝天门下船时，妻子来接。"尹新呢？"妻子问。尹从华不敢说实话，骗她说，有人带他先回去了。

到家后，尹才把实情告诉她，他妻子一听，一头栽倒在地上，昏死过去。

她娘家的人得知消息后，又悲伤，又恼怒，他们觉得这一切不幸都是尹从华引起的，政治上、经济上，现在又赔上了儿子。

"离婚！""离婚！"

就这样，尹从华被迫与妻子离了婚。离婚后，尹的妻子同重庆大学一个职工结了婚，但她对尹的感情很深，十多年后尹从华获得平反，她很想同尹复婚，但她丈夫坚决不同意，他们俩没能破镜重圆。

对了，尹新就埋在长寿湖王家坡。当时埋得不深，有一天，刘文秀（女，市总工会"历反"）看见他的骨头露出来了，不敢告诉尹从华，自个挖些土掩埋起来。

这件事对尹打击极大，一辈子抹不去。前几年他告诉我，他到大连，看到水，想起儿子，非常难过，赶紧掉头离去，不敢再看。

（注：我一直想采访尹从华，他一再拒绝。看来，往日的伤口太深，轻轻一触动便会流血。所以，他打定主意"闭门谢客"。）

当时，气势汹汹来追查，强迫尹从华写检查的是一个摘了帽、有了一点权的右派。上个月（2003年9月21号）聚会，他和尹都到了场，不知他们相见会有什么感想，反正我见到他心里很不是个滋味。

我是1974年才回到重庆，老陈仍然在南开劳动，我们夫妻一个右派，一个"历反"，都抬不起头，但我们总算团聚了。老陈是一个非常有才华、又很正直的知识分子，最宝贵的20年，他是在挖地、抬石头的"劳动改造"中渡过的。他去世前，把我们一家的遭遇写成了一本书，取名《受困记》，我们自己把它打印出来，很多朋友都要，现在只剩一、两本了。

（采访时间 2001年4月、 2003年10月27日， 地点 重庆市南岸区）

部分教师右派（或"历反"）简况

1．宁振笃之死

宁振笃——重庆57中语文教师，右派。

宁振笃是个天主教徒，为人谦和，在长寿湖一向埋头劳动，不多言语。1967年初，造反派进入飞龙岛，勒令右派们互相揭发、批斗，右派组长也不例外。

组长有极大的权力，甚至可以置其他右派于死地。平日里右派们对组长也是十分畏惧。当时飞龙岛的组长是摘帽右派黄X、孙X。

在一次批斗会上，造反派对宁振笃喝道："你不吭声？不揭发？说！"一向沉默寡言的宁终于开口说了一句话，大意是：我们的命运捏在学习班的主任、组长手里，可怕得很，他们就代表无产阶级专政。

造反派走之后，队长和组长组织了对宁振笃猛烈的批斗。宁一向胆小怕事，最怕批斗会。恐惧中，宁振笃穿上一件长大衣，把所有口袋装满石子(宁游泳游得极好)，在飞龙岛白雕堡投湖自尽。

除恐惧外，促使宁振笃选择绝路还有一个原因，就是在死前几天，他见到了自己的儿子。

宁振笃当右派时，已有一个儿子，十年来未曾相见。1967年初，宁振笃之子宁中和孤身一人寻到飞龙岛。

一群右派扛着锄头从山坡上收工回来，其中一个胸前挂着一块牌子，上面写着："顽固右派宁振笃"。名字上面打了一个"X"。

宁中和盯着牌子，迟疑片刻，迎了上去。父子俩相对而视。儿子长得酷似父亲，高大，黝黑。父子俩不敢露出激动，轻轻说了几句话。

第二天队长特地恩准宁振笃摘掉牌子，带儿子去赶场。宁在场上给儿子买了几个包子吃，最后一次尽了父爱。

儿子离去后，宁对其他右派说，看到儿子已长大，他死也无所谓了。几天之后，宁投湖自尽。

刚回到重庆的宁中和接到通知，马上返回飞龙岛，他见到父亲的遗体，不言不语，眼中没流一滴泪水。埋葬父亲后，宁中和回到重庆，据说他疯狂地参加了重庆的武斗，专打当官的。

2．王明范之死

王明范——体魄健壮，仪表堂堂，夫妻俩同在重庆市市中区石灰市旁的一所中学任教，他们无所它求，一心扑在教书育人上。两人志趣相投，家庭和谐幸福。王明范被打成右派送到南桐后，妻子经受不住打击，精神失常，因疏于照料，小儿子又夭折了。她抱着死去的儿子整整一个星期不肯松手，一直诬称她装病的学校领导只得把王明范叫回来，这才将孩子料理了。王明范后来也转到长寿湖，1963年教育系统右派全部按退职处理，遣返原籍，王明范以他妻子的家属身份回到学校，靠在段上筛炭灰维生。

"文革"中，身患精神分裂的妻子被造反派拉出去批斗毒打致死，王明范悲恸欲绝，他变卖家产，东拼西凑，安顿了妻子的后事，接着他感染上肺结核，日夜咳嗽、咯血，身体整个垮了。为了活命，他继续去筛炭灰，经常晕倒在炭渣堆上。段上的老人都很怜悯他，但谁也没有能力帮助他，也不敢为他说句公道话。在又一次晕倒之后，王明范再也没起来。他大约去世于文革中期。

（王明范之死由陈英文字提供）

3. 陈嘉行之死

陈嘉行——重庆工农师范速成学校带薪学员。1957年，学校领导组织学员批判右派的反党言论。陈在看了那些"反党言论"后，私下说："我看那些言论没得啥子。"有人将陈的话向上汇报，陈因"同情右派"而被划为右派。

陈嘉行当右派后，很悲观，曾对同校的右派冉德瑜说，他孤身一人，只有一个母亲，母子俩相依为命，他要有个三长两短，母亲怎么办？

1961年的一天，管教干部通知他（还有其他几个人）第二天把铺盖卷打好搬地方。由于"把铺盖卷打好"往往意味着被抓进监狱，以前发生过这种事。陈嘉行感到极度恐惧。

在同心岛上有一个地方叫牛粪堡，那儿有一块岩石面对湖水，从石缝里歪歪拐拐长出一棵树，人称"歪脖子树"。陈当天深夜悄悄来到岩石上，将一根绳子拴在树杆上，另一头系在自己的脖子上，然后一蹬石壁，身子悬在夜空中。

"陈嘉行就死在对面的山岩上"
——李长文2003年6月6日说

第二天，"历反"李长文发现了陈的尸体，他探出身子，用手将陈勾回到岩石上。

陈死时约26岁，未婚。

4. 李彦辉之死

李彦辉——教师右派（学校不详）。1961年因偷吃了一块晒在坝上的生鱼片，被队长王XX（长航工人）和一群学生痛打，并且扣饭。第二天早上李起床后走到门外，倒地而亡，遗体瘦骨嶙峋、伤痕累累。李死时30多岁，埋在长寿湖小河口湖边。

注：黎民苏的妻子程惠淑（当时小河口的农民）目睹了李老师挨打的惨状，她告诉我，王XX等人用楠竹冲着李一阵劈头盖脑乱打，楠竹打成一条条的细片。

5. 何泰贵之死

何泰贵——重庆17中教师右派，毕业于上海复旦大学，言谈举止十分文雅。1960年，何因病、累、饿交集，全身浮肿。11月的一天半夜，他下床后再也爬不上他睡觉的上铺。一番挣扎，他"砰"地一声倒下，再也没有起来。（*详见对何泰贵之子何隆华、何泰贵之妻戴儒愚的采访。*）

6. 曹亚琪之死

曹亚琪——重庆25中学音乐教师，擅长拉小提琴。1961年，因身体极度衰弱，管教干部同意他回重庆调养身体。曹回家后，不知什么原因，只呆了几天便返回长寿湖。

曹亚琪所在的劳改地点是新滩，距狮子滩约70里。曹下车后徒步返回。路上，一户农民见他面色惨白，给他吃了一块南瓜。曹在走到距新滩只有几里的地方，支持不住倒了下去。

他的尸体摆在地上几天几夜没人理睬，后来发出恶臭，当地农民挖了个坑把他就地掩埋。

其子女曾找当时在新滩捕鱼的李淦询问过父亲的情况，并在90年代末到长寿湖找李长文，希望他帮助寻找父亲遗骸，但未能找到。

7、卢蕴伯之死

卢蕴伯（女）——毕业于北京师范学院。卢孤身一人办学一生，1949年前曾任几所中学的校长，1957年被打成历史反革命。1975年，在一次被捆绑吊打并受到威胁后，恐惧中半夜在先锋岛投湖自杀。死前她把自己的所有东西收拾得整整洁洁，包括几本毛主席著作都摆放得端端正正。卢蕴伯终身未婚。

卢蕴伯投湖自杀处

8、马成敏之死

马成敏——市一中教师？年轻时在上海作过共产党的地下交通，后当了国民党成都中心粮站主任，划为历反。他到长寿湖时年龄大了，身体很差，于1962年饿死在长寿湖一个猪圈里，死后他母亲和女儿曾到长寿湖凭吊。

9、俞舜臣之死

俞舜臣——天津人，1920年生，重庆10中（南泉中学）教导主任，右派。1979年获得"改正"通知时极度兴奋，倒地脑溢血而死。

10、周建龙之死

周建龙——市41中数学教师，说他解放前参加过"基督教圣母军"，由此打为"历史反革命"。在41中，周建龙为人、教书都很好。1961年，因饥饿身体极其虚弱，管教干部放他回家休养。周建龙走到长寿县城，买了第二天回重庆的船票，当天住在县城一家旅馆里。第二天清晨，人们发现他死在床上，手中还紧紧捏着那张船票。他妻子赶来长寿，哭得死去活来，说："你船票都还捏在手上，你是要回来见我一面啊！"周建龙死时约60岁。

11、胡哲先之死

胡哲先——重庆某中学教师，右派。1960年，饿得要死的胡收到家里寄来的一包干炒面，晚上，胡躲到工棚里，一把接一把地抓吃炒面，竟把一包炒面全部吃光。炒面在胃里发胀，胡被撑得死去活来。第二天，人们发现胡哲先胀死在工棚里。

12、女右派胡甫琳

胡甫琳——重庆80中学地理教师，著名工商实业家胡子昂的侄女。她丈夫解放前是一个著名律师，五十年代去世。胡甫琳当右派后曾与刘曼若一块在南桐洗衣服，1962年从长寿湖回重庆，被市教育局开除公职，靠打零工生活。

刘曼若： 胡甫琳性格非常开朗，心眼好，我有一次在街上见到她，她穿一件破烂的麻布衣服，灰头灰脑，比一个地地道道的下力人还要土。她看到我，非常高兴，要请我吃饭。我说，你工作都没有，靠啥子生活，她笑嘻嘻地说："没啥，有办法活。"她告诉我，她每天早晨给人倒尿罐，包一家一个月一块钱，她包了30家。另外，她还给别人挑煤，100斤两角钱，帮民工织毛衣，也有点收入。她没娃儿，一个人，够生活。

她坚持要请我吃饭，还要到饭馆去吃。她回家换了一件好衣服——中山套裙，干干净净，整整洁洁地走出来，毕竟是出身于大家闺秀，又是知识女性，打扮一下，马上就显出风采，那种反差，给我印象极深，至今不忘。吃饭时，她笑嘻嘻地告诉我，她喜欢上了街道上的另一个男右派，原科技情报所的翻译，他解放前曾被派到美国学习空军。她说，街道把他俩抓上台去斗，下面革命群众喊打倒，他们俩在台上悄悄眉目传情，好要得很。

黎民苏： 胡甫琳不管多么艰难都乐观开朗，性格直爽，对人很好，她后来同那个男右派结了婚，没子女，抱养了一个女儿。九十年代她不小心从坝子上摔下去送了命。

邬绪昌： 她这个人由于出身比较显赫，所以有点喜欢打扮。她被分到南桐矿区一个非常偏远的地方，那儿苦得很。她后来和一个姓陈的右派结婚了。

13、女右派王清兰

王清兰——重庆29中学教师。王长得有些姿色，性格开朗，十多岁时加入华蓥山游击队，五十年代被打成叛徒，1958年下放长寿湖。

1964年，王在评审时对自己被划为叛徒感到冤枉，说了几句牢骚话。王因此被抓，判三年劳教，押往北碚西山坪劳改。

王清兰被打成叛徒后，丈夫（时任重庆市体委主任）与她离婚。王一直盼望能够复婚，在狱中时王听说丈夫已经又结婚，感到绝望。

劳改时，王与同狱的一个农民相好了，该农民是四川简阳人，没文化，因盗窃入狱。

三年后两人双双出狱，回到简阳乡下结了婚，婚后生一女。婆家嫌她是"反革命"很歧视她。王背着女儿劳动，日子极苦。

上世纪七十年代，王的冤案获得平反，调入简阳县政府机关工作。

14、乔明鑫——重庆江北某中学教师，1960年饿死在长寿湖。（详见"李普杰"）

15、梁歌法——市党校右派，下长寿湖前与一个劳动模范结婚，当右派后妻子与他离婚。1965年因病未得到医治，死在一个工棚里。

16、王　健——市党校文化部教员、右派。子女随同下放长寿湖，生活极其艰苦，其中一女只得嫁一丑男。王健身体好，在长寿湖的最大特点是劳动积极，担粪跑得飞快。王于文革初期病死在长寿湖，死前仍在拼命劳动。

17、罗　宇——教师右派（学校不详），1961年饿死在高峰岛，死时30多岁。

18、姚述隐——重庆市一中右派，死于长寿湖飞龙岛。具体时间不详。

19. 姚必正——重庆市一中教师，右派，二十世纪八十年代末去世。

20. 邢 风——重庆市一中教师，历反，"改正"前去世。

21. 黄力威——重庆市一中体育教师，右派，饥荒年去世，终年40多岁。

22. 戴学珍（女）——重庆市一中教师，右派，二十世纪九十年代初去世。

23. 李定权——重庆市一中教师，历反。

24. 李华伟——重庆工农速成中学右派，饥荒年饿死在长寿湖瓦银坳，死时30多岁。

25. 刘景向——重庆工农速成中学会计，右派，1992年在上海去世。

26. XXX——重庆工农速成中学学生会主席，学生右派。1962年在长寿湖跳湖杀,姓名与年龄不详。

27. 张宗明——重庆市41中最优秀的语文教师，右派。大约在1960年死于南桐农村。

28. 熊建文——重庆市41中优秀的语文教师，爱提意见，右派，1961年（或1962年）饿死在长寿湖桐子沱。

刘淑明："是我把他的遗物交给他的妻子的。他妻子已经同他离了婚，但是对他很有感情，她看见熊建文的遗物，哭得很伤心。"

29. 余重学——北京人，1924年12月生，大学文化，重庆市第三中学右派。妻离异。

30. 徐 毅（女）——重庆41中语文教师，右派。

31. 张大开——重庆兼善中学数学教师。1957年因一句话被打成右派，下放长寿湖近20年，于1997年去世。那句话是"统购统销，饿死不少。"

32. 谢德全——重庆兼善中学语文教师，书教得极好，但因为没有象样的文凭，学校一直不给他提级加薪，他对此不满，提了意见，被打成右派，于1997年去世。

33. 李岑西——重庆兼善中学美术教师，上海美专刘海粟的学生。1957年因一句话被打成右派。李当时已50多岁，未下长寿湖，被发回老家原籍，于1960年去世，死因不祥。那句话是："苏联老大哥把我们好大一块地方拿去了。"

34. 龚燮——重庆市第一师范学校语文骨干教师，原准备调到成都编写语言参考资料，龚燮为此作了大量工作，鸣放时突然通知他不去了，留下来参加运动，龚燮抱怨了一句："不去就早点说，我们又不是夜壶，随便提。"龚因此划为右派，1958年下放南桐农村，1960年转到长寿湖，1963年被教育局发回江津农村老家，八十年代去世。

35. 陈家耀——（民盟）重庆市第一师范学校校长，教育学和心理学。1957年他在一次会上说，一师工作开展得比较好，得力于领导班子配合得好。他与党支部书记王幼群，副教长扬明志扣得起手。反右时批判他否定党的领导，认为工作搞得好是因为几个人配合得好，不是党领导得好。陈因此划为右派，1958年发配到缙云山劳改农场。

36. 杨静予——（民盟）重庆市第一师范学校语文教师。1957年因为一句话被打成右派——"毛主席与佛罗西洛夫（苏联部长会议主席）的拥抱很肉麻。"1958年杨静予发配北碚缙云山劳改农场，上世纪六十年代不堪忍受外逃，至今下落不明。

37. 袁克众——（民盟）重庆市第一师范学校物理教师。袁当时被赞为重庆的小钱伟长，评为少有的二级教师。1957年在民盟的一次组织生活中，他很委婉地提出，"现在的政治生活中缺少温暖。"两周后，校长突然宣布他是右派。袁被调到41中，该校当众宣布他是右派，学生上他的课不再起立，不再称他老师。袁未下放，在重庆41中退休。

38. 姚家骏——（民盟）重庆市第一师范学校音乐教师。姚是无党派人士，比较爱说话，鸣放期间，党组织派积极分子到姚的窗下去偷听姚同妻子谈话。一天晚上，妻子发现了窗外的人影和响声，姚跑出门外，叫了一声："是哪个？搞特务活动吗？"那晚派去的"积极分子"是一个共青团员。给姚定罪名是姚家骏说"共青团员都是特务。"在一师划为右派的六名教师中，只有姚进行了辩解，他反复说，误会了，他不是哪个意思。越辩解，批斗越狠，惩罚越重。姚因此被划为极右，送进监狱（后被罚去内江修铁路），妻子与他离了婚。姚于1980年去世。

39. 徐惠玉（女）——重庆第一师范学校语文教师，历反，开除公职，二十世纪九十年代末去世。

40. 谭芝萍（女）——重庆第一师范学校教师，右派，二十世纪八十年代去世。

41. 王　仪——重庆教师进修学院教师。他莫名其妙地被下放劳动，20年后"改正"时，他不属于"改正"对象，因为当初没有罪名（即没戴"帽子"）。市教育局的人说："你已经下去了20年，就算了。"于是王仪未能回到重庆，在长寿湖回龙中学当了教师，于二十世纪八十年代去世。

42. 杨子绍——重庆教师进修学院教师，右派，文革期间被斗死。

43. 尹从华——重庆进修学院语文教师，历反，尹的小儿子淹死在长寿湖。

44. 宋兰馨——重庆教师进修学院教师，右派。（宋未下长寿湖）

45. 周人文——重庆五一技校化学教师，毕业于云南大学，鸣放时因说学生是廉价劳动力而被打成右派，下放到南川乐村农场劳动改造时，给姐姐写了封信，表示想逃到国外，姐姐将信交给组织。周人文因此被捕，后死于监狱中，死的具体时间不详。1979年"改正"后，周的哥哥寻找他的尸骨，没有找到。

46. 廉瑞侦——重庆五一技校教师，毕业于河南工业大学，历反，开除公职。

47. 陈　英——重庆五一技校数学教师，与学生恋爱，该女学生怀孕。陈因此被打为"坏分子"，入狱劳改而死。1979年，该女学生来校要求给孩子的生父平反，学校不予理睬。

48. 刘汉中——重庆五一技校体育教师，因打了学生一拳被划为"坏分子。"1979年获得平反消息时高兴而死。

49. 王　绵——重庆五一技校教师，1949年前任重庆2中校长，国民党国大代表，历反，开除公职。

50. 冯炳章——重庆五一技校学生，他睡上铺，墙上有张毛主席的像。一天，他冲着毛的像打了个屁，被划为"反社会主义分子"，押送劳动教养，现下落不详。

51. 王兴明——重庆五一技校学生，反社会主义分子。现在五一技校。

52. 孙道良——重庆五一技校学生，反社会主义分子。平反后在重庆双碑。

53. 黄XX（女）——重庆五一技校学生，因喜欢打扮而划为反社会主义分子。现在重庆特殊钢厂工作。

（重庆五一技校在1957年划了几十名学生为"反社会主义分子。"现年80岁的李恩章还记得起名字的有以上4名。上述五一技校的教师、学生未下长寿湖。）

54. 潘广桂——重庆市煤矿学校制图教师，在厕所拉屎时读政治学习发下的马列的书，有人说："你拉屎还在读书嗻？"他回答："这种书嘛在这个时候看最合适。"他因此 被打成右派。饥荒年，潘广桂与队长一起吃了长寿湖潘家村农民（潘广桂同他们关系好，认了家门）的南瓜。农民问，能不能把湖边那些水淹地让给他们种点菜。潘找到队长，队长同意了。1964年搞四清，潘为这事被抓出来判了刑，管右派的队长只受了一个警告，潘后来死在劳改队，死的时间等情况不详。

55、吕声拯——重庆市煤矿学校数学教师。没有具体罪名，说他在私下议论过共产党。当右派后他只有8元钱，后来加到18元。他一家5口人（三个小孩），全靠他的工资，在南桐时，他身体就垮了，到长寿湖后，由于得不到任何外援，身体极其虚弱，1960年在一次出工时，吕半路上倒下去再没起来，终年40岁。

56、郭无畏——重庆市煤矿学校外语教师，出身于高级知识分子家庭，其父曾留学英国皇家学院。郭从小受到良好教育，英语很好，贵州解放时参加了解放军，后到西南俄语专科学校（四川外语学院前身）学习，毕业后分到煤炭部当翻译，1954年因翻译工作上的问题，与苏联专家发生争执，被贬谪到重庆煤矿学校。到煤校后他看不惯一些当官的作风，写信给他在贵州大学任教的姐姐。姐姐认为弟弟思想有问题，将信寄给煤校的领导，请领导帮助弟弟。领导将郭无畏打成右派，下放农村监督劳动。郭无畏先到南桐矿区，后到长寿湖，"改正"之后在中梁山煤矿子弟校任教。

郭于2001年8月去世。

（那位在贵大教书的姐姐后来追悔莫及，在郭重病去世前，哭着说是她害了弟弟。郭的好友梅吾对她说："你也不用太自责，当时我们都单纯，都迷信，以为党组织是最好最亲的，一切都交给它。"）

57、廖石城——永川人，1913年4月生，大学文化，重庆市煤矿学校总务副校长，来校前在天府煤矿任公方代表，据说是因为他为资本家说话而打成右派。1960年睡在他身边的一 个右派饿死了，在场部意见下来以前人们不敢擅自处理，廖不得不与死人一起睡了两个晚上。廖已不觉得害怕，他说："我反正也要死了，无所谓。"廖石城1979年"改正"后去世。

58、李天枢——重庆市煤矿学校数学教师，先划为右派，后来说他有历史问题，于是作为历史反革命投入监狱，1978年改正后回到学校。李天枢、潘广桂、肖晋虞三人是旧社会来的知识分子，不大敢公开说话。但三人关系好，爱在一起发点议论，因此被打成右派小集团。

59、聂崇枚——重庆市煤矿学校语文教师，曾经担任剧作家洪深的秘书。1958年，学校说他在1957年的反右运动中表现不好——至始至终沉默寡，又说档案上发现他有历史问题，于是把他划成历史反革命，开除工职，遣回浙江义乌。由于聂是城市人口，无法放到农村，因此返回重庆下放长寿湖，每月8元生活费。1982年其所谓"历史问题"的冤案得到平反。聂由"反革命"变为"1949年前参加革命"的老干部，享受离休待遇，现住在煤校。

60、杨鹏熹——重庆市煤矿学校教务副校长，因"右派"教师颂扬他能理解知识分子而被打成"反党分子"。现在下落不详。

61．包万江——重庆市煤矿学校实习工厂技术员，因说他家乡（黑龙江鸡西市）有许多混血儿，是当年苏联红军解放东北时强奸妇女留下的，被划右。现在下落不详。

62．戴披星——重庆市煤矿学校图书馆长，右派。（详见"赵子生"）

63．赵长华——重庆巴县人，1930年5月生，大学文化，重庆市煤矿学校右派。

64．赵世瑞——四川遂宁人，1932年10月生，大学二年级文化，教师，重庆市煤矿学校右派。妻离异。

65．肖晋虞——江安人，1919年3月生。大学文化。重庆市煤矿学校教员，右派。

66．董鹤雄——重庆市煤矿学校教员，右派。（因认罪态度好，留校）

67．张克震——重庆市煤矿学校教员右派。（因认罪态度好，留校）

（重庆市煤矿学校共打了16名右派）

68．柳秀钟——重庆市城建校右派。

69．崔可久——重庆市城建校右派。

70．姚江屏——重庆市城建校极右，副校长，已去世。

71．宋 朴——重庆市育才中学教师右派，复旦大学毕业，1963年被遣送回乡，现情况不详。

72．陈秋屏——重庆市育才中学音乐教师，历反，二十世纪九十年代去世。

73．周怀笛——重庆7中语文教师，著名象棋冠军、才子。周在长寿湖擅长"软斗"，为逃避繁重的劳动，他曾拖根棍子，当众将裤子脱光，露出屁股，对队长说："我屁眼流血。"周去世时间不详。

74．顾恒德——重庆市五中教师，右派，在长寿湖当木匠，二十世纪九十年代初去世。

75．余伟清——重庆市交通学院教师，右派，二十世纪九十年代去世。

76．欧文定——重庆市璧山人，1933年12月生，高中文化，1958年2月在重庆交通学院被打成右派，（1966年11月22日在渔场被判"管制三年"处分。）欧二十世纪九十年代去世，终生孤身一人。

77．胡 庄（女）——重庆北碚116中学教师，右派，二十世纪九十年代去世。

78．潘明信（女）——重庆石桥铺中学教师，右派，二十世纪九十年代去世。

79．陆远富（女）——重庆某师训班学员，右派，二十世纪九十年代去世。

80．阎淑群（女）——湖北人，1926年6月生，中学文化，重庆市中学师资训练班（学员）右派。阎二十世纪九十年代去世。

81．姚修振——重庆市党校右派。

82．李宣良——重庆市党校，因坚持马尔萨斯人口论被打为右派。

83．张 健——山东人，1920年9月生，中学文化（1938年入党，1949年进军西南）。1957年在重庆市委党校打成右派。张当右派后妻子与他离婚，他将三个孩子送回山东老家。后来，他十多岁的儿子张平从山东独自一人到长寿湖千里寻父，找到了父亲。张健于1974年病逝，其女儿从山东来渝，痛哭，安葬父亲后，女儿回山东投水自尽。

84．李春阳——重庆人，1926年10月生，大学专科文化（民盟成员），教师。1957年在重庆市第四女子中学打成右派，二十世纪九十年代中期去世。

85．龚韵琴（女）——重庆50中学教师，右派，二十世纪九十年代去世。

86. 曾文逵——重庆江北县人，1919年4月生，大学文化。（1939年十八集团军重庆办事处通讯员）1957年在重庆市第十六中学以"情节不十分严重，但态度恶劣，划为右派，送农场劳动。"未摘帽。妻离异，有三子（无联系）。曾二十世纪九十年代去世。

87. 刘立清——重庆南岸39中学教师，历反，二十世纪九十年代去世。

88. 郑　杰——重庆人，1923年1月生。大学文化。重庆37中教师右派，长寿湖的"顽固右派"之一，非常有骨气。郑于2005年2月去世。

89. 杜　渐——重庆人，1927年5月生。大学文化。教师。1958年1月在重庆市茄子溪中学打成右派。

90. 晏杰全（女）——重庆市22中教师，在南桐和长寿湖劳动改造20年，没有任何罪名，因此1979年不给她"改正"。去世时间不详。

91. 张积成——陕西人，1917年11月生，大专文化，教师，1959年1月在重庆市第六中学打成右派，张2001年去世。

92. 陈益民——重庆市二中教师，右派。

93. 孙　进——浙江人，1929年11月生，参加西南服务团入川，大学肄业文化。1957年在重庆市第三十中学打成右派。

94. 成中霖——四川岳池人，1922年12月生，高中文化。1958年在中央公安学院重庆分院打成右派。成于2009年3月15日去世。

95. 崔京生（女）——北京人，1932年5月生，大学文化。四川美术学院附中右派。

96. 崔　炎——四川美术学院右派，崔京生之夫（崔炎未下长寿湖）

97. 吴德昌——内江人，1930年10月生，大学专科文化（二野十八军转业），音乐教师，1958年8月在重庆师范专科学校附属中学打成右派。独身。

99. 郑可庄——重庆北碚某中学教师右派。

100. 牟寒冰——重庆江北18中学教师，右派，二十世纪九十年代去世。

101. 王钦福——上海人，1918年10月生，大学文化，教师，重庆市第三十六中学右派，发生活费，有妻（无工作）、二子、二女。王于二十世纪八十年代去世。

102. 周世矗——重庆市江北某中学教师，右派，情况不详。

103. 孙瑞秋（女）——重庆江北某中学教师，右派，现情况不详。

104. 王谦湘——教师右派（学校不详），1963年被遣送回湖南老家，现情况不详。

105. 高明斋——重庆市中区某中学教师，历反。现情况不详。

106. 黎春浓——重庆某中学教师，历反，二十世纪九十年代去世。

107. 邓祜曾——重庆四中教师，右派。饥荒年想逃往国外吃饱饭（其母是比利时人）被抓入监狱，坐牢10年。

108. 黄孝颐——重庆三中右派。黄于2008年去世。

110. 李　路——重庆八中政治教师，右派，1979年去世。

111. 陈西平——四川岳池人，1922年10月生，大学文化，地理教师，重庆市第九中学右派。陈独身一人，足不出户，说："把过去的一切全忘记。"陈已去世，时间不祥。

112. 唐永怀——重庆某中学地理教师，右派。2000年去世。

113．**高久长**——（民革）重庆某中学历史教师，右派。（未下长寿湖）

114．**潘明谷**——重庆清华中学政治教师，极右，押去劳改。（未下长寿湖）

115．**刁停图**（音）——重庆清华中学语文教师，右派，2001年去世。（未下长寿湖）

116．**崔永禄**——教师右派（学校不详）饥荒年饿极了，在岛上抓住一条毒蛇，未及煮熟便匆匆吞下，不一会，全身肿胀，中毒而亡。

117．**赵师明**——重庆六中数学教师，右派。1960年在南桐农村饿死（详见"陈祖翼"）

118．**杨先庚**——重庆市六中最优秀的化学教师，右派。（详见"陈祖翼"）

119．**黄　熹**——重庆人，1926年10月生。1957年在重庆市第十八中学打成右派。

120．**李树文**——重庆人，1925年11月生，大学文化，教师。1958年4月在重庆市第九中学打成右派。

121．**唐　轲**——浙江人，1918年7月生，初中文化，西南服务团入川，重庆市第二中学右派。独身。

122．**蔡　容**——三台县人，1914年5月生，初中文化，重庆水利电力学校（总务科事务员）右派。

123．**刘允迪**——四川南充人，1929年1月生，大学文化，教师，重庆水利电力学校右派。独身。

124．**陈　莫**——浙江人，1926年3月生，大学文化，教师，重庆市工业学校右派。独身。

125．**董延安**——重庆四女中语言教师，右派，"改正"前去世。

126．**周远达**——教师右派，学校不详。1959年（或1960年初）饿死于重庆南桐农村。

127．**颜润德**——教师右派，情况不详。

128．**李在泉**——长寿湖教师右派，情况不详。

129．**张井间**——教师？情况不详。

130．**沈汉卿**——教师？情况不详。

131．**黄一模**——教师？"改正"前去世，死因不详。

132．**廖忠观**——教师？"改正"前去世，死因不详。

咬断舌头

　　文革期间，四川外语学院俄语系主任**XXX**被关押和批斗，审讯者强迫他揭发他妻子。在长时间的刑讯逼供下，**XXX**被迫编造了妻子的"罪行"。

　　当天夜里，想到妻子将会因此遭受迫害，**XXX**又愧又悔又怕又气，他深恨自己长了舌头，害了妻子，绝望中，他咬断了自己的舌头，吐在地上。

　　几天后，**XXX**跳楼自杀。

　　（2001年四川外语学院教授林亚光提供。笔记本被抄家时抄缴，系主任的名字忘记，有待林教授从美国回来后补上）

1958年3月5日，周恩来、李先念、李富春来到长寿湖狮子滩视察；1963年4月23日，朱德来到长寿湖。几位"党和国家领导人"先后共计两天的光临，让长寿湖"蓬荜生辉"。于是，长寿湖给这几位"大人"树了一座高大的纪念碑，并建了一个幽雅秀美的庄园。

每天，无数游客走进庄园，抬头仰望"大人"的尊容，并在塑像前留影。

一百多个消亡在长寿湖的无辜的**生命**，何日才能有一个**纪念碑**？！无数悲惨的**青春**，无数殷红的**血泪**，何日才能有一个**纪念碑**？！

十二、"另类"

他们不是"分子",而是"分子"的妻子、子女,
也有长寿湖的管教干部、下放干部、学生和农民。

1、郑修成 2、韦绍新
3、黄晓龙 4、鲜担志
5、张一华 6、谭宗旭
7、何隆华 8、戴儒愚
9、王 薇 10、徐 瑗

长寿湖（陈华摄）

"另类"

一个有良知的管教干部 —— 郑修成

——长寿湖管教干部

郑修成不是右派，而是管右派的人，具体说来，是管右派思想改造的人——长寿湖同心岛改右学习班政治指导员。

郑修成从部队转业后长期在公安局工作，1965年调到长寿湖作管理干部。

我到长寿湖后，看到右派的处境很糟。从政策上讲，右派是敌我矛盾按人民内部矛盾处理，但是在执行时，完全是按敌我矛盾，把他们当劳改犯。管理上也基本上是按监狱里的方式。例如，右派之间，不准交头接耳，交头接耳被认为是在密谋发泄对党的不满。另外，右派没有书籍报纸，没有娱乐，劳动之外只有学习、批斗。1966年有些右派的原单位寄来毛主席著作和语录本，场部扣住不给发，说右派学马列越学越反动。其他书籍就更不准读。我去之后，看到右派生活很单调，精神非常空虚，有的右派只得躺在床上翻新华字典。我认为，既然政策规定右派在处理上按人民内部矛盾对待，就不该将他们当劳改犯。所以，我去之后，给他们订了一份报纸，场部放电影，也安排他们去看，还组织他们唱歌。右派有事请假，我能批的尽量批。工作上我坚持三点：1、对右派要管，要改造。2、管得不要太紧。3、翻案要斗。上面认为我右了，说我同右派分子有说有笑，打得火热。

在文革时，我不主张武斗，也尽量减少了造反派对岛上右派的冲击，尽我的力量做了一点保护工作。

当然，在那个年代，我也执行了左的路线，做了一些不该做的事，伤害了一些人。我感到最内疚的有两人，一个是白永康，一个是欧文定。白永康在日记本上写了几十首诗，他用报纸将日记本密封起来，藏在行李里，被造反派搜查出来。有些诗句很反动，例如，他写原子弹爆炸有感中有一句是："暴君聊发原子狂"；写李宗仁归国是"大鹏展翅救中华"。我文化不高，一些诗我也不懂，其他右派帮我分析讲解，我才明白。白永康的材料是我整理，我上报的。我以为最多判他三、五年，没想到判下来竟是死缓，我当时就感到问题严重。白永康这个人劳动很积极，肯干，不多言，不多语，没想到他思想上想得多，但这也不该是死罪呀。没判他"立即执行"是因为他的反诗没有外传，否则他肯定掉脑壳。也幸亏是死缓，他活下来，否则，我就是认识到自己错了，想向他道歉也不可能。

欧文定也是我整材料把他送进监狱的。欧这个人的主要毛病就是色迷迷地去盯人家女青年，不仅盯着看，还要去追。他也不想想，他一个右派分子，哪个革命女青年会嫁给他？好事没沾着，惹了一身骚，影响很不好。这样，把他定为坏分子，送进监狱判了10年徒刑。现在回想起来，欧文定当时30来岁，一个男人正当壮年，色迷迷看几眼也很正常。这事我做过头了。遗憾的是，白永康我还当面给他表示过歉意，欧文定我一直没机会，现在他已经死了。

还有，当时抓政治思想改造，给右派造成的精神压力相当大。每天晚上，右派劳动回来要学习，要交待劳动任务完成得怎样，某人表现如何，态度如何，说了些什么话，弄得不好就要挨斗。

另外，每年还有两次评查，主要内容是，你这半年改造有哪些进展，认罪态度如何，生产劳动表现怎样，先本人自己写，大家提意见，最后作鉴定。有几个人，劳动表现很好，但死活不认罪，所以每次评查都通不过，不仅摘不了帽，还吃不少苦，比如重庆日报的詹光和五一技校的李恩章就是如此。我对他们说，放聪明点，光棍不吃眼前亏，但没作用。

当然，现在我早就认识到右派这个事是彻底错了，不是扩大化，1957年应当彻底否定！中央现在还不彻底否定是不对的。中国说假话就是从1957年开始，现在普遍的假话、假货，根源就在反右，中国落后人家20年，同把一批知识精英，一批知识分子整了有关。

作为我个人来说，我要向被我整了、被我伤害了的人表个态，表示歉意，也许人家不理解，不领我这个情，但我仍然要这样做，我的确也这样做了，取得了许多人的谅解，这些年来长寿湖每年的右派聚会我都参加，大家对我也还不错。去年孙重来看我，我劝他向大家道个歉，消除隔阂，孙重笑了笑，没有回答。

（采访时间：2001年6月4 日，地点：重庆市南岸区）

采访后记

郑修成是一个管教干部，也就是说，是当年管右派的人。也许，正因为如此，他最初不愿我去采访。不过，在"六·四"十二周年这天，我终于在南岸黄桷垭山下叩开了他的房门。

最初的半个小时比较尴尬，郑的声音很低沉，几乎听不清，他一开始就喃喃地说："当年我也执行了左的路线，我无法超越那个时代。"他声音虽低，但目光真诚，整个面容给人和善诚恳之感。

据众多右派反映，在长寿湖的管教干部中，郑修成下手不算狠，用那个年代的语言说，他还不那么"左"。与那些整右派已整得变态的监管人员相比，他也许算得上将右派当作"人民内部矛盾"处理的"共产党好干部"。在他相对"不紧"的管理中，当年的右派少受了一些痛苦，也许，还因此少死了几个人。在专制暴政下，各层执行者的个体素质尤其是良心的多少对无辜者而言意味着生命的得失。

郑修成最突出的亮点是他一次次真心诚意的道歉。这实在是太难得太稀少了。在长寿湖前前后后无数任职的管教干部中，能作到这一点的，仅郑修成一人。还有一些右派、摘帽右派、当了组长的右派，因种种原因，揭发、批斗、诬陷、压迫自己的同类，甚至造成了同类的死亡。今日，即便可以理解在当时条件下的不得已，但绝不应当原谅至今不向受害的同类道歉的行为。

在这一点上，那些人不如郑修成。

采访结束时，郑修成说："长寿湖的右派和其他'分子'为长寿湖的建设作出过巨大贡献，仅那成林成片的果树，就是他们一棵棵种下的，有许多是在石头上一个坑一个坑打出来的。长寿湖当年没给他们一分钱的报酬，回报他们的只是批斗，是饿饭，甚至是死亡，长寿湖应当永远记住他们。"

郑说这话时，充满了真诚，充满了感情。我盯着他的眼睛，那里面没有丝毫的伪装。我伸手向他道别，真心诚意地说了声谢谢。

谭松与郑修成在长寿湖猪儿岛(2002年)

风雨人生，我在长寿湖的经历
——韦绍新

——1957年重庆海员工会副主席，长寿湖下放干部。
1928年生

我是广西横县峦城镇人，1945年在永淳初中毕业后，我以优异成绩免考直升南宁高中。1948年，我赴沪宁投考大学，被五所大学同时录取。我选读了复旦大学政治系(现为国际关系系)，1949年2月参加中国共产党(地下党)。8月我参加中国人民解放军西南服务团，于1949年12月抵达重庆，后任重庆海员工会宣传部长、副主席。反右运动中，我被安了一个"严重工团主义错误"的罪名，受到开除党籍、撤职降级降薪、下放长寿湖劳动的处分。

临走那天晚上，我和妻子通宵未眠，盘算着如何养活三个幼小的孩子，如何让老母亲不挨冻受饿。我对自己的冤屈不敢申辩，在那个权力就是真理、领导就是党、领导人神圣不可侵犯的年代，抗争、申辩，只能罪加一等。我曾经因为不承认"反党"，并狠狠向窗子吐了一口唾沫而被加重了处罚。我对妻子说："不能再申辩了。"妻子痛苦地接受了这个现实。

一大早，我轻轻吻了吻还在熟睡的三个孩子，在心里默默地向他们告别。妻子把送我到朝天门码头。在码头上，没有拥抱、没有亲吻，甚至没有握手，我俩木头似地立着……

轮船拉响了汽笛催客上船。

妻子抹着眼泪对我说："好好改造，争取早日回来。"

韦绍新与长寿湖右派王义珍合影（2004年5月）

我讲一些在长寿湖的经历和见闻。

1959年，我在新滩区劳动半年，印象很深的，是右派詹光被捆打事件。

詹光是延安鲁迅艺术学院毕业的学生，在战争年代，他写过不少前线的新闻报道。当右派后，他拒不承认强加于他头上的"反党"二字。一天，在新滩区队部驻地的大宅里，对他的"反党"罪行进行批判，有人大吼："把他捆起，看他承认不承认。"

人群中窜出一个人。此人人高马大，一脸横肉。他把詹光反剪双手捆了起来，吼道："你承不承认？"

"我没有反党，怎么承认？"

打手把詹光捆得紧，厉声说："承不承认？!"詹光摇摇头。打手更火了，把詹光推倒在板凳上，下死劲捆。"你承不承认？!"詹光抬头，目光显然在抗议。看到詹光快不行了，人

401

们才给他松了绑，搀扶他回了寝室。

区队部就驻在新滩口旁一家大地主的旧宅里。我不知道这家地主是否曾如此对待过他的佃户，我也不知道这里的佃户在土改中是否曾这样对待过这家地主。

这个打手叫邹振林，据说后来有一次他为了不花路费而去重庆，偷偷地爬进运鲜鱼的冷藏车，几乎冻死在车子里。

印象深的还有一个右派的自杀。他是重庆废品站的右派，他在同心岛的一间宿舍里吞玻璃渣自杀。这种自杀方式十分痛苦。死后这个老"右"的尸首用席子一卷，抬到湖边的荒地去埋。上级还规定，只能埋在水线以下，这样，一涨水，便让他尸骨无存。

1959年9月，我所在的大网队开进同心岛参加四秋大战。这时长寿湖上空笼罩着浓浓的"大跃进"气息。人们的头脑膨胀到了发疯的程度，大话说尽，空话连篇。翻土的指标，一队比一队高。个个队都树标兵、放卫星。

"大跃进"，使粮食减产，农场的粮食供应定量已降到每月21斤。

一方面吃不饱，一方面又不断苦战，长寿湖与全国一样出现了水肿病。李长文是大网队第一个患水肿病的人。他是苦战三天三夜不下火线，并创造了日挖土九分地的记录后得病的。

偷盗现象发生了。据1959年12月22日的统计，同心岛共发生案件46起，案情主要是：

厨房被盗面粉10斤，馒头4个；

孙静轩被盗半包饼干，重4两，及57块水果糖，幸福牌香烟1包；

谭显殷被盗一碗萝卜；

李在泉被盗二块猪肉；

李长文菊花糖一包被盗；

罗元亨一斤六两粮票被盗；

……

农场党委王磊书记指出：盗窃是阶级敌人的反扑。他把问题的性质提高到敌我矛盾的高度。他还说：问题的产生和泛滥的主要原因是领导上的右倾。

1960年3月，大网队离开同心到大湖捕鱼。四月中旬，几天大雨之后，桃花水来了。

每年的头发桃花水，都是捕鱼的最好时机。我们正准备大干一场时，突然被通知停止捕鱼而去帮助其他队扶麦子。我不敢不执行。但事后我说了一句话——"忍痛牺牲。"

几个月后，党委召开三反运动，我万万没想到，早已忘到九霄云外的"忍痛牺牲"这句话给我带了灾难。

大会小会对"忍痛牺牲"的动机穷追不舍。

"中央要求以粮为纲，市委辛易之书记检查农场工作时指示要把伏倒的麦子扶起来，你反对扶麦子就是反对市委，反对市委就是反对中央。"有人抓住我最害怕的"反党"问题，直捅我的软肋。

"我没有反对扶麦子，我执行了的。"我申辩说。

"你行动执行了，思想没有执行！'忍痛牺牲'说明你有情绪，有情绪就是不满。"他又加重语气补充说："不满，不是反党是什么？"

受批判之后，1960年9月的一天，党委办公室的方甸康对我宣布了党委对我处分决定：

撤销队长职务，到农村参加整社，好好改造。

在那个荒唐的年代，我能说怎么？我敢说什么？我默默地离开了那座阴森森的办公大楼，愤愤地径直往江湾码头走去……

10月，我到了飞龙公社，工作组驻在雷祖庙。

我走遍了雷祖管区的山山水水。大跃进带给雷祖的是一片荒凉，满目疮痍，断垣残壁。全管区有164间屋的房料，207条板凳，1923张桌子和40425根木料被调去炼铁或送进公共食堂的炉灶。

农民，无论男女老少都面容枯黄，骨瘦嶙嶙。全管区275户1095人，必须在公社食堂吃饭，但赖以活命的公共食堂，普遍缺粮少菜。其中作坊湾食堂每天供应一餐；三夫庙食堂一天供应混糠带水的两餐；打锣冲食堂完全停止不开伙。雷祖食堂的供应标准是一两一钱，255人一天煮粮28斤5两。即使已难以维持生命的低标准，七间食堂有六间也只剩半个月的存粮，麻冲食堂已颗粒无存了。由于缺粮，全管区1095人中，截止1961年1月10日已有184人死亡，还有34人患水肿、干病及子宫脱垂症。这是我亲眼目睹的惨绝人寰的悲剧。

一个只有30户的大山弯的农民告诉我：连绵的阴雨天，上级叫社员去收胡豆，结果霉烂了5500斤；正逢栽秧的季节，上级却把劳动力调去割麦子，结果4500个秧子报废；撒了4000斤谷种，没人栽，秧子疯长，也废了；在大太阳天，命令社员种了17亩红苕种，又不淋水，白白晒死了……这导致这个生产队的粮食连年减产，1958年产17万斤，1959年丰产不丰收，只收2万6千斤，1960年更糟，只有1万5千斤了。

面对这种局面，上面将矛头错指基层农村干部。

按照当时的标准，飞龙是典型的三类社（即落后社）。毛泽东指出："这是第二次革命，因为这部分地区解决的是政权问题，反革命、坏分子篡了权，借共产党之名，行国民党之实，现在就是要革他们的命。"

四川省长李大章指示："对落后地区，凡烂掉的要夺权。"他强调："搞不彻底，决不收兵。"

1月18日，市委书记辛易之说："三类地区重要的是敌我斗争，也有两条路线斗争。"

1月20日，市委书记任白戈说："对敌人不是说理，而是镇压。"

从此，一场声势浩大的以农村基层干部为斗争对象的运动席卷了飞龙、华中、云集三个公社的高山深谷、湾湾冲冲。

飞龙公社卷进了这股洪流。1961年2月2日召开了控诉大会。大会主席团有工作队长赵风霓，云集区委书记徐明泉。我担任大会司仪。苦主在大会上控诉：

社员王国珍回父家，在路上捡了一个红薯，被打了一个耳光，并被吊在屋梁上直至天黑。送至父家，又不拿饭吃，不久即死去。

1960年8月，社员袁永珍议论某领导偷粮食，结果遭报复，他们不给袁粮食吃，活活将他折磨死了。

薛邦林曾因揭露某领导偷粮食，从1959年10月起，被陆陆续续扣饭。薛去采蕨根来充饥，1960年3月在去荒田坝买盐的路上，倒地而亡。薛死后，仍然扣薛的妻子及孩子的饭，他们被逼得只好流浪他乡。

1959年10月，叫魏廷清去捆二季稻谷子。魏有病，突然喊眼黑，一头栽倒在水田里，当晚即死亡。

1959年12月，社员毛连安偷吃红苕，被吊了三个小时，队上把毛驱到蒋家坝，回来后又不给饭吃，还派毛去狮子滩抬木料，毛饿死在狮子滩。

这是血和泪的控诉。公社化三年中，这个管区有26人被吊打，起因都是一个"粮"字。

我听着农民一句句渴求活命的哀怨，一声声在死亡线上挣扎企求活命的呼喊，心碎了，流下了同情的眼泪，有时竟失声痛哭起来。

这次控诉大会，飞龙公社被抓去的基层干部有戴树成、王禄贤、王吉元、严吉木、陶炳成、马开盛、王吉英等等。

在飞龙，一件父吃女儿的天下奇案让我终身难忘!

1961年1月，我从云集区参加整社工作队会议后回到雷祖庙，我翻开枕头，发现一堆人的头盖骨。我大为震惊。

怎么回事？我与工作组的其他同志判断，估计是一桩人命案。我们决定对全管区的人口进行排查。最后，疑点集中在堡上的王吉华身上。

堡上是只有几户农民的一个小湾。湾里人发现王吉华的女儿王开述1月14日还在坡上放牛，近几天突然不见了。王对湾里的人说，他女儿到外婆家走人户了。奇怪的是她的衣服裤子却晒在地坝的凉衣杆上。那时的农民衣不蔽体，根本没有多余的衣裤换洗。这引起了湾里人的怀疑。

王吉华的邻居反映：夜深人静的一个晚上，听见王吉华家里传出"唉呀! 娘呀! ! "的惨叫声，随即又传出厨房里噼噼啪啪煮东西的声音，还有一股难闻的毛发烧焦的气味直往邻居家里窜，弄得几家邻居整夜不能入睡。

一家邻居直接了当地问王吉华："你姑娘到哪里去了?"

"死了。"这与过去说到外婆家串门不一样。

"埋在哪里?"

"我把她烧了，用麦杆烧的。"

"真的?"

"不信，你把灰灰扒出来看。"

我枕头底下的头盖骨就是这位邻居扒出后悄悄送来的，他不敢公开揭发。

1961年1月23日夜，王吉华从堡上被带到了雷祖庙。雷祖庙天寒地冻，我们在二楼烧了一盘红红的杠炭。我主持对王吉华的审查。

"王吉华，你女儿是怎样死的?"我直问。

"病死的。"

"不对，如果是病死，为何晚上还会惨叫?"

他感到无法隐瞒了，一口气交待了他整死女儿的经过：深夜里，趁女儿熟睡，他突然把她抱起，用力把她的头朝床厅的硬板上撞。未断气，他又用装满谷壳的枕头按住她的嘴巴，直至窒息死亡。

"你为什么把她烧了?"我又问。

他先讲了近年来他家里死人的情况：他母亲魏朝云，于1960年3月饿死。他妻子汤维德，在魏朝云死后十多天也死了。死前，汤曾经埋怨王吉华吃了她的饭。王一怒之下，把汤打得死去活来，不到四天，他妻子死了。他的么儿，三岁，于1960年10月饿死。据群众反映，王吉华去公共食堂打他一家人的饭，回家路上，王就挖吃家里人的饭。那时公共食堂分饭，每人一个瓦罐，食堂的定量每人只有一两一钱，少得可怜，瓦罐底部只有一个小饼子大的饭，王吉华挖吃了边边，剩下的饭更少了。

王砸死女儿的原因就是想占有她那份饭。为什么用火烧呢？王吉华的一个亲戚告诉他，人死了有火葬和水葬两种方式，葬错了就会全家死绝。王吉华想，他的么儿死后是抛到飞水扫脚凼去水葬的，但厄运并未停止，所以，王吉华决定对女儿火葬。

王将女儿的头和肠子烧了，但对她腿上的肉及心、肝、肺舍不得烧。他想，他饥饿难忍，不如把这些煮来吃了。我们后来去他家检查时，在厨房的鼎罐里还有好几块吃剩的人肉，在橱柜里还有一些血水浸泡着的内脏。

审完王吉华后20天（1961年2月13日），我就离开了飞龙公社，但那血淋淋的一幕，使我的心灵受到极大的震撼，留下刻骨铭心的记忆。2005年春节，我重访飞龙，正巧遇上当年雷祖管区的会计王文学及民兵张洪桥。我们谈起那不堪回首的岁月，不禁相对唏嘘。他们告诉我，王吉华后来被判刑15年，刑满回家已是58岁，不几年也去世了。

在整社期间，我们白天与社员一起上坡下田参加劳动，夜里走家串户抓紧工作。我们粮食供应标准降为城市人口成年人平均月供21斤，比长寿农村的农民强了许多，他们每月的标准为11斤至15斤带壳的谷子。食油城市人口原来一人一月供1市斤，1960年减为1两；糖，1960年一人一月1斤，1961年开始根本没有供应了；肉，城市人口每人每月供3两。一个鸡蛋价格相当5斤大米。还有布，1960年发1尺8寸布票，这点布票只够买一条毛巾。

这是大跃进、三面红旗带来的灾难。

1961年，我患了水肿病，脚肿了，眼皮也沉重得快张不开。我是靠吃蛇消肿挺了过来的。

1962年11月，我被调到长寿湖桐子沱生产队，在那儿干了11个月，有一件事很难忘。

桐子沱有几十家农民，其中有一个女青年叫曹素花，年约20，脸蛋红润，眼睛水灵，头发乌黑。她起伏的胸脯和袅娜的身姿，显出女性特有的曲线美，加上她身上散发出那股诱人的青春芬芳，令桐子沱不少青年农民为之倾倒。

蒋文金，30多岁，是从工人中提拔的青年干部，工作很有朝气，曾担任市食品工会主任，五七那场无情的政治风暴，也把他吹落到了长寿湖，他在长寿湖担任了桐子沱生产队长。

曹素花的妈妈是长寿湖选出的县人民代表，老贫农、队委会委员。老蒋需要和她研究工作，间或在她家里吃饭。他经常出入曹素花的家，天长日久，对曹素花产生了爱慕。

曹素花婚后不久，丈夫就应征入伍，到云南去了。她也耐不住寂寞，二人越过法律的红线，苟合在一起了。

在那个年代，在长寿湖这块特殊的地方，与女人隔绝，与妻子隔绝，时间久了，一切都丧失了，连人的本能都丧失了。性压抑和性萎缩在男人中并非鲜见。出于人类对与生俱来的性欲的需要，有的在包谷林里寻欢，有的在树荫下偷情，有的在山沟里作乐，甚至在椅子上交媾……而这一切也只是越过了传统道德的红线，至多是越过纪律的红线，而老蒋则是跨过法律的红线了。

不知是谁，把这事捅给了苏新。一天，他态度十分严肃地向我交待："你尽快把老蒋的问题弄清，整份材料给我。"

我回到桐子沱，在小范围内对老蒋的问题作些调查。曹的妈妈知道了，十分恼怒，三天两头在我住的屋前粗野地怒骂："哪个烂贼，乱造谣! 捉奸要捉双，捉贼要拿赃，不在肚皮上逮到，一切都是假的。冤枉好人，没得好死。"

我找老蒋谈话，他拒绝承认。老蒋憨厚的态度，使我对苏新的介绍产生了怀疑。

曹妈的叫骂，引起了邻居的注意。

一位知情人悄悄向我透露："雨天，蒋队长要来曹素花房间过夜，晴天曹素花要到队部与蒋队长过夜。我住在她的隔壁，又是夹壁墙，耗子走路都听得见，他们的一举一动听得一清二楚。先是开门，接着是脱鞋宽衣上床。蒋队长那个金属皮带扣碰击椅子的清脆声听得最清楚。熄灯后只听到床铺上轧轧摇晃的声音了。偶然，还传来曹素花轻轻的恳求声'动作慢一点'。"

他见我既不摇头又不点头，又用十分肯定的语气说："你不信，今晚下雨，明早你到地坝上看看有无蒋队长统靴的脚印。"

果真不假，第二天早晨，我在曹素花门口见到了老蒋统靴留下的深深的脚印。

但老蒋仍然不承认。曹妈照例骂骂咧咧。

曹妈骂得有道理呀，捉奸要捉双，但如何捉双?

有天晚上，月亮在桐子沱的上空泻下一片雪白光芒。按常规，这是偷鱼炸鱼的最佳时刻。

"嘭嘭嘭!快开门! "一阵急促的敲打队部木门的声音，把老蒋和曹素花的美梦惊醒了。

四个民兵重重地拍打着门房，并齐声大吼："蒋队长，快开门，有人炸鱼!"四个民兵是: 张春芳、张大新、大海、还有曹素花的胞弟曹弟。

门开了，老蒋还来不及穿好裤子，几个民兵直冲进去。张大新提出一支火药枪即慌慌忙忙地走了出来。曹弟分工是捞桡片的。桡片在保管室里。他闯进保管室，看见他姐姐蜷缩在跳斗的背后，一丝不挂地裸露着。曹弟明白了，他不好意思地捞起桡片扭头就走。

四个民兵和我，按照我指引的方向，划着两支双飞燕直奔炸鱼的港湾。但我们两支船在港湾里转了好几个圈却找不到炸鱼的迹象，连人和船的影子都找不着。我们失望地往回划。

他们不知道，这是我导演的一出戏。

曹弟回到家，把他在队部看到的告诉了他妈妈。从此，再听不到曹妈叫骂的声音了。老蒋和曹素花也都交待了他们苟合的情况。

我提笔整理老蒋材料时，手在颤抖。如果不是遭遇"五七"风暴，老蒋莫说当产业工会主席，就是回到面粉厂当工人，也比在桐子沱强百倍; 如果他不是孤身一人留在桐子沱，而是和妻子一起过着温暖幸福的生活，他也不致于如此。我曾想在材料中为老蒋隐瞒些什么，但想到苏新那凶神恶煞的面孔，想到法律的尊严，我不能也不敢说假话。

报告上交苏新后，苏新就直接处理了。

老蒋被判了一年徒刑。听说，长寿县法庭开庭审判他们的那一天的夜里，蒋与曹还在长寿河街旅馆里幽会。看来，他们真的有感情了。

我的妻子几年后知道了这事，指责我没良心。她说："1963年5月7日，我还托老蒋给你带一斤半猪油，两斤红枣，两斤炒面，10个大饼，一瓶榨菜。这么重的东西，老蒋高高兴兴地给你全部带来。"她还说："你与老蒋在桐子沱和睦相处，工作默契，怎么闹成这个结局？"

面对妻子的责备，我只有叹息。

1963年8月7日，支部书记苏新通知我："党委决定调你去大洪湖。"

16日上午，我登车告别了我整整生活了五个年头的长寿湖，朝大洪湖方向驶去。

汽车沿着西山逶迤的乡村公路颠颠簸簸吃力前行。我想，人生漫漫，茫茫人生，我今后的道路是否也似今天的汽车一样，甚至比今天我乘的汽车所走的路更为坎坷更为艰难呢？

在整理这份材料时，我心情是沉重的，有些情节是含着泪写下的。妻子一再劝阻我：不要写了，你挨整得还不够惨吗？把家庭连累得还不够惨吗？谁知道今后会不会有人又把这些材料作为整你的钢鞭呢？

可正是为了不让人类的悲剧重演，不让悲剧的历史重复，我才整理这份记录历史真实的材料。让我们的子孙后代都铭记这段血和泪的历史吧！

最后，我以我的好朋友、诗人孙静轩《历史在这里沉思》中的诗句作为这份史料的结束语吧：

> 我们，全部被卷进了旋风，卷进了暗流
> 听天由命地被一种无法抵抗的巨力随意摆布

> 是的，我们必须忏悔
> 忏悔我们的愚昧
> 忏悔我们的迷信
> 忏悔我们的盲目
> 敢于坦率地承认自己的丑陋
> 假若一个民族不肯反思
> 这个民族就不会从梦中醒来
> 假若历史不反思
> 历史的悲剧必将重复
> 假若你和我不肯反思
> 就只能作一个可悲而可笑的阿Q
> 啊！人们，不要说一切都已过去

图片来自光碟《长寿湖我们怀念您》

采访后记

我曾从好几个长寿湖右派口中听说过韦绍新，对他的评价都很好。我也好几次见到他，并给他和其他右派拍过照。他给我的外在印象是慈眉善目而又宁静儒雅。

但是，我却没有，也没有想过采访他。原因是，他虽然也在五七年遭受迫害，给他加了个"反党"罪名，但他没被打成右派，而是"下放干部"。

　　长寿湖先先后后共有1030名下放干部，他们中的绝大部分，也是因为这样或那样"问题"被五七年的反右风暴刮到了长寿湖。其中不少人，也大悲大苦，九死一生。其人生经历，其心路历程，自有一道惊心动魄的"风景"。

　　可惜，由于我认识上的误区，我从没想到去采访一位"下放干部"。

　　2009初，我在父亲家见到了韦绍新送我父亲的书《风雨人生》。我借回读后，感叹万千！当即就决定去前去采访。不幸，老人因病入院，并且已经不能言语！

　　我一心指望医生妙手回春，恢复老人的语言功能。可惜，一个月、两个月、三个月……近半年过去了，韦绍新老人还是说不出话。

　　其间，韦绍新老人在听说了我采写长寿湖及其经历后，专门托人送我一本记述他一生"风雨"的《风雨人生》。我又细读了一遍。20多万字和几十幅图片，牵引着我的心，跟随老人坎坎坷坷的人生脚印，风风雨雨的悲欢离合，作了一次跌宕起伏的漫游。感叹、痛惜、惊愕、悲愤、同情、沉思、敬佩……

韦绍新老人只能以笔代言

　　当读完合上书时，一个饱经风雨苍桑、一生大悲大苦，但一直坚守伟岸人格的老人形象，则鲜鲜活活伟立于眼前。

　　我决定立即去拜望老人。

　　在市三院的老年科病房里，韦老看上去比几年前苍老了许多，但那双眼睛依然透出和善真诚之光。

　　由于言谈不便，我写下这样一段话：

　　谢谢您赠我的《风雨人生》。

　　《风雨人生》既为您自己作了一个最有意义的"交待"，更为后人开启了一扇了解那个年代真相的大门。后者更有价值，更为珍贵。

　　在"唯物"的价值判断中，您和我父亲这种人都很"划不着"，但在一个更高的境界里，您们活得其所，浑身散发出一种独特的魅力之光——一种高高站立，让人仰视的魅力。

　　可惜，眼下像您这种在大风大雨中保持做人良知、坚守高尚人格的人不多了。这也是为什么这些年来，每一个如您这般的长寿湖老人的离去都让我感到十分痛惜和悲伤。

　　可您写下了《风雨人生》！您不仅将那个时代的一角真实地留给了后人，您也将一种良知、一种真善、一种高贵展示于世。

韦绍新书

我在这种真实前深思浩叹，更在这种良知与高贵前感受精神的升华、思考做人的道理。

书中，您在写到离开长寿湖时说："正是为了不让人类的悲剧重演，不让悲剧的历史重复，我才整理这份记录历史真实的材料。让我们的子孙后代都铭记这血和泪的历史吧！"

如此，我替将读到您文字的读者后辈向您表示一声感谢——感谢您的良知、责任感和勇气！

也是基于相同的"不让悲剧重演"的愿望，我将您在长寿湖的那段经历，整理成一篇几千字的专题，我想将它收编在我采写的《长寿湖》一书中，希望今后有更多的人能读到您那段刻骨铭心的经历。恩请您同意。

老人慨然写下："同意收入《长寿湖》中。韦绍新 2009年7月15日于三院病房。"

以上这篇文字，便是老人书中长寿湖经历的记述，而不是我采访后的记录。

告别前，老人又拿起笔，抖抖索索为我写下这样几句话："我为有你这样的青年感到骄傲。为我的亲密朋友谭显殷有这样的后代感到自豪。我听了王义珍的讲述，我佩服后代人比我们勇敢。我已年老并身体不好，否则真要同年青人一起战斗，直到我们的社会实现公平正义为止。"

山城七月，骄阳似火，我同老人握别，走出医院，大汗淋漓。

惭愧！我们"后代人"，哪儿有如韦绍新这般老人的那般魅力呢？

中国几千年的传统气节、良知，从屈原到谭嗣同的精神品质，早已被共产党60年的"改造"、"批判"、"整风"、"运动"、"发财"等等扭曲得面目全非，清除得所剩无几！

看看身边这个飞速变化的社会！

看看身边这个已经变化的人群！

医院渐渐消失在身后，韦绍新这样的老人将从那儿走向他们命定的归宿。

与他们一同消失的，将是我们这个民族最宝贵的千年精髓？

我大汗淋漓地走出死亡和新生共存的医院，身后，分明感到传来一种召唤，一种无声而深沉的精神感召……

谭松与韦绍新老人合影于三院病房（2009年7月15日）

长寿湖，我的那些右派恩师——黄晓龙

——长寿湖下放学生，1943年生

我在长寿湖劳动期间，有幸认识了一批右派老师，在耳闻目濡的潜移默化下，我得到了最初的人文启蒙，学会了思考判断，形成了最初的价值和是非判断，从而在根本上改变了我的追求和人生道路。

我是1959年考入重庆水产校的首批学生，一进校就遇上那场肆虐全国的"三年自然灾害"。我曾亲眼目睹过刚刚还在校门前踽踽而行的农民，突然缓缓曲膝，像电影里的慢镜头一样倒下的死亡过程……

1961年夏季，由于我"阶级出身"的缘故（父亲1953年以"特嫌"罪名冤死狱中，1957年家中又有好几个亲人被打成右派。）学校让我下放到长寿湖劳动。

最初让我对那些右派生出好奇，并在感情上和他们相通的，是在捕鱼队广泛传唱的《三套车》、《深深的海洋》、《茫茫大草原》之类的苏联歌曲。每当暮色四起，渔火点点，三两只双飞燕从朦朦胧胧的湖光山影下掠过时，总是会响起深邃、凝重、带着忧郁和悲怆的歌声。歌声令人想起广袤雪原上飞快掠过的雪橇，想起被践踏、掠夺、遗弃的命运和苦难……此时，近于麻木的心，就像被一只手轻轻抚过一样，变得温暖柔软活跃起来。我满怀好奇地猜想，那些被打下长寿湖的，在雨雾风雪中唱着这些歌的右派们，是一些什么样的人？

于是，在这近乎于原始状态的水天之间，我接受到另外一种"不合时宜"的教育和熏陶。晚炊之后，几只"双飞燕"系在一起，在水天澄沏的月影星辉下，在浩渺空阔"冯虚御风"般的飘飘然中，听老捕鱼队员讲那些"大右派"的轶事。

李南力、陈孟汀、卢光特、孙静轩、吕琳、谭显殷、詹光……这些当年的英雄好汉们，满怀崇高理想和革命热情，为建立一个民主、自由、繁荣、富强的新中国出生入死。不料，一场"反右运动"让他们从高级干部、诗人、作家、艺术家的位置上一头栽到长寿湖劳动改造。

一些一直不认罪的"死硬右派"们，他们在逆境和苦难中始终保持着人格尊严。富贵不能淫，贫贱不能移，是一种很难达到的境界，但我在不少右派身上看到了这一点。这对我们这些年轻人产生了一种吸引力，让人从心底升起对他们的尊崇和向往。据说，卢光特曾当众直言："甚么自然灾害，本来就是人祸！"还有，一个下放干部无端辱骂孙静轩，遭到回击后恼羞成怒，欲动手打人。孙静轩抓起一根桨脚叫道："不错，我是右派，但那是冤枉的。只要你敢动手，老子这一百多斤就不要了！"那个家伙顿时软了下来。

农场党委曾经下发过一份"社教"动员文件，组织全场职工学习。文件列举了团市委右派曹贞干、高志长、谭显殷等人多次聚在一起散布的"反动言行"。如：他们议论周边农村每天都有人饿死；议论农场和农村对生产的瞎指挥；议论干部多吃多占等等。甚至他们在饥饿中咽口水，怀念久违的红烧肉的味道，也被认为是"准备反攻倒算"，是"人还在、心不死。"

我不由得对这些敢于"直面血淋淋现实，敢于面对惨淡人生"的右派，生出深深的敬意。

那时，对右派的"思想改造"和"劳动改造"极其残酷，这种改造让右派们丧失人格尊严，失去思考能力，甚至摧残他们的生命。尽管好多右派都是正直和饱学之士，但当时阶级斗争"痛打落水狗"的社会氛围却使他们活得像卑贱的猪狗。至今，我只要一想起长寿湖那段岁月，眼前就会浮现出泥泞的路上，那些脸色灰暗、面部浮肿、穿着开花棉袄，一边走，一边用大木勺贪婪地在饭盆中舀着稀饭的情景……

最难忘的是在新滩参加"红五月"双抢劳动时亲眼目睹的一幕。

当时，我和四五个同学正在水田里插秧，突然听见工区主任钱XX在 4、5根田坎外大喝一声："给我打！"

只见几个身着齐腰防水裤的彪形大汉扑上去，噼噼啪啪，脚尖拳头加耳光把一个右派分子打翻在地！

"我没有装病呀！我、我……"

几个壮汉将这个"装病"的右派打得连连惨叫，最后没有声音了。我看见他们把已经没有气息的他从地上拖走了。我目瞪口呆地看完这一幕，半天回不过神来。

后来，听说这个右派"病死"了。

当时，右派要摆脱这种非人的待遇，除了"认罪"，除了认真改造，争取早日"摘帽"回到"人民队伍"之外，别无他途。其中"认罪"是最基本的前提。如果不承认"反党反社会主义"，不承认"有罪"，就意味着自己和家人都将面对漫长而无止境的非人待遇。

我也见过受难之后便以"左"的面目出现的右派。那时，中苏论战已全面拉开，但是，在长寿湖，苏共的"苏维埃加土豆烧牛肉"和我们的"人民公社加大锅清水萝卜汤"之争，只唤起了饿得要死的右派们对食物的强烈渴盼，人人都对"土豆烧牛肉"馋涎欲滴。然而，一位曾经是知名讽刺诗人的右派，却多次选择人多时当众宣称："我一听到'土豆烧牛肉'几个字就想吐。"其实，人们看得很清楚，同样是饥肠辘辘的他禁不住吞口水。这名右派是个有着超常记忆力的才子，几千上万字的文章，看过两遍就可以一字不漏地背下来。但他在说那明显背离常识和良知的话时，语言十分流畅，丝毫不脸红。

还在水产校时，我就多次听文学课老师以无不惋惜的口气，讲起过当时正在农场劳改的大诗人孙静轩。我本人读过他的《海洋抒情诗》，读过他的《献给母亲的河》。

在书房里的黄晓龙

411

"满身泥痕，赤身露体的孩子，彼此用饥饿的眼睛长久的默默对望"

"在混黄的流水边，倾听着船夫脚下的皮肉和船板摩擦时发出的低沉叹息"

对饥饿有着刻骨铭心体验的我，用整个身心体会孙诗人的诗句。我从小就爱写诗读诗，梦想成为一个有社会责任感、有影响的诗人。产生了一定要见见这个大名鼎鼎诗人的愿望。

我忐忑不安地将几首习作寄给他。仅仅三天，我就收到他热情洋溢的回信。这个以《海洋抒情诗》在青年中颇具影响、在我眼中高不可攀的著名诗人，给了我极大的鼓励和肯定，使我在迷惘中看到一道明亮的曙光。我同孙老师的首次见面，竟是他和李武珍正式结婚登记的日子。我这个少年也是这场婚礼的唯一参加者。我只顾和他谈诗、谈文学，谈那场令国人良知集体陷落的"反右斗争"等等，直到晚上10点方才分手。这个以"孙浪子"和"白眼向青天"而著称、并开罪了不少权贵的诗人，给我留下的印象竟是谦和，质朴，和没有丝毫娇饰的率真、热情。

我开始拼命阅读唐诗、宋词、元曲、《古文观止》和艾青，聂鲁达，普希金的诗。诗赋中那些美好动人的情感，那些博大精深、充满睿智的思想，迷人的文字，将我带进了一个全新的世界。于是，我打渔时默诵，休息时手不释卷，沉醉于先贤们留下的思想文字中。

精神的充实，导致了我从性格到习惯的一系列变化。但是，和右派们的频繁接触，公开称他们老师等等，引来了那些一心想立功、借以高升的人的关注。

一位原水产校的总务老师（时任捕捞队副大队长），非常亲热地找我聊天，我以为是老师的关心，便将对诗的热爱和向往，对右派孙静轩的崇敬和感激，一一向他倾吐。不久，这位我信任的老师，在"社教"(社会主义教育运动)动员会上竟声色俱厉地说："我们培养的是普通劳动者，不是精神贵族，更不是那些口口声声称右派分子为老师的人！这是阶级立场问题，是大是大非问题，如果不迷途知返，就将是运动的重点！"

1963年春，正当我为"雷锋日记"大受感动时，突然被调去干重体力活。原来十分亲密的同学突然和我疏远，这又是水产校的那个"老师"在作祟。我心中充满愤怒，屈辱，不平，但个人又岂能与强大的"政治"抗衡。为了躲避迫害，我以腰椎受过伤旧病复发为由，"因病退职"回到重庆。

回到重庆后，我借来高中二、三年级的文、史、地、数和政治课本，打算考大学。可是，到了5月，长寿湖答应寄回的户口仍不见踪影。在重庆40中学作音乐教师的母亲着急了，只身赶赴长寿湖为我索要户口。在长寿湖，母亲得知因为我和右派交往密切，已被党委高度关注。正焦急时，她又收到右派孙静轩寄给我的信。在历次政治运动中已经吓

黄晓龙与妻子

成惊弓之鸟的母亲，将大姐，四舅和全家兄妹召集家中，召开家庭会，给我下达最后通牒：必须马上向长寿湖写检讨书和揭发材料，并交出孙静轩的信，断绝同右派的来往。以此，争取把户口要回来。

我拒不从命。自此，家里的气氛紧张起来。母亲焦虑惊恐，逼我就范。由于长寿湖扣着户口，我在重庆没有粮食定量，家中兄妹多，无法维持基本生活。

高考报名期一天天逼近了，户口还是不见踪影。据从长寿湖回来的同事讲，社教运动已经开始，一些同右派交往密切的下放学生先后被冠以不同罪名被捕判刑。我若在这个时候回长寿湖，不仅拿不到户口，反而会遭遇不测。一直同情我的大弟弟偷偷告诉我，母亲又去过一次长寿湖，仍没拿到户口。

走投无路的我，一连几天在储奇门河边望着江水，想一死了之。

没有户口，考不了大学，在这个已有三个"右派"亲属的家庭里，母亲如惊弓之鸟，终日惶惶不安。我实在不忍心看她那焦虑的面孔。

1963年8月初，四川大竹县云雾茶场到街道办事处招工，已走投无路的我当即就报了名。

1963年8月中旬，一个阴霾的早晨，我以一种近乎"壮士一去兮不复返"般的断决和平静，随同120个赴大竹云雾山茶场的知青，登上了6辆军车。

在一种近乎凄凉萧杀的气氛中，我离开了家，离开了我生长的城市，开始了长达数十年之久的、充满苦难与抗争、迷茫与求索、彷惶与追求、放弃与坚守的人生之旅。

后记

长寿湖先后共接纳了1455名学生。同后来全国范围大规模的"知识青年上山下乡"运动不同的是，这些"下乡"的学生绝大多数要嘛是"出身不好"，要嘛便是有这样那样的"问题"。因此，下放这些学生到长寿湖，也是一种"发配"，一种惩罚。

他们中，也有因"罪"而被捕入狱的，如莫德仲、肖顺伟，也有在长寿湖献出年青生命的，如王宝华。

2003年，我曾采访了一位长寿湖下放学生李明富，他给我提供了一些下放学生当年的照片。但是那次采访收获不大，因此没有有关的采访录。

我同黄晓龙的相识相交算是"以文会友"。

几年前，一位朋友传来黄晓龙的一篇长文《流年往事》，我读了之后心中十分感慨，随后我们便有了往来。

这篇《长寿湖，我的那些右派恩师》就是《流年往事》中的与长寿湖有关的内容。经征得黄晓龙的同意，收集在本书中。

1958年下放长寿湖的部分学生在长寿湖机械厂前合影。（前排左二叫王宝华，她在长寿湖献出了生命，埋在狮子滩大坝。）

45年后（2003年），当年（1958年）的部分学生重返长寿湖，并在当年的猪儿岛（现浴滨岛）上合影。（图片由当年下放长寿湖学生李明富提供）

不是"分子"的"分子"

2004年7月7日，我在长寿湖边偶遇右派李正的弟弟李柏桦，他对我讲述了他的遭遇：

我是1961年在重庆第二师范学校（即现在的重庆教育学院）读书时遭的殃。

有一天我背诵李友才板话——那是语文书上的一篇课文。

"模范，模范，从西往东看

西边吃烙饼，东边喝稀饭"

我背到这儿时卡住了，于是从头又背。

这个时候窗外有一个学生会干部路过，他是低年级的，没学过这一课。他听见我读"西边吃烙饼，东边喝稀饭"，认为是个政治问题，因为毛主席说过"东风（社会主义）压倒西风（资本主义）"。

414

他马上跑到教务处去汇报。恰巧教务长出差，他若在，知道这是课文，我也没事了。教务处一个女干部也没读过李友才板话，听了汇报，她也认为问题大，于是就把我下放到重庆广阳坝农场劳动。

我一直在那儿劳动到文化大革命才弄清楚我被发配的原因。是教务长告诉我的，他叹了口气，说："这事整个整错了。"

但是，木已成舟。

你不知道，当年我特别喜欢读书，尤其是喜欢语文，喜欢写作……

1971年，我通过婚姻转到了长寿湖，从此留在这儿。

女子写给恋人10封情书被农场扣留50年

半个世纪前，重庆渝中区在校女生周德翔执着追求被下放到重庆长寿湖农场改造的男子罗立平，并给他写了10封情书。然而，因为这些书信被农场保卫科审查时扣留了下来，直到今年4月才被人发现。

一封信件的背后被人批注"情信写的如此肉麻还说是同胞妹妹"。

重庆商报（2008年）**10月1日报道：**半个世纪前，渝中区在校女生周德翔执着追求被下放到长寿湖农场改造的男子罗立平，并给他写了10封情书。然而，这些书信全部被农场保卫科审查时扣留了下来。今年4月中旬，原农场工作人员郭良在清理当年积存下来的档案时，意外发现了这些被扣达50年之久的信照。昨天，郭良委托本报寻找当初的这对恋人，希望这些信照能物归原主。

清理档案发现被私拆情书

发现这些情书的郭良系长寿湖联合企业公司（即长寿湖农场的前身）行政办工作人员。昨天下午，郭良向记者介绍，今年4月中旬，因公司一幢存放档案的办公楼被卖给当地一家医院，领导叫他去清理被存放了半个世纪的档案。

"当我打开这些尘封了半个世纪的档案时，突然发现了一张面容清秀女子的照片。"郭良说，与照片相伴的还有25封被私拆了的信件，收信人均是一个叫罗立平的男子。这些信中，有罗立平的母亲和姨妈写来的，还有同事和朋友写来的，其中还有10封情书。郭良称，他从信中得知，给罗立平写情书的女子叫周德翔，她当时在重庆市21中读书，她的信件大多是从渝中区民生路340号寄出来的。

痴情女生两天写3封情书

昨天，记者看到，这25封信全都被人拆开了，邮票也被剪了，有些甚至没有了信封。郭良说，从这些信的内容大致可以看出，罗立平系主城人，当时被下放到长寿湖农场改造。记者同时还看到，这10封情书的信封背后还被人用铅笔批注了"情书"、"情信写得如此肉麻"等字样，信的正文处一些写得情深意浓的地方，也被人用铅笔勾画了出来，有些字句后面还被打上问号。

写信女子周德翔在1958年8月的一封信中写到，她在两天内接连给罗立平写了3封信，但均未收到他的回信，这让她惆怅不已。

当年收信要经保卫科审查

今年70多岁的伍成模系当年长寿湖农场的捕鱼队队长。昨天他回忆称，1958年3月，农场建成，主要接收从重庆主城来的下放干部及在学校"犯了事"的学生等进行劳动改造，他们收信全要经过当时的保卫科审查。伍成模称，当年罗立平被下放来时最多不超过20岁，"他踏实能干，整天沉默不语"。伍成模回忆，后来不久，罗不知为何主动离开了捕鱼队，但在上世纪70年代还有人在渝中区看到过他。

补记：据曾同罗立平一块在捕鱼队劳动的右派高志长和一道在飞龙岛劳动的右派王义珍介绍，罗立平是重庆市工会的下放干部，擅长音乐。当年他主要为两件事经常受到批斗：一是他身体很瘦弱，难以胜任高强度的劳动；二是他同右派们打成一片。前者被认为是抗拒改造，后者被认为是阶级立场不稳。因此经常受到批斗。他曾对高志长说，他受不了这种折磨，想逃走。

一次，一群党的"积极分子"将他捆绑起来一阵痛打，打得罗立平头破血流。打完后，打手们扬长而去。一位农民路过看到头破血流的罗立平，便对他说："他们要把你打死，你还不如逃走。"

罗立平听了这话，坚定了逃跑的决心。（**逃跑的过程不清楚**）

他逃回重庆后，见到了他妹妹的同学，也就是给他写信的姑娘周德翔。罗立平下放前曾为她辅导功课，就是在那时她爱上的他。她给罗写了许多封信，其中一封还特意用鲜红的墨水写成。但是，信全部被农场扣押。

罗立平逃回时，周德翔已是一家医院的护士，她悄悄把罗立平藏了起来。不久，这事被发现，医院强迫她同罗立平"划清界限"。周德翔宁愿失去工作也不愿离开罗立平。她离开医院后，同罗立平在长江河边靠筛河沙和鹅卵石为生。后来他们在渝中区七星岗的一条小巷里摆了一个摊，1979年高志长获得"改正"后还专程去看望了他。"他看上去很潦倒，精神状态很差，身体也不好，那个摊实在简陋。他也想找有关部门'落实政策'，但他没有戴右派帽子，还不属于'改正'的对象。我记得他当时很忧郁。"高志长说。现在罗立平周德翔夫妇住在北京，王义珍曾打电话去问候，是周德翔接的，但她不愿多说。

他们的两个女儿，都成为音乐人才。

飞龙岛上的老农——鲜担志

——长寿湖飞龙岛农民，1943年生

我是长寿湖土生土长的农民，土改时给我家划的成份是富农。我对这个成份一直想不通，我爸爸妈妈一辈子起早摸黑，田头地坝辛勤劳动，耕作一小块土地。我妈是文盲，钞票都认不得，啥子剥削阶级？

长寿湖修电站，1956年把我们迁到丰都。因为是富农，我们一家弄到丰都大山上贫穷荒凉的地方。我在长寿县读过初中，在大山上算"高级知识分子"，让我教小学。

饥荒年，丰都整得才叫惨，路上经常看到饿死的人，还打死不少人——用打夯的方法把人夯死。

什么坏人？不过饿急了弄点地头的东西吃，甚至是摘点胡豆叶。丰都县搞得左。我教的55个学生，到1960年初，只剩下22个，其余的都饿死了。我记得1960年开春，完全没得粮食吃，连坡上的黄豆叶都吃光了。我们住的地方叫中坝，不远处有一个叫熊家湾的地方，70多口人剩20来人。还有崇兴乡曾家沟，270多人死得只剩下几十人。我父亲就是在那个年头饿死的，死在中坝。

丰都死人太多，县委书记刘维梓因此被撤职（1960年），换成一个姓姜的书记。姜书记上任后作了个统计，丰都70多万人死23万！

当时丰都真真成了个"鬼城"。

[注]《丰都县志》（1991年版）第31页记载：

1959年9月，全县粮食总产由1958年的21.75万吨降为11.51万吨，上报地委称42万吨，地区下达征购任务11万吨。

1959年12月19日，县委在上游公社三合管区召开"反粮食瞒产"现场会。县委主要负责人提出"先打第一线（管区支书、大队长、会计、保管）、再打第二线（生产队长），后打富裕农民"的主张。当场吊打七人，其中打死一人。会后，区、乡召开打人现场会，当场打死173人，被撤销干部职务1179人，造成全县性严重违法乱纪。

1960年2月，反榨菜"瞒产"，继续任意撤销干部职务，乱清家。

1960年3月，地委派姜成玉任中共丰都县委第一书记。

（遭撤职逮捕的县委书记刘维梓于1983年3月被"免于刑事处分"，原因是"当年丰都的违法乱纪是在'左'的思想指导下造成的"。——见县志同一页）

我们全家实在活不下去，决定跑回长寿湖。我先悄悄来联系。我找到飞龙一个姓马的主任，嘿，运气好，这边正缺劳力开荒，更主要的是，这边还供应半斤粮。联系好之后我们全家半夜偷偷出发，怕什么？丰都不准走呀，要抓。还好，我们一路翻山，顺利逃回长寿湖。

那一年陆陆续续回来了300多户，有700来人。

那个时候飞龙还是个荒岛，蒿草一人多深，钻进去就出不来。不是现在这个样子。你看到的那些竹林、樟树、果树，都是右派当年种的。

说到右派，我从来就没拿他们当坏人。1958年我的一个老师划成右派，这个老师教书很认真，人也老实，我想不通，他怎么是坏人？

飞龙岛上鲜担志的家

到项家坝后，接触右派就多了。右派老实，一喊就得动，不敢反抗。举个例子说，有年冬天，一艘机动船的螺旋桨被渔网缠住了，开船的人自己不下水，看见坡上的右派练冰梧，就喊："你，下来！给我把网解开。"练冰梧不敢不去，他当时快50岁了，喝了一碗红苕酒，跳到冰冷的湖中，整整干了一个多小时才解开。我们在岸上看，他起坡后，不仅嘴发乌，身上都发乌。我记得那次下水后，他倒下一个多星期没有出门。

还有一个叫王义珍的女右派，是个医生，在飞龙项家坝喂猪，她的医术比乡里的医生好，对人也好，很和气。农民都觉得她是个大好人，就是管她的人说不是，她给我们看了病还要挨整。农民说："她坏？如果都像她那样坏就好了。"

我刚到项家坝的时候还接触了一个女右派，叫杨惠云，她对人很好，很和气，我特别愿意同她打交道，可惜后来她跳湖自杀了。

说实在的，农民对右派没得仇恨，也没得矛盾。我们觉得，他们有文化，都是知识分子，干的活比我们还多，对人态度也谦和，有什么仇恨？

长寿湖右派李普杰、刘康在飞龙岛默默注视着当年劳动过的土屋，那上面还残存着"大批资本主义……"

所以，要斗他们，就得事先发动。怎么发动？把贫下中农集中起来，先说幸福生活是怎么得来的（呸，什么幸福生活，饭都没得吃的！），再说右派们要变天，要回到万恶的旧社会，要让地主、资本家重新骑在人民头上压迫劳动人民。总之，激发人们对右派的愤恨。贫下中农里的年轻人比较容易发动，斗右派主要是他们上场。有一次发动我们农业队的农民斗右派殷宗炳、熊明鑫、郑平等人，斗得最凶的是个叫魏XX的贫下中农

（他父亲原来是场上的地痞）。他把一个烂背篼罩在右派头上，拉着他转圈子，一边折磨他，一边说："你要推翻共产党，我先把你推推磨。"右派只有不断认错："是，是，是，我有罪，我有罪。"否则收不到场。

当然，右派自己也相互斗。有一年修红旗荡，一群右派（有詹一之、梅吾、李恩章等）来干活，住在我家。事先告诉我们不准与他们多说话，更不准照顾他们。我们在一起住了两年，看他们那个日子的确难过。我们农民打霜落雪不出工，右派必须天天干，干最重的活，吃得孬，晚上经常加班，不加班就学习。那个学习就是互相斗，你说我，我说你，你揭发我，我揭发你，你汇报我偷懒，表现不好，我也反映你偷懒，表现不好。有一次我实在忍不住了，说："干活回来累得很，还斗啥子嘛？你们互相都说对方偷懒，坝上那几千斤重的石滚子是哪个拉动的？"组长李黛林说："我们本来就是坏人，不说坏说啥子"？我这才明白。

那些年我觉得右派不如农民，农民至少比他们自由。有些右派看上去简直就像叫花子（乞丐）。有个姓罗的右派，吃四季豆叶，那

鲜担志与当年在飞龙劳改的右派合影　（2002年6月　谭松 摄）

叶子又涩又毛，猪都不吃。我当时说他"女婿卖丈母娘想苦方"，意思是山穷水尽没办法。还有个右派梅吾，穷得很，穿个烂棉袄，一根草绳系在腰上，棉花一团一团露在外面，跟讨饭的没两样。他有一次发高烧，我叫他弄点药，他说："我每月只有16块钱，还要养母亲。"我硬是见他硬拖过去，没吃一副药。听说这个人很有学问，不过，他也想得通，不愁眉苦脸。

（采访时间：2001年10月14日，地点：长寿湖飞龙岛）

采访后记

飞龙岛是长寿湖一个非常偏远的岛子，也是当年右派们的一个主要劳改地，有一些右派在这儿投湖、饿死、被打死。

如今，已有一条土公路修到离岛子只有几公里的乡上，但没有班车。好容易租了一辆破破烂烂的车子，颠颠簸簸赶到乡上，却发现由于头一天的大雨，使得进岛的土路泥泞难行。

在一家小店里借了一双长筒靴，然后在那条惨不忍睹的泥路上挣扎了近一个小时，才看到了风景如画的飞龙岛。

　　这是长寿湖又一个幽雅宁静的世外桃源。雨后的飞龙岛满目苍翠，一尘不染。一丛丛竹林、一坡坡樟树，与碧绿的湖水相映成辉，风，凉悠悠地吹来，使人心舒气爽。

　　这儿，是劳改之地还是疗养胜地？

　　眼下飞龙岛上只有几户农民，这几户人家中，年轻人耐不住寂寞和清贫，大都已外出。偌大的岛子上，难以看见人影，屈指可数的几间农舍一声不响地静卧在苍翠之中。

　　鲜担志的子女已移到县城去了，他们老两口守着一间土屋。老人很热情，冒着细雨，带我走遍全岛，一一指给我看当年右派劳动的地方。

　　"这条石板路就是当年右派修的……这些樟树也是右派栽的。"鲜担志边走边介绍。"飞龙岛以前没有这么多树，也没这么好看，都是右派的功劳，只是他们都走了。"

　　的确，眼下的飞龙岛一片寂静，一点右派的"气息"都闻不到。

　　不过，右派们也没有全走，一些人永远留在了这儿，如投湖的宁振笃，被打死的杨昌林等。

　　世外桃源般的飞龙岛，含翠欲滴，这儿会有那么多血泪？那么多苦难？那么多恐怖？

　　怎么看也让人难以相信。

2002年6月，当年在飞龙劳改的右派重返旧地留影

在苦难中坚守 —— 张 一 华

—— 长寿湖右派张元任之子

我爸爸是1958年被打成右派的，当时他在北碚44中学教书。运动都要结束了，上面来人叫他一定要给党提意见，爸爸顺便说了几句，大约是关于教学方面的，结果马上就被揪出来斗。我当时读小学四年级，认得些字，记得那大字报上有"张元任为大右派董时光摇旗呐喊"、"挂羊头卖狗肉"等等。

爸爸下放农村后，我们全家生活立马陷入困境。最痛苦的是学校要把我们赶走，不准我们再住学校的房子，我们全家六口人被挤到一个7、8平方米的灶房里。我没地方睡，天天晚上翻到教室里，把课桌拼拢当床，夏天那个蚊子才把我咬得惨。

婆婆看这不是个办法，到市中区求她的一个亲戚，亲戚勉强让了半间屋给我们。

1960年我小学毕业，一毕业就给我一张通知书 —— 到缙云山农场劳动，也就是下放农村。我们学校所有"出身不好"的同学都收到了通知。这一棍子把我打昏了，也打痛了，后来我经历的那些挫折和痛苦都没有那张通知给我的打击大。我清楚自己"出身不好"，我也明白今后肯定不会准我上大学，但我没有料到连初中都不准我读，才14岁就要赶我下农场！

我一气之下跑到朝天门码头给人擦皮鞋，这一擦就擦了四年。那一段日子很艰辛呐。当时，擦皮鞋是非法的，说是"挖社会主义墙角"，警察要抓，要收缴工具。我天天像做贼，看见警察的影子，提起箱箱就飞跑，就看谁跑得快。

另外，我还经常过江到南岸的黄山上去挑黄泥巴卖。从黄山到市中区有好远你晓得，一斤泥巴（捏煤球用）才一分钱。我为了多挣点钱，拼命压担子，十五、六岁，我就可以挑100多斤。你看我爸爸个子高高大大，我这么矮小，就是那时压的。

1964年，搞"四清"运动，我被抓了，罪名是"投机倒把"。一大批像我一样生活无着落，没工作、没职业的人（都是"出身不好"的人）也被抓了。我们被集中到沙坪坝办"学习班"，半天劳动半天"学习"。头半年没得自由，半年后准许星期天回家一次。我在"学习班"里一直呆到1971年"林彪事件"之后才出来。"林彪事件"之后，社会松动了一点，准许我去干临时工，这样我进了一个厂当了临时工，几年后转正，成了正式工人。

现在？现在那个厂（重庆印制二厂）已经垮了，我放回家，每月从社保领取生活费400元。

那几十年共产党整我们，我认命，谁叫我们"出身不好"？我爸爸当右派，主要也是因为"出身不好"。我爷爷张一之曾经担任丰都、长寿、威远等县的县长，1950年3月被共产党镇压（枪杀）。爷爷死时我才4岁，不懂事，后来我到丰都、威远，意外地了解到，我爷爷是个清官，正直、有文化、有同情心。例如，前些年我到威远去找我妈妈的坟（她在我一岁时就去世了），在乡下遇见了一位86岁的老人，他得知我是张一之的孙子时，立马对我十分恭敬。他告诉我，我爷爷是个大好人，当官清廉，很关心老百姓的疾苦，遇到荒年，马上开仓济贫。我爸爸也说，爷爷当了多年的官，一生清贫，没有置下任何产业。"文革"时红卫兵来抄家，见我们一贫如洗，不相信，认定我们一定是把金银财宝埋藏起来了。他们挖地三尺，真的挖地三尺！就在我们的屋里，结果一无所获。

我爸爸继承了爷爷的品质，正直、讲良心，只是他一生太不幸。

他是重庆大学工商管理系的高材生，校学生会主席，著名数学家何鲁非常赏识他，把他引为自己的得意门生。可惜，"解放"不久（1950年），他就被公安局抓走，说他是特务，关押了一年多。后来查无实证又放了。几年后他当右派，1960年老婆离婚，带走女儿（从此他没有再婚）。1963年，他被重庆市教育局开除，从长寿湖回来后生活没有着落，只得天天起早摸黑走街串户去给人理发。当时理一个发小孩一角钱，大人两角钱（我擦一双皮鞋两角钱）。我们父子俩出卖劳力，一分一角的挣钱活命，但是我们两个都被当作"挖社会主义墙角"、"破坏社会主义公有经济"的"投机倒把分子"。我爸爸好多次被抓住，收缴理发工具，人被扣押。我最记得我婆婆，每天早晨眼巴巴地望着爸爸出门，每天晚上又眼巴巴地盼着儿子回来。天一黑，她就站在门外，一动不动地盯着爸爸回来的路。多年来，我都忘不了婆婆晚上站在门外的情景。

我婆婆没有文化，但她一辈子温良恭俭让，我们搬了好几次家，没有哪一处的左邻右舍不说张婆婆是个好人。"文革"时她也被抓来斗。爷爷被镇压时她还不到40岁，从此守寡，一辈子担惊受怕。

我这一辈子虽然只读了个小学，但是我清楚该如何做人。我爷爷、爸爸有很好的家传 ——做一个正直的人。我在朝天门擦皮鞋时，经常有其他娃儿来怂恿我去摸包（当小偷），他们说，擦鞋又累又不挣钱，要我跟他们干，我坚决不同意。再苦再累，我也要正正规规做人。

（采访时间：2001年10月18日 2003年10月21日）

采访后记

2001年月10月，我初次到张元任家采访，老人因患帕金森氏综合症，说话吃力，行动困难。然而，更重的"病"是他内心深处的"恐惧症"。他断断续续提起往事，生理和心理的巨大障碍使得他的表述十分艰涩。他儿子张一华在一旁帮他，提到他曾被公安关押。张元任见我拿笔记，神色骤变，突然一挥手，厉声说："公安这一段你不准写！"

我一惊，抬眼一看，见老人面色异常凝重，目光里充满恐惧。

我没想到"公安"两个字竟让已75岁的老人反应如此强烈。

我知道无产阶级专政"伟大"，但没想到它"伟大"到这种程度——真真的"谈虎色变"。

然而，老人的态度在某种程度上激"怒"了我，我慷慨激昂地发表了一通"演说"，大意是：不能因为恐惧而让这段历史永远淹没。如果不让子孙后代了解真象，吸取教训，那些苦是白受了，那些死去的难友才真正冤枉。同时，我暗暗有些责备，说，要害怕，应当是我害怕，我也有妻子儿女，而他，在这把年龄，应该是无所谓了。

张元任

老人听了我的"演说"，默默无语。半晌，他指示儿子把他发表过的几篇文章交给我，其中一篇是纪念他的恩师何鲁（著名数学家、重庆大学校长）的。

从张元任家回来后，我一直没有动手写他的经历（采访本身也不完整），他那恐惧的目光让我想放弃他。

几个月后，我本人落入"公安"（国安局）之手，出来后，又度过了一年不准"乱说乱动"的"取保候审"。

但我始终忘不了他，总想再去看看。终于，昨天，在距初次采访的两年后，我又走进他的家门。

老人坐在轮椅上，目光呆滞，已经不能言语，也不能动了。

显然无法再同他交流，我望着他，感到十分悲伤。这位1949年重庆大学的高材生，仪表堂堂的男子汉，从1950年起，人亡家破（父亲被杀，妻子离婚），几十年大悲大苦，走到晚年，又落下这种病，生不如死。

幸而他唯一的儿子张一华十分孝顺，同妻子一起尽心尽力照顾父亲。

他一边关照父亲，一边告诉我他的经历，并说他最恨那些当官的，敢同他们斗。

显然，张一华不会再像他父亲那样"谈虎色变"了。不过，提到我被"公安"抓的事，他好几次提醒说："你看上去比两年前苍老多了，搞长寿湖，你要多加小心，告密的人多，公安黑。"

2003年10月21日

补记：张元任老人在2005年去世。

那血泪横飞的一堂课——谭宗旭

——谭显殷之子，1955年生

13岁时的谭宗旭

父亲划为"反党分子"时我只有两岁多，我进小学时他才从长寿湖回来。他给我和我们全家带来的影响是巨大的，在我记忆中，那20多年里人生路上的每一步都要因为他而受挫折：升学、加入少先队、共青团、招工、参军、谈恋爱……

例如，我在农村时爱上了一个女知青，第一次到她家，她父亲就扳着脸当着我的面训他女儿说："你太幼稚了，太感情用事！就算你不怕，你也要为你后代着想，现在做什么都要查三代。"

那些年，经常要填家庭出身，每次我都狼狈不堪，就像自己是个小偷、强奸犯，必须把自己的丑恶一次次昭告天下。

讲一件我初中在课堂上的经历吧。

那一年我13岁，在重庆东方红一中（后改为90中）读初一，我个子矮小、瘦弱，坐在第一排。我也愿意坐第一排。1969年，社会上乱糟糟的，教室里也乱糟糟的，老师没办法管学生，也不敢管，上课时学生可以闹，可以在教室随意走动。我从小就喜欢读书，喜欢上学，我愿意坐第一排就是想认真听课。

那一节是语文课，教师叫程志远，她教得很好，很生动，我最喜欢听她的课。

后面一向闹哄哄的，我专心听课，没注意他们说些什么。突然，有几个字钻进我耳朵："谭宗旭的爸爸是反党分子！"

"轰"地一声，我头像炸了。糟了！他们知道我爸爸的事！他们怎么会知道呢？！才进校不久，彼此并不熟呀。我决定装聋作哑，不理他们。我再也听不进课，盼望赶快拉下课铃。

一个叫蒋XX的同学从后面摇摇摆摆走上来，他是海棠溪一个杀猪匠的儿子，生得武大三粗。他走到我课桌前，指着我鼻子说："你，滚出教室！"

我瞪着他，一言不发。

后面一位姓范的同学高声说："蒋XX是群专大军的。"

"群专大军"是文革中的一个新生事物，全名叫"无产阶级群众专政大军"。范说这话是指要对我进行专政。

蒋XX见我不动，伸手一挥，把我桌上的书、本子、文具盒全部扫到地上。

我气得发抖，笔还握在手上，我冲着他一挥，一管墨水洒在他脸上和衬衣上。

课桌翻了，我们扭打起来，他后面那帮哥们一拥而上，我转眼被打倒在地。

摔在地上的文具盒里，掉出一根铜尺子，那是我外公的遗物，混乱中不知谁用那铜尺在我头上打了一下。

程志远老师拚全力拉开同学，把我从地上

初中毕业合影，第三排右三是谭宗旭

拖起来。我坐回座位，衣服撕烂了，书和本子更是撕得稀烂。我恍恍惚惚听见程老师在说："你们不要这样对待谭宗旭同学，你们不要这样对待谭宗旭同学，他还有一个共产党员的妈妈。"

（后来我才知道程老师了解我家的情况，我妈妈在一所小学当校长时，她在那所学校教过书。）

我觉得眼泪要涌出来，拚命忍，脸发烫，双手发抖。不能哭，绝不能哭！班上有这么多女同学，有一个叫唐孝蓉的女同学我正暗暗有些喜欢，我不能在女同学面前丢丑。

眼泪夺眶而出！我这辈子对"夺眶而出"有刻骨铭心的体会。

我用手一抹，发觉有血 ——铜尺敲过的地方正缓缓流出鲜血，我一点都没有觉得痛。

程老师也看见了，她赶紧把我带到校医务室 ——一个位于楼梯下面，斜斜窄窄只有几平方米的地方。程老师把我交给那个全校唯一的校医 ——一个胖大嫂，便匆匆赶回教室。

胖大嫂剪去我头顶上的头发，叫一声："天哪，只差一点就打在脑门心上！"

我一点不觉得痛，只有上碘酒才有感觉。

我头上顶着一块白纱布走出医务室，去哪儿呢？回教室？不，绝不！回家？也不。

学校背后的山坡上，为响应林彪备战的指示，挖了一些半人高的防空壕，我走到防空壕，跳下去蹲在里面。

四下很安静，我听见心还在疯狂地咚咚咚地跳，我觉得自尊心就像我的课本一样，被撕得稀烂，踩在地上，再也捡不起来，再也补不好了！

我在那个防空壕里整整蹲了5个多小时，不吃、不喝，也不觉得饿。就在那儿，我对天立下两个誓愿：一、发奋读书，这辈子要做个有用的人；二、一定要操"扁挂"（即练武术），像水浒上的好汉，"拳打北山猛虎，脚踢东海蛟龙"，十个蒋XX也不是对手。

当天回家，我对妈妈说，打球头撞在篮球架上，受了点伤。那些日子妈妈天天焦头烂额，顾不上我。每天，我背起书包出门，但不再去学校，我往黄桷垭山上走，想寻找寺庙。

武侠书上说，庙里的和尚都会武功，我想拜他们为师，或者干脆出家，习文练武。

山上有座老君洞，我爬上去，进门一看，断壁残垣，空无一人，门口那尊高大的石头将军被拦腰打断，庙子里吊着几个泥菩萨的头，下面还残留着红卫兵留下的标语"砸烂狗头"。

我又往更深的山寻，仍然一无所获，我很失望，只好回家自己练。我把两块砖头打两个孔，当哑铃，在腿上绑上一圈铅块，练轻功，把手臂往门前那棵树上"披"（即碰砸），练坚硬。晚上练，早上练，四点半就起床练。我身体原本瘦弱，家里穷，营养又不良，傻乎乎地猛练，肯定要出问题。一天清晨，我正在练习假想中的对打时，眼前一黑，一头撞在厨房墙的棱角上，当场人事不醒。

醒来时已经是中午，躺在医院。一颗门牙断了，额上一个大血包，嘴肿得同鼻孔一样高，弟弟正在擦我不时吐出来的呕物。

我清醒后的第一个念头是：我给家里添麻烦了，家里穷，住院费怎么办？

那是我第一次住院，住了6天，为了省钱，我坚持让家里把我抬回去，在家里又躺了两个月。两个月后，我偏偏倒倒站起来，身体更加瘦弱，胳膊更细，拳头都握不紧，彻底断了"拳打、脚踢"的远大志向。还有，大脑也受到很大影响。以前，我记忆力特强，岳飞的《满江红》，我读两遍便能背诵，至今不忘。小学时，我从二年级跳入四年级，学习轻松得很。脑震荡后，头痛了很长时间，记忆力也下降。

重返学校时，我心情非常紧张，记得进教室时，我咧嘴笑了一下。后来，好朋友杨星月告诉我，我那个缺牙咧嘴的笑，像鬼。

整个初中，我都很孤独，不敢与同学往来，但我心里面很渴望交朋友，想得要命。有一天，班主任冲着一个正调皮的同学说："你捣什么乱，你那个出身还不让你吸取教训？"那个正活蹦乱跳的同学马上蔫了，垂头丧气走到过道上淌眼泪。我一见心中大喜：哇，班上还有个出身不好的！我于是主动去亲近他，同他坐到一起。我了解到，他爸爸以前是国民党的一个军医，眼下正在挑泥巴劳动改造。

这个同学叫杨星月，我同他成了好朋友，30多年了，至今我们还有往来。

对了，那个要对我进行"专政"的蒋XX，毕业时我们也和好了，他也是个十几岁的男孩，不懂事。他告诉我，是郑宏伟（我们班上的另一个同学）告诉他们我爸爸是反党分子。

郑宏伟的父亲当时任南岸区武装部部长，他认识我父亲。

（采访时间：2002年4月6日，
地点：重庆市九龙坡区）

小学跳级后，妈妈很高兴，特地带我 照了张像

采访后记

去年今日，我去拜访黎民苏，开始了对长寿湖右派的采访，到今天，采访了76位老人。此外，在这一年内，参与中央电视台拍摄专题片《重庆大轰炸》，还采访了102位大轰炸幸存者。

近200位沧桑老人，在我面前打开一页页尘封的历史，我读得双目疼痛，心灵喘息。

中华民族这100年的血泪沧桑啊……

我不幸看到了你喧嚣下面沉默的真实；

我有幸读到了你遗忘后面苦难的记忆。

家住渝中区大同路的罗汉先生，父亲（杂技演员）被日本飞机炸死，继父（杂技团团长）被共产党抓进监狱整死。

家住杨家坪电力大厦的刘管如老人，四十年代三岁的女儿被日机炸死，五十年代本人被共产党关押，没收全部财产，外加一个"管制"。86岁的老人，60年来面对从他女儿头上取出的弹片，无处诉说。

家住渝中区的黄天禄老人，父亲开的栈房被日本飞机炸毁三次，全家节衣缩食修复三次，最后被共产党全部没收，再也无法"修复"。

9岁时被日机炸断一条腿的石仲英（女，家住沙坪坝区凤凰镇皂角村），29岁时连滚带爬到公社食堂去吃被别人抢剩了的"共产主义集体伙食"，差点饿死。

家住江北洋河花园美居园的赵幼庚，1940年全家财产被日机燃烧弹焚毁，爷爷奶奶活活气死。1968年，他最心爱的独子赵宏强（重庆市育才中学学生）被"保卫毛主席革命路线"的造反派打死。

还有为炸死的母亲泣哭和为右派丈夫泣哭的王惠。

还有从日本人的屠刀逃脱，落入共产党"阳谋"的李恩章。

还有40年代在大溪沟家被炸，50年代在南温泉人被整（当右派）的王义珍。

还有……

一年的时间，稍稍一接触，竟发现在这座城市的大街小巷中，在高楼林立的辉煌下面，编织有一张细细密密的苦难蛛网，正像索尔仁尼琴笔下的《古拉格群岛》。

面对这蜘蛛网一样密布在地下的苦难和冤魂，我感到无力得很、绝望得很。我采访过的白永康老人、王吉福老人（大轰炸受害者，家住江北野水沟94号）已经走了，在我采访期间，长寿湖右派郭无畏、张积成也走了，在我采访前，无数长寿湖和非长寿湖的各种"分子"早走了，他们把自己的眼泪、屈辱、爱、恨永远带进了坟墓，无人知晓。

时光轻灵灵地流淌，再浓的鲜血也稀释了，再多的苦难也遗忘了。况且，这原本是一个善于遗忘的民族，况且，这是一个决不准揭头上癞疮的政权。

昨天是一年一度的清明节，我没有去上坟烧香。

在哪一个人的坟头伫立致哀呢？为白永康？还是为郭无畏？而且，万顷湖水中有多少沉默的冤魂？白茫茫的大地上有多少无碑的坟墓？惟有在这盏伴我寂静长夜的灯下，让灵魂在那些永远消匿了的无辜而高贵的生命前长跪。

2002年4月6日夜

我走向父亲死亡的地方 —— 何隆华

何泰贵，长寿湖右派，毕业于上海复旦大学经济系。他为一句话付出了生命的代价，并祸及妻儿老小几十年。

那句话是："上课的教师应当有真才实学，否则要误人子弟。"

下面是其子何隆华（1948年出生）的亲身经历。

　　我八岁以前曾生活在一个温馨、安宁的家庭，父亲在重庆第十七中学教书，母亲在银行工作。十七中学位于南岸海棠溪烟雨坡，山顶上的那栋有围墙的教师小院，是我们五兄妹儿时嬉闹的天堂。院内住的老师们的孩子有十几个，我们玩"官兵捉强盗"的游戏，去小溪里捉鱼，傍晚争抢母亲从银行工会借回来的十本连环画，无忧无虑地过着短暂而欢乐的童年。

　　1957年一夜之间，灾难降临到我们家庭。父亲学校的领导反复动员父亲帮助党整风，提意见。父亲于是说了一句："上课的教师应当有真才实学，否则要误人子弟。"父亲说这话是基于当时学校调进了不少没有文化的人，包括一些转业军人，这些人也站到讲台上去上课，效果极差。为这句话，父亲被打成右派送到南桐矿区乡下劳动改造。

　　当时，我们兄妹五个中最大的姐姐十三岁，最小的弟弟才六岁。父亲被带走后，家里忽然失去了主要生活来源，母亲早出晚归独自苦撑。我们被人赶来赶去不断地搬家，无人照料。读四年级那年，九岁的我考试得了第一名，当我正沉醉在考了第一的喜悦中时，老师放在讲台上的点名册中，我的名字后面赫

何隆华五姊妹1954年

然写着的"右派家属"四个字被同学发现了。在学校广播里"社会主义好，社会主义好……右派分子跑不了"的歌声和同学的轰闹中，我因学习成绩好而仅有的一点自尊和优越感被撕碎了，我默默地远离同学，从此变得落落寡合。

　　我们班有三个出身成分好的同学，程温斌、陈森林、宋同福。三人的共同特点是学习成绩出奇的糟糕，但身强力壮。他们经常暴打体弱的同学。我不仅体弱而且出身"不好"，更是被欺负的对象。初中三年我都是班上的学习委员，程温斌老是抄我的作业。一次我稍示不满，他踹了我几脚后，跑到讲台上去活灵活现地表演想象中的解放前：他们家大雪天提篼篼到我家讨饭，被剥削阶级的我父亲一脚踢出门外。全班男女同学哈哈大笑，泪水在我眼眶里打转，屈辱的我羞愧得无地自容。表演完后，程温斌还丢下一句话："不管你成绩多好，量你也升不到学!"

1964年8月，程的这句话不幸言中。我们班（重庆三十九中初六四级五班）52名同学几乎全部考上高中和中专，只有少数几个和我一样家庭出身有"问题"而学习成绩名列前茅的同学落榜了。

一向健谈的班主任邓时才老师沉默了，收拾了几本他自己的书递给我后一言不发地离去。

随后，龙门浩街道办事处于子力书记拿出一张纸单向我母亲宣布："无产阶级教育要为阶级斗争的政治服务，下面念一下上级通知 —— 龙门浩地区本年度应届毕业生中家庭出身有问题，中考不予录取的八十人名单。"

我自然在那八十人中。为了迅速把我们这些"分子"子女撵下乡，街道办事处使用了各种手段。比如对父母双亡只有十五岁的贺树全，办事处通知供电所停了贺的兄长的临时工工作，兄妹三人断了生活来源，无奈之中贺树全只好下了户口。又如贺亚伦全家老小九人，靠其父在南岸区龙门浩小学工作维持生计。街道办事处采取分批进屋24小时轮番"轰炸"战术，最后干脆通知学校停发其父的工资……

在当时的情况下，我们孤儿寡母早已是阶级斗争暴风骤雨中的惊弓之鸟，全家人赖以生存的母亲如果再出点问题，一家人怎么生活呀？

我清楚地知道，生我养我的故乡已经没有了我的安身之地，厚爱我的班主任邓时才老师和我珍爱的校园生活将永远离我而去。临行前我们集中住宿在两路口公寓里，睡梦中我的泪水浸透了枕头。学校上课的钟声条件反射地将我惊醒，我茫然地看着窗外，校园的钟声今生已与我无缘……

1964年9月，我下乡到了大巴山深处的南江县，那时我尚未满十六岁，体重七十五斤。我在那大山里做了八年真正意义上的农民，其中的艰辛一言难尽！

少年何隆华

最痛苦的是在精神上。夜深人静时我冥思苦想：父亲因言获罪受辱，就算有罪，他已经用生命作了代价，而我何罪之有？想到这儿，我又为自己有这些想法感到害怕和恐惧，受了那么多年的"革命"教育，知道这样想下去是非常危险的。于是，白天我拼命咬牙干重活挣表现，要求进步争取入团，晚上煤油灯下学毛主席的《青年运动的方向》、《人的正确思想从哪里来》、"老三篇"、《湖南农民运动考察报告》等等。希望在农村艰苦的生活中把自己改造成社会主义新人，这样，我的下一代才会有一个平等的生存环境。

为了回到离别了八年的重庆，1972年我只好到了别人都不愿去的运输合作社。所谓"运输"，就是抬石头、拉板车、扛货包等苦力活。上班第一天我领的工具是两个竹筐、一根扁担、和一条再生布搭肩帕，工作就是到码头木船上挑煤炭。

运输合作社人员结构可谓"复杂"，除了我们这些家庭出身"有问题"的知青外，老的下力人大多数都是从各个单位淘汰出来的"黑五类"。我所在的第五组中就有原国民党庐山军官训练团出来的宪兵班长黄杰、中华职业学校校长肖中一、国民党赴缅青年远征军周绪光、逃亡地主柴福堂、国民党"内二警"卞绍中等等。这些人要嘛很有才学，要嘛十分冤屈。比如肖中一，他懂好几国语言。又如周绪光，他是抗战打日本，但只因是在国民党军队里，就被打成了反革命。这些人当时统统被称为"牛鬼蛇神"和"国民党残渣余孽"，每个礼拜都要定期到派出所去接受训斥，只准规规矩矩，不准乱说乱动。还有，运动一来首先就把他们拖出来整，挨打受骂是家常便饭。几十年整下来，他们早已没有了做人的尊严，一个个畏

第三排右二为何隆华

畏缩缩，成天心惊胆颤。有一个叫李伯安的摄影师，解放前曾被叫到南山给蒋介石拍过照，为此事他也被淘汰出来下苦力。前几年我一个朋友听说了这事，来了兴趣，想去采访他。我把朋友带到李伯安家，这时他已80多岁了，社会上也没再搞阶级斗争，但他一听到问起给蒋介石照相的事，仍然骇得心惊肉跳，连连说："没有，没有！我从小就拥护共产党！我从小就拥护共产党！"

（注：我同何隆华都是重庆南岸区上新街的人，我每天上学、放学都要经过那个运输合作社。文革中的一天，我放学路过，门里面传来怦怦砰砰的踢打声。我扭头望去，几个汉子正围着一个中年男人边打边骂。不一会，中年男人被一脚踢出门来，摔倒在地上，里面还在骂："今天先放你回去，明天来继续接受专政！"中年男子从地上爬起来，双手压着被打伤的腰，轻声呻吟着，一跛一跛地走了。几十年过去了，我永远忘不了山城血红的夕阳映照的那张惨白的脸。）

管理运输合作社的人是一个叫淦某的共产党员，此人一字不识，他有一个人所共知的特殊爱好，就是常常单独找一些长得胖胖的女知青到办公室去关门做党的"思想工作"，若干次"思想工作"后，这个女知青就有可能获得脱离苦力活而进入办公室的机会。

运输合作社的劳动强度非常大，拉板板车、抬连儿石、扛货包、装车、卸船……超强度的繁重体力劳动磨平了我们的心智，也佝偻了我们的身体。和我一起从南江县正直区调到运输合作社共四个知青，其中三人皆因劳累过度先后去世，他们是邱仁杰（南江县正直区黑潭公社林场）、夏宝庆（南江县正直区朱公公社林场）、杨昌荣（南江县正直区菩船公社林场），他们死时都不到五十岁。

从1972年到1986年，我又下了整整十五年的苦力，其中的艰辛又是一言难尽！

此外，还有说不完的屈辱。例如，一次，淦某叫我们去

青年何隆华

给南岸区公安分局伙食团运煤炭、砖头、木料、石灰等。我们肩挑背磨，汗流浃背干了好几天。干完后，大家谁也不敢拿托运单去找公安局的经办人签字，签不到字就等于白干，拿不到工钱。那些老的"残渣余孽"们早被"公安"们整得心惊肉跳，谈虎色变，一个个你推我，我推你，谁也不敢上前。最后他们对我说："小伙子，你没有什么问题，好说一些，还是你去吧!"

我于是拿着托运单，找到公安分局管总务的警察李某。他双眼一瞪，把托运单一扔，吼道："甚么？甚么！给公安局做事还要签字，还要付运费?! 走! 走!! "

我想到我们这么大一帮人，靠苦力挣钱，不甘心放弃，缠着他向他讨要。他烦了，一个电话招来分局有名的打手，刑警"王摩托"。"王摩托"一进屋，"哗"地一声掏出手铐说："你敢在这里闹，老子把你铐起来! "

我强忍怒火，万般无奈地走出了公安分局大门。

……

到1986年，我已经38岁，已经下了23年的苦力，但是，这并没有改变我酷爱读书学习的秉性。我在劳动之余通过电大和自学考试的学习，深藏内心的求知欲被激活了。

1986年夏，《重庆日报》刊出了一条《招聘启事》——长寿湖渔场子弟中学招聘教师。

长寿湖! 我心灵深处埋藏的那段悲情被触动了。我于是别妻离子，孤身一人到长寿湖应聘任教。

坐在长寿县城到长寿湖的汽车里，我刻骨铭心地想到了父亲!

他当年到长寿湖劳改也是三十八九岁……

我多次听母亲讲，父亲非常敬业，他复旦大学毕业，教一普通中学仍然备课到深夜……

在长寿湖渔场子弟中学，我只是一个招聘的临时教师，但我全身心投入了教学。同时，我似荒芜已久的土地如饥似渴吸取着知识的甘露。启蒙主义、人文主义的光辉使大写的"人"在我心中复苏。在长寿湖渔场子弟校这个相对封闭的地方，我通过了自学考试、高中语文教师教材教法和专业证书考试的全部课程，获得证书。我教过初中至高中段的语文、英语、历史、地理、政治等学科，也得到老师们和同学们的信任。1987年底，长寿县推行校长负责制，我这个招聘教师经全体老师、职工代表和学生家长无记名投票选举，当上了副校长兼教导主任。

1987年春，我带学生到湖中的同兴岛野营。望着当年右派分子种下的大片大片的广柑树林，闻着在春天的阳光下喷发出的沁人的花香，听着学生们追逐着拾蘑菇准备野炊的欢声笑语，我又想到我父亲。

据说，父亲到长寿湖后仍然很讲究卫生。当时，不把右派当人，用装粪便的畚箕给右派装馒头，挑到地头之后往地上一倒，饿得头晕眼花的右派们抓起馒头就往嘴里塞。但父亲不，他还要把沾了粪便的皮撕下来扔掉。你想，那是什么年代？一个馒头撕掉皮后就更小，他怎么活得出来？

我最后一次见到父亲大约是在1960年初。他下放劳改后第一次回家。但是，家里人对他很冷。妈妈受党的教育多年，也认为他要好好劳动改造思想；哥哥姐姐饱受"出身不好"的痛苦，又在学校受了大量"阶级斗争"、"划清界限"的教育，不自主地把他当敌人看。父亲想亲近子女，但子女躲着他。那个时候，父亲身体已经很虚弱了，我外婆对我母亲说："你看到没有，何泰贵的双脚是浮肿的。"可惜，家里没有给父亲一点资助。后来，母亲银行里的另一个右派家属张光宇对我说：我才不像你妈那么傻，我把黄豆炒了磨成粉，包成一个个小袋子，藏在何世平的衣服里，叫他饿慌了时拿出来冲水吞下去。"何世平因此活了下来。

父亲只在家里呆了两天，我清楚记得，他一言不发，呆呆地坐在椅子上，仰着头，长时间地望着天花板。两天后，他走了，双手空空，一两粮票、一点食物都没有。

父亲很快全身浮肿。1960年11月的一天半夜，他下床后再也爬不上他睡觉的上铺。一番挣扎，他"砰"地一声倒下，再也没有起来。当时，他才40岁。

当年的幸存者、子弟校李长文老师很感叹地说："六零年走的人算幸运啊!以后的历次运动更是了得!文革中，'黑五类'们头戴高帽子、脸上泼墨汁、身上刷糨糊、挂牌弯腰；被造反派逼迫装猫装狗在地上爬，让大伙围着吐口痰；往裤子上泼煤油点燃后让红卫兵取乐……"

如此看来，父亲的早殁的确算幸运。因为这样的折磨，以父亲的性格是断然忍受不了的。

又一年夏天，我游泳游向长寿湖深处，我看着天空变幻莫测的云朵，又想起了父亲，想起了自己走过的几十年人生……

（采访时间：20065年12月20日　地点：重庆市南坪）

采访后记

2004年，在一次朋友聚会上，我遇到了何隆华，并读到他为《魂系大巴山》一书写的文章，十分感叹。2005年底，《魂系大巴山》出版，又细读了他的文字，当即前往采访。

在南岸区南坪何隆华的家里，何隆华谈到了一些他文章里没写进去的内容，好几次，泪水在他眼眶中打转，但，一直没有流下来。

2001年，我在采访时，仅从其他右派口中得知有何泰贵这么一个右派，饿死了。记录下来，只有一句话：何泰贵，教师右派，1960年饿死于长寿湖。

那背后的故事、那家庭的悲凉、那子女的不幸，一无所知。

本书中，有多少只有寥寥一句话就"交待"了一个人和其家庭的凄惨命运!

从何隆华家里出来，我老想起何泰贵呆坐在椅子上，久久望着天花板的情景——一个男人，此时是何等的绝望。

他只有付出生命的代价了，为了那一句"向党猖狂进攻"的"右派言论"——

——"上课的教师应当有真才实学，否则要误人子弟。"

何泰贵（1919年1960年）此照片摄于1951年)　　　　　　划为右派，准备斗争何泰贵的通知

毛泽东一九五八年五月八日在中共八大二次会议上的讲话:

"秦始皇算什么？他只坑了四百六十个儒，我们坑了四万六千个儒。我们镇反，还没有杀掉一些反革命知识分子吗？我与民主人士辩论过，你骂我们秦始皇不对，我们超过秦始皇一百倍。骂我们是秦始皇，是独裁者，我们一概承认；可惜的是，你们说得不够，往往要我们加以补充。"（大笑）

我一想起就头昏 —— 戴儒愚

—— 长寿湖右派何泰贵之妻
1920年生

"我不想说那些事，提起头就昏"

　　我同何泰贵是在江北治平中学读书时认识的，他很快就喜欢上我了。后来上高中、上大学，他不断给我写信，写得很勤。我喜欢他是因为他非常聪明，在江北治平男中他老考第一；在西南联大也考第一；在复旦大学还考第一。在他大学毕业的头一年，我们结婚了，当时他23岁，我22岁。我们的婚礼办得很隆重，可惜那些照片在"文革"时全部烧掉了。

　　何泰贵毕业时，由于成绩非常优秀，又被保送到中央财大深造。老何这个人，是个才子，干事又认真，本来是应当有一番作为的。没几年，遇到解放（1949年），何泰贵是旧政权培养的经济人才，新政权不用他，他失去了工作，在家闲呆着。但是，他还是同其他人一样，满腔热忱地欢迎这个新社会。他跑到街上、码头去组织大家唱歌，唱"解放区的天是明朗朗的天"……后来，有人说他"身份"不好，不要他去，他才又呆在家里。

　　又过了一段时间，我们找了一些关系，才给他找了一份当初中教师的工作。他本来是学经济的，从此改行当教师。虽然只是教个初中，但他非常认真，每天备课到深夜。

　　我做梦都没想到他会当右派！

　　我了解何泰贵，他是一个踏踏实实的知识分子……共产党老是整好人……算了，我不想说这些事，这么多年了，说到这些事我头就要昏。

　　他下放到南桐农村劳动后，不断给我写信，写得很勤。我们单位的人事科长冲我说："何泰贵组织观念很强呀。"意思是警告我，要划清界限。我害怕了，写信告诉他说，像你这种情况，不要再写信了，在那儿好好改造。

戴儒愚1952年

　　他于是就不再写了。在南桐最初时，我还知道他吃些什么，干什么，连他睡在鸡圈上，每夜鸡闹得他睡不着都知道。断了通信后，他的情况就不清楚了。后来转到长寿湖，更是一无所知，连他劳改和死亡的地点 —— 同心岛 —— 都是他去世后我才知道。

　　1960年11月23日，我接到了《右派分子何泰贵死亡通知书》。

　　他走了，他活不出来。他是个老实人，一个书生。从小他就很优秀，可以说出类拔萃，一直活得很有尊严。57年的巨变给他带来巨大的精神压力，紧接着的饥饿又彻底摧毁了他的身体，他活不出来。

　　我请假去长寿湖，身上带了十三个红苕。那时困难得很，每月一个人只有20斤粮，还要捐2斤"光荣粮"给国家，只有十八斤，每天六两。所以，我们也没办法支助何泰贵。

船到长寿县时，是下午一点，我不知道长寿湖往哪儿走，还有多远，我很少出门，心里很害怕。幸运的是，在船上一个坐在我旁边的男人也要到长寿湖，他说他是到云集，还在狮子滩的前面，可以一直陪我走拢。

戴儒愚1954年

下船之后，他说去找一个人，不见了，我心里发慌，站在那儿不敢动。过了一会，他返回来了，我于是同这个男人一块上路。

在路上，我掏出三个红苕送给他，算是感激他陪同我吧。他当场就把红苕吃了，那个年代，人人都饿得慌。

我们走呀走呀，天慢慢黑下来，又下起雨。荒郊野外，我独自同一个陌生男人，心里又慌又怕……

突然我看到灯光了，那真的是像救星一样！

后来得知，这个地方叫邻封，是电厂的一个工地。

我们前去求宿，对方问："你们是什么单位的，到什么地方去，干什么？"同行的男人很坦然地拿出外调的出差证明。但是我不敢把银行人事科给我开的证明拿出来，因为那上面写着："兹证明右派分子家属戴儒愚前往长寿湖农场办理死亡右派何泰贵事宜。"这样的证明在那个年代我哪里敢拿出来？唉呀，说来也巧，办理登记住宿的那个人突然看着我说："你不是上新街储蓄所的吗？"我赶紧说，是呀，你怎么认得我？他说，他到上新街去参观过，就是我给他们作的介绍。

我心一下子放下来，这下好了，他没要我的证明，给我在临时工棚里安排了一个住处。

虽然有了个栖身之地，但我哪里睡得着，天下着大雨，工棚又漏雨，我呆呆地坐了一夜。

第二天又走，到了农场场部所在地狮子滩。场里干部说：你丈夫是患心脏病突然死的，劳动的地点在长寿湖深处的同兴岛，还很远，要岛上的交通船出来才能进去。

我在那儿等了两天，还是没能进去。银行只给了我五天假，往返就要两天，我不敢再等下去，没办法去看丈夫的坟了，不得不返回。场里的干部拿出一个麻布口袋，说：这里面是何泰贵的遗物。我打开看，里面是他用过的被子、穿过的衣服……

何泰贵夫妇

我提着麻布口袋匆匆往回赶。在一个三叉路口，看见有萝卜卖，想到家里挨饿的孩子，就买了十斤，我拖着麻布口袋，搬不动，只好把口袋移一段路，又返回来搬萝卜，就这样一段一段地往返，把丈夫的遗物和萝卜搬上船。

船到重庆朝天门码头时，我犯愁，怎么搬回去？哪知女儿隆静和儿子隆光早就等在码头，他们叫着妈妈扑上来，我眼泪一下就涌出来……

女儿何隆静在《撕开尘封》中描述：

60年的一天，我周末从寄读的江山中学回到上新街枣子湾，才知道妈妈去了长寿湖。记得晚上很晚了我与隆光去朝天门江边等妈妈，初冬河边冷风飕飕已刺骨了，只有我们两个小孩，不知妈妈何时到，我感到了忧心和凄凉。隆光说，他来接妈妈已经是第三天了，看着隆光忧郁的孩子脸，心里好冷好痛，想到隆光比我懂事，我俩因年龄靠近小时候经常在一起，他本来是出名的淘气，总爱歪着嘴笑。家庭的不幸夺走了他的童年和欢笑。

戴儒愚和她的五个儿女

戴儒愚：直到1990年，我才第一次登上长寿湖同心岛，丈夫当年劳改时的住处已荡然无存了，他们只指给我看他去世时的地方，至于埋葬他的地点，一直没人说得清楚，他的尸骨，想必也早已无影无踪了。

（采访时间：2006年3月4日　地点：重庆市南岸区）

1990年，戴儒愚携儿孙在长寿湖同心岛丈夫去世的旧地前致哀。

一个将门后代的遭遇 —— 王薇

—— 右派王大虎和右派曾容之女，1948年生

我的祖父王缵绪

要说我们一家的经历，先得介绍我的祖父王缵绪。

祖父1885年生于四川省西充县观音乡。幼年受业于举人，考取了秀才。他喜爱书法和诗词，也好收藏图籍。1908年，他考入四川陆军速成学堂，与刘湘、杨森同学，曾参加辛亥革命和"四川保路同志军"；1926年，他任国民革命军第二十一军第五师师长；1928年改任第二师师长兼四川盐运使，驻守重庆达5年；1930年，创办重庆巴蜀学校；1932年，任刘湘部北路总指挥、第三路总指挥，助刘湘统一全川；1935年，任第四十四军军长；1938年，任第29集团军总司令，同年任四川省主席；1939年底至1945年，率第29集团军出川抗日，参加了随枣会战、第二次随枣会战、宜沙会战、滨湖战役、鄂西会战、常德会战、长衡会战等战役；1944年，任第九战区副司令长官；1945年，任陪都卫戍总司令，同年，国民党第六次全国代表大会当选为中央执行委员；1947年，任重庆卫戍总司令；1948年，当选第一届国大代表，任国民政府军事委员会武汉行辕副主任、重庆行辕副主任、西南行政长官公署副长官。1949年12月14日，在成都通电起义；1950年，任川西人民博物馆馆长、西南军政委员会委员、四川省人民政府参事室参事；1957年10月，离境出走时被捕。1960年，在狱中去世。

祖父虽然戎马一生，是陆军上将，但他骨子里是个文化人，从小深受中国传统文化，尤其是孔孟之道的影响，他对故土有很深的感情，这也是他不愿去台湾的原因之一。1949年起义时他对共产党并没有认识，也没有接触，不了解。他只读过毛泽东的词《沁园春·雪》，读了那首词，他觉得他同毛泽东在孔孟上是相通的。

但是，进入"新社会"后，他对共产党开始有所认识，并越来越不满：他认为共产党的一系列作法违背了中国的文化和文明传统。连简化汉字他都十分反感，他认为文字是中华文化最基本的承载物，不能随意改变。1957年反右，他的友人等纷纷中箭落马，比如，与祖父有"三同"（同乡、同学、同庚）的著名民主

王缵绪将军

人士鲜英、曾作为统战对象的台盟中央主席谢雪红、云南起义将领龙云等都被打成右派，并在全国范围内遭到"口诛笔伐"。祖父对此非常愤怒，认为共产党太不像话，领导人政治品

质极其恶劣。另外，他也感到大事不妙，他平时就爱发牢骚，从不隐忍忌讳，甚至直接骂共产党和毛泽东。此外，他还写了大量日记、诗词，对"解放"以来的历次运动，镇反、三反、五反等发泄不满。他觉得他也会步龙云等人的后尘。

1957年10月，他以治病的名义来到重庆，召集了在重庆的所有家庭成员开会，当时我只有九岁，也跟爸爸去了。祖父是习武的人，剃个光头，红光满面，每天早上脱光衣服，练拳，噼噼啪啪周身拍打。他还信佛教，每天晚上盘腿打坐，身体和精神一向都很好。但是那一天晚上他看上去身心像是受到极大的伤害，他睡在床上，脸色很差，神情十分沮丧，也可以说是很绝望。他对父亲他们，包括他的几个夫人说，从现在起，绝对不要说任何话，绝对不要提任何意见，你们一定要记住这一点。共产党马上要开始算帐了。

儒将王缵绪

那天晚上大家在一起吃了晚饭，但气氛很沉闷，吃完饭各自就回家了，祖父住在解放西路，我们住在七星岗，我记得那晚还下了点雨。

祖父当时对反右的恶劣性质看得十分清楚，所以他决定不再呆在这个国家。但是他想得很简单：我本来就不是你共产党这一派的，当初我是自己选择留在这儿，现在我看到你这些作法，不愿再呆在这儿了，要离开你。

此时是轻易能离开得了的？

他不是选择到台湾，因为，曾经对他寄予厚望的蒋介石在1945年后对他很失望。他写过一份万言书，希望国民党改革，万言书公开发表在成都的《新新新闻》上（我已经查到了）。

祖父以72岁的高龄出走，在深圳被抓，以"投敌叛国"罪被关进监狱，1960年死在狱中。

那次祖父为了保护他家人的聚会，起了完全相反的作用！由于这次"反革命活动"，他的亲人一个个被打成右派或者反革命。数给你听，他的十个儿子，除了老大在抚顺战犯管理所（他是淮海战役中被俘的国民党44军军长，1975年死在战犯管理所。），老六在台湾，老二病亡外，其余的都成了"分子"。老三（即我爸爸）——极右；老五——反革命；老七——右派；老八——右派；老九——反革命；老十（当时他还是重庆大学三年级学生）——右派。他们全部在1958年3月当了右派或反革命（也就是我祖父被抓进监狱后）。20多年后平反书上写的都是：受其反革命父亲王缵绪的影响……

我的父亲王大虎

我父亲1927年出生在四川资中县，当时祖父是刘湘手下的一个师长，驻扎在资中。他的生母（即我的祖母）王璋玉是祖父的第三房太太。小时父亲就读于祖父创办的巴蜀学校，中学时父亲受同学应薇和夏瑞阳的影响，热爱上了戏剧。应薇是著名戏剧艺术家应云卫的女儿，应云卫曾导演了《桃李劫》、《八百壮士》、《生死同心》等优秀影片。夏瑞阳则是重庆国泰大剧院总经理夏云瑚的儿子。

1943年，父亲不顾家里的反对，考入国立戏剧专科学校，前后学习了五年。很多人都不理解，父亲为什么要选择戏剧。当时祖父身居四川省主席，陆军上将高位，完全可以为他提供很多很好的人生选择。但父亲偏偏选择了戏剧作为终身事业，而且一直走到底，至死不悔。

少年王大虎

1949年，父亲以万分的热忱和激动迎接重庆解放，并以为一个自由而广阔的艺术天地展现在前面。如他在《加紧学习，彻底改造》一文中写道："人民解放军的胜利，也就是人民文艺的胜利！今天，是一个新的起点，新的开始……漫漫的长夜总算过去了，在过去的那段日子里，我们是生活在愤怒与苦难之中。不能自由地生活，不能自由地工作，不能自由地说出我们想说而又应说的话，不能自由地去做我们想做而又应做的事……感谢英勇的人民解放军，感谢一切热烈支援前线的解放区的父老们，让我们热烈地拥抱一次吧！"（1949年12月4日《新民报日刊》）

（注：当时重庆的一大批文人、艺术家们都写了热情洋溢的文章，如美术家汪子美的《学习进步迎解放》、作家黄贤俊的《呵，重庆，你解放了》等等。但后来这些文人、艺术家们要嘛劳改几十年，如汪子美，要嘛被迫害至疯至死，如黄贤俊。）

1951年，父亲当选为中华全国戏剧工作者协会重庆分会的常务委员兼创作研究部副部长，部长是汪子美。但是，在接下来的1952年，父亲只发表了两篇文章，除了身体原因外，重庆可供发表影评的阵地越来越少。

1957年，父亲的"右派言行"有几条：一是他在1955年说过："胡风这个人嘛，就是说话刻薄些，怎么是反革命？"二是他在《红岩》杂志上发表了一篇文章《左右左》，认为解放后中共的政策时而左，时而右，一会狂热，一会又纠偏。三是认为大鸣大放就是引蛇出洞，拿肉诱狗。

在斗争他的会上，父亲不断辩解，他甚至哭了。但是，他越辩解就斗得越凶，越辩解就使自己的罪行越严重。于是，在批斗会上当场给他升级——从右派升为极右！后来又宣布他是反革命——反革命是受祖父的影响。

本来对父亲的批示是"开除公职，送去劳教"，但由于父亲患有严重的肺结核病。对他的处理改为"开除公职，由当地居民委员会在政治上加以监督。"

1958年4月，父亲从文联宿舍搬出来，独自住进七星岗一间只有七平方米的非常破烂的阁楼。父亲的劳动是纳鞋底，双手分别拿着锥子和钢针，锥子把鞋底锥穿，钢针把线穿过去，然后双手同时用力拉紧。一只鞋底要纳近千针才能完成，报酬是一角五分钱。这种"劳动改造"摧残知识分子做人的尊严。还有，在经济上把你打垮，让你觉得连生存都困难了，你还有什么理想、什么主义、什么思想？一切都没有了，一切都不去想了，只剩下活命了！

欢庆"解放"的王大虎

父亲在纳鞋底时用力过猛引起剧烈咳嗽而大吐血，于是便安排他为其他右派每天清除渣滓记数，后来又在街道开办的印字社里往衣服上印字。

除了劳动，"管制分子"们每天还得在"学习会"上深刻认识自己的"罪行"。最初，他没认识到自己为啥有罪，总是讲，我从来都是对共产党忠心耿耿……但无论怎样都过不了关，他感到很委屈。后来，经过一百次、一千次的"学习"和批判，父亲开始批判自己，诚恳地承认自己有罪——出身在剥削阶级家庭就是罪过。就这样，你觉得自己有罪了，管理干部才认为你开始自觉改造了。

在"监督改造"的6年间，父亲有一件事从未停止过——他坚持有戏（或电影）就看，看完就写评论，不过，他再也没有公开发表文章的权利了。另外，他同祖父有同样的习惯——坚持每天写日记，而且非常详尽具体。父亲的这些日记和文章，在1966年文革即将开始时烧掉了。据寄存父亲遗物的张阿姨回忆，有半个多月他们煮饭没用过煤炭或柴火，全部烧的父亲的日记和那些未能问世的影剧评文章。

祖母王璋玉

在那三年大饥荒时期，祖母和二伯父相继去世了。我的祖母王璋玉是活活饿死的。抗美援朝期间，祖母捐献了大量金银首饰用于购买飞机，这件事曾被编成歌谣广为传唱。祖父出事后，她即被判为"管制"，强迫她去拉人力车等重体力劳动。没得吃的，她很快水肿，在生命的最后时刻住进医院。父亲带我去看她，医院的护士知道她是"管制分子"，对她非常凶，冲她厉声呵叱。父亲知道这种状况，为什么还带我去？后来我明白了，父亲是有意识地要让我记住那最后的一幕！

那是1960年，祖母58岁。

多年后，我在台湾的叔叔回来，得知祖母的情况后，十分震惊：王缵绪的妻子居然是饿死的！不说别的，仅捐献给共产党的巴蜀学校（现在它是重庆市第一流的重点中学），当初就是王家花几十万银元创办的。

父亲的身体也江河日下，他似乎有什么预感，在他35岁生日那天（1962年5月17日），他专门去照了一张像，并分送给所有的亲属。

1963年9月9日，街道负责监管右派分子的干事告诉他，根据他的表现，最近将摘掉他的右派帽子，"你一定要争气。"干事说。父亲听后欣喜若狂，他认为摘帽后就可以重新工作——那是他6年来苦苦奋斗的目标！

6年来，父亲很虔诚地想通过自身的努力，积极劳动，好好改造，摘掉帽子后继续从事他最喜爱的戏剧研究和写评论。父亲真是天真到了极点，他不知道这是共产党强加给他们的罪名，不知道这是政治上的阴谋，以为是自己说错了几句话，现在就用劳动来赎罪，大口大口地吐血也坚持劳动赎罪。

9月初的重庆，天气十分炎热，父亲心头更是火热，他激动万分，立马过江，要把"即将摘掉右派帽子"的重大喜讯告诉他的亲人。

王大虎生前最后一张照片（35岁）

在南岸野猫溪上岸后，父亲沿着陡坡往山上走。突然，他开始大口吐血，当即伏在一块大石头上。几个过路的人见事不对赶紧将他抬到附近的五院。

但是，父亲已经永远走了！

他带着他"摘掉帽子，再写剧评"的梦想永远走了。

第二天，慈云寺的柴火把一切都化为灰烬……

我的母亲曾容

我母亲曾容是湖北沔阳县人，生于1927年。她是父亲在国立剧专的同学，比父亲低一级。1945年，他们相恋并于次年生下了我姐姐王蔷。他们的婚姻是不顾门第差距，不顾家庭反对的勇敢结合。婚后，他们一块参加戏剧活动，可谓志同道合。父亲曾用过一个笔名"汪爱僧"，去掉三点水和人旁，就是"王爱曾"了。

但是，原本是自由恋爱的婚姻，在社会变革中还是破裂了，他们在1953年离婚。

妈妈酷爱演戏，那是她的第一生命。她演了不少戏，当时在重庆颇有点名气。1957年，她在"帮助党整风"中提意见说："为什么演主角的必须是党员？为什么不根据业务能力安排主角？"

妈妈因此被打成右派，市委书记任白戈说："曾容是个特殊的右派，极端的个人主义。"她先被下放到重庆南桐矿区农村劳动，后又转到长寿湖农场。

1960年的夏天，妈妈接我到长寿湖。我们在长寿县城下船后步行到狮子滩。我当时才11岁，太阳又大，又没有吃的。我们从早上走到下午，才走到邻封镇。在邻封，我突然一下昏倒了——中暑。幸好是在镇上，如果在半路上可能我就没命了。抢救我的医生责怪妈妈说："你怎么让一个娃娃顶着太阳走这么远的路？！"妈妈不敢说她是右派，没有钱。

我们在邻封住了一夜第二天才走到狮子滩。

妈妈和其他右派天天出去劳动，他们每人腰上系一个木勺，一个盘子。我看见妈妈中午打饭时把盘子取下来，用手肘在上面胡乱擦一下就去打饭。这个动作给我留下很深的印象，因为妈妈以前是很讲究的人，绝不会像这样不讲卫生。还有一个细节我也记得很清楚，有一个叫陈孟汀的右派每次从我面前走过时，总是在我做作业的小凳上放一颗糖，但绝不同我说话。那个饥荒年，糖是很珍贵的。

曾容与王薇（1951）

当年，由于重庆需要一批演员演戏，任白戈特地指示将妈妈从长寿湖调回话剧团。妈妈当然非常高兴，她把演戏看得重于一切，也是一名非常优秀的演员，但是她已注定不可能再有她的事业。

由于她是剧团里的头号阶级敌人，文革一来她首当其冲。家，被抄了无数次，真的是抄得一贫如洗。妈妈的衣服，两双皮鞋，还有婆婆留下来的牙骨筷子等，统统被抄走。文革结束后搞清退，说我们的东西都被卖了，进行赔偿：一把象牙筷子赔2分钱，全部家产只赔偿了人民币11元!

妈妈是演员,很讲究衣着,但一次次抄家后,她冬天连一件毛衣都没有,为了不显得太寒碜,她把一件破棉袄穿在里面,用绳子系紧,外面再穿一件稍好一点的衣服。

再后来,妈妈被赶出来,住到一个黑暗的摄影棚里。当时我从农村回到重庆,同妈妈一起在那个摄影棚里住了两年(1967年至1969年)。那是用几块幕布隔出来的一个小空间,门是一个演戏用的道具门,我同妈妈关在里面,黑得很,晚上老鼠乱串,像是囚室。1969年我走后妈妈一个人住在里面。

她挨了多少斗已说不清,记得有一次她跪在搭在桌子上的椅子上挨斗,有人从后面猛地一掌击来,妈从椅子上扑下地,双手在地上磨得皮开肉烂。当晚回来后她还不告诉我真相。

妈妈是一个很爱面子的人,把她抓到最热闹的解放碑去斗,她十分狼狈、十分难受。同她一起挨斗的人悄悄对她说:"有啥子嘛,你就当我们是在演戏,你今天演坏人。"但妈做不到这种洒脱,那天她回来后长时间地唉声叹气,饭也不吃。

长期的折磨,妈妈变得胆小如鼠,每天都惊恐有大难临头。有一次一个右派叫她去申诉冤情,说现在有政策了。妈妈去后发现不是那么回事,骇得赶快回到剧团。我记得那天早上她回来后惊恐万状,不知道如何是好,连连说:"我去扫地,我去扫地。"说完抱着扫帚缩着头出去打扫厕所。

曾容1955年在话剧《在那一边》中扮演卡嘉

妈妈觉得腹部越来越痛,她强忍着,继续劳动,后来,用手摸,肚子里有一个大包块。妈妈找监管她的造反派请假看病,他不仅不准,反而冲我妈一阵骂。妈妈没办法,只好继续忍。日子一天天过去,疼痛加巨了,妈妈夜夜叫喊,影响了隔壁的人睡觉,反应上去,这才同意她去看病。到医院一检查,已是癌症晚期!

在医院抽腹水,妈妈痛得撕心裂肺地叫,她那个病,十分痛苦。后来只得打杜冷丁镇痛。妈妈一打针止痛之后,马上就捧起剧本读,她还想上台演戏!

为了今后能重返舞台,妈妈一心想恢复健康。她已经吃不下饭了,但她强迫自己吃,她还要吃一只鸡。当时家里很贫穷,千方百计给她炖了一只鸡,她一边吃,一边连连叹气。

在去世前的一个月,妈妈还认认真真地读《艳阳天》剧本,并表示希望扮演剧里的"焦淑红"!

1973年1月13日,妈妈带着她的"重返舞台,再作演员"的梦想永远地走了,终年45岁。

我父母在政治上都是很幼稚、很理想化的人,解放前他们是民主青年,对当权者的专制、高压不满,文艺界都公认他们是进步的青年。解放后他们对中共没有清醒的认识,至死都在渴想能从事自己喜爱的艺术事业,双双极其悲凉地走完了各自短暂的一生。

我的苦难经历

我正在巴蜀小学读书期间，祖父出事了，他被抓入监狱后，为了宣扬"阶级斗争"，搞了一个"反革命分子王缵绪偷越国境罪行展"。各单位都组织人去参观，我们学校也组织学生去"受教育"。参观的人好多，外面排起长长的队。高音喇叭不歇气地反反复复播："反革命分子王缵绪偷越国境……"

同学们冲着我指指点点："就是她爷爷，就是她爷爷！"

我满面通红，万分狼狈，恨无地洞可钻。老师也是那种眼光，让我心寒心颤的眼光——他们为什么不懂得办教育应当保护儿童心理？为什么非要我去？我才9岁呀。

我记得展品中有一把手枪，一份蒋介石给他的委任状，有"反革命资料"——他写的对共产党和历次运动不满的日记、诗词等。我认为除了日记、诗词外其他都是假的，"委任状"尤其不可能，爷爷解放后不可能保留什么"委任状"。为了造阶级斗争的声势，不惜造假。

我们作为右派、反革命的子女，处处受气，人人都可以欺负我们。也是我9岁那年，我到话剧团澡堂去洗澡，人多拥挤，有人就冲着我说："这种人也来跟我们挤！"我当时身上已经抹了肥皂，也不冲洗了，穿上衣服就走，我回去只是哭，不说话。

我从小读书就很努力，成绩非常优秀，小学毕业我以优异成绩考入市重点中学——南开中学。在中学，除了成绩以外，我的文娱（唱歌跳舞）、体育（长跑）等都很好。我当时的目标就是读大学，而且自信一定能考上重点大学。

在我刚读完初二进入初三的那一学期，具体说就是1964年10月13日，班主任（教我们政治，姓宋）突然把我叫到办公室。

"你爷爷叫王缵绪，是个反革命分子，是不是？"

"是。"

"你爸爸叫王大虎，是个右派分子，是不是？"

"是。"

"你妈妈叫曾容，也是个右派分子，是不是？"

"是。"

"像你这种情况，不能继续在我们学校读书了，你只能到农村去。"

我"哇"地一声哭出来。

班主任冷冰冰地看着我，说："你今天就得离校。"

我边哭边说："我去给同学说一声嘛。"

"不行，马上走！"

我们培养人的学校和教师啊——一年前我父亲去世，应当马上告诉我的大事不告诉，等到星期六放学了，宋老师才轻描淡写地对我说："你爸爸死了。"我问为什么不当即告诉我。宋教师说："你爸爸是右派，所以不立即告诉你。你要同你爸爸划清界限……"

我气得浑身发抖，我的父亲去世了，你有什么权利隐瞒不告诉我？！

结果是，我未能为我父亲送终，是姐姐王蕾守在那儿，捡回了父亲的遗骨。

我后来得知，把我驱出学校是市教育局领导亲自前来布置的任务。那位姓林的领导说："王缵绪的孙女居然还在我们的重点学校受培养？！你们学校的办学方针有问题！"

于是，他们决定我马上离校，当天就得走！

突然赶我出学校对我是一次极其沉重的打击，我整整痛哭了两天，我觉得，从那一天——1964年10月13日——起，王薇已经死了，理想、前途、大学……统统没有了。

当时我只有15岁，还不到规定的下农村年龄，但我决定马上走，离开这个让人伤透了心的地方。我写了一份血书，坚决要求下乡。

王薇，王蕾两姐妹

当年，我就到了四川省达县农村。劳动几年后，文革时（1967年）回到重庆，同妈妈在那个黑暗的摄影棚里住了两年，后来又转到湖北妈妈的老家投奔我舅舅。1972年，为了把我调回身边，让我有份工作，妈妈办了病退让我顶替。

我回到重庆，在妈妈单位报到。报到时，又是那种我从9岁时就开始遭遇的眼光：右派分子曾容的女儿……

我决心发奋工作，自强不息！我从小就很优秀，我一定要，也一定会做出成绩，我要为我自己，更为我父母争口气！

我在劳动电影院干了8年，不管干什么工作我都全力以赴，无论是扫地、抬砖，还是四处奔走推销票，我都全身心地投入。由于工作出色，我被一些学校请去当了校外辅导员。1980年又调到市文化局，几年之后，仍然是由于出色的工作成绩，我当了电影处的处长。

1979年，妈妈平反之后，剧团为妈妈补开了一个追悼会，当初不遗余力整妈妈的那些人，在会上说：曾容为党做了不少工作，是党的好女儿……有的人还哭起来。

我觉得非常好笑，一滴眼泪都没有！这些人真是会演戏，这几十年来培养了一大批这样的"优秀"演员！

9岁起我就背负着沉重的负罪感，人人都可以欺负我，几十年过去了，我只剩下自强不息，在逆境中拼搏、前进的勇气和毅力，没有了眼泪。

（采访时间：2006年6月16日　　地点：重庆市渝中区）

采访后记

五年前，在采访长寿湖右派刘曼若时就了解了一些关于曾容和她一家的情况，刘曼若还给我了她写的关于曾容同她在南桐劳动的文章《红苕鼻子》（附后）。我当时就想采访曾容的女儿，但直到五年后我才走进王薇的家。

王薇已退休，是当婆婆的人了。此时，她依然"自强不息"地"承上启下"——一方面在家带孙儿，一方面收集整理父亲和祖父的文字。眼下，她收集的父亲的评论集《有戏剧的地方就有我》已经出版，另外，她正努力争取收回祖父当年的日记和诗词。

就在采访王薇前几天，我采访了一个九死一生的女右派蔡素心，她在谈到她只读了初二的儿子奋斗考上重庆大学时，慷慨激昂地说："右派中的绝大多数子女，虽遭遇厄运，但绝不沉沦，他们积极奋斗，顽强拼搏，在艰难困苦中开辟一条路来……"

那一刻，一种悲凉和壮丽的神圣情感排山倒海地袭来，我眼前出现了千万个右派子女：他们默默舔着伤口，在威严、歧视、冷漠、贫困、凄荒的丛林中忍辱负重奋身向前……

泪水，忍不住涌了出来。

离开王薇家时，我捧着她送给我的她父亲的文字，抬眼望天——

——那些被扼杀在"阳谋"祭坛上的在天之灵，会感到一点安慰吧？

附刘曼若写的纪念曾容的文章：

红苕鼻子

——悼亡友

又是风雪交加的季节！

又到了你的祭日！

二十五年了！

每年到这时候，我都不由得会想起你，想起了你，那过去了的一串串日子又会在我眼前泛起。一场历史的误会使许多无辜的人抛妻别子，远走他乡；也是这错中错，使我们相识、相知而难以相忘。

我没有为你采撷鲜花，也没有为你买来好酒，像往年一样，我又回到那边远山村，又回到当年我们经常洗衣服的山间小溪边，默默地停立在你的坟头，寻找那岁月留下的痕迹。

你是演员，五十年代初在话剧舞台上曾名噪一时。那时候，剧场的门厅里，经常悬挂着你的剧照：冬妮娅、繁漪……你是那么年轻，那么美丽。那时候，我刚刚参加工作，出版社的一个无名编辑，像许多戏迷一样，我喜爱你创造的角色，欣赏你的舞台风度，我崇拜你，却无从认识你。每每有你的演出，我看了一遍又一遍；每次走过剧场门口，我忍不住要在你照片下停留很久很久。

曾容1961年从长寿湖劳改回到剧团留影

那一天，那应该忘记而又永远忘不了的一天，文化局小会议室里黑压压地坐满了人，一个个垂头丧气，没有说话声，没有打闹声，只偶尔传出一声又一声轻微的、低沉的叹息。我含着泪，低着头坐在屋旯旮，想躲开人们的视线。忽然，"你们好！"一声轻脆的普通话把你带进了会议室。几十个人的头抬了起来，百来只眼睛盯着你：新烫的大波浪卷发，做工精致的浅灰色西装，潇洒的步态和一脸亲切的微笑。整个会议室突然变得光亮而有生气。主持会议的局长面露愠色对你说："找个位置坐下！为什么才来？"你满不在乎地回答："烫发轮子等久了！"你的神态，你的语气，哪像是来听候宣判的"罪人"，简直就是没上装的冬妮娅！我以为你是来体验生活的（那时你剧团正在上演《百丑图》，不知是出自哪一位时髦作家的手笔），可是，宣布结果，原来你和我都被列入另册，我的名字紧挨着你。我的眼泪一大颗、一大颗往下滴，眼看就要哭出声来，你用手轻轻碰了碰我，悄悄说："抬起头来，我们没有罪，历史会证明一切……"就这样，我们认识了。多么不幸，又多么幸运。

生活中的你，既不像冬妮娅，又不像繁漪。你就是你，黄黄的脸，小小的眼睛，有点塌的鼻子，不算漂亮，也不像剧照上那么神气；你最迷人的地方是整天挂在脸上的无忧无虑的笑容。你嗓子有点"左"，却时常爱哼点浏阳花鼓戏；舞蹈不是你的专长，可休息时只要有人喊"喂，冬妮娅，来一段！"你就毫不扭捏地跳起"夫妻观灯"或"胖大嫂回娘家"什么的。我知道，你是在为人们痛苦、忧郁的生活创造欢乐；也只有我听见，你半夜蒙在被窝里为思念一双女儿的嘤嘤哭泣。

岁月在艰难的劳动中慢慢流去，我忘了你曾经是一个有成就的演员，我只不过是一个无名的编辑。共同的命运使我们互相帮助，互相安慰。我们一起挖土，一起喂猪，一起洗衣服……我们悄悄摆谈各自的经历，回忆我们的爱情和家庭，还不时憧憬我们的未来。你说，只要有一星希望，就要重返舞台，再为观众演戏。我说，我只希望我的儿孙永远当工人，三代以后，我们家就是响当当的无产阶级了，他们就不会再背上沉重的出身不好的包袱了。我说你想入非非，你说我过分消沉。尽管我们谁也说服不了谁，但这并不影响我们与日俱增的友谊。

后来，我们被安排去为同伴们洗衣服，这是照顾妇女。的确，比起拉车、打夯、挖泥巴等等坡上的活儿来，洗衣服的节奏可快可慢，是轻松多了。可是，一到冬天，天上飘着雪花，水里结着薄冰，闲着还僵手呢，而我们却须一早出门，各人驮上四、五十个人换下的脏衣服，直奔到两里外的小溪去洗。手脚泡进水里，那冷呀，冷得铭心，冷得刺骨。洗呀洗，洗了一件又一件，直洗得腰酸背痛，周身麻木。天黑了，我们又背着湿漉漉的衣服往回走。拧不干的水，滴在我们背上，滴到我们腿上，浸透层层衣袂，冰着我们的肌肤。两里路，变得那么长，总也走不完；又冷，又累，又饿，使我抬一步都感到困难，我多想一屁股坐下

曾容（中）1953年在话剧《尤利斯·伏契克》
中扮演女招待

去。这时，你总是伸出手来，托起我的背篼："坐不得，坐下去你就再也起不来了。""起不来就算了。""不，不行，还有两个乖儿子等着妈妈'出差'回家哩！"你放下背篼，把仅有的两尺见方的油布垫在我的背上。我暖和些了，而你却咬着牙，忍受着浸骨的寒气。

偏偏那几年又闹灾荒，野葱、鹅儿肠、马齿苋、红果、青杠子……一切可食的野菜、野果都被我们找来骗肚子。不久，方圆几十里内可充饥的东西都被我们搜尽了，从此，只好挨着每天二两毛粮吊命的日子。有一天，下着小雪，我俩蹲在溪边正在搓衣服，溪水还是那样清澈、透明，你看见我的影子在水中晃动，说："看你，简直是一张皮包骨！"我说："还是看看你自己吧，小眼睛变成了大眼睛倒好，只是樱桃小口变成了血盆大嘴，怕再也不能演冬妮娅，只能演阎婆了。""哈哈哈！"你开心地笑了。笑声未落，从上游飘来一团什么东西，你顺手捞起一件衣服，一步冲到水中，麻利地用衣服把那团东西网起来。

你冻得乌红的双手捧着那团东西站到我的面前，牙齿打颤说："快、快、接住，红、红苕鼻子！"我扶你坐下，脱掉你快结冰的湿鞋，拿件干衣服擦擦你的脚，然后，坐在你的对面，把你冰凉的脚揣进我的胸口。那一把红苕鼻子，猪儿都不喜欢吃的东西，我俩却忘了疲劳，忘了寒冷，坐在地上津津有味地大嚼起来。

不幸，第二天我病倒了。我知道，这下百来个人的衣服全都要摊到你的头上。我挣扎着

想起来，刚笼上背绳，只觉天旋地转，站立不稳。你按住我的肩头："听话，休息吧，今天我又给你捡好东西回来！"说着，你的眼圈红了。擦黑时，你没回来；吃过晚饭，你还没回来，我正担心你是不是昏倒在路上了，只听门一响，你连人带背筐横着挤进屋，疲惫不堪的脸上仍然挂着亲切的微笑。放下背筐，你就忙着摸口袋，摸了摸，好久才摸出一块裹了又裹的手巾，然后，小心翼翼地层层剥开，最后露出拇指大的红苕鼻子："你吃吧，今天上游不挖苕了，我等了好久，才……"你脸上闪过一丝痛苦的表情，一下子把话吞在喉咙边。我木呆呆地望着你，想等你说下去。忽然，我醒悟了，这两根小小的红苕鼻子，是你不顾寒冷一次又一次下水去捞起来的，是你全天的收获，它承载着多么珍贵的、深重的患难之情啊！我再也忍不住，放声大哭起来。

晚上，你平静地睡了。睡吧，你太劳累，太疲倦了。早上，你没有醒来，我不想惊动你，独自去溪边了。时近中午，没见你来，我料定你是病了，急急赶回去。你还昏睡着，满脸通红。我立即去队部报告，要求送你上医院。同伴们闻讯赶来，急忙用两根竹子，绑成滑竿，抬你去卅里外的镇上。可是，晚了，太晚了，你虚弱的身子，禁不住病魔的折腾，突发的大叶性肺炎，终于夺去了你年轻的生命。

二十多年过去了，几块薄板、一抔黄土，把我们隔在了两个不同的世界，你不再有痛苦，不再有烦恼；遗憾的是你没能等到历史判你无罪的那一天。我比你幸运，亲自听到、亲自看到了历史已判决我们无罪。你地下有知，也可含笑瞑目了。

关于本文的说明：

第二次到刘曼若家，刘曼若告诉我："这篇文章由两个真实人物构成，一个叫曾容，市话剧院的女演员，另一个叫曹遂志，西南艺术剧院创作人员。文章中绝大部分写的是曾容，只有结尾是写曹遂志。因为曾容当时没死，死的是曹遂志——他患大叶肺炎未得到医治于1959年10月在南桐农村去世。

下面是《重庆名人辞典》（四川大学出版社1992年版）中关于王缵绪的情况：

王缵绪（1885-1960）国民党重庆卫戍总司令，四川省西充县人。1921年初，在川军杨森部第9师任团长，年底任该师32旅旅长。1925年任第一师长。1932年，他在重庆创办了巴蜀学校（现在重庆最著名的几所中学之一）。1935年10月1日，蒋介石任命他为国民党军第44师兼第六路"剿匪"总指挥。1938年1月，任第29集团军总司令。8月1日，任四川省主席。1939年12月，他辞去省主席一职，率部到达湖北襄阳、樊城、大洪山一带抗日。1940年3月1日，收复张定集一战，歼敌5000余人，5月至6月，率部与日军在大洪山周围艰苦激战1月余，拖住了日寇西进计划。"大洪山老王推磨"在全国传为佳话。不久蒋介石提名他当国民党中央执行委员。1947年，调任重庆卫戍总司令，后改任西南绥靖公署副主任、西南长官公署副长官。1949年12月22日，他率所部4万余人通电起义。中华人民共和国成立后，任西南军政委员会委员和四川省人民政府参事、川西博物馆馆长。1957年以治牙为名到重庆，化名张正言，与原成都警察局局长雷少成潜赴深圳，企图乘夜由罗湖桥越境去香港，被边防部队逮捕归案。1960年病死狱中。（摘自该书176-177页）

爸爸，我看你来了！——徐瑷

—— 右派徐季正之女，1946年生

我爸爸徐季正，1917年出生在湖南常德一个世代书香门第的家庭，他自幼受着祖父母严格而规范的儒家教育。他在湘西35个县的一次学生会考中独占鳌头，被选为全县学生联合会主席。七七事变后，父亲毅然投笔从戎报考了国民政府军校。后来，他任军政部军需署财务检查官、专员。父亲在显赫的要职上，恪守家训，两袖清风、一身正气。一次他回乡省亲，祖父见他穿一件破旧的衬衣，不禁喟然感慨道："真吾子也！"

在中共地下党员汪至柔的影响下，爸爸认定共产党是中国的希望。解放前夕，我大舅和外公的部下纷纷催促他到台湾，甚至将当时很难弄到的赴台机票交给他，但爸爸毅然留在了大陆。

在建设新中国的热潮中，爸爸把全部精力和心血都投了进去，他制定了庞大的发展计划，开拓川猪出口赚汇，仅一年时间就为国家赚回大批资金，相当于24万两黄金，他所在的重庆市食品公司成了全国同行的学习模范。

1957年，中国数百万知识分子遭受到猛烈打击，爸爸心情极度郁闷。他敏锐地查觉到鸣放是一场阳光下的骗局，以个人计，最好是一言不发，但他那传统的知识份子气质，使他又很难保持沉默。他私下里给自己的朋友们，倾述了对当前政治的一些看法。这些话，后来被公司领导罗列成他向共产党进攻的八大罪状，具体如下：

1、他说党的"三害"（即官僚主义、宗派主义、主观主义）不是一、二个人的问题，也不是哪个地方的问题，而是党的政策和制度的问题。

2、他认为人与人之间只有善恶之分，没有阶级之分，阶级学说是挑拨人与人之间斗争的工具，经过几个运动之后，人与人之间都不愿以诚相待，变得互不信任，这是阶级斗争的结果。

3、他认为政府管的事太多，从生管到死，人民内部矛盾自然多起来。

4、他崇拜虚无主义，说孔子才是中国的完人。他认为对知识分子的思想改造不应以力服人，应以理服人。历次政治运动是霸道，不是王道，他希望对知识分子采取宽柔政策。

徐季正1947年

5、他说胡风反革命案件是文字狱。

6、在党群关系上，他建议要吸取齐恒公不听管仲的话，而听易牙、竖刁的谗言，以致

遭到身败国亡的教训。

7、他为蒋介石惋惜，说蒋介石要是走民主的道路，现在也不会如此的惨败。

8、他认为"鸣放"是放长线钓大鱼。等等。

在那个时候，爸爸还敢于发表自己的意见，无疑是飞蛾扑火！

爸爸当了右派之后，陷在深深的孤独、无奈、焦燥之中，他默默无语地一根接一根地抽廉价的香烟。

哥哥、弟弟沿街捡来烟蒂，卷成纸烟给爸爸抽。每天爸爸回家的时候，我总是领着弟弟妹妹到路口去迎接他，爸爸看上去憔悴、疲惫不堪。

我最后一次见到爸爸，是在长江边上的珊瑚坝河边。那天，我和全班同学到那儿除四害灭蚊虫。突然，我看见了多日不见的父亲，只见他单薄的身子抬着一条巨石，晃晃荡荡，一步一挪，他也看见了我，我望着他，近在咫尺。但是，我们不敢相认！他正在劳动改造，他怕影响我，我也怕同学知道我父亲是右派。我看看见父亲眼里噙满泪水，目光里透出一丝愧疚。我记得他的眼光很深沉，深沉中有种无奈，那种无奈，直透入我的心底……

1957年6月1日父亲为我们五兄妹拍的照片

没想到这次令人心酸的见面，竟成为了我们父女俩的永诀！那一年，我才11岁，但爸爸在那瞬间留下的那种无奈而痛苦的眼神却永远烙印在我幼小的心中……

多年来我一直在想，我当时为什么不敢大胆喊他一声？那是我最亲爱的爸爸呀。这是我一生中最后悔的事！我一个才11岁小女孩究竟惧怕什么？是什么力量在阻隔我们父女相认？在我日后的梦里，我总是梦见父亲的脸上刻着金印，他抬着一口漆黑锃亮的大棺材，昏冥中像是在地狱里行走，我哭着喊着叫着，拉住爸爸的手不要他抬棺材……

父亲被押走了，去修成昆铁路。

喜德县在凉山彝族自治州的腹地，我对它有着刻骨铭心的记忆。成昆线恰是诸葛亮南征孟获的路线。那儿瘴气弥漫，瘟疫流行，毒蛇猛兽盘距，历史上乃是蛮荒之地。

修铁路的艰辛，我是从小说"钢铁是怎样炼成的"中知道的。父亲一介文弱书生，且患着严重的胃病，在如此恶劣的环境中该怎样的生存？

1960年7月29日，他们派父亲上山砍柴，父亲身体虚弱，一头摔下去，摔死在山崖。

父亲在去世前头一个月的6月份，还给我们寄回30元学费。在那饿得要死的灾荒年，在一切为了吃，为了活命的年代，爸爸却在仅有18元生活费里，积攒着儿女的学费！这几十年来，我总忘不了爸爸在死亡边缘给我们省下的这带着血泪的30元，这是爸爸最后留给我们子女的最珍贵的遗产，他的厚爱、他的精神、他的生命。

两个月后，妈妈公司保卫科的一位干事阴沉着脸，从嘴里挤出一句冷冰冰的话："徐季正摔死了，是因公死亡，你要和他划清界线。"

"划得清吗？！"母亲顿时痛哭着说，"一块石头这么多年了都会焐热，何况我们是十

449

多年的夫妻呀。"母亲关闭了房门，穿上了孝服，系上了白绳，给我们六个兄妹带上了青纱，抱着我们兄妹痛哭。我们还不敢放声哭，因为在那个年代，右派家属和子女，是不敢公开地吊唁右派丈夫右派父亲的。

1960年母亲才34岁，从那天起，妈妈越发沉默了，老是盯着一个地方走神。我们放学后，再也不去玩了，回到家里埋头做功课，帮妈妈做家务。整个屋里没有了生气。

母亲始终没有去过喜德。当局认为，一个政治劳改犯只应该受到老婆儿女的唾弃，去看劳改的丈夫，说明妻子立场反动。

出身名门并且在上流社会过惯了悠闲日子的母亲，跌落到生活的谷底。1960年是中国大饥荒的年头，四川省又是饥荒的重灾区，在风雨中飘摇的我家更是艰难。

妈妈被扣上"反属，台属"之外还加上"何应钦的干女儿"——这不是帽子的帽子也很有分量。连年的政治运动，母亲总是免不了被批判、陪斗。在一次陪斗中，一个造反派头头用匕首把会计科的历反（即所谓"历史反革命"）吴叔叔的耳朵割下扔到台下人群里，妈妈一声惨叫，昏厥了过去。在那次批斗台上，妈妈早已绷得很紧的神经终于断裂了，她从此患上了间歇性神经病。

妈妈好几次走到朝天门，想跳进长江，但为了我们六兄妹，她终于未下这决心。但是，她的心事连我五岁的小妹都看出来了，她对我说："姐姐，我好怕妈妈死呀。"

我们兄妹也被人白眼，邻居的小孩骂我们小右派，向我们吐口水。虽然我在班上学习成绩优良，但偏偏没那个中学录取我，学校还将13岁的我发配农村改造。

家门的不幸，过早地将我们兄妹推向了社会，哥哥刚步入中学就辍学，13岁自谋生路。在妈妈的带领下，我们拼命地劳动。为了五分钱，妈妈和我双手浸在冰凉的水中清洗化学麻袋，忍受化学液的腐蚀，舅妈和我日夜剥洋葱，那呛人的气味熏得我俩双泪长流。弟弟妹妹为了找学费，放学回家一做完作业，就锤废铁钉。把生锈而又弯曲的废铁钉锤直后，每公斤可得0.5毛钱。铁钉只有半寸长，弟弟妹妹常常把手指锤得鲜血淋漓……

文革中抄家的风潮席卷山城，妈妈已如惊弓之鸟，她慌忙将家中犯有忌讳的东西全部焚烧。她烧掉的不光有父亲的一些遗物，还有着我外公，原国民政府军部参谋本部一厅厅长王纶将军的所有遗物，其中包括很有价值的哀思录，哀思录是悼念外公时，许多名人、政要的真迹悼词。我赶到时急忙将还未烧掉的父亲日记、自传、照片抢出来，带回我劳动的地点——重庆长寿湖——保存。

我在僻远渔乡中的小岛上，在沉寂的夜里，在昏暗的马灯下翻阅父亲的自传，日记，感受在那山雨欲来前，父亲那忧国忧民，郁闷而无奈的心境。

每年清明时，我感到茫然，到哪儿去祭祀父亲呢？我在梦中总见到他抬着棺材的蹒跚的身影。

我决心找到埋葬父亲的坟墓。妈妈告诉我，当年和父亲一起打成右派到喜德劳改的朱叔叔还健在，他们或许知道一些消息。

徐妻王靖澳

我见到朱叔叔时，他已是带着残疾身躯的83岁老人了。他说，1957年之祸，殃及儿女，他两个儿子，一疯一瘫，吃着低保。当我道出来意后，老人慨然说："我平生最敬重你爸爸，我拼着老命也要去一趟。"

2006年5月2日，我兄妹四人同朱叔叔一起乘火车到四川喜德县。

其实我对找到坟墓，没抱太多的希望。在那个非人的年代里，有多少找不到坟墓的孤魂野鬼！

我们在喜德的前一站浅水湾下了火车，然后坐车赶到两河口镇。过了河，往山里走没有公路，我们雇了三个彝胞轮流背着朱叔叔，走到父亲当年劳改的二〇七中队队部。

朱叔叔说："这是你父亲生前劳改的地方，昔日这里曾是一片遮天蔽日的原始森林，河中的流水很清澈，而今已成了光秃秃的山头了。你爸爸就是在这个地方死的。"

现在的队部已成为彝胞的住屋，我找到彝胞向他们道明我们的来意，他们相当热情，找来了知情的龙大爷。龙大爷告诉我们，山上只埋了三个汉人，一个有棺材，另外两个是软埋（即没有棺材），摔死的那人是1960年收包谷时，因砍柴从山上摔下而死。旁边软埋的两人是1961年饿死的，其中有一个戴着眼镜，个子很大，是个北方人，死时很胖（实际是水肿）。

虽然时代久远，但隐约高出地面的土堆，依然能看到坟茔的痕迹。我们对墓观察了一会，从龙大爷所言的时间、地点及父亲遇难的情节来看，朱叔叔认为，都完全吻合。

我们兄妹四人跪在墓前失声痛哭。

徐媛在父墓前

爸爸呀，您的儿女来看您来了，您离开我们48年了……

我哭得昏天黑地，仿佛看见爸爸带着凄苦的微笑走来，又看见他抬着棺材，消失在阴霾中的背影。

我们拿钱请彝胞赶到两河口镇，买些祭祀用品、食物、10斤酒，以祭拜亲人，酬谢彝胞。

这时，我仔细地观察了父亲葬身之地，坟向东方，坟头两棵青松护卫，坟后还挺拔着一棵郁郁葱葱的青松，坟上长着青青的松苗，整个喀呷山乱石嶙峋，杂草丛生，唯在父亲和两位不知名叔叔的坟地上长着三棵青松，难道这是宿命的使然，老天将这三个灵魂化作三棵松树？

彝胞们拿着祭品赶到了。爆竹声声，青烟缭绕，红烛摇曳，我兄妹四人跪在父亲和两个叔叔的坟前行孝子的大礼。三碗浊酒洒地，一敬皇天，二谢后土，三敬亲人。

在父亲的坟头，我们决定，明年的清明，我们将为父亲，也为那两位不知名的叔叔，立下让后人永远纪念的墓碑。

采访后记

徐季正不是长寿湖右派，但"喜剧"的是，他的女儿徐瑷受他影响，16岁便被下放到长寿湖劳动，她在那儿干了几乎一辈子。

长寿湖右派王义珍给我介绍了她之后，我们便开始往来。交往中，我感到，徐瑷对父亲极其敬重也极其热爱，她多次说，父亲是一个非常正直、非常善良，也非常有才华的人。提到她与父亲的最后一次相见，每次她都热泪盈眶。

徐瑷算是幸运的，事隔40多年之后，她还找到了父亲的坟。有好多右派子女，如回光时、何隆华等，苦苦寻觅父辈的坟茔，但一无所获。据说，在徐季正之后，喜德的劳改右派们大量死亡，根本就没有坟墓，甚至连"软埋"都没有了。

徐瑷现在也已是61岁的人了，但是，她不辞辛劳，主动承担起了作为一个右派子女她认为应当承担的许多责任。她既关心幸存的老一辈，也关照像我这样的下一辈。

在她写完上述文字的第二年，她又去了喜德，既给她父亲立了墓碑，也给那两个不知名的右派叔叔立了墓碑，既在父亲坟前跪拜痛哭，也在那无名的墓碑前叩首垂泪……

十三、一个女右派的九死一生

女右派蔡素心的经历

她不是长寿湖右派，而是在恐怖的
峨边劳改营中死里逃生的右派之一。
我记下她和王开泰的经历，以展示
几分长寿湖之外的血腥。

蔡素心

1957年重庆唐家沱小学教师
1930年生

　　我出生在广安，父亲是个生意人，收购黄豆、大米、高粱等用船运到重庆去卖。有一次，一个地主打麻将输了，拿了30石谷的地契给父亲，因此，父亲后来又被打成地主。解放后，父亲把所有的财产都交给了共产党，被评为开明绅士，还当了广安第一届政协委员。但是，没多久城市里也抓地主，父亲又曾参加过袍哥组织，因此被作为反革命抓去劳改。

　　我14岁那年，家里请了一个20岁的年轻人来当帐房先生，叫欧阳祀传，是重庆广益中学（现重庆五中）的毕业生。他非常能干，我见他什么都会做，还自己补袜子。他说他母亲去世得早，家里贫寒。他介绍我看了很多书，什么《战争与和平》、《家春秋》等等。一来二往，我们有了感情，不敢公开谈情说爱，就把情书放在猫儿洞里（那时在墙角打一个小洞，便于猫儿从一间屋钻到另一间屋），没人的时候取出来看。我写：佩服你，喜欢你，愿意同你做终身伴侣……

　　父亲发现我们相好——从眼神上看出来的，他认为我们不门当户对，赶快给我说媒，要把我嫁给大兴场乡长的儿子。欧阳很伤心，关在屋里写辞职，他说我们只有下辈子再做夫妻，我说不，我要学觉惠，我们跑。我逃出去，逃到哪？逃到外婆家，但很快就被抓回来关起。家里赶快让我出嫁，我在花轿上把婚纱都撕了，到了婆家我装疯卖傻，又哭又闹，最终还是逃了出去。

　　那一年我17岁，还是广安女子中学的学生。

　　我顺江而下，身上带的钱财在安庆被国民党士兵搜缴了，我走投无路，最后靠在南京帮人带娃儿为生，那段日子好苦。

　　共产党一打下南京我就参军了，然后随军回到四川。在重庆我找到了欧阳祀传，他先在较场口帮他哥哥卖米，后来到江北16中学教书。我们结了婚，算是有情人终成眷属。这辈子我为了他小姐不当，脱离家庭，逃亡流浪；他这辈子为我当了22年右派家属，吃尽苦头。现在他已经去世了，我想，我们两个在阴间见面没得扯的了，打平了。1957年，欧阳祀传调到唐家沱学区的太平村小学当校长，这时我已转业，也到小学教书。我喜爱教书，我这个人活跃，以前在广安女中时就是演讲第一名，爱唱爱跳。当时我最大的愿望就是当中国的瓦尔瓦拉（苏联电影《乡村女教师》中的主角），60岁生日时学生们来庆贺。那个时候干工作积极得很呐，背着娃儿去家访。

年轻时的欧阳祀传

　　1957年暑假，教师们到求精中学参加反右学习。这个时候，我们唐家沱教区的几所小学分了四个右派名额，暑假结束时已打了三个。

一个叫唐志昆老师（音），他给党员校长写了张大字报，说他养鸡养鸭。给党员提意见就是反党，所以他算是"名符其实的右派"。

每二个叫胡立成（音），他是一个事务老师，有12块钱对不起帐，打成右派。他现在已去世了。

第三个叫尚本玉（音），当时她很年轻，20多岁，她谈了几个对象，又没有上床，为此也把她打成右派。

但是，还差一个。

上面说，任务没有完成，寒假要补课，叫做"炒回锅肉"。

有一次，我无意中看见一个从师范毕业分来的女教师同一个有妇之夫在煤油灯下亲嘴。这是道德作风问题。那教师还是一个团员。于是我就说："她是哪个人的团哟？是不是跟着团支部书记屁股后头转才入的团？"

"屁股"两个字要了我的命！共青团是共产党的助手，你用"屁股"来诬蔑共青团也就是诬蔑共产党，不是反党是什么？！

好了好了，我们唐家沱学区正好还差一个右派，蔡素心就算第四个——所以说我叫做"凑数右派"。

不仅有"凑数右派"，我们学区还有"没有右派你就是右派"的右派。

XX小学没有打出右派，校长被叫去训话。校长解释说，我们那儿条件差，缺教师，一个教师要上好多节课，上厕所都是跑，大家都忙着教学，没想其他的。上面领导冲他一阵骂："你那儿是真空呀？是月球上呀？！没有右派？没有右派你就是右派！"于是校长当了右派。

划我右派时，我已快生小孩了，挺着个大肚子挨批斗。我受不了这种冤屈，血往上冲，想一死了之。我走到六楼上，要往下跳。一个老师一把抱住我，说："蔡老师，要不得，你现在是两条命哟！"这句话救了我，想到肚子里的娃儿，我打消了死的念头。当右派22年，我三次差点走上绝路，这是第一次。

1958年4月，我生了儿子晓光。共产党真是做得出来，我产假都还没满（当时产假38天），就算是右派，要劳动改造，留在学校扫地、打扫厕所也好嘛，也有家照顾嘛。不！把我弄到老远的玉带山石马河去劳动。我带着出生才36天的婴儿，离家去劳动改造。我同儿子住在一个猪圈旁边，我下地劳动，婴儿没法带，只好把他放在一个摇篮里，休息时赶紧跑去给他喂奶，他在摇篮里"哇——哇——"地哭。

由于娃娃太小，又缺少照顾，不久他就开始拉肚子，随后又发烧，发高烧。别人说，要不得哟，你娃儿在扯筋（抽搐）了哟。

我赶快去找监管我们的杨队长请假，说娃儿发高烧。他一听就吼："发啥子烧？！你是监督劳动改造，不准！"

我要救娃儿，不准也要走！我不顾一切跑回去，把锄头一丢，抱起娃儿就走。到儿科医院一看，高烧40度！马上就住院，用冰块降温。两天后娃娃的命才算保住了。

后来我想，我当了右派，怎么不去把娃儿打掉？后面的日子好艰难。

这事给我惹下大祸。

我一回去杨队长马上召集右派分子开会批斗我，这还只是个开始，我不知道这事不是开个批斗会就了结了的。

一天（当时我已回到唐家沱），突然接到江北区法院的通知，要我在指定的日子去法院。我不知道什么事，以为是要调查了解点情况。我从唐家沱坐船到朝天门，又从朝天门坐车到牛角沱，从那儿过江，走了大半天才找到江北区法院。

法院劈头给我一句话："今天喊你来是受审！"

我头一下子就胀大了。

一个法官对我说："听着，蔡素心，你不服从劳动改造，擅自离队，现依法判你为现行反革命分子，管制两年。"

我听到宣判，头胀啊胀啊，胀得大得不得了。天哪，我哪个一下子又变成了反革命？！我又没有贴标语，又没有放炸弹，又没有组织人去游行，又没有去反对人民政府，只是去救了娃儿，怎么就当了反革命嘛！

是那个杨队长到法院告了我，说我抗拒改造。

我从江北过河到了牛角沱，天已经晚了，当天没有船到唐家沱。我坐在趸船上哭，哭得昏天黑地。那个绝望啊……我想跳河，跳嘉陵江。我俯身注视着江水，你猜我看到啥？我看到我的四个娃儿，一排站在面前，大的七岁、老二五岁、老三三岁，最小的还在吃奶，我哪个跳得下去哟……我若跳下去，眼睛一闭，没得痛苦了，丈夫怎么办？他拖四个小娃儿，哪个愿意嫁给他？他只有一辈子打单身拖四个娃儿，他那点钱，日子怎么过？

我跳不下去，又哭。守趸船的一个老师傅说："妹妹呀，你都哭了几个小时了，你为啥子嘛？"

我哪个给他讲嘛，我一直哭到天亮。

宣判管制我之后，把我弄到江北去修路，抬片子石。同我一块抬石头的是一个高度近视的右派，他也姓杨。有一天，他望着江对面的市中区说："城市一片黑暗，看不到光明。"又说："只许州官放火，不许百姓点灯。"我赶快说："你不要这么说，不要雪上加霜，我们现在只能吃补药，吃不得泄药，我还有四个娃儿。"他听后"嘿嘿——嘿嘿嘿——"地笑。

万没想到，他把他说的话栽在我头上，暗地里到江北雨花村派出所去揭发了我！

这下又罪加一等。我被从修路工地上抓走，宣布押送峨边劳动教养。这是1959年秋。

杨右派也没捞到好处，他被判刑6年，后来死在狱中。

我们一大群劳教分子，从储奇门转运站集中，丈夫赶来给我送了一点衣物。两天后我们出发，一个人发两个菜团子，前住凉山州峨边县的沙坪劳改农场。有些人见那个菜团子实在难吃，发下来就扔了，我则好好地收藏起来，后来那些人饿得只有喝水，看我吃菜团子羡慕得很。

我被分到沙坪农场太阳坪女子劳改二队，队长姓涂。我们都不知道要劳改多久，队长说："你们好好劳动改造，好久改造好了好久回家。"

我为了早日回家，拼命开荒，一天开两分地，双手都磨烂了。墙报上我每次都是火箭，都是模范。

劳动累、苦就不说了，最要命的是饥饿。我们吃啥？早上一碗清汤汤，中午一个红苕，晚上几个土豆，一个个饿得偏偏倒倒。监管干部吃了鸡，我们去把他们扔在地上的鸡骨头捡起来，放在铁罐子里用水煮，然后喝"鸡汤"。在坡上劳动，抓到什么吃什么，癞哈蟆、蛇、叫叽叽（蟋蟀）。陈金蓉就是吃癞哈蟆中了毒，全身肿胀，拉血，又没有医药，死在劳改队。陈金蓉是重庆江北炼油厂的工人，她借了五块钱给段上的居民委员，后来她叫对方还，对方还不起，就说她娃儿喊了反动口号——天，她娃儿才两岁半！于是追究大人的责任，就把她送来劳教。

右派许霞是个非常好的中年妇女，她丈夫是重庆上清寺邮政局局长，许霞贤惠得很，对人多好。在那种饥饿的情况下，她居然把早饭的粥和午饭的红苕卖了，换成钱给她娃儿寄去。她吃啥？在坡上捉叫叽叽，用狗尾草串起，在火上烤，噼噼啪啪炸开后就往口里喂。她怎么活得出来，死在太阳坪了。

黄汉超是自贡的一个体育教师，也是右派，她睡在我旁边，一天清晨，她醒后坐起来，突然身子一歪，倒下去就断气了。我赶紧叫："管教，管教，黄汉超死了。"我自己也饿得有气无力，喊叫的声音像蚊子，外面根本听不见。我们睡的是一个用木头搭起来的长长的通铺，于是像传接力赛，大家一个接一个往外传："管教，管教，黄汉超死了。"

管教进来说："拖出去就是了。"

唉呀，那个时候死人多得很，开头还立个牌牌：劳教人员XXX之墓。后来死人多了，一群一群地死，于是一排七个、一排八个地掩埋，死者一个个骨瘦如柴，都是劳教人员去埋，劳教人员也没得力气，薄薄地掩一层土就完事，现在去挖嘛，保证是"万人坑"。

我们在太阳坪还算好一点，条件更恶劣的石大鼓（音）死人更多。石大鼓又高又冷，国庆节的时候就下大雪。在那儿劳改的是些有身分的右派：大学教师、高级知识分子、局长、厅长的。我要是到了石大鼓，肯定死了。

其实我也差点死了。首先是水肿，吃了肖光珠（她也是劳教人员，在队里当医生）给的利尿片之后，一夜拉20多次尿，人马上又瘦得像柴棍。父亲给我寄了半斤猪油，不准我吃，倒在河里，寄来粮票，根本收不到。1960年下半年，我虚弱得无法开荒了，就坐在坡上剥红苕上的泥土，还是不行，进了休养室，接着又被送进劳教医院。进劳教医院时我已经濒临死亡，一打针我就昏死过去了，隐隐约约听见喊："快点！快点！"还好，四个小时后我醒过来了。

医院下面就是大渡河。我望着滚滚滔滔的河水哭，天天掏出丈夫寄来的一张照片，上面四个娃儿站成一排，最小的才两岁多，我一看照片就哭：不晓得还见不见得到他们。

1961年，由于死人太多，上面开始关注农场，于是，像我这种眼看要死的人被放回了家。

我永远记得我回到重庆时的模样：穿一身劳改蓝布服，颈子伸得老长，头发只有20多根，又黄又细，乳房已

"我永远记得那时的模样"

经完全塌陷，只剩两个乳头，身上皮包骨，肋骨一根一根地凸起，像个骷髅，体重只有35公斤，坐凳子必须垫棉垫子，否则骨头就抵得痛，两步梯子都上不去，上了一步第二步就只有爬。总之，那模样就像是要死的非洲饥民。丈夫说，去时是个人，回来是个鬼。这话还只能私下里悄悄说，不敢公开说。

丈夫一个人拖四个娃娃，家里已经十分贫穷，为了救我，只有卖东西，桌子、板凳、棉被，包括一床父亲送我的英国毛毯。

回来后我没有工作，去找了一个代课教师的工作，只干了一个月，上面就来通知，说我虽然结束了劳教，但没有摘帽子，仍然是右派兼现行反革命，不能教书。我想去擦皮鞋，但是我们连买椅子和工具的钱都没有，我只得去摆一分钱看一本的小人书摊。

还是无法生活，我就去找雨花村派出所，想参加华新街街道运输队。派出所的民警说："不行，街道运输队是集体所有制，你是管制分子，不能参加。"

那次到派出所去要求工作，让他们知道了我丈夫在劳动小学教书，结果，不仅我没得到工作，反而连累了丈夫。他们说，劳动小学是军工厂子弟校，像我这种分子的家属是不能在劳动小学教书的。丈夫教书教得很好，年年都是区优秀教师，所以才把他"提拔"到了市区。这一下他又被贬回唐家沱。

我们搬家，一口破木箱，一个煤炭炉子，一个尿罐就是全部家当。我带着四个娃娃，坐一条农民运粪的船顺长江下唐家沱，这是1962年。

在唐家沱仍然没有工作，我总不能让丈夫来养我，他哪里还养得起？！我去参加了一个没有任何福利的名叫"生产自救"的劳动队。我只能加入这个处在最最低层的劳动组织。干些啥？担，抬，担，抬。给学校担煤炭、给船厂卸生铁砣砣、给派出所修房子——那是义务劳动，不给钱的，还有抬死人、埋死人。联合诊所的一个医生上吊死了，是我埋的，二院的内科主任郭医生也是我埋的。郭医生的爱人是日本人，回日本去了，郭医生给她寄了两张文革的传单，被打成反革命，他割颈动脉自杀。我去埋他时见他穿得整整齐齐，西装领带，还有皮鞋。但是他死前很痛苦，挣扎时皮鞋踢掉了，双眼敞得很大。他是医生，以为割颈动脉死得快，看来还是很痛苦，我把皮鞋给他穿好后才抬去埋的。江中淹死漂到唐家沱的死尸我也得去捞（注：唐家沱是重庆一个著名的回水沱，江中的死尸往往在这儿回旋，不再下漂，所以，唐家沱以打捞死尸出名），有的死尸我们还得抬到很远的南坪四公里去烧。

那些年，在唐家沱，除了又苦又累的体力劳动，还有无休无止的批斗挨打，尤其是在文革期间。

文革时，除了右派和反革命外，又给我加了一条罪名——"黑帮家属"。哪个黑帮？邓小平！邓小平的姐姐是我的亲舅娘。因为同邓小平的那一点亲戚关系，我被打得惨啊。白天我像牛马一样的劳动，晚上被拖出去像狗一样地打。他们把棕绳浸了水，将我反吊起来，冬天里，吊得我汗水湿透了衣服，皮肉都吊脱了，你看我手指伸不直，就是那时吊残的（注：我同蔡素心见面握手时，已感到她手指的伤残）。有一次，他们把我拉到一个乒乓桌上跪着挨斗，突然有人从后面一脚踢来，我一个狗吃屎扑下地，两颗门牙摔断了，脸上鲜血长流。我想把牙齿捡起来，不准！一声骂："起来！你装死狗！"

你看我的假牙（蔡素心取下假牙给我看）。

还有一次夜里把我从床上拖起来，押到民办校，用皮带死命抽打我屁股，把我屁股整个打成猪肝色。我说，我才6岁邓小平就出国去了，我同他又没得任何联系，更没有沾他一点光。只是在解放后同他在少年宫跳过一次舞，但是我都没对他说他姐姐邓光烈是我舅娘。为什么不说，因为我舅娘是划成地主的。文革时，舅娘就在人和街扫地，她还死在邓小平之后。

那些日子是狗都不如的日子。我三天两头被捆起来拉出去游街，人们，尤其是一些半大娃儿，冲着我吐口水，扔烂鞋子。他们强迫我在胸前缝一块白布，上面写"现行反革命蔡素心"，背后一模一样缝一块。我走在路上，一些年轻人看到我的"标记"。吼道："站到！"我就赶快站住。"你说你害死了多少革命同志？你老老实实交待！"我说："报告革命小将，害死了多少我记不清了，请你们到派出所了解，我害死的数目档案上都记得有。""狗日的，"骂着一脚踢来，"滚！"

天天过这样的日子，我受不了了。我对红卫兵说，你们天天把我拉上拉下的斗太麻烦，干脆把我拖到沙河坝，一颗子弹就解决了。

他们没杀我，我自己想走绝路了 ——那是在把我手吊残了之后。

这是我在那22年中第三次也是最后一次打算自杀。

那天，我拿上绳子，独自走到家后面山坡的树林中，我拴好绳索，脚下垫起石块，正在作死前的最后哭诉："娃儿哪 ——"

嘿，正在这时，一个十多岁的农民娃儿带着我女儿找我来了！

那天我提着绳子上坡被那个农民娃儿看见了，正好我女儿到处找我，一边找一边喊："妈妈呀，妈妈呀 ——"那个农民娃儿说："我晓得你妈妈在哪点。"于是他带着我女儿来到坡上。这个农民娃儿也是在我被游斗时吐我口水的娃儿之一，他看见我要寻死，说了一句："你死了嘛个嘛，还不是挖不脱（意思是死了罪名也洗不脱）。"

我一听，是呀，死了是"畏罪自杀"，还是罪人，而且罪加一等。

"不死了！"我把石块"咚"地一声蹬掉，收起绳子回了家。

现在我每次回唐家沱都要去看那个农民娃儿 ——他在食品公司杀猪。我每次都给他买包烟，谢他无意中的救命之恩。

从那次自杀未遂之后，我变了，想横了！不怕了！

我对那些打我、整我、斗我的人说，我现在是一砣肉，你们拿去横切、竖切都行，红烧也行，清炖也行，小炒也行。我现在的名字叫"死猪不怕开水烫"！

人走到那个境地，什么都不怕了，胆子一下子大起来。当时一听到喊"分子"们集中，各类"分子"都吓得打抖，尤其是那几个地主婆，尿都吓出来。我完全无所谓：大不了一死，人死无大灾，要嘛就把我的命拿去，还怕什么？！

我们过一段时间就要进行"改造评审"。先在毛的像前跪下，脑袋啄起，向毛主席请罪，然后交待自己这段时间的改造情况，接下来进行改造的等级评定。一类最好（属于可以考虑摘帽的对象）；二类比较好；三类不好不坏；四类是抗拒改造。我们白天劳动，晚上来搞这些事。那一次评审我时已经很晚了，生产自救队的人劳累了一天，困得直打呵欠，想早点回去休息，不断催促我："蔡素心你快点说嘛，快点检讨嘛。"

我交待我做了些什么好事，如夏天挑水去把河沙淋湿，免得大家烫脚；主动去义务扫仓，把每一粒粮食交还食品公司……

监管我们的派出所那位曾户籍，是个左得可爱的人物。他阴阳怪气地说："评二类嘛高了一点，评三类嘛又矮了一点。"

我跪在地上交待了半天，头一直是啄起的，听到这话我一下子抬起头来："曾户籍，你就来个发明创造，给我评二类半嘛。"

那个年代，监管我们这些分子的公安民警是何等的威风，没人敢在他们面前出口大气。

我的话大大地冒犯了他，他一拍桌子，吼道："他妈的，不准走！到派出所去！"我也火了，厉声说："我陪你！"

他一看钟，晚上11点半了，就说："其他人回去，蔡素心到派出所。"

在派出所，曾户籍骂道："你格老子故意跟我捣蛋？！"

我说："曾户籍，你评工资如果二级高了三级矮了，国家为了发挥你的积极性，靠高不靠低。我做了那么多事情，你就不能给我评个二类？我还是想摘掉帽子。不过现在我想横了，我就是把泰山背起走你都不会给我摘帽子，去它妈的，我以烂为烂，随便你啷个搞，你明天把我送走（进监狱）都可以。"

他见我一副不要命的样子，骂一通也就下台了。

那些年，除了曾户籍这样的人，"革命群众"也可以随意欺负我。比如我拿肉票去割肉，卖肉的看见是我，就割些最孬的肉，我求他几句，他还说些羞辱人的话。文革时搞武斗，长江断航，唐家沱连酱油都买不到，后来终于供应了一次，排老长的队。但是，我排拢了后不卖给我，我提着瓶子往回走，一个积极分子扯起喉咙叫喊："革命群众，革命群众，严防阶级敌人搞破坏活动！"

我是唐家沱地区最后一个摘帽的分子，为啥？因为我有一顶"现行反革命"的帽子，直到江北区法院给我平反后我才摘掉右派的帽子。

平反后，我又成了共产党的"离休干部"。我回唐家沱，那些人看到我说："蔡老师，你现在好了呀，工资有好几百元吧？"我说："近2000元。""唉呀，这么高的工资！"我说："是呀，大难不死。"

我虽然活出来了，但已留下了一身的病：屁股是打烂了的，膝盖是跪伤了的，手指是吊残了的，牙齿是打断了的，最痛苦的是两个膝关节严重伤残，走路一瘸一拐。有人说，你是不是运动少了，生命在于运动。我听了哭笑不得：去把邓朴方叫来运动？去把张海迪叫来运动？我20年挑、抬，每天重体力劳动10多个小时，负重都在70公斤以上，就是钢关节也磨坏了！

我算是活出来了，可惜老伴先我而去。那22年，他过的什么日子呀！在家又当爹又当妈，独自拖拉四个娃娃；在外面又累又受气，

蔡素心夫妇（劫难之前）

别人叫他干什么他就得干什么，不敢拒绝。他是一个非常优秀的人，性格很好，相貌、才华都很出众，可惜受我牵连，没过几年好日子。1995年，他得了肠穿孔，被江北第一人民医院那个庸医——一个市级领导的亲属——误诊，第二天，7月2号，他去世了。

我们全家哭得死去活来，儿子说："妈妈，你死了我们最多伤心一年多，爸爸死了我们终身悲痛。"

我理解子女们的心情，这个家要是没有他，没有他的日夜操劳忍辱负重，早就破裂了！天公啊，你太不公平了，你怎么要把他收走，不把我收走？你让他留下来多享点福嘛！

回想起那22年，我总结说：共产党虽然没一枪打死我们，但那漫长"改造"加给我们的

痛苦不亚于死亡! 22年, 我们人格上受侮辱, 肉体上受摧残, 经济上受损失, 亲属们受株连。多少家破人亡! 多少妻离子散! 多少血泪浸湿了衣衫!

（采访时间: 2006年6月9日, 2006年6月24日 地点: 重庆市江北区）

采访后记

在我早已编排完《长寿湖》并写完后记两年半后, 又采访了右派蔡素心。

2006年6月初, 长寿湖右派王义珍告诉我, 她遇到一个曾在峨边劳改的女右派, 她的经历很悲惨, 问我愿不愿见一下。

我就像一个已无法自拔的"吸毒者", 无论如何都抵御不了"毒品"的诱惑, 何况"峨边"在我心中已是一个苦难和罪恶的同义词。

我在死于峨边的右派徐季正的女儿徐瑷家采访了蔡素心。

一身病痛的老人声音高亢, 性子刚烈, 看上去就是那种一生大悲大苦, 早已置生死于度外的劫后余生之人。她在客厅讲述时, 引得卧室的徐瑷母亲（原国民政府军政参谋部一厅厅长王纶将军之女, 也是何应钦的干女儿）失声痛哭——她想起了她冤死在峨边的夫君。

蔡素心见状放下自己的悲苦, 走到徐母面前放声歌唱——她用歌声来安慰另一个不幸的女人!

她唱了一曲又一曲, 并说: "我们现在要以欢乐的心情对待生活……"

然而, 蔡素心老人"欢乐"的歌声如同她的眼泪, 同样让人一阵阵心酸……

劫难之后的蔡素心与丈夫

十四、一个右派的逃亡之路

悲剧还在进行，冤案仍未平反
　　　　——长寿湖右派高明辉的经历

他竟然活了下来，是个奇迹。
但是，他能活着看到那一天吗？

高明辉

——1957年重庆市第43中学党支部书记、副校长
1931年生

我是1948年在四川省武胜县景仁中学读书时投身革命的。引导人是教我们英语的陈明亮老师，他是地下党的一个领导人。我们罢课、示威、游行、攻打新兵营、释放壮丁……

解放后我入了党，进入重庆市教育局，22岁担任了副科长，23岁（1955年9月）调任市43中学党支部书记兼校长。

1957年7月，因为我报不出我校右派分子名单，只报了两位"右嫌"，受到领导的批评。分管文教卫生的副市长邓垦（邓小平的胞弟）在干部大会上三次点我的名，要我千方百计引火烧身，挑逗引诱右派出洞，从而反击之。教育局长张仲明多次把我叫到他办公室，命令我带头鸣放，用点火、放火、引火的办法，把右派诱出洞。他说，运动马上就要转入反击右派了，不能因为个别学校拿不出右派名单而影响全局。他还说，我是党培养多年的领导干部，党是信得过我的，知道该怎么办，等等。

在重庆有几位领导人我特别敬重，一位就是邓垦，我入党、提干是他批的，我和教育局的女干部李代淑的恋爱、结婚都是他大人丁华牵线促成的。张仲明局长则一直是我的直接领导，我入党的第一介绍人。我想，难道我对他们还有怀疑吗？难道他们还会害我吗？另外，我想到这也是党中央的大政方针，想到李富春副总理在人民大礼堂作的报告，想到市委书记任白戈代表市委下达的反右指标。我记得任书记说，左派占20%，中间派占70%，右派占10%。重庆是国民党的老巢，国民党的残渣余孽都集中在这里。重庆的知识分子成堆成窝，定10%的指标只能超额完成，哪个单位完不成任务，哪个单位领导就有右派之嫌……

任白戈也是我敬重的一位领导。我思前想后，终于，在我主持的43中最后一次鸣放会上，在即将转入"反击右派"的最后一刻，决定照任白戈、邓垦、张仲明的指示带头点火、放火、引火，引诱右派出洞。我提了一些上下级关系、中苏关系的问题供教职员讨论，这个办法还真灵，会场活跃起来，发表意见的人一个接一个地站出来……

我的命运就在这次会上铸定了。定我的罪行是：高明辉在鸣放会上公开叛党，发动右派分子向党猖狂进攻，成了右派反苏反共的急先锋。

除我之外，43中还打了6个右派，都是在那天会上被我"引蛇出洞"的。他们很恨我，认定是我欺骗了他们，害了他们。

我在被开除党籍、成了10%指标中的一个之后，上面就压妻子同我离婚，问她是要党籍还是要丈夫。她选择了前者。我知道她也无奈，她出身不好，心里不安，怕影响孩子。我当右派时已有两个女儿，大的两岁多，小的还不到一岁。想来她也是为了孩子的前途吧。离开重庆前，我同李代淑离了婚，她给了我一套衣服和被盖，从此我妻离子散，至今没有见过面。

1958年9月，我被下放到南桐矿区两河公社监督劳动，1959年转到长寿湖。我到长寿湖不久，就目睹了银行一位科长饿死在水文站。是我亲手把他埋在水文站野猫岩山沟边的。正因为目睹了右派的惨死，所以，派我在同心岛搞伙食后，我尽可能地让右派难友们多吃一点。后来盘点，差了粮，孙X主任把我和孙静轩、游黎连续斗了几个月，每天只给我们二两粮吃。要不是陈锡元书记回来得早，我们几个人肯定成了饿死鬼。

1963年9月，重庆市教育局说我不认罪，在担任伙食团工作时贪污盗窃粮食几千斤，进行了新的犯罪，勒令我退职，放回原籍监督劳动。

我回到武胜县南溪公社四大队五小队。在这儿我又劳动了四年。由于右派是专政对象，除每年要扣几百个"义务"工分外，每个劳动日要比同等劳动力少评1-2个工分。此外，还强迫我挂一块"右派分子"的黑牌子，同"地富反坏"一起参加名目繁多的义务劳动。那几年过得艰辛，不过总还有口饭吃，有个地方住。

可是，这点"好景"也不长，文革一来，我更大的灾难开始了。首先是抄家，三天两头抄，将亲戚借给我的木床、箱子、蚊帐等物品和我的棉被、茶壶、凳子、信件、照片，乃至一双筷子都抄走，一些坛坛罐罐则砸得稀烂，连我住的那间草屋也没收了。我保留了三张抄家的"收据"，一张是"向阳公社（即南溪公社）四大队毛泽东思想红卫兵"开的，抄走的有：木料二根、铜烟杆二个、草房一间。时间是1967年1月2日。另一张是"毛泽东思想红卫军前哨战斗队"开的，抄走的有：信件63件，花钵12个，茶壶1个，照片48张，筷子1双，私章一个，棉絮2床等，时间是1967年1月12日。还有一张是"毛泽东思想红卫兵八一战斗队"开的，抄走的有：铜2.6斤，漆钵一个，板凳一根等，时间是1967年2月5日。这三张收据的原件我在1981年3月上京告状时，交给了中央纪律检查委员会接待我的老同志。

1967年1月12日，南溪公社教师造反派由校长陈德开带队，抄出了我收藏的一个信封，上面有"中共中央送贺龙同志"几个字。我因此被抓起来。公社革委会主任周XX站在公社大门的平台上，大声狂呼："贺龙大土匪……给我把高明辉抓出去专政！"早已准备好的打手一涌而上，剥掉我身上的棉衣和鞋子，劈头盖脑一阵乱打。公社还特意安排了一个身体长得很壮的疯子充当打手，他下手最狠，用棍子噼里啪啦死命抽打，然后又用脚踢，那顿打让我留下了终身的后遗症。

（高明辉让我看他后脑上的伤痕）

不仅打，公社杨XX主任还当众宣布："从今天起断高明辉的口粮，公社已经通知生产队了。"

这个"宣布"比打更要命！没有了口粮，怎么活？我只得厚着脸皮上亲友和族中叔伯弟兄处讨点杂粮保命，还得躲躲藏藏，一旦被造反派发现，他们也要受株连。

吃饭问题还没有解决，一连串的批斗和挨打又接踵而来。一次，我被抓去批斗。他们在一个旧戏台上搭了一个高高的架子，架子上铺上木板，木板上安一张桌子，桌子上放一张高板凳，看上去就像戏台上的高空杂耍。几名打手提着我双臂，把我拖上桌子，按跪在高板凳上。我高高的跪在半空中，双臂被打手扭在后面，那模样像是凌空欲飞的空中飞人。我看见下面黑压压的人群，扭头对打手说："好好抓紧我的手臂，如果我栽下去，摔死不要紧，这么多人的批斗大会就泡汤了。"

斗争会开始，中心区委书记宣布："高明辉是重庆大右派，现在押到我们这里，我们要对他实行坚决的专政！他过去是中学校长，党支部书记，但他现在是共产党的敌人，是活老虎，比地富反坏这些死老虎更坏。今天一定要把他斗垮斗臭斗倒，要踏上一只脚，叫他永世不得翻身……"

我跪在高空，忍不住突然放声大叫："享用人民俸禄的书记、区长、主任们，你们不是掌握着我的很多罪证吗，那就一条一条向群众公布吧，我的头条罪恶是什么？……"接着我拼命大喊："共产党万岁，毛主席万岁！我无罪！还我党籍，还我饭碗，我要吃饭，我要活……"

他们没料到我会当众喊冤，一时乱了手脚，又是那个老办法——打！打手们爬上高台，一阵拳打脚踢，鲜血从我口鼻里涌出来，溅落到台下……

这个时候，台下群众看不下去了，喊起来："不准打人！""要文斗不要武斗。"主持会议的人这才叫打手们住手。

那些人不仅是斗我、打我，还一心想把我除掉。武胜县有一个右派叫徐普全，以前是武胜县县长，造反派把他押到县南门河坝嘉陵江边枪杀了。杀了徐之后，下一个目标就是我。1967年12月28号深夜，他们把我绑起来押到南溪公社五大队长塘河边，逼我往深水走。我踩着冰冷的河水，心想生命走到头了，那一刻我反而无所畏惧了，死就死。我扯开喉咙高呼："共产党万岁"！"毛主席万岁！"我的喊声惊动了村子里的农民，他们闻声赶来，我这才死里逃生。

但是，他们并不罢休，仍然策划处死我。白天他们不出动，夜里背着枪四处寻找。有几个同情我的红卫兵，在一天夜里悄悄告诉我，叫我一定要在野外过夜，而且每天都要换地方，否则没得活路。唉，那些日子，我像丧家之犬，像逃犯，在荒郊野外东躲西藏，麦田里、草堆中、大树上……饱一顿饿一顿，有一顿没一顿……后来，我跑到合川城我大姐家，结果又被发现，我大姐家遭围攻，全家受牵连，侄子苏仁禄还因此长期不被安排工作，十分埋怨我。

我只好从大姐家跑出来，往重庆逃。路上正遇到一支部队徒步拉练，我于是跟着他们走，他们停我也停，心想，这样安全些，至少喊救命有人听得见。就这样，我步行100多公里走到重庆。我二姐在重庆唐家沱造船厂，我去投奔她。二姐最疼我，见到我很高兴。不料，她们单位的阶级斗争也激烈得很，我这个外来的"逃犯"很引人注目，住了没多久，有人又找上门来。二姐不敢再收留我，万般无奈中抱住我放声大哭。可是她最终还是受我株连，被下放到江津一个贫困山里。她又气又病，死在那儿。

我至今感到愧对二姐，但愿我的冤案彻底平反后，我能手支拐杖，步行到江津深山，跪下来叩首祭拜我的好姐姐。

从二姐家逃出来后，我发现江北有个牛奶场，场里有大堆大堆的谷草堆，真是一个理想的"家"。于是，我天天钻在谷草堆里过夜。那段时间，重庆武斗打得热火朝天，望江厂的"反到底"派水陆两岸攻打市区的"八一五"派，枪声炮声日以继夜。一天，一颗炮弹飞来，把我的"家"——牛奶场的谷草堆——打燃了，大火冲天而起，我落荒而逃。

我逃到长江铜锣峡山上叫铁山坪的地方，指望在那儿躲躲。不料那儿我看到不少死人——打死的、整死的，尸体倒卧在树丛中。我害怕，又从铁山坪外逃。

到1969年深秋的时候，我已经走投无路了。成天东躲西藏（有几次我饿了几天全靠喝长江水挺过来），天热点睡在河边的沙滩上，冷了就在车站码头过夜……国家也乱了套，坏人当道，好人挨整，武斗打得凶，打砸抢烧，无法无天，到处可以看见打伤、打残、打死的人……我目睹国家的灾难，又想到到自己走投无路的遭遇，绝望之极！

好几次我徘徊在长江边，想跳下去一了百了……

10月的一天，我偏偏倒倒来到重庆朝天门码头公安派出所，说自己是杀人犯，希望被关进监牢——这是我在万般无奈下想出的一条求生之路。嘿，他们不收！可能是看我不像，怕我进去混饭吃。我同民警吵了起来，他们这才把我送到收容站。在那儿我总算吃了一顿饱饭。第二天，我被放出来，仍然走投无路。我索性去市委求救。咦，在那儿见到分管文教工作的董次尧同志，他以前是市教育局中等教育科科长，我的老同事，好朋友。他好心地劝了我一番，说："你这种情况上面不下文，我们也没办法，我只能内心同情你……"他叫我别再流浪，免得把身体拖垮了，还建议我到乡下去躲躲，说乡下安全得多……

我从他那儿出来，哭笑不得：我原本就是从乡下逃亡出来的呀。

我站在街头，想来想去，觉得还是只有冒充杀人犯，进监狱求食宿这一条路。于是，第二天一早，我从朝天门码头候船室起身，手提一块既当床单又当被子的塑料布和一张破毛巾，直奔市公安局。我说，我肃反时发动一些人杀害了李时友和刘伯景（其实这两人是在三反、五反时自杀的），我前来投案自首，请求查处。嘿，真是巧，接待我的公安是我当年曾经短暂共事过的一个老同志（记不得名字了），虽然我又脏又瘦又憔悴，他还是认出了我。他盯着我，第一句话就是："别激动，一眼就看出你不是杀人犯，有什么委屈说说！"我简单地讲了自己的遭遇。他拿出好像是（68）161号中央文件边念边解释。最后，他给我指了一条生路——到贵州去。他说，贵州比较偏僻，山多人稀少，容易生存下来，可以坐火车去，因为现在坐车不要票。他送我出大门岗亭后，嘱咐我："用自己的双手劳动活下来。只要活下来就是胜利。"他最后这句话给我很深的印象，也给我极大的鼓舞。后来我好几次被逼到绝境时，耳边就响起他这句话。

当天晚上，我第一次登上了去贵州的火车。车上挤满了人，火车顶上都用绳子栓住趴着不少人。一路上，车门大开，任人上下，既不售票，也不查票。戴红袖套的红卫兵气势汹汹，走到哪吃到哪，谁敢说声"不"就要挨打。我只能挨饿。侄女苏仁秀给我的30元钱和30斤粮票我维持了一年多，现在只剩最后几文，不到生死关头不敢用。火车半夜到达遵义，我又累又饿，在候车室倒地就睡。一觉醒来，天已麻麻亮，我走出车站，走过一条穿城街，到了一个丁字路口的小河边。举目四望，四周皆是雾气茫茫的高山峻岭。往哪儿走呢？

然而这时我已走不动了，还是那个老问题，饿！饿得头昏眼花，全身发软。我觉得再不动用身上那最后几文钱怕是要倒下去了。

丁字路口两边都有小面摊，我打听到有家可以不收粮票但多收五分钱的小面摊——即二角五分钱一碗。我慌忙赶去。嘿！这面摊酱油酸醋可以随便用，连油水煎的辣子都可以任食客享用。我高兴得发狂，赶紧要了一碗小面，使劲加酱油，酱油加多了加醋，醋加多了又加酱油。还大大放了两勺子辣子。吃完又要了两碗汤，汤里又加油辣子。咳，那一顿美餐，辣得我汗水长流，五脏六腑都舒畅透了！这是我多年来从未遇到过的好事，也是我逃亡到贵州土地上，贵州人民给我的第一个见面礼。我心中充满了感激，它也让我对"新的生活"和未来充满了期望。

后来，我再去遵义时，专门去看望那家面馆，可是它不见了。据说，因生意不好，老板回乡当农民去了。这事我终身难忘，后来经常给家人和子孙提起，每次讲述我都充满敬意和感激。

丁字口左边有条窄窄的土路，曲曲弯弯伸向云遮雾绕的山乡。我打听到，前面是松林山区，一个荒凉偏僻山高人稀的地方，我觉得正适合我，于是抬腿往山上走去。

路的两边地里长着绿油油的秋玉米，有的玉米包已经成熟，我心想，不错，说不定能吃上嫩包米。

走到下午一两点钟，才碰上路边一户人家，本想开口要饭，但看到路上还有其他行人，脸上有点挂不住，又忍回去了。我干脆拐上一条小路，往更偏僻的山上爬，我想，既然有路，就会有人家。爬到半山腰，汗一淌，尿一洒，渐渐无力了。我举目四望，看见在两山环抱的一个松林深处有袅袅炊烟升起，我又鼓起劲往上爬。

这个村子很小，只有几户人家。路边第一家的一位大嫂正在用水淋玉米饭。我一看见饭，肠胃立马一阵痉挛，便把心一横，拉下脸，正式讨口要饭。

"大哥大姐（我在车上打听过，不能随便称大嫂），要点米汤喝好吗？"

她回答："听口音你是四川人，你还不懂得这里的习惯，我们这里米少，主要吃包谷，滤下的米汤是要拌猪草喂猪的。"

我后来得知，贵州农村都是用米汤拌野草喂猪，农民自己根本舍不得喝。我当时觉得很屈辱，一言不发，转身往里面走。

一位老人坐在石墩上抽土烟。我走上前恭恭敬敬地问候："老人家您好"！老人打量了我几眼，让我坐下，问长问短。我一一实言相告。老人听后，进门用小盆端了大半盆嫩包谷。我大喜过望，一口气吃了八个，还不觉得饱。老人见我那个吃相，叹口气，让我把剩下的统统带上。他还告诉我，山里人平常一天只吃两顿包谷饭，只有农忙时节吃三顿，要讨到饭必须算好时间。

我向他谢了又谢，然后一股劲爬上山顶。山上居然还有一大片平地，农户也不少，但是山民很穷，富裕一点的吃包谷和大米各掺一半的饭，差的只能吃沙沙饭（即包谷面拌上很少一点米用木甑蒸熟吃）。此时我腰无分文，上无片瓦下无寸土，除了要饭没别的活法，我只得把脸拉下来，天天东家讨把米，西家要点包谷，再去第三家讨个火煮煮吃……

后来，我同山民们混熟了点，就对他们讲述了自己的经历，渐渐得到了他们的同情和帮助。

没过多久，遇上一位患重感冒的苗族老大娘，她躺在床上，吃不下饭。我说，我懂一点医药知识，愿意去为她买药。她家同意了，于是我用了大半天时间跑到遵义买了一瓶阿司匹林、胃舒平和安乃静。晚上九点我赶到她家，用很烫的开水加量给她服用了这些药。不到一个小时她就大汗淋漓，开始感到想吃饭。由于病人身体原本结实，第二天她就有说有笑的下地干活了。她逢人便夸我，留我这个流浪汉住了十多天，并且天天好茶好饭待我。大娘姓杨，是山里比较富裕的人家。她家的习惯是一定要送"断根药"才算治好了病。于是，我带着她给我的二十元钱又去城里买了些药，给她配了三天的"断根药"。临别时，她拿了五十元钱一定要我收下，五十元在当时当地是很大的一笔钱，我很不安，取出十元退还给她。

这件事让身处绝境的我看到一线生机！贵州山区极其缺医少药，许多公社连个卫生所都没有，何不去买点药品，求个生存？

说干就干，我到城里买了一袋西药和三本书——《内科诊疗手册》、《常用药物手册》《实用针灸选穴手册》。从此，凡有闲暇我就埋头啃书，一边学一边用，我本着谨慎试行的原则，保证在不出事故的前提下治点小病。后来杨家又介绍我到遵义三合区他亲戚家去治病，从三合又介绍到尚稽的青杠林山上。那儿非常贫穷，许多农民（包括不少妇女）都没有衣服穿，他们只得穿秧衣、盖秧被（把没用完的秧苗晒干后做成衣被，用来御寒），一些家庭全家只有一条裤子，供外出的人穿。点灯的煤油也买不起，只好用松树疙瘩来照明，病了更是无钱治。我看他们穷成那样，实在不忍心收钱。这样，不到半月时间，我在三合、松林等地看病的收入共一百多元钱就全部消耗在青杠林山上了。

我在贵州山乡流浪多年，不时看到像青杠林这样的情景，有时进入山民家里，骤然撞见裸露的身子，慌忙退出来。比如在关岭县的坡贡山上就遇到过这种尴尬。印象最深的是1974年在朗岱山上（现属贵州六枝特区），我同颜南生去给人看病，突然看见一对母女——我估计是母女——正在地里种豆子。她们身上只挂着很烂的几片布条，奶子和屁股都露在外面。那个姑娘大约只有十八、九岁，不是穷到极点怎么会这样。我一下子受到强烈刺激，冲口就呼出一串口号。啥口号？"打倒贪官污吏！""妇女没有衣服穿！"转而又喊那个时代最流行的口号"共产党万岁"、"毛主席万岁"。

离开青杠林后，我又开始流浪。我渡过乌江，翻过一道道崇山峻岭，到达了开阳与瓮安县交界的深沟峡谷地区，据说再往西南就是广西的十万大山地带。

我到此地后，除了那几本医药书，身无分文，脚上的解放鞋也破得无法再穿，只得改穿当地的竹麻鞋和草鞋。

我走投无路，于是重操旧业——讨饭。

多年来，每当我回想起在要饭过程中那些同情我帮助我的好心人，心中总是充满了感激。这儿属于"山高皇帝远"的地方，山民们朴实，看我像有点文化的人，便比较尊敬我，真心实意的帮助我。从没有人议论我是什么人，是好人还是坏人。在这大山里我才品味到人与人之间的真情与和谐。远离了"阶级斗争"的刀光剑影你死我活，我终于有了多年没有感到过的那种安全感——作为一个普通人平平安安过日子的安全感。虽说深山老林里另有一种威胁，就是常遇到虎豹、野猪、狼狗，但是，"苛政猛于虎"，我宁愿呆在深山里。

我在这儿总结了前段时间的经验教训，打算改变生存方式，不到万不得已绝不再走讨饭的路。我作出了两个决定：一，凡给富裕人家治病拿药，要收取费用，不能亏本；没钱的贫困人家，一般不收钱，也不吃饭。二，在任何情况下都讲真话讲实话，因为我高明辉没有做过任何亏心事。

不幸，我在深山老林里也没能"安稳"多久。

1970年，传来一个消息，说国民党向贵州山区散发了反动传单，全省要展开声势浩大的搜山运动。很快，各地都成立了搜山队，在大大小小的山上搜寻，在各个路口盘查。老百姓怕我这个外地人被搜山队抓去挨打，叫我逃走。一位姓陈的山民，带我经丛林爬陡坡到了一个小场坝（记不清名字了），边走他边告诉我如何发现豺狼虎豹行踪和躲避的知识。下午，我独自翻山越岭朝马场方向走去。一路上荒无人烟，唯一遇见的人是一个12岁左右的小男孩，他背着几十个烧洋芋。我向他问路，他告诉我爬上前面那座山后要赶快下山过河，不然豹子会吃人。说完他还给了我几个半生不熟的烧洋芋。我谢过他，先把熟一点的洋芋吃了，然后急急忙忙往山上爬。上了山我不敢停下来喘口气，慌慌张张就往山下赶。可是，刚到河边天就完全黑了。小河不是很宽，却深不可测，寂静的山间只听见哗哗的水浪声。河上倒是架了一根独木，但黑黢黢的我根本不敢过。我呆呆地立在那儿，心慌意乱，进退两难。后面山上传来野兽的吼叫声。我心一横，决定抱着独木爬过河。我趴下来，正准备爬，突然发现独木桥下有一个洞，大约可容纳两人。我看见洞，心里开始盘算：就算安全过了河也没法走，更没地方住，不如今夜就钻洞，说不定还安全得多。对! 我一下子高兴起来，找了根木棍，然后钻进洞里，面朝外蹲着。我紧握木棍，以防不测。水声、风声、野兽声，声声入耳，伴我渡过了一个惊惶之夜。

第二天天一亮我就钻出洞，渡过河又上路。又整整走了一天，在傍晚时分赶到了马场，这时下起了冷嗖嗖的秋雨，土路泥泞，我不能再走了。我四下张望，发现路下边有间破草房。我走去一看，草屋里挤着一家四口，他们告诉我，他们是从四川逃难来的。我看他们穷得十分凄惨。四壁空空，一张破床上盖的是破破烂烂的秧被，草房千疮百孔，到处漏雨，家里的雨点比外面还大。吃的也没有，我只得把药包里的葡萄糖液拿来喝了，然后支开伞靠着墙脚过了一夜。

第二天我走时送了他们一点感冒药，那是我唯一还拿得出来的东西。

步行了两天多，又回到了乌江边。这里是开阳、息烽、遵义三县交界的乌江河大塘口，也是红军长征时的一个重点渡口。我在渡口遇到一个叫袁世海的摆渡船的老人，他问我是干什么的，我一一如实相告。老人听说我懂医，便叫我去河坎上坐坐，顺便给他老伴儿看看眼睛。我看完病后他留我吃了晚饭，还劝我不要难过，说好人多磨难。他还告诉我，他女婿刘应品是大队支书，我可以留在这儿，给大队的社员看病，什么都不要怕。我大喜过望，真是天无绝人之路啊! 当晚，袁老人和我聊了半夜，我谈我的身世，他讲他几十年划船的风风雨雨，谈得很投机。

第二天上午，袁老叫他孙儿带我上山，去给打铁沟生产队的一位老病人看病。我们先往上爬，一直爬到山顶，然后下到深沟边。这儿属开阳县马场区谷扬公社。病人年近七十，瘫痪多年，家里都医穷了，长期服草药又不能止痛。我给她吃了一剂镇痛药，果然起了作用。我告诉他们，像这种风湿和类风湿性瘫痪，我无法治好，就是医院也难以治愈，只能减轻病人的痛苦，但还得注意配药和调理，因为镇痛药是伤肠胃的。她子女们见母亲的痛苦减轻了，已经感到满足，说我与江湖医生大不一样，江湖医生看病从来都说包治好，但要多少多少钱买药等，把他们骗穷了骗怕了。我见他家很穷就没收药钱。他们很是感激，老人一定要我住在她家，专门给我铺了张床，并将她的小孙子拜送给我，认我作"干爹"，取名高勇。后来，好些人家怕孩子生病都将我认作干爹，图的是有个医生照看。于是，我成了农民们的好朋友，衣食住行总算暂时无忧了。

在这里我曾创造了一个奇迹——救活了一个"死人"!

住在山垭口的陈顶德有个约两岁的孙子，因发高烧未及时医治，半夜从息烽县的高坝子回到打铁沟时，周身已经冰凉。他们用烂棕衣裹着病儿丢在灶门前，动手做木棺。我发现病儿背心尚有点温热，赶紧用被子把他包好，同时考虑怎样救治。我想了一会，给他注射了一支半尼可刹米（克拉明），然后左右手握住孩子的双脚，只要脚心一发热就有救。40分钟后脚开始发热了，我将病儿交给母亲保暖，同时派人去找燕窝，这是抢救高烧、休克病人的绝招。燕窝取来，去掉杂物，尽量煮沸，用纱布过滤澄清。不多会儿孩子张嘴要水喝，我将亲手做的"还魂汤"喂他，终于把他救过来。

这件事全村人皆知，大大提高了我的知名度。

我也同袁世海的女婿、江山大队党支部书记刘应品交上了朋友，这样，我有了报纸看。1971年下半年，我发现林彪、叶群、吴法宪等人的名字不见了，几乎每版都是"要团结不要分裂"的警句。我告诉刘应品："林彪等人肯定出大问题了。"他不信。没过多久就传来林彪投敌叛国的消息。他很惊奇，说："你真神，一眼就看出了中央领导的政治动向！"从此他更尊重我，信任我，许多重大问题都找我商量，看病也由他介绍，甚至亲自送我上门。

我住在大塘口一年多时间里，往来于开阳县的马场、冯三、谷阳、两路、江山、打铁沟、息峰县的核桃箐、桃子坪、高坎子和遵义的尚稽、青杠坪等地。大塘口是最安全的地方。搜山队在大塘口设卡，吃饭就在刘书记家。刘书记把我找来同搜山队的人一道吃饭喝酒，当众宣布我是他的客人。有了他的保护，我在他管辖之地往来自由。但是，一旦出了他的辖区就危险了。搜山队查到不明身分的外地人，统统抓起来，先关后审。所以，我到"辖区"外看病，总是东躲西藏。比如，有一次我到息峰的高坎子，住在队长张明坤的堂兄张明安家，白天我躲在他家中，晚上就藏到乌江河坎悬崖上的刺林里。每天半夜时分，张明安都要给我送一碗鸡蛋炒饭。由于老百姓千方百计保护我，我一直没被抓走，算是躲过了那场声势浩大的搜山运动。

然而，正如俗话说的："躲得过初一躲不过十五"。"阶级斗争"这张铺天盖地的大网疏而不漏。

有一个姓刘的退伍军人被遵义医学院诊断为癌症，没救了，已叫家人准备后事。刘家不甘心，求我治一治。我观察了一天一夜，见腹部压迫绞纹久久不起来，硬是硬，但硬不如石，我怀疑是腹部深部脓肿，不是胃癌。他家请来信用社的人担保，要我死马当成活马医，并立下字据，死了不负责任，只求手术后能吃饭，并说好事后由信用社付医药费和手术费200元。我用大注射器抽出血液，发现并非鲜红色，而是乌中带白花脓液，便断定他是腹部脓肿。我用小刀、小剪在腹部切开一小口，脓血一涌而出，足有1500多克。我还没缝合完，病人突然坐起来叫道："饿死我了，我要吃一个大公鸡，快点"。我于是叫刘妻煮稀饭、煨鸡汤给他喝。信用社的人看我做完了手术，按协议付了200元钱。

没料到为此事当晚我就被抓进了马场区派出所，罪名是"非法行医"。

关了两小时后，刘家的亲友，还有两路学校的教师，男男女女一大群把病人抬进了马场区政府。他们叫道："把我们的救命恩人放出来！"他们威胁说，如果不放人，他们就把病人摆在区政府，他是退伍军人，死了要区上负责。

区上怕出人命，只得把我放了。

这次算我走运，但下一次就没这么便宜了。

那次，我到息峰乌江区养龙公社场坡生产队给马树清家看病，不幸在一个赶场天被当地派出所一个姓石的公安抓起来了。他说我是重庆监狱逃跑出来的大反革命，指使手下的几个打手将我五花大绑，押到区法庭。石公安左手提枪，右手握一根铜头皮带，劈头盖脑就是一阵抽打。他那几个打手，冲着我拳打脚踢。然后叫我当众交待参加反革命组织的经历。公社一个姓王的主任吼道："你不交待，今天就活活打死你！"我答应交待，先求他们给我把绑绳松了，并说如果我跑出五步他们就开枪。

这时，看热闹的群众围了个水泄不通，其中就有马树清等关心我的农民朋友。

我挣扎着站直身子，抖擞精神开始交待。我说："解放前，一个教英语的女士要我参加他们的一个什么组织……1951年，我在重庆南温泉原国民党军政大学又参加了一个青年群众组织……"

"头子是谁？住在哪里？我们要一网打尽！"

我说："恐怕你们抓不着，也不敢抓，我说完了再告诉你们姓名地址吧。"

这激起了他们的兴趣，围观者也伸长了脖子。

"1951年我在重庆市较场口参加了一个更加庞大的横跨欧亚的国际组织，这个组织有两大头目，一个在国外，一个在国内。在国内的组织已发展上千万人，遍布全国各省市县区县社队……这个组织有政治纲领有组织路线……"

围观者听得入神，审讯者高兴得跳起来，一再追问："头目是谁？我们马上派人去抓！……没有我们抓不着的反革命！姓高的，你要再不交待我们就要动刑了！"

我怕再挨打，不敢再绕圈子，于是说："国外的头子叫斯大林，国内的便是中国人民的伟大领袖毛泽东。"

石公安和王主任同时跳起来，猛地一拍桌子，骂道："好你个刁人！你放屁！"

我看他们又要打，赶紧说："我没乱说，我这辈子加入的组织就是共青团和共产党，我是真正的共产党党员。你们要不信可以马上打长途电话到重庆市委办公厅和干部管理处请他们查查有没有高明辉这个名字。"

围观的群众嚷起来："高医师您好好保重！"张明坤队长更是挤上前来大声嚷嚷："高医师，您出来后首先来我家，一定要来哟！我们会保护您的！"

审讯者们泄了气，但不放我，把我押到养龙公社临时收容所关起来。

马树清父女、张明安夫妇、吴发开队长等一直把我送到公社收容所，然后每天三餐都由他们轮流给我送饭，而且每天都有肉、鸡蛋、面条。我吃饭时，一个我治过的患青光眼的病人手执木棍守在一旁，不准其他人捣乱。四、五天之后，公社组织对我的批斗大会，大会下午一点开始，主持人刚宣布开会，支着拐杖站在会场边的马光琼就扯起喉咙，尖声尖气地叫她丈夫："吴（无）——发（法）——开，吃——饭——喽——"

听见她的叫声，会场上呼啦啦一下子走了几十个人，几乎走光了。批斗会只得收场。

我永远记得他们善良真诚的贵州老百姓！

然而，那些人则老羞成怒，坚决不放我，两天后把我押到息烽，从息烽转到贵阳，从贵阳转到重庆，从重庆又转到武胜。

我逃了一大圈，又回到出发点，心想，这下有我的罪受了。

嘿，人的命运真是说不清。武胜接收我的人早就听说过我的"大名"。他四下望了望，笑嘻嘻地说："哟，有幸见到不屈不挠的高校长，是我的福份呀。"结果，当天他就把我放回家。

可是，我已经没有家了，我找到公社领导，他们仍然不给我口粮。我没法活，只得到重庆我外侄处讨了几十元钱和二十斤粮票，又奔贵州而去。

1972年，各地开始搞革命大联合，打砸抢杀的暴力少下来。我又萌发了一线希望回重庆找政府伸冤。在贵州几年了，到处流浪，没有家，饱一顿饿一顿，成天担惊受怕，不是个长久之计。没有路费，于是我去找到养龙区派出所当初抓我那帮人，要他们再把我抓起来，像上次那样食宿免费地把我一层层转送回重庆。可惜，这次他们不干了。

我决定沿铁路步行回重庆，也算发扬红军长征精神。可惜（又是"可惜"），我在半夜走到乌江大桥时，守桥的士兵坚决不准我过，从而阻断了我的"长征"。

这次回重庆上访，一无所获。在市教育局，挨了姓郭的一通训，回到武胜乡下，仍然不分口粮。生产队的人说，"不分口粮是公社决定的，谁敢违抗。"

我只得三上贵州!

这次回到贵州后，我开始考虑是不是在贵州农村安个家。这几年不少人问起过我有无妻室，也有人介绍我当个上门女婿。我一直没有答应，一心想申冤平反。但这次回重庆和武胜又碰壁，我感到有些绝望。

是不是在这大山里求一个安身之处，慢慢等待? 自1958年同妻子离婚，我已经打了14年的单身汉了。这些年，蹲车站、住码头、钻草堆、滚石灰窑、睡刺巴林（即有刺丛的便于藏身的树林）……

在最困难的1972年春夏，我在养龙马树清家遇到一位有真才实学的医生颜南生，他也是受迫害从四川来到贵州，已在镇宁县的丁旗镇安家落户。我正走投无路，于是随他从养龙到了安顺，我们一起在安顺、镇宁、关岭、普定等地行医。

1972年秋，我在普定县田官公社二官大队给一个病人看病时，认识了他的独身女儿何正芳（小名昭妹）。昭妹很喜欢我，要我教她学医。我一到寨里，她就跟着我，帮我配药、换药。我感冒发烧，她就给我打针。有人开玩笑说: "高医师同昭妹正好配一对。"昭妹听后抿着嘴笑，十分高兴。

但是，昭妹在8岁那年，父母作主给她订了婚，许配给一家姓胡的。这是典型的包办婚姻，昭妹多次向我表示，她不同意这门婚事。1973年初春，我接到昭妹托人带给我的一封信，她叫我安排结婚时间，并要我在3月5号到黄桷车站去接她，然后去安顺照结婚像。至于在哪儿结婚也由我定。

我也想有个家了，我赶紧又回重庆。可是，无论是重庆还是武胜（市、区、43中、县、社、队等），都不给我开证明，没证明就办不了结婚证。我没有办法，3月5号要到了，只得两手空空赶回贵州。

我按约在黄桷车站接到了昭妹，第二天我们又乘车去安顺。在安顺照了像天已晚了，于是当晚去我朋友孙善群家，在那儿我们住了两个晚上。

第三天一早，我们得到消息，昭妹私奔后，二官寨派出十多个人追赶捉拿我们，放出话，一旦抓住，不打死也要打个残废。胡家在当地是一个人多势众的大家族，大、小队都是胡家当权。女人居然跟一个外地人走了，他们觉得很没面子。我看事态严重，劝昭妹先回去，以免她父母不得安宁。昭妹不肯，死活要跟着我。她说只要把她带走，我到哪她到哪。可是，我把她带到哪儿去呢?

劝了好久 ——从早上一直劝到下午 ——我朋友也帮着劝，昭妹才勉强答应了。分手时我向她保证，一旦我找到了一个安身之处就接她出来。

她这一回去，就被看管起来，再也出不来了。很快，他们强迫她嫁给了那个她8岁时给她定下的男人。

我长叹一声，我高明辉落难，没有能力保护一个女人，也没有能力同包办婚姻抗争。

（我问起后来的情况，高明辉黯然神伤，沉重地说："我想起来很后悔，何正芬是一个非常善良、勤劳、聪明的姑娘。我说我没有钱，她说她有些钱，我们共同用。我说我没住处，她说她想法去租房子……是我坚决把她劝回去的呀……从那一天分别到如今，30多年了，我们没再见过面。"）

1973年8月，我住到在安顺么铺公社方牛庄村刘德富家里，给刘德富医痔疮。刘是个从朝鲜战场上下来的转业军人，在战场上流过血。但是他没有得到一点抚恤金，家里穷得一塌糊涂，两个小的女孩，小学都读不起。我见他家太穷，便没有收他的药钱，只是吃住在他家。我外出看病，无论是收的药费还是包谷、鸡蛋等，都统统拿回刘家共同享用。刘家见我待人真诚，又不嫌贫爱富，便有心招我上门，娶他的大女儿,18岁的刘大珍。

大珍文化不高，但朴实善良勤劳，她非常希望同我共同生活。1974年春，她多次表明了这个意思。

刘德富夫妇把自己的房间让出来，让我和大珍住。

事到这个地步，我无法再拒绝。我流浪十几年，心底里一直渴望一个家。

但是，我坚持要先办结婚登记手续后再完婚。我又一次跑回重庆。

先找市教育局，我只求他们写一行字："右派分子高明辉是离了婚的。"他们不理。我气得挖苦说："你们现在官做大了，肥头大耳，心宽体胖，我这么一点小事你们也不给办！"

没办法，我只得又去武胜。我找到县统战部，统战部那个官员劈头盖脑给我一阵臭骂："结婚？结你妈个脑壳昏！你给我回公社去接受批斗！"

我说："中央文件和国家法律都没有规定右派分子只准离婚不准结婚。为什么不给我办？"

然而，不办就是不办，我干瞪眼，拿他们没法。

我又是两手空空回到贵州。

贵州山上的农民们并不再乎什么"登记手续"，好些青年男女办几桌酒，请请客就算结了婚。大队支书对我说："办两桌酒席，请大、小队干部吃一顿你就算方牛庄的人了。"

1974年，我成了刘家的上门女婿。漂泊逃亡多年，终于有了个家。

一年后，1975年3月，我同大珍的女儿高春艳出生。一个月后，发生了一件事，导致了我的又一场灾祸和直到今天尚未昭白的冤屈。

那年春，我刚从重庆市上访回到大珍家，就有很多农民来找我，请我为他们向上面写检举信。原由是么铺区委书记张XX、公社书记李XX、大队书记何XX等在寨子里杨XX家吃了杀猪饭，收了礼之后，强行把队里一块肥沃的稻田划给杨家修私宅。农民们强烈反对，但他们拿书记们毫无办法，他们知道我有文化，请我为他们写信申诉。

贵州山上，田少山多，稻田十分珍贵，是农民的命根子。我眼见得农民们（包括好多背着娃的妇女）为开一块水田，日以继夜的劳累。

杨家开始动工挖基脚了，我不能再旁观，必须仗义执言。我马上在方牛庄大队新大楼正门上方贴出"保卫农民的命根子，保卫土地"的大字报，紧接着向安顺县公安局和贵州省委邮寄了检举信和控告书，我在信上署了我的真实姓名，时间是1975年4月13日。

我万没料到这两封信原原本本地转给了几位书记——也就是被检举人！

张XX书记和李XX书记亲自率兵坐镇方牛庄，召开大队及七个生产队的干部会。张手持我信件的原件，杀气腾腾地说："这就是高明辉写的所谓的检举材料和控告书，今天这些材料全部落在我们手里！这完全是对我们各级干部的造谣诬告……"会上没有人敢吭声，大家都怕手握大权的书记们，只有当过兵的民兵连长王明春说了句公道话："如果高明辉没有高度的政治觉悟，他根本就不敢像这样大胆检举揭发。"

第二天晚上（1975年4月20日），区上的"专政人员"冲进家门，把我抓到了区上的法庭。先是一阵拳打脚踢，然后把我反手吊在区法庭的铁窗上，那个痛啊，钻心！我受不了，大叫："共产党万岁！毛主席万岁！我无罪！我要伸冤！"我不停地叫，但没叫多久就痛昏过去了。

天快亮时，区公安员张德义给我松了绑，放我下来时，他教训我说："谁叫你要乱说，乱动，乱写？！"这次吊打，导致我双臂长期疼痛，至今无法医治。

接着我被押到县看守所。在看守所的八个多月是我这一生中最悲惨的日子。各种折磨人的手段都用上了！张XX经常亲自到看守所来进行"指点"，我明白了，他是想把我弄死在里面！他知道我是个不服气、不认输的顽固分子，要是活出来还会找他的麻烦。有一次县公检法的张、金二人提审我时，用枪抵住我脑袋要我招供奸污女轻妇女。我忍无可忍，大叫："开枪呀，你们手握生杀大权，一枪打死我吧，好为张书记出气，消除他的心病。"

我清楚他们为什么这么气恼我，高明辉一个右派分子，而且是个外地人，胆敢跑到贵州来告官，来惹地头蛇，这还了得，非整死他。他们知道无法判我死罪，但是可以通过看守所的折磨让我"自然死亡"。这样既杀了人，手上又看不到血。

但是我到冬天了还没有死，他们又想了一个办法——不给我被盖。牢中的抢劫犯、杀人犯、乃至死囚都发了被盖，唯独不发给我。我申请了上百次，就是不发。贵州山上冷呐，我浑身打抖。这还没完。1975年12月，外面风雪交加，地上铺着厚厚的雪，他们强迫我走到外面，在风雪中吃冰硬的冷饭。我的肠胃马上就受损了，一阵一阵地剧痛，腹泻不止。看守所一不给药，二不准就医，我整整十一个日夜吃不进任何东西，躺在地上像死人一样，大小便和起卧全靠同室的难友扶助。就在这时，张XX又来了，他走进监房，逼着要把我绑赴么铺区游斗和批判。看守所的管理员王昆指着我——我枯瘦如柴像僵尸一样——对张说："人已经不行了，还是不去吧。"张不肯，坚持叫人把我抬起来抛上了车，真的是像死狗一样抛上车。我每次遇到对我迫害都要呼口号，如"毛主席万岁"、"共产党万岁"、"我无罪"等等。但这一次，我叫不出来了。

我是躺在地上被批斗的。我蜷曲在地上，双手压着胃。就这付死人相，一个张指定的民兵还上来踢我几脚，押守我的解放军都看不下去了，一把将那个民兵掀了个趔趄，吼道"这里关你啥子事？！"

高明辉讲叙时，好几次睁不开左眼

在看守所8个多月，我经常趴在地上写申诉，其中包括九份血书。牢房的地上冰冷潮湿，而且十分阴暗，长时间趴在地上，损伤了我的眼睛和左边的面部神经，从此我只要一激动，左边脸就一阵痉挛，左眼就睁不开。

（注：长寿湖另一逃亡右派李文书是文革时被打伤右脸，导致了右脸和右眼神经性痉挛。）

1975年12月31日，安顺县法刑字（75）第91号判决书判处我五年徒刑，刑期从1975年12月28日算起（在这前关押的八个多月不算在五年内）。判决书的具体罪状有三条：

（一）借整风猖狂向党进攻，定为右派后不思悔改，流窜行医四年多，骗人钱财300多元。

（二）妄图打击陷害他人，制造干群之间的矛盾，造谣污蔑区、社、队各级领导，破坏革命团结。

（三）以看病、谈恋爱、认同乡等手段奸污妇女何XX等。

宣判后不久，我就被押到贵州省安顺轿子山煤矿劳改支队服刑。

我这条命说来是到了劳改队才保下来的。管教人员看了我的材料和判决书后明白是怎么回事，没有把我当坏人看待，他们见我肠胃出血，给我提供了稀饭和面条等软食。另外，说我有文化，让我当了学习小组长，没让我下矿劳动。这两条"人道"救了我的命，也是我高明辉命不当绝，想来，当年如果判决再晚一个月下来，我肯定死在看守所了。

下面我想说说我妻子刘大珍的遭遇。

我在劳改队服刑两年多后，么铺区法庭的李进明来到轿子山，把我叫到管教办公室，向我宣布："刘大珍已向法庭申请与高明辉离婚。"（以县法院的"公函"为证），李强迫我立即写个同意的纸条。我要求看刘大珍的字据，李说："她的申请已登记归档，难道人民法院还会骗你不成？难道你还怀疑法院盖的公章？"

说到这个份上，我想也罢，拖下去对刘大珍的生活和前途不利，她还年轻，离了婚她日子可能还好些。于是，我写了"同意"。

咦，没多久，刘大珍带着简单的衣物突然跑到劳改队来了！

原来这是一场骗局！

刘大珍当年写了一份申诉，我保留至今，看了就明白是怎么回事了。

申诉

7月16日，我才向县法院用挂号邮寄一份撤销刘保康（注：么铺区三查工作组干部）假借我的名义提出我同高明辉离婚的申诉书，没想到8月4日区法庭的李进明来我家给我说："高明辉提出和你离婚，你还有什么意见？"我回答说："我不同意离婚，死也要和高明辉死在一起！"当时父母大骂，后又强迫我签字，我不签，老的就打。结果硬是逼着我签了一个"同意"二字才放手。我没办法，8月7日又到劳改队问高明辉，并不是他提出同我离婚，现在我明白了，真是有人在搞鬼。所以我特向党和政府提出最后一次请求：

1、凡是过去刘保康伙同父母包办强迫和用棍棒逼我同意离婚的一切做法全部无效。

2、我同高明辉是双方自愿结婚的，他和我四处请求都没有办得登记手续，高明辉已受到处分，我决心同高明辉生死在一起，结为终身夫妻，特请法院正式承认我们的婚姻关系。我至死绝不另外嫁人！

3、请求政府帮助我从家中调整一点房屋、生产工具、生活用具、粮食等给我自立户口，给我一条生路，让我好好劳动生产。

4、万一刘保康同我父母还有支持他们害我的人再要强迫我，甚至乱骂乱打，不让我活下去，那时敬望党和政府给我申冤！！

敬呈

　　贵州省高级人民法院
　　安顺县人民法院
　　安顺县么铺区人民法庭
　　安顺县么铺公社方牛一队社员刘大
珍（指印）

1978年8月8日

　　刘大珍对劳改队的管教人员哭诉，说一定要同我生死在一起（不愿离婚，不愿改嫁）。现在不仅法院和区社的各级人物逼她，连父母也逼她，逼她离婚，逼她改嫁。父母不仅不同意让她分家自求生路，还动手打她。她说，如果再逼她就以死相对。管教人员怕出人命，但按规定又不能留她住下来。因此，第二天，1978年12月29日上午，劳改队指派管教干部张瑞祥驾着三轮摩托到方牛庄。张瑞祥通报了大队和生产队，说如果逼出人命要承担法律责任。同一天，劳改队还向安顺地区中级法院发了一份由各级管教干部签名的公函，函中提出"现双方不是要求离婚，而是要继续维持原配偶关系，法院应予保护。"

　　刘大珍的《申诉》用挂号邮寄给上述两个法院和一个法庭，但是没有得到一个字的回音。一个孤苦无助的山村弱女子向"人民法院"求救实是万不得已了。她到安顺找法院、找地委，但是，没有人给她救助，甚至有的人还变相把她往另一条路上逼。例如，县法庭张XX庭长骂她"不要脸"，不仅羞辱她，还威胁说："过一天我就下判决书，废除你们的婚姻关系！"刘大珍当场就哭倒在地。这是刘大珍来劳改队亲口讲给我听的。

　　这样，我妻子的悲剧无法避免了。

　　1978年深秋的一天，大珍又到轿子山来了。她面色惨白，眼睛里露出绝望的光。她的两个妹妹怕她出事，陪同她前来。她妹妹一个十二岁，一个十岁，往返要步行100多里路呀。大珍又一次要求留在劳改队，这肯定是不行的。她倒在我怀里，一句话不说，只是哭。我不断劝她。到下午，她突然提出让我陪她过一夜，她说，只一夜，死也甘心了。我请示了管教干部，管教干部同意了。但是，我从大珍的眼光里看到一种不祥之光——她要走绝路！

　　我又找到管教干部，说还是不同她过夜，征兆不好，怕出事。

　　她们三姐妹都靠在我身上，大珍只是哭，她妹妹不断说："姐哥你回去同姐姐过嘛，回去嘛……"

　　快黄昏时，她们三姐妹走了。这一走，大珍就永远走了——

　　几年后我出狱，赶到她家，大珍已经不在了。他们说，她早走了，去哪儿了不知道。怎么走的也不说。我去她家多次，她父母不吭声。大珍的大妹妹也离家走了，后来她小妹妹告诉我，她听人说，她大姐死在绥阳县的大山里了，没有埋，尸体是用木柴焚烧的。我女儿高春艳下落不明，是大珍带走了还是送人了还是死了一概不知。1975年4月20日我被抓时女儿刚满月。我还没听见她喊一声"爸爸"就失去了她。近三十年过去了，女儿在哪里？生不见人，死不见尸呀！

高明辉讲叙时，一直比较平静，但讲到大珍之死和他女儿时，情绪突然失控，面部抽搐，双眼发红，他扭过脸，避开我的目光，说："我从来都是流血不流泪。"

但是，泪水还是涌了出来。

1980年元月，43中支部写了一份"结论"上报，上面说我"冒充医生，到处流窜，骗取群众钱财，奸污妇女，制造矛盾，陷害他人"，因此，我的右派问题不在改正之列。中共重庆市南岸区委发文同意。

1980年7月15日，重庆市南岸区委发文，说根据中共中央（78）55号和（80）42号文件精神，高明辉的右派问题属于错划，应予改正。我持改右文件逐级上访安顺市（已撤县并市）人民法院、安顺地区中级法院、贵州省委、省高院等单位，要求改正1975年对我的刑事判决。唉，我发现，当年陷害我整我的那些人，一个个都升了官，例如，张XX已升为市委领导，原审判庭庭长升为市政法委书记……由他们来给我平反显然是不可能的。果然，我跑了无数的路，写了一次又一次的"再申诉"，统统无人理睬。1981年3月，我回到重庆，上访市委、南岸区委、市教育局，但都不能解决问题。我又跑到成都上访四川省委。接待

我的是一位老同志，他说："像你这样跨省市的难题不好解决，你最好去北京向中央告状。"

我走投无路，想来想去也只好如此。我买了一张大牛皮纸和一瓶墨水，在成都铁路子弟校找了间空教室，一口气写成了《二十三载沉冤控诉书》。我给控诉书配了一副对联："支部书记讨口，中学校长要饭。"横批是"我要申冤"。

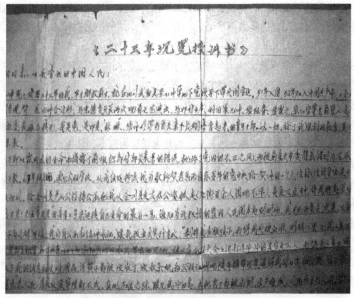

高明辉保存了23年的"控诉书"

我没有钱，只得乞讨进京，我在成都火车站铺开"乞讨书"，然后跪在地上。

火车站人来人往。一对青年男女走上前来，看了看我写的"对联"，上下打量我。"你是不是重庆铜元局原来川益中学的那位高校长？"男青年问。我回答说是。他俩二话不说，弯下腰就收我的"乞讨书"。我叫道："为啥收我的摊子？"男青年抬头说"我们是你当年的学生，在成都结婚两年了。"说着他俩哭起来，坚决不准我摆摊，要我跟他们走，住到他们家去。我不干，说一定要上北京告状。他们没办法，男的便叫他妻子守住我，自个飞快地跑了。不一会儿，他又跑回来。原来他去换了20斤全国粮票。他把粮票递给我，然后又给我50元钱。我要他们留下地址和姓名，他俩泣不成声，一言不发地离开了车站。我望着他们的背影，眼泪也哗哗流出来。我一直没用那20斤全国粮票，珍藏到今天，作为对那不知名的夫妻永远的怀念。

到绵阳后，我坐的那辆空货车不走了。我便又在车站附近的一家旅社门前铺开"摊子"。当时正遇工厂下班，一位中年妇女看了我的"乞讨书"，掏出身上所有的钱粮，背过脸去放在我的"摊子"上，突然，她放声哭起来，匆匆而去。我受到刺激，也趴在地上哭起来。与中年妇女同行的几位妇女把我拉起来，叫我收好钱，暂时住在这家厂办旅社。我问刚才给我钱粮的妇女的地址和姓名，她们说："别问了，她男人被造反派整死了，留下她们孤儿寡母……"

当晚，厂里来了两位同志，在看了我的控诉书和改右文件后，表示希望我留下来。他们说："高同志，我们厂办学校急需办教育的人，你留下来，吃住都由厂里负责，平反冤案的事也由我们负责。"这确实很诱人，但我还是没答应，一方面我这些年被人骗怕了，二是我一心要上北京告状，不愿半途而废。

当天夜里，我在旅馆黑板上写下几句感谢他们的话，又动身北上。

最后一次"摆摊"是在北京丰台车站。很多人围着我，有人叫："请哪个个子高的把控诉书举起来念给大家听。"闹声惊动了车站派出所，警察把我拉到派出所办公室，令我蹲在墙角。不过，当他们看了南岸区的改右文件和控诉书后，态度变了，给我倒了杯水，让我坐在椅子上。派出所负责同志亲自把我送到车站，一直送到汽车站的公路栏杆边。在给我指了路后，嘱咐我说："到了对面大街上就不要再摆出来要钱，影响不好。"

京城三月还很冷，我在饿了两天一夜后，于第三天到了中央纪律检查委员会。接待我的是一位老同志，他说："你给中央的信件和材料全部在我们这里，已经够多了，不要再写了。先落实改右政策，吃饭问题解决后，一切都好办了。"我恳求说我已经没钱吃饭，没钱坐车，一切拜托中央纪委为我申冤、平反。老同志给我写了张纸条，叫我去找最高人民法院和最高人民检察院。纸条上写着："高明辉被判刑五年，告状多年无人理，现转你们处理。"

我拿着这张纸条，找遍了我觉得该找的部门，如：中央组织部、统战部、宣传部、教育部、公安部、检察院、法院、人大法制委等等。两个月后，最高人民法院总算给了封信，叫我带回去交给贵州省高级人民法院。

在北京期间，我也没闲着，在街上帮人写申诉书和诉讼状，几乎天天写，那些年我已经练成了写控诉和申诉的行家里手，下笔来得快。求我的人有河南的、新疆的、四川的、内蒙的、太原的、湖北的、贵州的，也有北京和重庆的。当然不是白写，得吃顿饭，而且还有啤酒喝。我喝啤酒就是在北京告状时学会的。

北京告状一年以后，即1982年4月2日，安顺市人民法院下达了（82）安市法刑申字3号刑事判决书，判决书的内容如下：

申诉人高明辉从四川流窜到贵州镇宁、普定、安顺等地农村，以看病、谈恋爱、认同乡等手段，先后奸污青年妇女何XX等四人，事实俱在。但原判以流窜行医、奸污妇女罪科处高明辉有期徒刑五年，定罪处刑均属不当，应予以改判，特依法判决如下：

1、撤销安顺县人民法院（75）安顺法刑字第91号刑事判决书；

2、本案案由改为奸污妇女罪，对申诉人高明辉从宽判处，免于刑事处分。

这份判决书给我留下了一个又压迫了我20多年（直到今天）的可怕"尾巴"！我高明辉不是右派分子了，但仍然是一个"奸污妇女犯"！！

（注：高明辉说，四名妇女一为何正芳，二为刘大珍，另外两名纯属子虚乌有。）

由于有这个"尾巴"，既不给我安排工作，解决我的生活问题，也不给我恢复党籍，这就意味着为了当年那些整我的人的"面子"，我还得继续受苦受难。

我当然不服。

又是漫长而艰辛的上访、申诉之路。

1982年5月，我回到重庆——上访有关部门。没用。他们推来推去，又把我推回贵州。我在贵州又——上访有关部门，他们推来推去，又把我推回重庆。这个"皮球"在两个省间踢来踢去，我便川黔两省往返奔波。那几年，路费、生活费、打印复印上访材料等共花费了近万元，我借遍了亲戚朋友（有些钱至今无力归还）。在最困难的时候，我后来娶的妻子徐桂英只能卖血才能维持一家的生活。贵阳、安顺、六枝、水城等地医院的血库里都有她的鲜血。这导致她长期贫血、浮肿。十年前她半瘫在家，无钱医治，卧床不起。

我曾多次找贵州省摘帽办的鲁X主任，一再请求他们下去调查"奸污妇女"的真相，改正那条压死我的"尾巴"。鲁主任不理不睬，十分冷漠，他不同意安置我工作，更不同意恢复我党籍，他拿了一个事实来拒绝我，他说："你没有办结婚登记手续，这总算是不正当的吧？！"我气得不行，同他争吵起来，他一拍桌子，吼道："你经过劳改，态度还是不端正？！"这一下把我几十年压抑的怒火一下子点燃了。我跳起来大叫："就是你们这些权力机关乱整，才导致我一生的灾难，你们干脆对上访的人来一个抓一个，来一个关一个，来一个杀一个，一切问题都解决了！再也没有人检举、揭发、控告、申冤了，再也没有人上访了……"鲁主任大发雷霆，再一次拍桌子，喝令我"出去"！我气昏了头，也一拍桌子："你不是有权吗？干脆又把我抓起来，秘密把我枪毙了，我受够了，不想活了……"

重庆南岸区委摘帽办的那位姓李的，也是位冷漠而"极左"的人物，他骨子里仍然把我当作"阶级敌人"。他曾当面对我吼道："我们就是同意贵州省委摘帽办的意见！不同意把你当改正人员对待，更不同意恢复你的党籍，重庆也不会给你安排工作。"

我去的次数多了，他一见到我就烦，同鲁主任一样，喝令我"出去"。他不仅动口还动手——把我推到外面的坝子里。

"出——去？"我"往哪儿去？"

从26岁蒙冤到今年73岁，前22年戴着"右派分子"的帽子，后25年背着"奸污妇女"的罪名，我还得把这个"罪名"背到坟墓里去？！这几十年来，我一次次地上访，从最基层的生产队到最高层的党中央……我一次次地写申诉，从蓝黑墨水到殷红鲜血……我的一生苦苦挣扎，仿佛就是为了"还我一个清白"。

（注：在我采访前，2004年7月，73岁的高明辉还在给重庆市委、市府写申诉信。）

这样不明不白地走向最后归宿，我心不甘呐！我怎么能带着这个"尾巴"去见那为我付出了年轻生命的妻子刘大珍？

怎么能心平气静地告别这个世界？！

（采访时间：2004年9月28日
地点：贵州省安顺市）

……我心不甘呐！

480

附：刘大珍给高明辉的信

高明辉在狱中期间，刘大珍给他写了很多封信，现高明辉还保留一封，书信全文如下：

亲爱的明辉您好：辛苦了吧

来信收到，看后明知一切，您对我的深切关怀，我是永远也不会忘记您的。看到了您的来信就象看到了您，您就象来到了我的身边，当年各种各样的情意拥（涌）上了我的心中，您对我有着深厚的憾（感）情，这些情意不知怎样来形容啊。您走后我非常想念您，可我（心）有余而（力）不足，叫天天不应，（叫）地地无门，没有把我的工作做好，使您受到了委屈，望夫原谅。

明辉：您我俩的忠（终）身，您看下言：虽然您我离别了二年多了，可是在我的心里好向（象）过了几十年了，光阴呀过得这样的慢，在这慢（漫）长的岁月里，您的影子经常在我的身边，想起了这些，特别是想起了当年您对我的情意，我（永）远也不会忘记您的。我是河中的鱼儿，您是河中的水。想起了您我什么困难都能克服，请您心里放宽一点，我永远是述（属）于您的。

目前正当秋忙时节，时间很紧，没有机会，到秋收秋种完毕，我来看望您，很多的话千言万语，到那时，我再籽（仔）细地和您谈。我最希望的是，望您好好保重身体不要累坏了，好好改造思想，听从党中央的号照（召），紧跟华主席，听政府的一切政策法令，争取立功受奖，满期以后和我们全家早日团居（聚），就是我最大的高兴。观（关）于家中老幼您不必挂念，我们一切都好。最后望您保重身体，对我不要有任何想法，安心的工作，思想烦造（燥）了常来信给我，使我心里也高兴一些。

时间有献（限），余言下次再书。

爱人大珍敬书
1977年10月28日夜

采访后记

早在两年多前，就听长寿湖右派谈到高明辉，我根据他们的讲叙整理了一篇文字。2004年9月，在黎民苏的多次联系下，高从贵州安顺寄来一份材料，连同一些申诉信的原件或复印件。我看后又整理了一篇文字，并当即决定前往安顺。

火车穿过贵州高原的群山峻岭，穿过"圣地"遵义的凄风惨雨，于半夜零点12分到达安顺。车站冷冷清清，只有几个旅客下车。我在站外找了一家小旅社住下来等待高明辉。

早上8点多钟，高明辉来到旅社，我们屈膝长谈，一直谈到下午四点半。

高明辉声音爽朗，思绪清晰，虽九死一生，伤痕累累，但看上去仍不乏知识分子的儒雅和"革命干部"的风度。也许是苦难经历太多，他已不把苦难当回事，谈起往事，他嬉笑怒骂，挥洒自如。不过，在讲到刘大珍时，他突然左脸抽搐神色骤变。他竭力想控制自己，然而泪水——只有一滴泪水——从那伤残了的左眼里滚出，晶晶闪闪挂在那"神经性痉挛"的左脸上。

中午时分，我来到他家——一间低矮阴暗而又破旧的平房。房间里只有几件很陈旧的家俱，连饭桌都没有，我们是在一张旧茶几上吃的午饭。高明辉说，这几件家俱都是捡来的。

平房也是租来的，每月100多元钱租金。高明辉流浪一生，至今没有自己的住房，那一条"奸污妇女罪"的尾巴，让他继续付出代价。

我问他有没有过去的老照片，他苦笑

高明辉租来的简陋住房

一下："我这辈子光被搜身就是几十次。"

他告诉我，他现在很想离开安顺这个伤心地，但是心又不甘，冤案还没平反，女儿也未找到，刘大珍死因也没弄清楚，若一走，多年来坚持不懈的努力和抗争就付诸东流了。

但是，坚持下去会有结果吗？天不变，道能变？

高明辉自己也感到困惑，他一个外地人，势单力薄，面对的是一个强大的官官相护的势力网。

他再三叮嘱我，文中的那些坏人不要用真名，除了没有精力再打官司，还怕被人"黑整"——"现在的官像好多都同黑社会有联系。"高明辉不安地说。

斗不垮整不死的高明辉也心悸了？

老人送我走到大街上，再一次挽留我，希望我在他家住几天。我犹豫了一下，还是伸出手。老人的左脸又有些抽搐，我心一酸，扭头匆匆而去。

晚上9点钟，我独自徘徊在火车站的广场上，等待从昆明来的火车。车站人不多，夜风冷嗖嗖地掠过广场，一座座窝窝头似的山峦在夜色中肃然兀立。一个贵州凯里来讨饭的老年盲人，支着两根竹棍，在广场上茫然地游走。

正值中秋月夜，皎洁的月亮不时从大片大片的黑云中探出头来，照着这块伤痕累累、沉冤浩浩的土地。

我不禁想起高明辉在这块土地上的流浪，想起曾经、正在和将要在这块土地上生活的人们，尤其想起刘大珍，想起她在1978年11月20日"诉状"中留下的最后的呼求：

"……敬爱的华主席啊！敬爱的党！我有冤！我无罪，我要住房子！我要吃饭！我要活！……特求您申冤！特求您救命！……"

火车快到了，我踏上洒满月光的站台。

"……不让我活下去，那时敬望党和政府给我申冤。"

这声呼喊已经过去26年了，一个年轻女人的生命早已在大山中化作苍烟流泉。

我登上列车，回头望去，月光依然冷冷照着这块土地，无声无息，仿佛什么都没有发生。

2004年10月1日

贵州安顺山峦（谭松摄）

十五、我其实很幸运

—— 记被关押的日子

今天是2003年2月2日大年初二。去年的大年初二，黎民苏打来电话，说白永康在初一的下午去世了。我默默站在书柜前，望着白永康托付给我的记录着他心路历程的笔记本，想到写下这些细细密密文字的人永远离去了，想到自己竟然没有在大年三十去看望一下这位孤独老人，心中又悲又悔，泪水禁不住涌了出来。

半年前的今天，我走出重庆市看守所的大门，亲友们一再告诫，不要再写长寿湖！

这些天，春节近了，白永康的影子老在眼前晃动，那一代人的苦难老在心头萦绕。"不思量，自难忘，千里孤坟，何处话凄凉！"

心里堵得慌，总想做点什么。采访，暂时不能进行了，于是，写下一点关于自己的文字。

—

2002年7月2日，山城又一个火烧般的大热天，我独自呆在家里，为《中华手工》杂志写卷首语。下午三点，门铃响了，我打开门，见楼梯口的铁门外，立着几条汉子。

"我们找谭松。"为首的说。

我有些诧异，但没多想，退回屋穿衣服。

刚披上衬衣，汉子们就进门了！

他们是怎么打开铁门的？还有楼下单元口的铁门？

一共涌进来八条好汉，一个个精精壮壮，雄雄纠纠。为首的一个掏出证件在我眼前一晃："我们是国安局的，奉命搜查。"

据说，人在遭遇突如其来的灾祸时，头脑里会"轰"地一声。当时我就"轰"地一声："遭了，我给那些右派们惹麻烦了！我那些稿子完了！"

汉子们（都身着便服）分头进入书房、卧室，两个人留在客厅看守我，其中一个用一个微型摄像机，近距离给我录特写。

约一个小时后，搜查完毕。客厅里集中了一大堆战利品：所有的手稿、文稿、笔记本、光盘、软盘、书籍、电脑主机、记者证、作协会员证、护照、身份证、通讯本，还有那个领了一年多的"重庆市企业职工下岗证"等等（但给我留下了驾驶证和副教授职称证）。

接着我被带出门，这我已经料到了，不知道的是要"出门"多久。妻子碰巧出差，几天后才回来，女儿也不在家，没向她们道别。

汉子们提着两大包战利品上车，我被押上其中的一辆。我没有反抗，我采访过不少老人，还读过一些书，懂得一旦"被抛出来"（长寿湖右派语言）一切辩解都没有用，反抗只能适得其反。更何况人家还是"依法办事"，有正式的"搜查证"等等，法律手续完备，不像无法无天的

"毛主席的红卫兵"。

我被带到一个赭红色的宾馆，后来得知，这家宾馆是国安局开办的。

坐定后，有人指着一个仪表堂堂的精壮汉子对我说："这是我们程科长。"

我一直保持沉默，这时才开口说话，提了三点请求：一、长寿湖老人受了一辈子苦，希望不要再去打扰他们，一切责任由我承担。二、搜查我办公室，希望在六点下班之后。三、不要让我父亲知道，他刚动了癌症手术。

程科（即程科长）没答复，只是叫我先打电话，把郑xx叫出来。

郑xx是几年前我任《重庆与世界》杂志主编时招聘的一个打字员，她帮我打了十多万字的长寿湖手稿，并作了编排。

郑被关押了一天一夜。这一天一夜把她吓坏了，后来我出狱，好长时间她都怕同我说话。

当天夜里九点，第一次搜查我办公室，所有的手稿、打印稿、光盘、软盘、录音笔、网上下载的五大本"反动"文章（其中有一本是刘晓波文章的汇集）被一网打尽。

第二次搜查是在当天午夜12点，这次把所有右派的照片、我写的一本未出版的书《悲绝的呼唤》、电脑主机全部抱走。

接下来就是审讯了。程科先交待"政策"。他说："我们抓人、办案，同一些部门有区别，我们是有了充分的证据才动手。"接着他告诉我，他们密切关注我已经大半年，（后来得知，早在两年前我主编了那期"抗战陪都"专辑的杂志后他们就调查过我。）我的一举一动他们了如指掌，现在关键是看我的认识、我的态度、我的交待。

"你的命运掌握在你自己手里，这是真的！"程科很认真地说。

我根据以前获得的"常识"，认为这是专政机关惯用的诱供手法，后来发现，程科说的是真话，我的言行，早有人汇报，甚至被录了音，"罪证"如山。

第二天黄昏，我在对我实施"监视居住"的单子上签了字，从那上面，我得知我的罪名是"煽动颠覆国家政权"。

程科说："监视居住最长时间是半年。刚才我们已经把郑xx放了，她的问题不严重，交待得很好……"

我自然是交待得不好，又意外搜出了很多"难看"的东西，包括我几年前写的六万字杂感录《挣扎的魂灵》，一年前写的《悲绝的呼唤》，一个有"问题"的中篇小说以及厚厚的五大本从"反动网站"上下载的文章。这一大堆"罪证"让他们觉得我原来是个"惯犯"。

7月3日的审讯是所有审讯中时间最长的，从晚上10点到第二天早上4点半。主要讯问长寿湖文稿传往境外的情况、王康（民间思想家、"六·四"被通缉的民运人士）与我本人和与采写长寿湖的关系、我们是如何商量找刘宾雁为长寿湖写序等等情。

7月4日晚上审讯时，他们有些不耐烦了，认为我避重就轻，关键问题拒不交待。半夜12点，双方都有些急躁。审讯到此时，我已经相信，国安局掌握了我大量的"犯罪事实"。例如，他们让我交待在6月12日的长寿湖右派聚会上说了些什么。我避重就轻说了几句，他们批驳："不对！你说没说'要用道义的力量对抗国家恐怖主义'？还有，你说没说'要对共产党的罪行进行清算'？……"

我服气了，他们是专业人士，个个训练有素，我是一个只有激情、不顾头尾的书生，哪里是他们的对手。此刻，我最最心焦的，是四盒光盘，那上面刻有除了录音外的几乎所有长寿湖的文字和图片。在我被抓的头一天，我刚把这匆匆刻出的光盘交到高中同学傅达芸手中。这四盒光盘一旦被查抄，那就真的是全军覆没了。

他们早晚会查出此事——我已经对国安局的侦察能力服气了。我拒不主动交待是想拖时间，只要傅达芸知道我被抓，她一定会想办法。傅是一个非常聪明、有正义感，而且不乏奉献精神的女性。

问题是，怎样才能让她知道我被抓了呢？

午夜时分，他们变得焦躁，认为我交待得很不好，要我用笔写交待。我开始觉得身体十分难受，头胀，胸痛，那种难受无法形容，竟渴望举起手狠狠抽打自己的脸、头，抓自己的胸，或者让别人来打。我望着窗外铁栏封锁的夜空，失去自由的痛苦排山倒海压来，我觉得承受不住了，平生第一次真真切切地、不可抑止地产生了死的念头。我不断去看门上的铜手柄，盘算着怎样冲上去，用脑门心对准它，"轰"地一声。

我拒绝写，告诉他们我很不舒服。他们盯着我看，也许看见我脸色很差，犹豫了一下，同意第二天再审。

公正地说，程科等人对我是相当客气的，既没有骂，更没有打，如果那天晚上逼我，不知会出什么事，因为我有个大缺点，容易冲动。

永远记得那一天，7月4日，美国独立纪念日。

一

7月5日中午时分，妻子、女儿和姐姐给我送衣服、药品等东西来。她们在另一间屋里，不能与我见面。我听见她们的声音，很大，仿佛在争吵。我实在忍不住，夺门出去。

妻子和姐姐情绪激动，正冲着程科嚷："他一个下岗人员，刚刚找到份工作，写点文章，啥子颠覆国家政权？！他一个小人物，哪个颠覆国家政权？！……"

妻子看见我，急忙走过来，抓住我的手，死死盯着我，泪水涌出来。

程科容忍了我们这次违规的会见，他十分宽容地让我坐了十来分钟。

出门分手时，姐姐紧紧抓住我的手，边哭边说："谭松，你出来以后再也不要忧国忧民了，不要写那些东西了，各人去挣钱，挣钱！"

那一刻，我突然觉得自己非常软弱，心想：只要让我出去，绝不再写了，一心一意去挣钱。

7月6日，程科特意请示了领导，恩准我去探望一下父亲，他亲自开车送我去，他冒了风险，因为我完全可能逃走。

父亲切了一叶肺，还躺在监护室没脱离危险。监护室不能进，我站在门外远远地望着他，他也看见我，吃力地抬手示意。我又一次感到十分悲伤，他还不知道我出事了，不知道我是因为写他当年的那个长寿湖被抓了。

（后来我进看守所，隐瞒不下去了，家人只得告诉了他，父亲听后一言不发，骤然在病床上浑身发抖，一夜间头发白了一半。）

离开医院，汽车启动，妻子突然从车窗外伸进手抓住我，不放，泪水大滴大滴往下滚，我尽量轻松地朝她微笑，说："松手，王青，不要紧。"

我真的想放弃了，说妥协也罢，说投降也行，总之，"端正态度，认真交待"，让他们满意，让我过关。

486

不幸，接下来审讯时，我隔着桌子瞥见一叠材料，标题是几个黑字："谭松反动言论"。这一下又撩起了我的一点坏脾气——那种与生俱来的桀骜不驯。我想起我写的一篇采访后记中的一句话"这是一个有组织的犯罪集团，李宁熙跪在地坝，向这个犯罪集团认罪。"

我心中又涌起一股"顽抗"，一时忘记了妻子的泪水，父亲的病容。当问起我现在怎么看待这个社会时，我一丝不苟地谈了四点：一、反对一党专政；二、国家没有民主；三、新闻没有自由；四、不能把教育当作挣钱的产业。

我注定要为这种"顽抗"付出代价，1957年当右派的父辈们如此，2002年采写右派的我也如此。

审到7月11日，似乎该问的都问了，与长寿湖无关的也问了，如"为什么要同王康搞文革红卫兵墓？""为什么要专门搜集刘晓波的文章？"等等。傅达芸的家也去过了，那四张"最后的收藏"也落入了国安局之手。

我坐卧不安地企盼着喜讯："好了，问题搞清楚了，你可以走了。"

我已经坐了十天的牢，右派冉德玉一生中有一个最痛苦、最难熬的十天，我也是。"宣判"要来而未来的日子最令人不安，当年右派白永康如此，现在我也如此。

不提审时，可以看电视，还能看香港凤凰卫视。

我在电视上看到介绍日本导演松井和他拍的纪录片《日本鬼子》。松井采访了十几名当年侵华的日本军人，记录下了他们的罪行。该片在日本和欧洲引起轰动，松井获得了掌声和大奖。

我还看到调查日军细菌弹罪行、采访当年受害者的王选女士，她也赢得了掌声和喝彩。

我还看到我所熟识的、曾相互呼朋唤友的那些作家、诗人，他们正出席各种聚会，或作为嘉宾，对着镜头容光焕发，侃侃而谈……

我不禁想起二十世纪六十年代捷克那一群向专制极权挑战的作家：瓦丘利克写出要求民主反抗暴政的《2000字宣言》；昆德拉一面对自由大声疾呼，一面对反人道的斯大林主义痛加鞭挞；诺沃麦斯基则对曾经被迫充当专制工具沉重检讨、对极权制度愤怒控诉……这些捷克作家们，面对专制的黑暗和恐怖，一个个充满了道义勇气和社会责任感。回头看看我们的不少作家，一个个聪明绝顶，绝不越雷池一步，用手中的笔猛挣金钱、名誉、地位、美女，在现行体制下活得有滋有味（当然这比充当专制的帮凶又算有"良心"了）。我入狱后，妹妹谭竹曾向她的朋友，一个正走红的、名利双收的作家兼律师求助。对方冷冷地说："他要去干那种事，就得承担后果。我帮不上忙！"而我作为会员的重庆作家协会，正一门心思研究如何写好"主旋律"，争取获得共产党的"大奖"。

日子一天天过去，每天都有人24小时监守我。有一次，一个叫小齐的年轻人连守了三天三夜，受不了了，盯着我刻骨铭心地说："太难受了，我这辈子无论如何不能犯法！"

我有些歉然：连累一个活蹦乱跳的小伙子跟着我"坐牢"。

7月19日下午5点左右，"宣判"终于来了——一份刑事拘留书。

押送看守所。

我很平静地在拘留书上签了字。天天苦苦企盼，总算有了个结果。

加重处罚的原因还是那个老话题：态度顽抗。监守人员汇报：我显得若无其事，对自己的罪行根本没有认识。尤其严重的是，我进来还在宣扬"反对一党专政"。既然思想没有转变，放出去就会继续危害社会，这样，只有押进看守所了。

据说，主办我案子的程科受到批评，上面认为他对我太宽容、太仁慈。他垂头丧气，心情大概跟我一样沉重。他并不想让我走到这个地步，他说过，他对我作过详细调查，对我的人品是尊重的。

但是，我太"固执"。

临行前，程科阴着脸告诉我，我面临最高五年的徒刑。根据我的罪行，他估计会判三至四年。当然也还有希望不走到那一步，只是现在事情难办多了……

三

重庆市看守所位于渝中区石板坡，这儿关押过不少"知名人士"，最近的便是那位闻名全国的持枪抢劫杀人犯张君。

穿过两道武警守卫的岗门，来到"洗礼室"（我的命名），左手右手分别按手印，巴掌也按，搜查全身，收缴所有随身物品（包括钱、纸、皮带、鞋子、药品等），衣裤上的拉链统统用夹钳铰断，然后像被拔光了毛的鸡一样蹲在地上等候发落。

折腾了大约半个多小时，一位面色阴沉的中年看守冲着我喝道："起来，走！"

又穿过一道门，眼前一条长长的露天过道，右边是厚厚的墙，左边是一扇扇封闭得水泼不进的铁门。我知道我马上要钻进其中一扇门，忍不住抬起头来最后望一眼天空。

天空中有几丝浮云，在夕阳血红余辉的照映下，自由自在地漂游。我最喜欢黄昏夕照，曾写过……

"站住！"看守在背后叫。

我在一扇铁门前停下来（后来得知编号是"下四房"）。看守按动一个按扭，电动铁门轰隆隆地打开。里面，是一个大约六平方米的小坝，有一个水池，两排塑料桶。高高的四壁阻断了外面的世界，但透过头顶上水泥条的缝格，可以看见破碎的天空。

再往里，又是一道铁门，这道铁门由粗铁条组成。待这道铁门隆隆打开，走进去，才算是到了"家"。

老犯人打新犯人是这块土地上的一个"约定俗成"，名曰"见面礼"，这方面的故事我听得太多。跨进牢房（这儿叫"监舍"）的那一刻，我作好了挨打的准备。我肝上有三个血管瘤，最大的4.5公分，医生说，一定要避免外力撞击，一旦破裂，只能维持10多分钟。我一点不觉得害怕，如果无法避免就不避免，我已经耳闻目睹太多的灾难、苦难、死亡，我要遇上了，不奇怪。

一股热浪扑面而来，明晃晃的日光灯下，满满一屋子人，"床"上、地上，到处都是，无处下脚。我只好紧靠铁门站着。

没人打我，也没人理我。

监舍大约20平方米，一个长长的砖木通铺占了80%的地盘。靠铁门这一头有一个凹入墙壁的仅容一个人的小厕所，任何人蹲在里面全室的人都能看见。室正中高高悬着一把吊扇，正呼呼地送出热乎乎的风。墙壁上很高的地方有一台电视，要仰着脖子才能看。铁门对面的墙上，有一个铁窗和小洞口，衣物或饭就从那儿塞进来。

有目光正注视着我、打量着我。

"上来！"通铺中央一个五大三粗的壮汉冲着我一挥手。我猜这便是牢房的"山大王"。

"坐下！你犯的啥子事？"山大王问。

几个估计是属于核心层或者上层人士的囚犯围上来。另一个"下层人士"不识趣，也想听，山大王冲他一瞪眼："走开！""下层人士"赶快缩了回去。

"我写文章犯了事。"

"写文章？写文章犯啥子事？"

"骂了共产党。"

"山大王"拿眼瞪着我，半晌，突然一拍光溜溜的大腿，嘣出一个字："好！"

接着，"山大王"和那几个"上层人士"围着我七嘴八舌问起来。

后来得知，"上层人士"包括"老头"陈XX（他在里面年龄最大，53岁，原是市某单位的一个主任，因经济问题入狱），"局长"陈X（原市某局的一个副局长，也是经济问题），"胡二娃"（"山大王"的贴身侍从）。"山大王"叫张XX，是一个黑社会集团的打手，受白云湖枪杀警察一案牵连入狱，已在看守所关了两年。

听完我的简介，"老头"翻身找来一本《中华人民共和国刑法》，车轻路熟地翻到分则第一章说："你属于危害国家安全罪第一百零四条第二款 —— '以造谣、诽谤或者其他方式煽动颠覆国家政权、推翻社会主义制度的，处5年以下有期徒刑、拘役、管制或者剥夺政治权利；首要分子或者罪行重大的，处5年以上有期徒刑。'"读完他一拍我肩，笑着说："不要紧不要紧，最多五年，这里面哪个都比你重。"

"山大王"（大家叫他"张哥"）手支下颏，打量着地上那已经睡满了人的过道。

"你，往开水桶下面移！"张哥下令。开水桶在牢房最里面的死角，又闷又热，而且也只有椅子大一块地方。那人不敢违抗，起身把被盖移过去。接着，睡在地上的人一个接一个往里挪，勉强在铁门口给我挪出一个可以躺下的地方。

"你要晓得，"张哥皇恩浩荡地说，"你能够坐在我面前，坐在这块地方，是抬举你！"

张哥占据的位置，正处在电扇下，又正对着电视，是下四房里的黄金位置。

"我们敬重你，不是因为你会写文章，而是因为你敢骂共产党，否则，你今晚要在厕所那儿蹲一夜。"

（我写长寿湖第一次有了正面的回报。）

我已被国安局关押审讯了18天，独自一人，十分孤独。这儿大家都是犯人，都对那个时时刻刻要人热爱它，叫它"亲爱的妈妈"的东西不满。那一瞬间，我竟在这拥挤不堪、又热又闷又潮湿的牢房里产生出一种归属感。

我在紧靠铁门的地上躺下，我这一排挤了三个人，只能侧着身子躺。我开始感到整个空间给我一种挤压，就像春运时挤在装满民工的闷罐车厢里。我仰着脖子，透过铁栏和小院上空的水泥条望出去，夜空被隔成几个窄窄的、惨不忍睹的黑条。我突然强烈地感到，自由多么美好！然而又多么遥远！我曾在《挣扎的魂灵》的序言中对仅仅享有"生存权"表示不满，认为一个现代人还应享有思想自由、言论自由、信仰自由。我追求后一种自由的代价是前一种自由的丧失。1995年我失去工作后，曾很潇洒地说："我是个自由人了，没有单位，没有组织，共产党那一套升官、发财、评职称、分住房等等对我不起丝毫作用。我已经没什么可丧失的了，再要丧失就是自由，进牢房了。"

当时，我以为只是说说而已，我怎么可能进牢房？

对面高高的铁窗外有人叫我的名字——狱警送来妻子带的东西，一个枕头，一床毛毯。

我抱着这两件东西回到铁门处，心中被一个字胀得满满的——"家"！妻子、女儿、床头的灯光，床上的被盖，还有叫"LiLi"、和"Mary"的猫……

长寿湖右派曾多次谈到的对亲人的负疚和思念，我刻骨铭心地体会到了。

那是一个很容易把人击倒的夜晚。

后来得知，那天晚上，妻子和女儿在看守所大门外站了几个小时。值班民警以王青没有手续（即国安局对被拘留人员家属的通知书）为由，拒绝传递任何东西，而且态度十分恶劣。王青又急又怕又屈辱，更担心我在里面挨打，不禁在门外失声痛哭。刚刚初中毕业的女儿目睹了这一幕，汗水、泪水、刺刀、铁门、吆喝声，那一刻，她变了，或者说，长大了。

接下来的三天是我一生中最艰难的日子。

空间太窄小，又正值山城酷暑，定员最多10人的牢房挤了18个人，感觉像是被关在鸡笼子里。这间牢房，正是关押"著名人士"杀人犯张君的地方。他们告诉我，当时张君独自一人享用这间房，就睡在张哥占据的那块"黄金位置"，而且每天免费供给他加菜甚至水果。看来，在这个社会中，只要有名气，那怕是杀人杀出了名，都比一个默默无闻的"颠覆犯"日子好过。

牢房两头的高墙上，各安有一台摄像机，摄像机对准我们24小时分分秒秒工作。每天晚上由张哥安排"下层囚犯"（包括初来者）轮流"值班"，我被安排在一点至三点（看守定时在铁窗外喊）。"值班"即监视其他囚犯，不准乱动。值班的人不准靠墙，不准闭眼。另外，初来者由于"牢历"浅，必须从最底层干

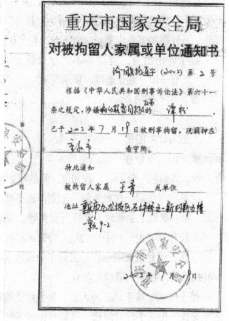

起，因此我每天还要清洗厕所、擦洗地板和小坝（一天三次）。吃的是一个方块型的米饭和半碗水煮白菜，这点饭菜也不是白吃的，每个人必须完成生产任务——每天制作4000个头痛粉纸盒，完不成就要坐禁闭，违反了监规也要关禁闭。睡在我头上方的张X刚在里面蹲了九天出来，他瘦骨嶙峋，面色蜡黄，而且肠胃被损坏，不时慌慌张张要蹲厕所。他告诉我，那里面站不能站、睡不能睡、蹲不能蹲，空间极其窄小，加上脚镣手铐、黑暗、臭气，时间一长，人要发狂。相比之下，这间拥挤的牢房是天堂。

禁闭室就在铁窗外，踮起脚扬起脖子可以看到"禁闭室"几个字。

那几天，我老听到外面传来闷声闷气的叫声，我很奇怪，监牢里谁敢叫喊？后来他们告诉我，那是蹲禁闭的犯人的声音。我侧耳细听，终于听明白了，从那黑暗窄小的地方曲曲折折地传出"唉哟……受不了哟……唉哟……"

我前所未有地感到了恐惧！我想起长寿湖右派汤儒君讲的禁闭室关死的那个少年，想起张志新在禁闭室里神经错乱……

我采访的长寿湖右派很多都还生活在恐惧中，我自以为自己是个勇士，站在一旁"大义凛然"，然而，那一刻我害怕了。铁窗、高墙、看守、禁闭室、监规、"头痛粉"、惨叫声，一起向我汹汹袭来，我第一次产生了后悔的念头：唉，为什么要去写长寿湖？为什么要骂共产党？

死的念头第二次浮现出来，唯一的方法只能撞墙，就像古代那些不愿受辱的烈妇。我拿眼睛死死盯着那面墙，几个小时一动不动。

"老头"看出我的情绪，走到我面前，很关心地说："到这个地方来了，一定要想得开，精神上要放松，要强迫自己高兴起来。还有，你一定要记住，从现在起不要把自己当人，这样才活得下去。"

张哥坐在通铺上，居高临下地冲我说："你不要觉得委屈、冤枉，这里面有几个不委屈、不冤枉？！你运气好，这几天没得生产任务，纸盒盒一来，累死你！你还不赶快把那8条监规背熟，另外那20多条也要记。背不到，罚死你！全室都要受牵连。"

我学外语出身，背功本不差，只是那8条实在"难"背。第一条就是"拥护中国共产党"，还有一串"端正态度，服从管教"、"认罪伏法"、"痛改前非"等等。

我背起来很吃力。

关进看守所的第二天，国安局的程、齐二人前来提审，这是我第九次受审，在一间单独的审讯室。程、齐坐在一张凸型的木桌后，颇有法官的味道，我坐在下面的矮凳上，低人好几等。程、齐面色十分阴沉，我知道，我的顽固给他们增加了很多麻烦。

这是我平生第一次戴手铐，不紧，也不痛，它给我的压迫是心理上的，记得有位俄罗斯女作家，第一次戴上手铐时，觉得奇耻大辱，我似乎也有这种感觉。

有位作家曾说："手中的笔，挣来冰冷的手铐。"说得真准确。

这次审讯是最短的一次，又问了一遍姓名、年龄、住址等就算结束。我觉得很滑稽，仿佛一群成熟的人在演一幕幼儿游戏。

接下来的一次审讯在两天后，是我经受的审讯中最为猛烈的一次。国安局来了一位处长，他冲着我一拍桌子："谭松！我们对你够客气了，但是你拒不配合，一直不老实交待问题，一直拿谎话欺骗我们！现在你自己说，你还有哪些问题没交待？"

那几天正是我最软弱的时候，面对处长的冲天怒气，一直在我内心苦苦支撑的勇气退缩了，我终于把隐藏了很久的秘密——王康处还有一份打印稿——向处长交待了。

后来，我常常想起我那一天的软弱。

以前读Smiles的《信仰的力量》，十分敬佩胡格诺教徒那种威武不屈的精神。如果我有宗教信仰的支撑，一定不乏勇气、力量和精神上的宁静。可惜我没有，我只有一种道义力量的支撑和一点人文精神的抚慰，我发不出教徒们在铁牢中、在刑架上那种坦然的微笑："啊，沙漠好像百合花，因为我走在主的路上。"

在看守所最初的那几天挺过之后，我精神压力开始减轻。不可思议的是，觉得四壁不再压得透不过气，话多了，脸色舒展了，也开始感到饿，觉得那个水煮白菜实在难吃。

难怪长寿湖那些放不下精神负担的右派只有死路一条！

在狱中我常常想起两个人，一个是刘晓波，一个是茉莉。这两个因"六四"入狱的人，才学和人格都让我敬佩，我读过他们的狱中记事。想到这么优秀的人也经历牢狱之灾，我一个微不足道的小人物蹲蹲监算什么？更不用说还有索尔仁尼琴、阿赫玛托娃、曼杰施塔姆、哈唯尔等等数不胜数的人类精英了。

想到他们，我感到一种安慰。

四

看守所的生活非常有规律。早上7点起床，早饭之后是劳动（糊纸盒），没有纸盒就分成两排盘腿坐在炕上，不得乱动。高高的铁窗外不时有看守巡视。

每天晚上7点钟点名，全体囚犯挤在炕上面壁而坐，一一高声回答："到！"其实关在这儿根本不可能逃跑，连放风都没有，真正的插翅难飞。

那铁门隆隆开启的声音，对全体囚犯是一个非常独特的刺激。除了固定的点名，每个人都不知道它突然打开的原因。是福？还是祸？也许，是又来了新犯人；也许，是提审某人；也许，是突然搜查；也许，是要关某人禁闭。对隆隆声最感到恐惧的，是那些判了死刑、戴着脚镣手铐的囚犯，铁门每一次隆隆的开启，都意味着地狱之门的洞开。我们室有几个注定要判死刑的人，但还没判下来，所以暂时还无这种恐惧。他们告诉我，在我入狱前20多天，即"6.26世界禁毒日"，看守所总共拖出去了20多个男女。那一天，隆隆的铁门声、镣铐拖在地上的声音和呼叫声在整个看守所回响，所有囚室鸦雀无声，整整一天没有一个囚徒说话。

他们说，死囚一出牢房门脚镣声就听不到了，因为这时要抬着他（她）们走，不能让他（她）们留下脚板印，免得死鬼顺着脚印找回来，这叫做"收脚板印"。我有些怀疑，共产党是大无畏的无神论者，杀人千千万，气吞山河无所顾忌，怎么会怕"脚板印"？但他们都这么说，弄得我半信半疑。

毒品、自由、生命，在这高墙铁窗下，会有另一种思考，另一种感受。

隆隆的铁门，除了对我的"迎接"和"送行"之外，还专为我开、闭了10次，其中7次是提审，一次是"牢头"的讯问和登记，一次是挂着牌子照罪犯单人标准像（牌子上写着我的号码，可惜，当时我脑子里装满屈辱，竟忘了记，仿佛是2000多号），还有一次是"牢头"把我叫出来，好奇地问："谭松，你是哪个反党的？"

有一次我很难忘。那天上午，隆隆之声后，几个戴着手套的好汉闯进来，厉声喝道："出去，到外面坝子，蹲下！"

我们慌慌张张挤到洗脸的那个小坝，冲着墙根蹲下，大家挤成一团，不敢抬头。我蹲在地上，热汗直流，恍然想起农贸市场上那一群等待宰杀的鸡鸭，买菜时我经常看到它们，不会言语，任人宰割。我们当然不是鸡鸭，但是"老头"在我一进门时就反复告诫我：到了这地方，千万不要把自己当人。

我竭力去想这句话。可惜，人的尊严感顽强地涌上心头……

搜查完毕，戴着口罩和手套的汉子们走了，他们没查到任何违禁物品，我们的"家"被翻了个底朝天。张哥跳到通铺上，指挥大家打扫"战场"。大家收拾被盖，寻找衣服，一个个很平静，这点小骚扰，又没打人，又没流血，算什么呢？

上帝对我很关照，我入狱一个多星期，居然没有"生产任务"，他们说这种现象很少，估计是那个头痛粉药厂产品积压了。我原本是个喜欢采访的人，牢房天地虽小，牢友背景深远，我抓紧这个空闲，一一打探下去。下面是我"采访"的其中几位。

梅X，33岁。他的狱龄最长，在看守所关了四年。13岁那年（1983年），他到一个水库游泳，偷摘了一个苹果，那一年正巧遇上全国"严打"运动，他于是被送到市少管所劳教三年。这三年中，据他说，除了挨打以外，最折磨人的就是抬石头，把他压惨了。出狱后，他在社会上流浪，1987年因摸包被抓，又判刑7年。狱中有一次被追打，他跳楼自杀，不料楼下是沙堆，捡回一条命。1998年，他作为一个贩毒集团的成员，被渝中区法院一审判处死刑。他不服，说那700克毒品完全是冤枉他的。上诉后，改判为死缓（因为证据不足——没有卖给了谁的证据）。

我入狱时，梅X死缓两年期已经过了两个多月，是杀，是判有期，还是放人，没有说法。梅X前前后后已经蹲了14年牢，他说，他是吃共产党（牢房）的饭长大的。

（梅X见我很专注地倾听他的经历，很感动，向我讲述了他挨打的一些片断。）

他们进我家搜查，打我是自然的，但是他们还打我小侄女。起因是这样，公安打开冰箱，抓起里面的啤酒就喝，侄女不懂事，也拿东西给我吃，一个公安狠狠一巴掌打过去，把她打在地上滚几转，我小侄女才两岁多！

审讯时，打得我哇哇叫，于是把我押上车——一辆长安面包警车——开到一个隧道里，那里面噪音大，叫喊听不见。他们把我两手分开，吊到车顶，我站不直，半蹲半立，他们前前后后地打，我受不了，想死得很呐！后来，我吐血了，说我是装的，又打。最后见不对劲，怕出人命，才把我放下来。我倒在车地板上，发现地板上有一根细铁钎子。我悄悄把它藏在背后，决定如果他们再打我，我就立马用铁钎子自杀。那天打我的公安中有一个姓张的，下手狠，后来听说他打死了人，自己也栽了。

（注：我出狱后了解到，此人名叫张X，重庆港口公安，2000年因刑讯逼供打死人，被判刑三年，缓刑四年，同时被判的还有另一个公安李X。）

在洞子里打完后，他们把我关到少管所。我爸爸来看我，我已经站不起来了，两个人把我架出来，叫我不准乱说，我头昏糊糊的，远远看见老爸，叫了一声："爸爸，我是冤枉的。"他们一听我"乱说"，马上把我架回来，吊到一棵树上打。打得凶狠，我痛得死去活来。放下来后，我决定自杀。我找出藏在背后裤子里的细铁钎，对准肚子一阵乱戳，把肠子都挑出来了，你看我肚子上的伤疤。

（梅X说着往上撩起衣服，我看见一道约一尺长指拇粗的伤疤，由下而上，弯弯曲曲，乌红凸突，像一条丑陋恐怖的大蚯蚓！那一瞬间，我暗自下定决心，今后出去一定要写出我的亲眼目睹。）

他们送我到医院抢救，把我爸爸叫来，对他说，拿一万五千块钱来，医好就放人。我爸爸是个摆摊做小生意的，为了救我，千辛万苦筹了一万五千块交给公安。医好伤后，公安又把我关起来，对我爸说："他的问题还没搞清。"

我爸爸是个老实人，也气得哇哇叫喊："你们公安哪个骗人！你们公安哪个骗人！"

（梅X由于在看守所时间太长，四年不见阳光，33岁年龄，头发已经花白。还有，每遇气候变化，他肚子就要痛。我被关押期间，正值山城酷暑，大家盼下雨，经常问他："梅X，肚子怎样？"有一次，他面露喜色地说："嗯，快了，隐隐作痛。"第二天果然降雨，大家无不欢喜。）

罗X，30岁，后我三天入狱，罪名是吸毒，贩毒。他衣服又脏又破，张哥给他一件衬衣，我给他一条短裤，换衣时，发现他身上伤痕累累。晚上，他紧挨我躺下。我试图"采访"，他面色阴沉，一言不发。两天后，我慢慢掏出了他的话。

罗X家庭非常困难，父母双双下岗。八年前，他因盗窃被判刑七年，差点死在一个劳改煤矿。他提到那个煤矿（在宜宾上面）时，眼中露出恐惧和绝望的光。出狱后，没人雇他干活，熬了大半年，忍不住参与贩毒，这次进来，距他出狱只有一年。他不承认贩毒50克，说："我根本没那么多钱，禁毒队只搜到0.5克，抓我几个小时后不知从哪儿拿出一包药，说是我的。我不承认，所以打得惨。"

罗X的脸上被烟头烧出几个血泡，那血泡紧贴着我的脸。"我真的不想活了，没得意思，没工作、没家、没钱，这个社会不是为我这种人设计的。"他眼睛盯着铁栏，嗓子沙哑。

铁栏外透入的光，洒在他苍白瘦削的脸上，我从那上面读懂了什么叫真正的绝望。那一刻，我感到自己其实很幸运。

几天之后罗X被转走，出门时我问他估计会去哪儿。

"无所谓了。"他垂着眼说。

仁X（音），涪陵师专毕业的大学生。他家在农村，为读大学，家里负债累累。毕业后估计是因经济困难，与父亲一起入室偷盗，并杀死了人。现在父子分别关押在不同的牢房。他们告诉我，他肯定是死刑。仁X不多说话，面色惨白，他的简况是别人告诉我的。

"白市驿青年"，这样称呼是不知他的名字，只知道他是重庆白市驿的人。他在长沙赌博，对方作弊，他一怒之下杀了人。本来他已藏匿了一年多，后来大意了，被朋友出卖入狱。"我肯定飞钵（即掉脑袋）。"他用手在脖子上划了一下。"除了长沙那条命案，我犯的事还多。"但他看上去很坦然，大口吃饭，倒头就睡，一点看不出这是他生命的倒计时。当他听说这间牢房正是著名杀人犯张君死前关押的地点时，眼眸骤然闪出惊喜的光："真的?！那我死也值得！"

"白市驿青年"有一副十分健美的身材，骨骼匀称，肌肉结实，五官也很端正。尤其让我惊奇的是，他阴茎的皮下植入了一颗珠子，珠子在里面滚来滚去。他告诉我，这玩意他花了好几百元钱，做爱时女人很舒服。他说这话时笑眯眯的，像孩子一样充满了一种近于天真的快乐。"可惜这辈子用不上它了。"最后他有些遗憾地说。

四天之后他被押走，他要去长沙受审。铁门隆隆开后，他从地上一跃而起，走到门边，他停顿了一下，扭回头，最后望了一眼"大英雄"张君住过的地方。我注视着他年轻而清秀的脸和饱含着青春活力的身躯，一下子想起奥威尔的随笔《行刑》，想起他笔下那位走向绞刑架的印度死囚。那一刻，我强烈地感到一种"困惑"——死刑，该，还是不该废除?

"17岁小偷"（我忘了他的名字）。他身子比较单薄，但生得眉清目秀。一进门，他便老老实实地蹲在厕所旁的地上，羞涩而惶恐地望着大家。我打量着他，这是一张稚气未脱的脸，眼眸里毫无圆滑狡诈。他从乡下来城里找活干，有两天没吃东西，于是伙同另一个少年半夜在一个铺子里偷了一箱香烟，价值约两千元，那个少年逃了，他落入法网。

"17岁小偷"在监舍里大气不敢出，天天干洗碗的活。几天下来，他很快适应了，有饭吃，活也不重（他从乡下来，不就是为了找份能吃饭的活吗？）。重庆市看守所据说是全国十大文明看守所之一，不允许打人。同室的小魏是一个进过无数看守所、戒毒所，受过各种酷刑的刑事犯，他宣称，重庆市看守所是所有看守所中的万豪宾馆（重庆市一家著名的五星级宾馆），从其他地方转来的囚犯，在这儿都"乐不思蜀"。

"17岁小偷"没挨打，饭也吃得饱，我看他慢慢安心了。有囚犯告诉他，这儿是关重刑犯的地方，他肯定要被转走，其他看守所打人就是家常便饭了。刑罚有"麻辣鸡腿"（即把大腿打变色）、"戴勋章"——金牌、银牌、铜牌（即把胸部打成三种不同的颜色）等等，等等。

大约6天后，"17岁小偷"果然被转走，估计是转往重庆松山看守所，出门时，他双腿打颤，面色惨白，泪水流出来。望着他仍是孩子般的稚气犹存的脸，我感到一阵心痛。

他仅仅比我女儿大一岁。

看守所楼上楼下每个监室都挤得满满的，每天还不断往里面塞人。铁门外正在大兴土木，日夜赶修一幢大牢房。我挤在地上，有些透不过气。心想，我们这个国家，每天要产生多少各种各样的"罪犯"呢？据说，在西方民主国家，每当有人犯罪，政府就要自我检讨：政府和社会该负什么责任？在我们这儿，抓了多少"罪犯"，成为一种"战果"。

在看守所，我曾想，如果判我几年徒刑，我不会白坐这个牢，只要能活出去，我将写出又一部像长寿湖一样"难看"的文字。在与专制极权的对抗中，我自然是输家，但他们一定不是赢家。

五

7月26日的提审是我进看守所后的第五次。负责我案子的程科显得很急躁，当他看见我仍然有些桀骜不驯时，仿佛"恨铁不成钢"地说："谭松，你要明白，你是在同一个强大的专政机器对抗！"

他下面的话没说，我想，大概是："这是不自量力，自取灭亡。"

茨威格在《良心反对暴力》一书中写道："面对一种戴盔甲的独裁的优势，每一种纯精神的战争无不显得软弱无力……人们会一再发现，每当一个单独的人除了道德的公理以外，背后没有任何力量支持，去抵抗一个联成一体的组织，其斗争总是多么没有成功的希望。"

我出狱后，几乎所有的人，朋友、亲人、同学都告诫我："现实点，你能搬起石头打天？""你丝毫动摇不了国家机器，而国家机器轻轻一动，就让你粉身碎骨。"

我知道这绝对是"真理"。

但是，我也知道，在军队、警察、刺刀、监狱的专政力量之外，还有一种力量——信仰的力量、良心的力量、道义的力量。这种力量可以驱使弱小的卡斯特里奥向强大的加尔文政教合一的霸权抗争；这种力量可以促使弱小的俄罗斯诗人向斯大林强暴的帝国挑战。这种力量是专制、强权、暴政最可怕的敌人。虽然，在抗争中前者往往粉身碎骨。

我还知道许多人不知道有那么一种力量，在专制极权长期残酷的统治和镇压下，他们只感到自己的弱小和那一堵带血的石墙的巍然。

我所不知道的是：我身上有多少"另一种力量"，也许有一些，可是，它们完全可能消解在妻子涟涟的泪水中、父母哀哀的目光下、以及我自身的怯懦里。

我永远记得那次提审。审讯室外面，看守所的一群武警正在练武。一个个身强力壮，吼声如雷。

我感到前所未有的软弱、孤立、惶恐。我答应按要求写一份材料（以前我只字未写）。材料须包括五部分：1、为什么写长寿湖；2、如何谋划在国外发表；3、在采访后记中的反党问题；4、反党的思想根源；5、今后的打算（包括"是否希望宽大处理"）。

我蹲在监室的地上整整写了一天半（当然是看守特许，否则没纸笔）。

令人头痛的"劳动改造"——折"头痛粉"纸盒——终于来了。原来拥挤不堪的牢房更加拥挤，通铺上、地上，散乱着一盒一盒的原材料、一碗一碗的浆糊。我们18个人，一个个弯腰驼背加汗流浃背，挤在一起完成自己的定额。每人每天的定额是4000个。我是新手，第一天1000，第二天2000，第三天3000。我第一天干下来，手指就肿了，1000个"头痛粉"纸盒我折了整整8个小时！其中还有梅X的帮助——我因倾听了他的遭遇，他报答我，晚上帮我干了两个小时。

我感到绝望，望着铁窗外的禁闭室，还感到恐惧。他们告诉我，曾有一个法官因经济案入看守所，十多天"劳动改造"下来，精神几乎崩溃，提审时，他扑通一声跪下去，痛哭流涕地恳求减免他的"定额"。

我估计我不会"扑通"一声，但会不会进一步妥协——"听党的话"、"党叫干啥就干啥"呢？

果然来了，在7月30日的提审中，程科要我写"三书"——"保证书"、"悔过书"、"自愿书"。保证书指今后不再从事危害社会的活动（包括不再写长寿湖）；悔过书是为自己过去的"犯罪"表示忏悔。自愿书是表明今后愿意配合专政机关，汇报其他人危害社会的言行。我分明感到，如果写了"三书"，事情就好办多了。

"三书"触及到我做人的底线，尤其是"自愿书"，我平生最痛恨的就是告密，就是"汇报"。

有一个声音在心底呼喊：不，绝不！

但是，我最终妥协了，或者说投降了。

我写了"三书"！

尽管我运用我那点文学水平，把"三书"写得比较含糊，尽管我以伽俐略也曾违心地在宗教裁判所前忏悔过为自慰，尽管我以"与共产党斗争要讲策略"为自己开脱，但是，我毕竟打开了那面丑陋的白旗，这足以让我羞愧一辈子。

（1989年"六四"运动时，我在校内校外"上窜下跳"，结果被学校列为"重点"。为了保住饭碗，我被迫交出了照片和底片并写了检讨。这次为了出狱，又写"三书"，我实在是一个非常普通的人。出狱后，我重读茨威格的《良心反抗暴力》（又译《异端的权力》），读到塞尔维特在走向火刑架路上的那种坚定，更觉得自己渺小。）

反右漫画《新观察》1957年19期

看到我总算"识实务",程科松了一口气,他是真心实意希望我出去。

8月1日的提审是我受审中的最后一次。由于我极度缺乏睡眠(半个多月来,每天只断断续续睡4个多小时),"定额"压力巨大,因此,头昏昏沉沉,连审讯记录上的文字都看不大清楚。

8月1日是建军节,晚上放电视,军号声声,刺刀闪闪。这支由人民的血汗供养的党的军队,常常让人民胆寒。1989年,它让身在学校的我恐惧,此刻,它让身在铁牢里的我更恐惧。囚室的墙上,办有一个"认罪伏法、悔过自新"的墙报,上面贴有一张戴着钢盔的粗壮的军人像,那双威严的眼睛分分秒秒瞪着我们,让人时时刻刻不忘"强大的无产阶级专政"。

大家埋头一心一意完成劳动定额,没人注意屏幕上的欢庆歌舞。

突然,电视里传来一阵柔美的颂歌(至于颂唱的是谁已不重要),那饱含深情的旋律把我深深打动。

我从小酷爱音乐,音乐常常将我的整个心灵从现实中提升,升华到一个美妙而忧伤的境界。在狱中听到音乐,那种感受难以言喻。乐声把我带到一个温馨美妙的世界:月光、晚霞、森林、草地、母亲、爱人、童年……然而,铁窗、刺刀、手铐、脚镣、禁闭室、"头痛粉"……独特的环境更让那乐声透彻灵魂,让整个人瘫软下来。

小时候看罗马尼亚电影《齐普利安·波伦贝斯库》,其中一个面目狰狞的老犯人,在波伦贝斯库的小提琴声中全身颤抖,热泪纵横,整个人瘫软在地。那时我不懂,现在懂了。

我想,每个人心中,都有柔软、温情、善良的一面,如何才能让这个社会多一些唤起温情的乐声,少一些你死我活的斗争呢?

8月2日中午1点半,我坐在地上手忙脚乱地对付"头痛粉"。高高的铁窗外突然有人叫:"谭松,收拾东西!"

我浑身一震,从地上一跃而起。全室的人不约而同停下手中的活,目光齐刷刷地注视着我。

那目光里含有多少复杂的情感。

释放,还是转移?他们来不及询问,铁门便轰隆隆地打开,狱警威严地立在门口。

一切来得这么突然,我来不及同他们告别,也不敢多说话,一手抱着几件衣服,一手伸出去同张哥和"老头"匆匆握了握。

他们欲言又止。

我知道是释放,因为我升起了那面白旗。

仅仅几秒钟,我就走出了绝望的囚室。

程科和小齐同看守所办好了交接手续,一车把我拉到一家理发店。"你先整理一下,领导还要同你谈谈,然后就可以回家同家人度周末了。"

"同家人度周末",这句话让我酥软!那一瞬间我觉得世界上再没有什么比这更重要了。我知道这是程科拼力的争取,我感激他的善意。在巨大的、冰冷而血腥的专政机器中,我有幸碰上了一颗"柔软"的"螺丝钉"。

我坐在理发店,15天来第一次看见自己。天哪,那是我吗?!双颊凹陷,胡须横生,一双阴阴冷冷的眼睛在蓬蓬乱乱的长发下闪烁不定。我看来看去总觉得"他"真像一个罪犯,不禁心底一声长叹:要把一个人(良民、公民)变成犯罪分子,至少在外型上是多么容易呀。

我很想照张像，纪念我的丑陋。

在理发店剪洗掉"罪犯"的痕迹后，我又被带到那个赭红色宾馆。在这儿，我领取了"取保候审决定书"，聆听了他们的法律指导："刑事犯五年之后犯罪不算累犯，你不同，要终身追究，一旦再犯，即是累犯……你要是再……"

我一心想回家，已经毫无斗志。但是我知道自己容易犯"好了伤疤忘了痛"的错误。果然，后来我睡了几个好觉精神恢复后，又开始手脚发痒蠢蠢欲动。亲友们焦急万分，分析原因，认定是我吃苦不够：既没伤及骨肉，又没有触及灵魂，"伤疤"都没有，当然吸取不了"痛"的教训。

想来也是，国安局是彬彬有礼，看守所属"万豪酒店"，提审不过15次，前后只有32天，既没有尝过公安提供的"麻辣鸡腿"，也没戴过犯人赠与的"金、银、铜"勋章，牢狱之灾中居然出现一片晴朗天空，真是这片土地上的奇迹。

我其实很幸运！

当天晚上，同妻女团聚后，我整个人松驰下来，突然觉得头痛欲裂。妻子遗憾地说："家里没有头痛粉。"

我一听，头更痛，大叫一声，倒头便睡。

令人头痛的"头痛粉"

在押人员行为规范

一、立场坚定　爱憎分明

拥护中国共产党，热爱社会主义祖国。严格遵守国家法律和监舍纪律，同一切违法行为作坚决的斗争。

二、端正态度　服从管教

看守所是人民民主专政的机关。看守民警代表政府依法对在押人员实行管教；执勤武警依法对在押人员实施警戒。在押人员必须端正态度，服从管教，严禁顶撞看守民警和执勤武警。

三、认罪伏法　是非分明

积极检举揭发他人的犯罪行为，不准交谈串通案情，策划对抗审讯，抗拒交待问题。

四、文明礼貌　整洁卫生

保持良好的监舍秩序和内务整洁。不准高声喧哗、唱歌跳舞，未经允许不准进行文体活动。不准在监舍内随意走动，在门窗处站立，以及私自聚堆。不准乱刻乱画，乱堆乱挂衣物，损毁公私财物。

五、认真学习　痛改前非

严格遵守学习制度，认真学习，努力改造世界观。不准传习作案伎俩，传播反动、下流言论。不准打架斗殴、喊话闹监、搞流氓活动。不准策划、组织越狱逃跑、装病、绝食和自伤自残。不准拉帮结派，称王称霸，辱骂殴打他人，强吃强占他人财物。

六、违禁物品　禁入监舍

严禁制作、私藏刀具、铁器、绳索、玩具等危险物品，以及现金、有价证卷。信件必须通过邮局并经管教干部审查后方可收发，其内容不得涉及案情和反监管言词。不准利用一切机会托他人或为他人传递口信和信件。

七、保质保量完成生产任务

积极参加看守所组织的生产劳动，认真负责、保质保量完成生产任务。不准消极怠工，毁损原材料。

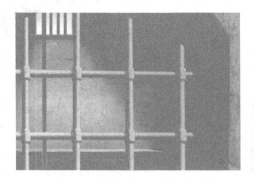

八、……

出狱后，我打算凭记忆写出八条监规，写了几条后，实在不愿再写，如此断断续续，

最后，再也想不起第八条。

十六、后记

整理完右派王开泰的文字，又是那体验过多次的"不堪重负"。

一个人三天两头倾听悲剧，长年累月"品尝"血泪，他要有一颗多么"坚硬"的心，才能不"不堪重负"？

我一向痛恨国人的麻木和冷漠，然而此刻，我似乎能理解了——面对重叠深重的苦难、上告无门的冤屈、四下横行的酷吏贪官……不麻木、不冷漠，怎么活？

第四次从王开泰家出来，是2003年12月25日夜晚。从五一技校到石油路车站，有长长一段路，我独自走在寒冷而黑暗的天空下，眼前晃动着王开泰同他可爱女儿的合影，感同身受地体会到"家破人亡"的痛。

路边，电视里传来一阵阵歌唱毛泽东的颂歌。

仿佛有一种说不出的绝望，同夜黑一起，"不堪重负"地压上心头。就在这段路上，我决定，不再采访新的右派，让这一切尽快结束吧。

于是，匆匆写下这篇——

后记

从2001年4月6日开始采访第一个右派黎民苏，到前几天采访完右派王开泰，近三年的时间过去了。一路上走走停停、跌跌绊绊、躲躲藏藏，到今天，总算敲打出40多万文字，收集到400多幅照片，把一段即将沉匿入时空长河的历史打捞出一鳞半爪。

此刻，心中有各种情感交织——

感激

能够编排完这部采访录，我心中充满了感激。

首先感激所有接受了我采访的人，没有他们的接纳和倾吐，便没有这些文字和图片。

特别感激那些给我的采访提供了巨大帮助和支持的长寿湖老人，其中尤其是黎民苏、李宁熙、王义珍、郑汉生、刘曼若、李正、向光棣、高志长、陈英、刘淑明等。黎民苏四处为我联系，提供信息，并说服那些不愿接受采访的右派；李宁熙前后五次陪我进岛，爬坡越岭，一一指给我当年右派的劳改地、自杀处；郑汉生和盘捧出"右派联络图"；刘曼若慷慨提供自己的手稿……没有他们的支持和帮助，这部书一定残缺不堪。

其次我对我的高中同学傅达芸充满感激之情。2001年下半年，当她得知我在采写长寿湖，立刻提出帮我誊抄、打字、复印。这部文稿的大部分文字是她一字一字敲打出来。在我被国安局抓获后，她不顾一切地保护我交给她的资料，并抢在国安"拜访"她家前把那四盒光盘进行了复制。在我被抄缴得全军覆灭之后，如果没有傅达芸抢救的这几盒复制品，"长寿湖"至少是看不到有关照片了。在最紧张最恐怖的日子里，她也惊慌过（他们曾说过，作为同案犯，完全可以拘留她、提审她）。但是，她没有犹豫，没有退缩。后来，在我"取保候审"的地下活动期间，她也一如继往地帮助我，没有躲避。我问她怕不怕，她回答：怕！一怕失去公职，二怕失去自由。不过她说，看了这些文字，觉得无论怎样害怕，也要把资料保留下来。

我还感激我的父母和我的妻子，他们的理解和支持给了我极大的安慰。我获释后第二天赶到医院看望父亲，我对他说，长寿湖是他留给我的一笔遗产，为它坐牢，不后悔。父亲躺在病床上奄奄一息、默默无语。突然，他挣扎着坐起来，说："我只给你四个字——'谨言慎行'。"说完，泪如泉涌。从那时到现在，父母没有埋怨我一句，只是为我担心。

妻子王青在我被关押期间天天流泪，我出来时，她已哭得双眼模糊，看不大清楚文字（长寿湖右派李建裕的母亲为儿子哭瞎了双眼）。这灾难来得意外、突然，对她打击极大。我获释回家后，不思悔改，继续从事"颠覆"，她尽管心惊肉跳，但从没横加阻拦。她的"合作"，对我是极大的支持和安慰，否则，我将承受更大的心理和精神压力。

还有，这些年来，先先后后有不少朋友给我鼓励和支持，我衷心地向他们表示感谢。

遗憾

望着打印出的手稿，在长长吐出一口闷气时，也感到一串长长的遗憾。

书中的好多右派、历反，我都只浅浅地采写到一个轮廓。20年的悲欢离合、20年的爱恨生死、20年的心路历程，一定回肠荡气，血肉饱满。然而，由于种种原因，我没能深入，那些最感人的生活细节和内心活动，本书无法展示了。

在本书近百名被采访者中，只有5个右派子女，这远远未能揭示"下一代"的遭遇。更遗憾的是，我未能采访到一个"上一代"——右派们的父母。当我听到金践之的母亲走到太阳下曝晒，以感受儿子劳改的艰辛；陈英的母亲哭坏双眼，60多岁被迫出去打工时，我多么渴望能见到他们，亲自倾听他们的讲述。可惜，岁月已把他们全部淘汰，只留下想象——那些母亲们的泪水有多么苦涩！

不少老人在讲述时，或慷慨激昂、或泪流满面、或手舞足蹈表演当年的情景、或细语低声沉缅于无限的哀思……我非常渴望能把这些生动的场面录制下来，就像专题片《重庆大轰炸》一样，让我们的子孙后代能在电视上看到那一辈人的讲述，听到那一段逝去的历史。可惜，我没能（也无力）做到这一点。

至于这些右派们的头像照片，也是一个遗憾。由于我不便在他们讲述表情最生动时抢拍（书中绝大部分都是在采访结束后正襟危坐时的成像），因此失却了那一份丰富。尤其遗憾的是，扫描照片时我正忙得起火，为了省时间，只扫了很低的精度。后来照片全部被抄走，现在就只能看到这些不大清楚的相片了。

老人们虽然绝大多数是知识分子，条理比较清楚，但毕竟是口述语言。我在整理时，对时空顺序、段落层次、词汇语言都作了相应的一些调整。因此，文本虽是第一人称口述形式，但并不是照相似的一一全录。这也许是一个可以理解的遗憾。

还有一个也许是可以理解的遗憾，就是我隐去了一些人（主要有两类）的名字。

一类是讲述者提到的其他某些右派。长寿湖有一个令人痛心的事实：一些右派是惨死于同类直接或间接的迫害，一些右派是因为同类的压迫使生存更为悲凉。对此，虽然可以归咎于"以右治右"的专政恶毒，归咎于"你死我活"的生存无奈，但是，在灾难、恐怖、迫害面前，有人性的高贵、尊严、坚守，也有人性的卑劣、猥琐、自私。每一个人，都应对他的选择和行为承担责任。可惜，我几乎没有见到任何深刻的自责与忏悔。这是另一个层面上的不幸，灾难之后没有灵魂的拷问，便难以有精神的复活与人格的重建。但是，他们毕竟也是受害者，应当同情他们所遭受的不幸。

另一类是那些作恶者。就我本意而言，我很想让他们"青史留名"，为的是警示后人。但本书中我大多都隐去了名（用X代替），只保留了姓。这一是应讲述人的要求（如高明辉），二是我觉得他们在某种程度上也是那个时代的牺牲品，三是我不愿扯入官司中（虽然这可能很难避免）。

长寿湖前前后后接纳了600多名各类"分子"，其中大约100余人永远长眠在那儿（饿死、自杀、累死、病死、打死）。我很想把所有分子的名字和简历一一落实，可惜，还没来得及专门做这项工作，我便被抓、被监控。我不敢公开求证，不少老人更害怕了，不再多说。不过，即使没有这个原因，也未必能做到准确详尽。几十年过去了，右派们也老了，有些事（尤其是发生在他人身上的事）不一定记得准确。例如，李宁熙告诉我莫德仲同他女朋友逃亡的事，我据此整理出来。没多久，王义珍说，不对，莫是同肖顺伟等三人一块逃亡的，没有他女朋友。后来，问到肖本人，才得知，莫是独自一人，肖并未"同谋"。短短100多字，就"改正"好几次。又如，有人告诉我，饥荒年有个文艺团体的右派倒毙在回新滩的路上，但不知姓名。我为此四下打听，最后有人说，当年捕鱼队的李淦知情，我找到李，李说，该右派叫曹亚琪，是教师，哪所学校不详，也许高志长知道。我又赶到高家，高出示了25中的信，这才最后落实了曹亚琪的情况。

在此书中我共分类列出了400多名我未能采访的各类"分子"，我无法逐一像对莫和曹一样反复求证或找到实物证据，虽然我尽了最大努力（比如找了一些我认为"最坚定"的右派一一核对，其中黎民苏看不见，是我逐一读给他听。），但是，我不敢保证其中没有差错，至于遗漏则是肯定的，眼下，只能指望有一天此书见天日时，知情者来修正这种差错，也弥补这一遗憾。

可是，什么时候能"见天日"呢？还在采访期间，十余名右派就悄然作古了。其他右派们能等到那一天吗？多么希望他们在有生之年能拿到一本记录他们血泪的"长寿湖"啊。前年为电视剧《重庆大轰炸》采访当年的受害者、幸存者时，那些老人们渴盼的目光给我很深的印象。幸而共产党恩准了该剧的播出，使重庆那段悲惨血泪史，在沉潜60年后见了天日。

我们还要等多少年，才能像揭露日军的暴行一样揭露我们自己的暴行？

想到不少接受和未接受我采访的右派们注定等不到那一天，我感到非常遗憾。

还有——

重庆在1958年发配到长寿湖的右派属于"轻刑犯"，而"重刑犯"（极右们）则被押往位于大凉山的峨边等地。那儿劳改环境极其恶劣，专政手段非常残酷，右派们成千上万地死亡（重庆著名的大右派董时光和著名作家刘盛亚就死在那儿）。据说，死人最多时，已无法掩埋，只得把尸体往山沟里一扔了事。四周的农民受不了臭气，不得不搬家。我曾经产生冲动，在采写完长寿湖后专门去采写峨边，那是一幕更为血腥、更为惨烈的悲剧，不能让岁月淹没！

但是，我现在只能说，这是一个遗憾了。

这类遗憾还少吗？

重庆沙区公园有一个占地约两亩的"文革墓"，里面埋葬有400多个在文革中被打死的红卫兵和工人，其中绝大多数是十六、七岁的中学生。2000年11月，我接触到这些死者的故事，那个年代的荒唐、残酷，带着它特有的腥味扑面而来。我一心想挖掘那段往事，可刚开了个头，"有关部门"就打上门来，把"不稳定的因素"扼杀在了萌芽之中。

还有，2003年3月，我为《中华手工》杂志只身前往三峡库区采访，在采访那些古楼残院的手工艺术时，也听到一个又一个血泪故事：有土改时民兵用钢条捅女人（所谓地主老婆）下身，害死无辜的；有文革时用细麻绳拴住"分子"胸乳，活活拉掉乳头的……

库区的江水漫上来，一寸寸吞噬了沿江石刻、千年古镇；岁月的江水也漫上来，一点点淹没了腥红记忆、千古罪恶。我内心强烈拒绝这种吞噬和淹没，手中的笔非常渴望在这"光明"（注）的天空中写下血红的真实。可惜，力不从心，纵然悲歌长啸，撼不动"三峡大坝"一根钢筋。

一年多前，我在"谭宗旭"的采访后记中写道："在这座城市的大街小巷中，在高楼林立的辉煌下面，编织有一张细细密密的苦难蛛网，正像索尔仁琴笔下的《古拉格群岛》"。现在，面对这张蛛网，我束手无策。即使没有"取保候审"、没有"扼杀在萌芽之中"，我也难以把这"密密麻麻"一一梳理、一一记录。目睹"峨边"们的渐行渐远、"文革墓"的凋落颓败，正如目睹江水一寸寸吞噬云阳石林、峡江古迹，心中是说不出的遗憾，也是说不出的悲痛。

（注：国安局提审时，曾指责我说："你太偏激，专门搜集社会的阴暗面。你为什么看不到光明的东西？"他们的话让我反省、检讨。的确，这些年我怎么像个令人讨厌的苍蝇，专门追逐"血腥"？可是，看到那么多人、那么多作家都在歌唱"光明"、赞颂"伟大"，而那么多血泪、那么多真实无人理睬，我只得选择后者。这辈子就破罐子破摔吧，我甘愿作一颗老鼠屎，坏那一锅"明亮"的汤。）

选择

2001年3月，我彻底失去公职，同月，又失去了家中的几乎全部积蓄，也是在这一个月，我遇到了长寿湖右派李春华。李春华衰老的容颜和气喘吁吁的讲述让我沉思浩叹，同时也十分冲动。

是先找一份稳固工作，挣钱养家，还是立马采访，"抢救"老人？

我犹豫了十多天，选择了后者。

出发前，我写了一篇文章，副标题是"谨以此文献给不幸嫁给了我，又决定'嫁鸡随鸡'的贤妻"，其中的一些文字，可以算作我为什么要作这种选择的原因。

"三八"妇女节那天，我送上一个"下岗证"，现在又要去做"赔钱的事"（当时还没想到这不仅仅是要"赔钱"）。很多人都指责我"太不实际"，这个年代了，不寻一份挣钱的好工作，去求什么"内心的自由"、"精神的力量"？

可是，我觉得身不由己……

我和我们那一代人，从小深受一种崇高的精神力量的感召："时刻准备着，为共产主义事业奋斗终身。"在这种力量的激励下，我们不仅甘愿忍受物质的贫困，而且还充满了"抛头颅、洒热血"的壮烈情怀。我永远记得当仰望着飘扬的队旗，在《少年先锋队队歌》的旋律中，将手高高举过头顶，宣称"人民的利益高于一切"时所产生的那种庄严崇高神圣的美感。那是一种透彻心灵的美感，一种物质的光辉无法替代的美感。

不幸的是，独裁者和专制集团利用这种崇高和神圣，干尽了伤天害理的坏事，用西德尼·海特曼的话说，就是："整个人类历史上最为人道，最为理想的主义之一，遭到了可悲的歪曲，并被用来为整个历史上最为残酷的暴虐制度之一服务。"

我们不得不承担的后果是：当作恶者造就的现实苦难和血腥尸体最终撑破了意识形态大厦后，随着大厦轰然倒塌（或者说作为陪葬）的，便是人类精神世界里那种美丽、崇高和神圣。"为劳苦大众谋幸福"的崇高理想被饱受欺骗的劳苦大众当作笑料。信仰破碎了、理想消失了，精神世界里是洪水消退后的满目疮痍，一片凄荒。

这时，被压抑的物欲在"设计师""先富起来"的进军令中，踩着地上被撕得稀烂的精神旗帜，以横扫千军的狂热，将十多亿人推到了另一个极端。

信仰破灭、道德沦丧的时代，不再有精神的日出了吗？因为神圣被利用、崇高被亵渎、理想被欺骗，便不会再有神圣、崇高和理想了吗？只剩下功利的社会、只剩下物欲的人生，能够重构生存的价值和生命的意义？

1996年，我正处在异常孤独和苦闷中时，读到威廉·华莱士的一段话。当时，英格兰大军压境，华莱士和他弱小的部队面临生死抉择。一些人害怕了，打算掉头逃命，华莱士挥舞长剑，振臂高呼："我们抗御暴政，为自由而战，打，可能会丧命，逃跑，可以苟存生命。但是，你们是否愿意用这些苟且偷生的日子来换一个机会，就是回到这里，来告诉我们的敌人，他也许能夺去我们的生命，但永远不能夺去我们的自由！"

我被华莱士面对死亡的这段话深深打动！ 后来，又陆续读到英国托玛斯·莫尔在狱中为信仰的最后坚守；读到意大利萨沃纳洛拉为自由和改革的慷慨赴难……

坍塌的精神废墟中，冉冉升起了新的旗帜，它同几十年前，我把手举在头顶上仰望队旗时的神圣美感是同一深层结构。

为人类的解放事业奋斗并没有错，创建一个没有压迫的社会并没有错，为劳苦大众谋幸福并没有错，不能因为世上有几个恶魔利用神圣的旗帜干尽坏事，便从此拒绝神圣；不能因为崇高被亵渎而从此远离崇高，不能因为信仰大厦的坍塌便任凭精神世界一片荒寒。

……

2000年11月，我在澳大利亚和新西兰周游了半个多月，那友善的人与人关系和田园美景，让我十分沉醉。新西兰的罗托鲁阿镇，落红铺地、空气含香，美若天堂里上帝的后花园。我痴痴注视着天边透明的夜空，仿佛置身于一个美妙的童话世界，心中充满了小时候读《白雪公主》时的那种单纯宁静与美好。

我不由生出强烈渴望：不回去了，留在这儿！这和谐的人与人、人与自然、人与上帝的关系，原本就是我一直追求的生存环境。

当夜，我久久不能入眠，独自披衣步出旅社，走到外面的草地上。

四周一片宁静，夜风凉悠悠地送来花香，我抬起头，凝视南太平洋那繁星闪烁的深邃夜空。

我蓦地感到一阵悲伤 —— 那冥冥浩宇中的上帝，你为什么这么不公平？在同一个星球上，你将苦难、丑恶、暴力、谎言、仇恨、贫穷、冷漠集中在那一个名叫CHINA的地方；而将和平、友善、真诚、美丽、洁净、宽容、富裕，集中在这名叫NEW ZEALAND的地方。

足踏着这块库克船长两百年前才进入的南太平洋岛国，遥想着我那拥有五千年文明的苦难大国，心中百感交集。

在过去的一百多年里，世界上有多少民族像我中华民族一样遭受了那么多苦难和不幸？

我想到被"开发"得千疮百孔的大好河山，被"改造"得面目全非的亿万民众；想到无神论带来的狂妄，唯物主义带来的贪婪；想到铺天盖地的假冒伪劣，无处不在的谎言、冷漠；想到"人民公仆"的巧取豪夺，"制服们"的威武恐怖；想到从小就目睹的一幕幕惨烈悲剧，一双双欲哭无泪的眼睛……

我感到一种强烈的感召 —— 苦难的感召，仿佛苦难催生了一种深沉悲壮的情怀，唤起了内心金戈铁马般的冲动。这种情怀和冲动，无法在新西兰田园牧歌的风情中得到释放，无法在澳大利亚洋房别墅的华美中获得满足。正如江南桃红柳绿的沉醉，不能取代大漠孤烟的苍凉、长河落日的悲壮所唤起的那种深层感动和震颤。

陀思妥耶夫斯基在《一个荒唐人的梦》中说："正是由于这里出现了不幸，我才更加热爱这片土地。"

茨威格在《昨日的世界》里说："如果我们能以自己的见证为下一代留下我们那个时代分崩离析的真实情况，哪怕只是一星半点，也算我们没有完全枉度一生。"

阿赫玛托娃在《安魂曲》中说：

"不，既不是在异国他乡的天底下，

也不是在他人的卵翼之下，

在我人民遭受不幸的地方，

我与我的人民同在。"

茉莉在瑞典说："为了天空不再黑暗，必须先揭露黑暗！"

这，也许就是为什么我没有选择"实际"、没有选择"叛逃"，而要选择"长寿湖"的原因之一吧。

长寿湖的"守墓人"李宁熙和谭松在同心岛
（2003年7月）

恐惧

一写下这两个让我刻骨铭心的字，眼前就鲜鲜活活闪现出一张张惊惊惶惶的面孔、一双双躲躲闪闪的眼睛。

经历了九死一生的右派老人们，此刻，走到生命的迟暮，最恐惧的仿佛不是死神的迎候，而是"无产阶级专政"的驾临。

王开泰是我2003年采访的最后一位右派老人。在山城寒冬阴沉沉的天空下，他数次紧紧抓住我的手，蹙紧眉头说："小谭呀，你没有经历，那个整人，那个专政，家破人亡，可怕得很呐！"

我们这一代生长在"新中国"的人，怎么会没有"经历"？

在看守所时，看守刘XX（大约30多岁）曾问我："谭松，你是哪个反党的？"我告诉他，文革爆发时我正读小学，停课后的两年里，我夏天每天到长江游泳，那些日子几乎每天都看见十多具甚至几十具尸体漂流而下。有的被挖掉眼睛、有的被割去乳房、有的被铁丝洞穿锁骨、有的被剃去阴茎，两腿间一个森森的血洞……我夜夜做恶梦，惊出一身冷汗……正是由于恐惧，我开始思考，觉得这个社会出了问题。这也许就是我"反党"的根源之一。

其实，就在采访王开泰时，恐惧，也像幽灵一样跟随着我 —— 会不会又被"专政"发现？他们本领高强，无孔不入。

还有，共产党召开十六大前，为了"稳定"，又大抓"异议人士"，其中竟有20来岁的女学生 —— "不锈钢老鼠"刘荻。我感到恐惧包围着我。

为了让"长寿湖"在我万一又出事之后能完整地保留下来，我发起了一次唐吉诃德式的悲绝冲锋 —— 日夜整理、修改、编排、打印。那些日子，一听到有人敲门，我就一阵心惊肉跳。有一天，咚咚门声之后，进来几条汉子，其中两人身着制服，我顿时脸色发白，手中的笔，索索直抖。

虽然是一场虚惊，但那恐惧，却是实实在在刻骨铭心。

还有，就在我写下这篇后记时，"专政"又推出了新一轮恐怖。罗永忠、李志、颜均、何德普、郭庆海、姜立钧、欧阳懿、杜导斌等网络异议人士一个个前赴后继地落网。他们的罪名同我所享受的一样："煽动颠覆国家政权"。看到网上征求申援他们的签名，我本能地产生冲动，本是同一条战壕的难友，怎能坐视？

然而我退缩了。我在专政恐惧的阻吓下退缩了。

想来，共产党在这50多年来最"伟大"的治国韬略之一就是：它成功地把一张铺天盖地的恐怖大网严严实实地笼罩在神州大地上，让每一个人都生活在恐惧中。久而久之，外在的恐惧幽灵内化为奴性的行为自觉。在这张大网中，传统的侠义消失了、古老的血性消失了、慷慨悲歌消失了、舍生取义更消失了。偌大一个民族，变成暴君和奴隶、奴才互动的两极，社会在这种互动与共谋中"稳定"地一天天坠落。

就在我面对那一张张恐惧的面孔时，听见江泽民大义凛然地向国际社会宣称："我们反对一切形式的恐怖主义。"

"一切形式"是否包括共产党推行50多年的"国家恐怖主义"？在一切形式的恐怖主义中，国家恐怖主义是不是最恐怖的恐怖主义？

告别"旧社会"的芸芸众生，在国家恐怖主义中无孔可逃。

进入"新中国"的中华民族，在国家恐怖主义中整体"精神阳萎"。

我知道自己不是一条"该出手时就出手"的梁山好汉，但我也知道自己手中的笔已经吸满鲜血，在那谎言和暴力堆砌的恐怖魔宫里，将出现一个最令它恐怖的词汇 —— 真相！

罪恶

长寿湖在那20多年里究竟死了多少人？有人说100多，有人说200多。我试图一一落实，有名有姓地记录下来。然而，由于湖广岛多，右派们来自不同的单位，劳改地点又太分散，更由于当时死个右派如同死条狗，上上下下没人在意，另外，也由于我行动不自由，无法像调查日军细菌弹罪恶一样公开求证，因此，直到今日也没能准确统计。

一个小小的长寿湖尚且如此，那么，"新中国"成立以来，在这块广袤的土地上、在一次又一次的"运动"中，又有多少人"非正常死亡"了？

上个月，到李普杰家中去核实"长寿湖分子"名单时，他告诉我，廖伯康（李普杰当年在团市委的领导，后曾任重庆市委书记、四川省政协主席。）正在写一部书，其中有一个统计，即四川省在"三年自然灾害"中饿死了至少1000万人。李普杰说，他协助廖伯康查了各种资料，进行计算后得出这个结论。

二战期间，奥斯威辛集中营的焚尸炉浓烟滚滚，近200万犹太人"非正常死亡"。据统计，希特勒法西斯共消灭了600多万犹太"异类"。

如果把毛泽东共产党在"新中国"这50多年来消灭的"异类"一一统计出来，

我相信，一定会让奥斯威辛焚尸炉的火光黯然失色！

不过，令人感到沉重而又悲愤的，并不仅仅是因为这种数量上的类比。

在采访期间，有一个感受，不少老人依然保持着眼下这个社会已经十分稀缺的东西：正直、善良、诚信、良知、仗义、同情心、安贫乐道等等。其中，尤其是在一些年近80，或80岁以上，也就是说在"旧中国"、"旧社会"生活得久一些、在传统文化中浸润得长一些的老人身上，这种现象更为明显。

"旧社会"究竟是怎么一个社会呢？传统文化到底是怎么一种文化呢？

我刚刚来到这个世界，就传来"社会主义三大改造胜利完成"的喜讯。我一口一口吸着共产党提供的狼奶：斗争、专政、揭发、告密、改造、批判、仇恨、暴力、大义灭亲、痛打落水狗……我不知道什么叫气节、怜悯、宽容、良知、童叟无欺、敬天爱人、己所不欲勿施于人……

那些年，听得最多的革命口号之一是"不破不立"、"打翻一个旧世界，建立一个新世界"。

我们为这个口号热血沸腾、冲锋陷阵。

数十年南征北战厮杀归来，回首一看：我们"破"了什么，又"立"了什么？

"破"，我们把"翠绿的森林"——良知、道义、善良、诚实、正义、侠义、同情——砍伐，投入像奥斯威辛焚尸炉一样可憎的"土高炉"；"立"，我们把"翠绿的森林"整体焚烧，炼出一砣砣牛粪般丑陋的"钢铁"——虚伪、奸诈、暴虐、投机、钻营、欺骗、凶残、贪婪。

这个过程是怎么完成的呢？想来主要分为两个阶段：毛泽东的"阶级斗争"年代和邓小平开创的"先富起来"年代。前者用斗争、暴力、"政治是统帅是灵魂"剿灭人性中的真善美，后者用发财、享乐、"不管白猫黑猫，抓住老鼠就是好猫"激起人性中的贪欲、卑鄙、邪恶。而贯穿这两个阶段的是同一条主线——一党专政下的暴力镇压和暴力掠夺、谎言欺骗和利益收买。

前者，统治者用虚幻的的崇高、神圣、理想、精神，消解了物质欲求，挑起疯狂仇杀，使亿万民众在极度贫困中斗得死去活来；后者，统治者煽起狂热物欲，消解了道德、良知、精神和真正的崇高、理想，使全民族为了发财不择手段。

一会儿是可怖的血水，一会儿是有毒的糖水，中华民族的脊梁在这两者的交替浸泡中酥软萎缩，传统文化的精髓在这两者的先后打磨中丧失殆尽。天上没有上帝，人间缺乏爱心，心中没有敬畏，眼里只有金钱。于是，正如何清涟说的，我们生活在"一个日益痞子化的社会里"。

奥斯威辛焚尸炉吞噬数百万肉体生命自然是滔天罪恶；"新中国"的"土高炉"在吞噬数千万肉体生命的同时又毒害了整个民族的心灵，这是怎样的罪恶？！

1957年数得出的是55万多知识分子家破人亡，数不出的是整整一个民族开始大步走向谎言和残暴。奥斯威辛仅仅烧毁了肉体生命，共党极权还烧毁了生命中的"本来的世界"（即哈维尔说的"the natural world"）——人性中原始的真善美本性。这种罪恶如果不进行揭露、清算和批判，即使共产党寿终正寝，我们这个民族也不能真正"站立起来"。

"必须把颠倒的世界颠倒过来",恢复我们这个伟大民族的"本来的世界"。从这个意义上讲,我的确是个"颠覆犯"。

这,也是我不顾一切要采写出这些文字的原因之一。

绝望

2003年7月的一个黄昏,为给本书封面拍照,我租一条船,偷偷摸摸驶入同心岛。

夏夜酷热,蚊虫猖獗,转眼工夫,腿上密密布满几十个红疙瘩。我离开湖边的那家农舍,爬到一条船上,郁郁躺下。

依然热汗淋漓,蚊虫追逐。

我索性跳入水中,往深处游去。

没有月亮,深邃的夜空里缀着几颗疏星,诡诡秘秘,惨惨淡淡。黑黢黢的山岳死气沉沉浮在水面上,从四面八方给我一种威压。哗哗的水声在夜半的寂静里搅起一串惊恐,仿佛声响会惊醒蛰伏的鬼怪,招来杀身之祸。

我停下来,静静躺在水中。

没有声响,连一丝风也没有,世界一片死寂。我翻身埋头,朝水下潜去。

一股寒气从下面墨黑的深处扑面而来。我一惊,骤然感受到另一个世界,脑子里冒出一串张牙舞爪的字眼:死神、窒息、地狱……

恐惧,像一只巨鹰劈天而降,一把揪住了我的心。我慌忙向上冲出水面。

岸上,那家农舍的灯光传出巨大的诱惑和温暖,我立马产生了强烈的挣脱湖水、挣脱冷寂、挣脱黑暗、挣脱恐惧,走向灯光的渴望。

一个人要绝望到何种程度,才会拒绝岸上的灯光,坚定不移地扑向寒气森森的黑暗?

30多年前的那些黑夜里,右派杨惠云、宁振笃、卢蕴伯、陈遥之……一个个坚定不移地这样走了。

他们在最后一刻想了些什么呢?他们在沉入黑暗时回头望过岸上的灯光吗?尤其是杨惠云,身后的湖岸上,还有她心爱的丈夫和两个幼小的孩子。

我慌慌张张游到岸边,脚踩上坚实的土地。

我不再惊恐。然而,悲愤涌上心头。

同心岛,这儿沉积了多少冤魂?山那边的浩浩大地,又埋葬了多少无辜?知道的,不准采写,不准揭露;不知道的,永远沉寂,永远消亡。几十年前杨惠云们的夜晚疏星惨惨鬼影憧憧,几十年后一党专政的天空黑暗依旧腐臭依旧。看世界民主潮流浩浩荡荡摧枯拉朽,而足下的土地依然是千里冰封岿然不动。那一小群自封的"代表们",强占一切权力、强占一切资源,为了自家的利益和既得利益,顽固拒绝民主,竭力剿杀自由,不惜把整个国家和民族拖向灾难的深渊。我等得焦急,岁月哗哗流逝,"戈多"久久不来。在尸体加尸体的开幕与落幕中,在一代又一代

"领导人"的登场与下台里，绝望，像夜黑，包裹了我日渐衰老的生命。

农舍的灯光熄灭了，夜风吹起来，水波涟涟，野草摇曳，天地间有飒飒瑟瑟的哀鸣。我呆呆伫立在冷冷湖水边漫漫夜黑下，觉得自己渺小得很、无力得很、无助得很、孤独得很。我的悲伤能抚慰脚下那早已被遗忘的累累白骨？我的愤怒能撼动专制帝国一块砖石？

悲与愤的交织，爱与恨的撕杀，渴望与无奈的冲撞，凝固成一滴沉甸甸的晶莹。

我赤裸裸水淋淋扑倒在这伤痕累累的土地上，想哭，然而无泪。

2009年7月2日，谭松第八次进岛考查

墓碑

我决心建一座墓碑。

我把它安建在此书的最后。

（注：这本是一种无奈的选择。长寿湖大大小小200多个岛子，容不下一块墓碑，正如960万平方公里的国土，容不下一个文革博物馆。）

跌跌绊绊走了近1000个日日夜夜，终于来到它的面前。

没有花圈、没有松柏、没有经幡、没有香火、没有人踪、没有哀乐，只有一大堆被遗忘的、毫无生气、甚至也毫无意义的名字：

曹亚琪　周人文　方　田　　熊莞君　张　槭……

卢蕴伯　焦光复　王明范　　邹启德　崔永禄……

遗忘，让被扼杀的生命又遭受一次不幸——一种比肉体生命消亡更深刻的不幸。

我把这些名字一一拾起，希望"在通往苦难记忆的路上，荒草不再生长"；

我把这些名字一一拾起，渴盼在苦难记忆的坟地上，长出永恒的善与爱的花朵。

那逝去的、我未曾相识的生命，在冬夜的寂静里吐出鲜活的声音；那永恒的、美丽而高贵的灵魂，在基地的上空发出金色的光辉。我真真切切看到了他们，听见了他们——他们，不是一个个陌生的、逝去的名字，而是一个个熟悉的、血肉饱满的生命。

我把这些名字一个个镌刻在墓碑上，拒绝冷漠、流失与遗忘；

我把这些名字一个个镌刻在墓碑上，召唤哀悼、祭奠与思考。

每刻一个，火花乱溅，悲风四起；

每刻一个，烛光摇曳，圣歌低回……

就在我一个又一个镌刻时，身边传来一浪高一浪的祝颂：欢庆毛泽东110岁诞辰。

而同时，遥远的地方，传来暴君萨达姆落网的消息！

天地间，正义之神仗剑驰骋，目光如炬。

然而，等得太久，这块僵冻的东方大地！

我注视着这冷寂的墓碑，心中涌动着热切的渴盼：

我们民族的后来者们、那已出生和未出生的同胞们，当那一天自由的阳光终于照耀着这片浸润着无数父兄前辈鲜血的土地时，你们能够来到碑前，用你们的目光和哀思，抚过一个个无声的名字，然后以你们的才华和良知，将这些逝去的无声的名字，变作鲜活的有声的视频，让千千万万的人、让说中文和说外文的人，看到这片东方土地上的一段千古悲歌……

此时，我只有手扶墓碑，垂首祈祷——为足下这血泪斑斑而又令人魂牵梦萦的土地，为天上那伤痕累累而又美丽高贵的灵魂。

……

新年的钟声响了，又是一轮欢呼和企盼。

最寒冷的冬天到了，希望的春天会来吗？

我跪倒在这无声的墓碑前，泣血顿首，举手向天——

——让黑色的墓碑成为我们民族苦难的终结吧！

——让爱和自由的阳光照耀着这片古老的大地！

谭松 2003年岁末

十七、墓碑

让这些无声的名字，

在民族苦难的记忆里燃烧。

以下135人（其中长寿湖"分子"95人），未能等到1979年"改正"昭雪，他们鲜

邓 林	颜北岩	帅左瑶	宁振笃	胡尔勤
贾厚友	陈遥之	孙毓澄	邹启德	文 英
陈 琏	杨惠云	康中清	杨正木	郑永康
刘 犁	张 樾	谭希文	陈 援	回恩浩
杨昌林	封世泽	张典范	卓松岱	李南力
李华伟	刘光明	焦光复	高龙生	廖忠观
傅绍清	胡泽先	罗 宇	熊建文	崔永禄
王 衡	张万金	胡咸中	王 健	乔明鑫
王明范	陈嘉行	李彦辉	何泰贵	曹亚琪
顾祖镖	熊 丰	黄一模	黄力威	姚述隐
李受之	黄静瑜	庄 湛	张 健	张光育
卢蕴伯	马成敏	周建龙	吕声拯	潘广桂
曾 容	肖伯志	成世忠	董延安	肖扬军
张泽光	廖西台	郝士风	李立明	周正林
黄幼林	张 骏	聂承奎	梁耿发	张 晓
刘辛稼	曹岳霖	周怀笛	王谦湘	邢 风
王钦福	沈汉兴	徐惠玉	宋 朴	朱汝鉴
陈普安	赖金泉	冯瑞勇	刘跃荣	刘迪先
谭范旃	杨启祯	李 露	尹 新	尹平宗
唐成淼	曹绶志	胡道成	蔡观强	张宗明

以下135人（其中长寿湖"分子"95人）未能等到1979年"改正"昭雪，他们鲜活的生命，在最黑暗的日子里，消殒在"阳谋"的祭坛上。

邓林　颜北岩　宁左茜　胡尔勤
费厚友　陈遥之　孙毓溍　邬启德　文英
陈班　杨愿云　康中清　杨正木　郑永康
刘犁　张橛　谭希文　陈援　回恩浩
杨昌林　封世泽　张典范　卓松位　李南力
李华伟　刘光明　焦光复　高龙生　廖忠观
傅绍溥　胡泽先　罗宇　熊建文　崔永禄
王衡　张万全　胡成中　王健　乔明鑫
王明范　陈嘉行　李彦辉　何荣贵　曾亚琪
顾祖谭　熊丰　黄一横　黄力威　钮述隐
李爱之　黄静嘣　庄洼　张健　张光育
卢福伯　马成敏　成世忠　吕声搓　潘广桂
曾辂　肖伯志　周建龙　霍延安　肖杨军
张泽光　廖西台　郭士凤　李立明　周正林
黄幼林　张竣　聂承奎　梁联发　张晓
刘辛禄　曹岳霖　周怀笛　王速湘　邢凤
王钦福　沈汉兴　徐愚玉　宋朴　朱汝鉴
陈普安　赖金泉　冯瑞勇　刘跃荣　刘迪先
谭范娇　杨启帧　李霖　尹斯　尹平宗
唐成淼　曾绶忠　胡道强　蔡观强　张宗明
赵师明　宋菊珍　熊宪君　朱伯封　王大虎
陈语情　齐东野　董时光　刘盛亚　徐季正
田际昌　王相成　杨林　谢子　童铸
徐和　黄贤俊　叶伯光　周人文
李岑西　杨子绍　方田　王松桥　刘克彬
马正仪　伍加林　方大堤　刘纯武　许段
黄汉超　陈金春　石沐志　聂妙仁　周远洁

中国·一九五七

让这些无声的名字，在民族苦难的记忆里燃烧

每当想起那惨烈的1957年，我就会痛彻心腹，不由自主地痉挛起来。真的，甚至听到、看到、或提到那个年份，都会使我条件反射地感到巨痛。这是一个染满中国知识界和青年群之血泪的惨淡悲凉的年份。假如说在此之前，处于暴政下的中国知识界还或多或少有一些正气的流露，那么，在此之后确实是几乎被摧残殆尽了。

——林昭在狱中用血书写

这场以摧毁国人的良知为代价的政治运动所采用的种种卑鄙手段，已经成为下流无耻的同义词。就像数学领域里的哥德巴赫猜想一样，反右运动给后来的人们留下了许多难解之谜，由于这些谜过于违反人类的常理，所以，一些后来的人甚至不愿相信：难道这一切不可理喻的事情都曾经真正发生过？

——陈仁德（重庆作家）

日落之后，会有朝霞穿破黑夜。长寿湖 为你虔诚地祈祷。

ISBN 9781426989407

90000

9 781426 989407

Trafford
PUBLISHING